U0592253

纪念东吴大学法学院百年华诞

本书为江苏高校优势学科建设工程资助项目（PAPD）

本书属苏州大学公法研究中心研究成果

东|吴|法|学|文|丛·东吴法学先贤文录

东吴法学先贤文录

·宪法学、行政法学卷·

上官丕亮　黄学贤◎主　编

中国政法大学出版社

2015·北京

图书在版编目（ＣＩＰ）数据

东吴法学先贤文录.宪法学、行政法学卷/上官丕亮，黄学贤主编.—北京:中国政法大学出版社,2015.8

　ISBN 978-7-5620-6276-9

　Ⅰ. ①东… Ⅱ. ①上… ②黄… Ⅲ. ①法学－文集②宪法学－文集③行政法学－文集 Ⅳ. ①D90-53②D911.01-53③D912.101-53

　中国版本图书馆 CIP 数据核字(2015)第 196647 号

出 版 者　　中国政法大学出版社

地　　址　　北京市海淀区西土城路 25 号

邮寄地址　　北京 100088 信箱 8034 分箱　邮编 100088

网　　址　　http://www.cuplpress.com（网络实名：中国政法大学出版社）

电　　话　　010-58908586(编辑部)　58908334(邮购部)

编辑邮箱　　zhengfadch@126.com

承　　印　　保定市中画美凯印刷有限公司

开　　本　　720mm×960mm　　1/16

印　　张　　32.25

字　　数　　520 千字

版　　次　　2015 年 8 月第 1 版

印　　次　　2015 年 8 月第 1 次印刷

定　　价　　78.00 元

东吴法学先贤文录总序

胡玉鸿

　　光阴荏苒，岁月流金；薪火不熄，学脉永继。自 1915 年 9 月美籍律师查尔斯·兰金创办东吴大学法科以来，时光已一世纪，然东吴之辉煌、法学之昌盛，至今仍为世人津津乐道；东吴大学法学院于中国法制改革、法学教育史上之地位，亦可谓震古烁今，高山仰止。国内现代法学大师中，王宠惠、刘世芳、董康、戴修瓒、郑天锡、郭卫、章任堪、赵琛、凌其翰、徐传保、徐砥平、张志让、俞颂华、向哲浚、曹杰、张慰慈、吴芷芳、王效文、章士钊、朱通九、梅仲协、魏文翰、张企泰、范扬、俞叔平（以上为东吴教授，以到校任职先后为序）；王士洲、吴经熊、陈霆锐、何世桢、狄侃、李中道、盛振为、金兰荪、梁鋆立、端木恺、丘汉平、桂裕、孙晓楼、陶天南、张季忻、陈文藻、黄应荣、杨兆龙、李浩培、姚启胤、倪征燠、鄂森、何任清、查良鉴、费青、郑竞毅、卢峻、王伯琦、郑保华、魏文达、裘邵恒、陈晓、丘日庆、王健、徐开墅、潘汉典、高文彬、杨铁樑、王绍堉、浦增元、庄咏文（以上为东吴学子，以毕业届次为序），或执教东吴哺育莘莘学子，或出身东吴终成法学名宿，人人握灵蛇之珠，家家抱荆山之玉。合璧中西，形成"比较法"之特色；戮力同心，铸就"南东吴"之美誉。

　　但前人之辉煌，非仅为后辈称道而已。诸先贤之呕心力作，亟待结集；比较法之教学特质，仍需寻绎。前者在集拢大师文字，归并成皇皇巨作，嘉惠后人；后者则总结教育成就，细究其方法之长，服务现世。沧海桑田，白驹过隙。东吴法学之先贤，或天不假年，已驾鹤西行；或虽尚健在，然精力不济。精研法理之书文，多将散佚不存；服务国家之良策，亦恐湮没无息。是以今日学子之任务，在搜寻先贤文字，重版印行；总结东吴之成就，使传于世。

　　苏州大学王健法学院系承继东吴大学法学院而来。前辈业绩，自然庇荫今人，但全院师生，在以先贤为荣之余，更感使命重大，无一日或敢怠息。同仁深知：既为东吴之传人，自应熟悉先辈思想，了解学院历史。为此经讨论决定，近年内学院将完成三大浩繁工程：一为出版"东吴法学先贤文丛"，汇集大师之作，使珠玑文字，重见天日；二是编辑"东吴法学先贤文录"，以学科分类，归并单篇之作，以为研究之资；三则撰写《东吴法学教育史》，探讨东吴法学教育沿革之始末，总结比较法教学如何适应于今世。前者已有王宠惠、杨兆龙、李浩培、倪征燠、潘汉典诸先生文集面世，后续之举，已列议题；今则辑录先贤文字，以学科归类，分八册出版，以纪念百年东吴，使尘封妙文，重见当世。至于教育史之编撰，待档案解密、人员齐备之后，再行商议。

　　自2012年以来，本人即开始遍访东吴法学先贤于民国时期之文章，下载、翻拍、扫描、复制，虽卷帙浩繁，搜寻不易，然淘书之乐，无时或已。所幸者科技时代，诸多志存高远之士，将民国文献辑成电子文本，使今人更为便捷得识先贤文字。但遗憾者年代久远，资料多有散佚，有时"上篇"已得，但"下篇"难见；有"二、三"者，却缺"一、四"。至于错漏、脱讹而至无法辨识之处，更是不足为奇。即便如此，学院同仁及广大学生，仍深感使命重大，不畏艰难，共襄盛事。文字录入工作，主要由在校研究生完成，论文选择编排，则请各卷主编担纲。资料浩繁，校对费时，自知多有遗漏，所录者不及万一；完善修正之举，仍需假以时日。敬请学界同仁，多加指正；如有资料提供，不胜感激！

　　是为序。

2015 年 7 月

目录
Contents

下编　行政法学

上编　宪法学

何谓宪政*

吴经熊**

宪政是"近代国家"必备的条件。泰西〔1〕先进各国，因为施行宪政，均能收货福国利民的大效。其结果，使泰西以外的国家，也采行宪政的制度，时至今日，无论哪一个国家，若果他们的政府，是值得称为政府的话，莫不把宪政树立起来。

然则所谓宪政是何所指呢？它和历史上所表现的其他政治制度有什么区别呢？第一点，所谓宪政，是指那种与人治政治（personal government）相反对的政治而言。人治政治，是以操政权者的幻想意欲为基础，而宪政则是以法律为基础。所谓以法律为基础，就是对于政府之一切组织，公务员之支配任用，人民之权利义务以及政治之种种设施，均能尊重民意，依据法律，作详细明确的规定，使以半年公务员及人民均能接纳遵守而言。所以从第一点说，宪政是法律的政治（a government of laws）不是人的政治（a government of

---

　＊　本文原刊于《中央周报》1936 年总第 445 期。原文未采用现代标点符号，文中标点为编者所加。

　＊＊　吴经熊（1899～1986 年），字德生，浙江宁波人。享有国际声誉的法学家和法律教育家。1920 年毕业于东吴大学法学院。1921 年毕业于美国密歇根大学法学院获博士学位（J. D）。1921 年至 1924 年，赴法国巴黎大学，德国柏林大学与美国哈佛大学从事研究工作。1924 年回国担任东吴大学法学院教授，1927 年选任为东吴大学法院院长，同年被任命为上海公共租界临时法院民事庭的法官，后曾短暂代理上海公共租界临时法院及上诉院院长。1929 年底赴美西北大学与哈佛大学从事教学与研究工作。1930 年回国后，进入立法院，担任宪法起草委员会副委员长，以个人名义公布宪法草案，即被后人称为《吴氏宪草》者。1939 年，被选为美国学术院名誉院士。1946 年，出任驻罗马教廷公使。1949 年后旅居海外，先在美国夏威夷大学任中国哲学与文学资深客座教授（1949～1966 年）。1966 年定居台湾，任中国文化学院哲学教授。其名誉学衔甚多，如波士顿大学、波特兰大学、圣若望大学法学博士，劳克赫斯大学、韩国岭南大学文学博士，韩国圆光大学哲学博士等。其著作等身，内容横跨法学、文学、哲学、宗教等，写作语言为中、英、法、德语。

　〔1〕　即欧洲。——校勘者注。

men）。

因为宪政是法律的政治，所以在施行宪政的国家，必须制定支配政府公务员的行动法律。这些法律，一方固然可以由执政的人民自己去颁布，例如统治者对于他们所应为或不应为的事体，自己颁发法律以范围他们自己的行动。但同时，这些法律亦可由被统治者去订定、修改、废止，使统治者不至为轨外的行动。被统治者便拿这些法律，归纳与一个文书，以控制实际执政的人们。这是许多欧洲国家创立宪法的来源。

我们若是用分析的方法去研究，则知法律政治包含三个要素：一就是"罪刑法定主义"，这就是说无论哪一个人，如果他不违法共同制定的法律，则不得指他为犯罪。又如非依据法律，则对于任何人不得加以逮捕、监禁、审问或处罚。其二即"法律之前人人平等"（all are equal before law）。简言之就是法律的平等体系之支配，一切官吏，上自元首下至警察税吏，如果他们的行为不为法律所许可，则一如其他国民负相同的责任。其三即"身体及财产的安全保障"。这就是说个人的自由权的范围，必须由法律确定，国家非依据法律不得加以侵害或限制。

第二点，宪政是民众的政治，就是一个国家里面各种分子参加政治工作的政治制度，不是专制，不是独裁，和历史上所表现的政制是不同的。我们考究列国宪法所有产生的方式，主要的由两种：一种就是因为一国之内，各阶级或各分子彼此斗争，互相雄长，要使他们互相调和，解决冲突，于是制定宪法，俾各方均有参与国家政治之机会，使得彼此相安。另外一种方式就是应为统治者专制独断，置多数人民之利益于不顾，人民为维护自身是权利，于是以反抗的方法，或革命的方式，强迫统治者颁布宪法，或推到政府另设宪法，俾一国之内，各种分子均得参加政治工作。所以从第二点来看，宪政是一个国家里面各种分子参加政治工作的政治制度。因此，宪政是一种民众政治（popular government）。民众政治的要件，第一为公民自治，第二以民意为依归。所以民众政治，也可以说是公民自治的政治，是民意的政治。

由上所述，我们可以对宪政作如下定义：宪政是一种法治的政治、不是人治的政治；同时它又是民众的政治，因为容许国家各种分子共同参与国家的政治生活。

宪政的含义我们已经知道了，我们现在要更进一步去研究施行宪政必备的条件。据我个人研究所得，觉得宪政的实施应有三个必要的条件：一为宪法（constitution）；二为宪德（constitutional ethics）；三为宪魂（constitutional spirits）。兹分别述之如下：

一、宪法

何谓宪法？总理[1]说："宪法者国家之构成法，亦人民权利之保障书也。"这是关于宪法所下的最简洁妥洽的定义。宪法学者耶林列克（Jollirek）说宪法乃国家的一种需要。各国必需具有宪法，一国而无宪法，殆不成为国家，且将陷于无政府的状态。因为宪法是国家的根本大法，人民的自由权利，赖以保障，政府由此而得组织。若无宪法，则人民的权利，陷于危机，政治团体亦无从而成立。这岂不是陷于无政府的状态？所以宪法的颁布乃是施行宪政的第一个要件。

宪法的分类，形式上说可以分为成文宪法（written constitution）和不成文宪法（unwritten constitution）。在不成文宪法中，大部分是习惯（usages）、前例（precedents）及司法的判决（judicial decisions）与一些制定的法规。像这一种宪法不是由造法机关一时制成的，而是逐渐积成的。成文宪法则凡是大部分规定是归纳成为一个正式的成文文书。它是一种有意识的工作，而且是由造法机关用讨论的方法，对于造法组织，权能及人民的基本权利义务规定一些根本原则的结果。所以成文宪法和不成文宪法的区别，相当于制定法（statue）和习惯法（common law）的区别。所以有些学者把成文宪法称为制定宪法，把不成文宪法称为习惯法宪法（"common law" constitution）。在一个国家里，如果人民的法治习惯及自治能力已有悠久的历史，则可以采行不成文宪法，例如英国。一个国家若其人民的法治观念甚为薄弱，而其自治习惯亦尚未养成，则比较的以采行成文宪法为宜。因为制定一个成文宪法，可以使家喻户晓，人民对宪法上的规条既有明确的观念，自然容易遵守，容易运用。就我国国情而论，应该采行成文宪法的制度，那是毫无疑义的。吾国此次制定的宪法草案，可以说是宪政上的一大进步。故在下面特讲一点关于此次宪法草案的内容、特色及其重要，以供研究宪政者的参考。

自民国成立以来，迄今已有二十五年，还没走入宪政的轨道，以使一般人民能够享受宪政的实惠，其中原因虽极复杂，但其重要的原因实由于没有

---

〔1〕 指孙中山。——校勘者注。

正式的宪法的颁布。中国国民党之所以领导国民从事革命，其目的就是在树立宪政于中国。中山先生说："我们要有良好的宪法，才能建立一个真正的共和国家。"中国国民党的革命运动，既是秉承中山先生遗教去推行的，所以国民党是最重视宪政的。

不过革命的程序，中山先生分为三个时期：一为军政时期，二为训政时期，三为宪政时期。这是因为中国四千余年以来的政制是君主专制政体，自治习惯尚付缺如；同时民权有不发达，欲一跃而入于宪政的途径是一定会失败的。所以在宪政时期之前，要从事训政，所谓训政就是培养人民的自治能力，促进民权之发达。人民有了自治的能力，民权既已发达，然后继能走入宪政的途径。而宪政之基础也可望牢固。

现在军政时期既了，训政期间亦已经试行了几年，正可走入宪政时期。所以这次的制宪乃是依照国民党的革命程序而推行的。说到这里，我们有一点要注意，就是现在训政时期尚未终了，而所以要提前制宪，是因为这次的制宪有一个重大的特别的意义。自九·一八事变发生以来，国难一天一天的加重，大家都觉得在这种局面之下，各个国民都应当各尽力量以从事救国。国内的舆论也多主张从速结束训政，开放政权，俾国民均能参加政治，分担救国的责任。党中领袖也多以为在此国难当前，必须集中国力，共图复兴。于是二十一年十二月十五日召集第四节三中全会的时候，孙哲生先生乃提出集中国力挽救危亡的要案，以促成宪政的实施。其所以要召集国民代表大会，就是要使全国人才集中，各尽其能，俾得和衷共济，商讨国是，并借以调解中央与地方之关系，消灭一切内战之方策。此项提案经全体通过并由全会决议，责成立法院根据中山先生遗教，于最短期间起草宪法草案，以备国民大会正式决议颁布。由此看来，这次的制宪是非同寻常的制宪。因为它的目的在于集中全国的理论，去应付当前的国难并图民族的复兴。

现在这个宪法草案经立法院于今年五月一日讨论竣事，并经国府于今年五月五日以明令公布了。

这次的宪法草案的全文共分八章，一百四十八条，我们在这里当然不能详细研究它的内容，只能把它的特色来申述一下。它的特色在什么地方呢？举其荦荦大者言之就是下述各项：

（一）确定三民主义的国体

国立于大地，必有其立国的立场，现在世界上的共和国多得很，但是他们立国的立场彼此未见尽同。有的是以资本主义立国，有的是以共产主义立国的。我们若是于国体上不标明立国的主义，那么全国的人民将不知道我们的国体到底是资本主义国家或是共产主义的国家，还是其他主义的国家。现在宪法草案第一条，更开宗明义的规定"中华民国为三民主义共和国"使全国人民一望而知，我们中国是以三民主义立国，并且使世界知道我们有我们自己的立国主义和建国的立场。

最近三年来，国内少数的人对于这一条颇多非难，他们列国的宪法（特别是欧战以前的列国宪法）很少将主义冠于国体之上。我们如果将主义冠于国体，岂不是有违宪法的体例？诚然，欧战前的列国宪法，是没有将主义冠于国体之上的，但到了欧战之后的情形就不同了。《苏俄宪法》第二部第一条规定："苏俄系社会主义苏维埃共和联邦。"这是以主义冠于国体的嚆矢。其后，西班牙于一九三一年所颁布的《共和宪法》，其第一条规定为"西班牙为劳动阶级民主共和国，依自由正义之制度组织之"。这不啻将劳动主义冠于国体之上。欧战前各国的社会制度多半是建筑于资本主义或统治阶级的利益之上。因此欧战前宪法的目的不过是一方面在维持少数统治者的利益，一方面在维护资本主义。他们哪肯将真正为全国民众谋利益的主义摆在宪法上面。但是到了欧战以后，民众开始抬头，民众要明白治国的主义，建国的立场。《苏俄宪法》以共产主义冠国体乃是出于劳动阶层的要求。而我们的宪法草案以三民主义冠国体，则是根据我们民族的精神和需要。

我们要知道以三民主义冠国体，亦是适合我们民族的特性，并且符合我国先贤的思想。我们中华民族的特性是在"中庸"和"王道"，孔子曰："过犹不及。"这就是找事中庸之道。我们的民族数千年来都是按照这种中庸之道而求生存，时至今日，犹奉行不替。意德的法西主义，皆是走极端的，是霸道而非王道。而英美的资本主义，亦不合于现代国需要。因为这些主义都在维护少数人的利益，所以都不是我们应取的。我们要另求一种中庸之道，且又合中国数千年王道之主张。所以以三民主义冠国体，乃是最合适我们民族的特性，最符合我国数千年来的中心思想。

（二）确立五权制度

中山先生的两大遗教：一个是"三民主义"，一个是"五权宪法"。革命的目的在于求三民主义的实现。而三民主义的实现欲有待于五权宪法的实施我们可以说三民主义是五权宪法的理想或目的，而五权宪法是三民主义的实行或手段。我们的宪法既是三民主义的宪法，那么当然要采行五权制度，以为其实施的手段或方法。五权制度是中山先生所发明的，世界上无论任何国家的政治，其原始总是一权制，而且多是以神权为唯一的权力。所以在原始时代，谈不到什么分权的问题。一直到了十七世纪法国的孟德斯鸠（Montes-quieu）观察英国的政治制度，著了一部《法意》（Eskrit des lois）才开始主张立法、司法、行政三权分立的学说。他以为要防止任何权力的专制，不能不用其他势均力敌的权力去制止它是孟氏主张三权分立的精义。近世的政治学家多复合附和孟氏之说，他们差不多认为三权分立为保障民权的不二法门。所以世界的立宪的国家多以三权分立为分权的标准。

中山先生所以创立五权之说，是因为三权分立还有缺点。因为各国的立法机关兼有监察权，[1] 行政权兼有考试权，致使考试监察两层作用不能得到美满的效果。立法机关本事专为定法律二设的，如赋予弹劾（即监察）权，则一旦因为内部党派的不同，难免不互相攻击。甚足予是政府不利。即就议员本身而言，常因卷入政争的漩涡反而忽略了本身的立法职权。此更非国家之福。所以这种制度并不十分完满。至于考试权，近世欧、美各国对于文官有所谓文官考试（civil service），但这种文官考试恒由行政机关办理之，其结果仍不免受行政官的支配，行政方面的任务本已非常复杂，再如兼顾考试的职务必不能专心一意，或因此而不能选拔真正的人才。这种毛病，中山先生看得非常清楚。所以于四权之外，再加一个考试权。将监察权由立法机关划出，考试权由行政机关划出，使与立法、司法、行政平行独立。这次宪法草案在第四章"重中央政府"内分设行政、立法、司法、考试、监察五院。各掌行政、立法、司法、考试、监察的最高权。使其彼此平行，不相互侵越，这不但是中国政治史上空前的创举，就是从世界各国的宪政史上而论，也是破天荒的最完美的制度。

（三）发挥行政效率

当此国难时期国家要有强有力的行政元首，方能领导全国为救亡图存的工作。同时，也要授予充分的权力，方能尽量发挥他的本能，使行政上的效率可以增高。所以宪法草案特定：一、赋予一种任命权，例如行政、司法及考试各院长均由总统任命。二、赋予调整权。例如宪法草案第四十五条规定

---

〔1〕 即国会所采之弹劾权。

"总统召集五院院长，会商关于二院以上事项"，有了这种调整办法，不但不彼此隔阂，且在政制上亦可得到妥善的结果。三、赋予颁发紧急命令权（no-tuerordmingon）这种紧急命令权，如德国、奥国宪法上均有规定。许多公法学者，且认元首的颁布紧急命令权乃是国家的一种自卫权。所以这种规定不仅在各国立法例上有先例可援，且亦为我国应付时势所必要的办法。

（四）确立民生主义的经济制度

政治制度离不开经济制度，所以在宪法里要确立对于经济生活所采的路线。《宪法草案》一一六条开宗明义的表明"中华民国之经济制度应以民生主义为基础"。我们的宪法所以采用民生主义的经济制度，是因为民生主义比较流行于欧美的资本主义和共产主义更为完善。中山先生说："民生主义和资本主义根本不同的地方，就是资本主义以赚钱为目的，民生主义是以养民为目的。"换言之，资本主义的国家和社会对于各个人的生活不负责保障，由各人根据生存竞争，优胜劣败的原则去求生存。欧战前的列国宪法为资本主义所支配，所以国家对于民生，完全采取一种放任政策（laissez faire）。其结果弄得一国之内，富者愈富，贫者愈贫。但在民生主义的国家社会对于各个人有保证生活的义务，各个人对于国家或社会有要求生活的权利。《宪法草案》一一六条最后一句是说："以谋国计民生之均足。"我们宪法所保证的为一般人既均且足的生活，这是民生主义的目的。

总之，这次起草的《宪法草案》，是兼顾学理与事实双方面的。即一方面遵照中山先生的遗教，一方面适应当前的需要。它绝不是闭门造车，凭空想象的东西，而是以三民主义为全部宪法的精神，五权宪法为组织运用的机构。所以说这部宪法草案，在宪政上是一绝大的进步。

二、宪德

上文说过，宪法乃是施行宪政的第一个条件。第二个条件便是宪德。我们要知道宪法不过是一种工具，它的本身是不会活动的，是要人去实施的。如施行而不得当，其结果或尚不如开明专制之妥善。要执政者事事都能遵守法律，顺从民意，继是良好的宪政。所谓徒法不足以自行。《中庸》也说："所谓善政，必待其人而后行。"所以宪政固然是善政，但必须得人方继能行之有利。这里所谓人事特殊的意义的，是指有德行的人而言。换一句话说，宪法是要人去实施的，根本还要考道德为之推动。所以宪德也是施行宪政一个必要的条件。试举一个最近的例子老说，我国自从民国元年以来，也制定了好几次的国家根本大法。何以现在还是未走入宪政的轨道？就是因为缺乏宪德的缘故。

然则所谓宪德究竟是什么呢？就是普通一般人所应具有的道德。也就是中国固有的旧道德，中山先生说道忠孝仁爱信义和平，以及蒋委员长手订的《中国国民党党员守则》十二条，都是在政治上所应具有的道德。果能有利这种的道德，有利这样的精神，去推动宪政，我相信没有不可做到福国利民的地步的。

现在拿其中忠勇二字来说，忠于职务是一般宪法中总统的誓词。勇于任事是服务负责任的表现。这项当然是宪的范围内所最要紧的。再拿仁爱来讲，我国先哲谈政治，都是植本于仁的。所谓仁就是同情心。同情心的结果就是爱。英儒赫恩肖（F. G. C. Hearnshaw）[1]说："民主政治的第三原则，是社会的团结，而社会的团结，实以社会个人是同情心为基础。"中西贤哲的思想若合符节，更可证明仁爱亦为宪的范围之内。所必备的道德。再讲信义，昔贤所谓"民无信不立"。西哲亦言"国不可一日无信"。现在举一个历来证明，民国元年，清帝退位，袁世凯更致电中山先生，谓永不使君主政体再行于中国。但后来袁氏居然帝制自为，袁氏个人，为无义失信，然而宪政亦就因此失败。可见信义在宪德中同是一种很重要的道德。至于和平为团结的基础，有恒乃成功的要素。以及一切其余为人民应具有的道德，都是从事宪政的人们所应深切注意的。

总之道德本是人人应该注重的，尤其是在施行宪政的国家，更其是在施行宪政国家执政的人们。因为他们所担当的职务是非常紧要的，所以符合的则是非常的重大，一举一动均系国家人民的利害。中山先生说："人生以服务为目的"。先哲亦云："非以役人乃役于人。"执政的人们必须先有了这种认识，必须先知道担任国政是服务是为国家人民谋幸福，不是自利，不是为个人图功名利禄的。有了这种观念，做起事来便不会有小我。一切均能大公无私。所谓公正、信义、仁爱种种美德，自然而然的随处可以表现出来了。所谓利己枉法违宪种种不当的行为，也自然而然的不会有了。在宪政初行的国家，宪德更为重要。执政者的一切措施，出处能够以道德为基础。则他

---

〔1〕"赫恩肖"原文作"韩梭"，现据今日通常译法改正。——校勘者注

的行动可以树之风范，垂之百世，使后来者只能萧规曹随，不敢逾越。如美国第一任大总统华盛顿种种美德，后来差不多成了一种风气。美国宪法的有力量及国势的兴盛，未尝不是肇端于此。所以宪德亦为施行宪政的一个必要条件。

三、宪魂

宪魂就是施行宪政的所应有的精神。上文所说的宪德可以说是多半在执政者方面的。宪魂则多半在人民方面的。因为一国的主体在于人民，换一句话说，人民就是国家的主人翁。做主人翁的，有了应有的精神；做公仆的才能遵德守法。况且施行宪政，政权本操之于人民，固人民尤需要尊重宪政，爱护宪政。这种尊重爱护的心理就是宪魂，就是精神的表现。但爱护宪政，至少应该具备下列三种精神：

（一）信仰。凡事必先慎之始，在选的时候就应该谨慎从事，认清楚，选择德望有才能有功勋的人来担当国家的政务。第一步做对了，第二步对于所选选任的人就应该信任他们，使他们能专心一志去发挥他们的本能，去努力他们的工作，不可轻易发生怀疑。古人说："疑人莫用，用人莫疑"就是这个道理。

（二）明断。在宪政时期重要的公务员多由人民选举，亦由人民罢免。以前君主时代，用人的权操之于皇帝，用得其人，国家亦可盛治。用不得其人，国家亦跟之灭亡。这种事实在历史上，常可找得出来的。这是由于他们是独一的主人翁，一切由他一人独断，所以蒙蔽欺骗也就容易发生。现在的全国的国民，都是主人翁，做主人翁的，当然应该尽他的天职，应办的事，可以督促他们推行，并且随时可以监督他们的行动。对于有功的，当然应该如何酬庸报谢。万一公务员中有了不能再用的人，亦应该毅然决然现实罢免权，不可因循放弃。

（三）守法。宪政国家是法治的国家，法治的基础即在人人能遵守法律，操治权的政府，固然应该守法，执政权的人民尤其应该守法。唯有如是宪政始能牢固。

主人翁有了上列精神，自然能与执政者同心一德，合成整片，各守其分，各尽其职，政治自必日益进步。所以宪魂亦为施行宪政所必要的条件。

现在总结起来讲，宪政是法律的政治，是民众的政治，是一种善政。但是必须具备上列的三个条件：就是法律上有明确的条文，执政者有优美的道德，人民有强毅的精神。要这样的实施，才能行之尽利，才是完美无缺的宪政，才是福国利民的宪政。

宪政之道[*]

杨兆龙[**]

一、宪政问题的几个注意点

近年来报章杂志，关于宪政问题的鸿文巨著，数见不鲜。但其内容大都以宪法本身的问题为主，而对于宪政实施的基本条件或方法问题，并未详加论究；此次本志刊行"宪政问题专号"，决定写一篇讨论"宪政实施问题"的文字，先就宪政的意义、重心、价值等作一个广泛的检讨，然后进而研究宪政实施的基本条件。

最近关心宪政的人虽然不少，可是对于宪政的意义、重心、价值等似乎还不免有误解之处；因此对于宪政实施的基本条件，也难以有正确的认识。就宪政的意义与重心而论，一般常犯的毛病是太重视宪法的条文或原则，而将宪法的制定当做实施宪政的中心工作。须知道：所谓"宪政"（Constitutional Government）是与纸面上的宪法（Constitutional Law）有区别的。前者是实际政治受宪法的抽象原则支配的结果，或宪法的抽象原则在实际政治上的

---

   * 本文发表于《中华法学杂志》（第 3 卷）1944 年第 5 期。

   ** 杨兆龙（1904～1979 年），江苏金坛人。法学家和法律教育家。1927 年毕业于东吴大学法学院。1935 年获美国哈佛大学 S. J. D 法学博士学位。继而，在德国柏林大学进行博士后深造。32 岁时已掌握英、法、德、意、西、俄、波、捷八国外语，并对大陆法与英美法两大法系均有了精深的造诣。曾草拟《中华民国宪法初稿》、《军事征用法》、《军事征用法实施细则》、《国家总动员法》、《汉奸惩治条例》、《战争罪犯惩治条例》六部全国性法律。抗战胜利后的最大业绩为协助罗斯科·庞德等筹划中国法制之重建，及 1949 年初释放万余名政治犯。先后曾以中国司法代表团团员和团长之身份两次赴欧美考察司法制度及法律教育。曾当选为中国比较法学会会长、刑法学会会长、国际刑法学会副会长、国际统一刑法学会副会长、国际比较法学会理事、国际行政法学会理事等。1948 年被荷兰海牙国际法学院评选为世界范围内 50 位杰出的法学家之一（中国仅两位）。其著述约 300 万言，译作有《联合国宪章》中文本等。

具体化，可谓"在实际政治上已发生作用的宪法"（Constitutional Law in Action）；后者只是一些与实际政治尚未发生关系的抽象原则的总称，可谓"书本上的宪法"（Constitutional Law in books）。前者是"活宪法"（living Constitutional Law）；后者是"死宪法"（Dead constitutional Law）。我们实施宪政，不仅要确立一套抽象的宪法原则，并且还要设法使这一套抽象的宪法原则由死的东西变成活的东西，由书本上的东西变成在实际政治上发生作用的东西。所以宪政的重心，不在宪法的本身，而在使宪法原则发生实际作用的方法。这种方法往往"视之未必能见，听之未必能闻"，而很容易为一般人所忽略。并且这种方法的取得，亦非一朝一夕之功，颇有赖于多数人的长期努力。

世界上有完美明确宪法的国家很不少，尤其在第一次世界大战以后，这类国家特别增多。但是一直到现在为止，真正当得起"宪政"两个字的国家，只有很少的几个，而这几个国家的宪法并不怎样高明。例如英国，她可谓西洋近代宪政运动的策源地，其宪政的发达至今无出其右者。可是她的宪法原则的大部分直至现在仍未脱离不成文法的范畴，其内容及范围极不确定，其效力并无特别保障。（因宪法的效力并不优于其它法律）。该国法学权威戴雪氏（A. V. Dicey）于其名著"宪法学导言"（Introduction to the study of the Law on the Constitution）中尝谓，研究英国宪法的人，如果所用的方法不当，每会觉得英国宪法是一种迷茫的东西（a sort of maze）。因为有许多关于宪法的权威著作或未深究事实，或失之泥古，或将无法律效力的惯例误为宪法，所见各殊，莫衷一是。法儒托克维尔（Tocqueville）有见及此，甚至说："英国的宪法实际上并不存在"。美国的宪法虽是成文的，但是就内容及立法技术而论，远不及有些在第一次世界大战后产生的新宪法。可是在欧洲采取这些新宪法的国家有几个能比得上美国那样强盛，有组织秩序，而富于民主精神呢？上述情形之所以发生的主要原因，实不外一点，即：在英美等国，大家并没有把宪法形式的好坏与内容的繁简看得太重，而能够将大部分的精力用到如何使宪法的抽象原则在实际政治上发生作用，即如何使"死宪法"变成"活宪法"的问题上面去。

我国自民国以来，就有相当完密的成文宪法。民国元年的临时约法虽仓促制成，失之简略；但是就内容与立法技术而论，比之于英国的宪法，可谓有过之而无不及，比之于法、比、美等国的宪法，也未遑多让。以后几次的根本法，在内容及立法技术上，文体都比临时约法更进步。然而三十余年来宪政实际发展的进度何以如此慢呢？其主要原因也就是：我们一向太偏重抽象的宪法原则，即"死宪法"，而没有把精力集中到"活宪法"的培养工作方面去。所以目前的"宪政运动"决不是以往那些狭义"制宪运动"可比，它是近代各国学者所提倡的"活法运动"之一种，是一种"活宪法的培养运动"。实施宪政的中心工作不是"制宪"，而是"宪法生命素"的培养。这种培养工作内容如何，乃是很值得研究的一个问题。

其次讲到宪政价值。国内或许有很多人要问："宪政的实施，在目前的我国是否必要？"宪政的实施原是三民主义的政治哲学所希望达到的一个阶段。三民主义的政治理想，一定要到了宪政时期，才可以完全实现。所以要完成三民主义的革命工作，一定要实施宪政。不过最近有一批谈建设的人，往往偏重于物质建设，以为秩序的建设乃不急之务；宪政的实施乃秩序建设的一种，所以也是不急之务。还有一批人以为：在非常时期，一个国家只需要"便宜行事"，而不需要"服从法律"；宪政是减少"便宜行事"的机会，不宜于非常时期；抗战与战后复兴建设的时期，可谓非常时期，并不需要宪政。如果这些见解是对的话，那么现在谈论宪政，似乎还嫌太早。所以宪政的价值究竟如何，它对于今后的我国有何裨益，在目前有无推行的必要，可谓当前宪政运动的一个先决问题。上述两个问题当然可以有种种不同的解答，而其得到解答的方法或途径也未必一致。本文的主旨乃是要从"法治"说起而推论到这两个问题，然后再进一步归结到宪政实施的基本条件问题。这种立论方法的理由有四：（1）法治与宪政有许多共同之点，法治的价值足以证明宪政的价值；（2）法治是宪政的基础，如能做到法治，则推行宪政不难事半功倍；（3）法治的推行方法可运用于宪政的推行；（4）一般人之轻视宪政，往往自轻视法治始，了解法治，即所以了解宪政。

二、先从法治与宪政的关系说起

法治与宪政的目的都是为国家或社会建立秩序，而其所赖以建立秩序的方法都是法律。所以就形式——即与法律的关系——而论，法治国家与宪政国家是一样的。至于就实质——即法律的内容或精神——而论，二者是否相同，学者的见解不一，而其所以不一致的原因是大家对于宪政国家及法治国家的看法互有出入。如果将各种不同的意见综合起来，大概可以得到三种结论。第一种结论是：宪政国家是一个具有民主精神的法治国家，而法治国家则不过是一个遵从法律而未必具有民主精神的国家；前者重法而同时又使它的法合乎某种标准，后者重法而未必使它的法合乎某种标准；所以宪政国家是比法治国家更进一步的东西。第二种结论是：宪政国家与法治国家都是重法而又具有民主精神的国家；法治国家也要有民主精神，并且它的民主精神未必逊于宪政国家；所以宪政国家与法治国家是名异而实同的东西。第三种结论是：宪政国家与法治国家不同之点，不在民主精神之有无，而在民主精神之多寡；宪政国家的民主精神较富于法治国家；所以宪政国家是民主国家中较进步的国家，而法治国家是民主国家中较保守的国家。以上三种结论究以何者为对，暂且不去研究。现在为讨论的便利起见，假定第一种与第三种结论都是对的，那末宪政国家与法治国家所异者只有一点，即：二者所重的法的内容或精神在性质上或程度上未必相同，换句话说，二者除法的内容或精神偶有区别外，在其它方面可谓一致；宪政国家不过是一种改良的法治国家。所以要造成一个宪政国家，只要将一个法治国家加以改良就行。如果用数学的公式表达出来，宪政国家便等于"法治国加上法律的民主化"或"法律的民主化的加强"。这就是说宪政实现的条件不外两种：（1）实行法治；（2）使法律的内容或精神民主化或加强其民主化的程度。在现代的民主国家，第二种条件是比较容易做到的，所困难者，乃是第一种条件。所以我国今后如果要实行宪政，首先应该实行法治。

三、法治的性质与基础

法治的重要，论者已多，国家与法律本是不可分离的。德儒康德（Kant）早就说过："一个国家是依据法律组织成功的多数人的团体。"以后各国的法学家有不少是主张"国家与法律的合一论"的。德国的斯达尔（Stahl）与拉松（Lasson）则认为国家是具体的法律制度；荷兰的克拉勃（H. Krabbe）则声言："国家是一个法律团体"；奥国的凯尔森（H. Kelsen）则高唱"国家是法律秩序（Reehtsordnung）"。他们的立论根据纵尚有讨论的余地，但是国家之不能没有法律，乃是不可否认的事实。国家与法律的关系既如是密切，则国家之存在与发生作用，必有赖于法律之维持威信与发生作用无疑。所以法律的地位愈高，则国家的组织愈严密，而它的作用也愈能发挥。这就是说：法治的推行是一个国家存在与发达的基本条件。法治主义是民主的骨干。不讲法治，便谈不上民主政治。诚如中山先生所昭示大家，"……物质有机器，人事亦有机器，法律是一种人事的机器。……我们现在要讲民治，就是要将人民置于机器之上。"（见五权宪法）我国实行共和已三十余年。法治主义，论理早应见诸实施，时至今日，其所以仍须大力提倡者，实缘国人对于法治的意义与价值大都没有正确的认识，致大家缺乏遵守秩序，服从纪律的决心，而不能发挥民主政治的作用。所以法治的口号在国内虽已成为老生常谈，为使国人了解其真谛而走上富强康乐之途起见，实有从新检讨其意义与价值的必要。

间尝思国内许多人不能了解"法治"真谛的缘故，大概不外乎轻视或鄙视法治而不屑去实行；而这种轻视或鄙视心理养成的原因，归纳起来，约有二种，即（1）一般人忽视法治主义在我国历史上对于实际政治的作用；（2）一般人误解法治主义在现代国家的实际地位。

我们常听见人说：中国是重礼治而不重法治的国家，因为中国一向重礼而不重法。这种见解，我相信在国内颇为流行，并且历史悠久，入人甚深，恐怕大多数的人都认为很对。我记得国外的学者中也有不少这样想的。因为这种见解的流行，有些讲"本位文化"的人便以为"法"与"法治主义"是西洋式国家的产物，不宜于"中国的园地"，毋庸提倡，并且提倡以后，反而得不偿失。

不过以现代科学的眼光看来，这种见解实在是不对的。我们可以说：它是完全建筑在对于法的一种错误观念上的。因为我国古代所讲的法，依照法家及儒家的解释，是论罪定刑的"刑法"，不过是现代法的极小部分。现代的"法"，除刑法外，还包括民商法、宪法、行政法及许多其它部门的法。这些部门的法，在我国古代虽不及刑法那样发达，但不能说完全没有，并且到了后世，其内容也相当丰富。因为最初所流传下来的习惯、成训及以后儒家所提倡的"礼"，都包含许多关于这些部门法的原则。这种原则，有的经一般人长期的遵守已取得习惯法的效力，有的经官府多年的引用（如引经断狱之例）而成为裁判的先例或法理的一部分。又有的经法典规章的采取（如历代刑律及会典等类）而具备成文法的形式。倘若加以整理而分类编列起来，一定可以构成一个相当完备的体系。由此可知，现代西洋一般文明国家所实行的"法"，实际上在我国也早就实行，不过一般人专在名称上做工夫，未能注意及此，致误解我国一向只有"刑法"之"法"而无其它部门之"法"。换句话说，我国一向所讲的"礼"以及古圣贤的遗教（尤其经儒家阐扬过的遗教），在古代虽不叫做"法"，而实具有现代"法"的性质。现代的法实包括古代的"法"与"礼"及圣贤的遗教。我国一向所称的"法"与"礼"等等是现代"法"的体系中几个不同的部门，并非对立的东西。从前所说的"法治"是"刑法之治"，当然是失之偏激而行不通的；所谓"法治"与"礼治"的争论，以现代的眼光看来，实不过"刑法之治"与"非刑法之治"的争论；无怪乎古代的"法治主义"者遭"刻薄寡恩"之讥，为世人所摒弃而归于失败。现代一般文明国家所提倡的"法治"实包括我国从前的"法治"与"礼治"，与法家所讲的法治大不相同。我们提倡这种"法治"，非但不违背传统的精神，并且足以发扬本位的文化。

以上专就"法"的观念的演变而说明法治主义在我国历史上的重要。现在再就法治精神的表现补充几句话。我们知道：我国古代的刑法虽为刑名家或律学家或少数文人（大都是官吏）所研究的对象，未必为一般人所知道，但"礼"及圣贤的遗教却因儒家及朝廷的提倡流行甚广，深入人心，上自君王卿相，下至群僚庶民，莫不有相当的认识，有些人并且能对他们发生宗教式的信仰，而不惜任何牺牲以奉行之。有些人虽没有这种坚强的信仰，但因为顾忌舆论的制裁，也不敢轻易违背，毁损名节。所以历代对于"刑法"的运用及执行固然极慎重之能事而足以充分表现重法守法的精神，而关于"礼"及圣贤遗教的推行与维护尤多可歌可泣的事例。远者且不提，近者如明朝的方孝儒，因燕王称帝，紊乱皇统，不肯草即位诏，身受极刑，祸及十族，至死不屈。清朝的吴可让因光绪即位，请为穆宗立后不遂，而自杀尸谏。他们所争的以从前的眼光看来，虽不过"礼"或圣贤遗教的推行或维护问题，可是在现代法学家视之，却是宪法的威信问题。他们的牺牲可谓为拥护宪法而遭受的，是一种守法精神的表现。这种守法的精神，就是在西洋号称法治的先进国家，也不可多得，而在我国史册却数见不鲜。这可以证明我国历代不但受着现代"法"的意识的强烈支配，并且充满了现代文明国家所重视而罕有的"法律至上"的法治精神；在现代有些国家，"法治"往往只是一种口号，而在我国古代却有时为一般人实际思想行动的一部分。

我们又常听见人说：法治主义是一种陈腐的主义，已为现代的前进国家所不取，如法西斯主义的国家，即其明例。这种见解，于抗战以前及抗战的初年，在国内相当博得同情，现在也许已为人鄙弃，不过一定还有一部分人不能忘怀。所以有略加批判的必要。我们觉得一个国家无论采何种主义，必不能没有组织与秩序；要有组织与秩序，便不能没有几种规范以为大家行为的准绳。这几种规范中有一种便是法律。一个国家的主义尽管变更，但是要使新的主义所产生的新制度，即新组织或秩序继续存在，就不能不有一种规范来约束或领导大家的生活行动，以维持或促进这种制度。而这种规范往往是带有革命的色彩的，在固有的习惯宗教道德中不容易找到，所以大部分是国家新制定的法律。换句话说，一个国家不问所采的主义如何，决不能没有法律；要使法律发生效用，也决不能不讲求法治；法律的内容与精神尽管有出入，而其应具的重法守法观念则不妨相同。德国公法学者寇尔罗脱氏（Otto Koellteutter）讨论国社党政体下的宪法原理时，曾说过下面一段话："国家和法律是民族生活的力量。它们的价值和意义是从它们对民族生活的功用中得来的。所以国家是一个民族政治生活的方式。这种政治生活的方式是靠法律秩序的力量而取得的。一个共同管理的政治世界需要一种有组织的生活方式。这种组织最初是被国家及其权力所促成的。可是有了国家的权力，还得有法律的秩序和它联合起来，才可以形成民族生活。因为仅有权力而无法律，便成武断。所谓'民族观'者，只承认一种忠于民族的领导；至于一个专靠枪杆的独裁者的强权，那是和'民族观'不合的。因此在任何文明国家里——尤其在那以民族为本位的国家里——法律乃是一种必需的标准。没有这个标准，便不能产生健全的政治组织。国家和法律这种必要的密切关系便由我们所称的'法治国家'表现出来。所以在一个法治观念发达得象德国那样细密敏锐的民族里面，'法治国家'具有永久的价值。"（见氏着《德国宪法学》，1935 年出版）。寇氏的主张现在是否为穷兵黩武的希特勒及其党羽所遵行以及他们遵行到什么程度，我们当然可以想象得到。不过这种主张在希特勒等脑子尚清醒（即 1935 年）的时候为国社党所同意当无疑义。这可以证明：一个国家，无论以何种主义立国，除非它的执政者已到了疯狂的程度，对国内是不得不讲法治的。

也许有人要说现在西洋已有许多学者主张以所谓"文化国家"（kulturstaat）来代替"法治国家"；可见法治主义已不合现代的潮流。诚然，这种主张在德国相当流行，费希特（Fichte）、黑格尔（Hegel）及已故的新黑格尔派法学权威柯勒（Kohler）便是这种主张的提倡者。不过那些提倡"文化国家"的学者所反对者，不是法治国家的"法治"，而是从前一般人如康德等所讲的法治国家内法律之不合理，即不能适应时代的需要。大概言之，康德等所提

19

倡的法治国家的法律是偏向于个人主义的，是一成不变而不能随时间空间进化的，是缺乏积极作用的；"文化国家"的法律是顾全社会利益的，是因时间及空间的需要不断进化的，是富于积极作用的。换句话说，"文化国家"不过是一种法律性质较为改良的法治国家，仍旧少不了法治。一般提倡文化国家者之所以避用"法治国家"的名词，其目的无非在使大家不受康德所提倡的旧法治国家观念的影响。这并不足以证明他们轻视法治。

由前所述，我们可以知道：国内许多人轻视或鄙视法治的心理是没有正当根据的。法治主义不仅是我国民族固有的精神，并且是现代一般文明国家政治的理想。

法国一位公法学的权威阿内吾（Maurice Hauriou）认为：国家是"一个伟大的制度"（Une vaste institution）；从它的主要作用，如行政、司法等看来，它可谓"一个伟大的维持纪律的制度"（Une vaste institution discipinaire）。这一个伟大的制度包括许多小的制度，这些小的制度是大制度的各方面，也就代表国家在各方面的作用。所谓"制度"，从某方面来看，乃一种权力的组织。这种组织是根据一种公共服务的意念（Lidée de Service Public）而逐渐形成并继续存在的。依据这种说法，国家乃是一种根据公共服务的理想而逐渐形成，有继续性的权力的组织。这种公共服务的理想之所以能支配权力而使其成为合理的组织，全靠大家拥护这种理想及根据这种理想而产生的规范，即法律政策及法律原则。如果大家能拥护这种法律政策及法律原则，则上述理想可因大家的重视或信仰而发生力量，于是进而变为客观的现实制度。所以政府的主要作用就是要领导大家遵守这种法律政策及法律原则，使由抽象的东西变为具体的制度。对于违反这种法律政策及法律原则者，她有予以制裁、维持纪律的责任。国家之所以被称为"维护纪律的制度"，就是因为这种缘故。换句话说，国家之所以能成为国家而实现其使命，全靠大家能守纪律，能讲法治。因为守纪律，讲法治，是使政治理想变为客观的现实制度的惟一方法。

我们对于制度学派的法学家如阿内吾等的学说在有些地方或许未便完全赞同，但大体说来，他们关于法治与国家的关系所持的见解实颇值得我们重视。

其次要研究的是法治的基础。法治的基础是建筑在两种精神的或心理的条件上面的。这两种条件就是：知法与重法。

　　所谓"知法"是广义的，不但指"对于法律的认识"而言，并且还包括一切为使抽象的法律原则在实际政治上及生活上具体化所必要的法学修养在内。后者的范围很广，除包括既存法律规范之机械式的运用外，还兼及法律规范的补充调整，改革及其它创造工作。德奥等国"规范学派"（Normativist school）的学者如麦克尔（Merkl）及凯尔森（Kelsen）等尝提倡所谓"法律阶层机构说"（theorie der rechtlichen Stufenbaues）或"法律逐步具体化说"（doatrine of the gradual concretization of the law）。照他们的说法，一个国家的法律体系必溯源于一种最高的规范，即所谓"基本规范"（Grundnorm），这种"基本规范"是距离现实生活最远的，因此最富于抽象性。我们如果要使这种基本规范与现实政治或生活发生关系，即在实际政治或生活上具体表现出来，必定要经过一种过程，将它的抽象性一层一层的减少，一直等到它与构成实际政治或生活的各个具体事件打成一片为止。这种过程是相当长而复杂的。它不但包括基本规范本身的逐步具体化，同时也包括下层规范的逐步具体化。所以无论是根本法、普通法、规章、办法或抽象的命令，都须经过这种过程，才可以在实际政治或生活上表现出来。总括的讲起来，这种过程大概可以包括下列几个阶段：（1）由基本规范达到次基本规范，即立法机关制定的普通法律或与其效力相等的法律规范；（2）由普通法律（甲）直接达到具体事件的处理，即将该项规范适用于具体事件，或（乙）先达到规章、办法或政府机关的其它抽象命令，然后由这些规章、办法、命令达到具体事件的处理，即将这些规章、办法、命令适用于具体事件。所谓具体事件的处理或各种规范之适用于具体事件，有时仅限于各利害关系者对于特定事件依据普通法律或规章办法命令之自动的行为或不行为，如买卖之实行、公司之组织、债务之清偿等是，有时却又包括国家主管代表机关的干涉、争讼的解决、裁判或处分之强制执行等是。以上这几阶段都含有一些法的规范的创造工作。普通法律的制定或成立固不必说，就是争讼的解决，法的解释以及裁判或处分的强制执行亦具有一种造法的作用。至于契约的订立，公司章程的通过等等，表面看来，虽与法的创造无关，但究其实际，也具有一种造法的作用。因为契约及公司章程里面的规定也是规范的一种，其与普通法律或规章、办法、命令的关系，实在和普通法律与基本规范的关系相似。它们都是走向一个目标的，即由抽象性较大或适用范围较广的规范产生抽象性较小或适用范围较狭的范围；换句话说，造法的工作并不限于一般人所说的形式立法的范围；

这种工作在立法程序完成以后，尚需在行政上、司法裁判上及私人法律行为上继续进行。

上述学说，无论批评者对于它的观感如何，大概有一点是颠扑不破的，就是：在各种法律的抽象原则逐步具体化的过程中，我们要做许多造法的工作；我们不但站在立法机关及制定规章、办法、命令的机关的立场要造法，就是站在解释或运用法令者的立场，也要造法。因为法令是常会犯疏漏、矛盾、含混、不合时宜等毛病的；解释或运用法令者的第一责任就是要补救这些毛病；这种补救法令毛病的工作实质上就是造法的工作。

造法的工作是有种种限制的。它一方面须受已有的上层法的规范的限制，另一方面须受环境需要的限制。所以它的目标是双重的，即：第一要使所造的法与其所根据的上层法精神符合；第二要使所造的法合乎某一个时代或地域的需要。从事这种工作的人，不但要对于既存的法律制度有系统的深刻研究，并且还要对于立法政策及立法技术有相当心得。如果他们不具备这些条件，他们便会盲目的造法，既不能贯彻上层法的精神，复难免忽视环境的需要。因此各种法律原则在逐步具体化的过程中便会变质或与现实的社会生活抵触。在这种情形之下，无论法律的原则是怎样美备，都是无补于实际的。因为法律原则的本身虽然很好，但在实际政治或生活上未必能发生预期的好作用，反而容易使一般人对于它们怀一种厌恶轻视的心理而以守法为一种苦事。世界上有完美的法典或新颖的法律而法律威信仍不能树立的国家犯这种毛病者，可谓数见不鲜；反之，其法典不完美或法律不新颖而法律威信仍旧很高的国家，大都能避免这种毛病。

研究西洋法制史的人都知道罗马法与英美法在某一个时期都曾有过一种陈旧落伍不合时代新需要的现象。前者的"市民法"（jus givile）与后者的"普通法"（common law）本来都是闭关与保守时代的产物，都是重形式的，范围狭窄的，不能适合大时代需要的法律制度；等到国家的版图扩大，社会与政治关系趋于复杂的时候，都不能适合新环境的需要。可是因为在罗马有了一批大法官（Praetors），在英国有了衡平裁判机关（equity court）的出现，这两种陈旧落伍的法律制度能够因合理的解释与运用而得到一种新生命，发生一种新的力量，以适应新的需要，由老朽枯槁而遭人厌恶的东西变成生气勃勃而备受尊敬的东西。

所以要使抽象的法律原则在实际政治或生活上具体化而成为民族生活的

一种活制度，一定要有一批对于法学有研究并且认识时代需要的，富于创造能力的人分布于立法机关、裁判机关、行政机关、以及其它政府机关，作为贯通各层法律规范的血管，使彼此间发生联系并且时常将新的营养成分输送到各方面去，使整个的法律体系变成一个活的一贯的东西。

其次讲到"重法"。抽象的法律原则在实际政治或生活上的具体化，固然有赖于各方面的"知法"而尤其有赖于朝野上下的"重法"。所谓"重法"就是"真心诚意"的奉行法律，也就是信仰法律而见之于实际行动的一种风气。这种风气就是现在一般人所讲的"力行哲学"在法律生活上的表现。它在原始社会或道德与法律混合的社会，本是"力行哲学"在一般社会生活上的表现。所以它的本质是与尊重道德或习尚的风气相同的。它无论表现于一般的社会生活或法律生活，都是以遵守纪律、建立秩序为目标的。我们在上文已经证明：法律虽不完美，只要有适当的知法的人去解释运用它，使它合理化，仍旧可以在实际政治或生活上发生良好的作用；反之，如果解释运用法的人不知法，则虽有完美的法律，亦必变质而不能树立威信。现在我们也可以说：法律虽不完美，只要有人遵守它，养成一种重法的风气，它仍旧可以发生作用；反之，如果不能养成一种重法的风气，则虽有完美的法律，亦等于零。我们无论研究哪一国的法制史，都可以发现一点不可磨灭的事实，就是：重法的风气乃是法律的"生命素"，它不但使法律发生预期的作用，并且还可以使法律生长。

远古时代，法律与道德不分，一般社会的生活规范全靠这种风气——在当时仅为尊重一般社会生活规范的风气——而深入人心成为一种有拘束力的东西。迨国家成立，法律与道德逐渐分离，这种风气便使一部分的社会生活规范变成习惯法。以后有些国家虽将习惯法变为成文法，但是内容并无出入，其在实际政治或生活上之发生作用，仍不能不归功于这种风气。等到创造性的成文法出现，则新的法律原则在发生实际作用之前更不能不有重法的风气为之提倡而加强其在心理上的拘束力。诚如历史法学派领袖萨维尼（Savigny）所云，法律是从一般人通常误称为"习惯法"（gewohnheitsrecht）的东西演变出来的。易言之，即先溯源于习惯与流行的信仰而后因法理而取得较强的力量，现实法也可以称为一般人所欢迎的法，因为它是生存于一般人的公共意识里面的；但是当它把握住一般人的共同意识的时候，它不复是一种抽象的规范而是一种可以当作有机体看待的法律制度的活观念。上述重法风气的树立，乃是法律已经成为一般人共同意识之一部的证明。必定要这样，它才可以由死的、抽象的原则，而变为支配一般人生活行动的活的具体制度。我们虽然未便同意历史法学派"法律只能生长而不能创造"的保守主张，却不能否认上述的见解具有相当的真理。法律虽然有时可以创造，而且应该创造，但是要使新创造的法律为一般对它未曾习惯的人奉行不渝，必定要先使它成为一般人共同意识之一部；而达到这个目的的方法，只有树立重法的风气。至于重法风气的树立，则有赖于政府及社会上的领导分子以身作则，使一般人由摹仿而信仰，由信仰而习惯，由习惯而自然的见之于生活行动。

四、从法治说到宪政的重要与推行条件

法治性质与基础既说明如上，现在要进一步研究宪政的重要与推行条件。我们从上文可以知道：法治是立国之本，它不但合乎现代政治的需要，并且足以发挥我国固有的民族精神。他的内容纵因法律制度的内容不同而有民主与非民主或维新与守旧之分；它的主要作用却都不外乎维持纪律，建立秩序，使国家的政治理想经过逐步具体化的过程而成为一种客观的现实制度。我们从上又可以知道：宪政与法治在法律的内容或精神方面，虽然照有些学者的看法，略有出入，但是二者之目的都是要以尊重法律的方法来为国家维持纪律，建立秩序。法治既然重要，宪政当然也重要；况且根据中山先生的遗教，宪法是一个人事的大机器（见五权宪法），是调和自由与统治的机器，是领导其它机器的机器。宪政的作用就是要将一般人置于这个大机器之上，使大家能够凭借这个机器所发出的动力，循着一定的方向，以达到民治的目的。依照国外有些学者的说法，宪政是一种改良的，即具有民主精神或较富于民主精神的法制。这都可以证明宪政比法治还重要。

法治在平时固重要，而在非常时期更重要，宪政亦然。因为一个国家在平时固需要纪律与秩序，以加强其组织与团结，而在非常时期更需要纪律与秩序，以加强其组织与团结。法治与宪政的作用既然都在为国家维持纪律，建立秩序，当然在非常时期更为重要。有人以为在非常时期国家只要"便宜行事"而不宜于实行宪政，这实在是一种错误见解。因为在非常时期政府机关的某部分虽有较大的自由裁量权，但是一般的讲起来，法律比平时更严密，其强制力也更强，一般人的自由更受限制，义务也加重。平时不适用的法律到这时也适用了；平时没有的法律到这时也有了；平时行得通的法律到这时

也行不通了；平时可以做的事情到这时也因法律的禁止而不许做了；平时不必做的事情到这时也因法律的强制而非做不可了；平时可用普通方法制裁的事情到这时也因环境的需要而须改用特别方法制裁了。凡此种种都是今日所共见共闻的事实，都足以证明：在非常时期法律的需要更大，法律的权威更高，因此宪政的效用更为显着。且即就政府机关的某部分在非常时期之自由裁量权而论，它的范围之扩充，一部分是根据宪法的规定或原则，如紧急命令权之行使等是；一部分是根据普通法律规定或原则，如授权立法制之运用等是。这并非不讲法，而是依照法律的特殊规定或原则以应付特殊的事情，其中仍有一定的法度与标准，是未便与那专制时代的超法律的武断主义相提并论的。

至于有些人"重物质建设而轻秩序建设"的主张，那更不足取。无论在承平时期或非常时期——尤其非常时期——秩序建设是一切建设的基础。诚如我国先贤所云，"守国之度，在饰四维……四维不张，国乃灭亡"（管子语）；"有国有家者，不患寡而患不均，不患贫而患不安"（孔子语）。所谓"四维"，所谓"均"与"安"都是秩序问题。中山先生所提倡的"节制资本"与"平均地权"，也是一种秩序的建设。由此可以知道：秩序建设之应先于其它建设，乃是我国古今的先知先觉所一致主张的原则。宪政的建设乃是根据国家大法的秩序建设，是最切实而最广泛的秩序建设，其推行之不容或缓，自无疑义。

次论宪政的推行条件。大体讲来，宪政的推行条件与法制的推行条件是一样的，所以宪政之能否实现，也系乎大家之能否"知法"与"重法"。宪政之所以能见诸英美两国而不能见诸许多有完美宪法的国家，其原因就在此。不过宪政是以宪法为出发点的，而宪法是一种最抽象、距离现实生活最远的法。表面看来，与人生的关系，似乎不及民刑事法那样密切，每易为一般人所忽视。其次，宪法所涉及的事项大都有关国家的基本政策或基本组织与作用，未必是一般人所容易了解的。再其次，宪政既是——如有些学者所主——一种具有民主精神或较富于民主精神的法治；则如何使其它法律规范的内容、形式及其解释、运用，合乎宪法的基本精神，而于不违反实际需要的范围内促成民主政治，乃是非常重要的问题，这个问题是不像一般的法律问题那样简单的。因为这三种特殊的情形的存在，我们在推行宪政时所要具备的两个条件，与法治推行的条件比较起来，名虽相同而内容性质不免稍有出入。

　　就"知法"方面讲起来，在宪政制度下解释、运用及创造法的人，必定要有一种远大的眼光与高深广博的法律知识，才可以使整个法律制度得着合理的调整与必要的联系，适应环境的需要，并发挥民主政治的精神。担任这种工作的人，仅知道一点民刑法或仅知道各部门法学的皮毛，固然不能胜任，就是对于各部门法学有相当心得而对于政治经济社会等学科没有研究，也未必称职。因为就法学方面讲，凡是牵涉到宪法的问题，多半是法学上基本而高深的问题。我们研究到法学的深刻处，决不能忽视这类问题。近代各国法学家之所以于宪法或一般公法的著作里面精究法律哲学上之重要问题者，其原因就在此；而著名法律哲学家中之所以有许多是研究宪法或一般公法出身者，其原因也在此。在就其它方面讲，凡是牵涉到宪法的问题，因有关国家的基本政策、组织或作用，多半是政治经济社会等学科上重要而复杂的问题；苟非对于这类学科的理论与实际有深刻研究而能认识时代的精神及社会的动向者，往往不免判断错误。近代宪法学界中研究政治、经济、社会等背景的风气之所以日渐流行者其原因就在此。

　　就"重法"方面讲起来，宪法既容易为一般人所忽视；尊重宪法的风气便比较难以树立，而宪法的原则便常会失效或变质。所以要推行宪政，在政府及社会方面特别要有一批领导分子以身作则，引起一般人的重视与信仰，而在生活行动上造成一种合乎宪法精神的习惯。关于这一点英美两国的成就很值得重视。在这两个国家，大家不但有笃信力行宪法本身的规定或原则的风气，并且还很能尊重那些无宪法或普通法律的效力而可以防止流弊或发生宪法精神的种种原则。戴雪氏尝于其所著《宪法导言》内举了许多例子，如"英王不得对于国会两院所通过之议案表示异议即要求复议（Veto）"、"英国贵族院执行上诉法院之职务时，凡非法律议员（Law Lord）皆不得参与裁判"、"英国阁员遭平民院之不信任时，即行辞职"、"美国大总统不得连任至三次以上"等，都不是道地的宪法原则，而不过是宪法以外的一种政治风尚或道德。这种风尚或道德，非至万不得已，决不轻易变更。考其所以至此之原因，实不外这两国政府及社会的领导人物颇能以身作则，为大家的表率。以上第一点，一方面涉及法学的修养问题，另一方面涉及法学人才的选用及分配问题，一定要在教育及行政上有长期的准备及多方的改革，才可以见诸事实。至于第二点，则非恢复实践我国以前历代民族的固有重法风气，不能达到目的。这几件事情，虽非一朝一夕可以做到，然而决非不能成为事实。

只要大家看清楚宪政的实际性质而真心诚意以赴之，避免空言，崇尚实践，不取巧，不畏难，在上者以身作则，在下者因化成俗，则宪政的实现，是中华民族很有把握的事情。秩序的建设是今后一切建设的基础，宪政是根据国家大法而实现三民主义政治理想的秩序建设，是一切政治建设的基础。我们很希望拥护宪政运动的人今后能从根本处着眼，照上面提供的几点意见，多做一点准备工作，先奠定宪政精神基础！

人民主权论[*]

拉斯克著　　陆鼎揆^{**}译

托克维尔^{〔1〕}（Alexis de Tocqueville）曾有一种极妙的见解，以为人类的自然趋向，往往拿着他们原来习惯的制度，来蒙混时势所需要的制度。^{〔2〕}托氏这种见解，我以为很合于现在的情形。无论何时代的法学者，和政治学者，大都拘泥于时代中最重要的问题而去研究；纵然这种理论的原来的实质，已经受着四围的压迫而成为腐败物了。譬如以现代的意思说（Theory of Consid-ration）而言：凡是研究法律学的人，一定相信纵然法庭有时候也许引用着古旧的学理来解释，但是新的意义同时也必加添入内。民约论是现在不占势力了，但是许多学者崇拜现在最流行的社会团结论的^{〔3〕}（Hypothesis of Social Solidarity）一定还有崇拜旧民约论的意思。^{〔4〕}对于主权论方面，此类情形，亦复如是。主权论的来源，是很久远了。而一般人却目以为是由奥斯丁^{〔5〕}而发生的，因而惹起学者许多的争讼。^{〔6〕}我们细看主权论的历史的沿革，可以明白主权和现代国家的联络，实在是由一种特殊的环境所造成的。现在呢，

---

　　* 本文原刊于《改造〈上海 1919〉》1921 年第 9 期。

　　** 陆鼎揆，1920 年毕业于东吴大学法学院（第 3 届），获法学学士学位，后任东吴法学院法律学系教授。著作有《战时商业之国有船舶在国际公法上之管辖问题》、《国籍法研究》、《国际法学者奥本海传》、《战时国际法上之继续航程原则》等文章，译有《社会法理学论略》（商务印书馆 1935 年版）等。曾担任国民参政会参政员。

〔1〕 "托克维尔"原文作"托轨凡侬"，现据今日通常译法改正，下同。——校勘者注。

〔2〕 *Souwveniors d' Alexis de Tocqueville.*

〔3〕 "的"原文作"底"，现据今日通常用法改正，下同。——校勘者注。

〔4〕 涝特教授的概念。

〔5〕 "奥斯丁"原文作"奥思丁"，现据今日通常译法改正。——校勘者注。

〔6〕 *Professor Dewey in Political Science quaterly*，1893.

这种环境却完全变异〔1〕了。〔2〕我们所指的主权一物，不过是对于一定的特殊的意思的代名词。这种意思，借着主权之名，而行使无限制的权力。主权不是神圣的，秘密〔3〕的东西；他的真义不外就一定范围以内，得人民全体的服从。但是我们虽则可以从政治方面下这种解释，而我们却无从下一条精确的定义，于现代的民主社会中，主权和人民常常联络起来，成为一体。许多学者主张惟有国家——人民全体成了政治上的单位〔4〕——可以行使最高权力。这种概念，由来已非一日。虽现代的所谓主权论，已经经过了很长久的历史，而从他的精确性言之，依然和初生时代一样，到今朝仍旧是一件不可捉摸的东西。因为最高权力之为物，从它〔5〕的意义上观察，若是不是一种流动体，那么〔6〕没有国家可以赋有，所谓不负责任性，由政治上言，是不能存在的。因为任何行为，都自有其结果。政策的施行〔7〕都冒着几分危险的。如果法庭用着极堂皇的论调来袒护君主或国家的不负责任性，人民一定有别的方法可以推翻法庭的判决，美利坚的独立宣言，就是对着大不列颠的议会主权而发，北美合众国的南北战争，就是对着司各脱案件〔8〕的判决而发。

非但如此，国家是附着许多官吏和代表而行为的；这种官吏和代表，就是国家权力的行使者。这种权力，或为有限制的，如美国，或为无限制的，如英国。但是从事实上言，这种官吏，不过是得着公众的允许而行为，行为的结果，受公众的赞同而发生效力罢了。至于行为的法律性，也无关于事实。行为的结果能得公众之赞同与否，并不视其合法不合法为标准。但是法庭的观察点，往往着重于这种行为的法律根据，而忽其本质之正当与否。对于公众所反对的，法庭一样承认其效力，因为法律是未必处处符合于道德的，不

〔1〕 "变异" 原文作 "变易"，现据今日通常用法改正。——校勘者注。

〔2〕 *Laski Authority in the Modern State.*

〔3〕 "秘密" 原文作 "密异"，现据今日通常用法改正。——校勘者注。

〔4〕 Esmein, *Elenents de Droit Constitntional*, 6 ed., p. 1.

〔5〕 "它" 原文作 "他"，现据今日通常用法改正，下同。——校勘者注。

〔6〕 "那么" 原文作 "那末"，现据今日通常用法改正，下同。——校勘者注。

〔7〕 "施行" 原文作 "行施"，现据今日通常用法改正。——校勘者注。

〔8〕 司各脱案件 Dred Soott, Decision 系联邦最高法院对于宪法上归化条例之解释谓惟有联邦政府可以允许外国人民归化同时亦即为其所局地之籍民其各州政府虽能允许外国人民享有与州民同样之权利而无权允准其归化为美国国民云其判决出于法院长汤立之手是时适承大审官马舍尔之后联邦法院渐属行集权方针矣。

过他却戴着道德的假面具，所以常能压服群众。但人类也常从他的经验上，看出法律和道德的不一致。这种情形，最显著于群众骚动的时候。

人民主权论，对于现代许多国家，曾经发生很大的势力，但它的陈腐性，并不因其盛行于民主国家中而遂可以遮掩。乔克说[1]，中世纪以前的政治原理的特点，在承认任何人类团体，都有一种原始的活动的权利，属于其全体。乔克的意思，以为主权论是从许多世纪以前就发生的，每一种政治原则发生，其中必定也夹有主权论的意味在内；不过完全的旨趣，到了中世纪以后方几成形。凡是读过阿奎那[2]和马撒鲁[3]的书的人，都承认片段的主权论，已经发生于此等学者的脑中。直等到宗教改良时代，主权论因为曾帮助了许多革命的成功遂成为极有势力的学说。但是到了这个时代，主权论也还只有一部分[4]能够实行。这也是受着反改良潮流的影响；分部政治的绝对论，扩张其势力于宗教之外。就是像英国，虽则于政治方面受不着宗教的势力的，而也免不掉同样情形。纵有李而本（Liburne）的坚强，也敌不过格林威尔和意利登（Ireton）的反对。[5]议会政治的制度，名为成功于一六八八年的革命，而也仅实行了主权论的一部分。不论其为下议院为选民，都不能算全体的代表，旧教徒和新教反对派，依旧号乎呻吟于不公平的法令之下。至于近代英国庶民主义的高唱，是一方面受十八世纪法国玄想派的影响。他方面受美利坚革命的影响而发生的。

我们更拿自由学派的主权论来看，果然又合于实际上的适用吗？怀疑派学者，以为联邦派（Federalist）的说数，不是辩论庶民主义的长处，而是暴露其短处。如汉密尔顿[6]（Hamiltan）这种人，由盘克看来，实是保守派的信徒。孟德斯鸠和福禄特尔，虽是君权论的破坏者，而却不主张庶民政治。[7]第一个主张民权的是卢梭[8]。卢梭这派学说，以后许多人奉为圭臬，因为

---

[1] *Gurke Political Theonies of the Middle Ages*, ed Maittand, p. 37 乔克这部书是政治学上有名的著作梅脱兰的译本只译了一部分。

[2] *Summa Theolog*, II 1. q. 90. a. 3. q. 108. a. 1.

[3] Marsiglis, *Defensor Pacis* I, ch. 9 ~ 15.

[4] "部分" 原文作 "部份"，现据今日通常用法改正。——校勘者注。

[5] Pense, *The Leveller Movement*.

[6] "汉密尔顿"，原文作 "海密尔登"，现据今日通常译法改正。——校勘者注。

[7] *Ameline L' Idel de la Souvirainete d'aprres les ecrivains francaia du XVIII me siècle*.

[8] "卢梭" 原文作 "卢骚"，现据今日通常译法改正，下同。——校勘者注。

同为法美所引用，而结实各异其趣，所以尚还要用严重的批判，去考验一下。并且虽则已经实行于政治之中，而是否能收实效，和是否尽如所云，其精确性我们尚不敢允许。但是这派学说的势力，我们却并不否认。从事实上言，卢梭的学说，已成为群众活动之根据地，和庶民政治之出发点。这也因为卢梭当时倡主权在民的时候，因此而发生的许多宪法，其中也有一部分，实实在在根据着这个概念而起草的。就是法兰西一八四八年的革命，也是向着这个目的。

从实际上行政方面看来，卢梭的学说，是否适于实行吗？这个是极有研究的问题。卢梭所力主的是国家与政府的分离；他所说的无限制权力，惟有国家可以赋有。[1]但是要设立一种政治，使得主权者（全体人民）的意思，可以真正发现出来，是否可以办得到吗？现代的国家事务，如次其纷繁复杂，决无从事事取决于全体的意思。从实际上言，现代的政府，只要有公众的赞助，大都可以自由行为，处分一切政事。照卢梭的意见，是偏重于多数律。现代政治的比较中世纪的全体合意的制度，事实上的便利，我们无从否认。若依了卢梭的多数律而进行，决不适于现代政治的。实际上卢梭派的政治组织，不过是以政治全部，交托于少数有才智之手中；再藉了这些少数人的力量，而制造出多数不活动的国民的意志出来。

一以言之，所谓人民主权，所谓以人民全体治人民自身，是不可能的，是不过政治学中一种假称。就是有机会可以实行，也仅限于古代希腊市府国家的状态之下。现代的国家，与以前希腊的所谓国家，既然大相悬殊，所以从何方面看来，人民主权是无从存在的。那么我们惟有出于代议制的一途。我们的生活状态，强迫我们各自专务于特种的职业，政治职业只能限于一小部分人，由他们去施设，而由大多数的承认其效力。所以我们也和卢梭一样的划分国家和政府的区别，我们承认国家和政府的意志不必相合的。如果二者发生冲突的时候，政府的意志，却一定要服从国家的意志。[2]因为巩固政府起见，政府的行为，至少也要得大多数群众的默认。若是如果政府和国家的区别到底不划清，如果承认任何政策，都自有其价值，那么势必假求收政治实效之名，而政府可以不必为国家所管辖。

---

〔1〕 The social Contract Bk. III ch. 1.

〔2〕 …… Bk. III ch. 1.

除上述之外，人民主权论之为近代所承认，更包括[1]有一个极迂阔的意思。由历史上观察，这种意思，大约原于亚里士多德的政治论，至少也经此派伦理上的认可。这种见解，从休谟"舆论为最有势力之物"[2]的主张，可以代表其一般[3]，我们固然承认一个政府如果没有得到人民的同情，当然无从使他们服从；我们并不否认真正的权力，是属于大多数，是果大多数所赞成，一定为全数所服从的。但是这种论词，太属于抽象，而极少实在之价值。西奇卫[4]（Sidgwick）[5]说，握有政治权的；有两种人，一种是有心的占有，一种是无心的占有，像第二种人是无从操纵政权的。因为如此，除非有机关使得舆论可以聚起来，方遂能发生效力。然而大多数人，都是习于服从的。所以舆论更无从聚起来，所以纵然在民主国家，政府也决不虑其政策之为人民所反对；但是反对是常常可能的事实，因此之故，政府就想出许多方法阻挡人民的亲近政权。

事实上，主权论颇接近于亚氏的用结果的因来证明国家的存在。亚氏说，国家的目的，是为求善良的生活起见；既然如此，所以治人的，决不能违反被治的意志；于是而人民主权于以确定。亚氏的意思，曾经许多人解释过，多数学者，以为亚氏根据着人民求权利的本能而主张民权[6]。但是亚氏的说数，很包含许多难点。第一，应该限于何程度禁阻政府的施行违反民意的政策。第二，政府将如何而服从于坚强的民意呢？照罗劳卡赖（Boyer Collard）的意思，以为惟有主权人，方能有正当行为，所以政府一定要服从主权者本体的意思而进行[7]。但是所谓行为之正当与否又如何而断定呢？对于此种问题，我们已经入于空想的境了。因为我们不但要搜寻政权之运用是否正当，并且要释明这种政权之来源是否正当。

联邦派的政治学者，是绝对承认人民主权的。但他们却从不解释什么是人民主权，他们主张人民主权的实行，只要能够相当的限制政府的权限，就

---

[1] "包括"原文作"抱括"，现据今日通常用法改正。——校勘者注。
[2] *Essays*，p. 24.
[3] "一般"原文作"一班"，现据今日通常用法改正。——校勘者注。
[4] "西奇威克"原文作"西奇卫"，现据今日通常译法改正。——校勘者注。
[5] *The Elements of Politics*.
[6] Pol. Bk. III C. XI 128 Ib.
[7] Laski，*Authority in The Modern State*，Ch. IV.

可以达到目的了。他们以革命为惟一救济方法，并且列以为一种人民的保留权。汉密尔顿说[1]，如果人民代表而不忠实于其委托者，那么除了运用这种自卫权外，人民没有别的救济方法制服政府。所以这种权利，是超越乎一切政治权力之上的。汉氏相信联邦的组织，就是一种抵制中央政府滥权的保险方法，美国宪法中的最高法院有解释法令权的条例，也就是实行保护民意的一种保障。不过革命权，名虽仍存于今日，但他的效用却早已经取消了。我们可以说，美国宪法的重视舆论，比较其他自然胜一筹；但美国的政治制度，虽然创造了一种工具使得舆论可以入于实行，而仍缺少一定的组织，切实的来运用它。

仆散轨的解释卢梭的公式，也是不切确于实际的。他以为主权一定要寄附于一团体的全体中；但又谓主权若不从有定位的发显出来，则徒成无意思的空想。所以他认主权隶属于国家；国家是团体中一个宗教式的机关，人群的生活由是而决定。照他的意思，主权是属于共同[2]的意思的，换一句说就是国家的自我。仆散轨这种的解释，使得主权问题，更深陷于渺茫之境。国家是一定要依附于一定机关，以发露他的意志。而仆散轨并不说明如何而这种意志可算是正当的发露出来。所谓共同意志的主权，就无异说真理和正道一定要实行，但如何而断定其为真理为正道呢？如果这种大前提，不先解决，就无异于没有说一样。再有一个问题，国家和社会全体同体的主张，果然能合符于现象吗？我以为这种假定，虽或偶切于古代，而未必能切于现代。仆散轨但知于古而不明于今。譬如现代包有旧教徒教会的国家，教会和国家，大都不相和协[3]的。二者既立于反对地位，更何从执以为一体呢。但是仆氏却不认有这一层，他的书上说，如果我们对照了国家主权而主张另有人民主权，认定一个国家内部，更有人民驾于这个有阻止的代表发表意志的团体之上，那么我们的说数，变成毫无意思之幻想。但我却未见其然。即使我们承认国家与社会是同体的，而如何而可以断定一种行为确是出于主权体，我们仍旧不能解决。因为一社会中，在有互相冲突的地方；所以事实上，除非我们认定以服从政府为惟一方法，我们无从寻找别个判断行为的方法。然而要个人服从政府的行为，又是不可能的；譬如旧教徒，就常常拒绝政府的判

---

[1] The Federalist No. 28.
[2] "共同"原文作"公同"，现据今日通常用法改正，下同。——校勘者注。
[3] "和谐"原文作"和协"，现据今日通常用法改正。——校勘者注。

决，以为是违反于他们宗教方面的道德。仆氏的误点，在单单注意于形式上社会之合一，而忽视其组织内部之不调协。社会可以共有共同的目标，但如何而达到此目标，其方法非但互相不调协，并还常常互相破坏的。现代国家，既然以全部政权付之少数人手中，那么他们的意志和行为，不能和全社会相同而惹起许多纷争辩难，是决不可免的事实。仆氏却和卢梭一样目光，看定政府确是一种宣传主权国家全体的意志的一种工具。而这种意志，果然是否发于人民，却完全付之不问。

对于这一点，却有许多学者，下一种解释，简单[1]的，透彻的来解决此难题。他们认定人民无从直接治理国家，而只能间接的选举代表来治理。所以国会就无异是人民的自身；从人民全体，取着权力而来运用主权。换一句说，人民主权，就是代议政治。人民的意志，一定要藉着这种机关而发表。卢梭派的学者，多确守此说，法兰西一七九一年的宪法上[2]，明定一切权力，皆由国家发生；人民代表得行使之。法兰西的宪法是包括着君主和议会而成的代表制度。比利时宪法[3]，也有同样之规定；谓一切权力，由国家发生，如何行使方法，由宪法支配之。英国的君主议会共同行使主权，也是一样设想。盘克以为由理想上言，个人当然可以代表全体[4]。所以有许多政治家，确信抗拒人民的代表，就无异抗拒国家一样。勃里安（即今法首相）对于法兰西行政雇员要求加薪的案件，力主拒绝[5]。因为他们没有得着议会同意的缘故。他说，雇员是应该听从人民代表的命令，直言之，就是国家的命令。拜勒多（Barthou）也警告议会说，这种邮务雇员的同盟罢工，是对了你们而发的，所以就是抗拒国家。你们既然代表国家主权，应该起来解决这个案件。蒲鲁海（Brougham）在英国贵族议院中，通过改良政治议案的时候，曾为一度有名之演说，他严重的宣言，代表制度的作用，是以人民全体的权利和利益，完全托付于代表者，而由其代表治理之。

但是代议政治和人民主权，果然并行不悖吗？这个疑问，一位法兰西有名的学者爱斯漫君，也曾承认。他说代议政治的要素，是以一定权限，授之

---

〔1〕 "简单"原文作"单简"，现据今日通常用法改正。——校勘者注。

〔2〕 Dr, Bosanquet, *the Philosophical Theory of the State*, p. 150.

〔3〕 同上，p. 282.

〔4〕 Laski, *Problem of Sovereignty*, Chs. II ~ V.

〔5〕 *Const of* 1791, Title II, art. 2.

于人民代表；由此等代表，用人民名义按照人民意思和舆论，而便宜行使之。这个说数，就明认权限是有限止的。这种限止也就是盘克和穆勒极端反对的。卢梭自己认清主权是不可代表的。因为主权的性质，是不可分离的；所以主权若离人民本体而行使，由卢梭看来，一定是假冒的主权。

代表说之为空想，可以无疑了。即以代表而言，他们如何而当选，我们实在无从查知。并且事实上，有许多政治问题，并无舆论之存在。穆勒的政治论中，很狐疑于代表团体之利益，和选民之利益，果然能出于一致。小穆勒也以为代表主权的人，往往单和自身利益打算，而漠视人民的利害。所以纵然大选举的时候，人民对于当选者，热度极高；不转瞬而可以完全冷却。但纵然人民的同情失却以后，他们依旧不害其为代表啊！这种情形在在有之，西特路说，一国的手续，尽管失却人民的同情，但依然可以连任多年，安坐不动，譬如克立满沙就是一个榜样。

由是以言，所谓人民代表者，事实上是否真正能够做民意的传声器吗？若是人民代表者而不能正当的斟酌了人民的希望而进行？那么无所谓人民主权之行使，但是若何而可以照人民的欲望而进行？用何方法而断定此欲望为正当的应该服从的呢？因为要举人民心中一切意志皆宣之为法典，是绝对不可能的，所以必出之于选择。欲使而我们记起托克维尔的说数，托氏说，庶民主义的高唱者，不可忘却多数专制而筹所以预防之道。由此看来，如果人民欲望入于错误的时候，是否可以置之不顾吗？读过历史的人，都知道一七七六年的英国，对于美利坚独立战争，实在是不正当的。但其为英国的民意却为不可否认的事实。海军大将倍恩的被刑，也是为民气而受牺牲。所以我们于此点，必出于一种结论，就是立法者处于这种情形之下，只好强迫自己服从着自己良心上的判断去做，对于人民的意志，有时只好暂置一边。立法者常常可以看见自己的判断，立于与主权者的差不多相反的地位，有如罗卡赖劳所说，同时和理性的权威相近的地位，有如康司但所说。但是这种情形的危险，就易入于君师注意。其弊必至于立法者，单顾着人民之所需要，而忽视其所愿望的。

我们单看政党提出重要议案的过去史，很觉着有许多不可解释的事实在内。罗素〔1〕（John Russell）于一八五一年，利用英国人民的私见，提出排斥

---

〔1〕 "罗素"原文作"罗素伯"，现据今日通常译法改正。——校勘者注。

旧教徒的议案，果然博着民情的胜利。路易·乔治于一九一一年，违反了民意而提出社会保险法，敌党因而得用以为攻击之利器。其余有许多议案的通过，都有这种情形，政党的提出议案，都视以为惟一的博民心的工具。西纳路说，二十年以来，保守党通过无数关系于自由贸易和关税战争的议案，而并不能惹起人民之注意。可是只要有一位政治界的领袖发表几句话，就足以鼓动全国人民的狂热。法兰西的政治组织，因为议会占了莫大势力，所以尤其可笑。普通人民，决无从推戴他们心目中的人物入阁。非但如此，往往有深洽人心的内阁，受了一二私人的反对可以立刻推到。由此观之，议会的行为果然和人民的意志相应吗？

从上述情形看来，代议制度已入于衰亡时代中了。就代议制度的简单性而言，我们确承认其长处，政府因为心理上，觉着有人民全体做后盾，大着胆向前进行，因而建设许多事业，也许常有其事。但要拿真正的代表制度，而施之实行，实在是极难办到的。我们以前相信只要行了普选制就足以补救一切弱点；但此种迷信，我们现在已经觉悟其全不合于事实。热心于代表制如穆勒其人，也疑心议会的意见，不是可以代表全体的，而只能比例于各阶级的势力而代表。所以有许多意见，从来没有人出来代表过。所谓多数党操控政权，也实是一句妄谈。这种政党，可以与人民漠不相关。至于比例选举，也不免同一的弊病。一方面足以阻扰良政治的充分的发达，他方面更足以党之势力，而掠夺人民选举代表的自由。

即使我们认定议会为民意的真正代表，但更有一层难题，无从解决。现代国家，因为政务日繁之故，所有权力，往往集中于一小部分人手中；所为议会，实际上仅成了行政部的一个机器。薛西尔说，这种制度，因为行政方面灵活[1]起见，实在必不可缺的。荷兰博士在他的《君权和自由》（*Imprium et Libertas*）一书中说，从种种原理上，理想的并实际的归纳起来，所谓英国下议院，不过一个秘密委员会的法令公文的登记者。到了今天，这种语言果然见效了。所以许多议员都力主重新整顿议会，务必造成下议院为政权的真正行使者。更以美国而言，自从宪法公布以来，议会虽虚扩了立法大权，而总统的权力，却一天大似一天。再以法兰西言之，以前的国务总理，因为压制于政党之下，并无权力可言。但到现在，却逐渐地扩张势力，远非以前

---

[1] "灵活"，原文作"活灵"，现据今日通常用法改正。——校勘者注。

的总理所可比拟了。

操纵主权的人民，到底能否照理想上所希望，直接来执行一切政治职务，这个是很难断定的问题。依照孟德斯鸠的意思，他是极反对人民对于政治方面的直接干涉，不间其为行政部或立法部。他以为此种办法，将无异于复古；所以力主人民只能选举代表来秉政。这种理论，虽不全确，但我们以近年来的直接立法行动的成绩来看，很可以证明其不谬。就统计方面而言，人民对于选举代表的兴味，比较直接立法的兴味，至少要加两倍。由此可见以前许多学者，争言直接政治，单重理论而不顾事实。我们承认只有少数人赋有政治的天才，普通人的境遇，如经济的压迫，教育的缺乏，谋生的劳碌，知识的幼稚等等，都足以妨碍选民的对于政治方面，能下正确的判断。非但如此，平均起来，大多数人民对于政治，素来是缺乏兴味底。他们只要求结果，而并不理会如何而可以达到这种结果的手段。托克维尔说，人类必有以权力易货物的一天。（中国的金钱运动的选举即最显明之证）我们很疑心这种日子，就要到快了。如果真正达到这种现状，那么所谓人民主权，将无异历史上的陈迹了。

现在我们可以下一个结论，断定这种人民主权的独断论，实在是毫无根据的。充其极不过是一种有名无实的同意权的美称，代名词。但是这种独断论，到今还博得法律方面的信用。事实上议会的议案，并不见其能够代表民意；然而法庭却依旧承认它的民意的效力。英国政府中的权力的行使者，现在是大异于昔了，而表面上却宛如革命时代的制度一样。于法律方面言之，合众国的政权的划分，一如一七八九年的情形；而实际上言之，行政部权力的膨胀，和工会团体的兴起，今昔是大不相同了。现代政治制度的作用，如此其复杂奥妙，使我国无从探索，究竟哪〔1〕一部分是事实上权力之出发者，指挥者。譬如英格兰银行的成立，可算英国史中一桩大纪念；英格兰银行的信用，表面上是有巴力门〔2〕作保证。而夷考其实，英格兰银行却单靠了几位小小股东而成功，而发达，而坚固其信用。

我们认定人民主权观念，为现代政治学上惟一重要问题，这个问题的起

---

〔1〕 "哪"原文作"那"，现据今日通常用法改正，下同。——校勘者注。
〔2〕 "巴力门"为英文"Parliament"的音译，即议会、国会。

源[1]，要归根到柏拉图，因为我们现在所试验的制度，都是因为不赞成他的排斥民主主义的组织而发生。柏氏是不承认舆论之价值的，所以我们若要从哲学方面，成立我们所主张的庶民政治，那么第一件还必先要驳倒柏氏这层理论。除此之外，再有一层也不可忽略过，就是于现代国家状态之下，直接政治，既万不能成立；那么至少也必证明现代政府，确实能够受真正的舆论之指挥。所谓人民主权，无外乎国家当以全体人民之利害为利害，而决不当以特种阶级的利害为标准的意思。所以政治之良窳，必以人民全体利益是否顾及为准度。这种准度，也就不远于边沁派所主张的最大多数的利益的准度。再进一层，无论涉及何类政治问题，最重要的主点，不单是问人民全体的利益，是否为这种政治行为之主动，而更要看明这种政治，是不是一种求得全体人民利益的惟一方法。然而于此方面，事实和理想，犹不知其相去几千万里啦。

　　这种学说之不能合于事实，其理由不难发现的。大凡[2]研究政治原理的，都想探索所谓人民全体利害的共同点。这种共同点，亦即近代国家理想的目的。但这种假定的共同点，我疑心其为一种痴人的梦想，理想主义的哲学者，和我们说，只要就纯粹的假设方面下手，就可解决一切问题。但是事实上的变易无定，万不容这种纯粹的假证的适用。我们单看历史方面，从来君主的利益，和人民的利益，没有能够相合的。所以事实上执政者所谓利害，都是他们私人的利害，而强使公众与之相同罢了。固然未必件件尽见其然，但至少也以善的意志，和善的结果相混起来。柏拉图说单知道向"是"的方面而意志，犹不可以为时；必须更要明白如何而方几可以由正当的意志。不论其所主张的为哪一种学理，我们试向近代的国家中仔细去分析一过，都可以发现有许多不想联络和互相冲突的利害存在其中。单就经济方面而言之，资本家的利害，对于雇佣之进退黜陟，是大都相反的。资本者惟恐其佣期之过长，而有妨于其黜陟之自由。雇佣则惟恐其过短，而时有失业之虑。但是于国家方面，资本家却有法律为后盾，而劳动者却没有啊。大概法庭之所谓曲直，都可代表一时代中之政治观念，而这种观念，不必根据着社会全体利益而设想。所以一切由社会的利益而形成的法律上的权利义务，往往偏重于

---

〔1〕　"起源"原文作"起原"，现据今日通常用法改正。——校勘者注。
〔2〕　"大凡"原文作"太凡"，现据今日通常用法改正。——校勘者注。

一部分阶级，而忽视其他阶级之利益。

人民主权的性质，由此而可窥其大略。照我们的方法去研究，虽则对于玄想方面，不及格陵（Green）和仆散轨之精细入微。但我们却可以从社会方面，而求出比较合于事实之组织，现代政治学中的大前提，就是国家的政府，和国家的人民之相互关系。依照法学家的眼光看去，他心目中最重要的问题，就是法律上国家权力的存在，换言之，这种权力，对于法律方面是否妥协。由他看来，主权是确乎有一定的特殊的意义的，他不问那种行为，是否妨害社会全体，不洽于群众，甚至违反于道德，这要这种行为，果然由法律上的权力所发生，一切手续，也合于法律的规定，他一定承认其效力。其外的条件皆在所不问。

由政治哲学言之，法律上之妥协，不过事实上一部分的必需条件。政治学者必更将搜求其行为之主动，意志之适当，和利益之普遍等等。他的职志，在注意于学理和事实两方面是否符合。譬如一种行为，由学理上焉，虽发动于巴力门全体之意思而实施上言，却发动于殖民部中一二下级官吏之意思。政治学者，就不可不知其真相。又如立法者，往往滥用权力以济其私人之目的，政治学者，于此等状态，当用锐利的目光，去透彻的观察他。巴力门之主权，对于立法者不过是一种工具，这种工具，是否能实行其建设之目的，决不可让其忽略过。

政治学者如果用如此方法去研究政治学，一定要觉悟主权论是毫无根据的，他要觉着许多的意志当中，显然分出强弱出来；有些意志比较其他意志，是更加有势力。并且觉着这种强有力的意志的占着政治上的优势，并无道德上理性上的根据地的。真正的群众的意志，虽也有占势力的时候，但是这种意志，不常存在的，并且也无从预观的。他也可以发现治人者的意志，根于社会上组织的缘故，常常得着群众的服从的。他可以由此而悟会而主张以为从政治史方面看来，我们对于政权的行使者，一定要郑重的防御其滥权，他更可以看出政治权力之根据，是基于全体人民各个的赞同。他因而可以得一结论，断定自由是抵抗力的容量。从过去的历史中，他可以努力于将来。

他的努力尚不止于此，一种新的政治的形而上学，一定也应建设起来。这种建设，一定要根据着历史方面的经验，方几适于实用。惟有这种方式，几可免掉托克维尔所说的危险，拿古董式的制度，来应现代社会之须要。最容易办的，却也是自要紧办的，就是脱离了法律上的权利观念，而回至于道德上的权利观念。这个事一定不易的事实，人民主权史，可以使得学者明白，它的表面上的适用性，和实际的效用，是完全不相应的。

拉斯克草于　哈佛大学

原文载密希根法学报十七卷三号

解释宪法之权与能[*]

陈恩成[**]

一、导言

依照国民政府 26 年 5 月 18 日明令宣布，曾经立法院同年 4 月 30 日删定的"五五宪草"第 142 条，规定"宪法之解释，由司法院为之"（参看第 140 条），又第 79 条，"司法院有统一解释法律命令之权"。时贤对此颇有商讨，因为是项规定影响很大，归纳说来，可分为下列四端：

（1）解释宪法之权，深切控制宪法本身的涵义；

（2）深切操持宪法的生机；

（3）深切监护宪法和一般法律命令之实施，或其相互间的消长成败；

（4）深切影响民众本身与民众对政府的权义关系。

由是可知，宪法应该由哪[1]一个机关来解释与卫护，是一个值得注意的问题。兹作比较研讨如下。

---

[*] 本文原刊于《思想与时代月刊》1944 年第 36 期。

[**] 陈恩成（1902～1964 年）字威立，广东梅县人。1930 年毕业于东吴大学法学院（第 13 届），获法学学士学位。同年秋赴美深造，获美国西南大学法学博士学位。1934 年学成回国，旋任国立广东法科学院教授，《中山日报》撰述主任。广州沦陷后前往重庆，任《扫荡报》副总编辑兼国立中央大学教授。1945 年任广东省政府顾问、编译室主任兼《中山日报》总主笔。1946 年夏，筹办梅县《中山日报》并任社长，同时筹设嘉应大学。1949 年冬去台，先后主编英文《中美月刊》、《今日中国月刊》。著作有《美国参战前之外交》、《监察制度史》（英文）、《广播评论集》（英文）等，译有《拜金主义》等，法学论文主要有《滂德法律哲学述评》、《中山学说之法理体系》、《中美宪法比较》、《广东司法之现状》等。

[1] "哪"原文作"那"，现据今日通常用法改正。——校勘者注。

二、唐代根本大法之解释与卫护

在我国过去专制时代，立法、司法和行政种种的运用，划分不清，既无实际存在的宪法，于是对于一般法律或命令之解释，几于因人而为变迁。唐代法制较备，六典颇有宪法规模。御史大夫、中丞，掌邦国宪法，朝廷纪纲（见《唐会要》卷二十五，会昌三年二月，知制诰崔于奏议），而尚书诸司侍郎亦兼宪官，尚书左丞，职业至重，按六典得弹射八座，主省内禁令，及宗庙祠祭之事；御史纠劾不当，亦得加强弹奏，并且"京兆、河南司录，及诸州录事参军，皆操纪律，纠正诸曹，与尚书省左、右丞纲纪六典略同（见同上，会昌二年十月，尚书左丞孙简奏议）。唐武宗朝虽不是法制严明的郅治〔1〕时代，可是贞观的流风遗绪，在那时颇有中兴的机势"（参看《唐会要》，卷五十七，会昌五年六月敕）。从唐太宗朝的政制讲起，它也是"远览殷周，近遵汉魏"，而上袭隋规，稍加变革的；台阁规模，皆房杜所定（参看《唐会要》，卷五十七，990 页〔2〕）；尚书省的常务，属于左右丞。尚书万机，实为政本，八座比于文昌，二丞方于管辖。由于戴胄、魏征，晓达吏方，事应弹举，无所回避；宇文节明习法令，以干练见称，贞观二十年，至为之未置左右仆射。〔3〕那时，解释六典、臧否敕令的大权，便多在尚书左右二丞手中，法治的精神，一时颇称旺盛。魏征尝奏对太宗："陛下设法，与天下共之，今若改张，多将法外畏罪。"这一语表示着法律有固定性，有最高的权威〔4〕，且必须"君民"同守。但因六典是唐代君主所制定，并没有民众的代表参与编订，虽为国家的大经大法，尚未切合现代宪法的要件。至于在专制政潮中，六典的修改，既未明定程序，只随君主与权臣的意向以为增损；就是解释和督导实施的职掌，亦多随时移转。御史台正朝廷纲纪，举百司紊失，有弹邪

---

〔1〕 "郅治"指最完善的政治，一般用以代表太平盛世。——校勘者注。

〔2〕 陈先生引用何种版本的《唐会要》不详。据今人点校的《唐会要》，文中"房"指"房玄龄"，"杜"指"杜如晦"。据载："房玄龄明达世事，辅以文学，不以求备于人，不以己长格物，与杜如晦引拔士类，常如不及。至于台阁规模，皆二人所定。……二人深相得，同心徇国，故唐世称贤相者，推房、杜焉。"参见（宋）王溥：《唐会要校证》（下），牛继清校证，三秦出版社 2012 年版，第 842 页。——校勘者注。

〔3〕《唐会要》记载唐太宗对宇文节言道："朕所以不置左右仆射者，以卿在省耳。"参见（宋）王溥：《唐会要校证》（下），牛继清校证，三秦出版社 2012 年版，第 849 页。——校勘者注。

〔4〕 "权威"原文作"威权"，现据今日通常用法改正，下同。——校勘者注。

之文，初无受词讼之例。至于在理刑方面，凡天下之人有称冤而无告者，与三司诘之（《会要》卷六十，1043 页）。[1] 大理寺与刑部断狱，亦皆申报台司，因此而御史台亦兼司法重责。司法人员，在各州县自都督、刺史、县令以下有县丞、簿尉以至录事参军；在首都有御史台中的大夫、中丞、侍御史和监察御史等，于谏诤朝政，及纠弹内外职官公私阙失之外，后来并兼推事断狱，自与解释法令有密切关系。各都院官带宪衔者，亦得委令推勘；刑部职掌于是分摄，司法权既不集中，而解释法令之权能愈呈紊乱，而门下、中书二省，散骑常侍、中书舍人、给事中、谏议大夫，与补阙拾遗等官，地位同于皇室的秘书或参事，职掌制诰或司封驳，也有解释法令之权，惟皆待决于君主。贞观二年，且勒中书令、侍中，于朝堂受词讼，众庶以上有陈事者，悉令封上，太宗亲加阅览（《会要》卷五十三，《杂录》）。贞元十年以后，德宗不任宰臣，人间细务，多自临决，而刘泊、杜黄裳等分别以垂拱任贤、分职授绩为劝，乃得先后改正。而黄门侍郎及给事中，掌纠驳与封驳诏制敕令于未下或既下之际，引据国典，颇同对于君相诏令有否决之权，对于拥护宪典、解释法令，颇著功效（参看《唐会要》卷五十四）。这是我国向来政制的传统作风。

唐法颇称美备，六典集前代律令格式之大成，下垂宋明，以至于清，法制虽稍嬗变，而法意实仍其旧，惟专制作风加强，守法的精神转减。现在标举唐借代政治概况中，关于解释国家根本大法之权，可见其分散淆杂，自不可为现代典则。

三、英法诸国的解释宪法之权

英国的宪法，虽依戴雪的分析，包含"法律"和"典则"二部，为朝野所须共遵；但在"巴力门[2] 的立法至尊性"之原则下，巴力门是一个常醒的立法主人，既可以随时议订法律，在程序上与实质上，通常的法律与宪法之订立、卫护与其实施，既无差别。先立之法不能束缚现在或后来立法者的身手，前法是否尚有效力，巴力门自得随时加以检讨及解释。如认为不适合

---

[1] "三司"指御史大夫、中门、门下，"大事奏载，小事专达"。参见（宋）王溥：《唐会要校证》（下），牛继清校证，三秦出版社 2012 年版，第 888 页。——校勘者注。
[2] "巴力门"为英文"Parliament"的音译，即议会、国会。

时代国情，则巴力门当可订立新法，而使前法归于无效。因此，在英制下，主要的解释宪法之权，最重大部属于巴力门。除巴力门本身之外，国内无第二机关——司法或其他——能宣告巴力门所定法案，谓为违宪或无效。仅在审查"从属的造法机关"如公司法团等所订立的规则，是否违背国宪时，法院得有权利与义务，以解释和宣布其法律效力（参看戴雪：《英宪精义》，雷宾南译，188 至 190 页）。又如对于印度、新西兰等殖民地或自治领的参议会或立法院所订法律，即在印度或新西兰的法院，与在英国本部的法院或巴力门或殖民部长同，当有机缘时，可以加以裁判，可以违背帝国议会的法律为词，而宣布该法案失效（参看《英宪精义》，191 至 204 页）。因此，在此类事件上，英国本部或其自治殖民地的法院乃得享有狭小范围的解释及连带的阐释国宪之权。

其次，再看法国的宪法，其解释权亦属于国会。

自 1789 年大革命以来，法国曾先后订立过十二个宪法，政体屡更，可是仍然保持其宪法的硬性与不变更性，因此每次改订大抵要经过革命暴动。法兰西的议会，照戴雪看来，虽尚不能称为"主权的立法机关"，依通常的立法程序不能修改宪法；但质直言之，如果通常订立的法律竟有违宪情事，法院亦只能袖手旁观，而不能根据宪法，以宣布此违宪的法律为无效。照托克维尔〔1〕看来，法国制宪人物，一方面既深惧议会的权威没有限制，又不愿设法以制止议会的越权；同时却相信民众的政权，或如《人权宣言》中所表示，其运用足以控制议会；又妒忌或轻视司法官吏，而不愿法院侵入政治的范围（参看《英宪精义》，210 至 214 页、637 页）。因此，法国任何法院未曾有一次以"违宪"为理由，而拒绝执行某一宗法案。严格讲来，它没有解释宪法之权。

比利时的法学家，在理论上亦尝主张，凡违反宪法条文的法案应受法院宣布为无效，但就历史观察，自 1830 年独立以来，比国法院未曾有此举动（参看王世杰：《比较宪法》，商务再版本，582 页）。在比宪中如在法国的宪法中，普通的法律是否违宪，法院没有解释之权，这类似的问题要待政治的或道德的手段，以至舆论的向背，来求解决。

---

〔1〕 "托克维尔"原文作"笃奎尔"，现据今日通常译法改正。——校勘者注。

四、美奥等国法院的解释宪法之权

美国是"承认",或在宪法里默许法院享有解释宪法权的。在这一派系里,还有奥国和中南美诸联邦国家。

承认法院享有解释宪法之权,就是授予法院享有"否认"或"撤销"违宪的法律或命令之权;同时基于节制与平衡的原则,一方面把卫护宪法之权,在平常的具体运用上交给法院;又一方面是允许法院过问政治以至于干涉国会的立法权;第三方面,在解释宪法的事情[1]上,法院又往往享有间接的立法之权。

美国 1789 年的联邦宪法[2]初未规定解释宪法应属于哪一个机关。在《联邦周刊》(The Federalist)第 78 期中,当汉密尔顿[3]劝导各州批准宪草时,曾力主"司法审查"[4](judicial review)之论,而明倡"法律之解释是法院的正当而特有的职权",并认为宪法的地位较优越于普通法律,因为全民的意志应较他们的代议士的意志为卓越。司法人员应当认识此点,因此在执行职务上,他们享有解释宪法和国会通常订立的法案之权(参看樊纳:《现代政治之理论与实施》,210 页)。汉密尔顿的议论并未订入宪草之中,直待1803 年马伯里与麦迪逊[5]讼案、1816 年麦卡洛克与马里兰[6]讼案,联邦最高法院审判长马歇尔[7](John Marshall)确认宪法的至尊地位,与法院享有解释宪法的职权。在马伯里讼案中,马歇尔判称,1791 年的司法一法案,规定联邦最高法院得有初审权而发送指令给联邦的司法或行政官吏一节为国会越权违宪所订立,因为宪法原只规定最高法院享有上诉的管辖权。在麦卡洛克讼案中,最高法院审判此案的主题,是确认联邦政府有在各州设立银行

---

〔1〕 "事情"原文作"事工",现据今日通常用法改正,下同。——校勘者注。

〔2〕 美国宪法通过的时间为1787 年9 月17 日,但在宪法框架内运作的联邦政府则迟在1789 年3 月4 日才正式成立。——校勘者注。

〔3〕 "汉密尔顿"原文作"汉米尔敦",现据今日通常译法改正,下同。——校勘者注。

〔4〕 "司法审查"原文作"司法审议",现据今日通常译法改正。——校勘者注。

〔5〕 "马伯里与麦迪逊"原文作"马尔布里与马迪逊",现据今日通常译法改正,下同。——校勘者注。

〔6〕 "麦卡洛克与马里兰"原文作"麦加乐与马利兰",现据今日通常译法改正,下同。——校勘者注。

〔7〕 "马歇尔"原文作"马尔晓尔",现据今日通常译法改正,下同。——校勘者注。

分支行处的"默许"之权，宪法对此虽乏明文规定，但由于联邦政府实施国策之所必需，一切职权之行使如关于实施国策所应有之工具或手段，原非宪法所能详载，因此法院得由公正明敏以解释宪法全部之涵义，宣称联邦政府为求达成宪法所规定的使命，实享有"连带的默许的特权"。在这一点上，马歇尔不只加强确立了法院有解释宪法之权的原则，并且就在这种事情上，法院也拥有促进[1]宪法的实施与生长之机能，对于整个国家，发生本篇导言里所列举的四个影响。在同一判词中，马氏并倡论："国会不只享有宪法所明文列举的职权，并且为求适当的实施此类职权起见，并为谋协助联邦政府实施宪法赋予的一切职权起见，亦得订立一切正当与应有的法律。"所谓正当与需要的程度，国会自有权审定，而非法院所得过问。因此，"如果任何政策之目的是合法的，是在宪法规定的范围之内的，凡因此政策而订立的法案，如为企谋达成此政策之一切工具或手段，只要是适当的，并且显然用此等手段可以达致目的，而非宪法所禁止，且与宪法的文字和精义相符合，都可以说是'适合宪法的'"。因此，美国的法院虽有解释宪法之权，但对于国会订立的法案，根据上述的情况，所谓"正当与需要"的程度，却只有国会得自有权决定而非法院所能越俎代谋。马伯里与麦卡洛克两案，外表上前一个限制国会的立法权，后一个却又扩大国会的立法权，而实际上主旨乃在确定了"司法审查"的法例。自是之后，一百余年以来，两判词中所列种种法理，引起无数辩论，可是法院解释之职权却仍屹然确立，为美国政治制度中一个极显著的特殊政象。自 1789 年至 1924 年，已有讼案三万件上诉于最高法院，要求解释法律政令是否适合宪法。在此三万讼案中，只有 53 种法律，被判为"违宪"（参看樊纳，同上，210 至 213 页）。罗斯福总统在第一届任职期间，为实施新政以解除经济恐慌，授意国会订立的限制工作时间、规定最低限度的工资，和缓期还债、限制麦棉等农产品之产量等法案，先后遭各级法院，特别是联邦最高法院判认为违宪，而失去效力，也是美国现代政治中极显著的事象。

美国的法院在解释宪法与一般法律政令的事情上，往往随法官个人的政治德性为转移，而发生"狭义解释派"和"广义解释派"、"地方分权派"和"中央集权派"、"个人主义派"和"社会主义派"、保守派和进步派等等歧

---

[1] "促进"原文作"助进"，现据今日通常用法改正。——校勘者注。

别。罗斯福总统为谋增加进步派的审判官，以便遂行新政，尝于 1937 年企图修改宪法，扩大最高法院审判官的名额，而擢用富有朝气的人物。然而这个建议却得不到国会的同意。美国法院因为享有解释法律与宪法的重要职权，最高法院的审判官，又依法得久于其任，虽到了退休的年龄亦可不自动告老，因此，守旧派的法官犹得影响美国政治的推进或革新。一般学者至谓美国的政治是"法官政治"（Government by Judges），一方面确定了"宪法至上"，足以束缚后来立法机关的职权；又一方面准许法院享有解释宪法之权，好比承认它的职权比较任何其他政府机构的为优越。这种政象引申言之，便好比是法官站在最高的地位而统治着美国（参看樊纳，同上，214 至 225 页）。

奥国与加拿大等联邦解释宪法之权，亦委托于法院。法国制度极注意于防闲[1]立法院之将来越权；美奥制度则极注意于越权立法后之补救。凡遇国会议决的法案违反宪法，每于受理与此法案有关的法院，甚至推而论之是受理此案的每一审判官，均有审查该法案的法律效力之权义。倘使违宪有据，此项法案即归无效（参看戴雪，同上，213 至 214 页）。戴雪颇赞称美制。但再以英法与美奥诸国法制相较，则可发现[2]凡单一国家，由于国情与政理上的便利，多以宪法的解释权保留于议会，或虽无明文规定，亦不愿法院干涉政治；凡属联邦国家，根据同样原因，则多以宪法的解释权归托于法院。据一般学者观察，在联邦制之下，中央与各邦的事权皆由宪法规定；如授权联邦议会以解释宪法权，即便无意[3]授以侵犯各邦权限重大机会，在原则上既与宪法上划分中央与各邦的基本精神相矛盾，在事实上亦极引起中央与各邦之冲突。因此，以宪法解释权属诸地位比较超然的联邦法院，是比较适当的解决（参看王世杰：《比较宪法》，587 至 590 页）。惟瑞士厉行复决权制，理论上不必授法院以此权，事实上且不宜授法院以行使此权。至于加拿大与澳大利亚二联邦的中央法院享有解释宪法之权，其理由与新西兰或印度的法院享有此权相同，一则因三邦议会尚为"非主权"的立法机关，而其国体又仅为英帝国之一部，中央法院不只含有代表帝国巴力门（包含英皇与国

---

〔1〕"防闲"是比"防备"、"防止"等更古的用词，"防，堤也，用于制水；闲，圈栏也，用于制兽。引申为防备和禁阻"。参见罗竹风主编：《汉语大辞典》（缩印本·下卷），汉语大辞典出版社 1997 年版，第 6895 页。

〔2〕"发现"原文作"发见"，现据今日通常用法改正。——校勘者注。

〔3〕"无意"原文作"无异"，现据今日通常用法改正。——校勘者注。

会上下两院）以推行英帝国宪法之意义；且兼代表英内阁殖民部以推行其政令的意义，对于帝国与加、澳等自治领及其他殖民地的宪政，法院赋有督导的使命，这点自和美奥等国之给予法院以解释宪法权之用意不同。

五、解释宪法之能

本文上篇已将解释宪法之权择要叙述，兹再进而论解释宪法之能。在这问题上，权是主体，能是权运用中的客体，本来可达为一说，以相印证。如果任何机关、团体或个人，有职权而无才能，则其职权必不能持久享有；有才能而无职权，则其才能亦无由舒畅运用。这一点是本文中紧要〔1〕之点，执此原理，可以衡量我国五五宪草给予司法部或法院以解释宪法及一切法律之权，是否适应国情，而符合政理。

解释宪法之才能这个问题，又可以划分为两部分来检讨：一为承上文而言，是权力所及的限度；二为依人才而论，是能力果否适当。

（甲）权力所及的限度

先就解释宪法之权力所及的限度而言。如我国唐代尚书省左右二丞、御史及谏议等，依据六典，得以解释诏敕政令是否合法，黄门给事且得封驳之于发颁之际，对于君主敕令具有道德上的否认之权。但在法律上，在君主专制的制度下，此种解释法律之权亦终不能对抗君主的意志。因为六典并不是以民为主的主权机关所立的宪法，一切权力集中于君主，则御史与给事中等卫护六典之职权亦导源于君权，而随君主之贤昏喜怒为转移，其才能运用亦随而受此限制。民权既未发展，舆论又受拘束，能为御史台施展才能之后盾者，除了尚书、门下、中书、御史等省台人物采取一致行动，或联合三数刚正大臣犯颜极谏外，在依法以解释六典、封驳敕令之际，所得运用的才能，无论在道德上有何种威力，在法律上亦殊难撤销昏君暴主的残酷政令。他们为谋施展才能，必要时常托言天意，假借天灾、地震，或灵瑞符应，以期感格君心，使遵循〔2〕法度，以施政令。

在英国，巴力门拥有无限的立法权威，它的权力所至，诚如柯克（Sir Edward Coke）所言，不但是卓越，而且是绝对。它对于英帝国内一切法律可

---

〔1〕 "紧要"原文作"握要"，现据今日通常用法改正。——校勘者注。
〔2〕 "遵循"原文作"循遵"，现据今日通常用法改正。——校勘者注。

以创造，可以批准，可以扩张，可以收缩，可以裁灭，可以撤回，可以再立，又可以诠释；至此类法律所治理的事务，或干涉王位继承，或改造邦国联系，或关及宗教，或关及世俗，或关及内政，或涉及外交，或关联军事，或处理罪犯，都可不必拘论（参看柯克：《第四法经》，载戴雪：《英宪精义》，135至136页）。因为巴力门兼为英国全国最高与最尊的法庭，国中所有机关再无一所能跨越它的管辖权以上，它的立法权在英帝国内是绝对的，它的通过内阁以实施的行政权也是绝对的；它的司法权，在卫护宪法和解释宪法上，也是为无法律上的限制的。随之而在这上头，其解释宪法之"能"亦即权力所及的限度，除了国境的范围之外，也可说是无限的——但在现代民智日启、民权日伸之秋，所谓"万能的巴力门"之权力，在理论上自须受国内外舆论的拘束，顾忌民众的直接行动如罢工示威等，兼须顾虑国际局势的演变而勉求适应。

在美奥等国，法院享有解释宪法与一切法律之权，但其权威运用之所及，只能否认违宪的法令对于某一讼案的适用，并不能直接撤销该项法令〔法国第一次共和之第八年宪法，虽曾规定护法元老院（Sénat Conservateur）之决议得以直接撤销违宪的法律或命令，它是解释宪法的特殊法院，但其后法国改订宪法，并未重采此种法制〕。只是事实上，凡经美国法院认为违宪的法令，如经联邦最高法院在某一讼案中判定为无效，则在同类讼案中由于此判例之受引用，所谓违宪的法令亦且等于遭遇撤销，在政治上亦将无法继续执行。美国法院在某一讼案中否认违宪法令之效力，其权能因此有间接撤销该项法令之作用。美国国会和政府，对之不能不加以默认。奥国1920年宪法第140条之规定，对于这点却有较明朗的表示，凡联邦法律或各邦法律，经由"宪法裁判院判决认为违宪时，联邦国务总理或各邦之行政长官，便应将该判决公布，而明示该项法律已为撤销，其撤销期即自此公布时期开始"（参看王世杰，同上，583至584页）。所谓违宪问题，又可分为二大类：第一是在形式上或程序上，法律或之成立曾否具备宪法所规定的条件；第二是在实质上或功效上，法律或政令之全文有无违反宪法的本意〔1〕。许多德国的学者曾倡言，纵令法院享有解释宪法之权，亦只能审查法令的实质是否违宪，至于其形式或程序是否违宪则非法院所当过问。德国朝野的专制气氛较为浓厚，对

---

〔1〕"本意"原文作"本义"，现据今日通常用法改正，下同。——校勘者注。

于立法的形式或程序，或由联邦国会主持，或任独裁的希特勒操纵，或如在威廉第二控制之下相同。德国的学者们与其多数民众所持的态度，亦颇相似，都不愿过事究诘。这自与挚爱民主的美国法学家与一般民众所持的见解不同。可是就在美国，法院仅能否认违宪的法令对于某一讼案不能适用：或因其立法的程序不合、形式错误；或因此法令的实质违反宪法本意，或因其功效足以危害宪法本旨，法院皆可以"违宪"目之，而宣告为无效。司法侵犯立法之事象，因此颇为广泛，亦常受行政部与立法部之嫉视。美国最高法院之否认罗斯福厉行新政时期国会所订提高工资、减少工时、限制棉麦生产与缓期还债等法案，辄以违反宪法上的契约自由或"适法程序"（due process），或侵犯各邦保留的主权等条文为理由，亦已引起国会或其他机关的严重反感。美国法院享受解释宪法之权力过大，尤因其偏于保守精神与个人主义之故，颇能妨碍国会为适应时局而作的进步的立法，与行政部为应付严重局势而发动的明智国策。在国际局势极呈动荡之际，富于保守精神与个人主义的法院，拥有过大的解释宪法之权能，也可说是美国政制上一个弱点。

（乙）能力果否适当的问题

其次，就解释宪法的能力果否适当的问题，而加以讨论，先决要件为此种能力之养成与运用，当其民族文化崇高、素重法治主义的环境里，方能得到比较适当的质量；并要在法学昌明、法制优良的环境里，方能得到比较适当的表现。英美等国，司法官和律师的任用，或由考试取得资格，或由铨叙与名望获膺重任，都很严格慎重，地位也很受社会尊崇，大多数不只能奉公守法，在私德上亦多能信循"法律道义"（Legal ethics）；并由于一贯自重自强的司法风气，且在学问上亦精研不懈，所以在其本体上，杰出的人才如英国的柯克、布莱克斯通〔1〕（William Blackstone）、曼斯费尔德〔2〕（Lord Mansfield）及史第芬（Justice Stephen）；美国的马歇尔、肯特〔3〕（James Kant）、斯托里〔4〕（Joseph Story）、休斯〔5〕（Hughes）、塔夫脱〔6〕

---

〔1〕 "布莱克斯通"原文译作"勃拉克斯东"，现据今日通常译法改正。——校勘者注。

〔2〕 "曼斯费尔德"原文译作"孟斯费德"，现据今日通常译法改正。——校勘者注。

〔3〕 "肯特"原文译作"康特"，现据今日通常译法改正。——校勘者注。

〔4〕 "斯托里"原文译作"士托黎"，现据今日通常译法改正。——校勘者注。

〔5〕 "休斯"原文译作"休士"，现据今日通常译法改正。——校勘者注。

〔6〕 "塔夫脱"原文作"塔夫特"，现据今日通常译法改正。——校勘者注。

（Taft）、霍姆斯[1]（Holmes）等，不胜枚举，在司法界中卓然有以自见，使司法界功业炳耀，可与立法、行政诸部的英俊领袖分庭抗礼，因此不只司法人员的地位由此提高，就是在客观上，整个司法部也占着尊崇的地位。尽管法官本身有保守或自由、个人主义或社会主义、拥护中央集权或倾向地方分权等政治信仰之不同，但除了少数例外的〔参看蒙恩与伊利诺伊[2]讼案（Munn v. Illinois），戴雪，同上，254 至 255 页〕，大多数均能以纯正的操守、渊博的学识、精密的思想以处理案件。其判决主文与异议，又可称为专书，公开于世，其正负优劣的见解，都可供学者讨论和社会共评；所以在这一贯的"法律主治"的传统下，英美司法的昌明实非其他国家所可企及[3]。

特别在美国，联邦最高法院地位尤高于国会。远溯麻省宪法，开标"此为法治的政府而非人治的"之精义，赋有解释宪法之大权者，可以根据宪法而否决国会订立的法案。英国受治于政治家，而美国则受治于法律家；因此美国流行着"法官政府"、"司法独裁"、"黑袍的贵族统治"和"法官立法"等口号，不只国会受着司法部门[4]的节制，就是行政元首也受着它的控制（参看樊纳，同上，221 至 225 页）。对于司法部门的权力庞大，颇思加以改革，现代政治家或议修订宪法，以民众的罢免方式撤换渎职的法官，或建议最高法院中要有七对二的表决才得宣告法案违宪（1823、1826 与 1923 年国会议员曾有此提案，但皆未获通过。参看樊纳，同上，223 而注脚；华尔伦（Warren）《国会、宪法和最高法院》第六章），或倡议国会议员如将被法院认为违宪的法案，以三对二的多数再次通过，再当成为有效的法案，使国会权威超越司法部门。然而这许多议论都未能实现，并不是由于美国人士喜欢守旧，或自满于现行的法制；最大原因或许由于大多数司法官尚有卓异的才能，足以维护其威信，而继续运用其解释宪法之特权。

在英国，照传统习惯，司法官吏是英皇的代表，君主之本身即为司法之根源，地方法庭亦几等于君主执行司法任务之一个途径〔参看布勒德

---

〔1〕 "霍姆斯"原文译作"霍尔摩斯"，现据今日通常译法改正。——校勘者注。
〔2〕 "伊利诺伊"原文译作"依利诺"，现据今日通常译法改正。——校勘者注。
〔3〕 "企及"原文作"几及"，现据今日通常用法改正。——校勘者注。
〔4〕 "司法部门"原文作"司法部"，为避免误解，改为"司法部门"，下同。——校勘者注。

(S. Reed Brett)：《英国宪政史谭》，113 至 136 页]。在所谓"法律主治"的制度下，法官必须遵守三个主要原则（参看戴雪，同上，237 至 238 页）：

（1）武断权力不能存在　凡人民不能无故受罚，或被法律处分，以致身体或财产受累；

（2）普通法律与普通法院占优势　在普通法律管辖下人人平等，君民共受统治；

（3）宪法的通则形成于普通法院的判决　英宪通常原则的成立缘由于司法判决，此又起于民间讼案因牵涉及人权利而发生；法院及巴力门常用法律行为，以测定元首及公仆所有地位，即以此保障个人权利。

英国的法治主义既有此三大原则为其依据，再加以出庭状法案之先后订立于 1679 与 1816 年，其应用乃愈行普遍；陪审制之实施与证据之日趋完备，而法官之武断愈受适当限制；大宪章自 1215 年公布后其中第 39 条关于"合法裁判"之规定（参看戴雪，同上，325 页），颇与美国宪法补充条文第五项与第十四项之"正当法律程序"〔1〕（Due Process of Law）之精神相同。这类规定，在客观环境上又皆能训练法官使遵守法律以从事审判，养成了他们解释法律的高超本领。

十八世纪法儒伏尔泰〔2〕（Voltaire）在国内受了冤屈而出游英国时，最大的感想是："适才离开一个专制国家，却进入一个地方，其法律尽管严烈，然而当地人民只受治于法律，而不受制于险恶的人情。"他尝赞颂英国的法治主义，在这制度下，不只法律严明，法官也大多数具有高超的智能和纯正的操守，一直到现在，英国的司法依旧受人赞扬。

关于我国的司法制度和司法人员的才能，在这里未便加以商讨，但举两个原则以示要旨：

（1）参考英美的法治主义与其实施，我国必须急起直追，厉行法治；

（2）司法人员如果要享有解释宪法之大权，尚须加强振奋，砥砺德学，有够量的才能威信，以与此大权互相配称。

---

〔1〕 "正当法律程序"原文译作"适法程序"，现据今日通常译法改正。——校勘者注。
〔2〕 "伏尔泰"原文译作"福尔泰"，现据今日通常译法改正。——校勘者注。

六、结论

解释宪法之权与能必须互相配称：权的范围必须确定，能的分量必须判明。关于这点，王世杰先生有过很扼要的见解：

"如法院能在社会上享有重大的权威，则授以撤销权与否，实际上或者俱无不可；然此种权威，每非旦夕可以造成，如一时不能希冀法院有此重大权威，则与其遽授法院以撤销权，到致法院尝有举鼎绝膑之虞，倒不如仅授法院以否认权，俾得和缓的匡救法院之过失，而又不致惹起外力之猛烈反抗。"（参看《比较宪法》，584 至 587 页）

其次，关于既已采用复决制的国家，倘又授法院以解释宪法之权，王先生亦明言：

"实际上将令法院难以自处，将令法院之独立与尊严，无由自全。以是之故，瑞士宪法，不特无授法院以否认联邦法律权之必要，抑且有不宜复授法院以此权之势。"（参看同上，590 页）

五五宪章既规定人民行使四权，复决权即居其一；今再规定司法院有统一解释法律命令之权，复明定授以解释宪法之权，在实际上已恐有运用为难之虑，与上说亦相纳凿。至于司法院是否得以此二权委托各级法院，或仅由该院本部行使解释宪法权，而以解释通常的法律权委之一般法院，亦尚待后来诠释。

依据宪章第 140 条之规定，"法律与宪法有无抵触，由监察院于该法律施行六个月内提请司法院解释，其详以法律定之。"但在实际上如以美国之司法程序及情况为例，则每一新法案成立后，是否与宪法相抵触，不待任何机关提请法院解释，而在人民之权利义务遭受新法案影响之际，立即得向法院提出违宪的诉讼。赋有管辖权的初级法院，亦即在审判讼案中，兼用解释宪法和法律的职权，这种程序自较迅速合理。

更进一步从五权宪法的大体上言，五权分立既较英美之三权为明细，且五权之间又较缺乏制衡作用，既不似英之内阁制，在巴力门主权之下，在法理上内阁由巴力门产生，且转以推动巴力门之工作；又不似美之总统制，由控驭政党而策动国会，故以司法之超然地位，享有解释宪法之权；而五五宪章忽以此大权不归于代表民众的国会或国民代表大会，而给予身为官吏机关的司法院，是在法理上又无异以官吏机关对抗民意机关，以官吏的意志对抗民意；承认司法权得侵犯立法权，既与五权分立之原则不符，且使司法权高于立法权，对于制衡原则亦非适当配合。至于在解释宪法的权与能的配称上，亦尚有考虑之必要。深望主持制宪运动的党国领袖，和全国明达之士，对于此点特加注意，将来国民大会对于五五宪章的采纳批准，在这一点上也要切实斟酌。

三三、六、一三〔1〕

---

〔1〕 此文陈先生用民国纪年标注的写作时间，换算成公历即 1944 年 6 月 13 日。

宪法解释权之商榷*

胡毓杰**

司法解释，应由最高司法机关为之，在今日已无讨论之余地。宪法之解释，是否应设特定机关，抑由普通法律之解释机关为之，此一问题，不但关系人民之权利义务，且关系政治组织上权力之分配，实为法学上之重要问题。最近法例中，特定机关者，有西班牙及澳大利亚〔1〕宪法；由普通司法最高机关主宪法之解释者，则美国宪法实为先河。我宪法草案之最初稿，吴德生先生仿澳、西之成例，特定宪法之保障一章，而以国事法院为主持解释之机关，及后修正各案遂删斯章，而法美制，解释之权，与一般法律，同归属于司法之最高机关。依吴氏宪草之所见，则宪法之解释，同于宪法之修正。经特定之程序，由特设之机关——国事法院——主之，依立法院审定修正之草案，则无异于普通法律，由统一司法解释之司法院为之。表面而言。似无大别。不过衡其轻重，审其利害，则解释权之所在，似与宪政之得失，有不得已于言者存焉。

世之论宪法者。每以宪法修正之难易。定宪法之为刚性或柔性。然宪法之解释，其重要有过于修正者。盖宪法之修正为偶然的，而其解释则为经常的。是解释权之付与普通司法机关或特别组成之机关，其影响于宪法者当较之修正之难易为甚。宪法之解释，本足以影响宪法之适应性。意之广者，可以解释缩小；意之狭者，亦可以解释扩张〔2〕。今日而言法律解释，从分析

---

　* 本文原刊于《法令周刊》1935 年第 269 期。

　** 胡毓杰，1934 年毕业于东吴大学法学院（第 17 届），获法学学士学位。1943～1945 年，东吴大学法学院在渝复校时任教授。

　〔1〕"澳大利亚"原文译作"奥大利亚"，现据今日通常译法改正，下同。——校勘者注。

　〔2〕"扩张"原文作"伸张"，现据今日通常用法改正。——校勘者注。

学派之拘拘于文义，或从社会学派之以法律之目的为宗，或如唯实主义之以法律之实用为主，则末学疏庸不敢参以己见。不过一国之宪法，以久远为目的，宪法而与社会格格不相入，解释不能匡正之，则是舍修正宪法外，末由使宪法合于社会之需要。立法之初，不问为公法为私法，社会环境，大致尚能顾到。宪法有永久性、有固定性，今日立法，不能不以永久为旨。但一二百年后之社会，是否仍如今日，大有问题。欲宪法之一成不变，必也求诸解释。而不能以修正之必行，仰诸后人。则解释之重要，盖可见矣。

解释之重要，既如上述。则解释之机关，必也能负此任，司法机关而负此项责任，依统一解释为宗尚，则诚无间言。不过司法解释是否能不囿于分析途径而使法律合于社会之需要，则为疑问之一。宪法为人民权利之基本保障，且宪法之解释，有时不啻立法。则解释之机关，即为运用法律于个别案件之司法机关，似亦有权力过大之嫌。在法治上轨道之国家，原无不可，而在将行宪政之国家，则为可考虑者也。且五权分立制度，本有异于三权鼎峙，五院平等，为党义之中心，立法固不可高于司法或行政，但解释权之授与，或足使司法权提高，此又为可探讨者。

从解释之本身言。学者或主狭义的解释，谓文义可遵，则守文义。文义有疑义时，则溯及立法时之旨趣。故论司法之解释者，大抵尚难脱分析学派之途径。宪法之解释，是否同于其他法律，其为问题，盖难以一二语可尽。而在今日之政治思想及制度上，有两大背道而驰之潮流，而皆为今日言宪法者之中心。产业革命以来，个人主义之自由思想，虽非各国政治上宪法上唯一之主要思想。而在十月革命以前，自由实为立宪之最大目的，但自十月革命以后，战后各国，政治上之动向，新兴宪法之趋势，自由以外，异军突起于宪法规定中者，国民之生计，实为主要之中心。政治之自由虽未落伍，经济平等，已有代兴之势。自由思想，导源于天赋人权之说，经济平等，则不能离社会主义之国家万能思想。国家万能，则干涉必也加多。经济社会化，则放任主义，必也不行。今我宪法草案，草创于此思想冲突需要矛盾之际，自由之保障，不能无学者所谓《人权宣言》一类之规定。国民经济，又不能任其自由渔夺而设有国民生计之一章。以自由而言，则今日之自由，盖非无限制之自由，而今日之生计，亦非极端干涉之统制经济。拘拘文字，解释必也周章。若应社会之宜而脱离文字太远，解释机关非即运用于个别案件之司法机关则可。若使司法机关兼此二者，则未免使其权高于一切矣，今姑舍此不论。今日之所求于司法机关对于普通法律之解释也何如？而所求于解释宪法机关者又何如？若所求于司法机关者，同于所求于宪法之解释者，则同一机关也可，若所求者有异趣，则同一机关，实事所难能。

在法典国家如我国者，欲求法治之实行，人民权利之保障，司法精神，当求守法。宁胶杜鼓瑟实之过正，不能使司法机关曲法以应时势，使司法机关有以解释变更法律之权能，而使人民之权利，上下于法官之手。普通法律之解释，其所求于司法机关者如此，而宪法之解释，则所求于解释机关者，或异于是。普通法律之修正，吾人可以此责诸立法机关，而宪法为根本大法，永久不变，修正固难，因时变迁尤不可能。而修正宪法又为非常之事，使宪法而能合乎时宜，则惟有以解释之宽狭为调节之张本，一二百年前立宪法，一二百年后仍守斯法，是其解释之重要可以见。而其解释之不能绝对株守于原来法律章句，及立法意旨，不言而喻。今所望于普通法律之解释也如此，而所望于宪法之解释机关者如彼，使同一机关，兼此二难，结果如何，可想象得之。

举例以证，则美国之司法，可为殷鉴。当二十世纪之初，美国立法及司法机关斗争于劳动法案时期，其争持之焦点，则为契约自由，财产自由种种之见于联邦宪法及各邦宪法者。纽约州于 1910 年立劳动赔偿法（Workman's Compensation Law），该邦大理院以违宪宣告其无效。经数年之争执，卒于 1913 年修正纽约邦宪法，劳动法始告成立。在今日之社会情形，而曰劳动保险为不可行，劳动之赔偿无资方之过失不可，劳资间之契约为不可干涉，是可知司法机关之多趋于守旧，斤斤于宪法之文字。美国司法号称进步，有推事变更法律之习惯，而犹如此，若我以法典国家步其后尘，我敢必时代推进之余，宪法之司法解释，不能顺流应变，不但使宪法之运用落伍于时代之后，且将使宪法逆潮流而为进步之阻力，蹈美国之覆辙，甚或过之。

今既曰司法机关任解释将不便于将来，他机关之解释，讵能优于司法机关乎？虽非必能较优而其可能性则较之司法机关负解释指责为大。依立院最近公布三读通过之宪草，司法院之解释宪法，无殊于一般法令之解释，依司法院组织法第三条之规定，除司法院院长为解释时会议之主席外，全部为最高法院中职业的司法人员，而无一政务人员之参加，司法习惯趋于保守解释，多不离于分析，为司法界必然之趋势，亦吾人之所期望。盖必如此而后法治得实行，人民之权利方有保障。然宪法而如此解释，我知其必不能以解释济宪法之适应性。若依澳、西之成例，或吴氏之草案，则国事法院为专司之机关，其中人选，由国民大会选举之，而加入五院推检国民大会复选之人员（参看吴氏宪草205条），机关既属专司，人选又代表多方面之兴趣，为宪法之专司，而无司法上之职守，故其观察社会之情形也能精，斯能免司法上狭义解释之习惯，而易于满足人民对于该机关之愿望，此另组机关之优于由司法机关之负此责者一也。

更从人民权力之保障方面而言：宪法上之保障，每因解释而出入。美宪第五条（关于联邦政府）修正案及第十四条修正案（关于各邦政府）所谓之"依乎法律者"（Due Rroceso of law），一百余年中，迄无定义，法令之合宪与否，行政处分之是否合法，一以大理院之解释为依归，故美国有大理院为主权之所系，同时为保障人民权力之唯一机关，今我宪法草案，人民之权利义务章中，所谓"非依法律不得者"或"依法律得者"，及第二十五条对于立法权之限制，今日而有概括之观念为不可能的，而我国之宪法，根本异于美国，我为单一国家，美为联邦国家，故美立法院之职权有限制（限于联邦宪法第一条之明文及暗示之规定），故大理院之解释、立法机关之法令，以有明文之授权与否，及逾越国家之治安权（暗示的即所谓之 Police Power of the State）与否，为解释指标准。今我单一国家，立法之权不限于列举（参看宪草第六十四条），则解释宪法与法令之抵触将少一限制立法之条款，其惟以二十五条，为唯一之制裁。则所谓"依法律得者"与"非依法律不得者"所指之法律，依司法之解释而言，好法恶法，凡由立法院依法通过，国民政府依法颁布施行，盖无不为法律，而二十五条所规定之限制，则为偏重于政治上之制裁，而少法律上确定之限制，使司法方面而有此宽泛之权，则宪法一施行，司法权便凌驾治权；使之有限制立法，牵制行政之可能，若使司法而以手续之合否为法律成立之标准，则渔夺百姓之法律，莫不施行而宪法之保障，将失其效率。

使宪法失保障，固不可，使司法凌驾无权，亦非五权宪法之精义，而司法权扩张，亦足以蹈美宪之覆辙，使宪法于一二百年后，为政治上进步之障碍（如前文所言纽约州劳工立法被司法之阻挠不修改宪法不已）。以此而言，则另组国事法院，一方面固可维护五权平等，同时则国事法院非一单纯之司法机关，且为国民大会所选代表人民兴趣之特别法院，负保障宪法之责任。而同时有各院候选人之参加，一方面代表国民大会，一方面沟通各机关之意志，为国民大会之代表。一切阻挠可免，应有与替可见，此另组机关之利二也。

至若司法最高机关而负解释宪法之责，吾人应知宪法之解释，有时不啻宪法之修正，美国之判例，可为殷鉴。本国虽无成例，然解释之变更，实不啻法律变更，今使运用宪法于个别案件之机关，有不啻立法之宪法解释权，实有治权偏集政治上之制衡，莫由实现。而有孟德斯鸠氏所谓司法、立法之权不分之弊，是其不若另组机关者三也。

中国之制宪与行宪[*]

丘汉平[**]

一、引言

司马迁说儒家博而寡要，这正是二千年来的通病。中国制宪问题闹过十数次，结果都等于零。每次制宪的墨迹未干，而毁法之事已起。作者前七八年，亦是犯过纸上谈兵这个毛病，只谈比较宪法，却忽略了宪法的最重要问题——即行宪问题。孟子早已说过，"徒善不足以为政，徒法不能以自行"，然而三十年的思想还是犯了此毛病：以为有"良宪美制"，中国马上就可康乐富强了，这种梦人说呓语，至今还大有其人。我想，倘是仍旧如过去在那儿编著"比较宪法"，钩心斗角的作文章，立条文，不但于事无补，恐怕宪法的精神将再而衰，衰而竭了。我亦是一个喜欢研究比较各国法律的人，对于比较宪法，亦深感兴趣。可是回头一研究，觉得"比较宪法"作为学术上的研究则可，作为本国制宪的根据则万万不可，英国是近代宪法发源地，但如拿

---

    [*] 本文原刊于《法学杂志（上海1931）》（第11卷）1941年第3期。原文未采用现代标点符号，文中标点为编者所加。

    [**] 丘汉平（1904～1990年），福建海澄人。罗马法学家、法律史学家、商法学家、华侨问题专家。先后毕业于国立暨南大学和东吴大学，后赴美国留学，赴欧洲考察。从1931年起，出任国立暨南大学、东吴大学教授，创办华侨中学等多所中学以及省立福建大学，曾任福建省政府财政厅长，国民政府交通部官员。1948年，任立法院立法委员。1949年赴台湾，出任东吴大学校长。一生著作甚丰，出版有《国际汇兑与贸易》、《先秦法律思想》、《中国票据法论》、《罗马法》（上、下册）、《法学通论》、《华侨问题》、《历代刑法志》等。此外，还发表了《现代法律哲学之三大派别》、《宪法之根本问题》等众多论文。他在罗马法、法律史、商法（尤其是票据法）和华侨问题等领域，均有专深的研究。长期担任东吴大学法学院院刊《法学季刊》（后改为《法学杂志》）的主编，在他精心策划和组织下，该刊物成为国民时期水平最高、名声最响的法学刊物。由于邱汉平在法律学术上的出色表现，他被选为意大利皇家学院"罗马法"荣誉研究员，美国密苏里州斐托斐荣誉会员。

英宪来研究一下，不但制宪技术没有，连宪法这个名词还发生问题。英国的巴立门通过一条很琐碎的法律案，制定一条很简单无关大局的法律，其效力就是绝对的，并没有"宪法"这个名称。这和各国所谓"宪法"在制度上是差得很远，然而谈宪法的人，还是不能不说英国为近代宪法的鼻祖。记得在1905年时候，清廷派戴泽到外国调查宪法，到英国时，英王问戴泽说："有何任务到敝国？"戴氏答应："调查贵国宪法。"英王对戴氏说："英国没有成文宪法，皆由历史沿革而来。阁下要将英国宪法搬回中国，恐怕不适用吧！"事隔三十五年，欧美及东洋通的学者，还是在搬外国宪法，不断地搬，以为将各国宪法的精髓，搬到中国，制成一个很好看的东西，就可以成为千世万世的永久基础了。如此制宪，再制宪二千次，还是白花〔1〕人力物力！

孙中山先生有见及此，所以他的建国程序是军政、训政、宪政三阶段。有人批评国民党在训政时期无甚成绩，因而说孙先生的分期建国为不合理，这显然是错误的。我以为孙先生的见过三阶段是最合理的，具有特殊的见地。他的三民主义，建国方略，建国大纲，总括起来，不外二方面：在政治方面，能使人民达到行使民权，才不致被野心家利用，而所谓民权才不是虚设；在经济方面，是要使人民得到自食其力，个个有衣足食。节制资本与平均地权是孙先生的手段，不是目的，他的目的是使人民衣、食、住、行、教、乐均能得到平等享受。因此他的制宪程序是在全省有过半数的省份〔2〕完成地方自治之后，才来制定宪法。可见他已感觉到过去由上而下的制宪是徒劳的无功的，其理至为显然。因为人民如不知宪法之宝贵，人民不感觉到宪法之需要，纵使有良好宪法，也是虚设。英国的政治主义，其最精粹的一点是人民从艰难奋斗中逐渐取得法治，一经把住了后，不让暴君恶吏毁法，人民奋斗到底。试问中国数十年来的宪法约法，人民能不能做到奋斗呢？农工文盲者姑勿论，即吾辈受过教育的人，会有无为法治而奋斗呢？至于毁法的人是不是会经受过教育的？我以为毁法的人绝不是农工文盲，确是"我辈受过教育的士大夫"。而谈论及从事制宪的人也不是农工文盲，却都是"我辈受过教育的士大夫"。如此现象，若不彻底改变，侈谈制宪，岂不是说梦话？有人要问，诚如尔所说，中国不是不要宪法了吗？这又不然了！我以为中国需要一

---

〔1〕 "白花"原文作"白化"，现据今日通常用法改正。——校勘者注。

〔2〕 "省份"原文作"省分"，现据今日通常用法改正。——校勘者注。

部可以切实能行的宪法，而不是一部优美的文学意味的采长补短的杂碎宪法。何谓可以"切实能行的宪法"？这个问题不是三言两语可以尽的。现在让我提出来与各位讨论一下。

二、宪法的形式

八股文章是新文学所反对，而八股法律却无人反对。如果宪法要使人人易晓，个个明白，那么〔1〕宪法的形式大有研究之余地。如果宪法不是专供受过高等教育的欣赏阅读，不是专为大学教授法学研究之用，那么宪法的体裁更有研究注意之余地。所谓体裁，就是宪法的形式。分开来说，有四点值得注意：一要文字通俗；二要条文简单；三要文理明白；四要意义一贯。我说文字通俗，并不是主张用白话文，老百姓亦有许多看不懂、听不懂白话文，为的是中国方言不一。"的么了呢"不见得比"之乎者也"好，有许多省份的方言，谈白话文反引起一种麻烦。我所谓文字通俗，是指文字不要用外国或专门术语及苦涩字句。近年来如三民主义一书中有许多名词，已近于通俗化，中小学教材公民亦都采入，在宪法中自可尽量采入。其次文字要浅显，建国的基础，是在下层民众，则先发文字，越浅显越好，否则只有"士大夫阶级"懂得。条文简单与文字通俗，在表面上好像是矛盾的，而实际上却是不同的。例如此次宪草条文共有一百四十七条之多，其中重复的，可以合并的，毋庸规定的不少。如《人权篇》部分第十二条至第十六条可并为一条，就是一个例。其次，文义不可模棱两可，过于抽象。倘是制宪的人还不甚明了，试问如何使人民可以明白呢？中国的文字向多一意数解，若不加以确定——最少也要相当的确定——将来行宪的时候，必定发生许多通用上及解释上的纠纷与麻烦。中国文字的意义，有的经过两三千年来的考古研究还没有定案，我们决不可将此等"不求甚解"或"可曲解"的名词搬进宪法上去。

不过我并不是说抽象文字决不能用，更不是说文字的解释及其包括的意义不是和人辈进化而扩大其范围的。我的意思是要使宪法的文义合于现时代的意义。当然，有许多的名词字句，其内容要随国家社会之进步及时代之需要而逐渐形成固定的内容，如"公共利益"词，究无确定之意义，在今日认为公共利益者，亦安知他日不会变成非"公共利益"呢？

---

〔1〕"那么"原文作"那末"，现据今日通常用法改正。下同。——校勘者注。

所谓意义一贯，就是说宪法条文，是要依据一种标准去编辑有系统的条文。我们既然生在此时代，而要赶上世界先进国的前头，我们就得别出心裁，缩短空间时间的进化。英美法意诸国，因为历史的关系，所以宪法的条文有不甚齐整，这并不是优点。我们既然比他们的机会好，就应该从严选择，将一部宪法编成有系统的文字，前后一贯，不特阅读引用便利，即研究注解宪法，亦可减少编排的工作。人类的进步，在思想方面是组织化、明确化、仔细化，这就是近代所谓"科学的方法"。

三、实质部分

这个问题，简直无从讨论起。因为宪法是民族生长结晶的东西，不能专事因袭比较各国宪法就可了事。别的国家认为好的宪法，到本国来也许是最坏的。何况每个民族更受自然及地理的界限，历史及习惯的熏陶。所以我们要讨论宪法的实质部分，应该认识时代的倾向，了解本国的政治中心思想，明了人民的生活状况，发扬民族之优美道德。

不认识时代的倾向，宪法虽侥幸制定成功，一定会受"时代进化"的潮流所推倒。不了解本国的政治中心思想，其危险是东施效颦，摸不出头绪来。孙中山先生说，我们原是很自由的，用不着欧美人那一套，争自由为口号。这话一点也不错。试观中国历代的皇帝，只要老百姓照例纳粮完税，按时服役，其余都很自由，很随便；换一句话说，国家是不多问人民的闲事，即有民事诉讼亦尽量使人民自己解决。他如宗教，信回回教也好，信佛教也好，更不禁止一个人信仰一种或数种宗教。我们可以看到丧事的家庭，常有和尚道士合并举行丧礼，这不是最自由的吗？可是有人还在那儿谈人权自由，谈什么信教自由，岂不是笑话？

不明了人民的生活状况是本国东西洋通学者的最大缺点，我到处看到许多标语如"苍蝇飞过的东西勿吃！""衣服应常洗濯更换！""多走路少乘车！""饭后勿作剧烈运动！""勿饮不洁之水，应饮清洁自来水。""早睡早起！""多吃菜蔬，少吃猪肉！""服用国货。"诸如此类的标语，不但是损耗人力财力，抑且无异于大众，这就是贴标语的人不明了人民生活状况的缘故。我们要知道，中国的人民，至少百分之八十五是在度牛马或不如牛马的生活。中国老百姓已苦，做中国老百姓的牲畜更苦。试看村庄中的猫狗，大多骨瘦如柴，诸位如果看到一个乡村的猫狗骨瘦如柴，那么该村的农民一定也是骨瘦如柴了。我在内地旅途中常以此为考察人民生活的状况，还没有错过。我们的人民生活是如此，试问我们如何叫他们行使税权呢？管子说："衣食足而后知礼仪"；孙中山先生的遗教，亦以解决民生问题为三民主义的最先与最后大事。如果宪法不是为百年后制定的，不是一种望梅止渴欺骗老百姓的，则制定宪法的时候，最低的限度要顾到人民的现状，设法在极短的期内使人民由最低的生活。中国历代的开业帝王，最先注意的是抚缉流氓，使民归农，蠲减赋徭，澄清吏治等等。这种实施，可以说是最低政治的要求。如果帝王不能做到这几件事，虽然能侥幸享乐一世两世，但终究要被打倒的。我们现在来制定宪法，实施国民经济，其最低限度也要能够做到专制时代的人民最低的政治条件。我们到内地一看，农民穿的住的都是破碎不堪，远不如前，足见过去的时代，农民的生活是比现状好，这是无可否认的。我有一次在某村中看到老农老妇和两位五六岁的小孩一起在炎热的夏天割稻，一个小孩经日光炙得昏倒了，老农老妇抱起来大哭。我就问他为何不请人帮割。他说，他的儿子媳妇前年染瘟疫相继死去，剩下两个孩子和三四亩田地，因为请不起人工，自己来耕作，所得每日只能一餐稀饭，有时还要沿门求乞。我看到实在不忍了，只有消极的救济他们——送给他们些钱。事隔将及七年，我的脑海还是有这对老农夫妇的影子！试想如此农村，如此穷困情形，我辈"士大夫阶级"忽略了现状，而斤斤于宪法的累赘条文，尽适意批评之能事，实在是太不明了人民生活的状况了！

如果我们对于人民的吃饭问题不先解决，则三民主义就无法去信仰实行。孙中山先生说得更透彻："吃饭问题就是顶重要的民生问题，如果吃饭问题不能够解决，民生主义便没有方法解决。所以民生主义第一个问题便是吃饭问题。古人说：'国以民为本，民以食为天'，可见吃饭问题是很重要的。"又说："中国自古以来都是以农立国，所以农业就是生产粮食的一件大工业。中国的农业，从来都是靠人工生产，这种人工生产在中国都是很进步的，所收获的各种出品，都是很优美的，所以各国学者都极力赞许中国的农业。中国的粮食生产既然是靠农民，中国的农民又是很辛苦的勤劳，所以中国若要增加粮食的生产，便要在政治法律上制出种种规定来保护农民。"又说："我们要解决民生问题，保护本国工业，不为外国侵夺，便先要有政治力量，自己能够保护工业。中国现在受条约的束缚，失了政治的主权，不但是不能保护本国工业，反要保护各国的工业——我们要解决民生问题，如果专从经济范围来着手，一定是解决不通的，便要先从政治上来着手，打破一切不平等的条约，收回外人管理的海关。"[1] 孙中山先生是以为最明了人民生活现状的政治家。自古以来，凡是政治的设施忘记了人民或违背了人民生活的状况，其政治效果，无有不失败的。

发扬民族的优美道德，可以说是宪法精神寄托的所在。自从欧风美雨侵袭了二千年来的自然大地之后，民族的道德起了一种盲目的变化。伦常没落，纲纪废弛，可以说在破坏方面是已经成功，而在建设国民新道德方面却尚未有基础。我不是想复古，复古是退化的企图。但我却是如此想，中国能立国数千年，难道一件良好道德都没有吗？如果是真的一件良好道德都没有，我要大胆的主张将过去历史全部毁掉，重新建起一个新的国家。若其不然，我们就应回头去研究，不要数典忘祖，认贼作父。我辈的大毛病就是样样学西洋，而不知其中有许多西洋以为新的东西，我们都早已试验过了，尤其是人生哲学方面的理论和思想。孙中山先生在《民族主义》第六讲中对于恢复民族的地位，不但要大家会团结，还要恢复中国固有的道德，发扬光大之。他说："穷本探源，我们现在要恢复民族的地位，除了大家联合起来做成一个国族团体意外，就要把固有的旧道德先恢复起来。有了固有的道德，然后固有的民族地位，才可以恢复。讲到中国固有的道德，中国人至今不能忘记的，首是忠孝，次是仁爱，其次是信义，其次是和平；这些旧道德，中国人至今还是常讲的。但是现在受外来民族的压迫，侵入了新文化；那些新文化的势力，此刻横行中国，一般醉心新文化的人，便排斥旧道德，以为有了新文化，便可以不要旧道德。不知道我们固有的东西，如果是好的，当然要保存，不好的才可以放弃——我们旧有的道德，应该恢复以外，还有固有的智能，也应该恢复起来：我们自被满清征服了以后，四万万人睡觉，不但是道德睡了觉，连知识也睡了觉。我们今天要恢复民族精神；不但是要唤醒固有的道德，就是固有的知识，也应该唤醒他。中国有什么固有的知识呢？就人生对于国家的观念，中国古时有很好的政治哲学。我们以欧美的国家，近来很进步，但是说到他们的新文化，还不如我们政治哲学的完全。"

上面的引文，可以释明孙中山先生的思想不是标新立异，却完全地是"中国货"。我们制定宪法要使其能实行，对于此数千年来已有相当根基的固

---

[1] 《民生主义》第三讲及第四讲。

有道德，不可不注意到发扬而广大之。近代人著书，常以引用外国的东西为广博，殊不知他所引的东西或例子，在中国或早已有了。比方"统制经济"，试问桑弘羊的思想及其实施后所收统制的效果，比今日的欧美逊色吗？在他未实施管理以前，当时官民均感用度不足，及他实施后，虽不加赋，而"天下用饶"，政策的成败，于此可见。又如法律上规定利息孳生的限制，我们现在民法规定"一本一利"为原则，就是说利息的积欠不得超过一倍，比方甲欠乙一百二十元。但在法律上只许乙讨一百元的利息。这条原则，研究西洋法律史的人，谁也知道是起源于罗马法的，而我们一般注解民法的学者，大都认定这是三民主义的立法中肯之处。殊不知在明代的法律，早有明文规定"一本一利"的限制。其他如此的很多。所以我们在今日国难关头的时候，非把中华民族的伟大精神及优良的人生哲学大加发扬不可。孙中山先生最伟大贡献，不在他的推倒满清，却在他的伟大思想。我们制定宪法的时候，这种民族原有的优美道德，不可不加以深切的注意。

上面所说的，无非是说宪法的真精神不在于抄袭比较，而在于能否适用。现实是一切理论之母。英国宪政的开端，谁也知道是发源于十三世纪的大宪章。可是我们把《大宪章》来研究一下，就觉得他并不是代表一般平民的宪法，却是一班贵族的实向国王要求的一种纳税限制的规定。英史家推勒维林说得好："大宪章所以称重于时，是因为他能对于丧失弊政有具体的实行的救济；他实没有包涵什么抽象的通则。"由此可知宪法的是否有效，要看他的规定是否具体的切实的，而不是空空洞洞的。记得美国杰弗逊总统曾这样说过："宪法每隔三十年就应该修正一次。"他的理由是前代的人不能约束我们一定要遵从前代的法制，那么我们也同样不能约束后代。可见宪法是有时间性空间性的。既有了时间空间的关系，故我们应该从最现实最迫切的方面做起，而不要如过去长篇阔论的在谈什么人权，什么个人自由，什么一院两院制，总统制，内阁制，而忽略了本国的政治经验。反之，我们应该看看中国人民的程度怎样，现实怎样，民族的习惯怎样，然后去制定宪法。当然，制宪要有一个遵循的目标，好比我们请客人吃饭，究竟是中菜呢抑是西菜？所用质料容许相同，而制法未必一样。其次客人的口味亦不可不预先知道。如果不喜欢吃辣椒或油腻的，那么厨子就不可煮辣腻的菜了。制宪亦是如此，不顾到现状，不顾到人民，纵有"良宪美制"也不能实行。反之，如能合乎胃口的小菜，虽不是珍馐，而其味有胜于珍馐！明乎此，我们就不至于斤斤于单纯的制宪了。

四、宪法的条文要能实行

自民元的《临时约法》至此次的宪草，其中有不少条文是一样的，有许多条文的文字虽是改头换面，但是其意思还是一样。我们对于此等条文就要问是否曾经实行过？此后能否实行？现在试举宪草第九条研究一下："人民由身体之自由，非依法律，不得逮捕、拘禁、审问或处罚。人民因犯罪嫌疑被逮捕拘禁者，其执行机关，应即将逮捕拘禁原因告知本人及其亲属，并至迟于二十四小时内移送于该管法院审问。本人或他人亦得申请该管法院于二十四小时内向执行机关提审。法院对于前项申请不得拒绝，执行机关对于法院之提审亦不得拒绝。"这一条的立法意旨，目的是在保障人民的身体自由，而其渊源是英国法。如果我们要执行这条条文，则下列各点，不能不先解决：（1）执行机关能否做到；（2）二十四小时内移送法院能否做到；（3）法院于二十四小时内向执行机关提审能否做到；（4）人民能否行使此条规定。照现时的中国司法制度，我可以担保是无法做到的，其理由有六：第一执行机关在二十四小时内移送于该管法院有二种困难。一是办公事困难，不要说公事不能在二十四小时内办妥，就是电报也很难在二十四小时内拍发。二是交通困难，假使执行机关于法院距离是一百公里，即使执行机关在二十四小时内将犯人移送的手续办竣，在事实上亦不能将犯人于二十四小时内移送到法院。照本条的解释，应该是说执行机关须将被捕的人即刻逮捕了后，就应该在二十四小时内送出，至何日送到法院，当然该执行机关不能负责，因为交通的困难不是执行机关所能负责的。况且目下，中国每县且无一地方，只有一司法处，县区辽阔的地方，绝非一日可以将犯人送到法院或司法处。此其一。第二，法院受理本人或他人的申请，照现时的司法收发情形，是无法做到的。所以在二十四小时内向执行机关提审，非变更司法的制度是不能执行此条的立法的意义。所以本条的执行，非现状的中国司法制度所能办到的。果如条文的意思，那么中国的司法就要彻底改革一番，废除"辗转收发"及"升堂审问"制度，而代以"办公"制度。就是说，无论任何当事人有什么申请，可以直接送到主管的推事，该推事就要立刻判行。执行机关亦如此。否则，宪法的条文必成具文，成具文的法律，万万不可通过，以免丧失了人民对宪法的信仰。照现时的"衙门"制度，本条的立法是万万行不通的。第三，即使执行机关及法院均能照本条办理，未必就可保障自由。因为法院将犯人提审时可以根据检察官很简单的报告，说该犯人犯罪证据"尚需调查应予羁押候审"，那么此犯人仍是无法得到保障。这种调查证据时羁押，法律上是无法可以限制推事的行使职权。倘是犯人被羁押了两个月，审问结束，无罪开释，依照审判制度，承办推事是不负责任的。宪草第二十六条自不适用。第四，现时中国的司法官吏在生活及政治重重压迫之下，他们已缺乏了执法的勇气。更兼以监察的制度，常常影响他们的果敢精神。除非根本的改善法官的待遇，赋以真实的权力或重新训练一班百折不挠的新官，我想"身体自由的保障"不是容易做到的。制宪诸公，似应重新考虑到本条文的实行问题。如果不能实行，宪法的威严及信仰，就会马上失掉了。宪法失掉了人民的信仰，就会变成"无法"了。第五，中国人民有无拥护宪法的勇气。如无勇气，而只希望在位者的能遵守，其结果仍是人治。既是人治，则宪法保障之有无，实无关重要，因为"有治法"，必须"有治人"；可是"有治人"，却不必"有治法"；即使"有治人"、"有治法"，亦须"有守法的国民"。有此三者，"法治"方可树立。明乎此，就可知道行宪的困境了。第六，中国的司法官吏待遇之太薄。即此薄薪，远要七折八扣，种种税捐派勒到他们身上。因而他们的生活更苦了。司法官吏既是比行政官吏苦——行政官吏亦是苦的——于是司法界就有三种现象：第一个现象是贪污；第二个现象是敷衍；第三个现象是有能干的人大多无法再法曹做事。这三种现象不除，宪法的条文如何精深，还不是具文吗？

以上不过是随便列举一二最争执的条文，以释明宪法实行的困境。我是向来主张"民权保障"的；当宪草初颁布的时，我在东发杂志发表了两篇文字，都是关于"民权自由"报报账这一方面的。可是我深觉得过去的错误，既是在于行宪问题，行宪问题的根源又是发生于制宪。我们这次再也不可把制宪与行宪分开，更不要忽视了行宪的重要。一般"宪法专家"大都注意到制宪方面，却很少注意到制定的宪法是否可以实行，如何实行。我们决不可如孙悟空翻了几次筋斗，以为是走得很远了，结果他还是在如来的掌上！

五、宪法的执行问题

"盲者谈日"的故事，大家都知道是一种笑话。谈到宪法的执行问题，过去亦可说是"盲者谈日"了。比较宪法之流，侈谈德、奥、捷的特种法院规定，以为主张设立特种机关执行宪法的辩护。此外又因美、墨、巴西、阿根廷、罗马尼亚、希腊等国在宪法中特别规定法院有拒绝适用违宪法律的职权，即主张宪草应有保障宪法的规定，其理论出发点无非在此。我们现在将宪草的保障规定加以简单的研究一下。

（一）宪法的效力

宪草第一百三十九条："宪法所称之法律，谓经立法院通过，总统公布之法律。"第一百四十条："法律与宪法抵触者无效。法律与宪法有抵触，由监察院于该法律施行以后六个月内提请司法院解释，其详以法律定之。"

第一百四十一条："命令与宪法或法律抵触者无效。"照上述三条的规定，宪法的效力是高于一切的，次于宪法的是法律，次于法律的是命令。换言之，命令与宪法抵触额固无效，命令与法律抵触的亦无效。命令与宪法不抵触，但与法律抵触，依本条的意义亦应无效；否则，命令将与法律抵触，仍听其有效，岂不是违背第一百四十一条的原意吗？

（二）法律的效力问题

宪法既是绝对的，所以法律的效力应视有无与宪法抵触。但法律案公布施行之后。政府人民不知其是否与宪法抵触，若不加以确定，势必使政府与人民俱感不便。为了解决此问题，宪草规定由监察院于该法律施行后六个月内提请司法院解释之。倘解释的结果是法律案与宪法有抵触，司法院就可宣告无效。然则于此有一问题，就是法律案的无效是全部的或局部的。假使一个法律案只有一部分与宪法抵触，其他部分无抵触，司法院是否对抵触部分宣告无效，抑对全部法律案宣告无效，这个问题颇为严重。依第一百四十条规定，"其详以法律定之"，我们希望将来详细规定的时候，要顾到这一个问题。

其次，设司法院对于法律案不论全部或局部的予以宣告无效，则该法律案全部或局部就不能执行，因而发生两个疑问：一是司法院未有解释之前，该法律案能否有效？二是监察院在六个月内不提出或因时间延误未及提出，是否过了六个月该法律案当然发生效力？该法律案过了六个月后如果发现是违宪，司法院是否仍可宣告无效？今分开来说。

按宪草第七十一条规定："立法院送请公布之议决案，总统应于该案到达三十日内公布之。"第七十条规定："总统得经行政会议之议决，发布紧急命令，为必要之处置，但英于发布命令后三个月内，提交立法院追认。"第一百三十九条谓："宪法所称之法律，谓经立法院通过，总统公布之法律。"照以上各条规定，我们可以发现几个疑问。第一，国民大会的复决及创制法律案是否还要经过立法院的通过，送请总统的公布施行？如果还要依照第一百三十九条的程序，那么立法院的通过与总统的通过是形式而已，就是说当然要通过公布的。第二，国民大会的复决与创制法律是照第一点所说的，监察院是否要提请司法院解释？理论上来说应与其他的法律一样看待，但就整个宪法精神来视察，法律的通过是有一定的手续，那么国民大会的创制复决法律，当然亦不能例外。假使司法院解释的结果，将国民大会的法律案认为违宪，宣告无效，国民大会的创制与复决法律不是具文吗？反之，如认为国民大会的创制与复决法律是有绝对性的，亦有一种危险，就是国民大会可以做出违宪的事情。因此有人说，国民大会的法律就是违背了宪法，亦应执行，这又是误解了。创制与复决法律的国民大会，显然与修正宪法的国民大会不同，这可以在第一百四十条看出。由此看来，国民大会的创制法律与复决法律仍是不能违宪的，司法院应予宣告无效。否则，法律之外将复有法律，岂不是变成畸形的法治吗？

总统对于国民大会的"复决法律"，可以紧急命令停止吗？总统对于国民大会的"创制法律"可以依照第七十条的职权提请国民大会复决吗？这两个问题，依宪法的精神来看，我们应肯定地说，总统是应该有此职权的，否则，就失却可紧急命令权的意义。至于国民大会创制的法律，总统复提请其复决，在理论上事实上亦无不通之处。倘是国民大会仍是维持原案，总统只得依法公布；此时，总统有两种救济，在行政上，可以实施紧急命令权；在司法上，可由司法院解释局部或全部无效。不过行使此二救济时，前者须有宪法规定的紧急事变状况的存在，后者须有违宪的情形，否则，总统是不能停止执行的。依此看来，宪法上的"法律"无论是出于立法院或国民大会，其情形时一样的。

法律是自公布施行日起发生效力呢？抑是经过司法院的解释之后或经过了法定犹豫的六个月期间之后才发生效力？亦有提出讨论之必要。依宪草第一百四十条规定应视法律案公布施行后，推定其为合法、不违法、但是否与宪法有无抵触，则监察院可于六个月内提请司法院解释；过此时间，监察院就不能提出法律案的违宪问题，司法院亦不能自己去解释法律有无违宪。我们应该认定上述条文的规定是绝对的，否则，将成为无意义的条文。退一步说，法律案经过了六个月，如发现有违宪情事，仍有救济的途径："可由立法院修正。关于此点，行政院得依宪草第六十一条行使职权，将修正法律案提出立法院"可由司法院解释。司法院解释法律时可极力避免其与宪法抵触之处，此可参照美国最高法院的法例，推定立法机关的制定法律时"无违宪"的意思。

如上诉述，法律的效力，当然依照一般法理，自施行之日起发生效力，不因监察院的提请权及司法院的解释权而发生问题。不过我要认为不妥当的是第一百四十条的规定在事实上是否能实行？司法院是否能担负此种责任？其次司法院以少数人的精力如在短促的六个月期间内要解释国家公布的什么法律，在理论上事实上至少有左列的困难：

第一，将来司法院的"宪法解释会议"，其人选无非是一班法院的推事居多。此辈法官，法学仅可是精通，但对于国家政治经济以及民生的种种实际情形，未必都有深切的认识与明了。这种事实，我们用不到否认，更不必加以辩护。此种宪法解释会议所能成就的东西，可想而知了。

第二，立法院多数人通过一个法律案，经过总统的公布施行，其技术容许不高明，其程度容许是草率，其认识容许不周到，其见地容许不卓越；然而说他们的多数人的智力不及少数人的司法院人员，却未必如此。在理论上，立法院的人员，在过渡时代，尚有一般还是民选，多少可以代表民众的需要。反之，司法院的推事却是国家的雇员，在形式上容许是公平些，但实际上却未必比多少有民众代表的立法院认识来的迫切，所以在五权宪法的精神上，尚有讨论之余地。

第三，解释法律必定要有问题发生才可以解释，否则，无从解释。第一百四十条的规定结果，将来实行之后，必变成例行公事。就是说，监察院将公布施行的法律"函请贵院查照解释"，司法院亦必例行公事回复"业经本院召集……会议解释，尚无不合"等等。监察院及司法院只能如此办理，否则，是办不通的。监察院怎能事前见到违宪不违宪呢？如果法律案的条文可以明明白白看出违宪的规定，根本上等不到监察院的提出和司法院的解释，总统早可行使第七十条的职权了。换转来说，法律案表面上看不出违宪的时候，监察院也未必看得出，司法院亦未必事先看得出。大凡解释的发生，是因事实上发生困难才有的。今乃于法律施行后六个月内即送司法院解释，除了例行公事外，还能做到实际的解释吗？

第四假使法律案经解释后，认为无违宪，以后因事实上的发生，才发觉是违宪的，司法院将如何办理之。司法院不能推翻自己的解释，立法院亦不能够另行制定一条法律与司法院的解释相反的在此场合，究应如何办呢？

（三）命令的解释

依照第九一条规定，最高法院有统一解释法律命令之权。这里有三个问题：

（甲）紧急命令之解释权是属于最高法院呢，或是属于司法院，或是宪法所赋予的特别命令权，不在司法院及最高院解释权之列。又"紧急命令"经立法院追认之后是成为法律案呢，或是单纯的追认其合法而已。按照宪草第六十四条的规定，立法院的职权是列举的，令引其条文如下："立法院有议决法律案、预算案、戒严案、宣战案、媾和案、条约案，及其他关于重要国际事项之权。"观上列条文，则可知紧急命令权原系总统的特权，宪法第十四条规定，应提交立法院追认，所以使其成为合法。此种命令权经立法院追认之前后，司法院是否可依第一百四十条至一百四十二条予以解释无效，实成问题。

（乙）命令与宪法抵触而与法律不抵触，是否依照第一百四十条之法定期间提出解释。按此条仅指"法律与宪法有无抵触"，并无包括命令，当然不能援用此条文；那么监察院有无权限可讲"违宪命令"提请司法院解释呢？依宪草第八十八条规定，监察院只能质询而无提请司法院解释命令是否违宪问题；依第九十二条规定，监察院只能对公务员违宪或失职弹劾，均无明文规定其有提请司法院解释命令是否违宪之权。反之，司法院却可依照第一百四十二条行使解释权。若是命令与法律发生抵触，则解释权归最高法院，最高法院遇到命令违宪问题，则此项解释权归司法院。

（丙）依据紧急命令发布之命令，如有于法律或宪法条文抵触时，究应如何办理？

由上述的数点观之，宪草对于解释方面不是如我们表面上看到的简单了。

六、结论

中国不是有无"宪法"的问题，而是有无"行宪"的决心。我们能"坐言起行"，能"奉公守法"，虽无宪法，亦可使中国踏于富强康乐之道。归根到底，官吏人民须有守法的决心，才可行宪，否则，宪法的颁行，不过是历史上经过的陈迹罢了。希望朝野能本百折不挠及持久力战的精神以拥护宪法。诚能如是，我们可以确信中国十年之后必定有很好的法治基础，诚能如是，则今日之制宪，才有伟大的意义。

宪草修订经过之说明[*]

王宠惠[**]

立法院原定于昨晨举行全院审查会，审议《五五宪草修正案订正稿》。继以与会各委员认为：（一）《五五宪草》及以后数次修改此中条文时，均由中央常会先行决定原则，再交由立法院为技术上之审查与决定。而此次订正稿之提出，因时间匆促，仅由国民政府主席代电方式提出于立法院，程序上尚有斟酌之处。（二）订正稿系根据政协会宪草审议委员会未完成稿整理完成者。然最近二三日内，宪草审议委员会又将在京设会，审议在渝未完成部分，是以最近期内可能设有一更完备之《宪草修正稿》。立法院与其现在讨论订正稿，不如稍待时日再行讨论更完备之新修正稿。综上两项理由，各委员会乃决议暂时歇会，并决定将上列意见，报告孙院长后，再行决定。昨晨之全院审查会，系于九时半召集，由法制委员会林委员长彬担任主席，国防委员会王秘书长宠惠及注教廷公使吴经熊氏均列席参加。王氏并曾就《订正稿》整理经过及与《五五宪草》原文不同处，一一予以说明。

余先后参加政协会及宪草审议委员会，对宪草修正工作始终参加，此次

---

* 本文原刊于《中华法学杂志》（第五卷）1947 年第 9、10 期合刊。原文未采用现代标点符号，文中标点为编者所加。

** 王宠惠（1881～1958 年），字亮畴，广东东莞人。法学家、外交家。王宠惠是中国近代历史上第一个大学本科文凭的获得者；耶鲁大学首个华人法律博士；中华民国南京临时政府第一任外交总长；北京政府第一任司法总长；中国第一任驻海牙常设国际法庭正式法官；世界上第一部德国民法典的英文翻译者；南京国民政府第一任司法部部长、司法部院长；中华民国南京政府第一部刑法典《中华民国刑法》的主持制定者；中国第一批被海牙国际法院评选出的 50 位国际法学家之一。1924 年，被东吴大学法学院授予博士学位。20 世纪前 50 年，王宠惠以其深厚的法学功底、精湛的语言能力、娴熟的外交谋略和博学儒雅的个人涵养，享誉海内外，为推进中国法制近代化、捍卫国家主权、收回司法主权，做出了巨大贡献。

订正稿即系根据宪草审议委员会未完成草案而订定。其内容则依据本年一日政协会所协议宪草修改原则及同年三月政协综合小组对上项修改原则之三项修正意见，并曾参考宪政期成会修正案。宪政实施协进会研讨结果，及各方面所提出之意见，至宪草审议委员会未能完成之最后二章，亦系根据上列诸原则，再由渠与雷震、吴经熊三人共同整理完成者。整理当时以时间仓促[1]，一时无法提交政协小组作最后决定，故疏忽之处必多，希立法委员诸君，审议时多予考虑。王氏继对《订正稿》主要内容及与《五五宪草》相异处一一加以说明。

（一）《订正稿》第二章"人民之权利与义务"，系根据《政协修改原则》第九条而规定。其出发点为根据宪法而为保障，绝非以限制为目的。故《五五宪草》中"非依法律不得限制之"之规定，均予删除，而代以第二十四条（订正稿）之规定。

（二）《订正稿》第三章"国民大会"，系根据《政协修改原则》第一条而规定。国民代表中除区域代表外，加入立法委员会及监察委员，藉与立法监察两院取得密切联系。而国大之职权，亦较《五五宪草》为少。（见二十七条）

（三）《订正稿》第四章"总统"，系根据《政协修改原则》第十条而规定。条文中规定总统权力较小。如四十四条规定紧急命令之发布如立法院开会时，应经该院通过，立法院休会时，亦须依紧急命令而颁布，且事后亦须得立法院同意。

（四）《订正稿》第五章"行政"，系根据政协修改原则第六题稍加改订。盖依政协修改原则，第六条二项"如立法院对行政院全体不信任时，行政院或辞职，或提请总统解散立法院，但同一行政院长不得再提请解散立法院"。则完全为一内阁制之规定，与遗教似有出入。故《订正稿》第五十六条修改为"行政院依下列[2]规定对立法院负责：一、（略）。二、立法院对于行政院之重要政策不赞同时，得以决议移请行政院变更之。行政院对立法院之决议，得经过总统之核可移请立法院复议，复议时如经出席立法委员会三分之二维持原决议，该决议行政院院长应予以接受或辞职。三、行政院对于立法

---

〔1〕"仓促"原文作"仓卒"，现据今日通常用法改正。——校勘者注。
〔2〕"下列"原文作"左列"，现据今日通常用法改正。——校勘者注。

院通过之法律案预算案、条约案，如认为该案滞疑难行时，得经总统之核可于该案送达行政院十日内，移请立法院复议；复议时如经出席立法委员会三分之二维持原案，该案行政院长应于执行或辞职"。一般对此条文多有批评，认为系一新式内阁制，而王氏则以为可称之为新式总统制。

（五）《订正稿》第六章"立法"，系根据《政协修改原则》第二条之规定。依此稿则立法院权利稍大，但第七十三条用限制立法院对预算为增加之提议。

（六）第七章"司法"，系根据《政协修改原则》第四条而规定。依此则司法愿实等于一最高法院，且法官均须超出党派以外而为独立审判。

（七）《订正稿》第八章"考试"，系根据《政协修改原则》第五条而规定。依此考试委员会之任命应经监察院同意，而委员亦须超出党派以外。

（八）《订正稿》第九章"监察"，规定监察院院长及副院长均须由监察委员互选之。

（九）《订正稿》第十章"中央与地方之权限"，系根据《政协修改原则》第八条而订定。中央与地方权利之划分，完全采取均权主义；其权限则采取列举主义，且规定两方有执争时，应有立法院决定。

（十）《订正稿》第十一章"省县制度"。一部人士主张省应有权制定省宪；本党则主张省仅有权制定自治法规。结果在《订正稿》内，规定为第十七条以为折冲，凡省制自治法规均应呈送司法院以司法院以判断其是否违背国宪。

（十一）第十二章选举，规定选举年龄为二十三岁。

对于宪法初稿的几个意见*

丘汉平

这次宪法的编列，别开一生面。全文分五编：第一编总则，第二编民族，第三编民权，第四编民生，第五编宪法之保障。

各国宪法的编列形式并不一致，有的凌乱异常。我们这次的宪法分为五编，可以说是很有系统的。只因第二编至第四编的名词，系依照孙中山先生的民族民权民生等名称，所以在编次的大体上，宪法初稿是没有什么可以讨论。所成为问题者，是每编包括的内容，有无名副其实而已。

《总则编》第三条及第四条之规定，似宜并入人民权利编。因为第三条定的是"具有中华民国之国籍者为中华民国人民"及第四条规定的是"中华民国人民无男女种族宗教出生阶级职业之区别，在法律上一律平等"，都是关于中华民国人民资格之取得和法律上平等之享有。这是民权的内容不宜列入总则。

第五条规定"中华民国之领土，依其固有之疆域"，似嫌过于笼统。列举式的规定有人认为不当，但是笼统式更是危险。因为概括的规定，"所有土地的范围，究何所属，似乎有点摸索不着，此不仅不足以使人民一望而知本国领土的范围如何，且不足以他借口妄生觊觎之观念。"这是张知本先生很透彻的一句话。且所谓"固有"究指何时？辛亥年或成吉思汗时代？鸦片战争以前或宪法初稿拟定时候？"固有"二字必有所始。如谓现在，那么我们何不一一规定上去。我谓列举的规定，对于将来中国已失去的领土之收回，实有妨碍。作此论者，未免幻想。宪法应以现时的背景为立场。中国最近将来之大

---

* 本文原刊于《东方杂志》（第 30 卷）1933 年第 14 期。原文未采用现代标点符号，文中标点为编者所加。

患，所怕的是列强的侵略。在英人所著的地理，已将中国分为"中国"、"蒙古"、"西藏"、"满洲"等部分，并将它们的文化专制分得很清楚。就是在我们国民中，对于边疆省也很模糊，为杜绝外人的并吞心理及提起本国人民对于领土范围之认识，应该列举的规定。

第六条规定："中华民国之领土，非经国民大会议决，不得变更。"这条是促列强扑灭中国，列强侵占中国。我们先要认识中华民国的领土不是属于任何时代的中国人民，更不是属于"国民大会"。中国领土所有权是绵续的。过去的先烈现在的中国人，将来的子孙都有份。在法律上，我们实不过是终身享有"用益权"而已，和英国法律所谓 life estate 是一样的。所以我们是承上续下的，哪里有权可以处分领土呢？一七八九年九月六日美国杰弗逊（Jefferson）[1] 致函麦迪逊（Madison）[2] 云："宪法不能永远不变，前代不能强迫现代承认，现代不能强迫后代承认，所以宪法每满十九年就应该重新制定。"这无非是说，宪法虽是百年大计，却不能迫后代强为承认。后代且有权否决宪法，我们现在岂有权变更领土吗？这是个逻辑上的理由。在事实上，中国现时所引以为大患的，是当局卖国和列强侵略。袁项成因欲以《二十一条》换帝位，遂激起全国人民的流血革命，历次想割卖领土的人时有所闻，倘若国民大会有权变更，有力的政府很容易使这议案应过。即在列强方面，也只要趁开国民大会的时候重兵围临，亦可以达到侵略的目的。在起草者的意思，原是想避免中国领土之变更，料不到其结果适成相反。所以个人的主张，第六条绝对不能存在，贻笑外邦，应该修正如下："中华民国之领土，属于人民全体，不论任何政府不得缩减之。"这才和第十一条及第五十二条第一项第二款的立法意义吻合。

第二编《民族》第十条："中华民族以正义和平为本，但对于国外之侵略强权，政府应抵御之，"应将但书修正："但对于国外之侵略，政府应积极抵御之。"

第十一条原文："他国以武力侵占中华民国之土地，不得以媾和或订立和平条约割让之。"依此规定，凡非以"武力侵占"中华民国之土地者，岂不是可以媾和割让了吗？今后的世界，武力侵占将见减少，而以经济或别种诈欺

---

[1] "杰弗逊"原文作"杰佛孙氏"，现据今日通常译法改正。——校勘者注。
[2] "麦迪逊"原文作"麦迪孙"，现据今日通常译法改正。——校勘者注。

方法侵占者将日见增多。假设有哪一任的政府或国民大会决议将中华民国领土归国联共管，岂不是宪法第十一条要允许的吗？所以原文"武力"二字应删去，方属妥当。

第十三条原文："中华民国与各友邦缔结条约，应基于国际平等互尊主权之原则，其有违反此原则者，应设法修改或废除之。"这一条不很妥当，因为"基于国际平等及互尊主权之原则订定的条约，不一定没有侵害民族的生存和利益。今举一例为证"。记得民国十七年十一月二十二日《中比通商条约福建声明书》内，有"中国政府鉴于中国人民得在比国及卢森堡国人民在中国享有同样权利，但仍得以法律或章程限制之"。换一句话说，中比两国人民各得在他国享有土地权。这是基于"国际平等及互尊主权之原则"。然而我们稍微仔细研究一下，就知道中比条约是利于比而不利于我了。因为中国人到比卢营商置地，不但很少，且我们的经济能力和比卢地价的昂贵二项事实较量一下，几乎是没有这回事。稍习欧洲经济情形者，都知道比国是人口最繁密的国家，自己尚且供不应求，每亩耕地价值六七百法郎，哪有余额卖给中国人呢？即使有余额卖给中国人，试问中国人有此经济力量吗？反之比利时人民的经济力量较我国大几十倍，兼以金银价相差之巨，其经济力量更大。我们内地的地价平均每亩不值十元，有许多耕地只值三四角，比国人民收买至为易易。照中国现时的情形，煤油大王洛克菲勒〔1〕的一半资产可以收买我们全国的土地。这样"平等互尊"条约，不但不能解除人民的痛苦，维护民族的生存，其结果适足以速其灭亡。所以文字上的"国际平等互尊主权"是有害无益的。故初稿第十三条拟修改如下："中华民国与各友邦缔结条约，应基于国际平等互尊主权及不损害中华民族生存利益之原则，其有违反此原则者，应积极修改或废除之。"

第二编第二章《民族之培养》对于婚姻，孕妇，未成年男女，非婚生子，孝敬等项，予以规定，而对老弱残废失业人民都为提及。实则目前中国最痛苦最多数的就是这般人。虽然第一百七十条及第一百七十一条有老弱残废失业之规定，但原则上似应置在民族之培养一章内。否则，第二编就不要分章，将第二章各条移归各编，方属合理。故不佞的意见，以为如第二编第二章要独立，就应该加一条如下："中华民国人民，因失业老弱残废或患精神病致不

---

〔1〕 "洛克菲勒"原文作"洛克番洛"，现据今日通常译法改正。——校勘者注。

能谋生者，应由国家予以相当之保护。"

第十七条之后，应增加"必要时的限制其自由"。例如麻风一症，贻害民族健全至深且巨。欧美各国自十九世纪以来，莫不严为预防。德、美二国早由国家设立麻风院，将麻风病人围禁，予以物质上的享受，以期绝种。据报德国全境患麻风者只有三数人而已。但麻风在中国却有二百余万，苟不急起设法，百年之后，中华民族将无完种。所以欲谋中华民族之健全，对于此类有遗传恶疾的病人，应限制其自由。

人民之权利，在现时的中国实应予以较确的保障，这点我在从前已另文说过了。此次宪法自第二十七条至三十条的规定限制各项自由，其理由皆可借口维持公共利益。过去的经验已够我们受了，难道将来还要一样的放任吗？鄙意第二十七条至三十条各条规定应将"非依"以下之句删去，另在第三十八条改订如下："末章前列各条非为避免紧急危难所必须要者，不得限制或停止。"

照现时宪草的规定，就是宪法公布之后，中国人的权利保障仍是一个零。例如出版法、危害民国紧急治罪等都可借口第三十八条之理由而存在。鄙见认为法律是制治之具，而不是制治治本，今不求灭除人民的痛苦和纠正青年的思想，而以严刑峻法绳之，欲望国家得治，无异是植树斩根了。古今中外，没有一个国家曾经用严刑峻法收效的。鉴往察来，我们应当如何小心啊！

关于第二章国民大会之产生，第四十三条规定每县或同等区域选出代表一人，如人口超过百万者，得增选代表一人，但对市选举则规定每三十万恶选出代表一人。此条实有问题。在户口未调查以前，故难以人口比例为标准。美国在颁布宪法后几年也是暂用权宜的办法（见美国宪法第一条第二项第二款）此本无可置疑。不过我们宪草太注重城市的人口，而忽略县的人口，这不但在逻辑上是不通的，且与孙中山先生的三民主义根本不相容。中国人民业农的占百分之八十以上，其所受痛苦最剧的也睡此百分之八十以上的农民。无论将来如何发展，中国的生命仍是以农为本的，业农既是绝对的多数，既是感觉绝大的痛苦，那么我们应该注重他们的利益，不要说予以较大的保护和待遇，最低的限度也应给他们平等待遇。况民生主义的骨干，是平均地权，（使耕者有其田）和节制资本（使生产不为个人所占）。苏孙中山先生深明了这个农民的实际情形，所以在民生主义一再提起。现在宪草关于国民会议代表额之分配却注重城市，者未免有些矛盾了。鄙意县与市应有同等的规定，才算公平，才不至政治偏重畸形的城市发展，故宪草第四十三条应改为："在全国户口调查未完竣前，国民大会由每县市级其同等区域选出代表一人组织之，但人口超过三十万者，每三十万人增选代表一人，其超过额不满十五万者，不在此限。"

第三章之《中央政制》，原则上与现制无甚差别。惟第六十九条规定总统的被选举资格，应该讨论的有二点：一是年龄问题，一是居住问题。总统既是不得连任，那么年龄应该增高些。中国古来观念是敬老，孔子说三十而立。鄙见以为总统的年龄依宪草规定似乎轻些。不若因袭民十二年宪法第十二条之规定较为切合国情。因为宪草年龄既然低，而于"君主国内若干年"亦不加以规定，实有些不妥当。

至于地方制度及民生等条文，原则上都无甚问题，其详细讨论非本文所及，均暂略而不提。现在请进而讨论第五遍宪法之保障。

历次宪约法对于宪约法之保障都不注意。这次宪草列为专篇，规定甚详，堪称特色。关于解释及执行违背宪草事项是否要设立特别法院，学者的意见颇不一致。但是从我国过去的司法经验而说，设立国事法院实是很切要的办法。宪草所采的是折中于英美德与法数国的制度。英以议会为最大权力，美以最高法院为最大权力，法除最高法院外另有"调剂法院"或曰"冲突法院"以同一普通法院与行政法院之法令解释。德奥另设国事法院。宪草采取德奥法的制度，而注以英美的精神。这都是起草者能够采取各国法制的精髓，而为历次宪草所没有的。

就大体上而论，这次宪草，不论是形式或实质，与历次草案及约法比较，另具独见。惟其中有许多条文应须加以详细研究和修正。我们要原谅起草者的实践是很短促，大半原则是已经决定，当然不能希望"万无一失"。宪法是国家根本大计，是国民都应负贡献的责任。在立法当局亦应尽量采纳舆论，不要固执偏见，方不致宪法成为"死物"。诚能如是，这次的宪法始有实行的希望。

中华民国宪法刍议[*]

王宠惠

序

　　著者不与闻国事数月于兹矣，方以此沾沾自喜乃二三同志，以国会召开在即，宪法急待制定，劝余从事于宪法问题。且曰：民国宪法，全国国民之宪法也，非数百议员所得而私也。是故国会虽有制定之权，而国民皆有研究之责。先哲不云乎，"国家兴亡，匹夫有责焉"。吾子盍不一尽国民之责哉。余深韪其言，遂不揣固陋，勉成是篇。自惟少荒于嬉，学殖零落，迩因国患羹沸，不事笔砚者，弥年载矣。第以雅契斯在，结习未忘，爰将畴昔所得，汇而录之，以备采择。自知以最短促之时日，研究最重要之问题，其失必多，惟大雅君子，有以匡正之。则兹篇之作，或亦宪法研究之藁矢欤。

　　中华民国二年〔1〕三月，著者识。

上篇　宪法要义

第一节　绪　论

　　宪法者，不祥之物也。牺牲无数之生命，抛弃无量之财产，有鏖战数载而仅乃得之者，有屡战屡得而复失之者，有屡争屡败迄今仍未得之者。史乘

---

　　* 本文原刊于《国民（上海1913）》（第1卷）1913年第1、2期。原文未采用现代标点符号，文中标点为编者所加。

　　〔1〕　即1913年。——校勘者注。

所载，不罕其事。然则此寥寥数十条之宪法，其得之也，必先以杀人流血于前；其失之也，亦必继以杀人流血于后。谓之不祥，谁曰不宜。虽然，宪法者，立国之大本也。譬诸广厦，必先基础巩固，方能巍然卓立，虽疾风暴雨弗能破坏也。惟国亦然，必其宪法良好，国本巩固，乃足以自存，而不为政海波涛所摇动。今者吾国革命既告成矣，政体既更变矣，不祥之事亦既见矣，举国之人果能同心戮力，共济时艰，念国家之前途，泯一己之私见，制定一巩固宪法，组织一良好政府，俾各安其居而乐其业，无相僭忒，国以保焉，民以宁焉。他日转贫为富，转弱为强，端赖乎此。然则所谓不祥之物，安知其不变而为最祥之物也哉。

虽然，宪法固未易言也，无统观全国之眼光者，不足与言宪法。无盱衡久远之眼光者，不足与言宪法。故欲定一宪法，而求其犂然有当，久而无弊，非具有此两种眼光不可。质言之，则宪法之制定，有二要义焉。一曰，宪法者非因一人而定，乃因一国而定也；二曰，宪法者非因一时而定，乃因永久而定也。试分析言之。

宪法为一国之根本法，故西人亦有称宪法为根本法者，[1] 极言其要且重也。而政体之确定，三权之分配，自由之保障，法令之依据，咸在斯焉。是则宪法之条文，字字句句，盖莫不以国家为前提，未尝因人而有所轻重损益也。顾吾尝闻今之谈宪法者矣，曰某也贤，非畀以重权，不能展其才也。曰某也贤，非宽其任期，不能行其政策也。反对之者，则曰某也不肖，假以大权，不蹂躏民权不止也。曰某也不肖，久执国柄，不推翻共和不止也。此皆不明宪法之性质及作用所致也。夫某之果贤，某之果不肖，特某一人去留之问题耳，于宪法之制定无关也。若以某之贤而宪法偏重于此，以某之不肖而宪法偏重于彼，是何异于削足适履，吾未见其可也。且以一人之故，而宪法为之转移，是又重一人而轻一国，颠倒失当，莫此为甚。虽在专制时代，以国法徇一人，论者犹耻之，况堂堂新定之民国宪法乎？抑吾又闻西人之讥讽我国者，辄曰支那人无共和之资格。叩其故，则曰：支那人只有服从个人之奴性，而无服从公理之资格。其人东，则群起而之于东。其人西，则群起而之于西。其人君主，则群起而主张君主。其人共和，则群起而附和共和。以故举国之政治，个人之政治也，One－man－rule 非多数人之政治也。以此言

---

[1]　法文为 Loi Fondamentale，奥国直称其宪法为国家根本法 Staatsgrundsetze。

共和，毋亦自欺欺人乎。呜呼！我四万万同胞国民，其毋忘斯言哉。其一雪斯言哉。然则共和宪法如何而后可？必也，牺牲个人之尊荣，力谋多数人之政权。政权在多数国民，则凡发政施令，自不得不以多数人之幸福为前提，而置个人之尊荣权利于度外。其理至显，其义至精。英儒边沁所阐明之功用主义（Principle of Utility），即以谋取最多数人之最大幸福（The greatest good for the greatest number）为立法之要旨。其说一时脍炙人口，泰西〔1〕立法家至今犹奉为圭臬。而罗马法律格言亦曰："国民之幸福，即无上之法律。"（Salus populi suprema lex），然则宪法之所以为宪法者，其性质从可而知矣。故曰宪法者非因一人而定，乃因一国而定也。

宪法既非因一人而定，尤非因一时而定。盖一国之情形，虽千变万化，递嬗不已，要必有一定之恒态。苟无特别原因，不能离乎其恒态也。顾恒态之为物，耳不可得而声，目不可得而色，手不可得而抚。然而一国之历史风俗教化思想，乃至一治一乱一盛一衰，咸有关焉。其来也远，其生也渐，其存也久。故吾人生死其间，未之或觉也。且一旦偶因特别事故，发生一种特别态度，则罔不惊讶之、注意之。大抵其特别态度愈异乎寻常者，其所以惊讶而注意之愈甚。不观于人之一身乎。如其为寻常热度也，则夷然相与忘之。其非寻常热度也，则一寒一暑，无不瞿然而觉之矣。然而一身之热度，因病而骤增，逮病去而复原。一国之态度，因事而骤变，逮事过而复旧，要以归乎恒度恒态为原则。明乎此，则宪法之制定，知所尚矣。

宪法者，万法之本原，其质性宜固定，不宜流动。异乎他种法律，他种法律可随时提议而变更之，不为甚害。而宪法则否，譬之枝可披而本不可伤也，故宪法必依一国之恒态而定，不能依一时之特别事故而定。此特别事故，倏然而兴，亦倏然而灭。若不惜以一国宪法殉之，其结果将变更时起，国无宁日。夫宪法经一度之变更，则举国之事业制度，咸因之而摇动。其一时之情状，顿形棼扰。今日文明各国，其宪法虽有固定流动之殊，而学说上之研究，多以固定宪法，为优于流动宪法，盖以此也。然则所谓依恒态而制定宪法者，果何如乎？必顺乎民意，合乎国情。斯法之成也，犁然有当于人心，屹然能垂诸永久。倘因一时之计，汲汲然于补偏救弊，时移事易，则宪法将为土苴矣。是岂立法家所宜出哉。故曰宪法者，非因一时而定，乃因永久而

---

〔1〕 指欧洲各国。——校勘者注。

定也。

第二节 宪法之性质

宪法之种类多矣。有成文宪法焉,有不成文宪法焉;有单一国宪法焉,有联邦国宪法焉;有君主宪法焉,有共和宪法焉;有刚性宪法焉,有柔性宪法焉。成文宪法与不成文宪法,以形式为区别,单一国宪法与联邦国宪法,以国体为区别,君主宪法与共和宪法,以政体为区别,刚性宪法与柔性宪法以本质为区别。其所有区别不同,而其区别则一也。吾人对于宪法问题,必先确定其为何种宪法,然后所拟之条文,乃有所依据,而不致前后抵触也。今得以次略论之。

夫不成文宪法,其条例发生于历史及习惯,无明文之可凭,其或见诸明文者,亦散寓于寻常法律之中,固未尝融会错综而特为编定也。民国肇兴,百废待举,既无宪法历史及习惯之足言,又无寻常法律规定之可凭。然则不成文宪法,其不适用于吾国也审矣。又我国统一已久,纯粹联邦宪法,自无当于采用。(见第九节)若夫君主宪法,今则更不待言矣。是故吾国宪法,应为共和单一国成文宪法,可无疑义。至其本质,适于刚性乎?抑适于柔性乎?是为最有讨论价值之问题也。

宪法之为刚性柔性,其说创自英国法学巨子布莱斯[1]。二者之区别,纯在乎其性质之不同。故宪法之分类,此为最重要者也。凡宪法之修正,或以特别手续行之,或以特别机关行之,或以特别手续特别机关行之,与普通立法迥然不同者,谓之刚性宪法,或曰强性宪法(英文为 Rigid Constitution)。凡以普通立法手续普通立法机关行之,与普通立法无异或稍异者,谓之柔性宪法,或曰弱性宪法(英文为 Flexible Constitution)。二种宪法既相异若此,其结果遂划若鸿沟,昭然各别,不可不辨也。盖刚性宪法之修正,既非普通立法之可比,则其位置及效力,较普通自高一层,故普通法律不能变更之,立法机关不能摇动之。柔性宪法则反是,其位置及效力与普通法律同。故普通法律可以变更之,立法机关可以摇动之。此刚性宪法与柔性宪法区别之大

---

〔1〕"布莱斯"原文作"勃拉斯",现据今日通常译法改正,下同。此处指詹姆斯·布莱斯(James Bryce)。——校勘者注。

较也。〔1〕

请进言其利弊。刚性宪法与柔性宪法各有其利，亦各有其弊焉。刚性宪法之利有二：

一曰巩固。此项宪法，修正之手续，视修正普通法律特别繁难。故在法律之中，立于最巩固之地位，屹然有不可摇动之势。若柔性宪法则反是，立法机关平常使用其权力，便可变更之。国家政治上之制度，人民经济上之状态，时或有震撼之虞。而其利则活泼流动，易适合于时势之变迁，不似刚性宪法之一成而不易变化也。然惟其不易变化，斯巩固矣。虽然，巩固不巩固，亦非立于绝对之地位，特比较上之情形耳。夫无论何种法律，若全然拒绝变更，将不适支配于政治之实况。倘更频数，人民亦不堪其烦扰。故刚性宪法，依一定之手续，亦未尝不可以变更之。柔性宪法虽变更手续较易，亦无无故而数数变更之理也。然而柔性宪法，必不足以得刚性宪法之利。刚性宪法若善用之，实可以兼收柔性宪法之利。即国家根本上之大法，应恒久不变者，以宪法定之，其必须因时制宜者，则规定于宪法外之法律是也。此刚性宪法之利一也。（其详别论于下）

二曰尊重。国民心理多随宪法本体为转移。刚性宪法，其地位既高出于一切法律之上，其制定又有种种手续之繁，故国民尊敬而郑重之。若柔性宪法制定易，变更亦易，非国民之自治能力在历史上已完全发达者，对于此项宪法，每易惹起其轻视之心。此刚性宪法之利二也。

综观以上各种利弊，是刚性柔性，均未可以厚非。然两利相权取其重，两害相权取其轻，斯则从利害衡之。吾国宪法，当以刚性宪法为原则也。且进而言大势之所趋，刚性柔性既各有利弊，故各国宪法亦有畸刚畸柔之不同。

且进而言大势之所趋，刚性柔性既各有利弊，故各国宪法亦有畸刚畸柔之不同。然考今之采用柔性宪法者，只英吉利、匈牙利、意大利三国，其余各国则无不行刚性宪法者矣。且有昔属柔性宪法，因鉴于易受摇动之弊，改而从刚性宪法者矣。若夫昔属刚性宪法而改而从柔性宪法者，殊属罕觏。更观近世以来，新宪法之发生，无有取于柔性者。然则世界之趋势可知矣。斯又从大势衡之，吾国宪法，当以刚性宪法为原则也。

---

〔1〕 详见布莱斯《历史及法学论》第一册第一百四十五页至第二百五十二页及《美国共和政治》第一册第三十一章。

虽然，刚性宪法比较上亦自有其等差焉。其修正也，有由普通立法机关，以特别手续行之者；有由国民临时选定代表组织特别机关行之者；有修正宪法案通过后，须交由各地方议会决定之者；甚或有经过种种手续后，乃由国民全体投票之过半数决定之者。今且就各国不同之处，表而出之，以备综览焉。

一、由普通立法机关，以特别手续行之

甲、通过宪法修正案之人数，与普通立法同。但通过后，最少须过若干日，再行通过一次，方为作准。例如：

普鲁士。（第一次通过与第二次通过相距最少二十一日）

乙、两院议决宪法应行修正后，即开两院合议会，起草及议决修正案。例如：

法国；

哈依提。

丙、提议修正宪法案，须有议员总数之若干分出席，方能开议。例如：

日本；（三分之二）

比国；（同上）

罗马尼亚；（同上）

巴伐利亚。（四分之三）

丁、议决修正宪法案，须有议员人数若干分之可决，方能成立或有效。例如：

日本；（三分之二）

美国联邦上下议院；（同上）

墨西哥；（同上）

挪威 [1]；（同上）

比国；（同上）

罗马尼亚；（同上）

叙利亚 [2]；（同上）

---

〔1〕"挪威"原文作"那威"，现据今日通常译法改正。——校勘者注。

〔2〕"叙利亚"原文作"西域亚"，现据今日通常译法改正。下同。——校勘者注。

保加利亚^{〔1〕}；（同上）

德国联邦上院；（四分之三）

希腊；（同上）

沙逊尼。（同上）

戊、修正宪法案成立后，即行解散两院，听候新院议决。

此法多与三分之二人数之例同时并用。例如：

比国；

荷国；

挪威；

罗马尼亚；

爱斯兰；

瑞典；

中南美洲诸共和国。

二、由国民临时选定代表组织特别机关行之

甲、特别机关议决修正案后，由国民全体决定之。例如：

美国各州。

乙、普通立法机关通过修正案后，^{〔2〕}由国民组织特别会议决定之。例如：

巴拿马；^{〔3〕}

格特美辣；

洪都拉斯；^{〔4〕}

尼加拉瓜；^{〔5〕}

萨尔瓦多。^{〔6〕}

丙、普通立法机关两次通过修正案后，由国民依普通选举法选举代表，

---

〔1〕 "保加利亚"原文作"布露嘉利亚"，现据今日通常译法改正。下同。——校勘者注。

〔2〕 多以三分之二之可决为断。

〔3〕 "巴拿马"原文作"巴辣羁"，现据今日通常译法改正。——校勘者注。

〔4〕 "洪都拉斯"原文作"汉都辣斯"，现据今日通常译法改正。——校勘者注。

〔5〕 "尼加拉瓜"原文作"溺卡辣顾亚"，现据今日通常译法改正。——校勘者注。

〔6〕 "萨尔瓦多"原文作"沙罗域多"，现据今日通常译法改正。——校勘者注。

组织特别议会决定之。其代表名额倍于普通立法机关议员名额。例如：

叙利亚；

保加利亚。

三、按照以上或其他手续 [1]

通过修正宪法案后，交由各地方议会决定之。[2]

甲、以各地方议会过半数之可决为断。例如：

瑞士；

墨西哥。

乙、以各地方议会四分之三之可决为断。例如：

美联邦国。

四、经过种种手续后，须仍由国民全体投票决定之，以得票过半数为断

瑞士联邦国及联邦内之各州；

澳洲；

美联邦国内之各州。

（法国第一次革命时代及第二次帝国时代亦曾用此制）

以上各种手续，有仅用其一者，有兼用数种者。[3]大抵刚性宪法之等差及手续之繁简，纯视乎修正时参与其事者之多寡。其参与之人数少，则其手续愈简，而刚性愈薄，其参与之人数多，则其手续愈繁，而刚性愈厚。今就右列各种手续，而加以批评如下。

第一种，所谓由普通立法机关以特别手续行之者，盖刚性宪法之最柔者也。其与普通法律相异者，或特定人数，或距一定时间，为两次之通过，或须由两院之合议耳。顾就人数言之，则通过修正宪法案之人数，虽比一切法案较多，然其区别亦不过一间耳。遂以之左右宪法，手续上犹嫌轻易。故无论人数之法定若何，均未足以为重视宪法之道也。又就时间言之，虽有相距

---

〔1〕 美国宪法修正案或由国会提出或由各州议会三分之二提议由国会另行召集修正宪法会讨论及提出修正案。

〔2〕 此法不必限于联邦国，而联邦国亦非必尽用此法，如美国马撒曹撒州之宪法会采此制，阿根丁联邦国则采用第二种手续。

〔3〕 瑞士联邦宪法，亦可由国民直接提议修正而议决之，不必经表中所列之手续。

二十一日为二次通过之法，然以同一立法之人，再行表决同一之议案，大率从同通过，其绝少救正可知。至有于修正宪法案成立后，即行解散议院，再由新院议决之法，此以旧院之议案决诸新选之议员，倘非询谋佥同，修正案仍无效力。似属较善，然未免有选举之纷扰，及迁延时日之弊矣。再就合议制言之，形式上虽与寻常法律不为同视，而实际上则未见其优或反为害焉。（一）由两院合议与两院分议，其讨论之方法虽殊，其于讨论之人数则一。故以分别讨论为轻，而合同讨论为重。实无充足之理由也。（二）寻常法律案，由两院分别表决，得以互为补救，无轻率通过之患。修正宪法案，若由两院合议，倘一时通过，更无别院讨论之余地。是不惟较寻常法案未见为重，而反见为轻矣。且平常两院固各有独立可决之权者也，合议之际，一院人众，一院人寡，以寡就众，其势力每因之消灭于无形。是不啻取消其独立资格，故法国参议院有不愿与众议院合议之情状，盖以此也。〔1〕此第一种手续之不足采也。

第二种，所谓由国民临时选定代表组织特别机关行之者，亦刚性宪法之毗于柔者也。虽比其他法律，仅委诸普通立法机关者，有其难其慎之心，然吾谓委诸特别机关，亦未臻于尽善。何则？（一）参议之人既欲收博采舆论之效，则其代表之举出也，必欲其多。然人数过多，而囿于一机关，势将难于讨论，终不能远过两院议员之数。然则其机关虽不同，而其人数犹相若，其不足以代表多数舆论一也。未见其有以异也。（二）每经一度之选举，则人心有一度之骚动，而政治亦增一番之影响。国愈大，人愈众者，其骚动愈甚，其影响亦愈大。故选举之事，不宜烦数。今于普通之立法之机关外，复有特别机关之组织，纷行选举，手续繁重，利未见而弊或先呈矣。（三）固有之立法机关，每一法案交议，犹有聚讼迁延而不决者。况以修正宪法机关，待诸临时之召集，赴会之人，势难久于其事。速议则有轻率之虞，缓议又有懈弛之患。驯至稽延时日，确定无期，非亦重视宪法之本旨也。此第二种手续之不足采也。

第三种，所谓由普通立法机关通过修正案后，交由各地方议会决定之者，则刚性宪法之得中者也。议决之权假诸立法机关，赞同之权公诸地方议会。斯法之行，综而论之，约有五善焉。（一）宪法关系国本，自以征求众见为

---

〔1〕　见鲁威罗氏《欧洲政府与政党论》第一册第一四页。

宜。然纳绪一堂，地既不足以兼容，普之全国，势亦有所不能及。采用此制，则参与其事之人，既不似第一第二两种之狭隘，亦不似第四种之广泛。此其所以为得中也。（二）因修正宪法案之故，组织新机关以施其事。如第二种之法，非不严重，然劳费颇多，而收效实鲜。此则仍以常设机关主之。但由国会而普及于地方议会，于手续殊形利便，而经济上亦有节省之实益。（三）修正宪法问题重大，两院议决已觉需时，若使地方议会一一议决，必纷纭错出，莫衷一是。此则以赞同之法行之，全国之可否，两言而断。有询谋佥同之益，无筑室道谋之患。（四）修正案专由两院可决，手续固甚简易。然于地方情形，恐有隔膜。虽两院议员皆由地方选举而来，不可谓非地方之代表。然当此重大问题发生，仅取决于少数之代表，究无以集众思而广众益。此则经各地方议会之赞同，即不啻征求全国之意见，自无捍格不通之弊。（五）国会及各地方议会，既经选之于众，本为国民所信托，其任期又复更历年所，则于立法上之经验良多，虽议员非尽富于宪法上之学识，然使舍旧谋新，恐其学识无以远胜，而经验先缺。转不如畀赞同之权于久于其事之人，易收驾轻就熟之效，而可得良善之结果，审矣。由种种优点观之，则第三种之手续，其征之多数舆论也。既不如第一种第二种之简，又不如第四种之繁。繁简之间，得中无弊，此刚性宪法之最为适当而宜于采用者也。

第四种，所谓经过第三种手续后，仍由国民全体投票以过半数决定之者，盖刚性宪法之极则也。夫以宪法修正问题直接征求民意，实属共和之真理。在民权最发达之国，于寻常立法手续，尚有行之者，如国民直接立法（英文为 Initiative），及直接废止法律（拉丁文[1]为 Referendum）。是其全国之最上权，惟国民操之，国民曰可则可，国民曰否则否，夫然后见民权之真精神。此其法非不甚善，然世界共和国能行之者盖鲜。而况中国广土众民，使以宪法之修正，号召大众，农商辍业，非不极至其尊重民权之意，然实际上未必有利，徒增一非常之举动而已。盖国民之法律智识纵能发达，亦必居少数，投票之际，其现象非茫然无所主张，即群然为政治家所利用。然则所谓民意者，亦仅随少数人为转移耳。岂果能聚全国人而讨论之曰，若者利，从而可之，若者不利，从而否之乎。是此法之不容效颦也审矣。此第四种手续之不足采也。

---

〔1〕"拉丁文"原文作"辣丁文"，现据今日通常译法改正。——校勘者注。

综观以上四种手续之得失利弊，要不可不取第三种之手续为吾国之模范。于是可确然定吾国宪法之为刚性，而亦不致遵于极轨。此适协乎吾国之国情，而合乎吾人之心理者也。更就此手续而分析之，则为修正案之提议，及修正案之议决两端，其提议也，须有两院出席议员三分之二之可决而成立。其议决也，须得各地方议会三分之二之赞同而议定。前者之法定数，为多数国所同。而后者之法定数，则就墨西哥及美国之比较而折衷焉。夫墨西哥为过半数，失之于易。美国为四分之三，失之于难，斟酌难易之间，亦取三分之二焉。至地方议会所以不予于提议之列者，非谓其不应有此权也。美国固尝与各地方议会以求国会提议之权，然从来未经行使。盖各地方议会之势涣，本无联合之关系，欲其联合而动议，固属甚难，再欲其达于三分之二焉，几为绝无之事。则奚事假以空权为哉？即美国于议决之法，亦只令各地方议会对于修正案表决其可否（原文为 Ratify），而不使之能有所修改者，是固与墨西哥不畀地方议会以提议之权，为同一之理由。诚恐地方议会散处各地，纷纷修改，意见杂出。终莫由归于一致，徒为牵延时日而无成效之可言。此所以取第三种手续，而于议决之法，有所商榷也。其详细之规定见下篇草案，阅者可参观焉。

第三节　宪法之内容

吾国宪法宜于刚性而不宜于柔性固也。然刚性宪法，其范围有广狭之异，其条文有繁简之殊。然则吾国宪法将何所适从，此亦一重要之问题，不可不论也。夫刚性宪法之利，在于巩固。柔性宪法之利，在于活泼。巩固则不能因时制宜，活泼则不克垂诸久远。是刚性宪法之利，即柔性宪法之弊；柔性宪法之利，即刚性宪法之弊。于其利弊之间，审慎而折衷之，然后其广狭繁简乃得而定焉。顾柔性宪法与寻常法律，在法律上同处于平等地位，在性质上亦未尝有所区别。就英国而论，其宪法散见于寻常法律之中，无宪法明文之可凭藉。曰宪法者，不过科学之名词耳。就意国而论，其宪法虽见诸明文，然其位置及效力，与寻常法律等。其所以编成宪典者，取便于引据也。由是观之，柔性宪法其范围之广狭，及其条文之繁简，皆无甚关系也。然刚性宪法则不然，物无大小，事无轻重，一经规定于宪法，则不易变更。故其范围之广狭，条文之繁简，规定时至宜审慎，与柔性宪法之繁简广狭，无关于利害，而恒保其活泼之性质迥异，不可不察也。行刚性宪法之国，其条文简者数十条，繁者百余条，乃至二百条。其范围狭者，仅定总纲国民权利及三权之分配而已。其范围广者，除前之规定外，兼涉及行政法、刑法、民法之范围。乃至国民之资格，议员之资格，法院之编制，法官之资格，罔不详为规定焉。其繁简广狭，盖均有未当也。夫宪法者，非固求其简也，简至无可再增，则简者当矣。亦非必欲其繁也，繁至无可再损，则繁者非繁矣。范围之广狭亦然，凡关乎国本而不可轻为摇动者，于宪法必有正确之规定焉。其涉及普通法律者，则不宜率为阑入，而后成为纯粹之刚性宪法。盖普通法律，贵乎因时因地而制宜，其性质宜于活泼。若与宪法合一炉而冶之，则其功用不彰，而适足为宪法之疵类矣。今有览于此，故规定宪法之内容，必不可不备者，曰总纲、曰国民、曰立法、曰行政、曰会计、曰司法、曰省制、曰附则，凡八章。总纲及附则二章，为规定宪法之通例。国民一章，所以确定民权。立法行政司法三章，为共和政体三权分配之定则。会计一章，所以矫向来财政之紊乱。省制一章，所以定中央及地方之权限而为吾国特种之制度。再就此八章，而论其规定于宪法者，亦只荦荦诸大端。其详细之规定，则仍委之于普通法律。而此八章者，皆确然有关于国本。故吾国宪法，以限于国家大本之规定为原则也。且柔性宪法之规定，无往而不活泼，其条文皆易于变更，而刚性宪法则异是。故制定宪法之时，于应保其巩固者，则载之宪法。于应使其活泼者，则纳诸普通法律之中。如是，既得巩固之利益，又收活泼之效用。前所谓柔性宪法，必不足以得刚性宪法之利。刚性宪法，若善用之，实可兼收柔性宪法之利者，盖以此也。

第四节　宪法之解释

命令抵触法律，则命令无效力。法律抵触宪法，则法律无效力。此一定之理也。虽然，法律宪法皆死物也，使命令而抵触法律，法律固不能言也。法律而抵触宪法，宪法亦不能言也。然则抵触之事，必有人焉以判之，而后法律宪法不必自言，而有人为之言，是以解释之事尚焉。且夫一国之舆论，固一国法律及宪法之保障也。有舆论预为之监督，则明明抵触法律之命令，政府不敢发布之。明明抵触宪法之法律，议院亦不敢议决之。是有舆论之监督，或可以防止于事前。然而抵触宪法之法律或命令，终不能必其无也。使无一定之机关以补救之，则仍无以维持于事后，此所以宪法之解释，实属一应行研究之问题也。

通常法院有解释法律之权，命令抵触法律，法院得判决其为无效而不施行之，此当然之理也。至法律抵触宪法时，法院是否有权解释，而判决其为无效而亦不施行之，考之各国颇有不同。如英美两国及其领土之法院，有解释宪法之权。而欧洲大陆诸国之法院，则无解释宪法之权。[1] 以国数言之，则法院无解释宪法权者为多；而以地域言之，则法院有解释宪法权者为多。然则吾国对于宪法解释之法，何去何从，要不可不有抉择之也。

谓法院对于法律抵触宪法之问题，无权以解释之者，为欧洲大陆派。其意若曰，法律之有效无效，每与一国之政治有关。当立法之始，立法机关对于宪法固已完全解释之矣，使其为抵触宪法之法律也，则立法机关必不可议决之。换言之，立法机关所议决之法律而经正式公布，必其无抵触宪法者也。谓法院对于法律抵触宪法之问题有权以解释之者为美派。[2] 美国宪法对于此问题，虽无明文之规定，惟其宪法第六章第二项，规定宪法为全国最高之法律（Supreme law of the land），故其法院对于宪法案件，根据此条而判决中央或各州之法律是否抵触宪法。英国法律家戴西称，美国法院为宪法之监护者，良不谬也。美派之所以反对欧洲大陆派之主张有三。立法机关不宜自行解决其所定之法律是否抵触宪法，一也。议员数年一易，对于宪法恐难有画一之解释，二也。法律一经议决公布后，若果与宪法抵触而法院无权以判决之，恐无补救之余地，三也。且也，若法院无解释宪法之权，则法律抵触宪法时，无人为之监护，而宪法之效力遂不能独伸，甚非所以保障宪法之道也。两派之持论若此，以理与势衡之，自以美派之说为胜。虽在欧洲大陆诸国罕闻通过一明明抵触宪法之法律，然仅恃舆论之监督，而法院无权以救济之，则诚不免蹈前之三弊，而宪法或且受其影响。然则吾国宜宗美派，以解释宪法权委之于法院。且以明文规定于宪法，以为宪法之保障，明矣。

或曰，命令抵触法律，则命令当然为无效。法律抵触宪法，则法律当然为无效。此无可抗辩之理也。顾抵触与否，有效与否，必专委其权于法院之

---

〔1〕 德国于此问题至今尚未解决，然多数主张法院有解释之权，非洲奥澜芝自由国于此问题亦未解决。

〔2〕 英国宪法杂乎普通法律之中，法院遇有关于宪法之案件，其解释之与解释普通法律无异，故无所谓抵触宪法也。

解释。不几乎法院之权独优，而司法机关且立于立法机关之上，而可以凌轹立法权乎。曰，是不然。夫解释云者，与取消迥异，不可不辨也。夫法院解释宪法之问题，纯然由事实发生，非无端而解释也。盖必有一定之案件，争辩于抵触宪法或不抵触宪法之间，而法院乃不得不行其职权，以判决法律之是否有效，此其所以异于取消也。至若取消之权，惟立法机关有之。是故命令而抵触法律或宪法也，则国会有权质问政府，而使之取消。法律而抵触宪法也，国会亦有权议决一法律以废止之（即以后法律废止前法律），此取消之权也。若夫解释权则异是，凡法律命令之意义，若果有与宪法相抵触者，法院不过对于所审判之案件，判决其法律或命令为无效，而不施行之而已。其法律命令之存在自若也。是法院之解释权，固无从凌轹立法权也。况乎立法机关于立法时，犹可为抽象之解释。与法院之对于案件发生时，始为具体之解释者，仍属并行不悖，然则立法无失权之患，司法有匡救之美，不亦善乎。

更而进言之，委解释宪法权于法院者，乃所以增多拥护宪法之机关也。以美国法律考之，凡解释宪法案件，如解释之结果为法律抵触宪法者，该案如在各州，只能上诉至该州之最高法院而止。其解释之结果为法律非抵触宪法者，则可以上诉于中央最高法院，而受其终审焉。[1] 此规定虽与各州法院及中央法院之权限略有关系，然亦不得谓其非拥护宪法之明证也。何则，解释之结果为法律抵触宪法者，法律应无效。此不患其妨害宪法者也。如解释之结果，为法律非抵触宪法者，其法律应有效，万一该法律实属抵触宪法，则法律之效力伸，而宪法之效力或绌矣，是以对于该案之解释必穷其审级焉，而后宪法乃处于巩固之地位。是法也，得不谓有拥护宪法之微意乎。是故，吾国而采取刚性宪法之原则，则必有拥护宪法之方法。此所以解释宪法之权委之于法院，[2] 而特规定于宪法条文之中也。

第五节　非行政法

按《临时约法》第十条，人民对于官吏违法损害权利之行为，有陈诉于平政院之权。又第四十九条第二项，关于行政诉讼及其他特别诉讼，别以法

---

〔1〕　见美国一千七百八十九年九月二十四日所颁布之法律，此法律今尚存。
〔2〕　各级法院对于此问题之权限应以法律详细规定之。

律定之，是有取乎行政法派矣。顾自约法施行以来，已一年于今。各种行政司法机关，莫不次第设立，独平政院则寂寂无闻焉。政府未有提案也。参议院未有动议也，国民未有要求也，然则全国人之心理，对于行政法之否认，可概见矣。夫行政法之规定，是否有其必要，在吾国亦一应行研究之问题也。世界各国对此问题，可分两派，即普通法派（英文为 Rule of Law）与行政法派（法文为 Droit administratif，德文为 Verwaltungsrecht）是也。普通法派，英美两国及其领土采用之。行政法派，欧洲大陆诸国采用之。[1]两派之主张，各有不同，以吾人之眼光评判之，不得不谓普通法派，为合乎民权之精神也。

夫行政之意义，学者之间颇多纷议。或谓英美亦有行政法，或谓英美绝无之。[2]二说相争，迄无定论。不知行政法有广狭二义。以广义言之，虽英美亦有行政法；以狭义言之，则惟欧洲大陆国始有之。[3]所谓广义云者，凡法律中之关乎行政事项者，即可称为行政法。在英美二国，未始无之，然皆杂乎普通法律中，而非自成为特种法律。[4]至狭义云者，凡对于官吏以官吏资格而为之行为（法文为 Actes de puissance publique，德文为 Ausebung der Staatsgewalt），不绳之以普通法律，而绳之以特种法律，且不受普通法院之管辖，而以特别法院管辖之。此特种法律，即欧洲大陆之所谓行政法也。[5]是故，以广义言之，无论何国均有行政法。以狭义言之，则行政法之有无，由于法系之不同。故本节专从狭义方面而立论焉。

夫行政法派，实渊源于法国。其意谓官吏应享有行政上之特权，而不应绳之以普通法律。故官吏以官吏资格所为之行为，[6]于普通法律上，不负何等责任。惟其行为有损害人民之权利时，则应以特别机关审判之。此机关后遂成为行政法院。当一千七百九十九年，有保护官吏之例（法文为 Lagarantie des fenctionnaires）。凡人民对于官吏，非得政务院（Consild d'Etat）之允许，不得诉讼于普通法院。一千八百七十年复废止此例。人民对于官吏，不必先

---

[1] 惟比国采用普通法派。

[2] 见戴西氏《宪法论》第十二章。

[3] 日本采用欧洲大陆法派亦有行政法。

[4] 萧斯特氏有英国行政法论，顾脑氏有美国行政法论皆以广义言之。

[5] 行政法科学上之学说至今莫衷一是，兹仅就其特质而言，非以此为界说也。

[6] 此行为非专指命令处分而言，凡有权利义务关系之行为，如买卖契约及其他民事商事各行为皆在内。

得政务院之允许，即可诉讼于普通法院。但行政官以为应归行政法院审判时，得要求权限法院审判其权限问题。如权限法院以为普通法院无权审判，则仍应由行政法院审判之。自法国实行此制后，欧洲大陆诸国多仿行之。莫不于普通法院外，设立行政法院（法文为 Tribunaux administratifs，德文为 Verwaltungsgerichte）。其审判也，初非根据法律，盖所谓行政法者，其始也非有条文之规定。不过为行政之便利计，自由判断之，其后判决之事日多，遂渐有成案之可言。而行政法院，乃隐隐然似有其成规矣。至行政法院，其始仅属行政机关，殊非司法制度。逮至英国司法独立之制传播于欧洲，而行政法院亦受其影响，遂渐具法院之规模，几变为特种法院之性质。[1]与始意之谋行政上之便利者，渐异其趣。此则近今各国行政法院之梗概也。

观于以上之历史，行政法院之缘起如彼，而其趋势乃如此。是其因果不相联络也。夫行政法之始意，非谋行政上之便利，而使官吏享有身份上之特权耶。推斯意也，行政审判宜保其活泼之功用。是以行政法之条例，既无成文之规定，而行政法院之机关，似亦无设立之必要。即使行政官随宜组织之，亦未为不可。[2]而无如其趋势，则渐远于本意，乃由活泼者而近于固定焉。是以行政法本无条文之规定也，浸假而有成案可循矣。行政法院本属行政机关也，浸假而变为法院之性质矣。然则其结果不过于普通法院外，增多一种依据行政审判成案审理行政诉讼之法院尔。是行政法派与普通法派虽异其渊源，而将有同流之结果。故有谓行政法渐有确定之趋势，而浸失行政自由判断之本意，终将与普通法律合而为一者，即如英国之衡平法。其始由大法官以良心自由判断，以免习惯法确定之窒碍，而有活泼之性质，然其后衡平法亦渐确定而失其本来之功用，终与习惯法合而为一，而衡平法院遂废。是行政法院以同一之理由推之，亦恐有废止之一日，则何如原始采用普通法派之原理乎。

试更以两派之利弊言之，行政法派既设立行政法院，而于行政诉讼问题，颇难决定。究竟何者为行政诉讼，而应属于行政法院，何者非行政诉讼而应属于普通法院？盖此二者之界限，殊无学理上分类之准则。即以关于赋税及道路两端而论，在法国间接税及小路之诉讼则属于普通法院，而直接税及大

---

[1] 但其审判官仍未能享法官之保障。
[2] 前清时代之吏部即有类于此。

道之诉讼则属于行政法院。其余种种问题，亦多类是。均属强为分别，并无准则之可言。在德国虽有关于权限法律之规定（原文为 Das Zustaendigkeitsgesetz），然权限问题仍多未能确定。其审判权限之争议，时有所闻。故法德皆有权限法院之设（法文为 Tribunal des conflits，德文为 Kompetenzgerichthof）。法院之复杂，莫此为甚。国家因而增多无益之繁费，人民亦苦于诉讼手续之烦难，此其弊一也。行政法院既为行政便利而设，则其审判已有偏袒行政之虞。即权限法院对于权限争议之审判，亦往往有所左右，[1]此其弊二也。法院宜为全国人民所信仰，自应保其尊严。行政诉讼普通法院无权审理。且因权限审判而普通法院之审判权，或移于行政法院，是以人民对于普通法院，既有轻视之心，对于行政法院又怀疑惧之念，殊非所以尊重司法之道。此其弊三也。官吏既有特别之保护，国民势难与之抵抗。而国民权利致有被蹂躏之虞，且行政法院与行政既有密切之关系，即使其判断公平，而国民亦难满意。[2]此其弊四也。约略言之，其弊之多已如此，而普通法派则无之。至行政法派之利，不过谋行政一方面之便利而已。然行政不依一定之法律，其进步实无异于退步。盖法治国官吏与人民，同受普通法律之支配，其政治之进步，亦必依据法律。德国法学大家鼐斯特，称英国为法治国，盖以其能依法律及以法律而治国也（Eine Regierung nach Gesetzenund durch Gesetze）。普通法派之优于行政法派，诚以此也。

总之，实行民权之国，其人民与官吏于法律上为平等，即应受同一法律之支配，乃宪法上之一原则。而凡反乎此原则者，皆应排斥之。此制定宪法时，所必具之眼光也。依上所论，行政法者，即官吏与人民于法律上为不平等也，其反乎上宪法之原则孰甚焉。而况以行政上言之，其所谓利者，仅利及于一部分之官吏而已。而其弊之多，则普及于国家人民，利弊多少轻重之比较为奚如耶。故吾国不应采用行政法派，可不待再计而决也。

---

〔1〕 法国一千八百八十年，行政官署命令没收法律未经认可之寺院，其僧侣同时于各处诉讼之于普通法院，法院以命令为违背法律，于未行审判前先决定使该官署交还其寺院，该官署抗议经权限法院判决法院无权审理即其证也。

〔2〕 前引证之案经权限法院审判后，该僧侣等本尚可于行政法院与该官署诉讼，其曲直固属未定，然该僧侣等意甘为忍受不再诉讼，鲁威罗氏谓此足见国民对于行政法院之不信用。

第六节　国　会

国会为一国之立法机关，此各国之所同也。然以国会之职权言之，各国间颇有差异之处焉。盖立法权（法文为 Pouvoir legislatif）与制定及修正宪法权[1]（法文为 Pouvoir constitutif），本属截然两事。虽有以定宪权委之立法机关行使之者，然此二权固不能因此而混乱也。[2]

以立法机关行使定宪权者，亦有手续之不同。有以特别手续行之者，使在柔性宪法国则如是。其定宪权与立法权，实际上无甚区别。有以特别手续行使之者，在毗于柔之刚性宪法国如是。则其定宪权与立法权之区别，虽略见矣，而不甚显著。至于刚性宪法国，则此二权之区别，至为严重。然当国家草创之际，各种机关未备，故于制定宪法之始，亦有暂时由立法机关行使之以促宪法之成者。若夫不由立法机关行使之者，其宪法制定之手续，亦不得不从简略。但无论制定之法如何，既经制定之后，自不得不依宪法所定之方法，以行使定宪权。观各国宪法成立之历史，可概见矣。此其中实有守经达权之道焉，明乎此而后可以论吾国现在及将来之国会矣。

何以论乎现在之国会也。据《临时约法》第五十三条，本约法施行后，限十个月内，由临时大总统召集国会。又第五十四条，中华民国之宪法，由国会制定，其意固在省略制定之手续，以促宪法之成立。以各国已往之历史为前事之师，是亦过渡时代不得已之办法也。夫宪法关乎国家之大本，宪法一日不制定，则国家一日不巩固，而政治一日不进行。若不用省略之方法，由国会制定之，势必至旷日持久，国是不定，而国家亦处以摇动之地位。甚非所以利国而福民也。是故第一次国会之召集，其最大之目的，即在制定宪法。而第一次国会之议员，亦惟有以制定宪法为其唯一之职务。能制定良好巩固之宪法，则能尽国民代表之职。不能定制良好巩固之宪法，则不能尽国民代表之职。国家安危，在此一举。甚望为国民代表者之能尽其职也。

何以论乎将来之国会也，夫吾国宪法，既应取刚性为原则矣，是故宪法既经制定之后，即永定为刚性。而定宪权不专由国会行使之（参观第二节）。

---

〔1〕　省曰定宪权。
〔2〕　详见爱斯满氏《法国宪法及比较宪法原理》第五百十一页。

如是，则定宪权与立法权之区别益彰，而刚性宪法之功用益显矣。或曰，同一定宪权也，行使之于始则易，行使之于后则难。刚性宪法故应如是乎，曰，行使之始，是乃关于宪法发生之问题，而非关于宪法之性质之问题也。夫宪法之何由发生，纯然系乎历史之经过。如美国为刚性宪法，其发生也，实由于九州之会议。此会议之形式，犹逊于吾国之国会。然美国宪法修正之手续，特为繁重，不以一时制定宪法之手续，定为永远修正宪法之办法。此所以无害其为刚性。盖因宪法一经制定之后，则国家之种种制度，以及人民之种种事业，皆因之而定。稍一变动，其影响所及，将有不可思议者。是以刚性宪法修正之手续，特为繁难也。

因以上两权之区别，于是国会之性质，可分为两种。一曰主权国会，一曰非主权国会。主权国会者，其国会立于宪法之上，而不为宪法所拘束。柔性宪法国之国会，皆属此种。而尤以英国为极则，故有称英国国会为万能国会之说。即谓国会之权力，无所不能也。非主权国会则反是，刚性宪法国之国会，多属此种。其国会立于普通法律之上，而在宪法之下。故其权力为宪法所拘束，吾国既宜采刚性宪法，则不可不采用非主权国会也明矣。

夫国会之权力，既论之如上。至两院之权职如何分配，此亦颇费研究之问题也。世界各国之国会采两院制者，其分配于两院之职权，必有多少之差异焉。否则两院之功用不彰，而于政治之进用亦不无窒碍矣（说详下）。吾国两院之选举法不同，资格不同，额数不同，其性质自因之而不同。尤以众议院议员由国民选举，每三年全体改选一次。参议院议员由地方议会选举，每二年改选三分之一，为最要之区别。是以众议院受政治之风潮大而趋于急进；参议院受政治之风潮小而近乎保守。诚有不期然而然，莫之致而致者。观于各国之历史，其两院之性质类如是。故各国采用两院制，而分配两院之职权，乃因其趋势而利用之焉。其利用之法维何，夫财政之议案，为国民所担负。而关于全国政治之施设，故必先提出于众议院，是为各国之所同。又各国通例，弹劾权在众议院，审判权在参议院，亦因两院受政治风潮之大小而分配之，是固然矣。惟组织国务院之问题（详见第七节）应属于两院乎？抑属于一院乎？如属于两院也，是使两院受同等之政治风潮，而于不应完全由政治方面解决之问题，殊难措手，恐非所以设立参议院之本意也。且组织国务院之问题，若属于两院，势必使国务院同时对于两院而负责任，果尔，则必无良好之国务院，〔1〕何则？两院之性质及趋向不同，信任于此院者，未必信任于彼院，使必求两院之信任，势必至无所适从，而出于敷衍而已。否则一院信任，一院不信任，左支右绌，跋前疐后，甚或因此而起两院之冲突，欲求政治之进行，难矣。不观于法国乎，宪法明明规定国务员对于两院负责任矣，迨经两院种种之纷争，及政治上种种之经验，于事实上卒不免专对于众院议而负责任，势使然也。且更以理论言之，国务院固应对于众议院而负责任，众议院议员纯为国民之代表，政策之能行与否，宜以国民代表之信任与否为准则。况一国之财政，操之于众议院，不得众议院之信任，而能行其政策者，未之有也。故吾国组织国务院之问题，应属于众议院，而国务院亦只应对于众议院负责任，势有必至，理有固然者也。夫应完全由政治方面解决之问题，宜属之于众议院，既详论之如上矣。至所谓不应完全由政治方面解决之问题，则宜属之于参议院者，何也。盖此等问题，专由政治方面着想，或未必能解决，或虽能解决，而未必能适宜。此所以不使之属于众议院，而使之属于参议院也。其问题之要者，如审判弹劾案应属之参议院，上文亦已言及。此外，则为关于外交司法及审计各问题是也。夫弹劾案之成立也，群情激愤，政治上之风潮，已臻奔腾澎湃势。使审判者不稍远此风潮，则不能保其持平也。〔2〕故审判问题，以属之参议院为宜，可无待详论矣。

至关于外交问题，如宣战媾和缔结条约诸端，欧美各国亦有以之属于参议院者，然此诸端于政治之关系甚大，且多关于国民之担负，与其使之属于一院，毋宁使之属于两院之为得也。惟派遣使节问题，宜觇之外交上之状态，未可纯由内政方面决之。是故派遣使节之同意，宜专属之参议院。盖使节之派遣，非专从国民代表之意向所能取决也。若夫关于司法之问题，如最高法院法官之使命，人多忽之，而不知最高法院法官之重要，实不亚于国务员。盖国务员本非终身官，不信任之，不难使之去职。而法官则不然，是于其任用也，尤宜慎之于始。况最高法院，为全国之终审机关。最高法院之法官，

〔1〕　鲁威罗氏（即洛克。——校勘者注。）《政府论》研究此问题颇详，谓国务员对于两院负责任实属不能之事，白节斯《政治学及比较宪法论》第二卷第十三页、第十四页亦谓，指挥行政权于事实上只能以一院行使之。

〔2〕　按意大利众议院规则一〇四至一〇八条，议院质问国务员后，必须俟诸他日始可将质问之事付之表决，而法国则不然，法律学者称意之规则远胜于法国，因质问后群情汹汹，遽付表决必难持平也，质问犹如，是况弹劾乎。

用非其人，则对于法律及命令之解释，可以上下其手。审判之阶级至此已穷，补救之既属不能，干涉之又复不可，其为害实非浅鲜。法律学者谓保障民权者惟法官，然能保障者，亦能侵害焉，可不重视乎？故最高法院法官之任命，亦应得参议院之同意，此亦宪法所宜特为规定者也。

若夫会计问题，在吾国尤为重要。吾国之财政，从来惟任行政官之挥霍，而用途是否适当，费额是否确实，无人过问也。今外人对于吾国之借款，方且以监督用途，肆其要求矣。然平情论之，苟使吾国对于财政，已有严重监督之机关，则外人亦何所藉口。是以审计院之设，实属迫不容缓，虽然审计院之设，有一要义焉。即国民监督政府之财政，非政府自为监督财政也。使审计院而隶于政府，则不啻政府自为监督，而审查会计，恐不过形式上增一手续耳。于实际上，毫无裨益。亦何贵乎多此无用之冗员哉？是以审计院之设，必求能达国民监督财政之目的。宜使该院有独立之精神，而审计院长之任命，须得参议院之同意。盖会计虽关乎财政，而审查之事，不可不稍远于政治。且组织政府，既应属之于众议院，若审计院长，再使得众议院之同意，亦几乎同于政府自为监督之意味。故院长之任命，以得间接代表国民之参议院之同意为宜。且宜采各国之法，使审计员为终身官，然后不患其受行政之干涉，而为其所动摇。庶可达国民监督财政之目的，虽国会议决预算决算案，未尝不可行其监督。然审计之事，非有专门之学，及久于其事之人，不能得其真相。此又本宪法草案所为特别规定者也。

第七节 议院政府

前于国会一节，详论组织国务院问题，应属之于众议院。国务员应对于众议院而负责任，如是者为议院政府制。斯制也，促政治之进步，奠国势于安全，比较之善，无过此者。顾一时言论之士，对于斯制颇有争辩。其持论率不出内阁制与总统制之竞争，而论者遂分为两派，甲派则主张内阁制，而排斥总统制；乙派则主张总统制，而排斥内阁制。此二派者互相是非，一若组织政府问题惟有内阁制与总统制为立于相对之地位也者。而其辩论之极端，乃至牵连政体，于是愈趋愈远。而两派之辩论，遂各离其本位，于此问题之性质，恐未能有当也。夫世界各国组织政府问题，其屹然对峙者，惟议院政府（英文为 Parliamentary government）与非议院政府（英文为 Non‑Parliamentary government）两制。而此问题之性质，即在政府应如何组织而成，其对于议院有何关系，而于政体则全然无涉。是以采用议院政府制者，共和国有之，君主立宪国亦有之，采用非议院政府者亦然。前者之例，如法国与英国是也，后者之例，如美国与德国是也。[1]而此两制者，一则以议院为政府之主体，而使议院政府受之支配，故曰议院政府制。一则以政府与议院为对立，而不使政府受议院之支配，故曰非议院政府制。世界各国之组织政府，非彼则此。吾国对此两制，宜采用何种，实有应行研究之价值。若夫内阁制者，其实即议院政府制。顾谓之为内阁制，一若内阁有独立之性质，不受议院之支配也者，而不知内阁制实以议院为主体，然则独标内阁之名，宁有当乎。至总统制之名义未当，亦复如是。倘谓总统制即指政府不受议院之支配而言，则何独总统制为然。君主国之政府，固亦有如是者。故内阁制与总统制之名称，皆不足以表明政府之组织及其性质。论者必先正其名而后立言，庶乎各有所当耳。或谓名者实之宾也，今之所论，在共和国组织政府之两种制度，如法制，如美制。无以名之，名之曰内阁制及总统制。盍尝一观其实之是非耶。今乃规规然求之于其名，抑末也。曰是不然，共和国之政府，尚有他种制度，如瑞士之联邦行政会，即其一也。如谓共和国之政府，惟法制及美制两种。何所见之不广也，且前不云乎，组织政府问题，于政体全然无涉。以世界之眼光观之，无论何种政体之国，其组织政府也，要不外议院政府与非议院政府两种。此本节所以就此两制而立论也。

夫此两制之名，固如上所论矣。而其实果何如乎？且此两制之优劣，诚未易一言而决也。采之者均非一国，行之者均非一时。吾国对比两制，择之精而用之当，则可得美满之结果。择之不精而用之不当，姑无论政治窃败也，即国之为国，或尚在不可知之数。可不慎乎？今试以此两制之利害多少，兼权而熟计之，则可以知所抉择矣。夫采用议院政府制之利，约有数端。何以言之，议院政府者，多人政治也。非议院政府者，独裁政治也。行独裁政治于君主国，已久为世所诟病，况行之于共和国乎。夫非议院政府者，其政府与议院俨然立于相对之地位，而不受议院之支配，一国之政治，听诸行政首长一人之指控，政府曰可，议院不能代表国民而否之。政府曰否，议院不能代表国民而可之也。甚或政府恣睢暴戾，为所欲为，不惜牺牲多数人之幸福，

---

[1] 见戴西氏宪法论第四百十三页。

以遂一人揽权自恣之私，而议院无如之何，即国民亦无如之何。虽议院可行其弹劾权，然仅能弹劾于事后，而不能防止于事前。究属何补？况弹劾之手续，行之固属甚难，必俟政府之罪恶已稔，而后群情共愤，弹劾案始能成立。然政府之专横，果至于是，恐弹劾权亦有时而穷。终且让为国民与政府之决战，则其国之纷乱，尚堪言乎。若夫议院政府制则不然，彼君主国固宜之，而共和国亦无不宜之。盖共和国之主权，在国民全体，虽一国之政治莫由直接取决于国民，然以议院为国民之代表机关。民意自不患其不达，是以议院曰可，即不啻为国民之所可。政府不得而否之也。议院曰否，即不啻为国民之所否，政府不得而可之也。如是者，其国之政治，恒视多数人之趋向，以决从违。故可以谋国民大多数之最大幸福。而政府者，不过为执行同意以求达此目的之机关耳。其行之而合乎此目的也，则议院维持之；其行之而背乎此目的也，则议院反对之。是以政府不得不就议院之范围，而受其支配焉。斯制也，英国发明于前，法国踵行于后。而欧洲诸国及英国领土，亦多相继采用，诚以此制为民权之根本也。夫英国为民权发达最早之国，虽犹未去君主之形势，而早已实行民权之精神。吾国苟能取其精神，则民权有发达而无凌替，政治有进化而无退步已。此采用议院政府制之利一也。

吾国民之疾苦专制久矣，一旦民国成立，建设共和，则凡所以排除专制之毒焰者，宜如何决之以精心，行之以毅力，而后能防遏死灰之复燃乎。彼非议院政府制者，在君主国采用之，其一方既可以便行政之独裁，其他方又可免国民之监督，而野心家乃得阴行其专制之手段。自表面上观之，其国未尝无立法机关也，国民之意志似犹可以立法机关代表之也，而不知其政府实有莫大之权力，绝非立法之范围所能束缚之也。专制之根，实伏于此。而论者不察，乃从而主张之。更援美国采用此制以为口实，殊不知美国乃联邦国，其实权多为列邦所留保。中央政府对内之权力甚为薄弱，除列邦割让其权使中央政府保持统一外，绝不能有专制之野心。万一有之，其列邦之权亦足以群起而相抗，此其所以预防专制者一。又观于美国宪法第一章第八条十五、十六两项之规定，中央虽有划一列邦民军编制之法，然其民军之训练及其将领之任用，皆由列邦自为之，且非遇有内乱或外患时，不受中央政府之调遣。其立国之始，所以预防专制者，此又其一。更观于追补宪法第二条之规定，国民有储备及携带军器之权，何莫非与国民以自由之权力，足以抵抗专制之意。夫以美国民权之扩张，及其人民共和思想之发达，而其对于非议院政府制，其防范之法，犹如此其周且密。然则主张此制者，亦尝思及否耶，中南美洲诸共和国沿袭美制，至今其国变乱时起，其共和在若存若亡之间，亦可为殷览矣。[1] 若夫议院政府制者，君主国采用之。尚能发挥民权之精神，而共和国采用之，必可以巩固共和之基础，排除专制之遗迹，实属毫无疑义。夫法国之专制复活者至再，而革命之奋起者凡三。而后法人经创钜痛深之下，始决然实行此制，而革命之消弭者不少。考法国之宪法，百年间凡十二易，平均宪法之命运，不过十年间耳。而独于现行宪法保持此制者，垂三十年。而行之愈久，国家日益巩固，岂非前事之师乎。法国宪法大家爱斯满氏尝谓，议院政府制乃代议政治之最活泼而最完美者，法国人民之能真正享受自由之幸福，全赖采用此制。故凡真正爱自由者，绝不可稍萌废去此制之思想也。[2] 吾国革命之事幸而能成，普通人民之思想，尚属幼稚。当此国基犹未坚定之时，反复之间，一转手耳。苟能实行议院政府制，则专制之根株永绝，民权日益发达。而国家有磐石之安，此采用议院政府制之利二也。

夫政府者，固欲其运用适当之政策，以进国家于富强者也。顾欲政府之运用政策，必先有法焉以运用政府。譬之航海，国犹舟也，政策即航行之方向也，而政府则汽机也。汽机鼓荡而后可以进行，然其行也不能循乎一定之方向，则必有舵机焉以运调之。而后乃能于惊涛骇浪之中，循一定之方向以进行。此即议院政府制所为使政府就议院之范围也。若非议院政府制，则异于是，其政策定于行政首长之一人。君主国无论矣，即共和国之总统，其行政上独裁之权，亦复甚大。使其政策之进行而善也，固属幸事，如有所弗善也，则国民亦不得不于其任期内忍受之。而此期间方针之歧误，惟有俟诸继任者之与民变革耳。且为总统者，其任期既已确定，故每届任满之前，早存一我躬不阅遑恤我后之念。非因循苟且，无所建树，即轻率办事，委责他人。美制之不善，正蹈此病。若非所以利用政府之道也，而议院政府制则适足以矫此弊焉。运用政策也在政府，而运用政府则在议院。故其国务员无一定之

---

[1] 爱斯满谓中南美洲各国变乱时起，以立法与行政二权分立为最大之原因，现在诸国任用国务员不得不以议院多数党为之，而有采用议院政府之制趋向。

[2] 见爱斯满氏《法国宪法及比较宪法原理》第二百十四页。

任期，惟视其能否得议院之信任为久暂之准则。而议院之是否信任，则惟视其政策之进行何如。使其政策能行，行之而能有当，则可以久于其职。使其政策而不能行，行之而不能有当，则其倾倒可立而待。是以议院能操纵政府而运用之，而为国务员者，有议院以策其后，不得不励精图治以求政策之进行。此采用议院政府之利三也。

夫议院与政党相为利用者也。议院而无政党，则议院将为一哄之市，政党而无议院，则政党亦将无所展布。是以二者必相需为用，而后其功效乃彰。试观于各国之议院，至少必有两大政党，而其多者，或有三党，或更有较多之党焉。而所谓政党者，必各有其一党之政见，于是各出其全力以主张，而企得国民之信用，以占议院之势力。其竞争之情状，莫可名言，在两大党之国，一盛一衰迭为起伏，以政争而促政府之进步。国家固可蒙其福，然其中苟非有人为之调和，则政治之风潮，过于激烈，恐国家亦将蒙其不利。而况多党之国，甲党之所主张，必为乙党之所排斥，乙党之所主张，又必为丙党之所排斥。各党纷争，莫衷一是。而国民将无所适从，在吾国今日之现象，正复类是。使无一人焉，超然于政治之外，而又能调和于各党之间，则政治恐难于进行。由是观之，采用非议院政府制者，行政首长自当政治之冲，实无调和之余地。而议院政府制则否，其首长之于政治也，在乎不即不离之间，其近乎政治也，举动言论足为政治上所矜式，其远乎政治也，排难解纷，复不受政海潮流之影响，以首长之资格，而又为举国信托之人，其默化潜移之功用，岂浅鲜哉。此采用议院政府制之利四也。

夫一国之立法与行政二权，可分配而不可分离者也。[1]譬之人身，脑司意，而肢体司动，二者实为造物分配之理。然脑之与肢体，固断断乎其不可分离也，且非独其形质上不可分离，即功用上亦不可分离焉。盖意思与动作，二者必相应而后成为人身之功用，如使意思不能达于动作，则其人为痿痺之人。动作不能合于意思，则其人为疯狂之人。此理之至为浅明者也。惟国亦然，司国家之意思者为议院，司国家之动作者为政府，二者之功用亦断断乎其不可分离也。善乎美国行政法大家顾脑氏之言曰，国家意思（State will）之表示为立法，国家意思之执行为行政。表示必见之执行，执行必根于表示。

────────

〔1〕 孟德斯鸠三权之说，世人多误会谓三权各有独立之性质，截然分离渺不相关，不知三权只可分配不能分离，近今各国法律家及政治家均有定论无待详辩。

二者务须相符而不抵触，是为政治所必要，否则政治上麻痹之病症立见。欲疗此病，非使国家意思之表示及执行彼此符合不可。行二者之符合，非于二者之独立性质牺牲其一不可，或以行政就立法之范围，或以立法就行政之范围，二者必居其一。惟民权政治，立法机关之代表民意，较多于行政机关，是以行政权应受立法权之指挥国。[1] 夫顾脑氏非美国主张行政权之最著者乎，而其言犹若是，诚以国家意思必有表示于前，乃能执行于后，是表示固可以范围执行，而执行必不可以抵抗表示，否则其国之政治紊乱将不可收拾矣。且行政权受立法权之指挥，不独理论上为然，即于事实上亦有不得不然者。如美国宪法，行政与立法各分权限，然事实上议院与政府迭起冲突，其政权乃潜为议院所转移。盖政治之设施，不能无法律之根据，亦不能无经费之供应。而财政案及法律案皆定于议院，是以政府终不能不就议院之范围。[2] 由是观之，议院政府制，即以行政就立法之范围，实为施行民权政治必不能免之结果。试观于各国政治之历史及现状，美国不采用此制，而其立法与行政两机关时有冲突，为政治进行之障碍。法国及其他国未采用此制之时变乱迭起，酿成革命。而英国采用此制最早，故二百年来，独能长治久安，无行政与立法之冲突，又无革命变乱之事。其故可深长思矣。[3] 此采用议院政府制之利五也。

综观以上略举之数端，议院政府制之利既如此，非议院政府制之害又如彼。是吾国当决然采用议院政府制，实属毫无疑义。

顾反对之说，犹有数端。其主张最力者则曰：议院政府为君主国之产物，采用之即为反对共和。而其总统无异君主之性质，且诋毁议院政府制为议院专制政体。是说也，诚所谓臆断之说也。夫议院政府制与非议院政府制，为世界各国政治之两种，于政体如何，渺不相涉，前已详言之矣。说者第见议院政府制发生于英国，遂谓君主立宪政体。而不解于法国之采用，而不知非议院政府制，固实行于德国，岂美国采用之，亦属君主立宪政体乎。[4] 且国会之制度，法官之保障及其他拥护民权之种种制度，何莫非所以抵制君权之

[1] 见《政治及行政论》第二十三页、第二十四页。

[2] 威耳逊《美国国会政府论》言之甚详可备参考。

[3] 参观戴西氏《宪法论》四百十七页。

[4] 爱斯满氏谓采用议院政府制，与共和政体完全相符，现在欧洲采用此制之君主国，如一旦改为共和政体，可逆料其必不废此制。

法，类皆产生于英国，而为他国所采用。若由说者之意，充类至尽，虽国会制度及法官制度，亦将谓为君主立宪政治矣，岂不大谬乎？夫君主立宪与共和政体不同之处，约有数端。就其首长而言，一则生而为之，且能传之后世，视其位为一人所私有。一则由选举而为之，且有一定之任期，视其事为国民之公职。是为政体区别之要点。若夫政权分配之方法，或此或彼，无不可者。特宜深计其关于国家之利害如何而抉择之耳。至谓议院专制，实不知所谓专制者，乃指行政首长一人肆行其独裁权以压抑国民之意。若议院者，乃代表国民之意思机关，以议院指挥行政，乃国民之公意，何所谓专制乎？即使谓议院为专制，不远胜于行政首长一人之专制乎？此等强辩之词，固无讨论之价值耳。

顾说者又或更端以进曰，议院政府制，非如英国有二大政党，则不能行。夫一国而有多数政党，于一国种种政治之进行，不无窒碍。然此乃政治上之通病，即采用非议院政府制，亦不能免。试观美国之行非议院政府制，其政治之进行，又何尝不赖有二大政党耶。[1]然法德两国，皆多党国，而一则行议院政府制，一则行非议院政府制，[2]是二大政党，于事实上仅属英美二国之特色，于理论上非必要也。即如英美二国，亦非无一二小党，然其小党在议院也，自知势力薄弱，破坏或有余，主张必不足。类能顾全大局，但于院外扩充其势力，以余图将来选举之竞争。而于院内则宁可牺牲其意见，而对于二大政党各有所赞同，是以虽有小党而无害。总之，无论采用何制，其政治之进行，均有赖乎政党。惟政党少则进行较速，政党多则进行较迟。是政党多少之影响，乃政治上普通关系，非所以专论于采用某种制度也。欲救此弊，惟有于根本上改良政党之组织，而使国民有二大政党之倾向，采用议院政府制或可以促二大政党之成立，非然则虽采用非议院政府制，亦未见其政治之能进行也。吾国政党发生未久，幸而尚不如法德两国之多。苟能真以国家为前提，则组织政府问题，初不难于解决。所患者，各党竞争权利，莫肯降心相从。彼党专以反对此党为事，小党又以赞同大党为羞怯，甚至一党之

---

〔1〕 美国立法与行政分立，时起冲突，然其政治之进行得政党之力为之疏通，虽冲突之事终不能免，然消弭于无形者亦颇有之。如甲党人被选为总统，则必以甲党人为国务员，若同时议院之势力亦属甲党，则立法行政两机关有同党之关系，冲突之事或可减少。佛德氏美国政治之起源及发达论，言之颇详可资参考。

〔2〕 据一千九百十三年世界年鉴之调查，法国众议院有九党，德国众议院不下十党。

中，自行争执意见，而有分崩离析之患，则诚大乱之道也。岂独议院政府制不能行乎？凡此诸端，反对之说，略尽于此，然皆无充足之理由。今既辨明其误，则吾国亟应保全议院政府制而实行之，益彰彰可见矣。

第八节 总统及副总统之选举

选举总统之手续，今之共和国所采用者，大率不外两种。即临时召集全国选举会选举之，及以常设机关选举之是也。前者之手续，有由国民直接选举者，此法惟巴西国行之，[1] 有由国民选举总统之选举员，组织选举会选举者，此法美国及多数共和国行之。后者之手续，由国会选举，此法惟法国行之。综观以上两种手续，前者失之过繁，后者失之过简。求其繁简得中，足为吾国法者，盖未之有也。夫选举总统，为国民之公权，于理论上宜使之普及于全国，而由国民公选之，此当然之准则也。然选举之手续，非仅于理论上研究之，且宜审度国情，求其酌乎理论及事实之间，而后可以便于实行。此本节所以就各国现行之法而一为商榷之也。

夫国民直接选举，非不合乎公选之理也，然全国人民之智识恐不足以应政治上之需要。且于一国实际上之状况或多未能了了，使之共举一贤能之人堪为全国之代表者，几属不可能之事，只增全国之纷扰而已。此其法在小国或能行之，而大国则其势有所不行，即行之亦未必有当。是以除巴西一国外无采用者，可无待深论矣。至多数国采用选举会之手续，犹是国民公选也，特为二重之选举，则选举员之程度较高，以之选举一贤能之人，自属较易，视直接选举之法，固有进矣。然其选举会皆属全国临时召集，是全国之纷扰仍不能免也。夫一国而数行选举之事，则其国之经济及商业皆受莫大之影响，使吾国而采用之，则国会之选举、地方议会之选举、市政会之选举[2] 已属全国梦如，再加之以总统之选举，几乎纷至沓来，民无宁岁。而况吾国教育未能普及，国民程度万有不齐，而财政上、交通上及秩序上种种困难情形，实有未易见诸施行者，此以临时选举会选举法之未宜采用也。

---

〔1〕 美国宪法规定间接选举法，但选举员不能自由投票，故事实上仍为国民直接选举。
〔2〕 现虽尚未实行，而将来市政发达必当实行选举。

　　若夫法国采用立法，以两院合议会为选举机关，诚属简而易行。顾法国全境之大，不过等于吾国二三省，而其人数比诸吾国，仅十分之一，以国会议员代表国民公选，其比例已觉其少。若吾国之大，人民之众，而仅以国会议员代表国民公选，其比例未免相去悬殊。且法国现行宪法，制定于大乱甫定之时，其始意即以之为临时宪法。当时国会初成，而其他各种机关均有未备，故对于宪法之修正及总统之选举，均属极为简易。与吾国临时政府期间内，以参议院选举总统及制定约法，同为不得已之办法。揆之法国制定宪法者之心理，未尝不欲于大局稍定之后，将此次宪法再加修正，以改良其手续。虽其后因国内种种窒碍情形，对于此两事迄未有所更张，然法人固非以两院合议会选举总统及修正宪法为适当之办法也。今者吾国大局已定，各种机关亦已次第成立。将废止《临时约法》，而制定永久之宪法。对于选举总统之事，自不应沿用临时之手续。虽其后因国内种种窒碍情形，对于此两事迄未有所更张，然法人固非以两院合议会选举总统及修正宪法为适当之办法也。今者吾国大局已定，各种机关亦已次第成立。将废止《临时约法》，而制定永久之宪法。对于选举总统之事，自不应沿用临时之手续，致蹈过于简略之弊。何以言之？总统之选举应力谋普及之法，不宜以国会独专其事，一也。国会议员多不满千，以之代表全国选举，人数过形其少，二也。选举之人萃于一地，易受种种方面之影响，三也。共和政体之入人心，以选举总统为最大之感觉，若由国会选举，则人民之观念日趋于淡忘，不能发挥共和之精神，四也。议院政府制，国会为政治竞争最烈之场，一国之政策由此而定，以之抉择总理，而谋政治之进行，谁曰不宜？惟再以之选举总统，实无政治上之理由，五也。此以国会选举之法之未宜采用也。

　　虽然法国选举法之未善，在以国会选举耳。若其省略临时召集之手续，而以常设机关选举，颇属简而易行。其用意固其善，倘吾国略取其意，以各省及蒙藏等处为选举总统之区域，以各地方议会为选举总统之机关，则未始非繁简得中之法。盖以地方议会选举，无临时召集选举会之烦难，而有普及全国之功效，并可免国会选举之流弊，且遇当选之票数相同时，尚可以国会为决选之机关，选举手续比较之善，似无过于此者。至其行之法，各省则以省议会为常设选举机关，蒙藏等处议会未成立以前，暂以选举会代之。其选举员额数，以法律定相当之比例（见草案下篇），则各省及蒙藏等处，自无畸重畸轻之患矣。或谓既以地方议会选举，则国会亦可加入，不知各地方议会代表各该选举区既已普及于全国，无再加国会之必要。[1] 不如以国会为核算票数及决选之机关之为得也。又或谓总统既不负责任，则无论如何选举皆可，何必如此其郑重耶。不知总统之不负责任，乃不负政治上之责任，而其对于国民未尝不负责任也。况总统对内对外均属一国之代表，国民托付之重，固有超乎政治上之责任以外者，则焉可不郑重以举之乎。至若副总统之问题，全系乎选举总统手续之难易，选举之手续易者，则可无副总统。故法国无之。选举之手续难者，则不可无副总统，以为总统临时缺席或不能视事之代理人而已，可无事于研究也。

第九节　省　制

迩来政治问题竞争最烈者，非中央集权与地方分权之二说耶。夫绝对主张集权而排斥分权，与夫绝对主张分权而排斥集权者，同为昧于政治之原理，均无有是处也。不观夫物质上之原理乎，有向心力焉（Centripetal force），有离心力焉（Centrifugal force），此二力者，或推之，或挽之，相杀而相生，相反而相成。天地以此而运行，日月以此而照耀，寒暑以此而往来，万物以此而生活。宇宙之大，机缄之妙，何莫非此二力莫大之作用乎。且此二力者，相需而行，不可须臾离也。使有向心力而无离心力，则机缄止，止则万象俱寂矣。有离心力而无向心力，则机缄解，解则一切俱坏矣。世界将变灭，而何有于天地万物乎。惟国亦然，一国之政治，有集权之趋势焉，有分权之趋势焉。此二趋势者，或进步，或保守，一张而一弛，一阖而一辟。国家以此而强盛，地方以此而发达，政治以此而进化，人民以此而振兴，是二者亦相需而行，不可须臾离也。是故世界各国，无论何种政体，其实行集权者，必同时而有分权之事。其实行分权者，亦必同时而有集权之事。若夫绝对集权及绝对分权，则断断乎不可。即使有所偏重，然物极必反，其结果必终归于各得其平而后已。是以今世各国，对于过于集权及过于分权之制，莫不以为不当。以法德两国而论，昔见为集权者，而今其国之政治，乃有分权之倾向焉。又以英美两国而论，昔见为分权者，今其国之政治，乃有集权之倾向焉。然则或集或分，不过从一方面观察之情状耳。而主张集权及主张分权者，其

---

[1]　多数共和国，对于国会议员不予以选举总统之权，恐其独受一方面之影响。

眼光岂非各有所蔽耶。总之，集权分权之说，皆是也，亦皆非也。盖此问题，不在乎集权分权之间，而在乎集权分权之界限，与夫集权分权之方法如何。世界间之国家，固有本为独立团体，而乃各牺牲其一部分之权利，以谋全国之统一者。亦有本为行政区域，凡事皆听中央政府之命令而行。而今则其地方之权力甚为扩张者，亦可见集权分权之一斑矣。夫一国之政事多矣，若者应由中央政府统一，而后可以保国家之巩固。若者应由地方举办，而后可以谋地方之发达。此不宜有所偏重者也。至划分中央及地方之权限，于科学上虽无一定之准则，然实例上各国间亦颇有从同之规定。其归之中央或归之地方，界乎两可之界者。则各国多依据其相沿之历史及必要之情形，而酌为分划焉。此集权分权所以能并行而不悖也。

　　虽然在吾国之分治集治，尤有未易言者，则省制问题是也。以吾国之省，例之各国，谓为行政区域，实觉太大。拟之地方自治，更非其伦。是以谈政治者，于省之性质，殊难明了，直谓之为特种之制度可也。顾此特种制度，由数百年之历史相沿而来，而今则于民国之成立，至有其关系，要不可不谋一适当之办法。诚以吾国疆域辽阔，交通阻隔，一省之大，比之欧洲，几如一国。而此省与彼省，又颇有情形之不同。以中央遥为控驭，实有鞭长莫及之患。集治分治，少不得当。非有防全国之统一，即难期地方之发达，此筹国者所宜深长思也。试就吾国种种特别情形观之，似宜略采加拿大之制，[1] 而变通之，对于各省权限，应取列举主义。至加拿大列举之范围本已狭小。而揆诸吾国情形，其范围尚宜略小。且有宜较之加拿大更为变通之处，如加拿大列举范围以内之事即安全属之于各省之权限，中央不得而干涉之。其在列举范围以外者，即安全属于中央之权限，是其政权非完全在中央，即完全在各省。而集治分治截然分为两途，无联络及沟通之关系，而本草案所主张者，则异乎是。将列举于各省之权限分为三种。

　　第一种类皆关于地方自治之事，或虽非纯然关于地方自治之事，而不能不就各省之情形听其自为举办者，中央皆不干涉之。盖此等事项，中央之权力，本有所不及，若事事听命于中央，则情形隔阂，非缓于进行，即难期适当，故以放任于地方为宜。第二种虽属应由各省举办之事，但应遵照中央划一法令办理。盖此等事项，虽属省内之事，然不可无共同之办法，以免各省

---

〔1〕　指加拿大中央及各省之制度而言，非指加拿大与英国之关系。

自为风气，而有全国分歧之病，故以规定划一法令为宜。第三种亦属应由各省举办之事，但必须得中央之允许，盖此等事项，随时发生，各按其情形而定，无划一法令之可言，惟其事或有关于全局，故以得中央之许可为宜，此三种以外之事，皆属于中央权限之内，然中央亦可因便利上委任各省办理，而以各省长官为中央之代表。总而言之，第一事项由各省便宜自办，第二种事项举办在地方，而统一则在中央。第三种事项举办亦在地方，而监督则在中央。如此则中央地方权限，犁然有当，绝不致妨害全国之统一，而各省于列举范围内之事。亦可措置裕如，岂非适当之办法乎。至列举之内容，颇费研究，盖列举之事项过多，即无异减少中央之权力，列举之事项过少，又无异限制地方之行动，是二者皆非列举之善法。今本草案所列举者，不过斟酌吾国之情形，参考他国之成例，而略为胪列，自不无疏漏失当之处，是在制定宪法者之详为讨论耳。

或谓宪法而规定者制，则是采用联邦主义也，不知此为联邦制有大相径庭者，其要点有三：联邦宪法，对于中央权限，采列举主义，且列举之范围，仅限于中央统一必要之事项，其为列邦所留保之权，既钜且多，而此则列举各省之权限，且列举之范围内，中央对于第二第三两种，尚有统一及监督之权，而列举以外之权，皆属之中央，一也。联邦国之各邦，皆有自定之宪法，其各邦除剩让于中央之权限外，实有独立之资格，俨然与中央政府对立，而此则各省绝无省内之宪法，至各省制度，除宪法所规定外，中央政府尚得规定关于省制之详细法律，二也。联邦国各邦所留保之权利，虽用修正联邦宪法之手续，如不得各该邦之同意，无论如何，不得变更之。[1] 是各邦所享之权利，为其所固有，非根据宪法而来，而此则各省权利关系，根据于宪法，故修改宪法，即可以变更之，三也。具此三者，故与联邦之制，至为不同也，顾或又谓既非联邦制度，则省制即无规定于宪法之必要，不知吾国各省，于政治上有莫大之关系，规定于宪法，即所以使之处乎巩固之地位，若仅以法律规定之，恐吾国政党主张不同，此党胜则存省制，彼党胜则废省制，一起一仆，而各省乃时时变动而不已，则非但不能谋地方之发达，且不能保国家之巩固，此省制之所以宜规定于宪法也。

---

〔1〕 见德国宪法第七十八条，美国宪法第五章。

下篇宪法草案

中华民国宪法

第一章 总 纲

第一条 中华民国永远定为共和国。

说明： 宪法总纲，首应确定政体，并声明所定之政体为永远之政体，庶足以定人心而固国本，此条即本斯意规定。而《约法》第一条对于此点竟未言及，惟泛然规定之曰，中华民国由中华人民组织之。不知中华民国实一新定之国民，于政体无与也。而所谓由中华人民组织之者，亦只声明民国为何人所组织，并未确定其所组织者为何种政体。夫一国之政体果为何人所组织，此为言宪法史者所当研究之事。若宪法总纲中则不必以此著为条文也（参看阿根廷〔1〕第一条，巴西第一条，智利第一条，丹麦第一条，法国一千八百八十四年八月十四日宪法修正法第二条，意大利第二条，墨西哥第四十条，挪威第一条，瑞典第一条，美国第四章第四条）。

第二条 中华民国之主权属于国民全体。

说明： 此条确定主权之所在，与《约法》第二条同。共和国之主权，当然属于国民全体。民国既为共和国，则此条本可不必加入。但主权在国民，乃共和国体最要之原理，不妨特为规定，使国民晓然于共和之所以为共和，全在此点。智利（第三条）及墨西哥宪法（第三十九条）均有此种规定，实本此意也（比国虽非共和国，然其宪法第二十五条亦与此相类）。

第三条 中华民国领土，为二十二省、内外蒙古、西藏、青海。

说明： 本条与《约法》第三条同。一国之领土，自国际法言之，其广狭以主权实行之范围及领土取得之各方法为准绳，固不因宪法而有所损益也。惟列国宪法亦有特为规定者，如比国（第一条）、加拿大（第三条、第五条）、德国（第一条）、墨西哥（第四十二条、第四十三条）、瑞士（第一条）等国是也。

---

〔1〕 "阿根廷"原文作"阿根丁"，现据今日通常译法改正。——校勘者注

第四条　凡与本宪法抵触之法律、命令均无效力。

说明：理由详见上篇第四节。本草案将《约法》第四条删去。其原文曰，中华民国以参议院、临时大总统、国务员、法院行使其统治权云云。夫统治权与主权有无区别，学者聚讼纷纷，莫衷一是。甲云统治权即主权，乙云统治权非主权。由甲说则《约法》第四条与第二条（即本草案第二条）不无抵触。同一物也，而前后名称互异，于法律之解释，似觉不妥（清帝退位谕旨所称统治权即指主权而言）。由乙说则统治权与主权，究以何者为区别，迄今尚无定论（见德国梅雅氏所著德国国法学第一章第一节）。若是则此种含有歧义之名词诚不宜见诸宪法。至于民国之立法、行政、司法三权如何行使，下文第三章、第四章、第五章各首条另有规定。列国宪法类多如此（见阿根廷第三十六条、第七十四条、第九十四条，澳洲第一条、第六十一条、第七十一条，比国第二十六条、第二十九条、第三十条，巴西第十六条、第四十一条、第五十五条，智利第十一条、第五十条、第九十九条，丹麦第二条，墨西哥第五十一条、第七十五条、第九十条，美国第一章第一条、第三章第一条）。

第二章　国　民

第五条　中华民国国民均属平等，无种族阶级宗教之区别。

说明：此条仿照《约法》第五条规定，惟《约法》或称国民，或称人民。本草案既称国民，以归划一。国民平等，为共和之原理。故世界共和国宪法，类皆有此规定。即君主立宪国，间亦有之。如奥国（第二条）、比国（第六条）、意大利（第二十四条）等国是也。

第六条　国民得享有下列各款之自由权：

一、国民之身体非依法律之规定不得逮捕、监禁、审讯、处罚；

二、国民之住所非依法律之规定不得侵入、搜索、封锢；

三、国民有保有财产之自由；

四、国民有营业之自由；

五、国民有言论、著作及刊行之自由；

六、国民有集会结社之自由；

七、国民有书信秘密之自由；

八、国民有居住迁徙之自由；

九、国民有信教之自由。

说明： 本条将国民最重要及最易受行政侵犯，或易为立法机关摇动之自由，载诸宪法，以为民权之保障，此成文宪法之通例也。本条沿用《约法》第六条，惟于原文各款字句略有修改，如原文第二款无封锢二字，今增。而原文第三款保有财产与营业，本属两事，今分为二款，似较妥善，又原文第四款，亦应分为二款，盖言论著作刊行等事，彼此均有密切之关系，自可相提并论。惟集会与结社，实为别种行为，应另为一款。列国宪法，除日本外，类皆如是（见阿根廷第十四条，奥国第十二条、第十三条，比国第十八条、第十九条、第二十条，巴西第七十二条第八款、第十二款，智利第十条第六款、第七款，丹麦第八十六条、第八十七条，意大利第二十八条、第三十二条，墨西哥第七条、第九条，荷国第七条、第九条，挪威第九十九条第二项、第一百条，俄国第三十六条、第三十七条，西班牙第十三条第一款、第二款，瑞士第五十五条、第五十六条）。

第七条 国民有以文书请愿于国会及各地方议会之权。

说明： 《约法》第七条曰，人民有请愿于议会之权。夫请愿与递呈请愿书，不无区别。若泛言请愿，则群集多人，骚扰议员、围攻议会等事，将为势所难免。如各国女子参政及工党罢工之风潮，立法机关之尊严，且为侵及。今规定国民请愿，必以文书，自可免却此患。故比国（第二十一条、第四十三条）、法国（一千八百七十九年七月二十二日所颁定之宪法第六条、第七条）、意大利（第五十八条）、墨西哥（第八条）、荷国（第八条）等国皆如此规定。日本第三十条规定，请愿必遵一定程式，亦同此意。

第八条 国民有陈诉于行政官署之权。

说明： 本条沿用《约法》第八条，他国宪法亦有此种之规定。

第九条 国民有诉讼于法院之权。

说明： 此条与《约法》第九条同，惟删去受其审判之权数字。其理由有二：（一）法院对于诉讼有因特别理由一时或永久不能审判者，故审判与不审判，皆属于诉讼法，而不属于宪法。至于应审判而不审判，则为法官之失职，自有法官惩戒及处分法以救济之，可无虑法院之故意搁置不理也。（二）第七第八两条只言请愿及陈诉之权，并未提及受议会及行政官署处理之权，故此条亦毋庸声明受法院审判。如必声明，则、七、八两条应有受议会及行政官署处理字样。

第十条 国民有选举及被选举之权。

说明： 本条与《约法》第十二条同。《约法》第十条今删去，因本草案不主张设立行政法院（《约法》称为平政院），其理由详上篇第五节。且行政法院、特法院之特别种类耳。第九条之规定，亦足以赅括之，无庸另立此条。况国民起诉应在何种法院，纯属法院编制法及诉讼法问题，而非宪法问题耶？《约法》第十一条今亦删去，诚以吾国用人不限阶级，数千年来，以布衣而为最高级官吏者，比比皆是。若非欧洲中古时代，任官之权为某某阶级之人所独享，而平民无与也。又在昔专制时代，吾国人民权利之横被侵犯者，诚未可一二指数，惟人人可为官吏之权，则固未尝遭遇一度之褫夺，此亦一不可掩之事实也。夫吾人享有任官之权，既若是之久且固，则以数千年之习惯力，自足以保障之而有余，似无规定于宪法之必要。且宪法所规定国民之权利，皆其最重要而易为行政所侵犯者，其余悉纳诸普通法律及习惯之中。是以应官吏考试之事，仅可以法律规定之，无庸载之于宪法耳。然论者或将曰，并世各国，其宪法对于任官之权，亦有如此规定者，《约法》第十一条似未可厚非，不知他国有此条文，系因其人民初不得为官吏，为官吏之一种权利，悉被其国之贵族所垄断，迨其后人民争得之，乃急急加入之于宪法，以为保障之资。若我国关于此事之情形适与他国相反，实无加入此等条文之理由也。

第十一条 国民依法律之规定有纳税之义务。

说明： 本条仿照《约法》第十三条规定。国民纳税，本属当然之义务。似亦可毋庸规定，但国家税收权，现今尚未完全恢复，故应规定于宪法之中以免误会。

第十二条 国民依法律之规定有服兵役之义务。

说明： 本条仿照《约法》第十四条规定。

第十三条 本章所载国民之权利，得以法律规定适当之限制。

说明： 本条与《约法》所规定略有不同之处。盖本条之规定，乃所以限制上列之权利，其问题重在以法律如何限制，而非谓政府何时可以限制之也。如政府依据法律，则时时可以施行其限制，否则无时可以限制，惟戒严时为例外耳。若《约法》第十五条曰："本章所载人民之权利，有认为增进公益维持治安或非常紧急必要时，得依法律限制之等语。"其意之所重，实在乎政府施行限制之时，于法理似有未定。夫曰依法律限制之，则必先有限制之法律规定于前，方能依此法律限制之于后。既有法律之规定，则凡本章所载之权利无所往而不为法律所限制，又岂仅于增进公益维持治安或非常紧急之时为然哉？且也以增进公益维持治安及非常紧急为限制自由之要件，其范围未免太狭矣。盖凡法律所规定之自由，无论在何时，必有一定之范围。范围之内，即我之自由；范围之外，即人之自由。人我之界限清，则自由之范围定。范围既定，则我之自由与人之自由并行而不相悖，夫然后自由乃得而同享也。虽然，限制自由之法律亦有限制焉，不然则与取消自由无异。故必以适当为标准。若夫何者为适当，何者为不适当，则于诉讼事件发生之时，以法院之解释为断。此本条之大旨也。

第三章　立　法

第十四条　中华民国之立法权以国会行之。

说明： 本条仿照《约法》第十六条规定，惟将参议院三字改为国会。

第十五条　国会以参议院及众议院构成之。

说明： 本条仿《国会组织法》第一条规定。

第十六条　参议院以下列各议员组织之：

一、由各省省议会选出者每省十名；

二、由蒙古选举会选出者二十七名；

三、由西藏选举会选出者十名；

四、由青海选举会选出者三名；

五、由中央学会选出者八名；

六、由华侨选举会选出者六名。

说明： 本条与《国会组织法》第二条同。

第十七条　众议院以各地方国民所选举之议员组织之。

说明： 本条与《国会组织法》第三条同。

第十八条　各省选出众议院议员名额，依人口之多寡为比例，其比例以法律定之。

但每省最少得选出议员十名。全国人口每九年总调查一次，各省选出众议院议员名额，依照每九年人口册，改定一次。第一次人口总调查未毕以前，各省选出众议院议员名额，以法律定之。

说明：本条参照《国会组织法》第四条，惟第一项只规定各省众议院议员名额，应以人口比例法为准则，而不定若干人选出一员之比例。盖比例以法律定之，易于修改。若规定于宪法，倘调查全国人口确数，或遇若干年后全国人口增减之数过大，须改定比例时，即须修正宪法，其手续未免不便。列国宪法对于众议院议员名额，规定人口比例法，而不定比例之人数，即以此也。第二项《国会组织法》第四条未规定，今增。其理由因人口增减之数，十年间所差必多（见阿根廷第三十九条，加拿大第八条，美国第一章第二条）。故议员名额，必须改定，未可仅据一次之总调查即为永久之定额也。其改定之办法含有两种。（一）平常总调查后，仍照原定人口比例，但改定其选出之名额。（二）若干次总调查后，人口增减之差数过大时，即改定比例，如此增减，始有一定准则，而又不致有议员过多之患。盖通常一国人口，多系有增无减。现在吾国众议院议员已将六百，若再按照一定比例逐渐加增，必有议院不能容纳之一日。即使有此广大之议院，亦无议事之方法，必须有改定比例之法，方可免议员过多之患也。至九年总调查一次者，人口增减之差数，十年而大著。第九年调查之数，为第十年应用。而众议院议员，三年改选一次，第四次改选之期，亦在第十年。故以九年举行总调查一次为宜也。第三项参照国会组织法第四条第二项，惟加第一次字样，与第二项相应。至第一项及本项以法律定之句，于国会组织法未变更前，即指该法而言。又本项不规定总调查未毕以前，各省及蒙古、西藏、青海选出议员之名额，而委诸法律之规定。盖因《国会组织法》第四条、第五条所定名额，恐未尽适当，将来或尚须变更，故不规定于宪法。

第十九条 蒙古、西藏、青海选出众议院议员名额以法律定之。

说明：同前条第三项说明。

第二十条 两院议员之资格及选举手续以法律定之。

说明：议员选举手续各国宪法多不规定，惟议员之资格则往往规定于宪法。今本草案亦不规定，而委之于法律之规定者。盖因吾国教育未能普及，国民程度高下不齐，议员资格不得不从宽规定。于两院议员选举法未变更前，惟有依据该法而行。至将来教育普及，国民程度增高时，自宜将议员资格再加改定。此本条所以对于议员资格及选举手续二者均不规定之理由也。

第二十一条 两院当选议员之资格及选举手续是否合法，由各该院自行议决。

说明：此条规定指两院议员就职时及在任中发生之问题而言，与《众议院选举法》第九十第九十一两条规定选举诉讼者不同。此等问题，由各该院自行议决。系仿各国通例（见阿根廷第五十六条，澳洲第四十七条，比国第三十四条，巴西第十八条，加拿大第三十三条，智利第二十九条、第三十条，丹麦第五十四条，法国一千八百七十五年七月十六日宪法第十条，德国第二十七条，意大利第六十条，墨西哥第六十条，荷国第九十八条，挪威第八十二条，西班牙第三十四条，美国第一章第五条）。英国向来对于此问题，亦系由各该院自行议决。迨一千八百六十八年，始改法院办理，其后乃定为最高法院（High Court of Justice），以审判官二员判断此等案件。[1]诚因法院脱离政党关系其判断不涉党见，自可少所偏私。未始非甚善之法，宪法大家如白节斯及塞鸠域克等均推许之。但他国现尚未采用，故本草案亦从多数规定。

第二十二条　参议院议员任期以六年为限，每二年改选三分之一。

第一届改选之方法以法律定之。

说明：本条第一项参照《国会组织法》第六条。第二项即指《参议院议员选举法》第十六条而言。

第二十三条　众议院议员任期以三年为限。

说明：本条参照《国会组织法》第七条。

第二十四条　两院议员辞职须得该院之可决。

说明：此条之规定各国不同，如英国则绝对不准议员辞职，然事实上辞职者，仍无法可以阻止之。盖其辞职者，往往先就一政府闲散之公职，而此公职为议员所不得兼任，故当然罢议员之职，及罢职后，乃并此公职而辞之。[2]夫辞职者，有时迫于不得已，而宪法不准辞职，故不得不巧为趋避，是禁止辞职之规定，仅属具文而已。澳洲（第二十一条、第三十七条）则两院议员可以自由辞职，但须具一定之辞职证书，此外毫无限制。惟议员辞职过于自由，易致不足法定人数，于开会之进行，殊多妨碍。其折衷之法，惟法国（一千八百七十五年七月十六日宪法第十条）之规定为最善，本条即仿此规定，使议员虽可辞职，然亦不能过于自由，庶于法定人数无大影响，诚得中

---

〔1〕　其手续与寻常诉讼不同，详见安生氏《英国宪法及宪法习惯法论》第一册一百十一页又一百六十八页至一百七十二页。

〔2〕　见梅氏《议院办事法》第六百五十七页。

之办法也。

第二十五条 两院议员缺席时，依法律之规定递补之。

说明： 本条所称依法律之规定句，于《参议院议员选举法》及《众议院议员选举法》未修改以前，即指该两法而言。

第二十六条 两院议员退任后，如再被举得再任。

说明： 此条规定系仿各国通例。

第二十七条 无论何人不得同时为两院议员。

说明： 本条与《国会组织法》第九条同。

第二十八条 两院议员在任中，不得兼任其他有俸之公职，但众议院议员，得兼为国务员。

说明： 此条规定，系仿照法国办法。因采用议院政府制，议院与政府既属沟通，有时为人才起见，众议院议员中有长于政治者，自可兼任国务员，以资展布，其受俸之法，可以国会法定之。但其他有俸之公职，不得兼任者，恐议员藉此为弋取官吏之阶，则与议院政府制之用意相背而驰，故一切禁止之，以免流弊。此法与英国之习惯颇有不同。盖英国习惯上，议员不得兼任之公职颇多，惟国务员则必以众议院议员为之。国务员一职，近似议员之专利，初非议院政府制之本意也。若美国则无论国务员或其他公职，均不准议员兼任，此则采用非议院政府制之结果也。至其他私事，议员可否兼管，他国宪法（如澳洲第四十四条第一项第五款）亦有禁止之规定。惟私事之种类甚多，除不得兼充公司及其他营业与政府有契约或专利及种种关系之司事人外，自不能一切禁止，以委之法律详为规定为宜。

第二十九条 每年国会会期为五个月，但依事情之必要得延长之。

国会开会日期以法律定之。

说明：《国会组织法》第十一条规定，国会会期为四个月，但以吾国幅员之广，人民之众，发生之事件必多，四个月之时间，微嫌过短，故定为五个月。开会日期，以宪法规定者颇多。本条第二项，则委诸法律之规定，因开会日期无规定于宪法之必要也。惟法律规定之日期，必须与新总统就职及省议会开会等日期相应，方不致有不相接触之患。

第三十条 临时国会之召集，照第六十五条办理。召集后所有关于国会议事之手续之规定，除第三十一条另有规定外，均准用之。

说明：《约法》及《国会组织法》，均无临时国会之规定，今补之。

第三十一条 临时国会除议决召集时所指定之事件外，不得自行提出议案。但政府如有他项事件交议，而临时国会认为重要者一并议决之。

说明： 临时国会不得提出议案，系为保持常年国会内之政治情状起见。盖临时国会本为特别事件而召集，自不应议及范围以外之事。况召集时，议员未尝先事预备，赴召之人数，每不能如常年国会之多。果尔，则常年国会之少数党，或且变为临时国会之多数党。当是时若临时国会而更有提出议案之权，则少数党将利用之以扰乱常年国会之政治情况。迨常年国会开会时，多数党势必规复之。如此，则政治常处于不安宁之地位，国家必蒙其祸。故欲求稳健之政治，非保持常年国会原有之政情不可。欲保持此政情，则非限制临时国会之提案权不可。顾临时国会之提案权则限制之，而政府反可以交议他项事件者。其理由有二：（一）政府提出之议案，国务员应负责任。如故意紊乱常年国会之政治情状，则国务员于下届国会开会时，必不能安于其位。故政府一方面可无虑其妄为提案，无庸限制之也。（二）召集临时国会之权，既不得不予诸政府，若限制其提案，倘有他项重要事件，势必俟临时国会解散后，再行召集一次。故不如迳予政府提案权，以便临时交议也。

第三十二条 两院议长副议长由各该院议员互选之。

说明： 本条仿照《国会组织法》第八条规定。

第三十三条 除本宪法及国会规定外，两院得自行制定各该院规则。

说明： 考各国宪法，多半以议院一切规则纯委诸各该院自行制定。因此两院相互之关系，未免间有参差不一致之处。惟日本对于此种问题，以议院法定之。其余则于《宪法》第五十一条载明。关于两院内部整理规则，由两院自行规定，奥国宪法第二十四条亦同。此为最善之办法，故本条取之。国会法应俟将来国会开会时制定之，至参议院法以一院为根据，多不适用。

第三十四条 两院议员之岁费及公费以法律定之。

说明： 多数国规定议员受费之法，虽有数国从前议员无费者，今亦改为有费。至给费之法，虽有岁费月费日费之不同，要不如采用岁费主义者最为适宜，故本条取之。

第三十五条 两院议员于院内之言论及表决，对于院外不负责任。

说明： 本条仿照《约法》第二十五条规定。

第三十六条 两院议员除系现行犯及关于内乱外患之犯罪外，会期中非得各该院之许可，不得逮捕、监禁、传讯。

说明：本条沿用《约法》第二十六条，惟加入"监禁、传讯"四字。盖逮捕与监禁略有不同。第六条第一项所规定，关于国民之身体自由权有监禁字样，故本条亦应有之。至于传讯一事，系指法院传议员到庭为证人或为被告而言。按诉讼法通例，凡证人被传而不到庭，每不到庭之日，法院得科以罚金若干。又民事诉讼，凡被告被传而不到庭，法院有权判决其为不直。果尔，则国会闭会后法院即得实行所科之罚金，或执行其判决，皆有妨碍于议员之职务。此本条加入传讯之意也。

第三十七条　两院之议事须公开之，但有国务员之要求或出席议员过半数之可决者，得秘密之。

说明：本条仿照《约法》第二十一条规定。

第三十八条　两院非各有议员全额之过半数出席，不得开议。但得按照国会法，及两院规则，强迫缺席议员到院或惩罚之。

说明：本条仿照《国会组织法》第十五条规定。但书系仿美国宪法第二章第五条之规定，他国宪法亦有此种条文。因两院非有过半数议员出席，不能议事。如有抱消极主义之议员，专以不出席为反对之长技，以致不足法定人数，实属议事之大患。盖事理以辩论而愈明，无论其事如何，或赞成，或反对，均不可无所表示，而自隳其为议员之本职。如该议案而是也，应全力以主张之。如该议案而非也，应全力以打消之。若既不主张，又不反对，徒使该议案久悬而不议，以致国民无所适从。且他种议案亦因之而搁置，其为害实非浅鲜。夫少数人在院内辩论，即使不能胜多数之表决，然是非自有公论，少数之主张果是，将来国民亦可辨别，未必无采用之时。所患者，抱消极主义，不顾大局，惟以破坏为能事，诚有负国民之委托，未免自暴自弃耳。此所以美国及他国均有此规定以防止之也。

第三十九条　两院议事每议员有一表决权。

说明：本条仿照《约法》第十八条规定。

第四十条　两院之议事以出席议员过半数之同意决之可否，同数时取决于议长。

说明：本条仿照《国会组织法》第十六条规定。

第四十一条　国会之议决以两院之可决定之。

说明：本条仿照《国会组织法》第十三条第一项规定。

第四十二条　一院否决之议案不得于同会期内再行提出。

说明：本条与《国会组织法》第十三条第二项同。

第四十三条　国会议决之案咨由大总统公布施行。

说明：本条仿照《约法》第二十二条规定。

第四十四条　大总统对于国会议决之案否认时，得于咨达后十日内声明理由，咨请国会复议一次。如两院各有出席议员三分之二以上，仍执前议时，即照第四十三条办理。前项期间，法定休息日，及国会休会开会之期间，均不算在内。

大总统对于国会议决之案，若不照第一项之规定办理，而第一项、第二项所规定之期间满后，亦不公布该议案即成为法律与公布无异。

说明：本条仿照《约法》第二十三条规定。第二项、第三项《约法》未规定，今仿美国及他国之规定补之。复议之法，或以为采用议院政府制，政府与议院意见本属疏通，似可无庸规定。法国宪法无此条之规定者，职是故也。不知政府为执行机关，其经验良多，且于实际上之状况，所知或较为明悉。倘议决之案，果有窒碍情形，必当声明理由，咨请复议。

如政府之理由是，则议院固当采用，如其不是，则议院仍可执前议。似此办法，实属有利无害，具于议院政府制并无抵触之处，故本条取之。至议院仍执前议，必须有出席议员三分之二以上之同意者，因系复议之案，非议决人数较多，不足以昭慎重也。

第四十五条　除本宪法另有规定外，国会之职权如下：

一、提议及议决一切法律案；

二、议决政府之预算及决算；

三、议决公债之募集及国库有负担之契约；

四、答复政府咨询事件；

五、受理国民之请愿书；

六、得以关于政治之意见建议于政府；

七、得提出质问书于国务员并要求其出席答复；

八、得咨请政府按照法律查办官吏违法事。

前项第二款、第三款事件须先经众议院之议决。

前项第四款、第五款、第六款、第七款及第八款事件两院各得专行之。

说明：本条参照《约法》第十九条规定，但略有修改之处，如第一款与原文第一款同。但加提议字样。第二款参照原文第二款。原文第三款今删去。

其理由有二：（1）本草案第一款一切法律案已可包括无遗，无庸重复规定。（2）联邦宪法规定此款，以见其为中央所统一。至单一国则除宪法所限制外，国会有完全立法权，亦无庸特别规定也。第三款与原文第四款同。此款及第二款，皆因议决手续与寻常法律案略有不同，故特别规定。原文第五款今删去，因本草案已有专条规定，并于本条第一项声明，故可无庸重复规定。第四款参照原文第六款，第五款与原文第七款同。但加书字，以与本草案第七条相应。第六款参照原文第八款，但删去关于法律及其他事件，改为关于政治之意见。因关于法律事件，国会本有提议权，无庸对于政府建议也。至其他事件，可包括于政治之内，亦无庸另行声明。第七款与原文第九款同，第八款参照原文第十款。但增按照法律字样，并删去纳贿二字。因纳贿亦在违法之中，不必特别声明。至政府查办官吏，或应按照法律起诉，或应按照官吏惩戒法处分之，不得任意惩办，故应加按照法律字样也。原文第十一、第十二两款，本草案另有专条规定。第二项仿照《国会组织法》第十四条第二项规定，但增入第三款，各国财政案议决之手续均如此。第三项仿照《国会组织法》第十四条规定。

第四十六条 众议院对于大总统或副总统，认为有谋叛行为时，得以议员全额四分之三以上出席，出席议员三分之二以上之可决，弹劾之。

大总统或副总统，被众议院弹劾后，由参议院审判，非有出席议员三分之二以上之可决，不得判其为有罪。

说明： 本条仿照《约法》第十九条第十一款规定。但原定出席及可决之员额，实属过高，为各国所无。是有其权而难于行使，则几与无权同。故不得不将员额改为较低之数，然较之各国现行之法，已属加高，无虑其不郑重也。又美国总统负行政之责任，故对于总统谋叛行贿，及各种重罪行为，（Treason bribery or others high crimes and misdemeanors，美国宪法第二章第四条）均可弹劾。而本草案则主张国务员负行政之责任，故对于总统只弹劾其谋叛行为，系采用法国之规定。第二项仿照各国通例，《约法》第四十一条规定，由最高法院组织特别法庭审判弹劾案，是将政治问题与司法问题混而为一，未免非是。盖弹劾案之审判，如判决为有罪，只应罢其权，或并得褫夺其为官吏之资格，乃政治上之关系。若罢职后，于民事刑事尚负有责任，即应再归法院审判，不可并为一谈也。又本项不规定议员出席人数，系仿美国宪法第一章第三条第六款之规定，即依通常开会出席人数，其理由固众议院既已弹劾，则参议院必须从速审判，免致该案虚悬，而总统久处于被嫌疑之地位。其有罪无罪国民亦无从确知，则于国家颇有妨碍，若规定参议院出席议员特高之额，即不能免此病。故惟弹劾案宜规定高额，使其难于成立，及成立之后，即宜使其易于审判，以便从速断结。如恐审判或有轻率妄断之弊，然此等重大问题对于总统有所左右者，不患其不到院投票，而表决其有罪无罪也。

第四十七条　众议院对于国务员最高法院法官审计院院长及外交特使、大使、公使认为失职或违法时，得以议员全额三分之二以上出席，出席议员三分之二以上之可决弹劾之。

第四十六条第二项之规定于本条准用之。

说明：美国众议院对于总统、副总统及中央一切官吏均有弹劾权。法国众议院则惟对于总统及国务员有弹劾权。一则过宽，一则过狭。本条乃折衷之规定，对于大总统、副总统及官吏须得两院中一院之同意始能任命者，众议院均有弹劾权。盖此等官吏关系较大且等级最高，故宜用弹劾之法。至其他官吏，尽可付之惩戒法，无庸琐屑弹劾也。

第四十八条　被弹劾人，如参议院判决其为有罪，即由该院议长在院内宣告，应罢其职，或并得永远褫夺其为官吏之资格。

被弹劾人经宣告罢职后当然罢职。

说明：当然罢职，以省罢职手续，至《约法》规定弹劾国务员案，得由总统咨请复议一次，并无充足之理由，故本条不取此规定。

第四十九条　凡弹劾案被弹劾人，经判决有罪罢职后，法院仍得按照法律审判之。

说明：多数国通例，弹劾案经判决有罪后，对于被弹劾人只能罢其职，或因案情重大，并永远褫夺其为官吏之资格，此外不能处以刑罚。若其行为尚负有刑事，或民事上之责任，自应再由法院按照法律审判，方为正当办法。盖议院非法院，其判决只能去其政治上之关系而已，其他法律上之裁制，非其所司也。或有主张议院对于国务员只须投票表决信用与否，无庸弹劾者，不知此乃两事。投信用票之方法，乃对于国务员之政策而行之，如不信用，国务员应自行辞职。辞职之后，未尝不可再为国务员或其他官吏，而弹劾之法，乃关于国务员犯罪问题，如判决其为有罪，则国务员应罢职，或并褫夺其官吏资格。二者关系不同，未可并为一谈也。英国向用弹劾之法，但近百余年来，议院对于国务员，只行投信用票之法，而弹劾权久未行使。然多数法律家，仍主张议院之弹劾权，虽历久未用，而无害其存在者，特未至发生弹劾之事实，故弹劾权无缘以行使之耳。法国亦行投信用票之法，而宪法仍规定议院之弹劾权，盖因弹劾之事，虽不必多，然其规定则不可无也。

至解散众议院之法，亦颇有主张者，然此法在吾国恐属难行。因吾国幅员如此之辽阔，而交通又如此之阻碍，实属特别情形，若采用解散之法，必须重行召集，而此期间内，全国增一番之纷扰。一切事业均受影响，且再行开会之期，因交通不便，致难确定。种种议案，均为搁置。故解散之法，实未易言，若必欲采用之，亦必须仿照法国规定，须得参议院之可决，以免政府滥用其权，流弊庶数少耳。

第四章　行　政

第五十条　中华民国之行政权以大总统及国务员行之。

说明：《约法》无此条，今补之，理由详第四条说明。

第五十一条　非固有中华民国国籍，享有国民公权，年满三十五岁者，不得被举为大总统或副总统。

说明：国籍公权年岁三项为当然应具之资格，无待详论。

第五十二条　选举大总统及副总统之法如下：

各省省议会议员及蒙西藏青海议会议员，均为大总统及副总统之选举员。

大总统及副总统任期未满以前，六个月内，前项议会，应同日举行选举会，其选举日期以法律定之。

选举员各于本议会用无记名单记投票法选举大总统及副总统，投票完毕后，各地方议会应将被选举人之姓名，及每人所得之票数，用公文报告国会，侯各地方议会报告到齐后，国会即将被选举人之姓名，及每人所得票之总数宣布之，以得票最多者为当选。票数相同时，由国会用无记名投票法决选一人。

说明：本条详细理由见上篇第八节。第二项参看附则第九十九条，第三项以得票最多者为当选，而不规定当选票数者，所以省一重之手续也。有数国虽规定当选票数，然得票者票数不足时，亦不得不尽最多票数之前数名，再行投票决选之。是其结果与本项之规定，了无异处，故本项不取当选票数之规定也。

第五十三条 大总统及副总统任期均以四年为限，如再被举得再任一次。

说明： 本条再被举及再任等字样，与普通用连字之意有别。因连字有连续之意，稍有语病，而再则不论是否连续，只表明其第二次而已，于解释上可免误会。

第五十四条 大总统就职时，须在国会宣誓。其誓词曰，中华民国之宪法及法律，吾必竭诚守之，中华民国大总统之职务，吾必尽忠行之，谨誓。

说明： 总统就职应以宪法规定一定之誓词，不应随时由新任总统人自为誓，以昭郑重而免参差。且誓词应即简单，不过守宪法与法律及尽职务二者而已，无取饰之以文藻也。

第五十五条 大总统因故去职或不能视事时，由副总统代行大总统之职务。大总统及副总统均以故去职或不能视事时，由国务员一人代行大总统之职务。其代行之次序，以法律定之。

说明： 本条系当然之规定，至代行之先后，或依《国务院法》所定之秩序，或另以法律定之，均可。

第五十六条 大总统得提出法律案于国会。

说明： 本条仿照《约法》第三十八条规定。

第五十七条 大总统公布国会议决之法律。

说明： 本条参照法国一千八百七十五年二月二十五日宪法第三条。

第五十八条 大总统为执行法律或基于法律之委任得发布命令。

说明： 本条参照《约法》第三十一条，但删去并得使发布之一句，因发布命令，关系甚大。宪法及法律委其权于大总统，未便再由大总统委之他人，以昭郑重。

第五十九条 大总统提出法律案、公布法律及发布命令。非有国务员一人或一人以上之副署，不生效力。

说明： 本条参照《约法》第四十五条，但修改原文字句，因副署乃国务员责任之所关。其副署与否，国务员得有自由审酌之余地，但一经副署，则该命令即发生效力。故国务员即应负其责任，若原文须副署之句，一似无论如何之命令，国务员必须副署者，则殊失本意矣。

第六十条 大总统统率全国海陆军队。

说明： 本条仿照《约法》第三十二条规定。

第六十一条 大总统依法律之规定任免文武官员，但任命国务总理及其他国务员，须按照第七十一条、第七十二条分别办理，任命最高法院法官、审计院院长及外交特使、大使、公使，须得参议院之同意。

说明： 本条详细理由见上篇第六第七两节及第七十一条、第七十二条说明。《约法》第三十三条今删去，因已有总统有提出法律案之权一条。官制官规当然包括在内，无庸重复规定。如谓官制官规与法律有别，不知凡经国会议决者，均可谓为法律，实无特别规定之理由也。

第六十二条 大总统得宣告特赦、减刑、复权，但弹劾案不在此例。

说明： 本条参照《约法》第四十条，但删去大赦并增弹劾案之但书。因大赦不过由偶然事实而发生，然于犯罪毫无感化之利益，而于社会之影响则甚大。今之刑法家多非之，故本条不取此制。如有应赦之人，自可行特赦之法以赦之。是应赦者，不患其不赦，而不应赦者，不至于滥行赦免也。至弹劾于刑罚无涉，不应在赦免问题之内。多数国规定弹劾案不能赦免，而英国一千七百一年皇位继承法（Act of Settlement），有官吏虽经赦免后，议院仍得弹劾之之规定。本条但书，即采其意。其理由有二：（一）弹劾案成立后，被弹劾之人，应罢职。罢职者，乃因失职而罢。即使赦其其他之罪，而其人之不堪再用，固无可以赦免之理也。（二）弹劾案若系关于总统自身，尤不能自行赦免，是乃当然之理由。故本条增但书以明之（美国及他国亦有此规定）。

第六十三条 大总统代表全国举行国典。

说明：《约法》无此条，今仿法国一千八百七十五年二月二十五日宪法第三条第五项规定之。

第六十四条 大总统得于中华民国元年二月十二日颁布之优待条件范围内，颁给勋章及其他荣典。

说明： 民国人民一律平等，本不应有特别殊异之称号及标识，此为至浅显之理，故共和国宪法多禁止之。如使此等制度再存留于民国，则人民之间又生阶级，与共和之理实属相背。至对于前清议定优待条件，乃立国之始，力保和平不得已之办法，是为仅有之例外，绝不可援以为例者也。

第六十五条 大总统遇有特别重要事件，得于国会闭会时期内，召集临时国会。

说明：《约法》无此条，今增。

第六十六条 国务员及须得参议院同意而任命之官员，如在国会闭会期间内有缺席时，大总统得派人署理，但署理之期限，不得过国会开会后十日。

说明： 此条《约法》无规定，今补之。他国亦有此规定，但署理者均系至国会开会之日为止。然初开会之日，往往不能即行议决任命之人，故事实上署理者仍派接续署理。本条有鉴于此，特规定开会后得延长署理十日，此十日内，自不难议决新任命之人。如此则既可免青黄不接之虞，亦不能久久派署，致同意权等于虚设，似觉较为妥善。

第六十七条 大总统得依法律之规定宣告戒严。

说明： 本条仿照《约法》第三十六条规定。

第六十八条 大总统代表全国接受外国特使、大使、公使。

说明： 本条仿照《约法》第三十七条规定。

第六十九条 大总统经国会之同意得宣战媾和及缔结条约。但遇敌人侵犯领土时，得先行宣战，再要求国会追认。

说明： 本条仿照《约法》第三十五条，理由详见上篇第六节，但书系仿照他国宪法条文，亦当然应有之规定也。

第七十条 国务总理及各部总长均称为国务员。

说明： 本条参照《约法》第四十三条。

第七十一条 国务总理由众议院自行选定，由大总统任命。

说明： 本草案主张议院政府制，理由详见上篇第七节。而采用议院政府制之国，其国务总理及国务员，于事实上皆先定于众议院之多数党。而其国之首长，初不能有所可否于其间，故任命仅属形式上之事，而多数党之意思，乃实际上之原动力也。其事实既如此，故本条以明文规定之，或谓他国事实虽如此，然只属宪法上之习惯。今乃以明文规定，无乃不可乎。不知宪法上在一国为习惯，而在其他之国乃定为明文者，固不少其例。如财政案先由众议院议决，本属英国之习惯，而美国首先规定于宪法，其后列国皆从而规定之。此外如政府对于议院负责任，亦属英国之习惯，而法国采用议院政府制，亦以明文规定之。又如总统再任问题，美国只依习惯解决之，而其他共和国亦有规定之明文，必谓习惯不可改为成文，何所见之陋耶。至英国美国此等习惯，迄今仍属习惯者，盖其习惯发生甚早，是以其习惯力有不可动摇之势，无庸再以明文保固之。若吾国则本无此习惯，欲其成为习惯，不知须经若干年之奋斗，而后能得之。而此若干年间，其情状至为不定，则何如直截规定于宪法之为愈耶。夫宪法者，本无之事实，尚可规定而使之为有，何况普通皆有之事实耶。且规定于宪法者，纯在乎国民之意思，如以为应使之巩固不易摇动者，即当有明文之规定，初不必沾滞于他国之孰有孰无也。

第七十二条 各部总长由国务总理推定，由大总统任命。

理由： 国务总理既由众议院自行选定，则众议院对于总理，自必信任之，故各部总长即可由总理推定。

第七十三条 国务员对于众议院，于共同政策连带负责任。于各该部行政，各自负其责任。

说明：《约法》无此条，今补之。国务员对于众议院负责任，而不对于参议院负责任，理由见上篇第六节。至连带负责与分别负责，系仿法国一千八百七十五年二月二十五日宪法第六条之规定。盖共同政策，经国务会议或国务员连署，自应连带负其责任。若各该部行政之事，亦使之连带负责，以一部而牵动他部，于理论既不合，于事实亦属难行也。

第七十四条 国务员及其特派员得于两院出席及发言。

说明： 本条仿照《约法》第四十六条规定。

第七十五条 大总统、副总统、国务员及其他行政官之俸给以法律定之。

说明：《约法》无此条，今补之。

第五章 司 法

第七十六条 中华民国之司法权以法院行之。

说明：《约法》无此条，今补之。理由详第四条说明。

第七十七条 法院之法官，由大总统及司法总长依法律之规定分别任命之。但任命最高法院法官，须按照第六十一条办理。

法院之编制、法官之资格及法官之俸给，以法律定之。

说明： 本条参照《约法》第四十八条规定。第一项依法律之规定句，《约法》无，今增。系属当然之规定。但书理由，详见上篇第六节。第二项加入法官之俸给一项，亦系当然之规定，与议员及其他官吏声明俸给以法律规定各条相应。

第七十八条 法院有解释本宪法之职权。

说明： 详见上篇第四节。

第七十九条　法院依法律之规定，受理诉讼案件及非诉讼事件。但关于特别诉讼法律另有规定者，不在此例。

说明：本条仿照《约法》第四十九条，惟原文依法律审判民事诉讼及刑事诉讼云云。似不能赅括一切诉讼，以法典言，民法之外，尚有商法。以诉讼言，民事之外，尚有商事。惟吾国今日商务尚属幼稚，审判上固无妨以商事纳入民事，将来商务发达，应否另设商事法院，宜按照实在情形解决之。而宪法乃永久之规定，不必涉及诉讼之范围，故本条只浑言诉讼，而不标民事刑事之目。又非诉讼事件，法律亦有规定由法院受理者，故增之。又但书亦改从概括主义，参看上篇第五节。

第八十条　法官独立审判不得干涉之。

说明：本条仿照《约法》第五十一条，但将不受上级官厅之干涉句删去，改从概括之规定，以免语病。

第八十一条　法院之审判须公开之，但有认为妨害安宁秩序，或有关风化者，得秘密之。

说明：本条仿照《约法》第五十条，惟于字句略有修改。并加有关风化一层，考各国秘密审判，以有关风化之事为多，如奸非等罪是也。自应添入，以免遗漏。

第八十二条　法官非依法律之规定受刑罚宣告，或应罢职之惩戒处分，不得罢其职。但法律规定改组法院，及改定法官资格时，不在此例。法官之惩戒处分以法律定之。

说明：《约法》第五十二条规定两事。一为法官之任期，一为法官在任内之权利，未免眉目不清。故本草案将该条以本条及下条分别规定之，又原文用解职二字，亦有语病。盖凡辞职经批准后，应行解职，与罢职非出于本人之意思者不同。故本条改用罢职字样，但书乃当然之理，今增之，以免误会。

第八十三条　法官在任中不得减俸或转任非法官之职。

说明：本条之设，原为保护法官起见。惟《约法》第五十二条，泛言法官在任中不得转职，似不甚妥。盖法官任期终身，如原文所云。则法官永无进级之日，故本条特声明不得转任非法官之职，以免误会。至于法官非依法律不得降级一层，上条已有规定，无庸过虑。

第六章 会 计

第八十四条 凡租税非依法律之规定不得征收之。

说明：本条系当然之规定，《约法》无之，今增。

第八十五条 国家岁入岁出，每年以预算案及决算案，分别提出国会议决。

说明：本条系普通之规定，《约法》无之，今补。

第八十六条 预算案以外临时紧急支出之款项，须提出于下期国会解决。

说明：本条系普通之规定，《约法》无之，今增。预算案以外，包括两种：（1）依预算开列之门类，而支出超过原定数目者。（2）预算未经开列之门类，而支出者。此两种均以紧急为限，如不紧急，则应编入下年度预算案，不得先行支出。

第八十七条 审计院审查国家岁入岁出之决算案。

审计院之组织及职权，以法律定之。

审计院院长之任命，应按照第六十一条办理。

审计员得受法官同等之保障。

说明：本条《约法》未规定，今增。第一项、第二项系普通之规定，第三项理由见上篇第六节。第四项审计员受法官同等之保障，所以使之能尽其职，而不受政府之干涉。英美德法诸国之审计员，皆定为终身官，即此意也。

第八十八条 审计院院长，对于决算案，经审查确定后，应同时报告国会及政府，并得对于预算案发表意见于国会及政府。

说明：审计院院长，对于决算之报告，英国美国系交由政府转交国会，但政府不得变更其报告。其理由在使政府先知报告之内容，以备国会之质问而已。至报告乃审计院之职权，政府固不得干涉之也。今本条规定同时报告国会及政府者，因吾国政府办事向来迟缓，与其辗转迂折，不如直接分别报告。于政府预备答复国会之质问，亦属无妨也。至对于预算案可决否决之权，专在国会，审计院院长只能发表意见，以备国会之采择而已。

第八十九条 审计院院长及其特派员得于两院出席及发言。

说明：本条规定以备国会之咨询。

第七章　省　制

第九十条　各省对于下列事项有权办理：

一、地方税，但有妨碍国税时政府得停止之；

二、省内公债之募集；

三、市政；

四、卫生，但海关卫生及瘟疫之防止不在此例；

五、公立图书馆及博物馆但中央图书馆及中央博物院不在此例；

六、医院，但海陆军医院不在此例；

七、疯人院及聋哑学校；

八、地方实业；

九、地方工程；

十、地方交通；

十一、慈善及公益事业。

说明： 本条理由见上篇第九节。

第九十一条　各省对于下列事项得按照政府划一法令办理：

一、各级学校，但中央大学不在此例；

二、公立银行，但中央银行不在此例；

三、警察，但海关警察不在此例；

四、监狱及感化院；

五、地方营业公司之登记。

说明： 本条理由见上篇第九节。

第九十二条　各省对于下列事项应得政府之允许始可办理：

一、外债之募集；

二、省界之勘定；

说明： 本条理由见上篇第九节。

第九十三条　除第九十条、第九十一条、第九十二条规定事项外，各省如受政府之委任亦得办理之。

说明： 理由见上篇第九节。

第九十四条　省制除本宪法规定外，得以法律规定之。

蒙古、西藏、青海各地方制度以法律定之。

说明： 本草案不主张联邦制，故各省不能自定省内宪法，而悉以中央所定之省制法划一之。第二项因蒙古西藏青海与内地各省情形迥然不同，故另以法律定之，以便因地制宜。

第九十五条 省议会对于第九十条事项，得议决省内单行规则。

说明： 第九十条所列事项，既多各省自治之事，而各省情形不同，自应由省议会议决省内各种规则，以便施行。

第九十六条 省长由省议会选举之。

说明： 省长系专办省内之事，故应由各省自行选举，以符民权之意。至或谓省长由地方选举有碍统一者，殊不知凡应统一事项，均归中央政府办理，是选举省长一层，与国家之统一绝不相涉，不得牵混。

第九十七条 省内各地方官员依省制法之规定，由省长任命之。

说明： 地方官员管理地方事宜，故由省长任命。至何种由省长任命，何种由地方公举，何种系政府派出之官员而在各省者，自有省制法及各种法律规定之。

第八章　附　则

第九十八条 提议修正本宪法之权属之国会。

修正本宪法之议案，经两院各有议员全额三分之二以上出席，出席议员三分之二以上之可决后，由国会将修正案咨送各省议会，及蒙古西藏青海议会。各该议会接到咨文后，应将该议院付之表决，但不得于原案有所修改。表决后，咨复国会，若通计各议会有三分之二赞成者，由国会宣布之。宣布后，该修正案即发生效力。如各议会之赞成不足三分之二，该修正案不得于国会同会期内再行提出。

说明： 理由详见上篇第二节。各省表决未定议员出席及可决之数，即依通常开会之法，以表决之。至议会有三分之二赞成，乃指全国各地方议会总数三分之二而言。非指院内议员出席及可决之数而言也。因各地方议会之表决，系表明赞同与否，既不能提议，又不能修改。若更为规定出席及议决人数之较高额，恐未免过难，故规定如上。

第九十九条 蒙古、西藏、青海议会未成立之前，以各该地方选举会代之。

各选举会组织法以法律定之。

说明：蒙古、西藏、青海均应有议会，但一时未能成立，不得不暂规定选举会以代之。至选举会会员额数，应以法律定之。以二十二省之众议院议员，与蒙古、西藏、青海之众议院议员各比例，定二十二省议会之会员，与蒙古、西藏、青海各应得若干会员之比例（如二十二省之众议院议员共五百五十六人，蒙古议员二十七人，则蒙古之比较为五百五十六分之二十七，而二十二省之省议会议员共二千二百二十四人，其五百五十六分之二十七为一百零八，故蒙古选举会会员应得一百零八人，西藏、青海仿此类推，如比例有奇零不尽或减去零数或增为一人，可以法律定之），则分配平均，不致畸轻畸重矣。

第一百条 中华民国临时《约法》于本宪法施行之日废止之。

说明：本条系当然之规定。

各专家对《中华民国宪法》之评述——宪法提要 *

王宠惠

《中华民国宪法》，自《五五宪法草案》到政府向国民大会提出的草案，前后经历了十几年的准备才成立。而其诞生，则经过革命五十多年的奋斗，以及八年抗战的牺牲，这之后才有良好的机缘，召集国民大会，制定了民生宪法。其中每一条一个字，都是由革命先烈和抗战烈士的热血熔铸而成。各代表对《宪法草案》所提出的修正案达四百余条，口头及书面发表的意见也有许多，对制宪大业的重视程度可见一斑。在大会讨论的时候，各方对每一个问题的争辩都非常热烈，等到全部宪法表决时，大家则一致起立通过，这样的风度，让人十足钦佩。由此可见，民主的争取是光明正大的。辩论公开，竞选公开，胜败取决于多数，胜者固然光荣，而败者也不受辱，这才是真的君子。

民主政治，既然有要争夺的，也必然有要守护的。要守护的是什么？是宪法。我国的宪法，较之于其他各国的宪法，有一个特点，即国体是基于三民主义，而政体是树立五权制度。关于五权制度，也就是行政、立法、司法、考试和检察五权的分离，孙中山先生所指的，是基本原则，而并未详细涉及具体的规定。今年将宪法制成条文，实属创举。将来宪法加以实施以后，可以根据经验，有所补充和修改，这也是暂时不能确定的。现在将宪法的要点简要阐述如下[1]：

（一）人民的自由与权利

宪法列举了人民的各种自由与权利，例如身体、居住、言论、出版、秘

---

* 本文原刊于《国民大会特辑》（第 1 卷）1947 年第 1 期。原文未采用现代标点符号，文中标点为编者所加。

〔1〕 "如下"原文作"如左"，现据今日通常用法改正。——校勘者注。

密、通讯、信仰、宗教、集会、结社等自由以及生存权、工作权和财产权，凡是现代民主国家人民所享有的权利，都得到了保障。关于身体自由，采用了英美提审制度，规定被逮捕的人民应于二十四小时内由法院提审。这是保护人民身体自由的最迅速而有效的方法。至于其他没有列举的自由权利，凡是不妨害社会秩序公共利益的，也受到宪法的保护。所以就本章内容而言，可以说是应有尽有，可以于现代任何人权宣言书相比拟。用条文的精神，强调积极的保障。而人民的自由权利不是任何法律可以限制的，法律也必须符合宪法所规定的标准，才得以限制。此外，宪法明确了承认国家责任的原则，即官吏如果违法，侵害人民的自由或权利，除了运用法律判处官吏应负的刑事和民事责任之外，被害人会得到国家的请求赔偿。

（二）四权的行使

宪法规定人民具有选举、罢免、创制、复决四项政权。这四项政权在县级由人民直接执行，在中央则间接由国民大会行使。选举为一般民主国家国民必有的权利，而其余三项权利则只有行使直接民权的国家才有。

（三）人民平等民族平等

第五条规定中华民国各民族一律平等，第七条规定人民不分男女、宗教、种族、阶级或党派，在法律上一律平等。关于选举，采用普选于无记名投票制度。男女国民，年满二十岁，一律享有选举权；除宪法或法律另有规定外，年满二十三岁，一律享有被选举权。另有一点值得注意的是，各种选举法应规定妇女当选名额。

（四）国民大会

国民大会为代表人民行使四种政权的最高机关，由各区域以及职业团体于妇女团体所选出的代表构成。任期六年，得由原选举区罢免。国民大会由选举与罢免总统、副总统得权利，由修改宪法即复决立法院所提出宪法修正案得权利；在全国半数省市行使创制复决之后，并有行使关于中央法律的创制与复决权。

（五）总统副总统

总统副总统任期均为六年，连选得连任一次。总统的职权与一般民主国家元首所具有的职权大致相同。依照我国宪法的规定，总统公布法律、发布命令必须经过副署。在立法院休会期间，总统得从行政院会议得决议，依照《紧急命令法》发布紧急命令，但必须在一个月内提交立法院追认。

（六）五院

（甲）行政院设院长、副院长，各部会手掌即若干不管部会得政务委员。行政院院长由总统提名，经立法院同意后任命，副院长各部会手掌及不管部会的政务委员则由行政院长提请总统任命。（乙）立法院由地域选举与职业选举的立法委员组成。任期三年，连选即可连任，并得由原选举区罢免。立法院院长、副院长由立法委员会互相选举产生。（丙）司法院除执掌处理审判以及公务员得惩戒外，并有解释宪法以及统一解释法令得权力。司法院院长、副院长及大法官由总统提名，经监察院同意后任命。（丁）考试院掌管考试、铨叙、考绩、级俸以及抚恤退休养老等事项。考试院院长、副院长及考试委员由总统提名，经监察院同意后任命。（戊）监察院行使同意、弹劾、纠举及审计的权力。监察委员由各省市议会、蒙古西藏地方议会及华侨团体选举，监察院院长、副院长由监察委员互相选举产生。

（七）行政与立法的关系

行政院依照宪法规定，向立法院负责。关于重要政策、法律案、预算案及条约案，两院意见不同时，行政院得经过总统得核准，移请立法院复议其所通过的决议。复议时如果立法院以出席者的三分之二维持其原决议，则行政院院长只有执行或辞职。按行政方面得移请复议，而已经立法方面由三分之二维持其原决议，则行政方面必须执行。就此项办法而言，是总统制得一种特点。所不同的是，在我国宪法得规定下，有行政院长来应付立法院，使得总统与立法院不至于直接接触。但行政院院长如果不愿执行，则只可辞职，这是含有内阁制下对立法方面负责去职之意。综合上述，我国宪法的规定，是一种总统制与内阁制的折衷制度。混合采用总统制与内阁制者南美诸国中亦有之。

（八）中央与地方权限

中央地方权限之划分，是根据"均权"原则，对于中央与省县三方均用列举方式。列举事项共分四类：第一类事项，由中央立法并执行。第二类事项，由中央立法，但中央得自己执行或交由省县执行。第三类事项，由省立法并执行，或交由县执行。第四类事项，则由县立法并执行。至于未列举的事项应属哪一方，我国宪法解决此问题与其他国家不同。美国由各州独立而进于联邦，所以属于各州。加拿大由统一而进于分治，所以属于中央。我国则采用均权制度，不偏于中央集权或地方分权。如果有没有列举的事项发生，则视其性质来定其所属；遇到有争议的地方，由立法院解决。

（九）地方制度

省与县均为地方自治单位，省县各有民选议会，省长与县长均由民选产生。省要制定省自治法，但不得抵触宪法。省法规不得抵触国家法律，县也须制定县自治法，但不得抵触宪法及省自治法，县民四权的行使由法律决定。关于地方自治的实施，必须依据《省县自治通则》。这项通则由法律制定。

（十）基本国策

关于基本国策，设有专章，共计分六节，三十三条。简言之：（1）关于国防，以保卫国家安全，维护世界和平为目的。（2）关于外交，本着平等互惠的原则，尊重条约，以促进国际合作，确保世界和平。（3）关于国民经济，以民生主义为基本原则，实施平均地权，节制资本，以谋取国计民生的均足，凡是妨害国计民生平衡发展的私人财富和私营事业，用法律加以限制。（4）关于社会安全。国家制定保护劳工农民的法律，实施保护劳工农民的政策以及社会保险制度。（5）关于教育文化。国民受教育的机会一律平等，国家应保障教育、科学、艺术工作者的生活，并依照经济进展提高其待遇。（6）关于边疆地区。国家对边疆各民族，予以合法的保障，并特别扶植地方自治。基本国策纳入宪法，别的国家也有，唯独没有如此详细严密的，这就是我国朝野对于国家治理的基本问题，由共同遵守的原则，由共同努力的目标。将来各党派各方面的政见纵使有所不同，讨论的问题不在国策本身，而在国策如何推行。

宪法内容之要点略如上所述。因为宪法草案为协商的结果，就一个党派一个方面来看固然很难完全满意。但是正因为有所不满，也有所满意，才能被各党派各方面所接受。而且此宪法实在具有特质，是最创新的民主宪法。就其条文而言，虽然不敢说是尽善尽美，但欲收顺利施行之效，固不尽系于条文之完善与否，而更有赖于政府与人民推行宪法的民主风度。进一步地，宪法除了条文之外，必须是全国人民基本政治观念的共同信仰，才能推行无阻，有久远的意义。这样的信仰可以称之为宪法的精神。我国宪法的前言中有"依据孙中山先生创立中华民国的遗教，是巩固国权，保障民权，奠定社会安宁，增进人民福利，制定本宪法，在全国颁布施行，永远都要遵守"这寥寥几句，语重心长，中华民国宪法的精神，都在这里了。

中华民国宪法草案初稿[*]

吴经熊

第一编　总　则

第一条　中华民国为三民主义共和国。

第二条　中华民国之主权属于人民全体。

第三条　具有中华民国之国籍者为中华民国人民。

第四条　中华民国人民无男女种族宗教出生阶级职业之区别在法律上一律平等。

第五条　中华民国之领土依其固有之疆域。

第六条　中华民国之领土非经国民大会议决不得变更。

第七条　中华民国之国都定于南京。

第八条　中华民国国旗定为红地左上角青天白日。

第二编　民族

第一章　民族之维护

第九条　国内各民族均为中华民族之构成分子在政治上一律平等。

第十条　中华民族以正义和平为本但对于国外之侵略强权政府应抵御之。

第十一条　他国予以武力侵占中华民国之土地不得以媾和或订立和平条约割让之。

＊　本文原刊于《法学杂志（上海 1931）》（第 6 卷）1933 年第 5 期。

第十二条　秘密条约为民族主义所不容应认为无效。

第十三条　中华民国与各友邦缔结条约应基于国际平等互尊主权之原则其有违反此原则者应设法修改或废除之。

第十四条　国际法上公认之规章凡不背本宪法之精神者视为中华民国法律有同等之效力。

第十五条　国内之弱小民族应扶植之使有实行自治之能力与充分发展之机会。

第十六条　侨居国外之中华民族应由国家按其形态保护并扶植之。

第二章　民族之培养

第十七条　婚姻为民族发达之基础应受国家之保护，男女两性应本平等互助之精神共谋家庭之幸福，患精神病及其他遗传性之恶疾者有贻害于民族及社会之危险得以法律禁止其婚姻或防止其生育。

第十八条　妇女在生产前后应由国家按其家庭环境身体状况予以相当之保护。

第十九条　未成年之男女应由国家按其智识程度身体状况予以必要之保护。

第二十条　非婚生子应由国家保护之使与婚生子享有生存及发展能力之均等机会。

第二十一条　民族地位之提高端赖教育为父母者于其子女德智体三育应注意之，孝敬父母乃中华民族固有之美德为子女应遵守之。

第二十二条　有关历史文化艺术之古迹古物应由国家保护或保存之。

第三编　民权

第一章　人民之权利义务

第二十三条　人民有依法律行使选举罢免创制复决之权。

第二十四条　人民有身体之自由非依法律不得逮捕拘禁审问处罚，人民因犯罪嫌疑被逮捕拘禁者执行机关至迟应于二十四小时内将执行原因告知其本人或其关系人并移送于该管法院审问本人或其关系人亦得声请该管法院于二十四小时内向执行机关提审，法院对于前项声请不得拒绝执行机关对于法院之提审亦不得拒绝，违反前三项规定者均以私禁论罪并负担损害之责。

第二十五条　人民除现役军人外不得受军事裁判。

第二十六条　人民有居住之自由其居住处所非以法律不得侵入搜索或封固。

第二十七条　人民有迁徙之自由非以法律不得停止或限制之。

第二十八条　人民有集会结社之自由非依法律不得停止或限制之。

第二十九条　人民有秘密通讯之自由非依法律不得停止或限制之。

第三十条　人民有言论著作及出版之自由非依法律不得停止或限制之。

第三十一条　人民有信仰宗教之自由非依法律不得停止或限制之。

第三十二条　人民之财产非以法律不得查封或没收。

第三十三条　人民之财产因公共利益之必要得依法律征用或没收之但应予以相当之补偿。

第三十四条　人民有依法请愿诉愿及为行政诉讼国事诉讼民事诉讼刑事诉讼之权，国家为扶助人民伸张正义起见得依法律专员指导诉讼程序及出庭辩护，国家为巩固人民权利减少人民诉讼起见应设公证人厉行公证制度。

第三十五条　人民有依法律应考试之权。

第三十六条　人民有依法律监皆财政之权。

第三十七条　中国民国人民之权利除本章规定者外凡无背本宪法之原则者均承认之。

第三十八条　本章前列各条所称限制人民自由或权利之法律非维持公共利益或避免紧急危难所必要者不得制定之其超过必要之程度者亦同。

第三十九条　戒严之法律超过维持公共利益或避免紧急危难必要之程度者无效；宣告戒严应得立法院之同意如遇有紧急情形时得于宣告后通知之但经立法院表示异议者应即撤销。

第四十条　人民有依法律纳税之义务。

第四十一条　人民有依法律服兵役之义务。

第四十二条　人民有依法律之公务服义义务；公务员应由国家予以保障，保障法另定之。

第二章 国民大会

第四十三条 中华民国国民大会以依下〔1〕列方法选出之代表组织之:

一、县选举每县及其同等区域选出代表一人,但人口超过百万者均增选代表一人;

二、市选举市人口每三十万人选出代表一人。

第四十四条 国民大会代表之选举以普遍平等直接之方法行之。

第四十五条 中华民国人民年满二十岁者有选举代表权,年满二十五岁者有被选举代表权。

第四十六条 国民大会代表之选举法另定之。

第四十七条 国民大会代表之任期为三年于每届常会开会前六个月选定之。

第四十八条 国民大会于每三年之三月一日自行集会一次其会期为一个月但有下列情事之一者得开临时会:

一、国民代表三分之一以上之联名通告;

二、国民政府之牒集。

第四十九条 国民大会之主席均代表互推之

第五十条 国民大会代表之职务于次届常会开会之前一日解除之

第五十一条 国民大会之职权如下:

一、选举罢免总统副总统立法委员会监察委员会司法院院长考试院副院长;

二、罢免国民政府之其他公务员;

三、提出法律案于立法院;

四、复决立法院所制定之法律;

五、决定宪法之采择施行及修正;

六、受理人民之请愿;

七、审核国民政府之政治报告;

八、解决国民政府提请解决之事项;

---

〔1〕 "下"原文作"左",现据今日排版需要改正,下同。——校勘者注。

九、对于国家大政方针提出意见；

十、对于国民政府提出质问。

国民大会对于前项第五款之职权应有全体代表三分之二列席代表三分之二之同意始得行使。

第五十二条 国民大会之决议不得涉及下列事项：

一、变更国体；

二、移转主权。

第五十三条 国民代表有按照其所代表之县或市多数人民之意见提出议案于国民大会之义务。

第五十四条 国民代表不称职时得由原选举区域随时撤销其代表资格其程序另以法律定之。

第五十五条 国民代表在会议时所为之言论及表决对外不负责任。

第五十六条 国民代表除现行犯内乱犯或外患犯外在会期中非经国民大会之许可不得逮捕或监禁之。

第五十七条 国民代表大会之组织法规定之。

第三章　中央政制

第一节　国民政府

第五十八条 国民政府由总统及立法行政司法检察考试五院组织之。

第五十九条 国民政府对于国民大会直接负责其责任。

第六十条 国民政府以总统为对内对外之代表。

第六十一条 国民政府之国务会议由总统与五院院长组织之以总统为主席行政院各部部长各委员会委员长立法院各委员会员委长长以各该院院长之提请得列席国务会议。

第六十二条 具有下列性质之事项由国务会议解决之：

一、与而以上之院有共同或牵连关系者；

二、需要二以上之院合作或互助者；

三、院与院间难以解决者；

四、关于简任以上公务员之任免者；

五、其他依法律应付国务会议解决者

第六十三条 公布法律由总统以国民政府之名义行之。

第六十四条 国民政府发布命令由总统依法署名并经主管院院长之副署行之。

第六十五条 五院院长均得依法发布命令。

第六十六条 国民政府编制预算决算统一会计统计。

第六十七条 荐任以上之公务员由各院长官提请国民政府任命之。

第六十八条 国民政府组织法另定之。

第二节 总 统

第六十九条 中华民国人民年满三十五岁完全享有公民权者得被选举为总统。

第七十条 总统之选举应本下列之原则其详以法律定之:

一、经国民代表二百人或省民代表三百人或五省以上之法定团体提名于国民大会者为选举总统之初选候选人;

二、初选候选人应提出国事应与应革之政见书于国民大会;

三、经国民大会初选后以得票最多数之前六名为决选候选人。

第七十一条 决选时以得票最多数者当选为总统次多数者当选为副总统票数相同时由国民大会复决之。

第七十二条 总统与副总统之任期均为六年,不得连任。

第七十三条 总统因故不得视事时由副总统代行其职权;总统与副总统俱不能视事时由行政院院长代行其职权。

第七十四条 总统应于任满之日解职,如届期次任总统尚未选出或选出后尚未就职,次任副总统亦不能代理时由现任副总统暂代现任副总统亦出缺时由行政院院长暂行。依前条及本条之规定行政院院长代行总统职权时其期限不得逾越四个月。

第七十五条 总统为中华民国海陆空军大元帅,统率海陆空军。

第七十六条 总统代表国民政府对外宣战或媾和应依立法院之决议行之。

第七十七条 总统代表国民政府与外国缔结条约或协定,非经立法院之同意不生效力。

第七十八条 总统就行政院所辖之事项与行政院院长对于国民大会运带

负责。

第七十九条　总统除犯内乱或外患罪外，非经罢免或解职不受刑事上之诉究。

第八十条　总统副总统之岁奉以法律定之。

第三节　立法院

第八十一条　立法院为国民政府最高立法机关。

第八十二条　立法院设院长副院长各一人由立法委员互选之。

第八十三条　立法院立法委员会之名额不得过二百人其任期为三年连选得连任。

第八十四条　立法院开会时以院长为主席。

第八十五条　立法院有议决法律案预算案大赦案宣战案媾和案条约案及其他关于重要国际事项之权。

第八十六条　总统及行政司法监察考试各院院长得向立法院提出法律案。

第八十七条　总统与法院院长或二以上之院长对于立法院已议定之法律案得与公布前联名提请复议立法院复议后仍持前议者不得再交复议。

第八十八条　总统及五院院长副院长各部会长得于立法院列席发言但无表决权。

第八十九条　立法委员于院内之言论及表决对外不负责任。

第九十条　立法委员于执行职务是除现行犯外非经立法院之许可不得逮捕或监禁之。

第九十一条　立法院议决之法律案，国民政府应于送达后十五日公布之。

第九十二条　立法委员不得兼任中央政府地方政府各机关之职务。

第九十三条　立法院组织法另定之。

第四节　行政院

第九十四条　行政院为国民政府最高行政机关。

第九十五条　行政院设院长副院长各一人由总统提交国民政府任命之。

第九十六条　行政院各部会分掌行政职权。

第九十七条　行政院各部设部长次长各会设委员长副委员长各一人。

第九十八条　行政院会议由行政院院长与各部部长各委员会委员长组织

之会议时以行政院院长为主席。

第九十九条　下列事项应经行政院会议议决：

一、提出于立法院之宣战媾和或条约案；

二、提出于立法院之法律案；

三、行政院所属之概算案、拟定预算案及行政预算案；

四、行政院所属荐存以上公务人员之任免案；

五、行政院各部间不能解决之事项；

六、与二以上之部合作或牵连关系之事项；

七、需要二以上之部合作或互助之事项；

八、应提交国务会议解决之事项。

第一○○条　行政院组织法另定之。

第五节　司法院

第一○一条　司法院为国民政府最高司法机关。

第一○二条　司法院设院长副院长各一人，其任期为三年，连选得连任。

第一○三条　司法院设最高法院及各级法院掌理司法审判事务设专部掌理司法行政事务。

第一○四条　关于特设减刑或复权事项由司法院院长提请国民政府议决行之。

第一○五条　司法院院长监督所属法院裁判之执行。

第一○六条　最高法院有统一解释普通法令职权。

第一○七条　特别法院非本宪法所许可者不得设立，但军事法院不在此限。

第一○八条　法官依据法律独立审判，不受非法干涉。

第一○九条　时任法官非受刑罚或惩戒处分或禁治产之宣告不得免职，非依法律不得停职转任减俸。

第一一○条　司法院组织法另定之。

第六节　考试院

第一一一条　考试院为国民政府最高考试及铨叙机关。

第一一二条　考试院设院长副院长各一人，其任期为三年，连选得连任。

第一一三条　考试院得设部会办理考试及铨叙事务。

第一一四条　下列资格应先经考试院考试铨定之：

一、公务人员之任用资格；

二、公务人员之候选资格；

三、专门职业或技术人员之许可资格。

第一一五条　考试院组织法另定之。

第七节　监察院

第一一六条　监察院为国民政府最高弹劾及审计机关。

第一一七条　监察院设院长副院长各一人，由监察委员会互选之。

第一一八条　监察委员会之名额不过五十人，其任期为三年，连选得连任。

第一一九条　监察院设审计部掌理执行预算及其他财务事项之事前审计事后审计及稽察事务。

第一二〇条　审计部设部长次长各一人以长于会记学术并富有经验者充之由监察院院长提请国民政府任命之，其任期为十年。

第一二一条　监察委员于执行职务时所发之言论对外不负责任，但出于故意诬陷他人者不在此限。

第一二二条　监察委员于执行职务时，除现行犯外，非经监察之许可不得逮捕或监禁之。

第一二三条　监察委员会不得兼任中央政府地方政府各机关之事务。

第一二四条　监察组织法另定之。

第四章　地方政府

第一节　省

第一二五条　省设省代表会代表全省人民行使省职权。

第一二六条　省民代表会由全省各市县参议会选出之代表组织之。

第一二七条　省民代表会于每年只八月一日自行集会一次，其会期为一个月，但有下列情事之一者得关临时会：

一、省民代表三分之以上之联名通告；

二、国民政府或省长之牒集。

第一二八条 省民代表会之职权如下：

一、选举省长省参议员；

二、向中央提请罢免省长；

三、向省长提请罢免政府所属之公务员；

四、向立法院提出法律案；

五、向立法院提出法律复议案；

六、管理人民之请愿；

七、审核省政府之政治报告；

八、对于省政府提出质问；

九、就与本省有关系之事项向中央提出意见；

十、其他依法律应属于省民代表会职权范围内之事项。

第一二九条 省设省政府，以省长及所属各行政长官组织之。

第一三〇条 省长受中央之指挥执行省内之国家行政。

第一三一条 省长代表省民处理省务，监督全省县自治。

第一三二条 省长由省民代表会选举三人提请国民政府择一任命之任期三年，连选得连任二次，但未达完全自治之省，其省长由国民政府直接任命之。

第一三三条 省长经省民代表全体代表三分之二列席，经列席代表三分之二同意，得请中央政府罢免之；中央政府得将罢免案发回复决，若经省民代表复议后仍持原议者，中央政府应即将省长罢免。

第一三四条 省设省参议会由省民代表会选举之省参议员博织之。

第一三五条 省参议员之任期三年，每年改选三分之一连选得连任。

第一三六条 省参议会之职权如下：

一、议决省预算决算及募债事项；

二、议决省单行法规事项；

三、建议省政兴革事项；

四、审议省长交议事项；

五、其他依法律应属于省参议会之议决事项。

第一三七条 省代表省长省参议员之选举法省民代表会省政府省参议会

之组织法另定之。

第二节　县

第一三八条　县设县政府已县长组织之县长由县民选举后提请省长转由国民政府任命之。

第一三九条　县长受省政府之指挥，综理全县政务其任期为三年，连选得连任。

第一四〇条　县设县参议会，由县民选举之县参议员组织之。

第一四一条　县参议员之任期为三年，每年该选三分之一，连选得连任。

第一四二条　县参议会之职权如下：

一、议决县预算决算及募债事项；

二、议决县单行法规事项；

三、建议县政兴革事项；

四、审议县长交议事项；

五、其他依法律应属于县参议会议决之事项。

第一四三条　县民得依法行使罢免创制复决之权。

第一四四条　县长县参议员之选举法、县参议会、县政府之组织法另定之。

第三节　市

第一四五条　工商繁盛、人口集中之地得依法律所定标准设市直隶中央或省政府。

第一四六条　市设市政府，以市长组织之，市长由市民选举后，其直隶中央之市应提请中央任命之，其隶属省政府之市应提请省政府任命之。

第一四七条　市长视市之所隶属受中央或省政府之指挥，综理全市政务，其任期为三年，连选得连任。

第一四八条　市设市参议会，由市民选举之、市参议会组织之。

第一四九条　市参议员之任期为三年，每年改选三分之一，连选得连任。

第一五〇条　市参议会之职权如下：

一、议决市预算决算及募债事务；

二、议决市单行法规事项；

三、建议市政兴革事项；

四、审议中央或省政府交议事项；

五、其他依法律应属于市参议会之议决事项。

第一五一条 第一百四十三条之规定于市准用之。

第一五二条 市长、市参议员之选举法，市政府、市参议会之组织法另定之。

第五章 中央与地方之关系

第一五三条 中央与地方均采权制，凡事务有全国一致之性质者，划归中央，有因地制宜之性质者划归地方。

第一五四条 下列事项由中央立法并执行之：

一、国籍；

二、民法、刑法、诉讼法；

三、司法；

四、国务及军制；

五、外交及侨务；

六、考试；

七、历度量衡及其他全国应有一致规定之计算制度；

八、币制及国家银行；

九、国有财产、国税、国债及其他关系中央之财政事项；

十、邮政、电报及其他国营水陆空交通或运输事业；

十一、国家工程及关系全国之建设事业；

十二、国营独占专卖及其他国营经济事业；

十三、商标、专利特许及其他全国应有一致规定之经济权利事项。

第一五五条 下列事项由中央立法执行或由地方执行：

一、监察；

二、户籍；

三、土地制度；

四、地方制度；

五、教育及文化；

六、移民及垦植；

七、财政及财政监督；

八、银行保险及其他金融事业；

九、卫生防疫及医药；

十、矿业、森林及渔业；

十一、两省以上之水路交通及水利；

十二、其他应有全国一致规定之事项。

第一五六条 凡未列举于前二条之事项，由地方立法并执行之，但其性质与中央及地方均有关系者得有中央立法执行或委托地方执行或由中央规定原则由地方立法并执行，惟在中央未有表示以前其管辖权属诸地方。

第一五七条 中央对于地方所征租税为维持公益或保护民生起见，得以立法程序制定原则以资遵守。

第一五八条 地方之天然富源与大规模之工商事业因资力不足不能由地方单独发展或兴办者中央予量力协助所获纯利中央与地方政府各占其半。

第一五九条 海陆空军属于中央依法律征集之，其驻在地以国防地带为限，地方政府不得自置军队设立军官学校及军械制造厂，但为维持地方治安得设警备队；中央除对外战争外，不得调遣各省警备队；各省非至自力不能平复内乱时不得请求国军援助。

第一六〇条 地方政府所制定之法规与中央政府依本宪法所规定之法律抵触者无效。

第六章 财政及财政监督

第一六一条 各级政府之岁出岁入均应编造预算在中央须经立法院之通过，在地方须经其参议会之通过方得执行之，其执行应具备簿据执行之结果，应编造决算，由监察机关审核，分别定其责任并公告之；各级政府之总预算及总决算均每一会计年度办理一次；各级政府预算会计决算之范围及程序以法律定之。

第一六二条 下列各款事项在中央政府非经立法院之议定，在各级地方政府非依法律并经其参议会之议定，不得为之：

一、税负、捐费、罚金、罚锾或其他有强制性质收入之设定及其他征收率之变更；

二、公债之募集及增加公帑负担之其他契约之缔结；

三、授予专卖独占或其他特权契约之缔结或取消；

四、属于公营之专卖独占之其他有营利性质事业之设定或取消。

第一六三条　中华民国国境以内一切货物有自由流通之权，各级地方政府不得禁阻止；关税应于货物出入国境时征收之并以一次为限，对于国内货物之流通，不得设置关卡以任何名义征收通过税，但因改良水路道路而对于通过舟车征收之使用费不在此限；出产税、消费税或其他对于货物征收之税，捐其征收之权，属于中央政府，各级地方政府非因中央之委托不得征收之。

第一六四条　交通运输及其他公用事业之属于公营者，其价格，在中央政府由立法院议定之，在各级地方政府应由其参议会议定之；各级政府之公营事业均以营业管理办法管理之，得自行筹措其经费而负担在债务，但其净营余或净亏空仍应编入总预算；公营事业之预算会计审计及决算程序以单行法律规定之；交通运输及其他公用事业非由中央政府经营者因国防上之紧急需要得由中央政府临时管理之。

第一六五条　预算中对于应举办之事项其完成之期间在一年以上者设定继续经费；对于每岁支出之数额永久不变之事项得以法律设定恒久经费。

第一六六条　凡政府机关之财务行政均应用联立综合之组织办理预算决算会计统计之人员、应由超然之主计机关掌其任免迁调并监管指导其事务其办理现金出纳之人员应由统一之出纳机关掌其任免迁调并监督指导其事务办理审计稽查之人员应由独立行使监察权之审计机关掌其任免迁调并监督指导其事务。

第一六七条　凡有中华民国国籍之人民对于改管各级政府之财政簿据得依法纳费，请求阅览，除关系军事秘密或外交秘密外，各级政府机关不得拒绝之。

第四编　民　生

第一章　国民生计

第一六八条　经济组织应本于公平之原则使国民均得维持相当之生存。

第一六九条　中华民国人民俱有不背正义与人道为精神上或体力上劳动之义务。

第一七〇条　有劳动能力非因怠惰或过失而失业者，政府应予以协助，使有适当工作之机会，其有工作者，应由政府制定保护法规以改进其生活。

第一七一条　老弱残废失去劳动力者应由政府予以相当之救济。

第一七二条　为发展农村经济，政府应积极实施下列事项：

一、垦殖荒地，开发水利；

二、设立农业金融机关，奖励农村合作事业；

三、实施仓储制度，预防灾荒，充裕民食；

四、发展农业教育，改善农民生活；

五、改良农村住宅、兴筑农村道路；

六、改善佃农地位增进农工福利。

第一七三条　政府为保护人民生育安全及身体健康起见应设公立医院助产治疗施送诊药。

第一七四条　劳资双方之关系以协调互利原则。

第一七五条　人民之契约及职业自由在不妨害公共利益及善良风俗之范围内应保护之。

第一七六条　对于私有土地应以法律规定严防滥用荒废反集中于少数人。

第一七七条　凡生产事业应由政府奖励并保护之。

第一七八条　重利之借资及动产不动产之重租应以法律禁止之。

第一七九条　对于遗产之承继应以法律或课税加以限制，但以不使承继人丧失生存及发展本能之必要资力为度。

第一八〇条　为谋国民经济之发展，政府应提倡各种合作事业及保险事业。

第一八一条　凡具有专利性质或独占性质之产业应由政府集中资本为独立之经营。

第一八二条　人民生活必需品之产销及价格得由政府调正或限制之。

第一八三条　中央及地方均得设立经济委员会，其详依法律之规定。

第一八四条　中央及地方关于经济事项之立法应征询经济委员会之意见。

第一八五条　经济委员会除依前条之规定，应提出意见外并得为下列各事：

一、关于经济立法及行政自动建议于政府；

二、关于经济事项提出法律案于立法机关；

三、督促政府与农民工人商业实业团体之合作暨农民工人商业实业团体间相互之合作；

四、解决劳资之争议。

第二章　国民教育

第一八六条　中华民国之人民教育之机会一律平等。

第一八七条　实施教育时人格之培养与其他目的并重。

第一八八条　已达学龄之儿童，至少应使受六年之免费基本教育。

第一八九条　未受基本教育之人民应一律由国家设法施以免费补习教育。

第一九〇条　已受基本教育成绩优异或有特殊天才而无力升学者，中央或地方政府考验后应设法补助之，俾得受中学以上之教育。

第一九一条　担任基本教育教员应予以保障并从优待遇。

第一九二条　中央与地方应宽筹教育上必需之经费并保障其独立。

第一九三条　私立学校成绩优良者应予以奖励及补助。

第一九四条　各学校教员应受检定，其检定方法以法律定之，凡检定合格之教员应予以奖励及保护。

第一九五条　华侨教育应予奖励及补助。

第一九六条　全国公私立学校应设置免费及奖学金额以奖进品学俱优而无力升学之学生。

第一九七条　关于学问及艺术之研究有发明及特殊成绩者由国家奖励并保护之。

第一九八条　学术之研究及思想与社会秩序无直接妨害者应保障其自由。

第五编　宪法之保障

第一九九条　凡法律与本宪法抵触者无效。

第二〇〇条　本宪法非经四分之一之国民大会代表或四分之一之省民代表或四分之一之省职业团体之提议并经国民大会之议决不得修改之。

第二〇一条　为直接或间接保障宪法之实行及解决关于宪法之纠纷应设

国事法院。

第二〇二条　国事法院之职权如下：

一、解决宪法上之疑义；

二、审查违宪之法令并宣告无效；

三、关于违宪行为之处分；

四、解决中央政府各机关间各地方政府间及中央与地方间之权限争议及其他不能解决之事项；

五、受理行政诉讼；

六、统一解释行政法令；

七、受理公务员被弹劾之案件并惩戒被弹劾人及其他在行使国事法院职权时所发现应受惩戒之公务员；

八、移送负责刑事责任之被惩戒公务员于普通法院审判；

九、解决其他直接或间接违背宪法而非普通法院所得解决之政治上事件。

第二〇三条　国事法院其在职权范围内所为之决定及解释有拘束普通法院之效力。

第二〇四条　遇行政法令之解释与普通法令之解释有冲突时由国事法院各推相等之人数合租委员会互相谈论以求统一。

第二〇五条　国事法院设评事十一至十五人其中过半数由国民大会直接选举之余由国民政府五院各权二以上之候选人提请国民大会选举之。

第二〇六条　国事法院之评事须具下列之资格：

一、年满三十五岁；

二、完全享有公民权；

三、曾在专门以上学校研究法律政治或经济之学业而有后开情形之一：甲、关于法律政治经济有专门之著作或有价值之贡献；乙、在专门以上学校教授法律政治或经济之学三年以上；丙、有五年以上之行政或司法经验；丁、经考试或铨叙合格。

第二〇七条　国事法院之评事中研究法律者至少应占五分之二，研究政治及经济者至少应各占四分之一。

第二〇八条　国事法院设院长副院长各一人，由各评事互选之。

第二〇九条　国事法庭之评事、非经国民大会过半数代表之列席代表三分之二之赞同不得罢免之。

第二一〇条　除前条规定外国事法院之评事非经检察院立法院之联合弹劾再经监察院立法院最高法院所合租之委员会之惩戒不得免职停职减俸或调任，但受刑事处分或受禁治产之宣告者不在此限，前项合租之委员会由监察院立法院各推二人，最高法院推五人组织之。

第二一一条　国事法院之评事除现行犯外非经最高法院之许可不得逮捕监禁之。

第二一二条　国事法院之评事为现行犯被逮捕或监禁时逮捕或监禁之机关须于二十四时之内将逮捕或监禁之理由通知最高法院；最高法院接到前项通知后应即为许可与否之表示。

第二一三条　国事法院之决定或命令由该法院自行执行或嘱托中央或地方政府机关执行之；中央或地方政府受前项嘱托者应立予执行。

第二一四条　国事法院之组织法、国事诉讼法违宪罚法另定之。

中华民国宪法草案的特色[*]

吴经熊

　　无论什么事务，若是仅就它的本身去观察，那是看不清它有什么特殊之点来的。我们说这次的中华民国宪法草案。有什么什么特色的，那是从比较的观察去发现的。这就说那它来和本国以前所颁布的各个根本法比较，或是那它来和外国的宪法比较。若是它和其它的宪法比较的时候，有它自己特殊的地方，那么这些与人不同的地方，便是它的特色。我们若是仔细研究这次的宪法草案，便可发现它有许多的特色。它的特色，可就它讨议和起草的经过与它的内容两方面来研究。

　　从它讨议和起草的经过来说，它的特色之一，就是所经时间之长久。美国的宪法会议于一七八七年五月二十五日正式集会于费城（Philadelphia），在同年九月十七日便完成它的制宪工作。[1] 其所费时间，不到四个月。苏俄的宪法，自一九一七年十一月第一次苏维埃大会起，至一九一八年七月第五次全俄苏维埃会议通过宪法止，所费时间，不过八个月。[2] 在德国，欧战后的宪法会议从一九一九年二月六日集会于魏玛（Weimar）起。至同年八月十一日止，便完成制宪工作。其所费时间，不过七个月。[3] 奥国（今作奥地利）自一九一九年三月四日起开宪法会议，至一九二零年十月一日施行宪法，其所费时间，不过十九个月。[4] 一九二〇年二月二十九日捷克国国民会议所通

---

[*]　本文原刊于《东方杂志》（第 33 卷）1936 年第 13 期。

[1]　Ogg, *Introduction to American Government*, pp. 120 ~ 197.

[2]　Mcbain and Rogers, *The New Constitutions of Europe*, p. 382.

[3]　Graham, *New governments of Central Europe*, pp. 25 ~ 26.

[4]　Mcbain and Rogers, *The New Constitutions of Europe*, pp. 255 ~ 310.

过的宪法，不过经过一年的讨议。[1]育钩斯拉夫自一九二○年十一月二十八日选举宪法会议起，至一九二一年六月廿八日施行宪法止，其制宪法所费时间不过六个月[2]。最近波兰所颁布的宪法，从一九三三年十二月政府向国府提出宪法草案，至一九三五年四月最后通过止，其制宪所费时间，虽有十六个月，但是国会讨论的时间并不多。[3]现在看看我们的宪法草案，其讨论与起草共费多少时间。立法院议定宪草，可以分为六个阶段。第一阶段为初步草案时期，先由大会决定原则，后由主稿七人起一"初步草案。"时为自民国二十二年起，至二十二年十一月止。第二阶段为初稿起草时期。时为自二十二年十一月起，至二十三年三月至。于二十三年三月一日布露第一次之正式宪法草案初稿。第三阶段为初稿审查修正时期。时为二十三年三月起，至二十三年七月止。先将收到之二百八十一件意见书逐一审查，次将初稿逐条审查修正完毕，是为审查修正案。第五阶段为第一草案完成时期，时为自二十三年七月起，至二十三年十月止。修正案提出大会讨论，经开会八次，最后三读通过，是为立法院第一次议定之草案。全文分为十二章，凡一百七十八条。该草案当经呈报国府转送中央审核。第五阶段为草案初次修正时期。时为二十三年十二月起，至二十四年十月止。二十三年十二月中央第四届五中全会将立法院所定宪法草案提出讨论，经决议交常会核议。二十四年十月中央常会始将草案遵照审查完竣，决定原则五项，交立法院复议。二十四年十月立法院根据中央所定五项原则修正，时为立法院第二次议定之草案。全文一共一百五十条。第六阶段为草案重加修正时期。时为二十四年十一月起，至二十五年五月一日止。前项草案经四届六中全会于二十四年提出五全大会。当经决议，授权五届中央执委会据大会通过之重要宪草各提案再加修正，并定二十五年五月五日为公布宪法草案之期。中常委就五全大会交提案，分别归纳为审议意见二十三点，交立法院讨论。立法院据此对于草案再加修正，于二十五年五月一日大会三读通过，全文共分为八章，都一百四十八条，是为立法院最近及最后议定之草案。[4]这个草案，经由国府于五月五日以命令公布。回忆立法院自从二十二年二月开始草宪工作，到今年五月一日，经过

---

〔1〕 Graham, *New governments of Central Europe*, pp. 292.

〔2〕 Mcbain and Rogers, *The New Constitutions of Europe*, pp. 346 ~ 347.

〔3〕 钱端升"波兰新宪法"，见《国立中央大学社会科学丛刊》第二卷第二期第二四五页。

〔4〕 立法院孙院长，立法院议订宪法草案经过概略，二十五年五月五日《中央日报》。

三年多的光阴。这个长久时期，乃是任何国的宪法会议对于制宪所费的时间所赶不上的。从可知这次的宪法草案，是按照审慎的、缜密的计划而进行的，绝不是率尔操斛的工作。第二点，这个宪法草案，不知闭门造车的东西，它是与舆论融成一气的东西，查别国的制宪，多半是将全责交付宪法会议，不令国人参加意见的，甚至有议宪之时，将门闭紧，不许走漏消息的，（例如美国在费城所召集的宪法会议。）但是我们的议宪，则采公开的态度。于二十三年三月一日所议订的第一次宪法草案初稿乃是布露于各报章，征求国人的意见。到了二十三年七月所成的宪法草案，绝非少数人的意思之结晶，因为立法院在孙院长领导之下，各位委员会都有贡献〔1〕。对于院外，复征求批评。各方学者的意见，也都予以注意。凡可以采纳的，无不尽量的采纳。而且又经过中央的审核。所以绝不能说它是少数人的产物。我们只可说它是全国一致的意思之结晶。

至于从这个宪草的内容而研究它的特色，那绝不是在这个简短的篇幅所能详述的。现在只能举其牵牵大者述之如下，已见梗概罢了。

一、编制

查列国的宪法，对于编制，并不一致。其中有些是很不合逻辑的。而我们的宪法草案，则不然它共分为八章，首章为"总纲"，把国体、主权、国籍、领土等构成国家的要素规定明白。其次则规定人民的权利义务。有了人民，有了"主权属于国民全体，"及关于人民权利之规定，才能说到国民大会之产生。所以第三章为"国民大会。"国民大会是产生政府的机关，而政府的最高级，为中央政府，所以第四章为"中央政府。"中央政府之下，当然为地方政府，所以第五章为"地方制度。"从纵的方而去定地方各级政府的秩序，则省政府为代表中央，监督地方的机关。其下当然为县市。所以第五章以内第一节为"省"，第二节为"县"，只是某级政府的职责，而且涉及各级政府的职责，所以要摆在各级政府之后。关于宪法之施行修正及解释，据一般宪法的通例，是摆在宪法之末部，所以宪法修正案将它们摆在最后的一章之中。就全案的编制而言，觉得很合于逻辑，所以这是它的特色之一。

---

〔1〕 "贡献"原文作"供献"，现据今日通常用法改正。——校勘者注。

二、以三民主义冠国体

我们读全部宪法草案，便知道其重要的一条就是规定国体第一条。这条明白规定："中华民国为三民主义共和国。"从这一条，我们可以知道我们的宪法的精神。我们的宪法，是三民主义的宪法。最近三四年内有少数的人，对于这一条颇多非难。其第一理由，是说列国的宪法（特别是欧战以前的列国宪法）很少将主义冠于国体之上，我们如果将主义冠于国体，岂不是有违宪法的体例？诚然，欧战前的列国宪法，是没有将主义冠于国体之上的，但到欧战之后便不同了。苏俄宪法第二部第一条规定："苏联系社会主义苏维埃共和联邦。"这是以主义冠于国体之嚆矢。其后西班牙于一九三一年所颁布的共和宪法，其第一条之规定为"西班牙劳动阶级民主共和国，依自由正义之制度组织之"。这不啻将劳动主义冠于国体之上。我们要问为什么欧战前的宪法不加入主义，而战后的宪法加入主义？因为宪法这个东西，是社会制度的一个缩影。欧战前各国的社会制度，多半是建筑于资本主义或统治阶级的利益之上，因此欧战前宪法之目的，不过是一方面在于维持少数统治者的利益，一方面在于拥护资本主义。简言之，其目的在于拥护压迫阶级，而摧残被压迫阶级。这是大不利于民众的。若是将不利于民众的主义摆在宪法里，岂不是自己揭橥革命的对象，而招惹反抗，催促自身的灭亡？统治阶级至愚，亦不应出此，何况他们多是有"明哲保身"的本领。他们有他们的伎俩，他们或是将保障民权的规定列入宪法，借以和缓革命，或是将保护劳动阶级的规定列入宪法，使劳资得以协调[1]，资本阶级的利益得以长此维持。其所谓保障民权，适所以维持资本家的利益而已。他们哪[2]敢将维持自身的利益的，反民众利益的主义，大书特书的摆在宪法？他们只得鬼鬼祟祟的去规定宪法，借以敷衍民众，欺骗民众而已。欧战前列国的宪法所以不将主义列入之理由在此。欧战以后，民众抬头，民众要明白治国的主义，建国的立场。苏俄宪法以共产主义冠国体，乃是出于劳动阶级的要求。而我们宪草以三民主义冠国体，则是出于大多数民众的要求。宪草第一条以主义冠国体，在中国是创例，而且是草案全部最关系紧要的一条，实在不啻画龙点睛。非难这

---

〔1〕"协调"原文作"调协"，现据今日通常用法改正。——校勘者注。
〔2〕"哪"原文作"那"，现据今日通常用法改正。——校勘者注。

条的另一个理由是，是说三民主义是国民党的三民主义，规定中华民国为三民主义共和国，岂不是使中华民国成为国民党的国家吗？中华民国的宪法，若根据三民主义来制定，岂不成为国民党的宪法吗？关于这种反对议论，孙哲生院长已经解答的很好，兹引之于下：

"这种见解（即指反对三民主义冠于国体的见解）完全是不明了宪法的精神。我们讲宪法，中国至今还没有永久的宪法，所以没有例可援，但是我们研究宪法，对于中国以外的宪法成例，尤其是新近成立的宪法，不能不作为重要借鉴的资料。我们觉得凡是有宪法的国家，没有一国不根据他们的政治背景和革命历史来制定的。但是一个国家，在没有经过革命牺牲以前，是没有宪法的，欧洲立宪国家，最著名的是英国的宪政。英国虽无整个成文的宪法，但其立宪精神，是很严密的。是根据几百年来的政治背景，与其历史过程，才成为现在英国宪法。其他各国成文宪法，其历史比较悠长的，要算美国，至今差不多有一百五十年。美国宪法也是在革命成功后才创制出来的。英美两国宪法，都是从革命历史演绎而成，固是一个老例。若要找寻新近的成例，则有苏俄革命后所颁布的共产主义宪法，是中俄国共产党完全根据布尔什维克[1]的革命主张来制定，可以说是完全共产主义的宪法。其次德国，自欧战之后，改建共和国，社会民主党所定的韦码（今作魏玛）宪法要算是很新的。但是新近国社党掌权以来，已失效了。在次，最近西班牙也有一部新宪法，是推翻君主改建民主之后成立的。以上许多宪法的制定，都有他们革命的历史，和政治的背景。所以我们知道一国宪法的成立，并不是主观的，理想的，完全是根据客观的历史环境，根据革命经验，革命主义及革命主张来制定的。现在我们试问中国的革命历史从什么人创造的呢？当然这是举世周知的事，是中山先生发起创导的。再问中国革命运动，革命力量，以及革命事业怎样搞成功的呢？那不用细说，就是中山先生集合国内各革命同志组织革命党来领导奋斗然后得来的。而中山先生此种革命的立足点与本党所抱的主义主张是什么？根据遗教的指示，就是三民主义。所以中山先生在讲演三民主义的时候，第一句就说，三民主义，是救国主义。就这一点历史看来，我们的宪法，当然是三民主义的宪法。我们的中华民国，当然也是建立在三民主义之下的。我们可以说假使当年没有中山先生倡导革命，推翻满清，一

---

〔1〕"布尔什维克"原文作"不尔希维"，现据今日通常译法改正。——校勘者注。

定不会有中华民国的建立。所以中华民国的产生，是由于奉行三民主义的革命党努力奋斗的结果而来的。那么〔1〕这个中华民国，当然是三民主义建国的。离了三民主义，是不能造成中华民国的。没有中华民国，更从何谈到宪法呢？这一点，我们应当看清楚的。国民党所主张的，现在要问，三民主义是否可以救国建国？中山先生说，三民主义，是要造成民有、民治、民享的国家。……中山先生虽则把这个主义交给我们党来奉行实施，但是完全站在全民族的立场上的，不是站在一个党上面的。这样看来，当然没有教国民党将来包办国家政治的可能。那么在党外的一种反对三民主义的中华民国与反对三民主义宪法的议论，实在是错误的。应当赶快觉悟是只有三民主义，才可救国建国。"〔2〕

此外我们还要知道：三民主义冠国体，乃是适合我们民族的特性，并是符合我国先贤的思想。我们民族的特性，那是中庸的特性，王道的特性。孔子曰："过犹不及"这就是昭示中庸之道，我们的民族，数千年来，都是按着这按着中庸之道而来。时至今日，犹奉行不替。意德的法西主义，皆属过激的主义，而英美的资本主义，则和我们民族的需要，而三民主义，则适为中庸之道。再者，法西主义，是主张霸道的。因为他们主张以暴力夺取政权，以暴力治人。"以力服人者，心服也。""以德服人者，中心悦而成服也。"所谓以力服人，即霸道是也。所谓以心服人，即王道是也。所以我们的先哲，是主张王道。这个王道的主张，更可以拿一个具体的例子来证明。这就是所谓："大道之行也，天下为公，选贤任能，讲信修睦。固人不独亲其亲，不独子其子。是老有所终，壮有所用，幼有所长，鳏寡孤独废夫疾者，皆有所养。男又分，女有妇。货恶其弃于地也，不必藏诸己。力恶其不出于身也，不必为己。是故谋闭不兴，盗窃乱贼而不作，故外户而不闭。是谓大同。"〔3〕三民主义是脱胎于这些"天下为公"和"大同"等思想而来的，因为三民主义最后的鹄的，也是在于"大同"。所以我们说以三民主义冠国体，乃适合我们民族的特性，并且发扬我们的国光。

---

〔1〕 "那么"原文作"那末"，现据今日通常用法改正，下同。——校勘者注。
〔2〕 立法院孙院长在国府报告"宪草的精神"，《中央日报》二十二年七月十一日。
〔3〕 《礼记·礼运篇》。

三、人民权利之保障

人民的权利，其种类至为繁多。在宪法中所规定的，不过只是就主要者而为例示之记载（如宪草第八条至第二十三条，）并非择其所应有的，而为完全的列举。即在宪法规定之外，而人民尚有他种相当的权利，宪法也应当加以保障（例如结婚的自由）。所以宪草第二十四条规定："凡人民之其他自由及权利，不妨害社会秩序公共利益者，均受宪法之保障：非依法律，不得限制。"保障人民权利之规定，本宪草是采两种方式。其一为对行政权及司法权而限制其不得侵害者。例如第九条至第二十四条所谓"非以法律不得限制云云"是也。这就是说，只有立法机关可以指定法律限制人民的自由权利，而行政机关则不得恣意加以限制。第二为对立法权而限其不得侵害者。例如第五条规定："凡限制人民自由或权利之法律，以保障国家安全，避免紧急危难，维持社会秩序，或增进公共利益所必要者为限"是也。从这条看来，可知立法机关如果想制定法律去限制人民的权利，则必须根据于"保障国家安全"、"避免紧急危难"、"维持社会秩序"、"增进公共利益"四个条例。它不能随意制定法律去限制。查列国的宪法，对于人民权利之规定，很多只对行政权及司法权而限制不得侵害的。但对立法权则不加限制者。我们这次的宪草，则并行政、司法、立法三者而俱限制之，所以可说是很完密。

关于人民自由权利之限制，从制宪之技术言之，则有法律限制与宪法限制之分。所谓法律限制，即宪法虽承认人民有何种之自由，但全然委任法律以干涉之权，虽行政之干涉，不为宪法所许，立法的干涉则许之。所以这种限制方法，对于人民权利之保障，仍觉薄弱。且如取法律限制主义，则比待此类法律颁行之后，人民始能享受所定自由。只有宪法，还是不行。但若采取宪法的限制，则宪法一旦实行，人民随即有其自由。所以宪法限制的方法，对于人民自由权比较以法律限制为巩固。为保障人权起见，自以宪法限制为佳[1]。既然如此，我们这次的宪法草案何以不采宪法的限制，而采法律的限制呢？这是要说明的，从前欧美的宪政运动，是人民各个人争夺自由的运动。我们现在的宪政运动，乃是集中国力去救国的运动，从前欧美的人，他们争自由，是以个人为出发点。我们现在争夺的自由，是以国体为出发点。

---

[1] 吕复《比较法论》，第八五至第九九页。

我们所争的自由，是国家的、民族的自由。中国现在的情形，和欧美人民争自由的时候，大不相同。当时救国家、救民族。我们的国家，我们的民族，早就陷于被压迫被蹂躏的情况之下。眼前的情形，较前更坏。我们要救国家，救民族，则不得要求个人极力牺牲他所有的自由，以求团体的自由。以为这个缘故〔1〕，我们的宪法草案不得不采法律限制主义，于规定权利各条，加上"非依法律不得限制"的条件。

四、创作的国民大会

我们从宪法草案第三章"国民大会"看来，便知道我们的宪草的一个特色，为政权与政治之划分。这是中山先生所创的学说。中山先生以为欲谋人民之幸福，不可没有一个万能的政府。但若是已经有了万能的政府，而人民的力量不足以管理，使政府流于专横，那岂不是一桩很危险的事件。所以中山先生以为政权当与治权划分。治权宜存之于政府，而政权则操之于人民。所谓治权，即立法、行政、司法、考试、监察五权。所谓政权，即复决、创制、选举、罢免四权。人民既有选举权、罢免权，则政府人员之去留，其权在于人民。若政府人员如被选举后不能称职，则人民将行使其罢免权以革除之。人民于选举权、罢免权之外、更有创制、复决二种民权。则不但政府人员之去留，权在于人民，即政府人员之动止，其权亦在于人民。就止的方面说，人民有创制权，可以使政府不能不制定良善的法律。所以复决权可比作甲胄，人民可利用它去抗拒违背民意的法律。创制权可比作枪剑，人民可利用它去另开途径，拿自己的意思去制成法律。所以人民若是有了选举、罢免、复决、创制四种权利，则对于政府之去留动止，譬如六辔在手，所向莫不指挥如意，虽有万能的政府，亦不怕不能管理了。所以中山先生说："这四个民权，就是四个放水制或者是四个接电钮。我们有了防水制，便可直接管理自来水。有了接电钮，便可直接管理点灯。有了四个民权，便可直接管理国家的政治。"〔2〕据此人民不必有管理政务之能力，而可以享有直接管理国家政治之实权。这是分开"权"与"能"的结果。也就是中山先生高出于卢梭

---

〔1〕 "缘故"原文作"原故"，现据今日通常用法改正。——校勘者注。
〔2〕 民权主义第六讲。

（Rousseau）和狄龙[1]（Lolme）的地方。卢梭主张直接政府制，授人民以治权，而不强其所能。狄龙则主张人民政府制，因人民之无能，而竟夺其所应享之政权，所以两人均不能获得一个正当的解决，因为正当的解决，在于"政权"与"治权"之划分。建国大纲第廿四条规定："宪法颁布之后中央统治权则归于国民大会行使之，即国民大会对于中央政府官员，有选举权，有罢免权，对于中央法律，有创制权，有复决权"，这是宪草国民大会的根据。就国民大会的职权来说，列国的政制，都没有这样的组织。它的第一种性质，就是作国家行政权行使的最高机关。这种政权的行使，在外国普遍的，就是每几年举行一次总选举。他们的选举权，虽然把罢免权包括在内，可是在四权之中，好像只限于有选举权的样子。除了对人行使选举权以外，对于其他如创制、复决等权，除了一两个极小的国家行使而外，好像都很少行使的。欧战以后，有一种好像国民大会的制度，叫做 Plebiscite，使人民举行投票，自行表决。但是我们的国民大会和它又不同，因是我们虽采这种方式，但是不直接行使。在我们，这种权是间接的，即由国民选举代表，由代表选举总统。各院院长委员的产生，差不多都是由国民大会选举。此外它还有创制、复决、罢免等权。我们的国民大会所以采取间接的制度，则完全因为我们有特殊的情形。因为我国幅员广大，人口众多，而且教育为普及，不能由人民直接行使四权，只得委托国民大会行使。我们的国民大会还有第二种性质，这就是宪法会议（Constituent assembly）的性质。但是我们的国民大会，又和外国宪法会议不同，因为外国的宪法会议，并不是定期常开会的，乃是开一次会就了事的，不像我们所定的国民大会，每三年就召开一次的，（宪草第三十一条）。而且国民代表还有一定的任期（宪法第三十条）。所以我们的国民大会，可以说完全是一种创作的新制度。[2]

五、五权制度

五权制度是中山先生所发明的，世界无论任何国家的政治，其原始总是一权制，而且多是以神权为唯一的权力。所以在原始时代谈不到什么分权的问题。一直到了法国的孟德斯鸠（Montesquieu），因为观察英国的政治制度。

---

〔1〕 "狄龙"原文作"罗模"，现据今日通常译法改正。——校勘者注。

〔2〕 二十三年三月十二日立法院纪念周孙院长报告词。

孟氏所主张的三种权,是(一)立法权,(二)司法权,(三)行政权。他说:"自由政治,只能在温和的政府见之。温和的政府之实现,再于执行者不越权。然有权者必越权,证之实验,曾无稍爽。所以要防止此弊,不能不以权止权。"[1]这是说,要防止任何权力的专制,不能不用其他势均力敌的权力去制止它。这就是孟氏所主张三权分立的精义,自从孟德斯鸠提倡三权鼎立之后,近世的政治学家多附和孟氏之说,他们差不多认三权分立为保障民权的不二法门。所以美国十三州独立的时候,一般政治学家对于三权鼎立的学说,都是一致赞成的。美国的宪法,是成文宪法的鼻祖。在这个宪法当中,明定立法、司法、行政三权的独立,彼此不得互相侵越。他们的用意,是要使三权互相抵制,成为平衡状态,以防止任何政府机关的专制倾向,就是美国政治学者所常称道的抵衡说(Check and Balance)。美国实行三权鼎立的制度以后,法国革命成功,又首先仿效美国,以三权分立为圭臬。后来各立宪国家,纷纷模仿。现在世界各国,既然都是以三权为分治的准则,为什么中山先生却又主张五权宪法呢?五权宪法的特点,就是在立法、司法、行政三者之外,加上考试、监察两权。所以三权与五权的区别,只是在考试、监察两者是否独立罢了。立法、行政、司法三者分立,我们可说是各国的通例,也可以说是司空见惯的制度。因为司空见惯的制度,所以各国行使三权分立的制度,便以为是天经地义的。中山先生所以主张于立法、行政、司法三权之外,更加上考试、监察两权,并不是故立奇异,乃是因为研究各国宪法,觉得三权分立,并未完备,而且不适用于现在。中山先生说:"兄弟研究美国宪法之后便想要补救他的缺点。……兄弟想起从前美国哥伦比亚大学有一位教授叫做喜斯罗,他著了一本书叫做'自由'他说宪法的三权,是不够用的,要主张四权。……就是把国会中的弹劾权拿出来独立,用弹劾权,同立法权、司法权、行政权作为四权分立。"[2]中山先生又说:"他的这个用意,虽然不能说是十分完善,但是他能够着这本书,发表他的意见,便可见美国里头,已经有人觉悟了。"[3]美国宪法既然不完备,那么我们要从头建设中国的政治制度,绝对不可再以美国宪法为蓝本了。三权分立论何以有缺点呢?因为现

---

〔1〕 *Esprit des Lois* 第十一卷第四章。

〔2〕 《五权宪法》。

〔3〕 《五权宪法》。

在各国的立法机关兼操监察权（即国会所操之弹劾权），行政权兼考试权，考试监察两层作用，不能得到美满的效果。立法机关本是专为制定法律而设的，如付与弹劾（监察）权，那么因为党派的关系，议会议员常分为政府党与反对党的两个壁垒。反对党对于执政者，终不免要吹毛求疵，攻击政府，以便使执政者失却人民的同情。同时政府党的议员，又想尽力拥护政府，竭力左袒执政者之措施，所以如果政府党占多数，则执政者可以毫无忌惮，任意作为，如果反对党在议会占多数，则政府便感觉不稳固了。况且立法机关是应代表民意立法的，如果加以监禁或弹劾的权限，议员便天天卷入政争的漩涡，之于立法本身上的职务，反而容易抛到九霄云外了。近世欧美各国对于文官，有所谓文官考试（Civil service）的制度。但是这种文官考试，也不过由行政机关去办理。那办理考试的当局，仍然不能免受行政官的影响，因此不能选拔真正的人才。这种毛病，中山先生看得很清楚，所以主张一切官吏都非考试不可。中山先生说："在君主时代，可以不用考试。共和时代，考试是万不可少的。故兄弟想于四种之外，加多一个考试权。"[1]所以中山先生以为监察权应由立法机关划分。而考试权则应由行政机关划出。各使成为平列独立的治权。考试、监察两权，应该与立法、司法、行政平列，究竟有什么根据呢？中山先生说："如满清之御史，及唐朝之谏议大夫，都是极好之监察制度。举行此种制度之大权，即监察权，即弹劾权。外国亦有此种制度，不过置之于立法机关之中，不能独成一权而已。"中山先生所说的弹劾权，实在是渊源于中国古代的谏议大夫及御史制度，和外国立法机关的弹劾权。但是并非仿效他的形式，而是采用它的精神。并且从前的台鉴制度，虽然有几分独立的精神，然而必经不能说是可以脱离君主的威力的支配。既然不能不受君主的支配，所以监察权的行使，便不能充分表现。现在把监察权提高与立法、司法、行政、考试等权立于同等地方，当然可以不受其他政府机关的支配，而去放胆纠察政府官吏的过失了。至于考试一项，那更是中国最先发明的。自从汉朝的时候，汉文帝招贤良对策，第其所对，以次授职。其后历朝均用考试取士。明朝分乡试、会试、殿试三种。到了前清，另设提督学，专司各省考试。考试权渐渐独立起来。中山先生说："考试制度，原来是中国一个很好的制度，也是一件很严重的事。"但是考试制度，如果不能成为完全独立一

---

〔1〕《五权宪法》。

权，则考试仍然免不发生弊病。所以要充分得到考试的功效，必定要先将要考试权成为与行政、立法、司法、监察等权立于平行的地位而后可。现在这次宪法草案在第四章"中央政府"之内分设行政、立法、司法、考试、监察五院，各掌行政、立法、司法、考试、监察的最高权〔1〕使其彼此平行，不相侵越，这不但是中国政治史上的空前创举，就是从世界政治史上来论，也是破天荒第一遭的制度了。

六、元首的特殊作用

我们研究列国的宪法，便知他们的元首，普通是属两种。一种就是总统制里的实权元首（Real head），例如美国的大总统。一种就是内阁制里的虚权元首（Titular head），例如法国的元首。按诸总统制，行政机关的职权，是集中于行政元首。在这种制度下，国务员之进退，系以元首之信任与不信任为转移。我们的宪草第五十六条、第五十九条，虽然规定行政院院长由总统任免，对总统负责，但是七十七条和第八十四条则规定司法院院长和考试院院长虽有总统任任命，但对国民大会负责，而且第六十三条、第六十六条、第七十七条、第八十九条规定立法院院长和监察院院长由选举而产生，并对国民大会负责。从这几条看，我们宪草里的大总统，绝非总统制里大总统。在责任内阁制之下，元首是不负责任的，但是我们的宪草第四十六条明白规定："总统对国民大会负其责任"，第三十二条规定国民大会有罢免总统制权。从此看来，可知宪草里的大总统，绝非内阁制里的元首。宪草里总统，自有他的特殊地位和特殊作用，因为他除了一般元首所具之职权而外，他还有两种特权。其一就是调整五院的作用。宪草第四十五条规定："总统得召集五院院长，会商关于二院以上事项及总统咨询事项。"在训政的时候，政府之上，还有中央政治委员会，以为最高的指导联络，以作调整之机关。如有两院以上的事情发生，可由政治委员会来负一种调整的任务。将来施行宪政以后，这种制度将不存在，加入总统没有这种调整的职权，则在政制的联系上，不见得十分完善。总统是国家的元首，是政府的最高领袖，所以可以授权与他，规定联系办法，以为调整及解决院院间的问题。〔2〕第二种作用，就是须发紧

---

〔1〕 宪草第五十五条、第六十三条、第七十六条、第八十三条、第八十七条。
〔2〕 立法院孙院长在中央报告"修正宪草经过"。

急命令，以维持国家的作用。宪草第四十四条明定："国家遇有紧急事变或国家经济上有众法变故，须为急速处分时，总统得经行政会议之议决，发布紧急命令，为必要之处置，但应于发布命令三个月后内提交立法院追认。"这种紧急命令（Notverordnungen）权，原属君主政体的一种遗产。在从前德奥等君主国家，君主是保留这种紧急权（Notrecht）的。德国许多公法学家且任元首之颁布紧急命令权，乃是国家的一种自卫权。[1]日本宪法亦采行紧急权。其第八条规定："天皇为保持公共之安全国或避免公共之灾厄，因紧急之需要，在帝国会议闭会期间，得发布代法律之勅令。此项赦令应提出于下次帝国会议。若会议不承认时，政府应公布该赦令伺候失其效力。"但是在民主国家里，规定元首得颁发此种命令权的，也不乏其例。例如德国宪法第四十八条规定："凡遇国家之公共安全及秩序发生重大危难时，总统得迳行采取必要之处置，以恢复公共安全与秩序。于必要时得使用武力，以速达此目的。总统得将宪法第一一四、一一五、一一七、一一八、一二三、一二四及一五三诸条所规定之人民基本权利之全部或一部停止之。本条第一二两项规定之处置，应由总统通知联邦议会。如联邦议会要求废止时，此项处置即应停止。"奥国一九三四年五月一日宪法特设"行政紧急权"一章。其第一百四十七条规定："（一）为维持公共之安宁秩序及保持人民重要经济利益，或联邦之国家财政利益，尤其确保联邦之预算，有立即发布依照宪法，须有联邦国会决议之必要处置者，因事关紧急，不能立得国会决议时，则联邦政府得自行负责，用暂时变更法律之命令，而采取此项之处置（联邦政府紧急权。）此项命令上，得将联邦事务之执行，其权原属他机关者，委托特别联邦机关执行之。"这种紧急命令权，虽有列国宪法作先例，但是我们宪草之规定紧急权，绝非出于模仿。这完全是应付我国的需要。因为我们正在国难时期，时时刻刻会有紧急的是故发生。假设国家在紧急的时候，万一发生是故，我们的宪法如果没有规定，便难以应付。如果总统有了紧急命令权，它便可以立即发布命令，以应付时势的需要，以济法律之所穷。我们从宪法所赋予总统的调整作用及颁发紧急命令职权，便可以知道宪草上的元首之特殊作用了。

---

〔1〕 Esmein, *Droit Constitutionnel*，卷下第八十六页。

七、均权制度

上节所说的五权制度，乃是从政府权力之横的分配而立论的。若是从政府权力纵的分配而论，则列国的政制，大抵分为统一制（或集权制）和联邦制两种。联邦制和统一制的根本区别，一方面是根据政府权力之分配或集中去决定。一方面是根据中央与地方彼此的关系而决定。如果宪法将政府的全权单独付与中央政府，而地方政府的权力及其生存，完全是由地方颁赐的，那么这种制度，便是中央集权制（即统一制）。反之，如果政府权力的全体，是由宪法或国家根本法分配于中央与地方，那么这种制度，便是联邦制（即地方分权制）。集权制的特色，在于宪法对于中央政府与附属的地方政府，并不规定分权。在集权制的国家里，只有一个意志，政府权力，只有一个共同的来源。地方区域之立或改变，不是由宪法去设立或改变，乃是由中央政府去设立或改变。地方政府无论有什么权力，或自治权，都是中央政府委托（Delegate）给他们的。他们的权力，得为中央政府任意伸缩增减。他们所有的权力，不过是委托的权力（Delegated Power），无所谓原来的（Original），内在的（Inherent）权力。地方政府不过是中央政府所设立的中央机关之一部分。他们是用来作中央政府对于地方行政的代理机关（Agents）。地方政府要受中央政府的制御。无论地方政府所具之自治权或行政能力是怎么样，这些权力都是中央政府赐给他们的，不是因为有宪法的保障而存在的，举例来说，英国的府市，虽然具有许多的地方自治权，但是这些权力是从国会法令（Parliament Acts）得来的。这些权力，国会随时可以任意伸缩。法国更是如此，他的地方机关，大部分是中央机关的代理机关，但在联邦制的国家里，地方政府不是中央政府所设立的东西。在多数的联邦国家里，中央政府乃是地方所设立的。地方不是中央机关的部分。地方的自治权，不是由中央政府决定，乃是由联邦宪法决定。因此地方政府的生存，不是由中央政府所颁赐。他们的权力，不为中央政府所限制。在联邦制里，中央政府与地方制度，都是在一个公共主权之下而共存的。中央与地方机关，在各自的一定范围之内，是各居最高的地位。[1]这两种制度，中央集权制与地方分权制，自中山先生看来，均不适于我们中国。他说："夫所谓中央集权与地方分权，其或联省自

---

[1] Garner, *Political Science and Government*, pp. 346 ~ 348.

治，不过内重外轻，内轻外重之长谈而已。权之分配，不当以中央或地方为对象，而当以权之性质为对象。权之宜属于中央者，属之中央可也。权之宜属于地方者，属之地方可也。例如军事外交，宜统一不宜分歧，此权之宜属于中央者也。教育、卫生，随地方情况而异，此权宜属于地方者也。更分析以言，同一军事也，国防固宜属之中央，然警备队之设施，岂不中央所能代劳？是又属之地方矣。同一教育也，滨海之区，宜侧重水产，山谷之地，宜侧重矿业或林业，是固宜予地方以措置之自由。然学制及义务教育年限，中央不能为划一范围。是中央政府不能不过问教育事业矣。是则同一事业，犹当于某种程度以上属之中央，某种程度以下属之地方。彼漫然主张中央集权或地方分权，甚或联省自治者，动辄曰某取概括主义，某取列举主义，得勿嫌其笼统乎？议者曰国小民寡，或可用中央集权。地大民众，则非用地方分权或联省自治不可。会不知土地之大小，不当但以幅员为差别，犹当尤以交通为差别。果其交通梗塞，土地虽狭，犹辽阔也。果其交通发达，土地虽广，犹比邻也。中国今日若遵守老死不相往来之训，虽百里犹不可以为治，若利用科学以事交通，则风行四海之内，若身之使臂，臂之使指，集权分权，有何兴焉。议者又曰，中央集权，易流于专制，地方分权，或联省自治，始适于共和。此又不可不辨。夫专制云者，与立宪为对待之名词。苟其立宪，虽中央集权何害？例如法国固行中央集权者，其为民主立宪国自若也。北美之合众，议者乐引为联省自治之口实，以为中国非如是不得为共和，而不知其所引之例，实际适得其反。美之初元，固行地方分权制，然南北分驰，政令不一，深贻国民以痛苦。及南北战争起，虽以解放黑奴为号召，而实行统一，乃其结果也。经此战争，美国各州始有凝为一体之象。洎乎参加欧战，则中央政府权力愈以巩固，且愈以扩充，举人民之粮食衣服，亦置于中央政府管理之下。其集权之倾向为何如？如议者言，则美国中央政府集中权力之时，亦将为共和之下不利欤？凡此诸说，皆与权力分配本题无关要之研究。权力之分配，不当挟一中央或地方之成见，而惟以其本身之性质为依归。事之非举国一致不可者，以其权属于中央，事之应因地制宜者，以其权属于地方。易地域的分类，而为科学的分类，斯为得之。"[1] 中山先生根据这种理论，主张中国宜采均权主义，即凡事务有全国一致之性质者，划归中央，有因地

---

[1]《中华民国建设之基础》，见全集第一集。

制宜之性质者，划归地方，不偏于中央集权制，或地方分权制。宪草第一百零四条规定："凡事务有因地制宜性质者，划为地方自治事项。"我们现在从这一条看来，便可知道我们的宪草是于中央集权制与地方分权制之外，另辟蹊径，而采均权制度了。

八、民生主义的经济制度

宪草"国民经济"章的第一条（即第一一六条）便开宗明义的标明"中华民国之经济制度，应以民生主义为基础"。我们的宪法，所以采取民生主义的经济制度，是因民生主义，在理论上，比流行于欧美的资本主义和共产主义好得多。我们先比较民生主义和资本主义之不同。中山先生说："民生主义和资本主义根本不同的地方，就是资本主义是以赚钱为目的，民生主义是以养民为目的。"[1]换言之，在资本主义的社会，国家或社会对于各个人的生活，不负责保证。由个人根据生存竞争，优胜劣败的原则，去求生存。但在民生主义的社会，国家或社会对于各个人有保证生活的义务。各个人对于国家或社会，有要求生存的权利。欧战前的列国宪法，为资本主义所支配，所以国家对于民生，完全采取一种放任政策，（laissez faire）。到了欧战后的制宪者，方稍微知道这种政策之错误，认识国家一种重要的权能，在于保障人民的生活。[2]例如德国宪法有一条说："经济生活的组织，必须适合正义的原理，其结果应令全体人民的适宜生活都得保障。"[3]爱沙尼亚[4]（Estonia）的宪法也含有一条说："经济的组织，必须与正义的原则相合，其目的在于谋适于人类的生活状况。"[5]然而从我们看来，这些规定，还不见得十分彻底[6]，因为它们充其量不过保障各人所宜的，或适于人类的生活罢了。而我们的宪法所保障的，则为一般人既均且足的生活。所以宪草第一一六条最后一句是说："以谋国民生计之均足。"这才是"养生"的鹄的。资本主义的

---

〔1〕 民生主义第三讲。

〔2〕 Headlam - Morley, The New Democratic Constitutions of Europe, Chap. 15.

〔3〕 德宪第一五一条。

〔4〕 "爱沙尼亚"原文作"埃斯通尼"，现据今日通常译法改正。——校勘者注。

〔5〕 爱沙尼亚宪法第二五条。这条的语气，不像临时宪法的规定那么强。临时宪法的句文是说："在爱沙尼亚，一切公民都有适于人类生活程度的权利之保障。"

〔6〕 "彻底"原文作"澈底"，现据今日通常用法改正。——校勘者注。

分配和民生主义的分配，在性质上，各有不同的特质。在资本主义的社会，分配的性质，在报酬劳动或财产的贡献。所以一个人要是"劳动者"，"资本家"或"企业家"，才有要求分配的权利。如果单纯拿着"人"的资格，就没有这种权利，就不能享受分配。所以没有财产，以及能劳动而无机会动的人，固然没有权利要求分配；就是不能劳动的人，例如残废者，老年，除掉受社会的慈善的待遇外，法律上没有权利要求生存，因之，没有权利要求分配。在民生主义的社会，分配的性质，不在报酬各个人财产或劳动的贡献，而在维持各个人的生存，满足各个人的欲望，所以一个人并不是因为自己是一个"劳动者"或"财产家"才有要求分配的权利，乃是因为自己是一个"人"，所以有这种权利。因此，不能劳动的人，如老弱、残废、孕妇、产妇等，在法律上都有要求分配的权利。所以宪草第一百二十七条规定："人民因服兵役工役或公务而致残废或死亡者，国家应予以适当之救济或抚恤。"第一百二十八条规定："老弱残废无力生活者，国家应予以适当之救济。"

我们再比较民生主义和共产主义的不同。民生主义和共产主义理想虽相似，但是办法不一样。共产主义的办法，是阶级斗争和无产阶级专政。马克思[1]以为人类的历史，乃是阶级斗争的历史，自由民和奴隶，贵族和平民，地主和农民，工主和工匠，做一句话说，压迫者和被压迫者，从古到今，都继续着明争暗斗。争斗的结果，不是被压迫的新兴阶级，得到胜利，产生新的社会，便是交战的阶级，两败俱伤。工业发达的结果，社会上形成互相对立的两大阶级，即资本阶级和无产阶级。所以共产主义的革命方略，就是训练无产阶级用阶级斗争的方法，打倒资本阶级，而升无产阶级于支配的地位，就利用其政治的权力，渐次夺取有产者的一切资本，集中生产手段于国家手中。所以阶级斗争和无产阶级专政，乃是共产主义的办法。民生主义，则不采取这种办法。中山先生以为近来社会进化的事实，都不是经阶级斗争而得到的。例如经济上的社会与工业的改良，运输与交通的收归公有，直接税的征收，和分配的社会化，都是用改良的方略进化来的。[2]这些进化，虽然还没有达到我们理想的境遇，然而其为社会进化，却是不能否认的。而且原始的共产社会之中，没有阶级的区别，没有阶级的斗争，然而社会却由原始共

---

[1]　"马克思"原文作"马克斯"，现据今日通常译法改正。——校勘者注。
[2]　民生主义第一讲。

产的形式，进化到现在。民生主义则以渐进的、和平的方法去达均足的社会。欧美各国因为资本主义太发达，结果形成资产阶级与无产阶级相对立，给共产党以制造社会革命的机会。中山先生有鉴于此，以为中国是农业落后的国家，在革命改造之初，与其走上资本主义的路线，造成未来的社会阶级斗争的惨剧，倒不如慎之于始，避免走这种不必走的路。所以主张民生主义以节制资本的方法，去防止私人资本太发达来支配国民的生计。同时以平均地权的方法，来防止私人大地主的土地权。我们读宪草第一一七条至第一二八条，便知它是充满了民生主义的精神。

九、教育

在宪草第七章"教育"里，其引人注意的，就是它（一）使无论贫富劳弱，均有受教育的平等机会（例如第一三二条、第一三四条、第一三五条、第一三八条第五款）；（二）使无论贫富的地方，均有发展教育的机会（第一二六条及第一三七条末项）。而其最重要的，就是规定教育经费的最低限度。现时我国政府所供给的教费，为数太少，和实际的需要比较，相差太远。维持况且不易，何能谈及发展？环观世界各国，中央教育费占政费之最高比例的，差不多达于百分之二十，至于地方所担负的教育经费，则苏俄于一九二六年至一九二七年度地方收入用于教育者，占百分之四十，德国市预算中，教育费在一九一八年占总预算百分之三十四·六。美国各邦教育费在各项政费所占的百分数最近差不多达到四〇。它们已经是教育发达的国家，现在它们的教育经费，尚且有增无已。我国是教育落后的国家，要急起直追，非确实规定教育经费的百分数不可。像训政时期约法第五十二条只规定中央及地方应宽筹教育上必需之经费，那种空洞的办法，乃是无济于事的。所以宪草第一百三十七条切实规定："教育经费之最低限度，在中央为其预算总额百分之十五，在省区及县市为其预算总额百分之三十。"

一〇、宪法之解释

宪法的解释权，应属何种机关，各国立法例颇有一致。有属于君主的，例如日本是。这是表示君主专制的特彩，非共和国家所宜模仿，无待赘言。有属国会的，如比利时、意大利是。国会原属立法机关，非解释法律之机关，故恐难胜任。有属特别机关的，如奥大利特设宪法法院以裁决普通法律是否违宪是。又有属最高法院的，如美国是。中南美诸联邦，均模仿美制。英国之自治殖民地亦多如是。所以我们可说以最高法院去解释宪法，乃是一个最普通的制度。我们的宪草也采取这种制度，赋予〔1〕司法院以解释宪法之权。〔2〕但是我们的制度和美国有一点不同，因为宪草第一百四十条有如是之规定："法律与宪法有无抵触，由监察院于该法律施行后六个月内提请司法院解释。"在美国的办法，可由人民或各级政府诉于最高法院，最高法院即能行其解释权。我们若是只规定由司法院解释，则司法院将变成一个最高的立法机关，这与五权制度不免冲突。所以加上一点限制，假设监察院不提请解释，则司法院便不能解释，而且政府与人民不能直接提请解释，所以比较美国制度较有限制。〔3〕

一一、过渡条文之添设

过去的制宪运动有一个重要的毛病，就是制宪的人只管制宪，不顾及宪法之施行，驯至宪法虽经公布，然窒碍难行，使根本大法徒成空文。时至今日，国家仍为无宪之国家，言念及此，何胜浩艰！此次制宪，能痛改前非，理论与事实，均能顾及。于宪草特设过渡条文，以便施行，诚属幸事。此因一方须遵照中山先生遗教，完成一善良的五权宪法。一方又须顾到目前的情形，而目前的情形，则为训政尚未完全成功。故不得不设置一些补救办法，以便施行。此中又可分三项而说明之。第一项为关于立法监察委员之产生方法。在宪草本身，原来是规定完全由民选的。现因地方自治没有完全成功，不能全由民选，所以设一过渡条文，规定其半数由立法监察两院院长各提请总统任命（第一百四十三条）。第二项是关于县市长的产生方法。宪草本身原来是由民选的。但是现在未完成自治的县市很多，它们不便民选，所以设一过渡办法，规定由中央任命（第一百四十四条）。第三项是关于国民大会代表产生方法及第一届国民大会之职权。宪法本身规定国民大会是完全选举的。但是现在要召集的国民大会，所以此次国民大会代表选举法规定，国民大会代表采用区域选举制，而外还兼用职业选举制，特种选举制。同时中央执监

---

〔1〕 "赋予"原文作"赋与"，现据今日通常用法改正。——校勘者注。

〔2〕 宪草第一百四十二条。

〔3〕 参照孙院长在中央报告之"修正宪草经过"。

委员都可以出席为当然代表。将来宪法颁布之后，依照宪法而召集之国民大会，当然不是如此。但这次国民大会通过了宪法之后，马上又要召集宪法规定的国民大会，则于时间经济，均不许可，为适应环境起见，所以加上了一个过渡条文，规定："第一届国民大会之职权，由制定宪法之国民大会行使之。"（第一百四十六条）〔1〕

关于宪草的内容，我们可以总括一句，这次的宪草，并不是闭门造车，凭空想象〔2〕的东西。它是根据中山先生教的三民主义、五权宪法并斟酌国家目前的需要而议订的。

最后要补充几句，就是国民对于施行宪政是要尽相当的责任的。第一、国民要注意政治，督责政府。孙院长说得好："宪政之实现，其艰巨尤较军政、训政为甚。苟国人以为一经宪法之制定，公布施行即可唾手而得宪政之良果，乃属大谬。盖在国民政府准备宪政开始之前，国民党同志对于宪政之设施所负之使命，固属倍增，而全国国民所负之责任，亦较前为重。训政时期工作之良否，尚可诿为国民党之责任，而宪政成绩之好恶，则全国国民共负其责，不负能有所诿卸也。故国民必须提起全副精神，注意政治问题。同时以正当方式，充分表现其意志。在消极方面，要能防止政治上旧有之罪恶，使腐恶势力，不能抬头。而在积极方面，更应督促政府进行建设事业，以解除民生疾苦。然后始不负宪政之美名，与夫提倡实行宪政之初意。苟重蹈民国初年之覆辙，徒为政客造捣乱之机会，则非吾人所望于国民矣。"〔3〕第二为守法，胡展堂先生说得好："我人主张立宪，当先使社会人人确认此宪法为必须遵守之规律，然后此宪法始有支配人的意思之力量。故社会人人对于宪法之认识，实为宪法的力量发生之根据。一言以蔽之，即守法之精神，必当先于立法之事实是已。"〔4〕

---

〔1〕 同上。

〔2〕 "想象"原文作"想像"，现据今日通常用法改正。——校勘者注。

〔3〕 二十二年元旦孙院长发表"实行宪政之意义与国民应有之常识"。

〔4〕 胡汉民论所谓立宪。

从人民立场批评五五宪草[*]

费　青[**]

编者按：费青先生这篇文章是在政治区商会议举行第十次大会通过五五宪草修正原则以前写定的，修正原则中有几点正与费先生的主张不谋而合，这篇专论特别值得向读者推荐。

我国当前的大问题可以分为两种，一是目前的，一是久违的。前者为：怎样真正停止内战？怎样组织过渡时期的政府？怎样召集制宪的国民大会？后者乃：怎样可以实现宪政？我们应该制定怎样一部宪法？若是我们把眼光放远些，一定会认识后一种问题反为重要，甚至可以说：前一种问题只是方法，后一种问题总是目的。因此，我们认为：前者的解决，虽得多少顾到目

　*　本文原刊于《再生》1946 年第 107 期。

　**　费青（1907～1957 年），江苏吴江人。1929 年毕业于东吴大学法律系（第 12 届），毕业后赴四川成都大学任教，讲授英美法、罗马法等课程。随后返沪，执教暨南大学法律系，讲授罗马法，同时执行律师业务。1932 年转赴北平，后受聘朝阳大学，继续讲授罗马法，兼任《晨报》编辑。1934 年 8 月考取清华公费留学资格（第 2 届国际私法门），次年赴柏林大学，主修法理学、国际私法。1938 年回国，受聘西南联合大学，讲授法理学、民法债编总论、民法继承等课程。期间因身体欠佳于 1940 年返沪养病，同时兼任中国比较法学院（东吴大学法学院内迁时留沪机构）教授，1942 年任教务长。1943 年赴重庆，执教于内迁重庆的复旦大学。抗战胜利前夕，重返西南联大任教。1946 年随北京大学回迁北平。从抗战后期开始，费青积极参与社会民主运动（1945 年作为西南联大"一二·一惨案"教授法律委员会委员主持调查惨案真相、1947 年在"反饥饿反内战反迫害"运动中组织发表《十三教授保障人权宣言》、1948 年与吴晗等共同创办《中建》半月刊力倡民主），推动民主进程。1949 年 5 月，北京大学实行军管后被任命为法律系主任。同年 10 月，被任命为最高人民法院委员会委员、政务院法制委员会委员。其间主讲社会发展史、国际私法、马列主义法律理论等课程。1952 年 8 月参与筹备北京政法学院，同年 11 月调任北京政法学院副教务长。1954 年，被任命为宪法起草委员会法律专家小组成员。1957 年，被打成右派。同年病逝。主要著译有：《法律不容不知之原则》（1929 年）、《国际法上"情势变迁"原则之研究》（1929 年）、《从法律之外到法律之内》（1946 年）、《国际私法上反致原则之肯定论》（1948 年）并译有《法律哲学现状》（霍金原著，1935 年）、《黑格尔法律哲学批判导言》（马克思原著，1955 年）等。

前的现实，而对于后者，则人民应该有一个坚定的立场，非做到名符其实的宪政，和制定一部与宪政相合的宪法不可。宪法乃是一国久远的根本大法，一旦制定，我们绝不希望轻易改易，所以它的内容绝不应顾虑到如何适应目前一时的现实，而只应以我们所想实现的宪政为其唯一的准绳。

我国谈宪法，自清末以来，已不止一次，人民从这多次的痛苦经验中，早已深切了悟，一纸宪法的本身实是无足轻重，它的能否发生效力还大部分决定于握有政权的人是否愿意予以遵守。这点了悟实在说明了为什么人民对于自民国二十五年来即由政府宣布的五五宪草始终没有热烈真切地讨论过。当然，八年的抗战和更悠久的时明时暗的内争，也是使人民只顾及了目前的现实，而忽略了久远的大计。可是现在的情形不同了。无论我们对于正在召开的政治协商会的实际成功，不敢存有过大的奢望，宪法的将由怎样一个国民大会来制定，也还是一个举国瞩目的难题，但宪法的必得在最近将来制定，已快从愿望成为事实。于是人民对于这部自身此后祸福所寄的基本大法，也就不得不予以注意，何况宪法内容的是否妥当，至少也是它此后能否实施的一个决定因素。

到现在止，除了政府所提供的一部五五宪草外，我们还没有机会看到其他的草案，所以我们也只能以五五宪草为根据，来表示一点对于宪法的意见。我们现在批评这部宪草，乃是以人民的立场为出发，尤其是以人民所认识的宪政真义为标准。所谓宪政，乃指人民为了保障自身的利益，怎样得称此少数人所握有的施政实权为治权，而称人民所保有的控制权为政权，但在实质上则问题还是同一。所以中山先生所创政权治权之说，实在是以宪政的真义为出发的。于是，五五宪草的基本问题即在它是否合乎此宪政的真义。又具体地说：宪政所致究的乃在如何使人民能控制政府；合乎宪政的宪法，乃是人民能够借以控制政府的宪法。和上述立场相反的，通常是政府的立场。

任何政府无不应该希望为人民多做点事，要多做事便须得多有权，所以总希望能多握点权，更希望少受人民一点控制。这个立场本是任何负责任和能负责任的人所同具的。可是这立场又不得不顾虑到二个基本问题，一是理论的，二是实际的。从理论上说，我们既然承认我过是个中华"民"国，就不得不承认人民是国家的主人，政府只是受人民的委托而来处理众人之事的机关。这机关的权力本是受之于人民，若是人民不愿意把太大的权力授予政府，政府除了不能像他所希望从事实上讲，若是政府真是想为和能为人民多做以必要权力之理？所以问题还在：政府取了很大权力以取得统治者或官吏的自身利益。这点疑问乃是任何国人民所共具，并且是从历史上很多的惨痛经验中所得来的。我们只须看：拿破仑，希特勒，袁世凯怎样从人民的手里很容易地把权力抢去，就可原谅人民这点疑惧并非是杞人忧天。"一朝权在手，便把令来行"，乃是人情之常。人既不是上帝，就很少不为权势所麻醉。关于权势的麻醉性，已为欧美哲人最近所最注重的一个问题。无论统治者的本意如何善良，一旦握了权势，就有一辈谄媚说"是"的人来包围他，使他听不到外面的真相，尤其听不到对他施政行事的反对意见。这个可怜的统治者于是一天一天进入"惟己为是"的幻觉中而自己还未知道。袁世凯的竟于想做皇帝，还不是因为所读的报纸，乃完全是筹安会所特地编印的么？这点更说明：人民的这点疑惧，和他们不敢把太大的权力给予统治者，并非对任何特定人而发，而是根据了一般人性在权力麻醉作用下的脆弱。更说得彻底些，近世所有的民主和宪政这一套，也就是产生于人民对于权力麻醉性的一点认识上。

宪政在人民初获政权的国家，尤为重要。因为在这种国家，权力的被统治者所劫夺，最为容易。人民宁愿政府少做点事，少握点权，而不愿冒再做奴隶的危险。等到宪政已有了基础，人民取得了控制政府的权力，政府有了守法的习惯，并且已确实做出些为人民利益的事业，到那时再谈如何扩大政府的权力，才是恰当。

从上面所述的基本立场，我们觉得五五宪草的症结[1]所在乃是留给人民的政权太小，而所赋予政府的治权太大。人民的政权，依中山先生的主张，乃从两种方法来行使：一是间接的，就是由人民选举代议机关来行使，二是直接的，就是由人民自己来创制和复决法律，更由人民自己来罢免官吏。中山先生虽不满于欧西现行的代议制，但并非根本否定了代议制，相反的，他想用直接民权来补充代议制的不足。可是现在的五五宪草，一方面是限制和分散了代议机关的权力，在他方面却把直接民权改成了间接民权，而由代议机关之一的国民大会来行使。

依孙科先生的解释，五五宪法内的国民大会和立法院都是民意机关或是

---

〔1〕"症结"原文作"结症"，现据今日通常用法改正。——校勘者注。

代议机关。民意或代议机关的最大任务，本应是能代表人民来制定法律和监督政府。现在国民大会虽是由人民所直接选出，理应是能真正代表人民的，可是它的职权，除了选举政府官员外，最重要的制定法律和监督政府的两种，则事实上是很难行使的。依宪草的明文，正常的立法权和监督政府的权是属之于立法院，而并非采之于国民大会。例如第一三九条便明白规定："宪法所称法律，谓经立法院通过，总统公布之法律。"最近孙科先生虽解释为国民大会既能创制和复决法律，当然包括有立法权。可是问题还得发生：由国民大会所创制的，依一三九条既不能称之为法律，到底称它做什么？

又如：国民大会在六年的任期中，通常只能召开两次至多以二个月为限的会议，在此一共四个月的时期内，除了选举各种政府官吏外，还有其他的例行公事，那有余时余力再来监督或愿问六年间政府的实际施政？更哪有余力余时来代替人民行使诸种直接民权？

对于中山先生所最注重的直接民权，宪草都全都从人民手里接多而奉之于国民大会。理由是中国幅员太大，人民太多，实际上不便行使直接民权。这理由若能成立，则人民直接选举国民大会代表，也够不便了，何不把这个人民的直接选举权也取消了？宪草的没有把个权利也取消，就是反证"不便"二字是不能成为理由的。国民大会代替人民行使创制等权，虽名以上尽可美其名为直接民权，实际上还不是代议制度？还不是中山先生所不满而想用直接民权来补充的代议制度？他国有一个国会，已够为代议制度之病，宪草却于立法院之外再加上一个国民大会的代议机关，这是中山先生所能始料的么？

立法院虽由宪草赋予代议机关的真正权力可是从它的产生上讲，是否真正是个国民的代议机关，却成了问题。代议机关的能够代表民意，却在它的由人民直接选举，并由人民直接控制。可是宪草上的立法院时由国民大会选举的。国民大会的代表虽得由选区人民罢免，而收控制之实，但间接由国民大会所选来的立法委员，则人民对之是莫如之何的。若是说，因立法委员是由人民所选举出来的国民大会选举，所以也就代表民意，则行政官吏如大总统也是如此选出，岂不更代表了民意，又何必再由同样产生的立法院来监督他呢？所以，宪草的规定立法委员由国民大会选举，实际上乃又剥夺了人民对于代议机关的直接选举权。可是立法院在实际上权限，比国民大会大得多。例如政府的预算案须经立法院通过一种法律案，依上述孙科先生的解释，似乎国民大会也能过问，但预算案是每年都须提出的，而国民大会是每三年只召集一次，事实上又怎能使它能够过问？于是依宪草，此近代国家最重要的钱袋握有权操在实质上并非民意机关的立法院手里。至于这样的立法院是否真能从大总统手里取得此权，还是一个大问题。

总述上数节的结论：在五五宪草中，中国人民的政权，只限于六年一次的选举国民大会的代表，除此之外，对于政府，对于法律，便一无控制之权。至于得有代议机关之事的国民大会，实际只是一个选举大会，徒具了代替人民行使直接民权的空名，很少控制政府的实权。本无代议机关之实的立法院，却掌握了此等大权。所以我们认为五五宪草所留给人民的政权太少了。

现在可以讲到人民基本权利的问题。宪草上在第二章内对于此种基本权利规定得相当详尽。批评的人多说：每种权利都多上"非依法律，不得限制之"字样，就等于不予保障，因为政府仅可用法律来加以剥夺或限制。起草的人却又说：基本权利当然非绝对的，譬如人民虽有身体自由的基本权利，但一旦犯了刑法，应处徒刑，则其身体自由即受法律的限制。据我们看来，这两种说法都各有各的理由。我们先退一步承认，若是基本权利非依法律不行限制的规定，真能做到，则比了现在行政官员可以一纸手令任意拘禁，甚至杀伤人民，或剥夺其他如言论出版自由等权利的，已是进了一大步。并且我们更承认：起草者的上述说法，的确是合乎法理的，即使条文上除去了"非依法律"字样，解释上还得如是。可是批评者所提出的问题却依旧存在。者问题便发生于宪法和通常法律在层次上的高下，或是效力上的强弱。宪法既高于法律，于是宪法上所赋予的权利也高于通畅法律。更因此，法律的是否能限制此种权利，还得先看该项法律本身是否违反宪法。刑法的所以能够限制人民的身体自由，就因为它本身是合乎宪法。使普通人民受军事法庭和军法管辖的特别法就违反宪法，所以它不能限制人民的基本权利。于是问题的本身便在：到底怎样决定法律的是否合乎宪法？这批判的标准，绝不只是法律在形式上是否依照合法律程序制定，而是在它实质上是否合乎宪法的精神。法律在形式上系由代议机关，如立法院，甚至为国民大会，所制定。代议机关虽由人民所选出，但它仍可能制定违反宪法精神，和人民福利的法律。这种法律虽在形式上是依合法程序所制定，但实际上是违宪的。人民不只对于行政官员有其应有的疑惧即对于代议机关，亦何尝不然。中山先生对于代议制的不满，就表示了人民这点应有的疑惧。宪法上所以明文规定人民的基本权利，其真正用意也就在：这种基本权利不许由代议机关用违宪的法律来加以限制。若是在基本权利的条文内加上"非依法律"字样就很容易使人误解代议机关只须依合法的程序，便能制定任何违宪的法律来限制人民的基本权利。从这个见地讲，则批评者的反对加"非依法律"字样实具深长的理由。可是我们认为真正的问题还不是条文上如何规定，而实在：谁能具体地决定法律的是否在实质上违反宪法？美国的方法，是由联邦最高法院掌握此决定法律是否违宪的最高解释权。在五五宪草上，这个权时分属于监察院及司法院。第一百四十条："法律与宪法抵触者无效。法律与宪法有司法院解释，其详以法律定之。"对于宪法上这个制度的批评，将牵涉到司法院的性质和职权。在讨论后一问题以前，我们应再进一步详究此法律是否违宪的解释权的性质。

自表面上看，这个法律是否违宪的解释权似应属之制宪机关，最为合理。因为宪法既由这个机关所制定，退当然最能知道宪法的真义。原来的制宪机关，虽不能常此存在，但有权修改宪法的机关似仍可以代替行使者解释权。可是问题却还不如是简单浅薄。成文宪法是一国人民的宪法意义的具体化。宪法既已成文化或具体化了，就难免与它的本体，就是人民的宪法意识，有所出入。我们常听人说：宪法的条文须得遵依宪法的精神来解释。也指出这点可能的出入。所以，人民的宪法意识若有变易，同一宪法条文，可能解释为具有不同的意义。于是问题乃为：谁能知道这个人民的宪法意识？谁能知道这个意识，才能判断宪法条文英国如何解释，也才能判断通畅法律的是否违宪。各个人民虽为造成此意识的因素，但因为这意识已不只是各个人民意识的总和二十超乎各个人民意识以上的一般意识，所以各个人民，从他个人的主观意识上，也就很难，甚至不能，客观地知道这个人民的一般的宪法意识。各个人民既然如此，由各个人民加起来的多数人民，也还是如此。这个理论，更同样适用于制宪机关或修改宪法机关里的各分子和多数分子。他们虽为造成成文宪法的因素，但从他们的主观意识立场上，也就很难，甚至不能，客观地知道这个人民的一般的宪法意识。我们会说：这个意识不只是各个人民意识的总和，而是超乎各个人民意识以上的一般意识，乃因为这个人民的宪法意识，不特须有一贯性，或自成一个体系的性质，几能使一部成文宪法内的各条条文，具有不相冲突的意义，它更得包含许多宪法明文以外的基本原则，这些原则虽为宪政的必要基础，而不一定为普通人民所能了解。例如"法律不溯既往"的原则，通常在宪法内不予明示，它虽是保护人民利益的一个宪政基本原则，但不一定为普通人民所能了解，综上所述，能知道这人民宪法意识的人，不特需要一个客观的立场，更得须具有关于宪法的专门知识，能绝对合乎这个条件的，只有全能的上帝，唯有他几完全知道人民的疾苦和需要，而自己却又超乎人民之外。上帝既无法请到，于是只能反向人间来寻相对的能合乎这个条件的人。在德国，希特勒会自称为唯一适格者，但历史已把他否定了。在美国，则找到了联邦最高法院的推事们，历史更证实他们在行使解释宪法和法律是否违宪的职权上，功绩多于罪过，美国这个制度的能够成功，当然与美国整个宪政制度有关，但联邦最高法院法官的适合上述条件，也是一个重要原因。

　　五五宪草第一百四十条的规定在原则上是师承美国上述制度的。但对该原则却予以两点修改。一是由司法院掌握解释宪法之权，而不是最高法院，二是须由监察院提出，并且在法律施行后六个月内。这两点修改实在有了问题。先讲第一点。从这点所发生的问题乃牵涉到司法院的性质和职权。这原是治权的无权制内一个大问题，我们也就不得不在这里提前讨论。问题的焦点乃在：依宪草，司法院到底是个行政机关，还在个司法机关？骤视之，司法院当然是司法机关。这复合乎司法权独立的原则。司法院既由司法院院长为其首长，他就应该是司法权的最高掌握者。亦即司法院院长应为最高司法官吏。可是宪草第七十七条第二项却规定司法院院长对国民大会负有责任。同条第一项复规定其任期为三年。若是我们贯彻上述司法院院长是司法官吏的理论，则司法官吏只对法律负责而不应对任何机关负责且其任期应为终身。现在宪草既叫他不是一个司法官吏。既不是一个司法官吏，他到底是个什么官吏？真正的司法权，就是依法审判的权，既操之各级法院内的法官之手。他们绝对有独立审判之权（第八十条），就是说，他们几有真正独立的司法权。于是，司法院院长到底管些什么？从上面所举的几条条文，我们不得不结论，他所管的只是司法行政事务，他所掌的只是司法行政权。可是在性质上，司法权和司法行政权是完全不同的。前者是行政权的一种，所以不能独立，而后者则是独立的。司法行政官吏是行政官吏的一种，所以他应归民意机关负责，而司法官则只归法律负责的。这个区别，不只是在宪草上，即逝在国民政府成立以来的实际政制上，都没有弄清，因此，司法行政部的究应属司法部抑属行政院，迄今是个悬案，而实际上则已来回改属了几次。司法院院长既是个行政官吏。于是司法院也就不得不是个行政机关了。

宪草一方将独立的审判，亦即真正的司法权，属之法官，他方却将统一解释法令之权（七十九条）和解释宪法之权（第一四二，一四〇条）属之司法院，我们认为在理论和实际都讲不通。这二种权，就是审判权和解释宪法与法令权，在性质上是不能分的。审判既须遵法令（包含宪法在内），而遵依法令就必然的以解释法令为前提。这尤以解释法令的是否违宪为然。宪草起草人或可以说：法官既属之司法院，所谓司法院有上峰解释权，实际上即等于法官有解释权。但我们认为宪草既定明司法院有解释权，而不是法官有解释权，则解释的最高的负责者，即应为司法院院长而不是法官。从上节所论，司法院院长既是一个行政官吏，而他却掌握了为审判权前提的解释权，岂不是间接的将司法权置诸行政权之下吗？

绕了上几节的大圈子后，我们现在可以回到原来的问题，就是解释法令违宪的问题。我们既认定这问题是与保障人民基本权利问题有绝大干系，这干系更足说明为什么这解释权是与审判权不能分开的。一条法律或一个命令的是否在实质上违宪，通常是不易发现的。能使这问题发生的人，正是在实施此法令时身受其害的人民，而能确切认识此问题的发生者，则是受理人民关此所提诉讼的法官。法官既须审判此诉讼案件，就不得不先解释该有关法令的是否违宪。美国宪法上所以使具有最高审判权的机关，同时即具有违宪解释，其理由即在此。依此论据，我们直接的结论是这解释权应该明白规定由最高法院执掌，间接的结论是：在真正司法权的掌握者，法院之上，再加上一个司法院，实在是画蛇添足，这制度反使司法权独立的原则，成了问题。解决之道，乃在明定法院为唯一司法机关。握有独立的司法权，包含审判权及解释权：并取消司法院，而将司法行法院制度，乃为了维持表面上五权的并立，实质上反牺牲了司法权的独立。

宪草第一百四十条内的第一特点，即是违宪与否的解释须由监察院在法律施行后六个月内向司法院呈请，从我们在上节所违法令违宪问题惟有身受其害的人民，尤其是在关此的诉讼进行中，最易发现，就可看得出它的不安。该条将司法机关自动发现违宪问题的权，和人民在诉讼中提出违宪问题的权，一概予以剥夺，实和宪法保障人民基本权利的主旨，适相违反。美国的违宪问题，事实上是多由人民自己经由诉讼而提出的。

宪草第一百四十条第二项七首的"法律"二字，应根据第一百四十一条，改为"法令"二字，比较妥当。虽解释上本应如是，但这二条既规定在一处，而该项却故称"法律"而不称"法令"，很足使人误会，解释权只及于法律而不及命令。在实际上，则命令的违宪可能，实比之大绿为大，尤以第四十四条大总统的紧急命令为然。此种具有法律效力的命令，实更应受司法机关解释权的监督。

我们在第四节内会结论，人民在宪草的政权大小。政权既为人民控制和监督政府的权利，于是该结论的反面便是政府的治权太大。宪草这个基本结论，更表现于政府诸种治权问的相互关系上。

代议机关，在他国宪法上，本是代替人民控制和监督行政权的机关。在五五宪草上，正常的代议机关原是立法院，所以依第六十四条，第六十九条及第七十条的规定，它握有控制和监督政府行政的职权。譬如预算案须经立法院通过，就等于立法院可以控制政府的一切施政。可是宪草上在立法院外，既另有一个国民大会，并且在实质上也是一个民意的代议机关，于是这两个代议机关，在他们对于行政权的关系上，便发生职权不明的结果。在说明这点以前，须先说明宪草上的行政权。

宪草上的行政权是握在总统手里，而行政院只是他的从属机关。这是从第五十六条及第五十八条：行政院院长副院长及政务委员各部部长，各委员委员长由总统任免；及第五十九条：行政院长等各对总统负责的必然结论。孙科先生也曾如此说明过，可是在另一方面，宪草复明定行政院为中央政府行使行政权之最高机关（第五十五条）。我们且不问这条规定在表面上已与总统制不合。并且，依宪草，行政会议对于重要行政事项有决议权（第六十一条），但其组织则不包含总统在内（第六十条），于是实质上也就与总统制相左。这会议的决议是否能拘束总统？依条文上很难答复，因为第五十九条只规定行政院长，副院长，政务委员，各部部长，各委员会委员长，各对总统负责。但总统既有任免权，则行政会议的决议案，也就无法抵抗总统。诚如是，则行政会议的权限不就等于空谈么？

我们既认清总统是行政权的最高握有者，于是立法院对于行政权的控制权，例如预算案的通过权，也就应该是对总统的。但宪草既于第六十一条内规定由行政会议归立法院提出预算等案，好像只是行政会议对立法院负责，而并非总统对立法院负责，复于第四十六条明定：总统对国名大会负责任，至于四十四条所规定，总统为这处分时所发紧急命令，虽须于三个月内提交立法院追认，但总统既只对国民大会负责，则即立法院拒绝追认此项命令，也对总统？如之何。于是我们不得不结论，依宪草，立法院对于行政权是无控制之实的，有控制权的只是三年开一次会的国民大会，但这控制权实际上又无从行使，例如预算案就得每年提出。总统便成了在实际不收任何代议机关卡农之的最高行政者，除非国民大会走了极端，行使它的罢免和复决权，但这些方法也只能补救于事后，简不能预防于事先。

行政权是政府治权中最重要的一个，因它继积极的及于人民的切身祸福，所谓宪政，主要也在如何能用种种方法使此行政权能受到合理的控制和监督。立法机关或代议机关便应是能最有效地行使此控制权的机关。但五五宪草却把这个控制权，从重床叠架，权限不明的代议机关中，偷偷地放跑了。

现在可以讲到其他三种治权，就是司法权，检察权，和考试权。这三种治权和其他二种，就是立法权和行政权，在性质上有一个基本的区别。这区别便在：前三种治权有其独立性，而后二种则无。譬如我们只听到司法权须独立，但没有听到过行政权须独立。行政权的无所谓独立，乃因为它在性质上就应受人民和其他四种治权的控制监督。立法权的无所谓独立，使因为它应是个代议机关，而受人民的控制。所以我们也可以说：行政机关和立法机关是政治性质的机关。可是司法机关，检察机关，考试机关，则应不受政治的影响，而只对法律负责。这就是说：它们只受法律的控制而不受政治的控制。所以它们是法律性的机关，苟不如是，则司法官，检察官，考试官，复随政治而进退，就无从行使他们应有的职务。所谓"司法权独立"等的真义便在此。

我们既明白了五种治权内性质上的不同，也可明了：要使各种治权能发挥各有的性质，并不是在政府组织的性质上创立五个平等的院。现在和宪草上的结论，便在只注重形式上五院的平等，而忽略了各种治权的性质。宪草上规定司法院这个结论的具体表现。关此的问题，我们已在上一节内详论过。我们建议在行政院内设立司法行政部，监察行政部，考试行政部，掌理关于司法监察考试的行政事宜，而将司法机关，检察机关，考试机关，真正成为独立的司法权，监察权，考试权的握有者。中山先生创立无权论的真意，我们想也是如此。

宪草第一条规定中华民国为三民主义共和国，曾引起各党间的争论。我们从人民的立场也就不得不表示一点意见。三民主义若是解释为"民有，民治，民享"，则中华民国内的"民"字实已包含一切。三民主义若是解释为国民党所信奉而在过去军政和现在训政两时期内所实际奉行的注意，则我们认为在将来宪法的条文上以删去为当。这个意见并非否认国民党过去的功绩。我们尤其对于中山先生的精神和事功，具有误伤的敬仰崇拜。但是宪法是我国此后久违的大法，不是过去的记功碑。要技工的话，那么于民国有功的人，也就很多，记也就不胜记了。我们认为：对于中山先生表示敬仰崇拜的最好方法，乃正在努力使这部宪法能够实现他这一生所为奋斗的真正宪政。

日本宪法之鸟瞰*

陈　晓**

　　远在五十年前的明治二十一年二月，日皇经过枢密院的咨询，制定了《大日本帝国宪法》（以下简称帝宪）。这个宪法，一直到现在，仍然有效，虽则在它的《宪法发布敕令语》里面，和该帝宪第七十三条，有明文规定，在必要的时候，得由《天皇发议》，交由议会议决，把帝宪的某一部分，加以修正。但是事实上，这个帝宪，已四十年如一日，虽然经过许许多多的政争，受过好几次各种政治和社会思潮的风波，仍不改旧面目，未曾发生过一次的修正运动，所以日本于宪法学的学问，则日新月异，而帝宪的内容，确没有更动过一次。因此之故，笔者对于日本宪法，虽已隔别了十余年，仍然大胆地接受了主编先生的命令，胡乱地写这篇拙文，以为十多年前所得到的管见，现在还可以略提一二，在读者跟前班门弄斧。但是笔者不是日本法律的研究家，虽然曾讲学过比较政府，稍为涉猎过一二日本宪法书，究以见闻较浅，疏陋之处自所不免，这是要让读者诸君原谅的。

　　我们随便拿一部日本六法全书来一看，第一页就是帝宪，它是一篇七章七十六条的成文宪法；把它和欧美的宪法或我国的宪法草案比较起来，在量的方面，似乎较逊一点。但是我们要知道，帝宪以外，日本还有什么《皇室典范》、《登极令》、《摄政令》、《立储令》、《内阁官制》、《议院法》、《枢密院管制及事务规程》、《众议院议员选举法》、《会计法》、《文官分限令》和《任用令》，及在台湾、朝鲜等地《施行法令之法律》等等，在性质上和实际上都可以说是宪法的一部分。所以笔者的愚见，把帝宪简直当做宪法总则篇，

---

　　* 本文原刊于《法学杂志（上海1931）》（第11卷）1940年第2期。

　　** 陈晓，1935年获东吴大学硕士学位，东吴大学法学院教授，主讲西洋法制史。

而以《皇室典范》等看做宪法的分则，本文只就帝宪一篇来略加讨论，其余的法令，一概从略。

现在先把帝宪和我国的宪法草案（以下简称草案），作一个量的比较，做个参考。

<table>
<tr><td>草案</td><td>帝宪</td></tr>
<tr><td>第一章　总纲</td><td>第一章　天皇</td></tr>
<tr><td>第二章　人民之权利义务</td><td>第二章　臣民权利义务</td></tr>
<tr><td>第三章　国民大会</td><td>第三章　帝国议会</td></tr>
<tr><td>第四章　中央政府</td><td>第四章　国务大臣及枢密顾问</td></tr>
<tr><td>第五章　地方政府</td><td>第五章　司法</td></tr>
<tr><td>第六章　国民经济</td><td>第六章　会计</td></tr>
<tr><td>第七章　教育</td><td>第七章　补则</td></tr>
<tr><td>第八章　施行及修正</td><td>共七十六条</td></tr>
<tr><td>共一百四十七条</td><td></td></tr>
</table>

帝宪的施行形式，是一种"钦定式"，就是说：帝宪是日本皇室赐给日本臣民的固定法，人民绝对的没有反对它或修改它的权力；同时皇帝就有把整个宪法收回成命的权力。因为皇帝是神圣不可侵犯的（帝宪第三条）；一旦皇帝真的要消灭帝宪的话，那么[1]一封刺令下来，议会只有接受的一法，怎好违背皇帝的意思呢。不过这是站在极端的法理理论来讲才是这样，事实上总不会发生这种事态的。帝宪的《发布刺语》里面，也很明显的说："朕及朕子孙将来亦遵循此宪法……"又说："对现在及将来之臣民宣布此不磨灭之大典"，可见对于整个的帝宪，日本人是打算永久不改变的。

上文笔者用了皇帝一语，这是中国人的说法，帝宪里面不用这句话。帝宪第一章第一条说："大日本帝国是受万世一系的天皇统治"，以后帝宪就连用天皇一语，所以正确的讲起来，日本是没有皇帝，有的是天皇。第一章的章目也就是叫做"天皇"。天皇的政治上（行政的）的权力，不外乎民主国的元首所有的权力，如宣战，媾和，公布法律等等。至于天皇的法律地位，

---

〔1〕"那么"原文作"那末"，现据今日通常用法改正。——校勘者注。

那就是超出民主国的元首，不可以同日语了。第一件天皇是万世一系的终身统治者，天皇的继承权（践祚权），不由人民发表意见，自然谈不到什么选举了。好像英国那样的王室观念，在日本人的目光中，是梦想不到的。帝宪第三条言明"天皇是神圣不可侵犯"，第四条指定"天皇为一国之元首"，这两条宪法，足以表示日本的皇室观念。而且表示的很清楚。天皇不是个凡人，天皇也不是国家，天皇是超出国家之上的人格。以前有过许多的学者，主张天皇是国家最高的机关，饱受当局的讳禁，现在这班学者的著述，如果仍然主张机关说，那就不许出版，旧书店里，也不得卖这种书籍了。天皇是否一个机关？我们可以不问他，这种对皇室的观念问题，一任他们做臣民的自行去解决，英国有英国人的王室观念，日本有日本人的天皇观念，这种观念，不能够用第三者旁观的态度来下个决定，也不能引用某一国的习惯法或法理来解决另外一个国家的皇室观念。

帝宪第二章的规定，和我国的草案第二章，几乎可以说是完全相似，可是有几点令人注意的地方：在权力方面，帝宪不像草案那么详尽，在义务方面，帝宪没有提到服务工役和公务的义务。在形式方面，帝宪先述义务，然后权利，和草案的顺序正相反。这里的原因，大概是由于国体的不同和制定宪法的程序不同所致。或许是我们民主国国民，主张先有了权利（如选举权），才肯负担义务（如纳税义务）。日本帝宪，是天皇颁布的宪法，并不是国民用武力或其他威胁，迫使皇室和人民立约而颁布这大宪章一类的宪法。

帝宪第三章叫做"帝国议会"，我们都知道，凡是帝国，都有贵族和平民两个阶级，日本也是如此，议会就分做两院；一个由皇族，华族（贵族）和天皇剌任的议员组成贵族院，一个是经过普通选举选出来的议员组成的众议院；帝国议会的性质，可以说是等于草案的国民大会和立法院。日本的议员，虽是享受言论自由，投票自由的保证；但是一个议员，万一把他自己的言论，在议院外，再四公布发表，就失去议员的特别自由权；该言论的内容，如果触犯法规的话，这位议员立刻要受普通法律的处分（帝宪第五十二条但书项）。

帝宪第四章只有两条：一条规定国务各大臣辅弼天皇，并副署一切法令；另一条规定，枢密顾问审议天皇所咨询的重要国务。要知道国务各大臣的组织制度，和枢密院的官制，要看他们的各个组织法，在帝宪里面是找不到的。

国务大臣官制和枢密院管制，都有点像英国的制度，不能把他们当做我国的行政院、监察院、中央政治会议看待。日本的内阁（国务各大臣的总称）是对众议院负责的，可是陆海军两大臣，都是由军部选派军人担任，结果，在新内阁成立的时候，若军部不肯选出陆海军两大臣的话，这新内阁就无论如何，即使它绝对占有众议院的多数，也会"内阁流产"的。

帝宪第五章规定司法制度，和草案第四章第五节（司法院）的规定，大体上是一样的。不过日本的司法权，是用天皇名义执行的。

帝宪最后的一章即第六章，叫做会计（帝宪第七章是补则）。本章的名目，改称做财政也可以，它的内容，无非是关于课税、预算和皇室经费等的大纲原则，有点像草案第一百二十九条。但是精密些讲起来，这章会计是草案所无的。

第七章是补则，一共有四条，第一条规定"将来如有必须改正这个宪法之条项时用刺命将议案在帝国议会付议……"这样的规定，是指定天皇才有动议改正帝宪之权，莫说人民，即议会也无这个权力。本章其他的三条，规定帝宪为全国最高的法典，一切法令，不可以同它违反或冲突。又谓如在摄政期间，不得修改帝宪。

以上很简单地叙述日本帝宪的梗概，读者一定感到，这篇文不独拙劣，而且过于简陋，这点让笔者声明一下，笔者因知道已经有人把帝宪全部翻译出来，所以认为不必逐条叙述，读者欲窥全豹，可参见商务版世界现行宪法，及王著比较宪法等书，笔者对于帝宪没有深刻的印象，它的内容，凡是适合我国国体的，我国立法者好像都已采用了；不适合我国国体的，尤其是我们所无的天皇制度，对于我们只有"学问"上的研究，没有实际上的需要。吾人所注意的，同时认为有学问的趣味的，就是帝宪会不会有一天有修改的必要，修改的又是哪一条项，修改的理由是什么。

附日本宪法的内容纲目

【**告文**】这是日皇向他的皇祖皇宗誓愿的短文。

【**宪法发布刺语**】这就是一种导言，叙述宪法颁布的理由和它的宗旨，同时含有日皇室对日本臣民的誓约性质。除日皇外，由当时的内阁国务各大臣和枢密院议长副署。

【**大日本帝国宪法**】这就是宪法的正体，一共分作七章七十六条。

【第一章　天皇】天皇是神圣不可侵犯的，日本归天皇统治。男性的才可以做天皇。天皇的权力是元首的权力。下面所列就是天皇的权力：裁决，公布，及执行法律：召集停闭议会；解散众议院；制定紧急命令；发出命令；决定官制；决定官俸；任命文武各官；统率陆海军；决定陆海军之编制及常备兵额；宣战；媾和；及缔结条约；宣告戒严；授予动位；下令大赦、特赦，减刑或复权。上面各权力之内，发出命令的权力略受限制，就是说："不得用命令变更法律"（第九条）。本章最后一条（第十七条）规定摄政的设立，根据皇室典范的规定来决定，摄政是用天皇的名义，执行天皇的权力。

【第二章　臣民权利义务】本章第十八条云："为日本臣民之条件，以法律规定。"这是暗示另有国籍法的存在。

第十九条规定日本臣民，凡有一定的资格的，都可以受任一切文武官的职务。

第二十条和第二十一条就是规定臣民兵役和纳税的义务。

第二十二条以下规定的臣民的权利，内容略等于我国草案的第九，第十一，第十二，第十三，第十四，第十五，第十六，第十七，及第十八各条项（读者请注意，我国草案多了第八条，第十条，第十九条及第二十六条）。本章最令吾人注意的，即第三十一条和第三十二条，这两条规定："本章所揭各条规，在战时或在国家有事变时，不妨碍天皇执行天皇大权"。又"本章所揭各条项，只限于不抵触陆海军法令及纪律时，军人亦准用之"。

【第三章　帝国议会】本章规定两院制，上院叫做贵族院，下院叫做众议院；其中可以给我们参考的，有下面几个条例：

（一）凡在两院之内，有一院已经否决过的法律案，不得再在同会期中提出。

（二）每年一定召集一次。

（三）会期至少三个月。

（四）众议院解散后，五个月以内，必须召集新议会。

（五）国务大臣和政府委员有出席议会及发言的权利。

【第四章　国务大臣及枢密顾问】本章只有两条，因为另有特别的组织法，详细规定国务大臣和枢密院的官制。

【第五章　司法】规定司法权是用天皇名义，在法院（裁判所）依法执行。审判以公开为原则。对于行政官厅的诉讼要在"行政裁判所"审决。

【**第六章　会计**】第六十二条明示课税税率，必用法律规定。第六十四条以下是预算；每年国家的预算由议会决定（帝宪用"协赞"一语，不曰"决定"）。如果议会不及时议定预算，政府就采用上年度的预算。国家的收支，统由会计检查院稽核。

【**第七章　补则**】本章名为补则，其实是一种施行法，和训政期约法的附则，同样性质（详见上文）。

论宪法草案总则编[*]

田鹤鸣^{**}

中华民国律师协会宪法研究委员会，推举上海律师公会担任研究宪法草案第一编总则。上海律师公会第一四五次执监委员联席会议，决议组织研究宪草特别委员会，作者被推定为该委员会之委员，乃作斯文。

本编所应研究个〔1〕问题。为（一）主权问题；（二）领土列举问题；（三）领土变更问题；（四）关于人民之平等规定问题；（五）其他各国宪法有规定，而我国宪草未有规定者。

（一）主权问题

列国民主国，均一致规定主权属于人民，如德（见德宪法第一条），奥（见奥宪法第一条），丹济自由城（见丹宪法第三条），爱斯多尼（见爱宪法第一条），芬兰（见芬宪法第二条），希腊（见希宪法第二条），来多尼（见来宪法第二条），立陶宛（见立宪法第一条），波兰（见波宪法第二条），捷克（见捷宪法第一条），土耳其（见土宪法第三条），西班牙（见西宪法第一条）等是也。但苏俄新宪法第二条规定，政权属于工人劳农及兵，我国宪草第二条规定，中华民国之主权属于人民全体，既为共和国，其主权自属人民，本条规定，其属正当。

（二）领土应否列举

列国宪法，对于领土有列举于宪法者，有不列举于宪法者，有在宪法根本未有规定者。其采列举主义者，有奥（见奥宪法第二条第三条），爱斯多尼

---

* 本文原刊于《法学丛刊》1933 年第 1 期。
** 田鹤鸣，1927 年毕业于东吴大学法律系（第 10 届），获法学学士学位。
〔1〕"个"原文作"各"，现据今日通用用法改正。——校勘者注。

（见爱宪法第二条），来多尼（见来宪法第三条），苏俄（见苏俄宪法第二部），墨西哥（见墨宪法第四十三条），瑞士（见瑞宪法第一条）等宪法。其采不列举主义者，有德（见德宪法第四条），丹济自由城（见丹宪法第一条），芬兰（见芬宪法第三条），立陶宛（见立宪法第四条），捷克（见捷宪法第三条），西班牙（见西宪法第八条）等宪法，其在宪法根本未有规定者，有希腊，波兰，土耳其，法，日本等宪法。

采列举主义之国家，大抵非为新创国家，即为联邦国家。新创之国家，倘非在宪法有相当规定，末由知其疆域之范围。若夫联邦之国，各邦为联邦国组织分子，自当明白规定于宪法。爱斯多尼，来多尼，等国，均为新创之国，乃为前者之例。奥，苏俄，墨西哥，瑞士，等国，均为联邦国，乃为后者之例。

采不列举主义者，或以疆域太小，毋庸其列举，如立陶宛，丹济自由城，等其例也，或为旧国，其疆域早已确定，不必列举也，如西班牙其例也。或不满意于目下之疆域，不愿列举于宪法，致反限制其扩张，或收回其失地，如德其例也。

采根本未规定主义者，或以不满意目下疆域，思有以收回其固有领土，如土耳其其例也。亦有希图侵略他国领土，不愿于宪法对于本国疆域有所规定，及以限制其行动，限制其藉口，如日本其例也。

我国非为联邦国，亦非为新创国，自未领土列举之条件。查我国本部十八省，数百年来为我国固有领土，各国咸知，列举于宪法与否，实非重要，但察哈尔，绥远，宁夏，青海，西康，诸省，本位我国番属，新疆虽久为行省，但地处边陲，民族复杂，久为俄所觊觎，蒙古，西藏，本为我国番属，政教民族，与我国本部不同，又东北西省，目下在日本强权占领中，以上但书所列之省区，应否列举于宪法，似应加以研究。

研究我国领土，应否列举，当非以联邦或新创国家，而以避免他国借口侵略为研究之要点。本部十八省，既为我国固有之疆域，似可无列举于宪法，察哈尔，绥远，宁夏，青海，西康等省，虽系藩属改省，然非处边疆，与其列举该诸省，不如列举边陲各省区。蒙古，西藏二区，虽为我国领土，鲜与我国政府往来，蒙古在苏俄掌控中，西藏在英人指挥下，此二区域，似宜明白列举于宪法，以免邻国侵略有所借口，新疆地处边陲，亦应列举于宪法，东北四省，虽被日本占领，然依法仍属于我国版图，日本谓东北早离我国而独立，且为日本占领，理当列举于宪法，以明其为我国之领土也。若以东北四省，尚在他国强力占领中，仅列举其他省区，而摒弃东北四省，是何异日本未声称东北四省为其领土前，吾国已自动否认其为我国领土，而已属诸他国矣。反之，如将来东北四省，与其他省区域或边陲诸省区，分别列举，野心国势必抗议反对，抗议无效，必继之以暴力。据近二年之事实观之，我国最后又必屈服，势必修改宪法，将列举东北四省部分，予以删去。既损国家体面，又加多放弃领土上之痕迹，意欲避免野心国借口，而加以列举，其结果凡资他国借口，岂能谓得策哉。

据上论断：（一）本部十八省，察哈尔，绥远，宁夏，青海，西康，等省，不必列举。（二）蒙古西藏应列举。（三）东北四省有列举之理由，环境情事，不能列举。（四）新疆可列举，可不列举，但全国各省既不列举，未便单独列举该省。

如是，我国宪草第五条中华民国之领土，依其固有之疆域，应改为中华民国领土，为各省及蒙古西藏，此与中华民国训政约法，第一条规定相同也。

（三）变更领土问题

关于本问题，列国宪法之规定，各不相同，德宪法第二条规定，若其他领土居民，愿属于联邦时，得以联邦法律，令其他领土，属于联邦。芬兰宪法第三条规定，其境界非得国会之同意，不能变更之。希腊宪法第一百十三条规定，领土之让割，取得，交换，非有法律之特许，不得行之。立陶宛宪法第四条规定，立陶宛领土，由现今国际条约所范围之土地，组织之。此项领土，如遇扩大，得以普通立法手续变更之，如遇缩小，得以国民公决变更之。捷克宪法第三条规定，其境界非用宪法，不能变更之。我国宪草第六条规定，中华民国之领土，非经国民大会决议，不得变更。

查领土变更，有数种方式，如下：

1. 扩大一国领土；2. 缩小一国领土；3. 省之区划，致增加或减少原有省之数目，或使省扩大或缩小原有土地；4. 县市之区别，致增加或减少某省之原有县市数目，或使某县市扩大或减小原有土地。

作者以为对于前述不同领土之变更，应有不同之规定。

作者以为第一项即扩大国土一项，宜采较简易之程序，盖增加国土，大抵有利本国也。亦有因扩大领土，引起日后国际纠纷，故亦不能绝对有利而无害也。作者主张关于本项应在宪法规定，凡扩大领土，由立法院依普通法律决议之，此与立陶宛宪法第四条之规定相似，如国民大会认取得该领土，并非有利民国，或应重加考虑者，可依据宪法草案第五十一条，对于立法院之法律案，行使复决权，且取得领土，大抵本于条约，依宪法草案第七十七条规定，总统缔结条约案等，如是，立法院决议条约时，同意应即决议新领土应否取得。非经立法院之同意，不生效力。又第八十五条规定，立法院决议条约，与作者这所拟之规定相契合。

关于第二项及缩小领土事项，作者以为宜规定较严之程序。作者主张应规定缩小领土，应由国民大会决议之，如决议后三十日全国各省之省民大会，与蒙古西藏之同等机关，总数之半数以上，或全国各县市之县市议会总数之半数以上要求复议，国民大会应依据要求复议之理由复议之，查本项虽未予以国民或省县人民代议机关复决权，然依宪法草案第五十四条规定，国民大会代表不称职时，得由原选举区随时撤销其代表资格，故人民有左右国民代表之权，自应畏其违背民意而行事也。

第三项之省之区划增减，作者主张应由国民大会决议之。

第四项之县之区划增减，应由省民大会决议之，惟每县有选国民大会代表一人之权。若各省滥增设县，以图增加该省国民代表之名额，势必有损其他各省之利益，故中央立法院应制定普通法，以规定县市之增废也。

（四）人民平等之规定

列国宪法，关于人民平等之规定，均规定于人民权利章，如德（见德宪法第一百零九条），丹济自由城（见丹宪法第七十三条），爱斯多尼（见爱宪法第六条），芬兰（见芬宪法第五条），希腊（见希宪法第六条），立陶宛（见立宪法第十一条），波兰（见波宪法第九十六条），捷克（见捷宪法第一百零六条），土耳其（见土宪法第六十九条），等国是也。但来多尼（见来宪法第八十二条）规定于法院章，奥（见奥宪法第七条），西班牙（见西宪法第二条）均规定于总则。查中华民国训政约法，亦规定于人民权利章（见约法第六条）。

我国宪法草案总则编第四条，规定中华民国人民，无男女种族宗教出生阶级职业之区别，在法律上一律平等，查该宪草，对于民权既列为专编，民权编中，复有人民之权利义务章，而列国宪法，复多规定于人民权利章，故本条应设置于第三编民权一章人民之权利义务章。

（五）各国宪法之其他规定

各国宪法总则有规定，而我国宪草总则未有者，有下列各项。

1. 尊重国际法。西班牙宪法第七条，德国宪法第四条，奥宪法第九条，爱斯多尼宪法第四条，均规定凡国际法之原则，认为国内法之一部分。

2. 反对战争。西班牙宪法第六条规定，摒弃战争为国家之政策。

3. 规定适用之语言，列国宪法，有于总则规定某语言为其国语者，如西班牙（见西宪法第四条），奥（见奥宪法第八条），丹济自由城（见丹宪法第四条），爱斯多尼（见爱宪法第五条），立陶宛（见立宪法第七条），土耳其（见土宪法第二条）等是也。

4. 规定无国教。西班牙宪法第三条，规定西班牙无国教。

我国宪法草案，对于国际公法，虽在总则未有规定，但在同章第二编民族第十四条，规定国际法公认之规章，凡不背本宪法之精神者，视与中华民国法律，有同等效力。我国宪草既列民族为专编，关于尊重国际法之规定，良以规定于民族编为宜，其次关于反对战争事项，我国似可无规定，其理由为（一）我国民族素好和平；（二）我国自汉唐宋明迄今，唯恐他国来侵略，并无略人之野心。复次关于适用语言事项，我国除蒙古西藏分别适用蒙藏语言，新疆适用汉回语外，各地方均适用汉语，实际已认汉语为国语矣。故可不必规定于宪法，且亦可避免引起回蒙藏各民族之反感也。复次规定无国教事项，查我国本无国教，较之西班牙之政教未分，情形不相同，当可无规定于宪法也。

宪法上国民生计刍议[*]

陈昌盛[**]

第一章　绪　论

近代国家之成立，莫不有其独特之精神与一贯之政策，而其所以维持此种立国之精神，且以实行其政策，而谋发扬光大其国祚者；则断赖其有合夫民族精神之良好的宪法。盖宪法为一国之根本大法，举凡国体之形态，政府之组织，以及国家之职权，人民之权利义务，胥于此中规定之。兹我中央筹备宪政，拟于召开国民大会以前，草就新宪法，俾于开大会时，提交采行。其意义之重大，固不待言。我国家之能否继续其过去之光荣，我民族之能否在此国际狂潮汹涌之险象中，不独为自身谋光明之出路，且欲以三民主义救助弱小民族，当一视新宪法之性质如何，能力如何耳。立法院院长孙哲生氏曰："吾国所须要之宪法，当合二种条件（一）须合时代性，（二）须合民族精神。"（参看东方杂志宪法问题专号，《我们需要何种宪法》，孙科）旨哉言乎。盖此二端不特为对我新宪法之特殊要求，实为世界各国宪法所共有之必要条件；且不独为宪法之必要条件，实为任何法律所当必具之要素。舍此二点，即无法律之可言。因所谓法律之三体态（Three dimansions of law）：（一）事（Point），即关于何事之法律。（二）时（Time），即发生于何时代之法律。（三）地（Palace），即适用于何地之法律——为今日一般法学家所公认，三者缺一，即不足以称法律。由此而论，吾人目前之任务，乃在制定一

[*]　本文原刊于《法学杂志（上海1931）》（第7卷）1934年第6期。

[**]　陈昌盛，1934年毕业于东吴大学法律系（第11届），获法学学士学位。

种法律，即（一）关于何事之法律？曰宪法也。（二）为何时代之宪法？则曰二十世纪之宪法也。（三）适用于何地之宪法？曰东亚中华民国之宪法也。吾之所需者，即为宪法，则第一点无待讨论，而所必须研究者，则为第二第三两点耳。关于时之一点，当问吾人所处之时代如何？时代之精神如何？潮流如何？以及国际一切之趋向如何？由地之一点而论，须知我国家处于何种之环境，我民族有何种之历史与特性，兹当分别述之于下。

（一）时代的经济性

考宪政之发达始于十八世纪末叶之英国，当时之宪法，其目的乃在保障君主之不行暴政，贵族之不施压迫，使人民能得消极的自由为已足。其后乃由政治的自由觉悟到经济之重要，盖积极的自由当从扩张人民的经济能力中求之。惟富有之国民始能为所欲为；惟财力充足之国家，始足以抵抗外敌之侵略，发扬其国势于域外。于是宪法亦一改其旨趣[1]，由保障自由而更重提倡生产矣。故从纯粹的经济方面而论，则自十八世纪以来的经济问题乃生产的问题，以为但将生产之方法改良，生产之能力增加，则人民之生计亦即解决。殊不知其结果，不过养成少数之暴富的资本家，而一般民众生计之不能解决也如故。逮至今日，则资本家与劳动者，因贫富之悬殊而成对抗的两阶级，始知解决民生不单在生产而在财富之分配。于是打倒资产阶级之声浪，甚嚣尘上；共产之怒潮，汹涌而来；国际和平之局面，诚有岌岌不可终日之势；而所待解决者，则仍为一般民众之生计耳。故吾人于未定宪法之经济基础以前，所可决然声言者；即今后之宪法不问其理论之如何动听，组织之如何严密，若对于人民之生计问题，无适切有效之办法，则必难得大众之信仰而受人民之拥护。但观民国成立以来，政府对于宪法之一番努力，其成效如何可也。

（二）我国之经济情形

彼欧美诸国虽感资本制度之痛苦，然因生产能力之强大，生产技术之猛进，以及劳动阶级之奋斗，其一般民众之生活，尚能有相当之改善。回顾我国则因频年之内战，外力之侵略，不但生产落伍，抑且农村破产，危机之迫，急于累卵，从一般的国民生计而论，与欧西诸国相比较，诚有天壤之别。孙晓楼教授曰："欧西之劳动问题，乃生活之改善问题；我国之劳动问题，乃衣

---

〔1〕 "旨趣"原文作"趣旨"，现据今日通常用法改正。——校勘者注。

食有无之饥寒生死问题。他国之困难为失业者多，我国之危机乃无业者多。"（东吴大学劳动法讲义第一章），诚慨乎其言之也。夫所谓劳动问题，乃广义的一般民众生产问题，亦即民生问题之别名。盖不劳动而生活者，在今后之世界决乎生计之可言，直社会之寄生虫耳。国内之经济情形既属特殊，则我国未来之宪法，对于解决民生所探之方略，既不可抄袭他国所用之陈法，又不可盲从时下流行之新奇学说，不问国家之元气如何，而莽然一试。其必当用吾人自己之脑筋，自有之见地，自身之努方，以谋适切平稳之出路，亦何待言。

第二章　现代各种经济主义之略评

（一）资本主义

夫以今日思想学术之发达，关于解决民生问题学说方案之繁多，而谓吾人尚不能有所采择，乃须另谋出路，此其理由，有待申述之必要。然兹所谓无所采择，并非谓绝对的，乃相对的。譬如以资本主义而论，我若采行整个的资本主义，则其结果之可预知者，但观今日资本主义发达之国家所受之痛苦可也。如银行之倒闭，金融之纷乱，失业者之日增，以及惰业罢工等之不景气象，触目皆是。况资本主义至于今日，已达其日暮途穷，苟延残喘之没落期。彼资本主义最盛之国家，亦正在谋所以取代之职方法而不得。吾人设非至愚，当不愿效他人之所鄙弃者而堕其覆辙。然而资本主义之发生及其势力之普及，已有悠久之历史，凡人类足迹之所及，莫不有其影响，其对人类亦必有相当之贡献，若必欲武断之以为有百弊而无一利，要非持平之论耳。

（二）合作主义

以折中之态度，和平之手段，以谋补救资本主义之缺憾，有合作主义。其说倡之于法国，效之于意大利，至今犹在试验期中，结果如何，尚在不可知之数。不过以态度及手段而论，合作主义要不失为人类解决生计问题之一种良好而有希望之努力。然于未见其相当成效以前，则其是否值得吾人之采取，实为问题。况合作主义本身之办法尚待讨论，如其合作为资本家与劳动者之合作，则不过为一种皮相的改良，所谓换汤不换药，而资本主义固可安存无恙焉。若谓劳动阶级内之劳动者与劳动者之合作乎，则生产须有资本，无资本而为纯粹劳动的合作，虽非绝对不能生产，然其生产能力之薄弱，则可想见。若谓消费者有消费者之合作，须资本者有信用之合作，劳动者则有生产之合作，似可各为局部的解决矣。然以实际而论，凡能合作于消费者未见能合作于生产，能合作于生产者未见其必能合作于信用；故虽如何合作，而资本则仍在资本家之手中，而劳动者则仍不失其为物资本之劳动者耳。此所以合作主义提倡已久，至今尚无长足之进步，惊人之效果乎。

（三）民生主义

最后发生者为我中山先生三民主义中之民生主义，若民生主义对于国民之生计，已有一贯的经济学说，一定的经济制度，则吾人已无另谋出路之必要，而迳以此制度规定之于宪法可也。则此文之作，岂非多事；然吾人若细究三民主义，其关于民生问题者，除衣食住行之当改进，资本之当节制，地权之当平均外；惟有实业计划耳。凡此种种，不过为经济之政策，致其政策之当实现于何种制度之下，则为另一问题。譬如衣食住行之改良，实业计划之实现，宜用何种方式以达其目的，用共产之方法乎？资本制度之方法乎？抑合作主义之方法乎？民生主义固未曾有确实明显的宣示，故至今日，若问民生主义之经济制度为何种之制度，则尚无人能为精确之答复也。至于节制资本平均地权，不过消极的限制大资本家与大地主之发生。夫大资本家与大地主之得以消减，亦不过除去资本主义下平民所受之一重压迫，而此压迫一去，遂谓国民之生计得以解决，似未必若是其易也。或问中山先生何以于民生主义内未将三民主义之经济制度明白昭示？答之曰，中山先生因鉴于资本家与地主之强暴，而为节制资本平均地权之主张，盖已消极划定今后吾人当采经济制度之界线。而吾国之究当行何种制度，一则因世界各国现有之制度，均不堪合于我国之国情，故不足取。再则因吾辈于学术与思想上之革命，尚未成功，有待同志之努力以自为发明耳。犹之建屋，中山先生已用节制资本平均地权之两政策，将今后经济制度之地界四址划清，至此界内当建何种房屋，西式之房屋乎？中式之房屋乎？抑新式之中西合璧之中式其外而水泥钢骨其内者乎？是端在吾人之努力，察时势之推移，因环境之转变，而再为决定。但能将此建何式样之房屋一问题解决，则其后之选材采料以及工程计划均可一一推行无疑矣。

第三章　新经济主义成立之基础

为政之道，贵在先有一定之主义，而后乃可依其主义，视环境之转变，而定应时实行的策略。倘于主义不能有具体的基础，则既无准则以为政策之取舍，更何言乎解决实际的问题乎。吾人已将现代各种经济制度略述梗概，并悉其各有得失，兹当提示吾人所主张之经济主义，而确信其能合于国情及时代之潮流，而足为我国民生计之出路者详细言之。

夫吾人所主张且认为足以救国之经济主张，果为何种之主义，资本主义乎？共产主义乎？抑合作主义乎？曰，均非也，亦均是也。盖吾人之所确信为吾国今后经济政策取舍之准则者，乃在采集现代通行各种经济主义之所特长，去瑕留瑜而冶之一炉，以成整个的有利无弊之新主义，作为我民生主义之具体的基础。然后以此为准则，以谋解决今后所发生之一切实际的经济问题，则吾国今后之国民生计庶乎有望。此而不能，则其余一切的治标方法，支离灭裂之理论，朝三暮四之办法，犹如头痛治头，脚痛医脚；方案愈多，而步骤愈乱，民生问题，愈求解决，而愈无办法，所谓治乱麻而紊之，终至于革命之惨痛，破产之危境，难于幸免矣。

用分析的方法以解剖[1]现代之各种经济主义，则各种制度之利弊，不难明了。譬如资本主义之最大弱点，乃在造成两对峙的阶级，而资产阶级复利用其资本之势力，地位之优越，以压迫无产之劳动阶级。两者之争，不但引起经济的不景气象，且常使社会人心为之不宁。况以多数人劳力之结果，以供少数人之极度享受，究非平允之制度。至其优点，可得而言者约有三端：（一）因资本制度之成立，而资本之能生产或资本之为生产要素（A factor of production）之事实，乃更为明显。（二）因资本制度之发达，而证明资本集中，则生产力大为增加。（三）大量生产足以灭低商品之成本。由此而论，则不论在任何制度之下，生产必需资本，无资本而能生产，虽今人之如何聪明，尚未发明何种方法。惟有以为资本既能生产，则当归之国有或社会所共有，而资本家则须以积极之手段铲除之。持此说者，恐于资本发生之原因，未及注意。夫资本非由储蓄而成者乎？彼储蓄者，若非预见其资本之能生利，则

---

[1]　"解剖"原文作"剖解"，现据今日通常用法改正。——校勘者注。

其储蓄之意思必甚薄弱。一旦私人之积蓄减少或停止，则资本即将绝其来源，且以私人之资本盖归国有或社会之共有，姑不论其手段之是否公正，方法之是否可能，其结果则必致已有之资本，渐归消失。况以我人之经验而论国家管理资本之机能，亦殊有限。试观国营事业之有能得极大之盈余者乎？国营事业之扩充有不赖国库之资助者乎？万一国家管理资本之机能，与私人相等或竟能胜过私人，则增加国营事业以与私人之资本家相竞争可也。以国有之资本，以吸收劳动，且以淘汰资本家可也。若然则资本家不打而自倒矣，亦何待乎革命，更何待乎共产，国家之不为此，要见于其自身之能力有限耳。吾人鉴于生产之不能无资本，且资本之不能绝其来源，故主张维持财产私有制度。至于欲免除资本家之强暴，则不在打倒现有少数之资产阶级，而在努力扶助劳动者本身能取得其职业上所必要之资本，而使之向资本家宣布独立。犹之昔日之倡政治革命者，以为欲求民众之自由，乃在打倒君主与贵族也。然证诸历史，则见君主与贵族，虽遭打倒，若大众之政治力量未见充实，则人民之不自由也如故。反观人民政治力素强之国家，如英国，则其君主与贵族数百年来安然无恙，未见打倒；而其人民则较任何民族为自由。世人但知英人之崇尚自由，而不知英人之巧于取得自由也。以此例彼，则知今人之欲谋经济解放，但能高呼打倒资本家而不知从充实劳动大众之资本能力者，徒见其为庸人之自扰耳。

更进而言求知识之自由亦然。在民知未开之国家，少数之知识阶级，每有利用其知识之优越，以欺惑民众而压迫无知识者。然人之欲求知识之解放者，其唯一正当之方法，乃在努力以谋教育之普及，而不在消减少数之知识分子也。若认此种推理为合于逻辑，则吾人欲觅经济生活之出路，当速起以培养大多数劳动民众之资本能力，使凡有能生产之体力与技术者，同时能于日常生活费外，亦有其职业上所必需之应有的资本，以免仰资本家之鼻息。断不宜单从消极的破坏手段，而以打倒已有之资本家为得法。况以我国目前之情形而论，则工业落伍，农村破产；处处皆待资本之救济，本国所现有之些微资本，尚患不足以济眉急，而求助于外资之不暇。然则不从积极的培养大众之资本能力着手，而谓打倒少数现有的资本家便可致富，宁非自欺欺人之呓语乎。但在今日而言维持资本家，则非但为思想的落伍者，且必与资本家同遭攻击。顾吾人之所兢兢以求者，非为时髦的理论，而为我全民族生计之出路；故愿以公正坦白之态度，于任何主义无取偏颇，但知去无留华，择善而从。即如共产之说，吾人亦当择其对于现代经济生活有价值之贡献，而使之与吾人之所主张者融合而同化之；断不因讳共产之名而不计优劣，不问是非，而一律予以排斥。吾人认共产主义对于现代经济思想最大之贡献，乃在废除社会上不平等之经济阶级，而主张凡属国民均有劳动之义务。夫阶级之分，最足以引起纷争与扰攘，而为一切进步之障碍，此则可不问其为社会的阶级，政治的阶级，抑为宗教的阶级之分所必有之结果也。至国民之劳动义务，则更为民族生活之一种新的觉悟，诚能一国之内，人人工作，无坐食游手之徒，实大足以增加国家之经济能力。然则共产之思想，且不问如何激烈，此种对世之伟大贡献，固当与资本私有制之一切优点同受吾人所拥护与采择，亦为理之所当然。

在维持资本私有制之下，而谋消减劳资阶级之分裂；则当视所采之途径如何。若用激烈之手段，以强制资本家从事于劳动，而夺取其所有之资本以归之于公有，则与实行共产主义未见何区别。而所谓维持资本私有制之主张，乃成滑稽，此种办法，实为我人所不取。至此外其余之方法，似莫善于合作主义之和平手段。用劳动者自身之努力与合作，以谋消费之独立，生产之独立，以期无赖资本家投资之必要。则资本家遂失其不劳而获之机会，从此亦无压迫劳动阶级之可能，终至劳动者，逐渐取得其职业上所必需之资本。同时向之称资产阶级者，则因无处投资，其资产即有日归消失之危险（因不生产但消费故），于是欲保持其资本，亦惟有投身于劳动之一法。若然则畴昔得利用其资本不劳而获，坐享其利，以榨取劳动阶级之血汗者，今乃为势所迫而一变为劳动者。于是家无坐食之徒，国无游手之民，凡欲生活，必须生产，凡欲生产，必须劳动，而阶级之分，乃得无形消减。总而言之，设吾人之主张，一旦实现，则革命流血之危险，可以避免，家破人亡之惨痛，得以消除。在社会和平秩序之下，行见凡属国民，均有从事工作之必要。拥资坐食之懒汉，可以绝迹；而一方则人人均可用其自有之资本，自身之臂力，为自由不受压迫之生产者。然因分工合作，可以增加生产之能力，则同业之人，可以平等之契约，组成生产企业，而均分其收入。此而不为，则小规模之独立生产，随时随地均可为之。譬如街头巷尾所常见之补鞋匠，家有数月之粮，一担工具，以售其工作，欲行则行，欲止则止，何等自由。然吾人之所望着，乃于不久的将来，得见大工厂内千万工人，喜喜融融，鼓腹而歌；盖彼辈于挥汗攘臂之时，未尝忘却其即为工厂之主人翁，而其挥汗奋身之所得，将无他人敢以染指焉。

第四章　劳资同化主义之性质

至此而吾人所主张之主义，已可略见其梗概，此种主义无以名之，名之曰劳资同化主义或劳资合一主义可也。兹当以更明显之说法具体申述之，然后乃以此劳资同化主义作为今后我民族解决生计之基础，而求所以实现此主义之种种实际的政策。最后乃以各实际的政策中较为根本的，而有永久性者，提示于立法诸公之前，俾得于新宪法中有所规定；则今后之民生问题，应有解决之望也。

其于上述之论断，则知劳资同化主义之成立，其中心思想乃在采集现有各经济主义之特优点混而一之，以期合于我民族之特殊情形，且以适应现代经济社会变迁之潮流。因二百年来资本制度发达之经验，乃确知（一）资本之能生产；（二）私人储蓄为资本之来源。故劳资同化主义仍主维持资本之私有，以确保其来源之不绝。又因鉴于（一）分工合作之足以增加生产量；（二）大量生产之可以减低物品之成本。故主张私人之合作以代资本主义下之佣工制度。更因承认（一）阶级战争之为害；（二）劳逸不均之不当。故主张采合作主义之和平方法，以达消减阶级之分裂。此新主义而得实现，则吾人所期望之结果，必能使人人均有劳动之必要。姑不问其为体力的劳动或脑力的劳动，且人人均可取得其职业上所必须之资本，俾得为独立之生产者；于是佣工制之危险，乃可避免。盖佣工制实为资本主义之最大弱点。资本家利用其资本之势力之雄厚，而雇用无资本之劳动者；因其资本之优势，而受雇者乃不得不听命屈服。终至劳动者生产之结果，太半被优势之雇主所夺取，劳动者遂永无自由之日矣，此阶级之争之所由起也。兹在劳资合一主义之下，劳动者既自有其资本，则无待受雇于他人。凡其资本劳力之所生产者，均归其所有，则生产能力之增加，即劳动者幸福之增加；劳动者幸福之增加，亦即全社会福利之增加。盖在劳资同化主义之社会中，人人均为生产的劳动者；因劳动者之独立，则徒有资本而不劳动之资本家乃失其坐享渔利之机会。资本若无劳力以应用之，即有消失之患，则资本家苟欲维持其资本，非自身劳动不可，于是阶级之分，自然归于消减。

然因分工合作能增加生产能力，为人类经济生活中最可恃之经验。则同业之人可以平等的契约，以组合其资本与劳力，以均分其收入可也。譬如有一铁匠于此，有三百元之小资本，以营其独立之生产，日以其出品出售，凡所收入，均归本人享受，既不听人指挥，又不受人压迫，何等自由。不过在此独立情形之下，其生产之能力，必甚薄弱，且只能以小工业为限。欲为大工业或大量之生产，可合此种铁匠千百人，以组合其资本与劳力；则一经组合，不独因合千百人之资力其资本必甚雄厚可观，且因劳力之组合，更可尽分工合作之利；于是建筑船舶可也，制造车辆可也，即制造机器军器亦未始不可也。工业可以如此，农业亦可如此，组合千百农民之劳力与资力，以及其各有之耕地；用机器作大规模之耕种，而均分其总收获，则每人之所得，必较各个人以其单独之资力劳力与耕地，而为分别之独立耕种十百倍而有余。且耕者有其田，已足免地主之强暴，况更增益其生产之能力，则其为利可知矣。

第五章　劳资同化主义之实现方略

但言主义，尚属空洞，理论虽辩，不能救国，欲求实效，必须有一定之政策；使理论得以实现，然后理论之价值，可得而知。以吾人研究所得，认劳资同化主义确为目前解决我国民生问题之唯一关键。不过欲实现此新主义之各种政策，除节制资本、平均地权之二大消极政策以外，方法尚多，约而言之，可得数端曰：（一）培养劳动资本。（二）推进合作制度。（三）提高生产技术。兹当分别讨论之。

（一）培养劳动资本

以目前之情形而论，则节制资本与平均地权，实已暗示劳资合一之趋向，不过因其为消极的政策，其为效似嫌微薄迁缓耳。盖平均地权之目的，乃使耕者有其田，若耕者果能有其田，则劳资同化主义，即能实现于农村。不过就已往之经验而论，则节制大资本家之发生，未必即能使劳动者有取得资本之机会；造成大地主之机会减少，亦未见即能使耕者取得其农田也。故欲促劳资同化主义之实现，非有更进一步之方法，以积极的援助劳动者取得资本，而使农人取得耕地不可。兹为便于说明起见，不分工人与农人而概称之曰劳动者，不论现金机器或耕地而概称之曰资本，而后乃可进而言扶助劳动者以取得资本之方法，或培养劳动者资本能力之办法。然则劳动者如何而能取得资本乎？曰，必也使劳动之报酬增加，提高其应得之工资，使其于生活费之外，尚能有若干之储蓄，即以其所蓄投资于其所服役之事业，则不久其事业之股本，即转入劳动者之手，以达于劳力与资本归属于同一阶级之领域。于此吾人可分两方面立论，而分企业为国营的与民营的。国家为巩固其经济基础起见，必须以各种基本工业，如钢铁电料制纸制革制药等为国营或省营的企业，或称之曰官营企业。不过从来官营企业之主眼，乃在全社会的利益，而不在劳动者之幸福，故其办法一如民营企业。盖其最大之目的，除如何使社会能以便宜之代价购买其出品外，即如何可使国家得获多量之利润耳。至服役于国营事业之工人，其所得之待遇，初无异于受雇于民营企业之劳动者之同其困苦也。然劳资同化主义下至国营事业，必当根本改革其从来之旨趣，而注力于较高较大之新目的。全体社会与国家自身之直接利益，固不可忽视，而尤当注重于培养劳动者之资本能力与技术，使其一旦离去，即能独立生产，或与同业合作，而组新的企业。盖官营企业犹之学校，其唯一之宗旨，当在培养新时代之劳资同化的劳动者。此种劳资同化之心劳动者，不但有高尚之技术，且因其在学习技术时，因工资之充裕，已积有若干足以独立之资本，此实为其特色。今后之官营事业，既有如此重大之特殊使命，则其办理时，当具有三种标准：（一）以训练技术为目的，则官营企业之性质，须以基本的与普通的工业为限。（二）以训练技术为目的，则官营企业必须有高才之技师为指导。（三）以培养劳动资本为目的，则凡官营企业之利润必归劳动者以提高其工资，俾由积蓄之可能。至官营企业之资本，但求保有其固有之数量为限，如须扩充，则宜由政府之收入内设法。而政府之收入，则当以税收为主，不宜以营利之方法，袭资本家之惯技，以榨取劳动者之血汗。一次政策行之于农业，亦可收同等之效力。譬如国家有农田万亩，以开办一国营农产社，雇有高等技师，运用新式农具，应用最新科学方法，招收有相当程度（高小毕业）之青年，而养成为新的农人。诚能如此办法，则其生产量必可惊人。以其收入，充作工资，则一工人在官营农产社服役数年之后，不独对于农业的新技术，必能熟练无遗，即其积蓄所得，亦足以购买数亩耕地。独立经营可也，与人合作可也，此法而能实行，岂非较诸空谈救济农村为着实可靠，而有把握乎。且以我国名为以农立国，而一般浑浑噩噩之无知农民，以其知识之幼稚，方法之落伍，即能人人自地主之手中取得耕地，其生产能力，亦殊有限。以与教育普及之国家，有科学知识之农民相比较，但见望尘莫及耳。

由此观之，则不论农业或工业，若欲用之解决目前之困难，来日之危机，固舍实行劳资同化主义莫属也。或曰，此法诚美，惜未尽善，盖以常人之心理，收入多则消费亦多；若谓提高工资，即能培养劳动者之资本能力，我未敢信。因此种办法，必以劳动者人人均有俭德为前提，否则提高其工资，适足以养成其浪费之罪恶，或反导之于堕落之途。然关于此点补救方法颇多，以法律规定收入百分之几为强制储蓄可也。即国家从工资中扣除若干，而代为积蓄，亦未始不可。或国家以营业之利润，悉数购买耕地，以分配与新农，此又一办法也。方法繁多，不克在此一一详尽，要在为政者之因时制宜耳。

欲使劳资同化主义实现于民营企业，或私人企业，则当以立法之手段，从工业法或劳动法入手，并利用现有之私人资本，照前述之办法，以贯彻此目的。盖以目前我国资本之缺乏，有待外资救济之不暇，若直言打倒现有之资本家，宁非自杀之论。然转而待资本家自身之觉悟，望其能放弃从前自私自利之态度，而使为劳动者谋利益，以培养其技术与资本能力，亦等与虎谋皮耳。此既不能，则不得不以法律规定劳动者最低限度之酬劳，且以法律限制资本家之取得利润。若绝对取缔利润，必至投资者绝迹，而使资本失其生产之机会，是则欲解决生计，反增加生计之困难矣。吾人以为最妥之办法，莫若以法律限制借贷利息，而使无资本而有技术之劳动者，得以最低之利率借得资本。而一方面再以法律规定，若资本家以购股之方法，投资于企业，则其所得之利润至多只能略较高于借贷利息，余者当根据营业报告，将其所得之盈余，增加劳动者之工资。在此情形之下，资本家虽拥有大量之资本，决难利用之以为吸取劳工血汗之工具，至多不过以资本出贷于劳动者，以取得利息；或投资于工业，而获较利息略高之利润；则资本仍有运用生产之机会，而劳动者亦能利用资本家之资本，以逐渐培养其自身之资本能力，岂非一举两得乎。且一待劳动者积得相当之资本，可向资本家购回股票；则数年后，由资本家发起投资之企业，转瞬而入劳动者之手，其结果适等于多数劳动者以其资力与体力合作而组成之独立企业无异，此劳资同化主义实现之另一办法也。

（二）推进合作制度

劳动者能取得职业上所必须之资本，而有独立谋生之可能，无待受雇于他人，则劳资同化主义，实已大部分成功。不过若以此为止境，而不求其有组合之能力，或但期各个劳动之技术的改进，及个人资本之增加，而一任其为自由独立之生产者，则其生产能力，必殊薄弱。且大工业之须有大资本者，如制造汽车飞机等，若非国家出而经营，则各个独立的劳动者，不论其技术之如何高超，资本之如何雄厚，断非其一人能力之所及。于是大工业势将因劳资之同化，若不绝对消减，亦必大为减少，此实为社会工业化之一极大障碍。吾人有鉴于此，故采合作方法，以为补救。且合作主义经多年之研究与经验，其方法已有绝大之进步，兹当从立法与社会两方面而言推进合作之策略。

（甲）立法方面

以立法的政策，推进劳动者之合作（生产合作及消费合作），则国家须于劳动法或工业法外，另立合作法，以规定劳动者一起资力与体力与人组合之权利义务——如各个工人投资之数量，以及营业所的利益之分配等。犹如商人之合伙，各出资本若干，而共同努力于其事业，以其收入按投资之多少而为分配。不过合伙则因一个伙友之死亡或退股而解散或改组，故劳资同化主义下至劳工合作，当以股份有限公司之方式，以定其组合及解散。若少数人欲退股离去，则与其他工人之组合不生影响。或其组合而须扩充，亦可随时招入新股（资力与体力同化之股）。如此办法，则分合均极自由。此外万一劳动者本身之资本不足，尚须借用外界之资本时，当另有法律以限制，不劳动而纯粹投资所得之分利，以免劳动者之饮鸩止渴，为资本家所利用，而成鹊巢鸠占，反客为主之局面，则法律提倡合作之能事毕矣。

（乙）社会方面

单从立法方面努力，未必即能引起劳动者之自动的组合，故必也于立法以外，用宣传或其他奖励方法，以引起一般社会对于合作事业之兴趣与了解，使人人得知合作之利益。或更进而与各都市中，设立合作指导所，供人民意合作应有之知识及手续，如有合作意思之同业工人，如何召集，合作法律之如何引用，以及合作事业之如何组成等方法。此外又须于社会中积极的养成合作道德（用社会教育的办法）。夫以民族的特性而论，我国人似为最缺合作道德之民族，往往两三人合办之事业，动辄互相排挤倾轧，争权夺利，甚至欺诈侵占，终至分离失败者。此非国人生成之天性，实因合作精神，在我国尚为一种新的道德，国人多未受训练，凡白事业，仍以数千年来之家族观念为基础，乃致公私不分，但知一己之利益，而不悉社会与个人之利害关系，更不知他人之失败，亦即自己之损失。即以现在社会互相依赖而论，各人之衣食住行，何一非赖他人之供给；一旦供给停止，个人之痛苦立至，而对于社会之相互依赖，亦因而明显。譬如都市中之水电，若一日断其供给，或汽车轮船一日停止其交通，各人便觉极大之不便与痛苦。然则吾人平日对于服役于水电事业或交通事业之劳动者之利益，有多少之注意乎。医师诊病，对于少数之能付高价诊金者，则尽其技术以救护之。而对于大多数衣衫不洁之劳动者，则因其无力付高价之诊金，而敷衍了事。食料商但知如何营利，而于大众之卫生可以不问，故竟至以社会最重要之食量，但求有利可图，不惜参假着色。如此之社会道德，而可言合作乎。以故欲求合作事业之成功，必须极力提倡社会之合作道德，而使大众明了互相依赖之关系。小之则合作社员一人之损失，亦即全体社员之损失；一人之失败，亦即全社会之失败。大之则社会中多一贫民，即全社会多一分负担。若人民有此觉悟，则合作社之组成，必易办理。盖个人与他人组合时，一己之利益，固当顾及；而他人之利益，亦必不可置之脑后也。故吾人倘能于法律及社会道德，双方并进，则合作事业在我国发达之日，为期当不远也。

（三）提高生产技术

欲求生产能力之改进，尤宜以提高技术为重。盖人类物欲之进步，重质而不重量。生产者须视消费群众之所好，常以新奇精良之物品供给之，工业始有发达之希望，国民经济始有巩固之基础。否则事事仰赖外力之扶助，一切取给于国外，生产与消费之程度，远不相称，终至于民族经济破产之一途。况以我国之环境而论，外则受帝国主义经济侵略之压迫，独占倾销，无所不用其极。内则因工业之幼稚，欲言抵抗而无术，虽大声疾呼，提倡国货，必须在国货之品质上着手，使一切出品能在质的方面，与洋货并驾齐驱，或竟超而上之，则国人好用洋货之心理，必当一变，于是国货可无待乎提倡，当不胫而自走。然望出品之优良，必待生产者有精巧高深之技术，若故步自封，或但知仿效，于一切制造，专袭他人之皮毛，而自诩谓国货已应有尽有，必致百业落人之后，提倡云乎哉。

第六章　创办生产教育

国家为长治久安之计，必当致力于教育，所谓储才十年，古有明训。但昔之言教育者，其目的只在养成少数之治国人才。逮至今日，则教育已成推进民族文化之不二法门。一国之国力如何，其国民之教育程度如何，胥视其国之教育是否普及，教育方针之是否健全为断。故谋国事者断不能以政治及法律之改良为已足，而必于教育政策中，定其久远之计划。譬如遭外敌之侵略，而谋巩固其国防者，则应注意军国民教育。谋农业之发达，商业之猛晋者，则应注重农业教育与商业教育。工业落伍，经济濒危之国家，则应提倡工业教育，以图挽救。至于我国自倡新学以来，虽学校林立，学子如云，而政府因连年内战，政局不定，于教育一端，迄未有一贯之政策。即从事于教育诸君，亦未能觉其责任之重大，使命之神圣，但知袭西国之皮毛，日以理论主义标榜立异，而忽视于实用之科学，致办学数十年，成绩极微。以言道德，则学生之日趋腐化，军人之不能合作，政客之好事捣乱。以言学术，则事事落后，较为高尚之事业，又非聘用外人以为指导不可。再以一般办事之精神而言，则处处以舒服及个人之利益为前提，以敷衍取巧为能事，对于他人之利益及社会之公共事业均置之不顾，任用私人，营私舞弊，习以为常。惟其如此，乃致学校愈多，社会愈不安，长此以往，即人不亡我，我亦将因教育之不良而自亡。国人倘能觉悟，则宜鉴于过去教育之失败，而急起直追，抛弃从来之敷衍态度，而积极提倡生产教育，并以实现劳资同化主义为教育之目标，则不但国民生计，必可从容解决，而政治亦必入于正轨，社会可以安宁，国家可以长治久安。诚以中国今日之所需，无非道德与学术耳，吾人于前章已论定养成生产技术与合作道德为推进劳资同化主义之根本大策，故不多赘。至于技术与道德之养成，则舍教育莫属也。今后之学校，如能实事求是，以培养有技术有道德之生产的人才，使人人均有正当之职业，而知安分谋生，谓国不富，余不信也。

（一）农工教育

教育而以生产名，似尚有不生产之教育乎？实则办理得法，则任何教育，均能养成生产的人才。办理失当，则任何方式之教育，非但不足以言生产，且将增加社会中之捣乱分子，破坏分子耳。不过从教育的本质而言，则可分为直接生产的教育——如农业教育，工业教育等，与间接生产的教育——如文化教育，法政教育等是也。盖前者之目的为养成直接生产的职业人才，后者之主旨为养成事务管理人才，故其对于社会财富之增益，较为间接。夫一国之情形，必先农工商业发达，而后社会之事务繁复，始见事务管理人才之需要。若在农工商业等直接生产事业尚极幼稚之国家，而先养成多数之管理人才，必致供过于求，失业者众，我国过去教育之失败，即坐此弊。即如少数之农业工业学校，亦复办理不善，不能以学术救国之观念培养青年，而使毕业其校之一般新人才，仍为数千年来读书之目的在乎做官之心理所支配，不问其所习者为农抑为工也。于是教育愈普及，做官之心理亦愈发达。国有多官之患，纷争以起，社会乃无宁日。所以谋今后之改革国家，即宜多设农业工业等学校，且对应用之学术，竭力奖励，以养成多数技术高深的生产分子。然尤要者，对于训育一端，应多所致力，俾学子一改其从来之做官心理；使凡习农者，愿以耕器作终身之伴侣，习工者，咸以工场为乐土。同时在立法方面努力促成劳资同化之佳境，使各个人民都有充分之技术知识，独立之资本基础，与良好迫合作道德。在政府指导之下，分之可以独立谋生，合之可以成大工业。若然则学术之进步，为大众之进步，而非少数人之进步；资本之增加，为大众富力之增加，而不为少数资本家所垄断，国民生计其在斯乎。

（二）德育教育

于生产教育中而言德育教育，非谓国家于设立农工业学校外，当别立道德专校之意。不过吾人认为教育而以生产为目的，则技术与道德必须并重；但有学术而无道德，其危险如何，不待明言。例如街头之游民，常有学术高深之士厕其间，而迹其所以堕落之原因，则无道德耳。日报中之奸盗邪淫不必讲，而广告栏中之侵占卷逃捉拿赏格，几于无日不有，亦足以见国人道德之一班。此种现象，负教育之责者，实当自告惭愧。盖我国教育界之最大错误，乃在认读书为教育，以为能使学生读书则教育之能事已毕。故虽考试作弊，视若无睹，殴辱师长，视为细事。即至鼓励风潮，亦不足奇。孰知考试可以作弊，则将来投身社会时，便何事不可作弊。师长可以殴辱，则服从可以随便，命令乃得违抗。再以鼓励风潮之惯技，施之于社会，其结果更不可问，于是天下多事矣。作者非欲对教育界多所抨击，为国家之前途计，故不惜慨乎言之。当知读书不过为教育中一部分之工作，最紧要者在读书以外，师长尚负有以身作则之训育工作。然道德而以生产为目的，则其非为从前以家族观念为基础之旧道德，亦甚明显。盖吾人所欲提倡之新的生产道德，实可名之曰"事业的精神"：如诚实，细心，守时，守约，公私之分，与乎合作互动等也。居人下者，不以为耻，但知服从；居人上者，不以为荣，而能体恤。当知社会之组织如此，分工合作，不能人人同居一样之地位，同办一样之事业。但能以忠于职守，服务社会之精神为自身为国家谋幸福，则不问其为长官，为平民，为主任，为雇役；当一律受吾人之尊敬。抑尤有进者，吾人非于前段主张增加劳动者之工资，俾其可由积蓄而得资本之独立乎？每见一般无俭德者，用其余资以浪费于烟酒赌博。此种人之收入愈增，则其堕落亦愈深，故欲促劳资同化之实现，于培养劳动者之智力与资力之前，尤须确立其节俭之道德。负社会教育之责者，亦当知所从事矣。

第七章　同化主义成功之实益

以劳资同化为目的，而谋解决我国今后民生问题之各方策，已如上述。兹当更有所补充者，即万一上述诸政策，得以一一实现，则其可以预期之佳果如何？吾人固深信此种主义与政策，必能充实全民族之经济能力，而使人人得尽其天赋之才智，以营合作的经济生活。且可按其努力之多少，以取得其应有之财富。因而阶级之分，可以消减，社会乃得循序而进步。举凡资本制度下至各种痛苦，均可免除。兹略举现代最习见之经济危象，并说明惟劳资同化主义之实现足以消减此种危象之理由如次。

（一）罢工风潮之免除

罢工为资本主义下至习见风潮，雇主与被雇之劳动者既成为两对峙阶级，故不免时常发生利害之冲突。彼资本家乃利用其资本之优势，而压迫劳动者，雇工至忍无可忍之时，乃以最痛苦，且牺牲最大之方法，而出之于罢工，以示抵抗。然此种破釜沉舟之手段，固可使资本家略受痛苦，而促其觉悟。毕竟最大之牺牲者，还是劳动者之本身，以及社会之全体。盖一至罢工，则工资停发，而劳动者生活之困难立至。更因工人中之激烈者，每至破坏秩序，阻止交通，而停止出品之供给，社会乃蒙无辜之重大损失。此种危机，或可因政府之取缔干涉，第三者之调解有方，乃得暂时解决，或成其缓冲之局面。但不旋踵，又因物价之变迁，生活之压迫，而重见发生。故欲根本免除罢工之痛苦，则非消除阶级之分裂，罢工之陋制不可。盖劳资同化主义能以和平合作的方式，使阶级之分，自然归于消减。劳动者资本家成为一人，以自有之资本，用自身之劳力，为自己而生产。凡所收入，盖归其本人所有，努力一分即多得一分，既无外来之压迫，即失抵抗之原因，虽欲使之罢工，亦有不可能之势矣。

（二）失业危险之减免

资本主义下有一习见之现象，即失业者之日见增加是。盖资本家之惟一目的，在于利用劳动者之劳力以取利。故其对于各个劳动者之生产能力，不惜以种种方法，以尽其利，而对于雇用劳动之人数，则求愈少愈佳，俾可减少其工资之支出。惟其对于雇工之劳力，必在尽用其利，以增加其出品之数量；有时竟至生产过剩，供过于求，物价因而低落。故生产愈多，则获利愈少，此种矛盾事实之发生，遂使资本家以减少雇工为补救。于是被减解雇之劳工，因平日所得之工资，仅足以维持生活，逮至失业，既无独立谋生之能力，则其困苦可知。社会不能坐视数万乃至数十万之工人，坐而待毙，故必设法以救济之，其负担之重大如何。且常人之心理，于无聊时最易生事；故失业者愈多，不独国家之生产能力大为减少，且于治安问题，亦更为严重。其解决之方法，惟可于劳资同化之实现中求之。盖在合作组合之生产制度之下，生产可无过剩之患，其理由当于下节中另详。即退一步言，偶然发生供过于求之现象，彼自由组合之劳动者能以平等之原则，共同减少其工作时间，以节制生产之过量。或因其出品之供求不称，价格低廉，至于无利可图，则必有一部分之合作者，取回其投资，以另谋生产之道。则前之因出品过多，而价格低落者，又因工力之减少，出品之不足，而其价格乃得恢复。此种平衡势力之演化，必能免除大多数劳工突然解雇之危险。人人既有独立谋生之能力，则分合不生影响，尚何失业之虑哉。

（三）生产过剩之防止

现代经济制度之最大缺憾，即一方生产家竭力设法以提高生产；而一方则又因生产能力增加之过速，而成生产过剩之局面。于是出品之价格狂跌，销路停滞，且因物价之低落，乃减工资，以维残局，或减退雇工，以节生产，而省开支，其损失均在劳动者之身上。工资减少，则仅足糊口，生活不能维特；减退雇工，则解雇者立见失业。如此而尚不能解决，则求之于国外，以扩充经济势力，争夺售货市场，种种侵略手段，乃层见叠出，以谋暂时之出路。而被侵略之国家，又必提高税则，以为抵抗。钩心斗角，永无已时，即出之于武力，亦所不惜。于是高度生产，本可为人类谋幸福者，反成国际扰乱之祸根。故生产过剩，而无法防止，则经济社会将来永无宁日。近且有销毁一部分之出品，以谋提高其价格者，其为策之愚，更属可笑，既须销毁，则何必生产。资本家对于雇工至怠工减时，则决不通融，生产之过剩，则又须设法节制；凡此种种，必因资本主义之经济学说，其理论上或有根本之错误，当于异日另论及之。今兹之欲言者，乃在说明劳资同化主义之实现，必可防止生产过剩之一点。考生产过剩之根本原因，厥惟生产阶级之分裂，资本家与劳动者各树一帜，不能相容；而生产时，则又非两者合一不可。资本无劳力，不能自为生产，劳力无资本，则现代式之生产，亦不可能。两者因生产之必要而联合，然因利害之不同，故其合也难，其离也难；乃成劳资流动之濡滞，劳资伸缩之不灵。若在劳资同化主义之下，劳资同属一人，则组合与分离，均可继续而生产，劳资之流动，必甚活泼。如甲业因生产过多，价格低落，而获利少，则劳资必流向乙业，以图发展。况在现代机器工业之下，技术较为简单，工作之主义部分乃在机器之管理与运用。手续既简，学习又易。譬如习铁工者用之于造船业可，用之于造车业亦可，即用之于制造兵器，亦未始不可。习纺织业者，投其劳资于棉织业获利少，则可为丝织业或毛织业。劳资之流动，既甚活泼，必常流向生利最高之一途。则各种物品之产额，因价格升降之关系，即有一种自然之节制。况劳资之流动，其灵活之程度，诚能如吾人之所期望者，则其效验，断不以此为限。因物价之常保其平衡，则生产能力之进步，即为一般物品产额之增加，于是物与物交换之比价，必可大为减低。凡畴昔之贵族品，惟少数人所得享用者，今则因代价之低廉，而普及其效用。譬如有一造车工人，以其一人之劳力，可于一月之内，造成汽车一辆，车价千元。若用机器之改进，技术之进步，而生产能力增加，能于一月之内，造成汽车二辆，则其每辆之汽车价，当可减少三分之一。于是无力出千元之代价者，亦得以数百元购得一车。若在资本制度之下，则生产能力一倍之增加，即成生产过剩，而资本家之办法，必减去半月之雇工，以维持其千元一辆之价格，此资本主义之所以日趋没路也。若在劳资同化之社会中，生产能力之增加，即社会幸福之增加，劳工技术之进步，即人类享受之进步。物价既无骤变之可能，生产即无过剩之危险，岂非尽善尽美之办法乎？政府诚能提倡新品之发明，则因劳资流动之灵活，工业之猛进乃意中事耳。

（四）社会劳逸之匀化

说者以为资本主义之弊窦，诚如上述之多端，倘能代之以共产，则举凡罢工失业，生产过剩等凌乱局面，均可一击而破之。夫社会主义之理论，吾人已熟闻之；其在今日试验之成绩，亦为世人所共见。以吾人观察之所得，殊不愿以危弱之国力，作孤注之一掷。即单以学说作推论之基础，则共产亦有其自身不可避免之弱点。其弱点惟何？即国人之劳逸不均是也。资本主义之国家，因阶级之对峙，社会劳逸之不均，亦固其所。有资产者，则拥资以享安逸；而困苦之劳动者，则日流其汗血，以维生计。然在当前之共产制度之下，机会均等，宜无此劳逸不均之弊，考其实际，则大不然。盖共产之制，劳动者为国家而生产，其日常之消费，亦取给于国家，生产与消费无直接之关系，不问工人之劳动如何，技术如何，其所取于国家之消费，各有一定之限量，不能较他人略谓增减。但好逸恶劳，人之常情，奸猾之徒，于其工作，往往苟且敷衍，惟少数识大体爱国之士，始能尽其职责。政府为欲提高民众之生产能力，俾致国家于富强之域；乃不得不训之以大义，绳之以法律，其用心之苦，可于苏俄新宪法规定劳动为国民之义务一点，略见一斑。人民诚能明公共的利害关系，而知努力谋生产，必愿尽力工作，何待以劳动之义务规定之于法律，更何必规定之于宪法。世人多谓对于劳动义务之规定一项，为苏俄新宪法之特色，孰知今之共产社会，人民好懒怠工之心理，已因宪法之周详，而自露其破绽。是故欲期社会劳逸之均化，非推行劳资同化主义不为功，盖同化主义之优点，在能使生产与消费发生直接关系。生产者因其自有之资本，用其自身之劳力，一切收入，均归其所有。故努力一分即多得一分之收入，偷闲等于饮鸩，怠工即为自杀，社会无坐食之徒，凡欲生活，必须劳动，尚何劳逸之不均乎。

第八章 结 论

夫吾人所主张之经济救国方略，所谓劳资同化主义之理论与方法，与其必有之佳果，已略尽于此。其他国民生计之方法尚多，譬如政治之清明，生活之安宁，均足以增加国力。惟其性质不属于一贯政策之范围，故不加论及。然其为国家致富之前提，则彰彰甚明。至如币制之改良，投机之取缔，信用之推广，又为应时制宜之治标办法，时贤多有明达之专论，无待作者之喋喋。本论之作，因鉴于我国目前经济之危机，以及新宪法起草，时会之不可失，故敢以一得之愚，见诸国人，以尽读书救国之一分天责。深望海内硕学，予以匡正。兹以其全体政策之荦荦大端，提示于立法诸公之前，倘蒙不弃刍荛，望于新宪法之民生章，以本文为基础，作左列之规定：

（一）民生主义以促成劳资同化为解决国民生计之基础。

（二）国家宜以立法手段，提高劳动者之工资，并奖励节俭，以期劳动者逐渐取得其职业上应有量之资本。

（三）国家宜奖励发明创立心生产事业。凡国立之生产事业，其目的当在养成劳动者之生产技能，同时并养成其足以自立之资本能力，及应有之合作道德。

（四）国家宜另定企业法，以节制纯粹资本家投资之利润。

（五）企业法当规定生产家组合解股之应有的便利。

（六）国家宜提倡生产教育，该项教育当以技术与道德并重。

（七）社会教育宜以养成一般人之事业精神为目的。

以上诸项，不过就管见所及，认为同化主义果有采取之价值，则宪法宜择其重要者为最低限度之规定。或者以为中国将来必入社会主义之一途，目前之待解决者，即如何可在和平秩序之下，觅一过渡之方法。盖一般人因社会主义之宣传有效，将社会主义深深印入脑海，而视为最有希望之主义，此外即无其他救国之方法。所苦者则国家因革命多年，国力受损已甚，颠沛流离之民众，不堪受再度之惊扰耳。夫宪法之性质较为永久，若为过渡之办法，则何待于宪法有所规定。且社会主义之种类繁多，究竟何种社会主义最合我国之国情，学者之意见，未能一致。况吾人之所望者，乃在国民生计之出路。倘有较为可靠之办法，能致国家于富强之域，奚必于社会主义或非社会主义之名目争其得失乎。更以同化主义之性质而论，即称之为适合于中国之一种新的社会主义，当亦不致遭名实不符之讥也。

宪法初稿中的国际趋势和外交权[*]

梁鋆立[**]

　　宪法本来不是什么天经地义、一成不变的东西。我们与其说宪法是转移政治的原动力。毋宁说宪法是某一时代政治活动的结晶。虽然无论哪一种，无论哪一国的宪法，总含有若干理性的成分，构成现代的过法学家所称的自然法，为人类理性所认为必要或有利的，但是纵观历史上最重要的宪法，我们不难结论，每一个是当时的时代精神的产品，每一个代表某一时期政治上中心人物所企望所渴想的政治理论。假历史派的法学家的话是对的，法律是民族精神（Volksgeist）的表现，我们也可以说，宪法是时代精神（Zeitgeist）的表现。一个研究宪法史的人，恐怕不能否认：宪法上条文的涵义，其变迁

　　* 本文原刊于《时事月报》（第 9 卷）1933 年第 3 期。

　　** 梁鋆立（1903～1979 年），浙江新昌人，1926 年毕业于东吴大学法学院（第九届），先后担任武汉国民政府外交部秘书、南京国民政府司法部秘书及上海区高等法院推事。1929 年 5 月，被派任驻华盛顿公使馆秘书，1930 年获得美国乔治·华盛顿大学法学博士学位，旋又获卡内基和平基金会国际法教师研究员奖学金，进入哈佛大学法科作访问学者。其间，曾以中国代表团技术顾问身份出席国际联盟大会和海牙国际法编纂会议。1933 年回国，任国民政府行政院顾问，并兼任东吴大学法学院教授；1936 年，任外交部条约委员会专任委员，从事法律及条约审议工作。抗战开始后，梁先生奉派赴欧，开展抗日宣传工作。1939～1946 年，担任驻英大使馆一等秘书。1945 年，他先是奉派出席了“第二次世界大战伦敦战犯委员会”等国际会议，接着又参加了旧金山联合国制宪会议，是少数几个见证联合国诞生的中国人之一。应联合国秘书长之聘，梁先生从 1946 年起担任联合国秘书处国际法编纂司司长，主持国际法发展和编纂工作，同时负责《联合国国际法委员会年报》编辑出版，直到 1964 年满 60 岁退休为止。荣退时联合国秘书长 U Thant 曾专门致函感谢，称“自联合国国际法委员会创设以来，阁下对该委员会之工作及成果所作之贡献，将长久令人怀念。这些年来阁下之优异表现，的确树立了一个国际公仆所必须具有之高度水准”。1968 年，梁先生回到台湾，1969 年至 1972 年担任外交部顾问兼条约司司长，1970 年被推举为海牙常设仲裁法院仲裁员，并先后在台湾政治大学和东吴大学执教。1971 年，东吴大学成立法律研究所，梁先生受聘担任首任所长，并主编《东吴法律学报》。梁先生学问精深，享誉海外，大量论著刊发于《哈佛法律评论》、《英国国际法年鉴》、《美国国际法季刊》、《法国国际公法季刊》等国际名刊之上。

要比普通法律的来得更迅速，更剧烈。譬如美国宪法上"公安权"和"正当法律程序"Police Power and Due Process of Law 二语，百年来意义的变迁，令人不可捉摸。假使拿民法上最普遍的，"法律行为"（Justice act）一语，考其沿革，可知自罗马法以来，至今意义没有绝大的变更。盖法律虽然是政治行为的规范，同时政治便是法律的形成势力，此尤以在宪法为然。因为宪法与政治的关系最切，但深研英国宪政史的学者，却知道它不过代表当时由君主领地耕种的租户们（Barons）政治上的成功，与平民的权利，毫不相关的。[1]

我们要抛弃了宪法是天经地义的误解，才可衡量此次中华民国草案初稿的内容。我们知道此次宪法的起草，是有其特殊的政治环境。此次宪法的精神，是有其特殊的政治暗示。如果我们丢了一切政治的背景，而抽象的批评宪草条文的良否，便等于鉴赏一幅古画，在书法上或许可以找出和书谱原则相冲突的地方，或注意到技术上特别令人赞赏的处所。但是我们批评宪法，自然不是单纯的当它一件美术品，我们要问它是否足以代表时代的精神，是否适合我们的需要。

在中国目前的政治上，谁也知道外患重于内乱，同时谁也知道狭隘的国家主张，不足使中国跻于世界一等国家的地位。中山先生的民族主义并不违反大战后勃兴的国际主义之立场，却是达到国际主义世界大同的途径。在当今时候，起草宪法，一面应顾及民族繁荣的条件，一面却不应忽略战后国际思想的转变。这种思想的转变，在新兴各国的宪法上，不乏鲜明的例子。学者号为宪法中之国际的趋势，自有相当的根据。[2]我国最近十年来，虽然也有几个宪法草案，但除了吴经熊的草稿外，对于此种趋势，绝未予以注意。吴稿的起草，是在中国国际关系非常紧张的时期，对于此种趋势，自有充分的认识。宪草初稿中，颇不乏受有此种趋势影响的条文。它们诚然被列在民族之维度一章之内，也许在排列上仅有讨论之余地，但我们所要研究的，是

---

〔1〕 此点历经近代英国宪法学者 Mantland，Vinogradoff，Mekechnie 等支出，读者欲知现今学者对于此种传习误会的意见，可参阅 Morris R. Cohen，"The Conservative Lawyers' Legend of Magna Carts"，in *Law and the Social Oeder*，1933，p. 19.

〔2〕 Mukine‑Guetzevitch，*Les Constitutions de P Europe Nouvelle*；Mukine‑Guetzevitch，*Les Nouvelles Tendances de Droct Constitutionnel*，pp. 48～80. 周鲠生宪法中之国际的趋势，社会科学季刊三卷三号六一七页。

这些条文的内容，不是它们外表的标志。

照周鲠生教授的意见，宪法中国际的趋势，在政治上代表平和民主的倾向，而起法律的意义，则是将国际法的原则引进宪法的里面，给以国内法的保障而证示公法的统一。[1]诸新宪法中，表现这种趋势，可有几种方式，而其最重要的，是根据现代和平[2]运动的思想，声明战争手段的废弃，又次是条约权的限制和秘密条约的摒弃。兹就宪草初稿中表现此数种趋势的条文，稍加申述和批评。

（一）战争手段的废弃

欧战以来普及世界的和平运动，其目的不消说是在用和平的方法，去代替国际争议之武力的解决。因国联盟约尚未明文许可或种的战争（第十二条第一节后段）故有巴黎公约的制度。在巴黎公约制定之前，虽有若干国家的宪法，适应厌战的国际趋势，将宣战的手续规定得特别繁重的[3]，但在那时候，或种战争，尚属适法的；迨巴黎公约规定："缔约国兹以各该国人民之名义郑重宣言诉诸战争以解决国际纠纷之非，及在相互关系上利用战争为郭嘉之工具应行抛弃"，在法律上各国自由诉诸战争以解决国际纠纷之权，遂被剥夺。虽则有人怀疑巴黎公约的性质，以为该约加诸各签约国者，不过为道德上的义务，且该约并未规定强制执行的手续，故各国所负担的义务，在法律上缺乏根据。但主要国家的负责言论，均视巴黎公约为正式的条约，在其主治之下，签约国享有相当的权利并负有相当的义务。去年八月美国外交部长史汀生在美国外交协会的言说，就巴黎公约的法律性质，切实声明。[4]最近颁布的西班牙新宪第六条规定："西班牙抛弃利用为国家政策之工具的战争。"学者以为："这项规定不是仅仅限制政府的宣战行为，而且根本的限制国家自身的战争权，尤其是巴黎非战公约的义务。"[5]

我国亦规是国联盟约和巴黎公约的签字国，但该条约签字后四年之内，即受猛烈的打击。诚有如史汀生氏所称："废弃破坏之者，曾见迭出，今犹方

---

〔1〕 周鲠生，同文，同刊，同页。

〔2〕 "和平"原文作"平和"，现据今日通常用法改正。——校勘者注。

〔3〕 捷克宪法第三十三条，澳大利亚宪法第三十八条，希腊宪法第八十三条。

〔4〕 *The pact of pans*：*Three Years of Development*，*Address of Henry L. Stimson before the Counsil on Foreign Relations*，August 8，1932.

〔5〕 周鲠生，"宪法中之国际的趋势"，《社会科学季刊》三卷三号，六二五页。

兴未艾。"[1]而我国乃帝国主义的假面具者，对于抛弃战争的国际趋势，自然抱鄙夷的态度，尤其是深受切肤之痛的中国人，在这种场合，假使我们的宪草上，载有一条含有军国主义色彩的条文，亦属在乎情理之中。宪草初稿第十条规定："中华民族以正义和和平为本，但对于国外之侵略强权，政府应抵御之。"此条文字上诚有斟酌之必要，尤其是但书中的"但"字。惟此条的前半段，充满着摒弃战争的精神，虽则抽象的名词。如"正义"、"和平"，不容易唤起具体的印象。意者起草人痛心疾首于巴黎公约制止现实战争的无能，所以宁愿采用抽象的词句，以代表国际义务的重行申明，如西班牙宪法第六条所规定。但书称："对于国外之侵略强权，政府应抵御之"，自然是特别注重现在中国屡受暴邻侵略的情形，亦是一种政府和人民当头的棒喝。议者以为国家应有自卫权，国际法上早已公认，用不着载明在国内法。但在目前强敌临门的时候，自卫权的申述，亦有振作民气的效力，尤其是我们自卫能力尚未能十分表现的时候。有人说，这种规定，近乎标语或口号，我以为各国宪法中有许多条文，其实就是口号。例如德宪第一一九条所载："婚姻为家庭之始基，为民族之保存及增进。"美国宪法所载法律平等保证之大原则（Equal protection of law）意思非常含混而变动不居，何尝不是一句口号？且以国际法上的义务载入国内法，欧洲新宪中亦不乏其例。如"保证少数民族"之义务，本为欧洲若干国家的条约上的义务，但有些亦将其载入宪法中，例如波兰宪法（109 至 111 条及 115 条），捷克宪法（128 至 134 条），伊斯多尼宪法（21 至 23 条），立陶宛宪法（74 至 75 条）。复次，自卫非但未国家的一种权利，且有国家法学者认为一种义务者。[2]其意若谓欲世界和平之维持，非各国竭力捍卫其国家所有权利不为功，否则帝国主义者，得寸进尺，世界的安全，将全被扰动。宪草初稿将自卫的义务，加诸政府，自系另一种用意，平心而论，殊难加以非议。就另一方面而观，倘使宪法不过是一种政治的文件（Political Document）自卫权的载入，在现在的环境中，倒是值得赞许的。

（二）国际法规则的规定和保障

一般人的见解以为国际法总高于国内法，但是在严格的法律论，却不是

---

〔1〕 *The pact of pans*：*Three Years of Development*，Address of Henry L. Stimson before the Counsil on Foreign Relations，August 8，1932.

〔2〕 参看 Paul Weber，*Dre Verterdigungspfhcht der Ghedetaaten des Velker bundes*，Zurnch，1932；Clyde Eagleton，*The Attempt to Define Aggression*，New York，1930.

如此的简单。例如在英国，倘使国内法对于某种问题，有明白直截的规定时，相反的国际法规则，在法院内即不能适用。在美国只有条约在宪法上被认为与其他法律有同等效力。而国际法所包含者，除条约以外，至少尚有（1）国际惯例经普通行用，而认知为法律者；（2）文明各国所公认之法律普通原则；（3）各种司法判决例及最著名之法学家学说之可作为确定法律上规条时辅助之用者。〔1〕以故未被宪法明白承认的国际法规则，在内国法院中，法官可任意摒弃。国家方面，也许因此对于他国发生国际责任，但在本国司法的体系上，却毫无救济办法。晚近欧洲新宪的任务，是明白承认国际法规则，视为构成德意志联邦法律（第一条四项），亦有类似的规定。诚然遇有国际法和国内法冲突时，孰为优胜之问题，大为学者所聚讼。〔2〕但宪法中既明认国际法为国内法的一部分，寻常法院自难借口"国际法非法律"的陈言腐说，拒绝在法院中国际法规的适用。

特别是在中国，虽然国际法的教学，原始于丁韪良翻译美国国际法学家惠顿（Wheaton）的著作，但一般法律界对于国际法的误会，实在可惊。犹忆前数年伤害临时法院某推事因苏俄国有船舶的管辖问题适用国际法，而当地的律师公会竟呈文司法部请求撤销该项判决，其理由谓国际法乃适用于国家之间的法律，只有外交代表可以援用，初非普通法院所可引为判案之根据者。我国撤销领事裁判权以后，法院适用国际法规则的机会和必要，将日增而月盛。宪草第十四条规定："国际法上公认之规章，凡不背本宪法之精神者，视与中华民国法律有同等之效力。"对于国际的新趋势，似能适用，而对于我国法律界不明国际法的缺憾亦足以相当的注意和纠正。虽"凡不背本宪法之精神者"一语，太属抽象，将来在解释上可生困难，但由他一方面而观，此项限制，亦属必要。盖传统的国际法，尚富强权政治的色彩，助帝国主义者张目的规则，此尤其在国家责任及损害赔偿诸问题中为然。忆及数年前海牙国际法编纂会议集会时，关于国家责任部分，所谓"大国"与所谓"小国"各别的立场，极端相反。代表讨论时有剑拔弩张，目眦皆裂的样子。例如待遇外人是否须优于本国人之问题，大国之代表主张一国须维持所谓"文明国家

---

〔1〕　参加国际裁判常设法庭规约第二十八条。

〔2〕　*Proceedings of the Hague Conference for the Condification of International Law*，1930，Records of the THird Committee. 周鲠生，"国际法和国内法"，《社会科学季刊》三卷一号。

法法治之标准"，否则外国人与本国人受同样待遇，遇有损害时，亦得要求所在地之国家赔偿。而小国之代表则主张所谓"文明国家法治之程度"模棱两可，无客观标准，事端发生，两国必各执一词，强国有军舰、利器为后盾，弱国只有任其欺凌而已。我国代表，站在反帝国主义之立场，对于强国所认为现行国际法的一种规则，自难予以承认。[1] 又如传统的国际法，认定国际条约，在武力胁迫之下而制定者，虽缺乏国内法上的契约的所谓"同意"的要件，亦属有效，关于此点，晚近国际法学家虽表示相反的态度，[2] 但多数的著作者，仍是抱残守缺，情愿做帝国主义者的辩护士。又如传统的国际法关于重复国际人之外交保证问题，认定"国家关于本国人民之兼有他国国籍者，对于该第二国，不得施以外交上的保障"。此一规则，适用华人之在外国者，扞格难通，盖华侨在外国，每每几成所在地人民之大多数，有时竟二倍、三倍、四倍、甚至五倍于土著者，初非单纯的旅居者可比，其实就是旅居外国之中国民族。传统的国际法对于此种特殊情形初无规定，适用旧例，殊有胶柱鼓瑟之嫌。宪草第十六条规定："侨居国外之民族应由国家按其情形保证并扶植之"或系针对此种情形而言。其所以不用"国民"而用"民族"的字面，其意殆即在是。此问题亦曾由海牙国际法编纂会议提出讨论，我国的立场，很是坚决的。[3]

如上种种例子，均属显然与我国立国的政治理论有背，此种国际法规则，不予适用，自属正当，并非我人择其便者采之，而对不便于我者，予以摒弃的。

（三）条约的限制或秘密条约的摒弃

欧战以后，民国监督外交的呼声，高唱入云。其在宪法上最具体的例子，就是缔结条约的权限，受着立法部严密的制裁。"国际条约之要求立法部的同意，从历史的见地说，不但实现民主主义，在国内法上为一进步，而且保持

---

〔1〕 *Proceedings of the Hague conference for the Condification of International Law*，1930，Records of the Third Committee. 编纂国际法会议之经过（民智书局版）六一页。

〔2〕 Remarks of Professor Charles G. Fenwiek，*Proceedings of American Society of International Law*，1932；Also *Fenwick's International Law*，p. 327～330；Reut - Nicolossi，*Zur Problematik der Heihgkert der Vertraege*，Innsbruck，1931.

〔3〕 *Proceedings of the Hague Conference for The Confication of International Law*，1930，Records of the Firsr Committee. 编纂国际会议之经过（民智书局版）十七页及六九页。

国内立法与国际立法工作的连锁，有助于国际法的发达"[1]欧洲新宪如波兰宪法（第四十九条），德国宪法（第四十五条）对于奥大利宪法（第五十条）伊斯多尼宪法（第六十条），对于缔约权的限制，甚为彻底，大抵都须立法部对于行政部缔结的条约，与以同意。此一趋势，较之欧战以前盛行于欧洲大陆，特别是德国、俄国的皇室外交，相去真不可以道里计[2]。原来在俄国皇帝专政之下，皇帝独掌缔约及宣战媾和之权，国会不能过问，德皇在外交的势力，亦足以凌驾下议院而有余。大战以后，各国民众，有鉴于皇室外交足以致成无谓的损失与惨祸，群欲监督政府的外交，对于政府的缔约权，自然尤其注重上述各国的新宪，即在例证。

秘密条约的否认，在战后的新宪中，亦有明白规定者。西班牙宪法第七十六条称："秘密条约及条约的秘密部分，西班牙不负任何义务。"而一九二七年的希腊宪法第八十二条亦规定："无论如何条约上之秘密条款，不能变更条约上之非秘密条款。"

秘密条款的取缔，实有二种意义。第一，秘密条约是违反国民外交最显明的例子。蒲俅士说得好："在一个民主国家，人民应有权决定外交政策的一般目的。过去历史所昭示我们的，是民众决定外交政策，其识见较之皇室政治，寡头政治，或原则，更为尊重。"[3]少数人订立的秘密条约，理论上或实际上的理由，自然不见得比经民众同意的高明多少，且因为秘密之故，匿剑帷灯，暗地里可肆无忌惮。其二，秘密外交的原则，自威尔逊总统（十四原则）中已被诟病。国联盟约第十八条明白规定："嗣后联合会任何会员所订条约或国际契约未经登记以前不生效力。"是则秘密条约的取缔，已由道德的责难而成为法律的禁止。

宪草关于缔约权的限制，可分实质上及形式上二方面而观。在实质上，第十三条规定："中华民国与各友邦缔结条约，应基于国际平等，互尊主权的原则，其有反此原则者，应设法修改或废除之。"此条亦国民政府所揭橥"废除不平等条约"的立场为出发点。注重条约内容或实质方面的条件，自卫适合时势的要求。在缔约的手续上，照宪法初草规定，行政院应议决提出立法

〔1〕 周鲠生，"宪法中之国际的趋势"，《社会科学季刊》三卷三号六二七页。

〔2〕 Mcbain and Rogers, *New Constitutions OF Euroupe*, p. 139.

〔3〕 James Bryce, *Modern Democracies*, Vol. II. , p. 383.

院之缔约案（第八十六条），总统代表国民政府与外国缔结条约或协定，非经立法院之同意，不生效力（第七十七条）。此数项规定，仔细观之，颇有架床叠屋之嫌，尤其是行政院的参加，在本草规定殊欠明了[1]。不宁惟是，初草认定国民大会是各县，市选民选出来的（第四十三条），其性质自然与欧美所谓全体选民（Electorate）有异[2]，且其任期有三年之久，察其性质与职能，颇与平常民治国家的立法部或国会相似，倘与中央政制内的立法院相比较，立法院不过是其一委员会而已。假使我人认立法院为民众监督外交的机关，从全体选民到立法院，中间至少要经过国民大会和行政院二个阶段，对于这样重重叠叠的制度，倘站在全民政治的立场上观察，并且较诸一九一三年瑞士宪法修正案关于复决无期限条约和期限超过十五年的条约之规定[3]，我们不能不承认初草关于缔约权限制的条文不免有些时代落伍了。

关于秘密条约，初草第十二条规定，此项条约"为民主主义所不容应认为无效"。译者有以秘密条约，不一定专指卖国条约，与民族主义不一定有冲突者。我意吴氏之稿，恰以我国的历史事实和政治背景为蓝本，盖在弱小的国家，秘密条约实在是想帝国主义的卖身券，这是稍明弱国外交史的人所不能否认的。

初草尚有一条，表示簇新的国际趋势，而为我人所不能不加以注意者。按第十一条规定，"他国以武力侵占中华民国之土地，不得以媾和或订立和平条约割让之。"这条谁都知道是针对东省事件而草定，在内国政治上，此项条约的载入宪法，自然有充实一般舆论的结果，而在国际法和国内法的关系上，本条实是很[4]新颖并很是值人注意的。因为这条真是所谓史汀生主义的一种结晶，使史氏的"不承认"主义在国内法得到正式的接受（reception）并给与巴黎公约一种国内法的制裁。此诚是一种独运匠心之条文，盖迄今史汀生主义虽已在国际坛坫和世纪舆论上得到热烈的拥护，但以之载入国内法，尚以吴草为首创。在不久的将来，也许有其他热心于国际和平的政府将步我后尘，在其宪法中输入同样的规定，此条在我们看来，一方面尚具民族主义

---

〔1〕 "明了"原文作"明瞭"，现据今日通常用法改正。——校勘者注。

〔2〕 李迪俊，"宪法初稿中之中央政制"，《时事月报》九卷二期八十五页。

〔3〕 Mcbain and Rogers, *New Constitutions of Europe*, p. 132.

Also, Edouard Georg, *Le Controle du People sur la Politique exterieure*, (Geneve) 1916.

〔4〕 "很"原文作"狠"，现据今日通常用法改正，下同。——校勘者注。

的色彩，可是假使他国将其载入国内法，它便成为一个很重要的国际趋势了。

关于此条，有一个附带问题，议者以为本条和总则第六条"中华民国之领土非经国民大会议决不得变更"相冲突者，我以为不然，盖领土之变更，在公法上意义甚广，不仅限于割让土地而言。土地的例如加添和取得（the aequisition of territory）亦是领土变更的一种方式。在美国的宪政史和外交史上这是一极重要的问题。我们细究美国怎样将 Texas、Louisiana、Porp rico, Hawaiian Islands, Philipplnes 等邻域收入版图之内，就可发现这一手续，实足引起许多宪法上的困难问题。[1]我国虽然最近不希望加添什么领土，但法律上关于"领土变更"的解释，不能够不包括"加添"一项。

第十一条所禁止的乃是对于被武力侵略的土地的割让，假使没有武力的压迫，譬如我国觉得某处地方，对于国家的繁荣，无所补益，反而需要中央供给其财富，在此种场合，如将它卖去或和他国交换别的土地。自然不在此条禁止范围之内。国际历史上此种土地之买卖，殊不乏先例。如一九一六年丹麦政府以相当之代价，将靠近美国东南部的 Vigin Islands 让与美国。

至于被武力侵占的中国土地，我以为就是经过国民大会的通过，政府也无权以媾和或订立和平条约割让之。因为任何在这样条件下的割让，虽亦为领域变更的一种，但已被宪法明文所禁止。国民大会本身亦是宪法的产品，其权利自然不能高过宪法。除非国民大会依本宪法的决定，将十一条除去或修改，我认为国民大会无权违反第十一条而议决领土的变更，至于吴草规定修改宪法的手续是否安当，以不在本文讨论范围之内，姑不赘说。

就以上讨论个条款而观，吴草实足以代表时代的精神，虽则在缔约权——宣战权，媾和权，亦同一例的限制，所有手续的规定，与民众监督外交的原则，相去尚远。在目前我国外交政策十分分歧的时候，宪法上涉外事宜的规定，实有待于吾人绵密的注意。吴稿取材颇为丰富，大可供我们的抉择。犹忆拉斯基教授在日内瓦演讲时，曾对我说："像中国这般的国家，宪法上民众无监督外交的权能和机会，不得已而出为示威，奔走的行动，此种行动，实在是慰情聊胜的事情"，我听了十分感动。我虽然在相当限度内表同情于拉式的意见，一方面仍切望负责的当局，能在最短期间以内，使民众享有法律内监督外交的权能或机会，去代替他们凭有感情而采取的法律外的行动。

---

[1]　John, M. Mathews, *American Foreign Relations*, p. 224.

宪法教育章的比较研究[*]

孙晓楼^{**}

现在研究宪法的人们，类多集中视线于代议制问题，人民权利义务问题，中央地方的分权问题，以及内阁总统的政制问题等的研究；至于教育问题呢！或者[1]认为不甚重要或无关注之价值，或者认为虽甚重要，然不必行之于宪法条文。诚然，教育的形之于宪法，不能说是有悠久的历史，就各国宪法的历史来看，则教育条文的规定在第一次欧战以前，只有一八七一年的哥斯达黎加[2]（Costa Rica）宪法，一八七四年的瑞士宪法，一九一一年的布加利亚宪法，而此三国宪法中，又以哥斯达黎加的宪法风气之先，将教育独立成篇，其规定如下[3]：

第52条：本国人或外国人得自由在私立学校内教授或求学。至一八七四年的瑞士国宪法，虽于教育未设专章，然与其第一章总则中亦作下列的规定：

第27条：联邦出现有公属学校外，得另设联邦大学及其他高等学校加以

---

　　* 本文原刊于《法学杂志（上海1931）》1941年第3期。

　　** 孙晓楼（1902~1958年），江苏无锡人。法学家、法学教育家。1927年毕业于东吴大学法学院，后赴美国西北大学法学院法科研究所深造，并于1929年毕业，获法学博士学位。回国后，先后担任东吴大学文学院教授（1929~1931年），上海地方法院推事（1931~1933年），东吴大学法学院教授兼副教务长（1933~1939年），民国政府行政院参事（1940~1941年），朝阳学院院长（1941~1945年），联合国善后救济总署闽浙分署署长（1945~1947年）等职。1947年重返东吴大学法律学院任教。新中国成立后，于1953年被分配到复旦大学图书馆工作，后担任法律系教授。1958年病逝于上海，享年56岁。主要著作有：《法律教育》（1935年）、《劳动法学》（1935年）、《领事裁判权问题》（上、下，1936年）、《苏俄刑事诉讼法》（译作，1937~1939年）等。在民国时期法学理论、劳动法学、比较法学以及法律教育研究上，孙晓楼都具有重要影响。

〔1〕 "或者"原文作"或则"，据今日通常用法改正，下同。——校勘者注。
〔2〕 "哥斯达黎加"原文作"可斯泰里加"，现据今日通常译法改正，下同。——校勘者注。
〔3〕 "如下"原文作"如左"，现据今日书写顺序改正。——校勘者注。

辅助。各州应负初等交易设立完备的责任，并受民事机关之管理，初等加以应为强迫入学，公立学校不得收费。各种教徒均得就读于公立学校，其思想及其信仰的自由不受干涉。联邦对未尽上述义务的各州，得执行必要的处分。

　　法国一七九一年宪法，虽亦规定"学校中应有纪念法国革命及培养国民互相友爱的精神……"此不可谓非与教育有关系的条文，唯此宪法昙花一现，到 1792 年的八月便寿终正寝了。其他各国的宪法在欧战前可以说很少是有关于教育的条文的规定的。至于以教育而独立成一篇一章的，更是凤毛麟角，不易多见了。及至第一次欧战结束后，各国宪法于教育条文的规定，似形成一大变转；有的将教育规定于人民权利与义务之章，有的将教育规定于社会救济之章，有的将教育独立成章，使形成更重要的地位。我现在分别的列举如下：

　　（一）规定之于总则章者：

1874 年瑞士联邦宪法第 27 条；

　　（二）规定之于人民权利章者：

1886 年哥伦比亚共和国宪法第 41 条；

1886 年萨尔瓦多〔1〕（Salvador）共和国宪法第 32 条，第 33 条；

1893 年比国宪法第 17 条；

1906 年波斯宪法第 18 条，第 19 条；

1919 年卢森堡宪法第 23 条；

1920 年爱沙尼亚（Esthonia）宪法第 12 条；

1920 年丹麦宪法第 83 条；

1924 年土耳其宪法第 80 条，第 87 条；

1924 年多米尼加〔2〕（Dominica）共和国宪法第 6 条第 4 款；

1925 年智利宪法第 10 条第 7 款；

1927 年希腊宪法第 23 条；

1928 年古巴共和国宪法第 31 条。

1928 年亚尔巴尼亚皇国宪法第六篇国民权利第 206 条，第 207 条；

---

〔1〕 "萨尔瓦多"原文作"萨尔发多"，现据今日通常译法改正。——校勘者注。

〔2〕 "多米尼加"原文作"多米尼亚"，现据今日通常译法改正。——校勘者注。

1931 年墨西哥联邦宪法第 3 条；

1932 年海地共和国宪法第二章第 19 条；

（三）规定之于人民权利义务章者：

1920 年捷克宪法第 119 条，第 120 条；

1921 年巨哥斯拉夫宪法第 16 条；

1926 年波兰共和国宪法第 117 条至 120 条；

1930 年埃及宪法第 17 条至第 19 条；

（四）规定之于宪法保障章者：

1927 年瓜地马拉共和国宪法第 18 条；

（五）与家庭经济合并成章者：

1931 年西班牙宪法第 48 条，第 49 条；

（六）规定之于国家之职务者：

1921 年利支敦士登王国宪法第 15 条至第 17 条；

（七）与救济事业合并成章者：

1922 年荷兰宪法第 195 条。

（八）设定教育专篇专章专节者：

1971 年可斯泰里加宪法第五篇；

1911 年布加利亚宪法第十二章第七节；

1919 年德国联邦宪法第二编第四章；

1919 年芬兰宪法第八章；

1928 年立陶宛宪法第九章；

1930 年但泽利伯维尔宪法第二章第四节；

1933 年葡萄牙宪法第九章；

1933 年秘鲁宪法第三章。

从上面几国的宪法来看，可以说二十世纪的新宪法，确很有从没有教育规定到有教育规定，从不设教育专章到设教育专章的途径上向前迈进。我们虽不能说宪法教育章为第一次欧战的新产品，不过从战后各国新宪法的大势来看，确不能不承认教育在宪法学上的地位一天天的重要了。其缘故所在，可列举两点来说明：

（一）德宪的革新。教育之设有专章，于第一次欧战之前，虽是哥斯达黎加共和国的宪法，是有这样规定的；不过哥斯达黎加宪法，于教育一篇，只有关于强迫教育或本国人外国人教授与求学自由的两条规定，可以说太简单，太没有精彩了。且这小国的宪法，原不能引起人们的注意，所以于宪法上不能说有多大的影响。到第一次大战后，德国宪法于劳动的保护，经济自由的限制，男女基本权利义务的平等，共同生活的发展，和司法独立的保障及取消出身阶级特权的保障等，都有特殊的贡献，尤以教育设立专章，更引起了世界人民的注意，而为许多国家所效仿了。

（二）教育的注重。德国自第一次欧战失败后，他们承认在艰苦困难之中，要复兴德国，只有努力于教育建设；要这精神建设使命的完成，初教育外没有第二条途径；所以从德国战后宪法的教育章来看，他们于艺术教育的提倡，民族精神的灌输，国民教育的普遍，贫苦儿童教育的辅助，和高等教育的统制等，都尽其所有，竭其所能，用百分之一百的力量来提倡鼓励；这样便树立了德国民族复兴的基本，而这新宪的特点，便无形中成为许多国家的楷模了。

讲到我们中国的宪法，关于教育规定的经过情形，我也不妨在此约略的提及。我们立宪运动，严格地说，是从日俄战争以后，光绪二十四年，清廷公布宪法大纲时，才正式开始制宪，不过民国元年三月十五日公布的中华民国临时约法，民国二年三月王氏所拟的中华民国宪法草案，民国二年进步党所拟的中华民国宪法草案，民国三年五月一日公布的中华民国约法都没有关于教育条文的规定。

兹将我国宪法设有专条专章者一一分述如下：

（一）规定之于"国民"章者：

1913 年即民国二年之中华民国宪法草案，即天坛宪法第 19 条；

1923 年即民国十二年中华民国宪法第 21 条；

（二）与国民生计合并规定者：

1922 年即民国十一年中华民国宪法草案第 10 条；

（三）设定教育专章者：

1925 年即民国十四年修正中华民国宪法案第 13 条；

1930 年即民国十九年中华民国约法私草第八章；

1930 年即民国十九年中华民国约法草案第六章；

1931 年即民国二十年中华民国训政时期约法第五章；

1936 年即民国二十五年中华民国宪法草案（即五五宪法）第七章；

自民国成立迄今二十五年宪法已经数度变迁，若就教育规定之变迁以言，则可分为三个时期；自民国十二年至现在，可以说是教育设专章时期。其由第一时期至第二时期，由第二时期至第三时期，宪法上的教育条文，日见其由少而多，由简而繁，其理由亦可以作下列数点的推测：

一、人民的推动

我们的宪法一向是不注意到教育这个问题，其所以于几年之中设置专条，再由专条而设置专章者，其主要的原因，还多赖于人民的推动。记得民国七年，国会被袁世凯黎元洪解散，在召集开宪法会议的时候，许多教育界人士，都认为教育是国家的命脉，应速制定宪章，遂拟就草案向宪法委员会请愿，结果宪法委员会便采纳了他们的意见；同时参照各方面人民团体贡献的意见，制定了今日之所谓教育专章，这可以说我国教育专章的制定是由人民推动的结果。

二、迎合世界的潮流

自欧战结束以后，宪法的趋势可以说一天天趋重到社会民众的福利，逐渐放弃他们个人主义自由政策，而推进到社会主义的干涉政策。于是在教育方面，更应当放弃他们贵族教育阶级教育的形态，而逐渐进展到普及教育平等教育之途径。德，芬，葡，荷，西诸国的宪法既提倡于前，我们为适应世界的潮流计，自应于宪法上设置这样的专章。

三、适应社会需要

我们都知道中国是个文化最落后的国家，百分之八十的文盲，久已占了世界各国的首位；其他如高等专门人才的缺少，教育经费的支出，教师的没有保障等等，确是一般教育界所最忧虑的事；宪法上设此专政，虽是由于许多教育界的推动，和迎合世界的潮流，也可以说是为适应社会的需要起见，所不可不有的办法。

根据上述三点理由，我们中华民国宪法的设立教育专章，似乎从此可以确立了！然而最近有许多法学者竟大唱其废止宪法教育专章论，他们主张废止的理由，是认为教育这个问题，不用形之于宪法条文，因为关于教育之目的和政策等，可制定教育法令推行之。苟需教育形之于宪法，则规定之于人民权利义务之章，已充分足够表现其精神，殊不必另设专章。我认为他们于教育基本的精神，我国社会的情况，和世界的潮流，似次明了；于教育的重要性亦太漠视，尚认为既有特别法令，而可以对教育不于宪法中另设专条或专章，那么所有关于人民权利义务之规定，国民大会之规定中央政府及地方制度之规定，国民经济之规定，亦何一而不可以特别法令规定之，是否有当，实有商榷之余地。

民国二十六年五月五日国民政府宣布之中华民国宪法草案的序言说："中华民国国民大会，受全国国民付托，遵照创立中华民国之孙先生之遗教，制兹宪法，颁行全国，永矢咸遵"。又第一条更开宗彰明的规定："中华国民为三民主义共和国。"所以我们宪法是三民主义宪法，是依据总统遗教的宪法，这种基本精神，已是不动摇的确定了。

中山先生在民生主义的四大纲讲演中说："民生主义有四大纲，如讲演问题，吾国虽自号文物之邦，男子讲演不及十分之六，女子讲演不及十分之三，其中有志无力者颇不乏人，其故何在，在国家教育不能普及。"又在国民党政纲对内政策第十三条亦明定："厉行教育以全力发展儿童本位之教育，整理学制系统，增高教育经费并保障其独立。"总裁亦说："救国之根本在教育"，"国家民族之强弱优劣，不在军队之良窳，而在文化教育的高低"，此可见教育立国的重要性。所以我们不欲制定三明主义宪法则已，要制定三民主义的宪法，那么教育在宪法上的地位，是不能不注重而提高的。兹就各国宪法关于教育法条之有特别规定者，提出数点作一比较的研究。

一、教育的宗旨

教育为百年大计，当然不可没有一定的宗旨，以为实施的方针；不然，无的放矢，走入歧途，反而发生极大的危险。像德国魏玛宪法第一八四条规定："各学校当以德国国民性及国际协调为精神，使学生之道德修养，公民之思想，人格及专门才能可以完全成就。"这德国国民性及国际协调的精神，便是德国的教育宗旨。再如苏联宪法第十四规定："最高权力机关及国家行政机关之职权，在制定教育及健康保卫的基本原则，使养成社会主义的战斗员及建设家。"关于我国教育宗旨于民国十八年四月二十六日国民政府会通令公布谓："中华民国之教育宗旨，根据三民主义以充实人民生活，扶植社会生存，发展国民生计，延续民族生命为目的，务期民族独立，民权普遍，民生发展，以促进世界大同。"这个教育宗旨的通令。实在适应三民主义的基本原则，以应付当前国际所遭受之困难。二十五年五月五日宣布的宪法草案第七章第一百三十一条中，亦规定"中华民国之教育，在发扬民主精神，培养民族道德，训练自治能力，增进生活智能，以造成健康全国民"。宪法上于教育宗旨有这样的规定，当然不能是不好；不过和德国魏玛宪法，及和十八年国府通令相比照，似犹迹近空乏。想中华国民党既以三民主义建立中华民国而宪法草案第一条称中华民国为三民主义共和国，则教育的目的当然在造就能实行三民主义的健康国民。国民参政会第五次大会开会，参政员黄建中等二十二人亦提议修改第一百三十一条之宪法草案，将该条改为"中华民国之教育宗旨，在培养实行三民主义之健全国民"，以与三民主义的宪法精神相吻合，余固深表同情，唯宪法之宗旨规定不必过于繁杂与列举，繁杂与列举，反不若简单与概括较能适合时代需要而富弹性，固余主张五五宪草第七章第一三一条，应修改为"中华民国之教育，以培育人民，使成为能实行三民主义之健全国民"为已足，至于用何种方法表达此目的，此乃教育的方法问题，似不必于此作周密的规定。

二、教育的政策

一国的教育有宗旨必有其政策，没有一定的政策，不能达到一定的目的；现在各国的教育政策，不出乎三种途径，兹分别说明如下：

（1）绝对放任主义。绝对放任政策，是国家不干涉政策，所有关于学校的设立，完全听诸私法人像家庭文化及职业团体等自由处理，绝对不加以干涉；中世纪的欧洲教育权，完全让教会去自由决定，我国清末变法以前的政府，对于初等教育亦抱这种态度。

（2）国家专办主义。在这个主义之下，所有关于全国教育事业之举办，应完全有国家支配，私人团体或个人都不能自由处理；惟亦有绝对不许私人或私人团体设立学校者，亦有虽许私人或私人团体设立学校，然必须受制于国家所定的规程与办法；关于前者像西班牙的宪法第四十八条规定"教育事务为国家之特有职权"，后者如德国宪法第一百四十三条规定："青年教育由公共机关任之，其设备有联邦各邦及各自治区协力设置之"，而同时复于第一四七条规定"私立学校于法律许可的范围内准其设立"，欧洲大部分的国家是采取这种政策的。

（3）相对的自由主义。在这种主义之下，国家的教育事业，固得由国家设置，同时亦允许私人创办；政府于私立学校之举办，亦不强制其遵从公立学校之办法，如希腊宪法第二十三条规定"私人及私法人均得遵照宪法及法律创设私立学校"，埃及宪法第十七条规定"于不违背公共秩序及善良风俗时，人民有教育自由"，此项条文之用意，殆在奖励私人兴办学校，以济公家力量之不及。

我国于教育事业向无一贯的政策，在国都南迁以前的宪法，私人所举办的学校皆享有极大的自由，自奠都南京以后，教育当局便倾向于教育的统制，对于公立学校固以严加监督，对于私立学校始则采取立案的统制，继则施以成绩的考核。如中华民国宪法草案规定："全国公私立之教育机关，一律受国家之监督，并负推行国家所定教育政策之义务"（五五宪草第一三三条），又规定："国家对于国内私人经营之教育事业成绩优良者予以奖励和辅助"（五五宪法第一三八条），更可见得我国目前之教育政策是偏于专办主义的。当然放任主义有放任主义的好处，国家专办主义的也有国家专办主义的好处，在放任主义政策下的教育，人民思想自由，各个的天才，比较的是容易发展，且许学校私立，可以辅助国力之不足；不过其缺点是在思想复杂，往往越出常规趋入歧途。在专办主义政策下的教育，人民思想统一，可以与国家政治体系相吻合；不过思想呆板，不宜使英才有充分发展的机会，可以说是各有利弊。就我个人的见解，在文化落后的国家，宜采用国家专办的教育政策；在文化进步的国家，宜于采用放任的教育政策；在危机时期的国家，是宜采用国家专办的教育政策；在平安时期的国家，是宜采用放任的教育政策。我国是文化落后，也正当着十分严重的国难的时候，宪法上作偏于国家专办主义的规定，我认为是十分适当的。

三、教育的保障

我们都知道做教育事业的人们，其使命和责任的重大，实比国家公务人员有过无不及；而各国对于公务人员的任用和保障，可以说没有一国不制定法规以保障其职务与任期，然而对于教员职务和任期的保障确很少有规定的。

最近各国的新宪法中，于这个教育任用保障问题，已逐渐的加以注意，例如德国宪法第一四三条规定："公立学校的教员具有公务员的权利义务"，在但泽利伯维尔宪法第九五条规定："公立学校的男女教员为国家直辖的官吏"。西班牙宪法第四八条第二项规定"官吏学校的教员教授为公务员"，其他各国与宪法中虽无规定，惟于单行法规中设有专条者亦不少。我国的群众心理，向于公务员之地位看得比教员地位为重，于是，一般学者每不能安定于其位，不能以教师为终身事业，弃教职而入仕者，时有所闻，此于教育的立场上，实在是一个重大损失。其最大的原因，一是由于教员待遇太低，二是由于教员没有保障，民国二十年五月之训政时期约法第一九一条曾规定："担任基本教育之教员应予以保障并从优待遇"，又第一九四条规定："凡检定合格之教员，应予奖励及保护"。其保障虽不及欧美各国视教员为公务员者之为周密，然亦差强人意，今五五宪草于此未有规定，似不能不引为遗憾。

四、教育的经费

教育经费是维持教育事业之生命线，教育经费不充足，不独立，教育事业决难发展；各国宪法于教育经费虽没有明文规定，但于全国支出预算总额上，都必维持相当的比率，不会发生挪用积欠等情形。即或有几国的宪法有教育经费的规定，亦不过要维持某一部分的教育经费，使其特别充足罢了。例如秘鲁宪法第八十三条规定："反税收经指定为维持与普及教育费者，其最低数额及每年应增加的比率，均由法律定之。"荷兰宪法第一九五条第五项至第七项规定："教育经费由国库负担全部或一部者，其教育以法律定之，但关于私立学校应注意管理自由权，关于普通教育的私立学校由国库负担全部或一部经费者，其教育程度须规定于公立学校的程度相等。关于教育方法的选择，及小学教员的任用，应特别尊重私立学校的自由权。普通教育的私立学校适合法律的条件者，其经费应与公立学校由国库均等负担之，普通教育的私立学校及高中教育，取得国库辅助之条件，以法律规定之。"我国教育经费，因过去常受政治的影响，而时被挪用，故中山先生与国民党党纲对内部政策中，会明白规定"提高教育经费，并保障其独立"。五五宪草第一三七条亦特别规定："教育经费的最低限度在中央为其预算总额百分之十五，在各省区及县市为期预算总额百分之三十，其依法独立之基金，并予以保障"。其所以如此规定者，一在遵从中山先生之遗教，一在保障教育经费的独立，这是我们宪法的特点，也是为适应目前环境而产生的。

五、义务教育

教育机会的均等，在我国宪法上特以明文规定之（训政时期约法第一八六条五五宪草一三二条）。不过要教育机会的均等，最重要的还要看义务教育的推行是否顺利，是否普及以为断：因为要教育平等，先要求事实上经济地位的平等，在此不能平等的经济状况中，要教育普及，教育机会均等，首要的还在多设公立学校，不收学费，并不设限制，方可以渐趋普遍而日臻于平等。各国宪法关于这一点的规定，可以说是最为引起研究教育者的重视的。有很多国家于义务教育多设定其年限及免费之范围，像德国宪法设定义务教育之范围为二：（一）年限至少八学年；（二）完成学校以满足十八岁为度。国民小学及完成学校的授课暨教育用品完全免费（德宪第一四五条）；罗马尼亚宪法规定在全国公立学校内，初等教育纯属义务性质，并未规定年限（见罗宪法第二十四条）；芬兰共和国规定初等教育一律免费（见芬兰宪法第八十条）；立陶宛宪法规定初等教育为义务性质，不得收费（见立宪法第八三条）；西班牙宪法规定初等教育未强迫义务教育性质（西宪法第四八条）；瑞士宪法规定初等教育应为强迫入学，公立学校不得收费（瑞宪法第二七条）；哥斯达黎加宪法规定儿童的初等教育应为强迫与义务，其经费由政府负担之（哥宪法第五二条）；其他如萨尔发多共和国宪法第三三条，布加利亚宪法第七八条，亚尔巴尼亚皇国宪法第二〇六条，秘鲁宪法第七二条，墨西哥宪法第三条，卢森堡宪法第二三二条，均属于义务教育的设置，以初等教育未范围。此外于义务教育的推广至中学者，则但泽自由市宪法规定小学及中学之教育及教学用品，一律免费（见宪草一〇三条）；于义务教育作概括规定者，如波兰宪法规定国立或地方公立学校一律免费（波宪法第一一九条）；又丹麦宪法规定父母无力教育之儿童应在公立学校受免费教育（丹宪法第八十三条）；巨哥斯拉夫宪法复规定国立学校不收注册费或学费，以及其他费用，（巨宪法第十六条）；海地共和国宪法规定各级教育概属义务（海宪第十九条）。我国训政时期约法第五十条规定已达学龄之儿童，应一律受义务教育，其详以法律定之；又第五十一条规定未受教育之人民，应一律受成年补习教育，其详以法律定之；又五五宪草第一三四条，规定六岁至十二岁之学龄儿童，一律受基本教育免纳学费。是五五宪草与义务教育的规定，不以学校为单位，此于多数国家的宪法不同之处。惟我国一般人民的知识程度极低，入学年龄很迟，加以国民教育尚未普及，补习教育未能偏设之时，我认为还是以国民小学为义务教育之范围；同时这基本教育的学费不过为费用的一部分，就我国一般的国民生计言之，则基本教育除应免去其学费外，并应免去其他一切费用，最好能供给教育用品以示鼓励。且所谓补习教育，是补基本教育的不足之谓，今若以国民小学为人民基本教育，似可不必再有补习学校之设置；尚为顾全成人的国民教育起见，可将国民学校附设特别班或夜学校等救济之，似不必于宪法上再做明文的规定。又关于义务教育原有两种解释：一是说人民对国家有受教育之义务，凡是人民都不可以不受某种程度的教育，这是强迫教育的别名了，像德国的宪法第一四五条规定说"受国民小学教育为国民普通义务"；一是说国家对于人民有教育之义务，既是有教育人民的义务，所以不能不顾到没有资力受教育的人民，而设置免费的办法，这也是叫做义务教育，所以从义务教育之解释来研究，可以将下列的图表表现出来：

义务教育　甲、有人民对国家义务的意义——强迫教育。
　　　　　乙、有国家对人民义务教育的意义——免费教育。

在我们中国的所谓义务教育，即是甲式的义务教育，是指不收学费的教育而言。在欧美各国所谓的义务教育，是指乙式的义务教育，即指强迫教育而言。强迫教育虽不一定是免费教育，然而没有达到某一种程度的完全免费教育，便不能实施强迫教育。各国宪法关于强迫教育的规定也很多，不过固定有因强迫教育而规定其应行免费的，也有不因强迫教育而规定其应行免费的；就各国宪法之大体来看，凡是实施强迫教育的国家，大致都有免费教育的规定，像德意志宪法第一四五条，西班牙宪法第四八条，波兰宪法第一一八条，瑞士联邦宪法第二七条，罗马尼亚宪法第二四条，秘鲁宪法第七二条，巨哥斯拉夫宪法第十六条，爱沙尼亚宪法第一二条，海地共和国宪法第十九条；皆一方规定其为强迫教育，一方又规定其免费办法。此外，复有数国的宪法，之规定其强迫教育而不设免费规定的：像葡萄牙宪法第四二条，希腊宪法第二三条，智利宪法第一〇条，瓜地马拉共和国宪法第一八条等是。我中华民国约法第五十条，规定已达学龄之儿童应一律受义务教育，又第五十一条规定未受义务教育之人民，应一律受成年补习教育，是亦为甲式的义务教育。五五宪草第一三四条，则改为六岁至十二岁之学龄儿童，一律受基本教育免纳学费；又第一三五条规定已达学龄未受基本教育之人民，一律受补习教育，免纳学费，将训政时期约法中之"应"字删去。是盖为适应事实上之困难，期由局部的免费教育，而逐渐发展到普遍的免费教育，再进而至于达到强迫教育的程度，盖就我国文化之水准与文盲比例而言，非实施强迫教育恐不能完全铲除文盲罢！

六、制定教育章中所应行主义的几个原则

关于宪法教育章的制定，从各国立法的趋势来讲，可以说是非常重要，而不能没有的；不过与宪法设定教育章中，有几点原则是应当特别的主义，这几点原则，也可以说是宪法一般的原则，我现在提出来，和读者讨论讨论：

（一）应作弹性的规定

宪法是一国的大典，既是一国大典，那么无论是关于哪一点的宪法，都应作弹性的固定。因为宪法之修改，不比普通法律的修改，手续是非常郑重，也是非常麻烦；所以我们应使宪法适应社会的需要，制立宪法，不应过分的繁杂周详；越〔1〕繁杂周详，便越见其硬性，越硬性便越不能适应社会事实，这是我们制定教育章所应注意的。照我个人的见解，在教育章中最应注意者：一规定教育的宗旨，二规定教育的政策，三规定维持教育的经费，四规定教育的保障，五规定事实强迫教育的范围，至于其他关于教育的奖励学课的设置，学术的提倡，古物的保护等等，都可于教育法令中规定之。

（二）适应过去的历史

一国有一国的国情，也有一国的民族特性；一国民族性能否发扬光大，全看教育事业能否适应国情和历史。所以我们于制定教育章时，应注意到我中华民国数千年来礼义廉耻的民族道德和立国精神；尤其是对于中山先生所揭橥的遗教，既是我国民族精神的中心思想，又是我国宪法的基本精神；脱离了三民主义，我们宪法的基础精神便根本动摇，而我们的教育章也根本失去了它的意义。所以总裁在国民参政会第四次大会中也曾说："希望各位同人以身作则，领导国民，发扬我们固有的民族精神，这样我们就必能获得宪政的实效。"

---

〔1〕 "越"原文作"逾"，现据今日通常用法改正，下同。——校勘者注。

（三）顾到大众将来的福利

宪法为立国大典，教育为百年大计，我们于宪法上教育章的制定，决不可只顾少数的利益而不顾大众的利益，只顾目前的利益而不顾将来的利益；譬如关于义务的推行，教育学术思想的统制，私立学校的保障等等，实为应付目前环境所不可不有的办法，亦为谋大众之福利所不可不有的规定。

（四）注意社会的实情

宪法应注意到社会的实际情形，假使不注意社会的实际情形，而专事模仿外国宪法，侧重虚泛理论，其结果必致宪法是宪法，社会是社会，有宪法而不能实行。总裁在第五次参政会议中说："我们不仅应注意到制宪，还要特别注意行宪，我们不求条文的华美，而在求宪法的可行，要行之有利于战事，要有利于国家的久远大计"，这可以说是我们制宪的南针。看到我们现实的社会情状，一般人民的知识程度太远离水准了，生活情形太苦痛了，生产能力太低落了。民族前途太危险了，我们应当如何积极努力提高生产，铲除文盲，改善经济，注重健康，以解决中国的贫愚弱三大问题，宪法教育章要为完成这种使命起见，当然更应注意到这样的社会事实。

就上述几点来看，我们可以知道要制定一完善的宪法，不可不将教育设立专章，而设立教育专章：一、应作弹性的规定；二、顾到大众将来的福利；三、适应过去的历史；四、注意社会的事实。有的人说制定宪法不可以不注意到世界的大势，所以应当多吸收外国的学理，这点我也并不反对；不过我们要制定完善的宪法，决不可以只求适应世界的潮流而忘了自己的精神和特质，以致窒凝难行。我们宁可忘了世界的大势，而维护自己本有的精神和特质。总裁于国民参政会第五次会议中说："制宪一事是要完全替国家百年利害来打算，要借鉴与过去苦痛的教训和经验，为建立施行宪法打定良好基础，真正为国民早造福利；所以我们不但要注意过去的历史和国情，注意现在的事实或环境，更要顾到颁行宪法以后的将来……我们既然要造成中国为三民主义共和国，宪法的条文中间，就不能有违反五权宪法的条款；如果认为有一时不能做到而应逐渐充实和逐渐改进的，当然暂时变通的权宜，但切不可以规定于宪法以内，我认为我们的宪法要有弹性，要求其条件可实行。"谨特重申其说，以供研究宪法学者的注意。

宪法中人民之权利及义务 *

吴经熊

这是我在去年十一月间在上海青年会演讲的稿子，经过一番修正，和所讲的稍有详略之分，但是大致并没有出入，民国二十三年十二月二十五日于上海。

主席、诸君：

前星期孙院长在这里演讲宪法中几个根本问题，已经把全部宪法中的精神和盘托出，想起来诸君对于他所讨论的种种问题，一定是胸有成竹的了。

今天兄弟所担任的议题是《宪法中人民之权利及义务》。对于这个问题，孙院长也会提纲挈领地讨论的，今天兄弟所讲的是限于一个题目，所以可以将它比较详细地发挥一下。

讲演的次序是：

一、权利义务之来源及其作用；

二、自由的法律；

三、平等和财产。

现在请依照这个次序逐项地讲去。

一、权利义务之来源及其作用

先讲权利。自从前清末年，欧化东渐以来，权利两个字，差不多成为[1]了一个口头禅，简直是没有一天不听见的。但是，到底权利是什么东西呢？

---

* 本文原刊于《法令周刊》1935 年总第 235 期。原文未采用现代标点符号，文中标点为编者所加。

〔1〕 "成为"原文作"成功"，疑为笔误。——校勘者注。

它的来源，它的作用，到底在什么地方呢？这些问题非但一般人没有仔细想过，就是在法学家在平常的时候也很少注意到的。因为权利好像空气一样，我们每日生存在空气之中，一呼一吸，莫非空气，但是，我们日常做人很少想到空气的好处。只有到空气不足的时候，我们才会想要尝尝新鲜空气的滋味的。权利也是这样的。我们日常在社会中生活，一举一动，一饮一啄，莫非是权利的作用。只因它的作用太普遍的，我们倒不会觉得它的嘉惠。别的不讲，但就今天我们齐聚一堂，研究宪法问题，这其间就有许多权利斡旋着。譬如说：我们如果没有行动自由〔1〕，试问我们何以能够大家到这里青年会来呢？没有行动自由，你就要落个寸步难移了。在家里，你的夫人太太就要阻碍你出门，即使她不阻挡，你才出了门，就给警察捉了去。总而言之，你不能到此地来的。到了此地了，要是没有集会的自由，那么〔2〕我们依然不能聚在一起的。既经聚在一起了，要是没有言论的自由，那么我一开口就犯了罪，还敢长篇累牍地讲下去么？

这样地简单的一个现象，都必须劳烦许多权利去玉成它的，其他的现象也可以触类旁通的了。

权利既是那样的要紧，我们有时候也得想想它的来源。关于权利来源的问题，目从美法两国革命以来，法学家和政论家时常讨论到的，他们的答案是很不一致的。现在限于时间，当然不能作他们详细的学案，只能指出两种不同的说法。

有一说是主张权利是自然赋予的。这叫做"天赋人权"说。主张这一说最有力的要算是卢梭了。卢梭（1712～1778年）是法国的政论家。他的最有名的著作叫做《社会契约论》〔3〕说。里面有一句警语道："人是生而自由的，可是他处处总被链条锁着"〔4〕，换言之，人本来是自由的，但是为什么他现在变成不自由的了呢？这就是社会上的种种的人为的制度在那里作祟。要营救人的倒悬，除非是恢复到自然的状态。自然的状态才是本来面目。要是说这样恐怕无以维持秩序的话，那么唯一的说法，就是人与人之间重新〔5〕

---

〔1〕 广义讲，自由是权利之一种。

〔2〕 "那么"原文作"那末"，现据今日通常用法改正。下同。——校勘者注。

〔3〕 "社会契约论"原文作"社约论"，现据今日通常译法改正。——校勘者注。

〔4〕 今译："人是生而自由的，却无往不在枷锁之中。"——校勘者注。

〔5〕 "重新"原文作"从新"，现据今日通常用法改正。——校勘者注。

订一个契约，一切法制都是根据契约的。

这一派的学说，显属空中楼阁。因为自从有史以来，人类没有一天不在辛苦艰难当中过日子。文明越是幼稚，生活也越是危险，从来找不出一个所谓黄金时代可以给我们作蓝本的。《商君书》〔1〕里说得好："前世不同教，何古之法，帝王不相复，何礼之循。"人类是好像一朵桃花在光阴的流水上漂浮着，只有向前进，没有往后退的。

中山先生在他的民权主义第一讲里已经说得很通透的。"就历史的进化的道理说，"他说，"民权不是天生出来的，是时势和潮流所造出来的。"

总之，依中山先生的说法，权利是历史的产品，所以具有社会性和时代性的。兄弟觉得这是对于权利的来源的问题最圆满的答案。

其次我们要论到权利的作用。权利不是人生的目的。权利是所以帮助人类达到目的的一种工具。权利本身不能当饭吃的。但是有了权利做他的帮衬，人们就能有饭吃了。推而至于衣住行也还是一样的道理。但是问题是：人生的目的，究竟在哪里？我们知道的，才始可以研究工具，才始可以论断这个工具到底相配不相配。

依兄弟看来，食衣住行当然是人生的必需品。但是食衣住行本身也还是一种工具，还不是人生的目的。人生的目的在发展人格到最真最善最美的地步。食衣住行之所以可贵的缘故。也无非是因为人类如果没有这些生存的必需品，那就不能生存了，其结果是连人都没有，遑论人格。物质之可贵，正在它是促成理想的必不可省的工具。物质和理想犹好比荷花和泥土。荷花生在泥土之上，而不染泥土。可是没有泥土，那得复有荷花呢？你如果喜欢荷花而同时却又不讲究泥土，那么，不是变戏法，便是神经病。

权利能够帮助人类达到人生目的，不外两个办法。第一是间接的——就是一使各个人〔2〕享到衣食住行必需品，俾得成功（今作成为）完全的人格。"衣食足而知礼仪"，这是很明白的道理。第二是直接的——就是使个个人享受思想、信仰、言论、通讯种种自由。此外如奖励学术，实现义务教育，也无非是权利应有的作用。

以上所讲是关于权利的。现在讲到义务。人民既然要享权利，当然也须

---

〔1〕 "商君书"原文作"育君书"，疑为笔误。——校勘者注。

〔2〕 "各个"原文作"个人"，现据今日通常用法改正。校勘者注。

尽些义务。义务也可说是权利之代价。至于义务来源，也同权利一样，是"时势和潮流所造就出来的"，"不是天上出来的"。各时代有各时代需要和思想，所以各时代有各时代的"当务之急"是所谓一定不易，一成不变的"天职"的。

义务的作用实在维持人类的社会生活。人不能离群而独存，有了群，就得有义务，否则这个群是漫无纪律，漫无团结，将成一个混战的状态，人们还能安定地生活么？不能安定地生活，还能达到人生的理想么？

这一段我们可以结束一下：

权利义务的来源是时势和潮流。义务的作用是在时势和潮流所要求和容许范围之内尽量地发展人生的理想——真善美。

二、自由和法律

权利的来源和作用，我已经讲过了。现在要讲到权利的限制问题。自由为广义的权利之一种，这节就专讲自由及其限制。自由本来是最好的东西。英文有一句俗话说："A Robin Reabreast in a cage, Puts all heaven in a rage."我把它翻成中文："一只知更落笼中，惹得天公怒冲冲。"我们也有一句俗话说："西山画眉落雕笼。"还有诸君总听见过《四郎探母》里"坐宫"的一段也有"我好比笼中鸟，有翅难展"的一句。

这都是说动物的天性是爱自由的。人类也是动物之一种，当然不能例外。

当法国革命的时候，有一句口号："不自由，毋宁死。"这当然是一句至理名言。一个人如果绝对没有自由，那自然是必死还要难过。所以"不自由，毋宁死"这话是对的。但是我们也可以反过来说："太自由，不能生"这话也是对的。初看看这两句话，是互相矛盾的。但是仔细想起来，它们是真理的左右面。东张张，西张张，这里还是在中央。

自由不是一块石头，是一只海绵，它是具有伸缩性。在绝对自由和绝对不自由两个极端当中，实在有无数的等差在那里。绝对不自由便是最高度的专制，绝对自由便是无政府。

我还记得辛亥革命的时候，我在高小读书，那时节平等自由的思想最盛行的，深深刻在青年的脑中。有一次两个学生起了一个小小的波澜。一个开口就骂，一个动手就打。一个说这是他的言论自由，一个说那是他的行动自由。这当然是小孩子的见解。我现在引证这个故事，不过要使诸君了解绝对自由的一斑罢了。凡是革命的时候，总有一种矫枉过正的论调。"父亲仁兄大人足下"，也便是很切当的例子。

在两个极端当中，我们所当希望的是相当的自由。但是何谓"相当"？与什么东西相当？要解答这个问题，又用得着中山先生所说的时势和潮流了。自由范围之伸缩要看个时代的需要，即在同一个时代中间，还是有各种变化不着的情形，自由也得跟着或伸或缩。

这个道理可以用一个很普通的例子来说明。譬如，救火车来的时候，铛铛铛铛地声势汹汹的。难道开救火车的车夫是头出角的不成吗？为什么他的行动自由好比别的车夫要膨胀一些？还不是因为在那时节的社会，需要救火车的程度高出于平常人的自由行动吗？

简单说，自由的容量，是不能固定的，因为社会的情形及需要是常常在那里变动的。因此，宪法保障人民之自由，不能将一切可以限制自由的场合，具体地列举出来，只得委诸法律相机应变。因地制宜地去应付。所以立法院最近所发表的宪草里面，在各种自由之下，大都加了"非依法律不得限制"的字样，这就是说，这些自由只有依法律才可限制的。但是宪草并不是取间接保障主义，乃是采概括保障主义。其区别不在间接与直接，实在概括与列举。因为宪草对于立法权仍是有种种限制的。第二十五条说："凡限制人民自由或权利之法律，以保障国家安全，避免紧急危险。维持社会秩序，或增进公共利益者为限。"这就宪法直接限制那限制自由的法律。法律如果越出这限制，就是违宪就是无效。要是把这些限制规定在每条之下，还不是直接保障？现在为技术上的便利起见，于是在诸条后另设一条与其实际效力，是和规定与各条内毫无一致的。

什么才叫法律呢？关于这个问题，请看宪草第一七四条"宪法所称之法律，谓经立法院通过，总统公布之法律。"第一七五条，复规定"法律与宪法抵触者无效，命令与宪法或法律抵触者无效"。观此可知宪法对法律已有充分的限制，换言之，对于自由已有充分的保障。总之，宪法对于人民之自由并不等于"左手给予右手收回"，我倒有一个较切的譬喻。自由好比一块未经雕刻的璞玉，法律好比雕刻匠，宪法好比那块璞玉的主人翁关交雕刻匠的几句要领。俗语道"玉不琢不成器"。同样，自由经过法律的限制方能对于社会有所裨益。

三、平等和财产

自由讲完了，现在要讲平等。

平等可分为两种。一种是法律上的平等，一种是实际上的平等。宪草第十九条："中华民国人民在法律上一律平等。"这明明是第一种的平等。

何以谓之法律上之平等呢？就是说，人民无论是男是女是富是贫、是僧是道，在法律上的待遇是平等的。比方新近立法院通过的《刑法修正案》里，随便举那一在法律上的那一条，适用起来不应因人民的宗教或职业而有分歧的。

该修正案第一百七十一条说："杀人者处死刑，无期徒刑，或十年以上有期徒刑。"无论士农工商犯了杀人罪，总是要适用这一条的。你不能说我是个剃头匠，或木匠，或大学生，所以应受特别的待遇的。又如刑事诉讼法规定上诉期间为十天，你不能说："我是个大来头，所以一定要十一天的。"

法律上之平等是法治国必具的条件。但仅有法律上的平，而不注意于实际上的平等的促进，其结果是只有秩序而无公道。

实际上的平等可约略分为二种。一种是天生的不平等，男女就是一例。为什么女人偏要辛辛苦苦的生小孩子？这是不能怪社会的制度的。一种是人为不平等，这些不平等就须仅时势和潮流以及种种社会情形所容的范围以内，予以除去。

因为要促进实际上的平等，宪草在第八第九两章内有种种规定，授予人民种种权利。这些权利——与自由不同——叫做受益权。宪草为编制便利起见，将这些受益权归入经济和教育两章。但是现在我们是作学术上之讨论。当然免不得运带地将它们讨论在内。同时也还规定许多义务，其目的也无非是促成中山先生所说"机会均等"的理想。

为国民经济开宗明义就说："中华民国之经济制度，应以民生主义为基础，以谋国民生计之均足。"[1]

中山先生的民生主义有两个主要的方针——就是节制资本和平均地权。关于节制资本，本来兄弟的试稿内曾有"对于遗产之继承[2]，应以法律或

---

〔1〕 见一三○条。
〔2〕 "继承"原文作"承继"，现据今日通常用法改正。下同。——校勘者注

课税加以限制，但以不使承继人丧失生存及发展本能之必要资力者为限"的规定。[1]后来宪草会同人以为既经规定了"人民有纳税制义务"这条似可无须加入了。遗产税也是税之一种，当然是宪法所不禁止的。

关于平均地权一层，宪草第一三三条是最要紧的。第九章为教育。那章里面最能促进实际上的平等的要算是第一四六和一四七两条。如果这两条能够实行，那讨饭的小孩子也有受基本教育的机会，不致"父业子当传"地再去做讨饭了。于几年之内文盲也就该扫除的了。

现在时间已是不早，不能把一切权利义务各别讨论，好在诸位一定都已见到宪草的全部。不待兄弟来详细解释。宪法本来是很浅显，很明了，不是很难很奥妙的东西。

末了，我只要赠给诸位两句话：为权利奋斗！为义务努力！

---

[1] 第一七九条。

宪法上关于人民之权利规定之商榷[*]

丘汉平

谈到中国制宪我真有一点不敢下笔了。第一，宪法是关系一个国家社会民族的生活，这是何等的慎重。差之毫厘，失之千里。古来人民屈死于立法之下的，何止恒河沙数？这种罪过，聪明人应负最大的责任。第二，宪法贵在施行。倘使人民并没有感觉到实行的必要，或是人民无实行的能力，那么多谈一次宪法，多掀一次无谓的风波，社会上多受一次损失，人民多得一次失望，去法治依然很远。第三，宪法是为国民生存的共同需要，倘若宪法不能满足这点，那么宪法又是空的。以为这个缘故，我就胆怯的很不敢胡乱主张宪法应采什么主义，更不敢妄主张什么理想化。同时我个人对于研究中国制宪问题的着手也就走开"学者"的路线了。近几年来，似乎得到一个似是而非的结论，以为宪法不是法律问题，也不是政治问题，更不是理论问题、尤不是制度问题，乃是事实问题。像中国这个国家，就现在情形来说，无论哪一国的宪法搬来，也不能实行明乎，就无怪过去制宪的失败。若不改换方式，今后的宪法也要一样失败。中国过去制宪的错误，言其大者有三：一是抄袭，二是求速，三是敷衍。这次制宪，若不痛改前非，其结果仍是等于零。

现在宪法已经开始着手研究起草了，我们在未获观其内容时，固然不能有所论列，惟对于宪法上的几个重要问题，在我个人看来，好似骨鲠在喉，不吐觉得很痛苦。今乘《东方杂志》刊行《宪法专号》之便，爰以一个平常国民的资格将自己的愚见说一下，也不敢认做什么贡献。

宪法上的几个问题，其中最关系四万万人民的生存的要算人民之权利一

---

* 本文原刊于《东方杂志》（第30卷）1933年第7期。原文未采用现代标点符号，文中标点为编者所加。

章了。这个问题，从历史上来说，是宪法的重心，在法纪败坏达于极点的中国，我们的"权利"早已剥夺无遗。不要说生存没有保障，一切的一切都没有保障。这是事实，不容否认。我们要研究人民的权利如何保障吗，就不可不注意这事实了。为便利说明起见，这个问题可分为五点：第一，"人权"之意义既历史；第二，各国宪法关于"人权"保障之方式；第三，所谓"人权"之内容；第四，过去宪法关于"人权"之规定。第五，今后制宪应有的标准，尽依此论之。在为叙述之先，我要说明一点的是"人权"二字。"人权"这个名词[1]，本是不通，现在时髦的学者，都大谈什么义务本位了。我因为在中国字汇里尚找不出比较概括的名词，姑袭用之。

一、"人权"之意义既历史

人权（right of man；droits de Phomme）究竟是什么东西？在过去的西洋历史，认为非常重要的，所谓人权，就是与生俱来的自然权利。换言之，没有这种权利，人是不能生存。因为这个缘故，人民不惜流血去争"人权"。在一千二百五十年的时候，英国人民不能受专制的种种苛待，就起来与英皇反抗，结果英皇约翰承认《大宪章》（magna carta）。《大宪章》一方面是规定集中基本权利，一方面却是人民于英王制定的契约。其中最重要的，就是鬼王的征税须先经大地主的同意。这种权利虽是限于大地主，可是这个原则一经成立，后来便慢慢扩大其应用的范围了。其后英国一千六百二十八年之《权利申请书》（Petition of Right）和一千八百六十九年的权利宣言（Bills of Right）等等，都是人权的内容只扩大，其意义是于大宪章一样的。降而至美国革命、法国革命，"人权"遂正式规在宪法中，且认为是最重要的部分。这这个潮流冲破了欧美各国，人权成为宪法中之一部分。然而我们，仔细的研究十九世界末叶以前各国的宪法，有三种现象是值得注意的：

其一，在专制时代根本。无所谓人权的存在，生杀予夺，悉听统治阶级的意思。限制这种暴力并迫令统治阶级承认被治者有生存的权利，便是人权运动的开始。过去二百年人类的大半残杀，无非是为此而已。换一句话说，人权云云，乃是被治阶级迫令统治阶级承认前者的生存权利，所以是消极的。何以说呢？因为被治者的生存权利是向统治者要求得来的。

---

[1] "名词"原文作"名辞"，现据今日通常用法改正。——校勘者注。

其二，宪法中的人权是列举的，就是说人民之权利，宪法明白承认之。这种意思无异是说人民的权利是宪法所给予的。没有宪法就没有人权，要有人权就要有宪法。这是很不通的，很矛盾的。不通的，因为人之生存权利时先宪法而存在；矛盾的，因为既然承认人权是与生俱来的，那么宪法的规定实不必的。

其三，制宪的目的在于限制统治者的权力以达到人权的保障。这个原因完全是由于过去专制的狠毒，给人民一种很大的刺激[1]，以为好政府是要留给人民较大的自由。十七世纪以来，个人主义之雷厉风行，就是这个缘故。

二、各国宪法关于人权保障之方式

朱执信先生说："宪法是人民的血换来的。"这是个至理名言。因为不是血换来的宪法，无论怎样的齐整完备，却多是等于具文，无保障的效力。过去保障人权的方式有二：一是革命的方式，一是制裁的方式。前者的方式是人民一致起来和压迫阶级反抗，非达到保障不止。英国的不成文宪法所以能这样的稳固，就是英国的不成文宪法中的每字每句都是流过血换来的。这和孟子说的道理一样。天子不能行使天子的职务的时候，他就失去了天子的资格，人民就可以起来责罚他。所以他说："闻杀一夫纣矣，未闻弑君也"。人民起来推翻暴力是天赋的权利。孙中山先生所以毕生要革命，无非是行使天赋的权利，人权的保障最后的方法，便是革命。而且"英国人的权利"（right of English man）乃完全是用革命的方式取来的，抗纳捐税为其最有效的方法。

第二个方式是制裁的方式。就是把人民认为应享受的基本权利，先去迫令统治者阶级一一承认，后来便一一规定在宪法。倘若有任何人违背宪法的规定，就依照宪法的规定制裁。通常宪法的制裁机关，不外是法院和几种类似的办法。因此欧美对于司法的权力，依照其本国的历史习惯及人民希望的程度加以严密的限定，以期执法如山。只因各国的民族背景不同，于是对于法律的观念有些差异。在大体上来说，英美是推崇法律的神圣，尤其是美国，宪法的解释权是操于最高法院。百余年来的经验，所得成绩甚佳。而国会和行政首领也就无从逞其横行的集会。英国则因习惯的长久，任法律上议会虽可把所有英国人的权利一律取消，可是过去的历史和人民的选举权的缘故，

---

[1]　"刺激"原文作"刺戟"，现据今日通常用法改正。——校勘者注。

议会也就向来不敢做出这样的事情出来。讲到法国，其法治精神固远不及英美。但是自一七八九年革命后，《人权宣言》被认为是天经地义。长期内定，迫得人民个个走险，把革命后的种种暴力先后打到，建立一个民主国家，人民遂握得选择的权利。同时政党的林立，互相排挤攫取政权，在不知不觉之中就成为一种自然的牵制。因为法国的政治，一个政党要想把持是一件很难实现的事。每次的政潮和选举，结果都是一个政党和其他政党妥协。因此，未握到政权的党派，就时刻寻找机会来攻击政权在握的党派。于是党争的结果遂造成法国宪法的稳定。所以大陆几个先进国家，他们的法治虽比不上英美，而因政治习惯之故，人权也就得了差不多稳固的保障。

三、所谓人权之内容

自英国的《大宪章》起以至今日，人权的意义和内容均经剧烈的变动。我们可以说，在十九世纪以前，所谓人权的内容都指个人自由和参政权而言。关于个人自由方面，则以国家不加干涉限制为原则。详细说来，除了为社会的利益得加以限制外，人民应有绝对的自由。这种观念完全受自然法的影响。现在看来似乎是不通，可是在当抵抗暴力的时代，这个学说却是最有刺激性的药剂。当时所谓个人自由者，不外是人身自由、居住自由、财产自由、信教自由、意见自由、集会自由、结社自由等。因为这等自由，在专制时代，都是受限制或甚至不容许的。其中信教自由，尤是欧洲人流了亿万人的鲜血始换来的。打倒暴力之最要目的，厥在恢复此个人自由。到现在，各国宪法都有这个人自由的规定。其后民主政治盛行，深感这种漫无限制的个人自由大足障碍社会的进步及多数人的利益，于是较新的宪法就觉"人权"二字有些危险。德国的新宪法，就把"人权"改为"德意志人民之根本权利及义务"，将范围大加扩充。仔细的研究起来，德国的宪法实已别开蹊径。不但消极的承认了个人自由，且积极地去帮助个人取得自由，然而尚有一个缺点，就是这等个人自由究是先宪法而存在，抑是因宪法的规定继存在？关于这点，德宪法仍是因袭不能有所说明。而立宪的真精神也就失去之过半了。

要达到个人自由，自英国《大宪章》起，人民就觉得参政是必要的。在专制时代，参政的意义只是人民对于租税负担方面有参加意见之权利而已。其后根据这个原则，慢慢应用到小地主，终至一般人民。法国亦然。故参政云云，在当初只是人民有说话的机会。进一步才是选举权，更进一步才有限制被选举权。到现在有些想法且给人民有创制复决议权。由此看来，参政权的内容也是跟政治观念的进化扩大的。

晚近的政治，又慢慢走入一条路，从前人民以国家是不得已的东西，政府是个人自由的障物，当时人民的唯一要求是限制政府的权限和确认人民的几种根本权利。个人主义学说之盛行于十九世纪就是这个道理。花开了结子，才发现个人主义的弊病和专制政体所造成的结果不相上下，甚且远而过之，对于以往的所谓个人自由权，就不得不怀疑起来。盖自个人主义制度成立以来，社会上忽然间产生了许多徒手的工人。他们劳苦得来的生产，都跑入了资本家的私囊。要解除他们的痛苦，唯有废除现存的制度，不是推翻便是改进。推翻是革命的，如苏俄；改进是缓和的，如欧美。社会上的平民（即无产者）既占极大多数，那么他们的威吓自然是很大的。为求社会的稳定，就不可不设法安置他们。所谓社会政策乃应运而生。而国家的万能信仰也就逐日增厚了。到现在几乎视为天经地义。这种思想和从前的极端放任思想适成相反。其来势犹似洪水，曾几何时，泛滥到全世界。较新的宪法遂列入为重要的事项。人民的基本权利就从消极方面的保障扩张到积极方面的培养，如人民有受最小限度免费的教育权利、劳工阶级的特别保护、妇女及残废者的特别救济、失业之救济等。

综上以观，"人权"的内容，是从消极的道积极的，从个人的道社会的，从抽象的到实质的。简单一句话说，从消极放任进至保育政策。

四、过去宪法关于人权之规定

中国人在过去二十余年，实际上可以说完全没有丝毫的人权。现在更进一步从文字上来研究有无人权的规定。先从民元《临时约法》说起。该法第二章为人民，共十条，除关于纳税当兵不问外，今抄录于后，以便研究。

第五条：中华民国人民一律平等，无种族，阶级，宗教之区别。

第六条：人民得享有下列各项之自由权：

（一）人民之身非依法律，不得逮捕、拘禁、审问、处罚；

（二）人民之家宅非依法律不得侵入或搜索；

（三）人民有保有财产及营业之自由；

（四）人民有言论、著作、刊行及集会结社之自由；

（五）人民有书信秘密之自由；

（六）人民有居住迁徙之自由；

（七）人民有信教之自由。

第七条：人民有请愿于议会之权。

第八条：人民有陈诉于行政官署之权。

第九条：人民有诉讼于法院受其审判之权。

第十条：人民对于官吏违法损害权利之行为，有陈诉于平政院之权。

第十一条：人民有应任官考试之权。

第十二条：人民有选举及被选举之权。

第十三条：人民依法律有纳税之义务。

第十四条：人民依法律有服兵之义务。

第十五条：本章所载人民之权利，有认为增进公益、维持治安或非常紧急必要时，得以法律限制之。

《约法》既出于临时，瑕疵自多，本毋庸置疑。不过我现在要说的有二点：一是当时执政的人对于此项人民之根本权利之观念；一是约法所规定的条文有无达到保障的程度。关于第一点，我们可以不客气地说，当时草《约法》的人都是熏染了西洋的学说，以为这等权利是人民的自由。同时他们又错陈了《约法》的意义，当《约法》是为人民权利的源泉。因此以上条文的意义都是表现上帝创造了天地一样的口气。关于人民权利的限制，第十五条规定三种情形：一、增进公益；二、维持治安；三、非常紧急必要时。照这条的规定解释，官署既遇有上述三种情形之一时，仅可限制人民的根本权利之行使，却不能停止之。限制与停止结果大不同。限制一个人的自由和停止一个人的自由，相差很远。由此看来，民元《临时约法》在文字上对于人民的消极根本权利并无剥夺摧废的机会。惟第六条所谓"非依法律"云云，意义不明了。所谓法律，当然是经参议院通过的。倘使参议院，受大总统的操纵或武人的威迫通过一剥夺人民权利的法案，照《约法》的解释仍是发生效力。但就大体说来，《临时约法》对于人权消极方面的规定，还算达到保障的标准。这是因为辛亥革命之后，受了西洋自由思想的影响所致。至民国五年之约法，关于人民一章之规定，和《临时约法》大同小异。文字上稍加修正，对于人民之自由权加"于法律范围内"等字，以示限制。对于请愿诉讼选举等权，则加"依法律所定"五字，以示根据。法律须经立法院之通过，但"大总统为继持公安，或防御非常灾害事几紧急不能召集立法院时，经参议院之同意，得发布与法律有同等效力的教令"。此种权宜办法，乃所以应非常的事变。然因约法上将人民的自由权及参政权须依法律所定或于法律范围内方可行使，就不免给握政者一个专制的机会。议员的选举既未规定妥善的方法，则议员人选大都是官僚，离开民众的利益，对于维持他们的地位及权利的法律自必通过，而《约法》规定的人权遂等于具文。故自民元以来，收买国会几成原则，而依《约法》制定的种种剥夺人权的法律或政令，从纯粹法理立场来说，均可说是合法的。过去的经验是这样，则未来的宪法若不改此错误，也一定是失败的，且多给握政者一个剥夺人权的根据。现在我们再来研究民国二十年[1]的所谓《中华民国宪法》，这次宪法的章目将"人民"改为"国民"。兹录出于后：

第四条：凡依法律所定为中华民国国籍者，为中华民国人民。

第五条：中华民国人民，于法律上无种族，阶级，宗教之别，均为平等。

第六条：中华民国人民，非依法律不受逮捕、监禁、审问或处罚。人民被羁押时，得依法律以保护状请求法院提至法庭审查其理由。

第七条：中华民国人民之居住，非依法律，不受侵入或搜索。

第八条：中华民国人民通信之秘密，非依法律不受侵犯。

第九条：中华民国人民有选择居住及职业之自由，非依法律，不受限制。

第十条：中华民国人民有集会结社之自由，非依法律，不受限制。

第十一条：中华民国人民有言论著作及刊行之自由，非依法律，不受限制。

第十二条：中华民国人民有尊崇孔子及信仰宗教之自由，非依法律，不受限制。

第十三条：中华民国人民之财产所有权，不受侵犯。但公益上必要之处分，依法律之所定。

第十四条：中华民国人民之自由权，除本章所规定外，凡无违背于宪政的原则者，皆承认之。

第十五条：中华民国人民依法律有诉讼与法院之权。

第十七条：中华民国人民依法律有诉愿及陈诉之权。

---

[1] 即1941年。——校勘者注。

第十八条：中华民国人民依法律选择权及被选举权。

第十九条：中华民国人民依法律有从事公职之权。

第二十一条：中华民国人民以法律有受初等教育之义务。

这次宪法关于人权的规定有数缺点：其一，每条冠以"中华民国"四字，就变了不通的解释。如诉讼权，不但中国人有此权利，即外国人来到中国者亦应享有此权利。宪法规定"中华民国人民"云云，不啻否认在中华民国之外国人享有此项权利。固然，其中有几项权利，只中华民国人民始得享有，但宪法不加分别，一律以中华民国人民为限，是为不通。其二，人民受羁押时，宪法上规定得以保护状请求法院移至法庭审查其理由。表面上好像和英美的"身体出庭状"（writ of habeas corpus）相仿，然稍经研究，则可知此项规定有等于无。既不示其效果，则法院审查羁押为无理由时，是否有权即可释放。纵令保护状依宪法发生效力，而时间上的限制亦无规定。如果法院将保护状束之高阁，试问保护状又有何用呢？譬如公安局拘到某甲，谓其触犯违警罚法，可是甲自被捕数日后，并为得到处分的决定。依宪法第六条规定，自可引用以保护状申请法院，法院收到保护状后，亦可迟延若干时日，才送到公安局，公安局又搁了一个星期才将甲解至法院，法院有拘押一星期才提甲审问。如此拖延下去，甲的羁押日数不知道何时才了解。我们小百姓的自由更无保障了。其三，"制限"二字，又是个模棱两可的字眼。严格来说，限制是包括"制止与限制"的意思，人民的几种根本自由权，为了国家或整个社会的利益加以适当的限制，这是不能否认的。倘若更进一步，可以将根本权利制止，那么所谓人民的权利又是空言了。关于此点，远至英美宪法，近至德国新宪法都有几条不准变动的规定。其四，关于信仰一条，亦加"非以法律不受限制"等字，更是不通，违背时代的思想。其五，人民财产权固得因社会公益上为必要之处分，可是如何处分及人民有无要求给价却未规定。于是人民田地每每被政府或腐败官僚藉征用为名以尽剥削之能事。那么宪法上的规定，又是有等于无。

以上是民国十二年〔1〕以前的旧思想，本无置疑的价值。今更进一步讨

---

〔1〕 即1923年。——校勘者注。

论二十年〔1〕六月一日国民政府公布的中华民国训政时期约法。在该法起草之前，我曾说他的效果将等于具文。不料竟成事实。公安局时常将无辜的学生拘禁至四五个月以上，警备司令部亦时常将普通人民拘禁或枪毙。凡此都是事实，万目共观。姑不论该《约法》的施行效果如何，今只就该《约法》关于人民之权利一章提出来研究一下。

《训政约法》第八条第二项规定："人民因犯罪嫌疑被逮捕拘禁者，其执行逮捕或拘禁至机关，至迟应于二十四小时内移送审判机关审问，本人或他人，并得依法请求于二十四小时内提审。"这和民国十二年的宪法第六条规定的保护状差不多。所不同的，《训政约法》有时间限制。但因对于逮捕或拘禁机关不遵本条规定时没有示以如何效果，故收效亦等于无。倘若逮捕的机关对于本人或他人之请求不执行时，被捕犯人的身体自由是否可以恢复，法文并无规定。这和英国的"身体出庭状"大不相同。那么约法上所给予人民的自由和保障亦是一样的空洞。不但如此，训政约法关于人民自由的规定较之民二十年的宪法更是剥削。人民的自由权均可依据法律而停止或限制，这是多么危险，倘若未来的宪法，仍是抄袭旧文，一样的画蛇添足，那么四万万人民的自由权，又有如何的保障呢？

五、今后制宪的标准

中国以往的错误是立宪走错了路，天天跟人唱自由的高调，却未找出自由的正途。英宪法专家戴西氏说得精透："承认个人自由权的存在并无丝毫的困难。亦无甚益处，其实在的苦难乃在于如何使其实行保障。"这是一句至理名言，不朽伟论。中国过去制宪的失败，就是在唱高调，没有实行的方法。自民元《临时约法》以至民二十《训政约法》中间经过二十年，个人的自由权不但没有寻出如何实行保障的方法，即文字上的规定也依此不如依此，甚至更加剥削。民元《临时约法》对于人民自由权之行使，尚仅规定有限制的标准。到《训政约法》，除漫无标准的限制外，更有停止的规定。这种开倒车的进步，实甚警人。未知习宪诸家作何感想。我以为今后宪法不求实行则已，倘是要见诸实行，应该明了过去的错误，同时还要参照国情，兹特提出标准于后。

---

〔1〕 即1931年。——校勘者注。

（一）在宪法上只可规定国家有权限制的人民根本权利，但须提出限制的标准和程度。依此原则，就应该删除什么信教自由等等的规定。在人民之权利一章，首宜这样的规定："凡人民之自由无背于宪法精神者，皆承认之"。如是，则宪法中无须列举的规定。倘若人民的自由违反宪法精神时，国家自可以法律限制之。

（二）宪法中所言"法律"云云，应该明定其意义。

（三）应规定"人民之生命权以法律审判定罪后，不得剥夺"。过去宪法忽略此条。

（四）迁徙通信通电秘密等自由权只可依法律限制，不应有受停止的规定。

（五）结社集会应依宪法第一二三条的精神，兹略为修正如下："中华民国人民有和平及无武器集会之权，无须呈报及特别允许。露天集会，须向地方官署呈报，但若余治安有紧急危害时，得禁止其露天集会。"

（六）凡中华民国人民于不违反刑法时，有组织团体及结社之权，不得加以预防限制。〔1〕

（七）人民所发表言论及刊行著作若与治安发生紧急危险者，得以法律处罚限制或停止之。

（八）国家征用或征收人民财产，须依法律给予相当代价。

（九）政府约法第八条第二项保留，惟须增加"若主管机关不遵请求时的申请法院发给出庭状于二十四小时内提审或释放之"。

（十）无论何人之自由权受限制停止或剥夺时，本人或他人得请求法院于二十四小时内发给出庭状提审。日法院认为无正当理由时，应当庭释放之。

（十一）法院有发给出庭状之特权，不得以任何法律限制或停止之。

（十二）人民处现役军人外不受军事审判。

（十三）于普通法院及行政法院外不得设立特别刑事审判机关。

（十四）于普通刑法外，不得制定特别刑法。

（十五）不得以立法方法处罚人民，法律不得溯及既往。

（十六）公务员故意违反宪法者，处无期徒刑。

---

〔1〕 关于第六点，因时间迫促不能一一叙述其理由，待来日再为文字论之。又此文只为个人的意见，从民众的立场来说。

（十七）官吏为人民之公仆。非一党之庸役。[1]

以上大纲十七条，我以为这次宪法应该注意的。我们希望这次宪法能实行，使人民有保障。否则，这次的起草宪法，就是无谓了。倘我者篇拉杂文字，能够引起国人的主义，共起监督促进新宪法的完成，斯乃个人的大愿。

[1] 德宪第一三〇条。

人民自由在宪法上的保障与限制[*]

张志让[**]

现代一级国家的宪法类都明白规定人民对于国家所有的基本权利和义务。所谓基本义务就是纳税、当兵这一类的义务。所谓基本权利则又可以分为两类，一类是积极的权利，就是要国家积极地有所措施以使人们获受利益的权利，故又称为受益权。人民受一定限度之教育的权利、诉愿权、诉讼权等就都属于这一类。另一类的基本权利是消极的权利，就是不受国家干涉的权利。人身、居住、言论、出版、集会、结社、信仰等各种自由就是这一类的权利。此外还有一种权利，通常称为参政权，即如选举权、罢免权、创制权、复决权及依一定选任程序精选任而充任公职之权都是这一种的权利与上述人民基本权利有相同之点，所以一般学者和各国宪法也有将它视作人民基本权利之一的，也有将它另列一类的。这个问题与我们这里没有多大关系。我们这里所要研究的，第一不是参政权的问题，第二不是人民基本义务的问题，第三不是积极的基本权利的问题，我们所要研究的只是消极的基本权利的问题，就是人民自由的问题。另外还有财产权的一种权利，有人认为它是人民的一种自由，有人不认为它是一种自由。我们认为它与一般的人民自由在性质上

---

[*] 本文原刊于《建设研究》1940 年第 4 期。

[**] 张志让（1893～1978 年）中国当代著名法学家、法学教育家。江苏省武进县人。早年曾求学于复旦公学，后留学美国哥伦比亚大学，回国后任复旦大学校务委员会主任委员，北京大学、东吴大学教授。张志让积极投身反帝反封建的大革命洪流，是一名热诚的爱国民主志士。1931 年"九·一八"事变后，积极参加抗日救亡活动，为营救爱国人士沈钧儒、邹韬奋等"七君子"进行了不屈不挠的斗争。中华人民共和国成立后，张志让出任复旦大学校务委员会主任委员，参加了中国人民政治协商会议第一届全体会议，先后被选为第一、二、三、四届全国人民代表大会代表，担任全国人大和全国政协的多项领导职务，并出任最高人民法院副院长、中国政治法律学会副会长等职。（东吴大学法学教授）

根本不同，不将它视作一种自由，所以也不在这里研究范围之内。宪法上关于人民自由的一个问题，应该研究之点甚多，这里所要研究的还是它保障和限制的问题。宪法应该怎样保障人民的自由，应否加以限制，如须加以限制，应该怎样加以限制？

人民的自由是应该由宪法予以充分的保障，而同时也必须加以相当的限制。

第一，人民在宪法所保障的几种特定行为的范围之内应该有充分的自由，但这种自由必须以不侵犯他人的自由为限度。如果每一个人的自由可以扩大到任意侵犯他人自由的程度，那么〔1〕每一个人的自由就都可以被他人所侵犯，结果就是每一个人都完全没有了自由。所以这是必要的限制。中山先生在"民权主义"第二讲里引用英儒穆勒〔2〕的话，就是要出来指出这一点。其实这一点与其说是自由的限制或范围，毋宁说是自由的性质，（以为如上所述，没有了这一点，就根本没有了自由）。这一点是一般学者所公认，也是一般宪法所假定的，所以我们在这里可以无需再加以讨论。

第二，宪法只保障几种特定行为的自由，并不保障一切行为的自由，宪法认为要促进社会进化，必须使个人人格或个性有自由发展的机会，所以它对于个人人格发展所必要的几种自由予以保障，此外就不再过问。这种自由在各国宪法上，有的列举的〔3〕比较多些，有的列举的比较少些，然重要的几种则在此凡有保障明文的宪法上，都莫不加以列举的。这一种的限制可说是以宪法列举保障自由的种类而得以确定，这在目前也不大成为问题，我们也无需加以讨论。

第三，宪法虽然应该对于特定的几种行为，予以充分的保障，但仍旧必须加以限制，即如宪法虽然有保障人民言论出版的自由，然而决不容许人民作教人谋杀窃盗的言论，宪法虽然保障人民集会的自由，然而决不容忍聚众扰乱秩序的行为。所以宪法在它所保障的几种自由的范围以内，还必须有所限制，这是毫无疑问的。

我们在这里所要研究的问题是：上述第三种的限制应该怎样来规定，是

---

〔1〕　"那么"原文作"那末"，现据今日通常用法改正，下同。——校勘者注。

〔2〕　"穆勒"原文作"弥勒"，现据今日通常译法改正。——校勘者注。

〔3〕　"的"原文作"得"，现据今日通常用法改正，下同。——校勘者注。

不是应该让立法机关去规定，或甚至让行政机关也去规定，还是应该由宪法直接加以规定，或是由国民大会随时以创制权复决权的行使去规定？这就是本文所要研究的问题。

解决这个问题的根据当然是中山先生的遗教、中国目前的需要和宪法保障人民自由的基本理论。至于外国的宪法和我国制宪的经过，则只备我们参考，而不应发生决定的作用。但是它们既有参考的价值，我们就应该略一加以检查。

首先我们要检查：各重要国家的宪法对于这个问题是怎样解决？

查美国宪法修正条文第一条规定："国会不得制定法律以确立宗教或禁止信教自由，以减削言论或出版之自由，或以减削和平集会或向政府诉愿之自由。"修正条文第二条规定："纪律严明之民团为保障自由州治安之所必需，故人民备带武器之权不得妨碍之。"修正条文第四条规定："人民身体、住所、文件、财务安全不受无理搜索之处所及捕押之权不得侵犯之，非有相当原因，并以宣誓或代誓宣言为据，详载搜索之处所及捕押之人或物，不得签发票状。"宪法第一条第九项第二款规定："出庭状之特权不得停止之，但遇内乱或外患，在公共治安上有必要时，不在此限。"修正条文第九条规定："不得因宪法列举某种权利，遂人民所保持之其他权利已被否认或轻忽。"

可见美国宪法对于人民信教、言论、出版、集会、诉愿的自由，特别重视，不但未曾自行加以限制，且以明文禁止国会以法律加以限制。这种保障可称为完全的保障或绝对的保障。它对于人民身体、住所、文件、财务的保障，虽然没有这样完全，没有这样绝对，然而也不过采取了直接限制主义，自行加以限制。所以美国宪法可以说是：对于其所最重视的自由采取了完全保障，绝对保障主义，对于其他几种自由或权利采取了直接限制主义，这就是美国宪法的规定。诚然，美国法院在解释各州法律是否违反宪法之时，有时用"警察权"之一概念来判定各州所制一些违宪与否成为问题是法律为并不违宪，而且在说明警察权的性质时还有时概括地主张，凡以增进"公众健康、安全及道德"，或甚至"公共福利"之权，均在其范围之内；然而其范围仍属警察之范围，而且它们所判为并不违宪的也无非下列这一类的法律，就是：准许拆毁腐旧危险的房屋、屠宰有病牲畜、毁坏腐烂有害卫生的食物，禁止在城市中建筑木制房屋、干涉民办铁路及其他交通工具、强制儿童种痘、隔离患疯病或传染病之人、取缔游民乞丐及场所等等的法律。这些法律都不能说是确实属于警察权范围之内而并不违反宪法的。所以我们并不能因为美国法院有时借口于警察权而予这类的法律以支持，遂为美国宪法给了立法机关以限制人民自由的广泛权限。何况美国法院这些判决还不过只代表了法院的意见，与宪法本身无涉，而我们所要检讨的却只是美国宪法的问题。

英国宪法属于通常所谓不成文宪法的一类，所以当然是柔性宪法，其一内容在理论上都可由国会以法律来变更，关于人民自由的保障当然也不是例外。但是英宪上许多基本原则，由于它在习惯上和历史上有了根深蒂固的基础，在事实上是为国会和人民之所尊重，不是容易变更的。英宪上保障人民自由的原则也就是这样的一种原则。这一点，英国宪法学大家戴雪在他的名著《英宪精义》内发挥得最为透辟。他在那里这样的指出："英宪的普通原则的成立（譬如即以人身自由的权利或公众集会的权利为例），发生司法上的判决，而司法上的判决又发生于民间关于私人权利的诉讼"；"它们（英宪中的许多政制）却是千百年来法院为私人权利力争而得到的结果，简单言之，就是英宪只是一种裁判官造成的宪章"；"个人权利如系受宪法特别保障，则其在法理上的含义即为：此种权利亦可被悬置或废止，反之如个人权利本系因其附着于习惯法之故而构成宪法之本身，则此种权利，将与习惯法相始终[1]（作者按：英国习惯法不易为国会所变更）自非以革命手段推翻国内一切制度与风习，此种权利必不至被破坏"。可见英宪一切原则（包括保障人民自由的原则）虽在理论上不为国会以法律加以变更，而在事实上极受国会尊重，与绝对保障的明文规定相离不远。

在这里我们可以附带指出：各国在战时干涉人民权利之处较多，然就美国而论，其干涉大都属于统制物资、工商业其契约之范围，概括言之，即大都属于统制财产权的范围，而财产既与人民自由在性质上与目的上均根本不同，如上所述，则本不应在宪法上与人民自由受同样的保障。英美对其所重视的几种人民自由，即在战时，并不多加干涉，即如美国在前次大战中，因宪法有禁止国会制定削减[2]言论与出版自由之法律，始终并未设立检查出版物之机关；英国在这次大战中，反对战争及反对政府人选和政策的书报杂

---

〔1〕 "始终"原文作"终始"，现据今日通常用法改正。——校勘者注。
〔2〕 "削减"原文作"减削"，现据今日通常用法改正。——校勘者注。

志到现在还是层出不穷，畅行无阻。

戴雪在上述一书内讲到人民自由问题时曾经说过："比利时宪法第七条确定了几个原则，这几个原则都是从英国宪法中撮取，而将其写出，固该条文实可视为系为英宪写生。"故比利时宪法有参考价值，不仅是因为它的本身，而且也因为借此可以更了解英宪的精神。比宪法第七条（就是戴雪所指出的条文）的第一项载："个人自由予以保障。"第十条载："住所不得侵犯。非依法律之规定及诉讼之程式，任何住所不得检查。"第十四条载："信仰自由、宗教自由及用各种方法表示其思想意见之自由均予保障，但为行使此等自由所发生犯罪行为之弹压，不在此限。"第十七条载："教育自由不得有任何预防，犯罪时之压制，由法律定之。"第十八条载："言论自由，永不得设立检查机关，亦不得强令著作者编辑者印刷者缴纳保证金。"第十九条载："比国国民有和平集会之权利。凡不携带武器而依照法律之规定行使此项权利时，均无须得官厅之许可，本条不适用于露天集会。"第二十条载："比国国民有自由结社之权利，不受任何限制。"第二十一条载："书信秘密不得侵犯，管理侵犯邮寄书信秘密之人员由法律规定之。"比宪法保障人民自由相当周密，其给予其言论与结社自由之保障尤显属完全的保障。

法国宪法并非法典式的单一文书，而系几种关于国家根本组织的法律汇集而成者。故其中并无关于人民自由之规定。惟人权宣言则郑重宣言保障人民之自由，而戴雪在上述一书中认为人权宣言内比此项宣告实已构成法国法例的要旨。

德国一九一九年的宪法第一二三条载"德国人民有和平且不携武器而集会之权，并不须通知官署或得特别许可（露天集会例外）"。第一二四条第一项载："德国人民，其目的若不违背刑法，有组织社团及法团之权，此项权利不得以预防方法限制之。本条规定于宗教社团及法团适用之。"同条第二项载："社团得依据民法规定获得权利能力。此项权利能力之获得，不得因该社团系求达其政治上、社会上或宗教上之目的而拒绝之。"第一四二条规定："艺术科学及其学理为自由，国家应予以保护及培植。"这些规定都采取了直接限制主义。德国宪法对于其他几种自由则或准许一般法律加以限制，或仅准许联邦法律加以限制。

瑞士宪法第四十九条第一项载："意志及信仰自由，不得侵犯。"第五十条第一项载："在公共秩序及善良风俗所许可之范围内，传教之自由，予以保障。"第五十五条第一项载:"出版自由,予以保障。"(第二项第三项规定各州及联邦在各该项所定目的范围内得制定法律加以限制)第五十六条载:"人民有结社之权利,仅其目的及其行使之方法,不得对于国家有危险或违法之事。各州得以法律颁布必要之处分,以防止其弊害。"可见瑞士宪法保障人民自由兼采完全保障及直接限制两种主义,而完全没有采取纯粹法律限制主义。

日本宪法对于"臣民"一切自由均采取法律限制主义,虽对信教自由在形式上似乎系直接加以限制,然因其措辞过于笼统,在实质上亦等于准许法律自由限制。

以上是各种重要国宪法保障人民自由的概况,如上所述,它们可以俾我们的参考,但不应该直接影响我们的结论。

再看看我国的制宪史,则前清光绪三十四年之宪法大纲首先规定:"国民于法律范围内,所有言论、著作、出版及集会、结社等事均准其自由";又"臣民非依法律,不得逮捕监禁处罚";则可谓完全采取法律限制主义,与日本宪法大致相同。民国成立后,在《临时约法》草案成立以前,南京临时政府曾拟定一种草案,名为《中华民国临时组织法草案》,送请参议院作为讨论基础。

不料参议院竟议决该草案退回政府,另外从头自行起草,这就是后来公布的《临时约法》。《临时约法》第六条规定:"人民享有下列〔1〕各项之自由权:(以下列举七种)";第十五规定:"本章所载人民之权利,有认为增进公益、维持治安,或非常紧急必要时,得依法律限制之"。这种规定显然是受了日本宪法的影响。固然,日宪法是采取纯粹法律限制主义,而临时约法则在一定范围以内赋予立法机关以限制之权,在形式不能不算是采取了直接限制主义;然而它所定的范围是这样笼统广泛,在实质上就等于采取了纯粹法律限制主义。所以王世杰和钱端生合著的《比较宪法》讲到《临时约法》这种规定时,就这样批评:"《临时约法》增'人民'一章,规定人民的权利义务,但实际上因人民章的规定极形简略,此项增添的重要亦至微弱。且该章本条既云……(引第十五条从略),则该章所列举的一切权利,至多固亦只能限制行政司法两机关,而不能限制立法机关。"《临时约法》这些规定都不是

---

〔1〕 "下列"原文作"左列",现据今日书写顺序改正。——校勘者注。

中山先生的意思，不是中山先生早已作了这样的声明了吗："在南京所订《民国约法》，内中只有中华民国主权属于国民全体一条，是兄弟所主张的，其余都不是兄弟的意思，兄弟不负这个责任？"（见"五权宪法"的演讲）

民国三年袁世凯的约法保障人民自由，采取纯粹法律限制主义，就连限制立法机关活动的笼统范围也没有规定，可说是与日本宪法完全相同。

民国二年十月三读完成的所谓《天坛宪法草案》保障人民自由，即采取纯粹法律制度限制主义，于每一条文加"非以法律不得限制"等字样，与《临时约法》及日本宪法大致相同。这个草案即于民国十二年与增加的"地方制度"以等章合并起来正式公布，就是所谓《曹锟宪法》或《贿选宪法》。

民国二十年《训政日期约法》在保障人民各种自由的条文中类都加上"非以法律不得停止或限制之"等字样，所以法律非但可以限制人民的自由，而且可以完全停止人民的自由。惟信仰宗教之自由则采取完全保障主义，不加任何限制字样。

最后，《五五宪草》则于保障人民自由的每一条文内均加"非以法律不得限制之"之字样，于第二十五条规定："凡限制人民自由或权利之法律，以保障国家安全、避免紧急危难、维持社会秩序，或增进公共利益所必要者为限"。此种规定与《临时约法》大致相同。

中国制宪，保障人民自由，采取纯粹法律限制主义或等于纯粹法律限制的主义的经过，已经有了很长的历史，并不是从《五五宪草》才开始；主张相反意见的也有了同样长的历史，也并不是从《五五宪草》成立之后才开始。

首先就是中山先生对于《临时约法》全部的批评。其次就是在民国九年以后省宪运动中的几种省宪与自治法草案。湖南省宪法对于人民信仰、发表意见、结社、集会等自由采取直接限制主义，对于居住迁徙之自由采取完全保障主义，对于身体、发表意思、集会、结社的自由采取直接限制主义。广东省宪法草案规定与湖南省宪法大致相同。湖北省自治法草案对于人们居住、迁移、言论、著作、刊行、集会、结社、书信秘密等各种自由采取完全保障主义，并在关于言论著作刊行集会结社一条之后特加这样的说明："本项为人群文化之源，应享有绝对自由，若非依法律不受限制云云，即可制定戒严法出版法以为限制，直接取消自由无异"。此外还有当时一半学者的评论，即如高一涵论到《天坛宪草》关于集会结社的一条规定时就这样说："这一条的规定，从字面上看来，似乎很严重，很冠冕堂皇，但仔细分析起来，便不啻把集会结社的自由权根本取消。（其余言论著作信仰职业……自由的规定也犯了同样的[1]毛病）。以为从正面说，'非依法律不受限制'，其反面说，'依法律变得受限制'。……不想一九二二年新出来的中国宪法，还不加以承认！这又是我国宪法不能适应社会生活的潮流的一个铁证。"（民国十一年十一月二十五日《东方杂志》内《我国宪法与欧洲新宪法之比较》）王世杰钱端生合著的《比较宪法》对于临时约法的批评，除上面已述者外，还有这样几句话："然《临时约法》第十五条既称约法所载人民的权利，'有认为增进公益、维持治安或非常紧急必要时，得依法律限制之'则以法律来限制人民各种自由，实际上迨无一定范围；因公益治安云云，都是些广泛而无边际的名词。"张知本认为"偏于个人方面的自由权，无妨使之绝对化，换句话说，即无妨在宪法上加以直接的保障。"（《东方杂志》载《宪法草案委员会之使命及草案中应行研究之问题》）所以他就在其所拟的宪法草案内采取直接保障直接限制主义，对于每种自由都直接加以限制，而不再容许法律加以限制。

这就是批评和反对法律限制主义的一些意见，它们当然也只有供我们参考的价值。

以上已经说过，我们要解决这个问题，必须先研究中山先生的遗教、中国目前的需要和保障自由的基本理论。

民国十二年一月中国国民党宣言早已明白确切地宣布："确定人民集会、结社、言论、出版、居住、信仰之绝对自由权。"什么是绝对自由权？"绝对自由"是在民国九年以后省宪运动中一个流行的名词，即如上面所引湖北省自治法草案所附说明即称宪草予以完全保障而不加任何限制之自由为绝对自由，而以"非依法律不受限制"云云为等于取消自由，这种主张本来是中山先生从全部遗教中必然得到的结论，所以当时国民党宣言就明白加以规定，民国十三年一月一全大会宣言内国民党政纲再将其列入条文而定为："确定人民有集会、结社、言论、出版、居住、信仰之完全自由权。""完全自由权"与"绝对自由权"意义当然相同，所以，中山先生遗教所指示的是我国宪法对于人民自由应采取最完全的保障方法。

这里我们必须附带的先将中山先生对于自由的言论时常被人们误会的地方简单加以说明。中山先生每每以中国人的自由比作空气，认为太多，并说

---

[1] "的"原文作"地"，现据今日通常用法改正，下同。——校勘者注。

"欧洲从前因为太没有自由，所以要革命去争取自由；我们是因为自由太多，没有团体，没有抵抗力，成一片散沙，所以受外国帝国主义的侵略"；"在今天自由这个名字……万不可用到人上去，要用到国家上去"；"政党中最要紧的事是各位党员有一种精神结合……第一要牺牲自由"等语。这些说话表面上好像是反对一切的自由，连国民党宣言所保障的几种自由也都被反对在内，其实不是的，中山先生在这些地方是指着自由这个名词所可指的其他一些意义。他所指的是：（1）历代中国人民与政府的接触比较少，其一般行动不受到政府的干涉；（2）卢梭时代在"天赋人权"这个名词之下所要求经济活动的自由，不是我们所要主张的；（3）与民族主义相对而言个人主义的自由是我们所不要的；（4）与"团结"相对而言的自由，就是一片散沙这个观念，是要不得的，中山先生在反对自由时用自由这个名词所指的意义就是上面所举出的这些意义，这都是从它的言论的上下文中间所可以看得出来的。他自己还对于自由下了一个总的定义，就是："自由的解释，简单言之，在一个团体中能够活动，来往自如，便是自由……我们有一种固有名词，是和自由相仿佛的，就是放荡不羁一句话。既然放荡不羁，就是和散沙一样，各个有很大的自由。"（民权主义第二讲）中山先生所反对的各种意义的自由都可包括在这个总的定义之内。可见与言论集会等等自由无关。中山先生的言论决不会与他所手定的国民党宣言相背驰的，这是可以确切限定的。（关于此点的说明详见《建设研究》第三卷第三期内《中山先生对于人民自由的主张》一文。）

解释了这个误会之后，我们还是要转回去问：为什么我们可以说上述国民党宣言内关于人民自由的主张是从中山先生全部遗教中必然可以得到的结论呢？

中山先生将权与能分开，将政权与治权分开，权是人民所有的，能是政府所有的，政权是属于人民的，治权是属于政府的。政府是管理政府的权，治权是管理众人之事的权，人民要有皇帝的大权，政府要是万能的政府，这种大权，就其性质和效力而论，可以分为两类，一类是必须集体行使，而行使之后能发生一定的法律上的效果，因此能够拘束政府和全国人民的，这就是四种政权，选举、罢免、创制、复决的四权，另一类是个人可以行使，而行使之后能发生一定的法律上的效果，因此并不能拘束政府和人民，而只能在政治上和社会上发生或多或少的影响借以间接影响将来四权的行使的，这就是国民党宣言所保障的人民集会结社言论出版居住信仰之自由。假使这个皇帝是一个个人来做的，对于他，自由将不会成为一个问题。现在是"用四万万人来做皇帝"，所以这种自由就有必要。因为中山先生所规划的是一种全民政治，是要全国人民集体来行使政权的，人民要能集体行使政权，必须平时每一人对于他人的需要和意见都很了解，必须大家都个别地和集体地来研究整个国家民族的需要和问题的真理，自己所认为正确的见解必须使他人知道并相信，他人的见解也必须力求自己能够知道。这就需要言论出版集会结社等等的自由。倘若不能如此，那么其势就不必然是每一个人在他个人的小天地中，盲目的行使他的四权。这岂不是一种可笑的现象吗？所以人民的政权越大，则他的责任也越大，他所需要的自由也越大，这是一定的道理。再用中山先生所举的比喻来说明，这个道理可以更容易明白。中山先生用公司来比喻国家，用股东来比喻人民，用经理来比喻政府，股东的大权，通常只是在股东会会议中行使的才会发生法律上的效力，然而他为要能够适当地行使这种集体的权力，他平时是不是需要在股东之间彼此能自由作个别或集体的商讨和研究，并且向经理发表意见和提出问题，还是应该彼此平时完全不相闻问甘于孤陋寡闻，只是到了开会之时，任其意之所至，随便胡乱发言就算了呢？再就汽车的比喻来讲，汽车主任倘若只是一人，那么他个人自由的问题就根本可以不发生，而现在汽车的主任却是两人以上，他们是不是应该对于怎样运用这个汽车的问题，随时交换意见，并且多使司机了解自己的意向，还是应该听其到了问题发生之时，仓仓卒卒地以临时表决之方法来决定对于司机所发的命令呢？这是一个极浅显的道理，它是浅显到这样的程度，使得中山先生并不认为国民党宣言关于这一点的主张还有加以说明的必要，而只需要对于当时到会的代表这样嘱咐："我们表决宣言之后，大家必须依宣言而进行"。

不但如此，人民直接所行使的政权只是自治县内的四权及选举国民大会和各省人民代表与中央重要官员之权（建国大纲第九条、第十六条、第二十四条及第二十五条，又孙文学说第六章）。在此范围之外，人民是否还能行使直接民权，尚有待研究。然无论如何，国民大会和各省人民代表会总有极大范围可以行使政权。可是国民代表会是必须代表人民的意志以行使政权的，倘若人民不能有极大的自由以发表他们的意见，试问这些代表将怎样知道人民的需要和主张，将怎样代表他们？所以国民代表会的政权越大，即人民所需要的自由也越大。

还不但如此，中山先生所要立即实现的国家，一方面与目前社会主义的国家不同，而一方面尤与资本主义的国家相异，洵如一全大会宣言所称："近世各国所谓民权制度，往往为资产阶级所专有，适成为压迫平民之工具，若国民党之民权主义，则为一般平民所共有，非少数人所得而私。"所以一般民主国家还可以不重视人民自由，而我国必须十分加以重视。而一般平民是否确能享有此种自由，则尤为该宣言之所注意，所以它接着又说："凡真正反对帝国主义之个人及团体，均得享有一切自由及权利；而凡卖国罔民以效忠于帝国主义为军阀者，无论其为团体或个人，皆不得享有此等自由及权利"。这就是中山先生所主张的革命民权的界说，不容许牵强附会。

也还不但如此，外国国会都是代表人民的最高立法机关，而我国则以国民大会为代表人民的最高机关，许多国家的国会且本有修正宪法之权，不过在程序上较之制定通常法律稍为繁重而已——即如英国国会可依寻常程序制定修正宪法的法律，法国、比国、德国（一九一九年宪法）国会亦可依照一定的程序修正宪法，而我国立法院则根本不是代表人民的最高机关，它所行使的不视为政权而只视为治权，它只是治权机构——就是政府中的一部门，所以完全不能与外国国会相比。而我国宪法上的所谓法律却就是由它制定的，所以以法律来限制人民自由，在我国尤为不和。

由上述种种理由看来，我们的确可以说：上述国民党宣言对于人民自由的主张是中山先生全部遗教中所必然得到的结论。

当然，就是将中山先生遗教暂置不论，人民自由还是应该得到完全的保障的，因为，正如有些学者所说，自由是发展个人人格或个性的必要条件，换句话说，就是发展个人长处的必要条件；而惟有个人长处都能发展，社会才能进化，所以宪法保障人民自由，是为国家民族社会计，而并不是为个人计的。国家需要运用每一国民的长处，所以必须予以充分发展的机会，这是就一般国家而言需要充分保障人民自由的理由，就我国而言，当然也是如此。而且我国人民向来未曾充分享有此种自由，所以此项理由适用到中国来，当然更为确当。

一方面宪法是为国家打算，所以才保障人民的自由，同时人民也是为了要为国家民族尽最大之努力，提出最大的贡献，所以才主张自由，根本都是政治性行为而不是个人性的行为，所以人民为了这种行为争自由，应该是以能够得到机会向国家民族有所贡献为目的的，而人民也的确就是为了这个目的才努力去争自由。换句话说，就是：人民是为了要尽他的力去替国家民族争自由，所以才为自己争自由，他是为了国家至上，民族至上，所以才将自己的自由看得重。固然，从事言论集会之人不一定都是以国家民族的利益为目的的，也有是为了图谋私利的，也有是目的虽属正当的而方法是错误的，这又应该怎样处理呢？这仍旧要靠言论集会等方法来予以纠正。因为言论集会等等的效用不仅在推广正确的理论和行动，而也在纠正不正确的理论和行动。我们必须这样去了解人民自由，才是正确的了解；倘若将人民看作与国家民族相对立，将人民自由看作与国家民族的利益相背驰，将人民争自由的行为看作是一种自私自利的行为，那就根本误解了人民自由的性质和目的，更误解了中山先生全部的遗教。

综合起来，我们可以根据上述各种理由，对于人民自由的保障和限制问题下这样一个结论，就是：我国宪法保障人民自由，应该采取直接保障、直接限制主义，在保障每一种自由的条文中都自行加以必要的、确定的，比较具体的限制，而不让法律任意限制或在一极广泛范围之内加以限制。这里一方面我们应该说明：虽然国民党宣言所谓"绝对自由权"及"完全自由权"是指完全保障而言，如上所述，而所谓完全保障，仍旧是假定固有的和以后所制不违反本国基本法理的普通法律（如民刑法典等）所加于人民自由的限制是有效的，所以那种保障与加以直接限制的保障在形式上和程度上虽有分别，而在性质上仍属相同，我们也须指出，像《五五宪草》第二十五条规定法律只可于保障国家安全避免紧急危难、维持社会秩序或增进公共利益有必要时才能限制人民自由，它已经采取了直接保障的方式，如上所述，但是这种直接限制过于笼统，漫无边际，结果等于委诸法律任意限制。我们必须就每一种的自由加以它所需要的限制，因为各种自由需要的限制不同，所以如果我们强加各种自由所需要不同的限制归纳在一条之中，就是力求共确切具体，结果终不免笼统广泛的。可是这里却有一点是可以提出的：就是对于反对直接限制主义，见此主义为奇特的论者，我们可以指出，这主意本来就是《五五宪草》所采取的主义，不过我们建议，还要将它的适用再推进一步，然后《五五宪草》划定法律活动范围之目的才真能够达到。

当然，宪法对于每一种的自由所加的限制，必须将应有的限制都包括在内，不应有的限制都不包括在内，这样不多不少，才算适当地规定。这当然是一件需要学问和技术解决的事。然而宪法上困难的问题很多，这一个问题也并不比一般困难的问题更加困难。各国宪法不无先例可考，我国也有拟定的草案可查。再进而就我国法律、政治、经济、社会的现状加以考虑，并不难有满意的解决。困难绝不是一个避免问题的理由，一切人间的完美和周密也到底都只是一种接近的完美和接近的周密。

固然智者千虑，难免一失，限制在当时认为周密的，在事后也还是可能发现疏漏的。但是这个问题并不是不能解决，第一，可能的疏漏是在法律上和其他事实上每一个比较困难问题的解决上都有的，而限制可能的疏漏比较漫无限制或漫无边际的限制，其弊确是小得不可以道里〔1〕计了。第二，为救济这种可能的疏漏，我们本来认为宪法在直接限制以外，尚应加一条文，就是：法律超出宪法限制范围以外而限制人民自由者应提请国民大会复决之。这样可说是连万一的疏漏也都有了补救的办法了。

这就是我们对于宪法应该怎样保障人民自由和限制人民自由这一问题所提出的建议。至于行政机关遇有非常事变时应否有暂时限制人民自由之权，则系属"戒严"与"紧急命令"的问题，需要专文研究，兹不赘论。

---

〔1〕 "道理"原文作"道里"，现据今日通常用法改正。——校勘者注。

四权之行使及运用[*]

王宠惠

旷观世界史，当 1820 年时，全世界共和国，仅美、瑞士、海地[1]三国耳，1930 年，世界上共和国有四十国之多，即现存之君主国家，除阿富汗、暹罗三国尚行独裁制外，其余皆为立宪国家。人民咸有参政之机会，民权之发达，可谓一日千里矣。顾从前主张民权者，揭"不出代议士不纳租税"之标语。百余年来，各国志士仁人，前仆后继，所争者仅选举权耳。在当时以为一有选举权，一出代议士，则民权之争，业已达到目的。惟积百余年之经验，选举权之不足，业为我人所共感。因设有不称职之代表，或与民意相歧之法律，人民仅有一选举权，实不足以书其监督之权。此罢免、创制、复决三权所由来也。此三权者，瑞士美国行之于前，中山先生之言曰："现在世界上先进的民权国家，普遍的只有一个选举权。专行这个民权是不够的，好比是初次的旧机器。只有把其推到前进的力，没有拉回来的力，现在新式的民权方法，尚有罢免权、创制权、复决权。人民能够实行这四个权，才算是彻底的直接民权。"故在国民政府建国大纲内，对于完全自治之县，必以人民会受四权使用之训练为前提，是凡我国民咸有训练四权运用之必要。顾环观国内，除对于选举权尚有了解外，其对于罢免创制复决三权，洞悉其运用者，似不多见。用将四权之精义及先进诸国之历史，略陈于下[2]。聊备筹备自治者之参考也。

---

* 本文原刊于《宣传周报（湖南）》1931 年第 29 期。原文未采用现代标点符号，文中标点为编者所加。

〔1〕 "海地"原文作"海第"，现据今日通常译法改正。——校勘者注。

〔2〕 "于下"原文作"于左"，现据今日通常用法改正。——校勘者注。

（一）选举权

选举权者，人民选举议员或公务员参与政务之谓也，在代议制度之下，选举权实为人民参政之惟一机会。各国选举制度，至不一致，有行限制选举者，有行普通选举者。大概民权争得之初，执政者唯恐选民之太多，故或以性别，或以财产，或以教育程度，或以其他条件限制选民之资格。但自百年以来，民权主义日益发达，天赋人权之说，弥漫宇内。普通选举之制，已成为世界各国共同之趋向。是以中国国民党党纲，亦主张普通选举，以为民权之原则。但对于被选举人，则加以考试之限制，中山先生有言曰："限制选举人，不是一种好的方法，最好的方法，就是限制被选举人。普通选举固好，但是究竟选什么人好呢？于此若没有一个标准，单行普通选举，毛病亦多。"中山先生之意，以为将来握治权者，既为民权之代表，必须有才德技能之人，始足以副人民之委托〔1〕。故其限制被选举人之法，完全以考试为圭臬。凡考试及格之人，始有被选之资格。此制行后，一方面可以杜绝滥竽充数之代表，一方面又可为国家求得真正之人才，意至善也。

选举权为间接民权，人民委托代表参与政治，顾万一委托非人，在其任期未满以前，或有不称职之表示，抑或对于所议法律，或迟不进行，或与民意相凿枘，将用何法以救济之乎？曰：有罢免权、创制权、复决权。

（二）罢免权

罢免权者，人民对于选举之议员或公务员，在其任期未满以前，有随时将其罢免之权也。在单行选举权之国，如议员或公务员不得其人，人民最大之武器，仅为以后不再举之耳。在其任期未满以前，固无如彼何也。罢免权根据于主权在民之原则，人民既有权将其举用，即有权将其罢免。此权发源于瑞士，有数州行之，名为 Abberufungsrecht。其在美国则名为 Recall。瑞士与美国不同之点，即瑞士对于议会全体行之，议会当然解散重选；美国数州则对于议员或公务员个人行之。如1908年 Oregon〔2〕宪法，人民对于一切选举之公务员及法官，皆有罢免之权。如有法定数以上之选民声明不满意之理由，请求将某议员或某公务员重选，并提出候选者姓名。一经选民投票公决，多数同意罢免时，被申请罢免人，即须去职。如投票公决不同意于罢免之权，

---

〔1〕 "委托"原文作"委讬"，现据今日通常用法改正。——校勘者注。

〔2〕 即俄勒冈州。——校勘者注。

故人民之罢免权，最新如 1919 年德国宪法，联邦议会对于未满任期之总统，得以三分二以上之可决，举行国民投票以罢免之。1920 年普鲁士、萨克逊宪法，均规定人民得要求解散议院，是罢免之权，已渐渐实行于欧洲大陆矣。

纵观各国罢免权之先例，普鲁士、萨克逊之制，近于瑞士；德国之制，近于美。瑞士之制抑可称谓人民解散议会权，与行政元首解散议会之旨，大致相同。惟一出于行政，一出于人民耳。顾议会全体未必所属非人，假使有一二不称职之辈，则瑞士之制穷于应付。此中山先生民权主义第六讲中所以主张人民对于一切惯例，皆由放出调回之权也。不主张罢免权者，谓公务员既可随时罢免，或不敢放心办事，以致不能尽量自由发挥其能力，尤其对于法官，如败诉之当事人，得随时运动罢免，将司法独立之谓何。近如美国 Oregon 州之法官 Coke，因释放一被告，致被罢免，其明证也。顾美国各州罢免权，固有不及于法官者，且查美国历史，人民对于罢免权使用者甚少，大都行之于地方公务员。盖罢免权之使用，不在其使用之频，而在有一武器在人民手中，使为议员及公务员者，知所警惕，不敢违法妄为，实为澄清政治之一道也。

（三）创制权

创制权者，法定数以上之选民，对于人民所欲施行之法律，而议会不予提议或加以反对者，得自行提议之谓也。创制权有二，一曰宪法创制权，一曰普通法创制权。其在瑞士联邦，则 1848 年宪法规定经国民过半数之请求，即有提议修改全部宪法之权。至 1891 年联邦宪法，更规定对于宪法一部分修改，亦得由五万以上之选民提议修改，并得提出草案。至于瑞士各州，则人民对于各州宪法及普通法律，除 Freiburg [1] 对于普通法律不能创制外，均有创制之权。其在美国，则自 1908 年南 Dakota 州 [2] 采用创制权以来，各州行之者甚众。德国 1919 年新宪法第 73 条，凡有十分之一以上选民之提议，有提出法律草案要求政府提出议会制权，如议会对于提案有所修正或修改，应付诸民众投票，为最后之决定。

纵观各国创制权之行使，有选民仅能提出原则者，有许其提出具体草案者。选民仅能提出原则者，凡原则经选民提出后，议会应根据原则起草条文，

---

[1] 即弗莱堡。——校勘者注。

[2] 即达科他州。——校勘者注。

如议会对于原则不同意，得付诸民众公决。议会如不同意，仅得提出对议案或反对理由，宣示于众，此其大概也。不主张创制权者，谓其近于侵犯议会制权限，使议会无所适从。但议会行使立法权，原系代表人民行之，人民为国家主人翁，虽经选举代表，而对于其固有权利，并不因举任代表而减少，则其有自行制定法律之权也固宜。非然者，议会不肯提出或反对之法律，原有请愿之权。不知请愿权，仅系一种表示，议会对于人民之请愿，得以自由取舍，实有反客为主之慨。至创制权则人民对于提案之法律，仅系一种表示，议会对于人民之请愿，自行使其实现之权，其效用之巨，与请愿权固不可同日而语也。

（四）复决权

复决权者，法定人数以上之选民，对于议会议决之议案，加以可决或否决之谓也。复决与罢免创制两权，同渊源于瑞士，而复决权之源尤古。自中古以来，瑞士各州已有行之者，复决之制，创于格劳宾登（Grison）〔1〕及瓦莱（Valais）〔2〕两州，而始规定于宪法者，实为 1831 年之圣加仑州（Saint Gall）〔3〕。至美国则对于普通法律之制定或修改，自 1910 年阿肯色州（Arkansas）〔4〕采用复决制后，各州大都仿行。至对于宪法之制定或修改，则各州除新罕布什尔州（New Hampshire）〔5〕及特拉华州（Delaware）〔6〕外，均付之复决。其在欧陆则瑞士 1809 年宪法，即有咨询民众之制。欧战以后，如德国、普鲁士、巴伐利亚（Bavaria）〔7〕、萨克逊（Saxong）、奥国、爱沙尼亚（Estonia）、立陶宛（Lithuania）、拉脱维亚（Latvia）〔8〕、捷克诸国新宪法，均经采用复决之制。其在英属则澳大利亚、纽西兰、加拿大、爱尔兰诸邦，亦皆采用复决。盖复决之制，用以征询民意，此较简单。流用之广，实为罢免权及创制权之上。瑞士美国对于宪法之颁布或修改，非经人民复决，不生效力，业已成为一种天经地义。瑞士且推广及于条约，依 1921 年修正宪

〔1〕 "格劳宾登"原文作"格里松"，现据今日通常译法改正。——校勘者注。
〔2〕 "瓦莱"原文作"伐来"，现据今日通常译法改正。——校勘者注。
〔3〕 "圣加仑州"原文作"圣茄尔州"，现据今日通常译法改正。——校勘者注。
〔4〕 "阿肯色州"原文作"阿尔刚萨州"，现据今日通常译法改正。——校勘者注。
〔5〕 "新罕布什尔州"原文作"新杭夏州"，现据今日通常译法改正。——校勘者注。
〔6〕 "特拉华州"原文作"德辣威州"，现据今日通常译法改正。——校勘者注。
〔7〕 "巴伐利亚"原文作"巴威"，现据今日通常译法改正。——校勘者注。
〔8〕 "拉脱维亚"原文作"拉特威亚"，现据今日通常译法改正。——校勘者注。

法第 89 条，人民对于无定期或期限在 15 年以上之条约，经三万选民或八州以上之请求，即须付之复决。此项扩充程度，或致引起外交上之纠纷。如 1923 年瑞士民众否决法国瑞士所订立关税自由区条约，其明证也。复决之大别有二，一为强制复决，议会对于通过之法律，必须付诸人民可决或否决么，凡法律通过公布后，如于一定期间内，由法定人数以上之选民，请求将该项法律付复决时，即须付之复决，但逾期无请求者，其法律即为确定。如瑞士联邦宪法第 89 条所规定是也，复决权之根据，实源于卢梭之民约论〔1〕。卢梭之意，主权不能被人民代表，而议员仅为人民之委员，并无决定之权。故一切法律，必须待人民批准，方生效力。不主张复决权者，谓其既行代议制，而同时减少其信仰，且人民对于法律，不甚了了，往往任意复决，不知复决权与创制权同效用。实为人民监督议员方法之一。创制权为积极监督之行使，复决权为消极监督之行使。近美国瑞士各邦，对于妇女参政、禁酒、教育、税务各问题，举行复决者甚众，足以充分表示民意。即瑞士加入国际联合会，亦会经过人民之复决。惟以各国经验可得，复决问题欲求其有良好之结果，则（1）付复决之问题，宜于简单，使民众易于了解；（2）每次举行复决提出之问题，不宜过多，瑞士每一次复决者，仅有三四问题耳；（3）提付复决之问题，不宜与选举议员同时举行，以分选民之心，或因对人问题，影响及于本题。要之，复决权之行使，果能运用得宜，实为民权不可缺之要素也。

要之，施行直接民主制，由人民自行管理政务。如瑞士 Landsgemeinde〔2〕制度者，既不易行，则于间接民权制选举权外，施行直接民权制之罢免、创制、复决三权。一方面足以救济代议制之穷；一面实为表现民权主义之彻底办法。常人类于世界各国行直接民权者之尚未普遍，则竞以为新奇，不免有所却虑。然施行罢免、创制、复决三权，不特使人民自知其责任之重，且使人民对于政治有研究之兴趣，有练习之机会。征诸先例，在行驶直接民权之各国，人民对于该项民权，并不滥用，则为造成新民国计，诚有依照中山先生遗训，努力实行四权之必要也。

---

〔1〕 即指"社会契约论"。——校勘者注。

〔2〕 即"州民大会"。——校勘者注。

实施宪政与行使四权[*]

王宠惠

实施宪政，本为中山先生遗教所昭示，亦我国数十年来一贯之目标，《建国大纲》乃实施宪政之所本，而三民主义更为宪法精神所托，吾人研究宪政实施问题，同时亦应研究民权之行使，爰拟略抒所见，以供国人之参考。

一、宪政实施之要义

宪法为国家根本大法，其条文字句之重要，自不待言。但凡百法律，贵在能行，宪法自非例外。吾人须知法之所以为法，亦即法之所以能行者，其基本要件，不仅在乎条文之本身，而尤在养成守法之习惯与风气。否则无论"法"之内容如何优美，苟无良好之守法习惯与风气以为之辅，则白纸黑字，将成具文；宪政云云，徒成虚语。

中山先生尝谓："国人习性多以订章程为办事，章程定而万事举，以是事多不举。异日制定宪法，万不可再蹈此辙。英国虽无成文宪法，然有实行之精神。吾人如不能实行，则宪法犹废纸耳。"而言深值吾人警惕。故所贵乎宪法者，在能切实遵守，顺利运行。法之实行，自与法之内容有连带关系。内容适当，则只须上下决心遵守。自为顺利实行，否则纵有诚意，亦难确立守法之习惯与风气。以言内容，一部宪法，应兼顾理想与现实。过重理想，则无异闭门造车不合实用。法儒孟德斯鸠所谓制度无绝对优劣，胥以其是否适合国情为断，即是此意。但过重现实，则不啻完全守旧，缺乏进步。故必须理想与现实兼筹并顾乃能成功。美国 1781 年所定《宪法》，其所以能顺利运

---

　　* 本文原刊于复刊《中华法学杂志》（第 5 卷）1946 年第 2、3 期。原文未采用现代标点符号，文中标点为编者所加。

行者，其主要原因盖在当时订宪诸公对于各项重要项目，如中央与地方权力之分配、行政权与立法权之关系、各邦在国会代表席数之多寡等等，能将各方意见折中调和，兼顾理想与现实。此则为治宪法史者，所一致承认者也。

世之论宪法者，每有所谓"成文宪法"与"不成文宪法"之分，此特相对而言耳。其实严格言之，世界各国无纯粹之成文宪法或不成文宪法。盖所谓不成文宪法，莫不有其成文部分，而所谓成文宪法，亦莫不有其不成文部分。试以英美二国宪法为例。英宪，世所谓不成文宪法也，然其重要组成部分，如《大宪章》、《权利书》[1]、《议会法》等，皆一一著有明文，而今年成文部分且有逐渐扩展之势。又如美宪，世所谓成文宪法也，然而例如联邦最高院对于中央及各邦各种法规，虽经正式颁行，能于判决案中宣告其违反国宪而无效，此项制度，不见于宪法条文，而全系基于实际运用与惯例。由此可知现代宪法各有其成文与不成文两部分，端赖宪法解释权制善为运用也。

宪法学者玛金讬斯曾谓宪法乃系长成而非造成，此言亦值吾人思索。盖制宪犹之播种，其发荣滋长端赖培育，绝非任意移植，所能成功。英国号称宪政之母，其政治制度，经数百年来之递嬗演进，始有今日之宪政。法国在大革命之后，经九次制宪，始告成功，此可为上项论据之良好说明，以故吾人研究与准备宪政，对于宪法条文固应重视，而条文以外，亦应即养成守法为荣，违法为耻之精神也。

实施宪政，包括政府五种治权与人民四种政权之行使。关于五权制度，五五宪草已有规定，目前各方提出商榷之意见不少。关于四权行使之讨论，则尚属不多。爰就四权制度，略加研究。

二、各国行使四权之制度与经验

所谓民权，照中山先生遗教所示，即选举权、罢免权、创制权、复决权，是谓人民四权。四权之中，就性质而言，选举与罢免，以人为对象；创制与复决，以法为对象。就作用而言，选举于创制显系积极，而罢免与复决则系消极，扼要言之，人民有此四项民权，则对于"治人"与"治法"产生控制之作用。

并世各国，除选举而外，同时实行罢免、创制，与复决之国家，最著者

---

[1]　即《权利法案》。——校勘者注。

为瑞士及美国。在瑞士行之于中央及邦，在美国则以邦与地方为限。至其他先进民主国家，如英如法，迄无罢免、创制或复决制度。他如上次大战后，德意志、澳大利亚、立陶宛以及苏联诸国亦有采用此三项民权之一种或数种者。就瑞美诸国政制史而言，大抵先有选举制度，然后渐次及于其他三权。兹于近论我国人民四权行使以前，先将各国行使四权之概况，约略叙述。

（一）选举权

选举权在四权中历史最久，有直接行使与间接行使之分。选民对于议会或官吏，能径行投选出者，是为直接选举。凡第一步由选民票举"选举人"，第二步再由"选举人"投票产生议员或官吏，是为间接选举。关于选民资格，最初有财产、性别等各种限制，现在大多数国家对于选举资格，除仍保留必要之限制，如国籍、年龄、居住等项外，多已处于普及。

（二）罢免权

所谓"罢免"，乃指人民对其所选官吏或代表投票罢免，与政府对其官吏之免职迥异。罢免范围，各国不一。瑞士各邦，罢免适用于议会议员及民选行政官吏；美国各邦，罢免大抵限于议员及民选行政官吏，但间亦有罢免民选法官，甚且有罢免非民选之官吏者，关于罢免议员一点，瑞士各邦所行者为全体罢免制，美国各邦所行者则为各别罢免制。

罢免权之行使，旨在淘汰不称职之民选官吏与议员，即中山先生所谓"放出去拉得来"之意。惟若使用太滥，将使被选者趋避畏葸，无所作为。故美国各邦对于罢免案之提出，往往设有限制。例如规定当选者在就任之初期（三月或一年），不得由人民提出罢免案。又例如规定提出罢免案者，须缴纳相当保证金，若赞成罢免之票数太少，不及投票总数一百分之几者，此项保证金由政府没收之。再例如规定对同一当选者，在同一任期内，不得提出第二次罢免案。凡此限制皆所以杜绝罢免权之滥用也。

（三）创制权

创制有制宪创制与立法创制两种，瑞士各邦大都兼采两者，在瑞士中央，则只有制宪创制而无立法创制。美国各邦则有仅限于立法创制者，有兼许人民得用创制以修改邦宪者。关于创制程序，各国不一。有由人民提出法律原文草案者；有由人民提出立法原则，而由议会据以制定详细条文者；亦有两者并用，如瑞士关于联邦宪法之创制者，创制法律全文，利在确切具体，但有时失于草率，创制立法原则，固较妥善，但立法机关据以订定条文，有时未必悉合人民原意，若就实行难易之程度而论，则在实行之初期，由人民提出立法原则，由议会制定法案之办法，似较妥善。

（四）复决权

复决亦有制宪复决与立法复决二种。大抵前者为强制复决，即宪法之修正案，并非人民投票通过，不得成立；而后者则多数为"选择复决"，即普通法律非由人民依法提请，不付复决。瑞士各邦大都兼采制宪与立法两种复决；美国各邦则一致采用制宪复决，而较少数之邦，同时采用立法复决。复决之程序，有由人民提请者，亦有由政府交付者。复决之作用，在拒绝议会制定违反民意之法律，用意至善。但实行结果，亦值吾人思索。例如瑞士中央及地方行使复决制之经验，根据统计，凡系增加人民负担之法律，但扩充联邦军力，给予官吏恩俸，强迫劳动保险，征收遗产继承税等，往往遭受人民否决。故复决制度之如何妥善运用，弥值研究也。

三、我国行使四权问题

中山先生遗教昭示，关于人民四权之行使，在中央为间接，在地方为直接。《建国大纲》第二十四条规定："国民大会对于中央政府官员，有选举权，有罢免权，对于中央法律，有创制权，有复决权。"是人民在中央，系由国民大会间接行使四权。《五五宪草》第三十二条即以此为根据，又《建国大纲》第九条规定："一完全自治之县，其国民有直接选举官员之权，有直接罢免官员之权，有直接创制法律之权，有直接复决法律之权。"是人民四权在地方上仍系直接行使；五五宪草第一〇五条即以此为根据。

人民四权在中央执间接行使，性质难属重要，但程序较为简单，兹不具论。其在地方上之直接行使，则关于地方与程序，有待研究之问题甚多。

以言四权实施之地方，系为自治单位依《建国大纲》第九条，《五五宪草》第一〇五条之规定，自得行使四权。关于省之一级，则建国大纲规定省长得由国民代表大会选举（第十六条），而未提及省议会制设置。依《五五宪草》，则省长由中央任命，设置省参议会，所以辅助省政，而非立法机关。故将来人民四权，在省是否每项行使，提供国人研究。

（一）人民直接行使政权，固以县为单位，但凡能从下级地方单位着手者，似应从下级地方单位着手。此盖区域蔽小，易于试行，例如选举，即可于乡镇一级先行开始，而后再及于县。《县各级组织纲要》第三十一条规定，乡镇长由乡镇民代表会间接选举，同时规定"乡镇长选举实施日期另以命令定之"。将来乡镇长实行间接选举，卓有成效以后，可进而采用由乡镇民直接选举之制度。乡镇人民既有选举权，似亦应有罢免权。至于乡镇一级，将来有无创制权与复议权，似可视乡镇有无颁行单行法规之权。

（二）完成地方自治之县，其人民始可行使四权，此系《建国大纲》之规定。可见人民行使四权，并非全国各县同时开始。但就一县而言，四种民权，在试行之初期，是否不必同时开始，而可以法律分别规定具有某某项条件时，其人民得先试行直接选举罢免权；俟自治条件完成时，进而行使复决与创制权。盖选举罢免对人，创制复决对法，前者较为简易，后者较为繁难。

（三）直接民权行使之范围，似可由小而大，次第扩充，否则欲速不达，恐滋流弊。举例言之，一县之选举与罢免，是否先行于县议会议员，再及于县长？一县之复决或创制，是否先限于地方上教育、卫生、公共建设、公用企业等事项，然后再推及地方上其他事项？类此问题，吾人均应深切考虑。

（四）关于行使四权之资格。抽象言之，不论选举或罢免、创制或复决，凡有投票资格之国民，自应一律参加。然而创制复决所欲解决之问题较诸选举罢免，尤为繁复，前已言之。吾人可否于试行之初期，规定行使复决权或创制权之资格，较高于行使选举权或罢免权之资格。例如选举权与罢免权，似不必有识字资格之限制，而复议权与创制权则规定限于识字之公民。[1]

总之，人民行使四权，责任既重，关系亦大。中山先生知其然，故于《建国大纲》中规定实施宪政，必须先经训政阶段，并于遗教中谆谆以训练人民行使四权为言。吾人旁参欧美经验，内察我国国情，对于四权之直接行使，以可循序渐进，次第扩充，尤宜先有准备，训练人民。使明了选举、罢免、创制、复决之意义。而国民识字运动尤必加紧推行。人民之须经训练，固无论已。即在地方上办理四权行使之员吏亦先有训练与准备，庶几推行四权制度时可一切顺利。倘行使四权之人民以及监察人民行使四权之员吏，训练不普遍，准备不充分，则四权制度运行至成绩如何，殊少把握也。

---

〔1〕 美国人民之平等知识水平，不为不高，而目前四十八邦中，有十九邦对于选举权尚规定须具识字资格。

美国宪法上的言论自由*

费 青

　　一九一九年，美国已加入了第一次世界大战，俄国已发生了共产革命，在美国联邦最高法院内正审判着一件举世瞩目的诉讼案件（Abrams V. U. S）。这案件足以说明，民主国家的宪法，和人民的基本权利有什么关系，通常法律能否限制基本权利，法官怎样成为宪法的守卫者，宪法或法律为什么[1]不是一个偶像，而是一个活的试验方法？这些问题，正是我国人民在创制一部民主宪法中所急应了解的。

　　这案件的事实很简单：被告 Jacob Abrams 和其他几个俄国移民，在纽约市中心散发传单，传单内容：反对军国主义和资本主义国家的干涉俄国共产革命，指摘美国总统对于这种干涉的缄默，警告在美的俄国移民勿参加讨伐俄国共产革命的自愿军，更指出美国的军火工厂所制造的枪弹不只用来对军国主义的对德作战，而更用来射击俄国在革命中的同胞，所以主张军火个工人一致罢工。在下级法院，被告等已被处二十年有期徒刑，因为被告等印刷和散发上述传单的行为，被认为触犯了一九一七、一八年美国国会所制定的叛乱法。被告等现在上诉到联邦最高法院。

　　美国联邦最高法院是由九个大法官所组织。它的判决是由这九个大法官多数票决。但不同意这判决的少数大法官却有将他们的异议和判决一起宣告，虽是异议不具判决的法律效力。对于这个异议宣告制度，我们一定会感到惊异。它好像不只有损判决的威信，更妨害了法律的尊严，因为法官中既对判绝能不同意，对法律能有不同解释，怎么还能使人民相信这判决，这法律，

---

　　* 本文原刊于《再生》1946 年第 114 期。
　　〔1〕 "为什么"原文作"为怎么"，现据今日通常用法改正。——校勘者注。

是不错的呢？可是正是这个制度才说明了民主的真义。在民主正义下，真理不是一个绝对的偶像，而是一个始终由人在努力发现中的试验方法。在反对民主的德国，可以把一个希特勒认作为绝对真理。但在民主国家，不只任何统治者个人不是绝对真理，甚至法律或判决本身，也需要不断的修正和改进，这修正和改进乃建筑在保障少数反对意见的自由表示，法院判决的附有异议宣告，正是保障少数意见的典型制度。

本文所述案件的所以著名，不是在他的多数判决，而我在它的少数异议。美国联邦法院对本案的判决虽维持了下级法院的原判决，但是霍姆斯[1]大法官 Justice Holmes 的异议却成了此后美国宪法上言论自由的权威[2]解释。他和弥尔顿[3]（Milton）的 *Areopagitiea*[4]，约翰·密尔[5]（S. J. Mill）的 *On－liberty*[6]，鼎足而为奠定英美言论和出版自由的不朽经典。

美国宪法的第一条修正案内规定："国会不得制定法律，以限制言论或出版自由"，所以在原则上，不只美国行政官吏不能以命令，即是国会亦不能以法律，干涉人民的言论和出版自由。可是问题还得发生：宪法所保障的言论究竟是指什么？例如以直接促成犯罪行为为目的的言论，是否也受保障？这些问题在战争中更易发生，美国国会既于一九一七制定了《叛乱法》，使破坏战争和危害国家的行为，成为犯罪行为，一九一八该法的修正案，更使以促成叛乱行为为目的的言论，亦在禁止之列。于是这种法律，是否违反宪法，乃成为问题。在先两个案件中 Schenks V. U. S. Debs V. U. S. 霍姆斯大法官曾代表联邦最高法院在判决中称：宪法所保障的言论，固非绝对的，但法律所得禁止的言论，必须依当时情形，"显然"和"直接"的将引起危险，此危险更须为国会有权用法律防止者。依此标准，他一定认为《叛乱法》内对于言论自由的限制并不违宪，但另一方仍主张对于此种法律应该予以狭义解释。

霍姆斯大法官根据了上节的基本立场，对于本案判决对被告 Abrams 因印发前述传单而判处二十年徒刑，认为违反了宪法内保障言论自由的规定。他

---

〔1〕 "霍姆斯"原文译作"霍尔姆斯"，现据今日通常译法改正，下同。——校勘者注。

〔2〕 "权威"原文作"威权"，现据今日通常用法改正。——校勘者注。

〔3〕 "弥尔顿"原文译作"密尔顿"，现据今日通常译法改正。——校勘者注。

〔4〕 "Areopagitiea"为弥尔顿著作《论出版自由》。——校勘者注。

〔5〕 "约翰·密尔"原文译作"约翰·密勒"，现据今日通常译法改正。——校勘者注。

〔6〕 "On－liberty"为约翰·密尔著作《论自由》。——校勘者注。

认为从本案一切证据中，无从证明被告具有破坏美国对德战争的"故意"，此"故意"乃《叛乱法》内所明白规定叛乱言论必须具备的要件。所以他不得不认为多数法官的判决被告为有罪，并非如判决理由内所说，为了他印发传单一行为，而骨子里却为了他所信奉的主义，以法律来禁止信仰不同的言论，总是违反了宪法保障言论自由的主旨。他接着解释言论自由的真义，这段文字便成为他最出名的异议：

"反对意见的禁止和处罚，我认为很合逻辑，这〔1〕是我们坚信自己的意见是唯一的真理，并且想用全力使它实现，当然会用法律来排斥一切异己。不然，便因为我们自己信仰不坚，或是认为反对意见本无充分理由，不会发生影响，或是甚至因为我们感到没有禁止反对意见的实力。可是，当人类已经看清楚无数斗争过的不同信仰，已为时代所推翻，他们会终于相信，惟有在思想的自由贸易中，他们总能逐渐获得真理——真理的最好试验，便是它在自由竞争的市场中能被接受，也是因为它是真理，总能获得现实。这是我们宪法的基本原则。宪法是一个试验，正像一切生命都是一个试验。无论何时，我们须得将我们的命运，赌注在建筑于有限知识的预言上。我认为：试验既然是我们政制的一部，我们就应永远和有力地提防着：不要使我们不爱听的意见受到的意见受到禁止，除非这种意见已直接和显然危及了法律……宪法第一条修正案：'国会不得以法律限制言论自由'的大原则，只有在紧急的必要下，才能许可例外。当然，我这里所说的只指表示意见的言论，而本案件内被告的言论正属此类，所以我不得不郑重地认为被告在本判决中是被剥夺了宪法上所保障的权利。"

霍姆斯大法官这个异议，虽救不了本案里的被告，但正像他的其他异议一样，已逐渐为此后多数法官所采纳，而获得法律效力，这里我们可以看到：宪法和法律都是在逐渐改进和生长中，而不是像一般人所想象〔2〕的死的条文。

---

〔1〕 "这"原文作"著"，现据今日通常用法改正。——校勘者注。
〔2〕 "想象"原文作"想像"，现据今日通常用法改正。——校勘者注。

言论自由与民主[*]

桂　裕[**]

　　言论自由是民主国人民的基本权利中最重要的一项，所以，不谈民主则已，谈到民主就必然要联想到言论自由，仿佛二者是不分家的。究竟言论自由与民主政治的关系怎样，论者往往在其程度上有歧义的见解。对于此点，阐明得最为精确明了的，要推法国的伏尔泰（Voltaire）。他说："何谓民主？民主就是这样一回事：你的言论，我没有一句不反对，但是你的发言权，我却要拼了命来替你保障的。"（Democraey－I disagree entirely with what you say, but defend with my life your right to say it.）民主政治与言论自由的关系于此可见。在最近被战败的德意日等轴心国，无论在平时或在战时，人民的行动和言论（尤其是言论）都受政府严密的管制，当然谈不到自由，因而也说不上民主。英美等国虽在作战时期仍许人民于无妨于国防大计的范围内有充分的言论自由，所以这些都可称为民主国家。大凡民主国家无不重视言论自由。美国麻州（Massachusettes）一七七八年的宪法因漏列关于言论自由的条文而未获通过。美国联邦宪法的追认，以其有言论自由的保障为条件，因而于一

---

　　[*]　本文原刊于《东方杂志》（第42卷）1946年第4期。

　　[**]　桂裕（1902～2002年）字公绰，浙江慈溪（今宁波）人。1927年毕业于东吴大学法学院（第10届），获法学学士学位。任职于上海商务印书馆，担任英文编译。1930年，入上海地方法院，历任司法行政部编审、上海第一特区法院推事、上海江苏高二分院推事、上海高等法院推事。后服务于国民中央政府，抗日战争时期，担任国防最高委员会秘书。担任司法院参事。抗日战争胜利以后，1946年，派往日本东京，出任远东国际法庭检察官，参与国际审判日本甲级战犯。历任台湾大学、法官训练所、东吴大学、辅仁大学、中国文化学院（今中国文化大学）教授或客座教授，讲授法律法学，是海商法、保险法的权威专家。1958年，代表中华民国参加联合国的第一次海商法会议。著作有《大陆法系与英美法系》、《司法官之素质与数量》、《法律之理论与实践》和《处置日本在华财产文法律观》、《英译中华民国民事诉讼法》等。

七九一年第一次宪法修正案内重申其保障，法文略云，"国会不得制定灭削出版自由……之法律……"有人说这次世界大战是民主和非民主两种政治思想的斗争。因而言论自由也就是民主集团作战目标之一，现在民主战线打了胜仗，在一方面观察，也可算作言论自由获得了胜利。美国故大总统罗斯福先生在一九四二年二月二十三日的广播演说中主张四项自由（Freedom of speech, freedom of religion, freedom from want, and freedom from fear），而以言论自由列为第一。记得战事结束未久，美国政府发言人声言美国愿扶助言论能得自由的国家，使之迅速复苏[1]云云。这些事实都是足资以说明言论自由在这次世界大战中所具的意义。

言论自由不过是人民种种自由中之一种，而现代民主国家偏将这一项看得如此严重，理由何在呢？扼要地说，民主政治的运用，虽有各种方式，而以言论自由之有无保障为其枢纽。倘使言论不能自由，便无从发动正常的舆论，没有正常的舆论，便不能行使选举罢免创制复决等直接政权而实施真正的民主政治。所以，言论自由尺度的宽狭是民主政治的寒暑表，尺度愈宽愈民主，尺度愈狭愈不民主。我国为抵抗日侵略，足足血战了八年，好不容易才争得了最后的胜利。人们于欣喜鼓舞之余，一切地关切是后的政治建设，深感往日外患之来有其内在的原因，惩前毖后，惟有外迎潮流，内顺舆情，从速奠定民主基础，纳政治于正轨，庶几清平有日，复兴可期。尔来举国上下莫不高唱民主，盖有故焉！惟提倡民主未可专重形式而忽略实际。实行民主虽云头绪万千，实际却甚简易，首要一点无非在使言论有真正之自由，假使我们在言论自由一方面，多用工夫，做到政府能尊重人民的言论自由，而人民也能互相尊重彼此的言论自由，如此，在第一阶段上说，政治已经是民主了。得其端倪，其余种种如缫丝抽茧，应非难事。至于管理公共事务，应该属于政府的职掌。目前科学进步，生活情况复杂，行政业务，五花八门，各有专长，不是人人所能偿当，自宜委任有特别能力或有专门技术的人们去支配管理，即所谓专家政治是。中山先生创权能判分之说，"人民有大权，政治有万能"，意旨即在于此。民主的意义是说人人可以管政府，不是要人人去做官。假使我们对于政府的职位自不量力，你抢我夺，势必弄成乌烟瘴气，一团糟糕，殊与民主的意义相背。孙行者大闹天宫时，夺了玉皇大帝的座位

---

[1] "复苏"原文作"苏复"，现据今日通常用法改正。——校勘者注。

说，"交椅轮流坐，明年我为尊"。好像如此才是民主，其实玉皇的久占宝座固然不民主，而孙行者要想取而代之，其动机也不民主。说一句话，假使四万万五千万人民，没人取得轮流坐一天大总统，我至少要准备活一百多万年，才可能有轮到的一天，岂非荒唐？

言论自由在我国是一个新兴的问题，但在欧美各国却是数百年来的一个争端，说来话长，只得简述一下，以便梗概。欧西人民可谓自始未有自由，一举一动无不受有拘束，言论更不用谈了。在历久的压迫下，渐起反抗，随着民主思想的发达，喊出不自由毋宁死的口号，革命流血，再接再厉，才有今日的成就。但是时至今日，其所加于个人自由的限制还是较之吾国为多。其在往日，言论之涉及政治或宗教问题者固在取缔之列，即关于哲学科学之理论学说，如与当时一般见解相背，亦往往斥为异端（heresy），酿成讼狱，西洋历史上此种记载数见不鲜。英国是历史最悠久的民主国，在一七〇〇年已行代议制，但是当时议院的辩论却不许任意刊布。爱德华盖佛（Edward Cave）在《绅士杂志》（*Gentlemen's Magazine*）里刊载次项消息，便以污蔑议院的罪名被控入狱。后来威尔克（Willke）假托小人国（*Lilliput*）的故事，刊布议院辩论的要旨，以避法律。如此反替他在文坛上造就很大的名望。一八四三年康贝尔的诽谤法案（Lord Campbell's Libel Aet）成立，许以真情实据为诽谤的辩护（Truth as a defense to criminal libel），言论的范围于是放宽。接着，于一八五五年废止书报税法，一八六九年废止新闻纸及印刷品管制法。渐渐地一般人相信真理是要经研究而能得到的，讨论得愈详细，愈见得真实。关于政治问题，尤须公开批评。此种批评是人民实行监督政府的唯一手段，淘于国家有利而无弊。美国自始以民主姿态出现于世界政治舞台，故无论联邦宪法或州宪法都给言论自由以明确的保障，但事实上却也不免有多少波折。一七九八年为防止外国革命思想之蔓延，制定处理外国人及叛乱法（Alien and Sedition Act），严厉地禁止毁谤政府之著作而惩罚著作权人，直至杰斐逊[1]总统（President Jefferson）任内始予废止。在第一次世界大战时期，亦会对亲德主义及俄国革命学说的宣传加以禁止。一九一七年制定的间谍法（Espionage Act），及一九一八年制定的叛乱法（Sedition Act）"其严峻与前之处理外国人及叛乱法相等，有很多人因是被控入狱，甚至学校用的课本及教材都要经审

---

〔1〕 "杰斐逊"原文作"杰佛逊"，现据今日通常译法改正。——校勘者注。

查。记得在二十年前，美国某处一所大学请一位学者演"进化论"史，他指出人类的祖先是猿类而非上帝，因而引起轩然大波。那处人民虔奉宗教，教会势力膨胀，大家斥责畜类看作祖宗，真是妄自菲薄，大逆不道，结果对那位学者提起诉讼。可见英美虽号称先进国家，而其人民的言论实在还不充分自由，钳制言论的不但为法律和政府，就是保守的思想和妄从的舆论也随时随地在作祟。吾国在秦汉以前，言论原极自由，诸子百家，标新立异，各树一帜。秦汉以后，言论虽不似先前之放任，但亦仅于政治方面有所限制，倘我们有暇到茶坊酒肆里去消磨半天，便可听见各种言论，有时慷慨激昂，淋漓尽致，甚至一言不合，拔剑相向，事所常见，可是表演虽极精彩，实际都不认真，言者姑妄言之，听者姑妄听之，说过听过，一切完事，于政治经济学术思想全然不生影响，因为不生影响，所以政府认为这些言论都无"害处"，毋须禁止。"笑骂由他笑骂，好官我自为之"，不理不睬，自然烟消云散，平静无事。英美人的作风便大不同，假使看一场戏要纳百分之四十的捐，吃一杯牛奶要抽百分之三十的税，早会有人站在戏院或食堂旁边演说攻击或在报章杂志著文批评，而政府也要踌躇考虑了。在英美等国，言论会发生作用，所以限制多，而大家不稀罕言论自由。从前者观，言论自由的范围愈宽大，自然愈民主，从后者观，言论自由的范围虽宽大，还是不民主。理由何在呢？其关键在人民本身。假使人民对于民主政治认识不清楚，对于公众利益不关切，自然不会理解言论自由的重要性而善为利用这个民主政治的工具。结果所至，言论自由与民主政治竟会脱节，背道而驰。

如今我们要谈民主，第一要将没有羁束的言论纳入正轨，使能发生作用。在目前情况下，我们不必要求更宽大的言论自由，却要将现有言论自由自动的加上一个限制（不是指法律上的限制，因为法律上的限制早已有规定了）。如此，不是有人要问，你们不谈民主，我们原很自由；现在谈了民主，我们反受拘束了。须知没有限制的自由是原始时代的自由，结果会使强者有自由，弱者无自由。有限制的自由才是文明社会的自由，是平等的自由，平等的自由是说每个人有定量分配的自由，不多不少恰到好处。自由的妙处便在这个由民主意识而产生的限制。关于言论自由，兹依常识略举数端，俾国人在实行民主之际，借以检束：

（一）要尊重他人的言论自由

我们欲珍爱自己的言论自由，首先要知道尊重他人的言论自由，这是理所当然的。伏尔泰说，我尽管不赞成你说的话，但是你的发言权是我要尊重的。这样才是民主风度，这样才能推行民主政治。眼前有个不快意例子足以证明我国还未能做到此层。政治协商会议结束后，几位热心人士在重庆召开民众大会，庆祝协商成功，同时也无疑地旨在试行民主，不料结果却演出一场大武行，弄到涉讼法庭，啼笑皆非。究竟当时经过如何，因未身历其境，无从臆断，惟就抢夺话筒一事而观，不禁感慨系之。此幕可称为"言论自由之斗争"，好像话筒抢得，言论自由便可独占，他人不得染指。假使言论自由可以如此夺取，那么螳螂背后还有黄雀，言论愈自由，恐怕政治会愈不民主。民主国人民自身要有铁一般的纪律来约束，不可自乱步伐。言论自由，正如他种自由一样，是相对的而不是绝对的，惟有在互尊的条件下，才能获得保障，亦惟有在这同一的条件下才能发生功能。我们在实行民主之际岂不加审慎？

（二）要重公益而不可争意气

民主政治是指人民大家来管教政府，而其主要的工具则为言论。所以我们的言论要重公益而不可争意气。重大的事情，如外交国防政治经济等等，假如政府管理不当，我们自须指摘批评，就是细微的事情，如地方治安，公共卫生，也是我们说话的资料。不要以为于自己无影响或者影响不大，便漠然置之。各人自扫门前雪，不管他人瓦上霜，不是民主的作风。但有一点必须注意，言论自由断然不是指言乱的放任，不要以为有了言论自由，便可任意诽谤或损害人家，我们还得要自负法律上的责任。我过法律关于诽谤或损害人家，我们还得要自负法律上的责任。我国法律关于诽谤事件也采取 Truth as defence 的原则（刑法第三百十条第三项），但是绝不是真实都可资为辩护，中间还要有一个区分。譬如，有一个现行窃盗犯，你追踪着呼他为贼，倘他告你妨害名誉，你自可以真实为辩护。但是在他被判罪处刑以后，倘你当众骂他为贼而他告你妨害名誉，你就无话可辩，因为前者是无恶意的，后者是有恶意的，情节有所不同。我们不希望人家谩骂我们，便不可谩骂人家。己所不欲，勿施于人，古有重诫。这也就是民主生活必要的条件。还有更要紧的一层，自己的主张不必强人从同。须知说不说是我的自由，听不听是人的自由。假使立场正——就是重公益而不争意气——不怕人家不听，反之，终然千言万语，舌敝唇焦，也没法使人相信。林肯说："你可能欺骗一地方的人一时代人，但是你不能欺骗全世界人全时代人。"不要以为打了人家或骂了人家，人家便会听从你。只有痴人才有这种痴想。

（三）不可妨害公共秩序善良风俗

民主国家的人民应有充分的言论自由，而言论的范围应该是属于公的。但要注意，在行使这个特权时，不可因这个公益而妨及另一个公益。英国在海德公园（Hyde Park）里任何人可以集众演说，批评国策，讨论政治，因为在这场所不会妨碍公共秩序。若在通衢大街也如此做，警察便会来干涉禁止，但是他干涉的不是你的言论自由，而是你的妨碍交通，因为这种地方不是集众演说的适当场所，他有更重大的公益上的理由，可以有权来干涉。从而，言论之有挑拨性而足以刺激公众情绪，发生社会扰乱，或妨害善良风俗者，均为法律所不许，负有治安责任者都有权可以禁止。前已言之，民主国家人民自身要有铁般的纪律，倘将这个神圣的特权滥用了，结果会削弱他的效力，妨害他的运用。

（四）不可妨害国家民族

"国家至上，民族至上。"是有国家的民族，及成民族饿人民都应该认识的要义，故发表言论，要以国家民族为前提，不可妨害其利益，我们要求言论自由，也无非要达到这个目的。准是关于政治的言论必须是建设性的，先破坏而后建设在理论上固然成立，但是破坏究竟是惨痛的，假如不经破坏而迳行建设岂不更好？民主政治是不断的在革命过程中，而这种革命是不破坏不流血的，最近英国工党执政，阿特里（Atlee）上台，便是眼前一个订好的例子。所以民主到了顶点应该自始是建设性的。我们不要妄从地喊着，打倒现政府，创造新局面。我们尽可努力创造新局面，假使新局面是好的而得到大多数人民的接受信仰，旧势力自然会被淘汰。在国家至上，民族至上的原则下，以镇定冷静的态度推行民主，便能达到革命的一切目的。千万不可给雄辩煽动了情感，给情感夺去了理智（Eloquency may set fire reason）。

民主是目前世界各国一致的政治趋势，步调容有快慢，归宿却是一样。如今我们要行民主，第一项在言论自由一点上做工夫，前已申言。愿言论有两方面，即（一）发表，（二）传播。二者相辅为用，假使任何一方有缺陷，言论自由便不完全。现在因印刷术的进步，及传播的迅速广泛，言论要借新闻只及电讯来传达，海德公园的演说已不能发生甚大的效力。关于取缔出版及限制传播的法令在多数人能享有这种便利，可以自由发言，一般民众还是画饼充饥，望梅止渴。一九三四年檀香山大罢工，纳伦氏（Francis Neylan）

受资方的委托，利用欣慰纸，为歪曲的报导，使之平静，可见垄断的程度。总之，我们还须努力，非至新闻绝对自由，上至达官富商，下至贩夫走卒，人人有发言的均等机会，并且非至报馆和通讯社不被少数官僚及资本家把持操纵的时候，言论自由还是不完全，民主还未达到化境。所以，现今的问题不是在言论能否自由，而在言论如何脱离资本家及官僚而独立。我国在开始实行民主之时，如有直线可循，宜预先注意，勿蹈欧美各国的覆辙。

直接民治的[*]要素——创议权复议权罢官权^{**}

陈霆锐^{***}

从前托克维尔[1]（Tocqueville）有句话说道："自由民族的真气力，全寄在地方自治制度中间；不论任何民族，建设了自由政府，没有良好的地方自治制度，这民族显已失去自由的真精神了。"他国不讲，以中国的情形看来，这句话实在确切得很。现在中国的政府，岂不是共和式——即自由式的——政府么？但试问他的自由的精神及真气力在哪里？以科学的解析方法解析起来，其结果显为有表无里，有皮无骨的自由政府。但又试问这种有表无里，有皮无骨的怪现状，从何发生出来？就可借引托克凡依的话证实中国今日的病根所在，——就是没有良好的地方自治制度，当作自由政府的基础那有名无实的自由政府，就奄奄一息，不可终日了。

中国的自治制度，在前清之末，稍具基础，到了袁皇帝时代，就被他一笔勾销。老百姓素来吃惯安乐饭的，亦就忍气吞声，不同他去较量了。直到今朝，百姓吃着官治兵治的苦，如山之高，如海之深，才有人还想到自治上边去；要想将素来放弃的主权，一朝从贪官污吏，武夫走卒手头夺还过来。这终算是老百姓梦回黄粱后的第一声，无论这番自治运动，是成功，还是失败，终是一极可道贺的事。但自治并非可以空言提倡的，第一须要决心，第

　＊　"的"原文作"底"，现据今日通常用法改正，下同。——校勘者注。

　＊＊　本文原刊于《改造（上海1919）》（第3卷）1921年第10期。

　＊＊＊　陈霆锐（1890～1976年），江苏吴县人。1920年毕业于东吴大学法科，法学士。1920年赴美留学，获美国密歇根大学法学博士学位。1923年回国，曾任东吴大学法律学院英美法教授、暨南大学教授。抗日战争时期，出任国民政府参政员。1944年赴美考察司法，次年回国当选为制宪国民大会代表。1948年3月去台湾，从事律师业务。1954年任台湾东吴大学法学院院长。著有：《商法》（英文本，商务印书馆）等。

　〔1〕"托克维尔"原文作"托克凡依"，现据今日通常译法改正。——校勘者注。

二须要研究，第三须要建设。现在国人所提倡的自治运动，终算已从第一阶级而转入第二阶级了。因我为虽远在国外，看到各种报纸的记载，各省人民似乎对于地方自治运动，已多少下了一种奋斗的决心；自治研究会，亦都已着手组织起来，这真正是差强人意的好现象。

讲到自治制度，亦是千端万绪，非一言一语所能讲尽；我现在所要讲的，是直接民治，——是直接自治的要素。因为现在中国所要的，非冒牌自治，——如官治绅治之类，——是真正的直接民治。真正直接民治，有三大要素，去其一端，就不得算真正直接民治。这三大要素是什么呢？就是创议权，复议权，和罢官权。闲话少讲，待我先将者三种新民权的性质，和效用，细细讲来。

一、创议权复议权和罢官权的界说和来历

创议权（Initiative）可说是某地方自治区域内若干成数选民的一种权利，用以将他们所同意的议案，在议会中提出，并且附带条件，如那种提出的议案，不经议会通过施行，须立即交付全体选民，投票表决。复议权（Referendum）是某种地方自治区域内若干成数选民的一种权利，用以要求将议会所通过的议案，再交选民全体投票复议。罢官权（Recall）亦是选民的一种权利，用以在某种选任官任期未满以前，以投不信任票方法，罢免其职。第一种是抵制，议会消极的罪恶的利器；因为有了这种权利，人民如见议会有利不兴，有弊不除，就可自己动手，不必倚赖议会。第二种是抵制议会积极的罪恶的利器；因为人民有了这种权利如见议会滥用职权，横行不法，就可要求将违反民意的议案，另交选民投票核夺。第三种是儆戒贪官污吏的利器，法美意良，更不消说得了。因为这三项制度，可以增进民权，可以辅佐自治，所以在美国州政府及城政府都已渐渐采用，颇有一种根深不可拔的势力了。讲他重大原因，却分二种。

（一）这是人们不信任代议制的一种自然副产物

美国在开国的时候，一般立法家多以为代议制，是施行共和制的惟一方法；即英国和大陆派的政治理想家，亦多主此说，持怀疑论调者，只有卢梭〔1〕一人。他说真正民治，须将各种法律政治诸问题，不时由全体人民，

---

〔1〕 "卢梭"原文作"卢骚"，现据今日通常译法改正。——校勘者注。

会集取决；但此制只可施行于有限制的区域内，若在大国中间，此种制度，实无推行之可能性。照此看来，卢梭虽属怀疑派，但却亦没有什么绝对的主张。美国代议制，行了一百多年，一切弊病，遂逐渐显露出来；在选举的时候，政客利用权威[1]和金钱的势力，到处摇旗呐喊，招摇运动。"包办选举"，已成为一种通行的术语。议员知道他们得能被选，全靠着那辈运动奔走的人物，对于他们自然不觉感激涕零，五体投地，左右进退，就无不惟命是听；国家大局，立法前途，就可想而知了。多数人民眼见他们要选举的人，不会获选，获选的人，是他们所不推戴的；他们要兴办或改革的事业，议会不或代为兴办改革，议会所兴办或改革的事业，又是与他们不相干的。议员虽号称人民的代表，其实何尝这样。志行薄弱的选民，逢着有人以金钱来运动他们，他们亦乐得收受那种觊来的金钱，牺牲自己的主张。所以选举黑暗虽可归罪于人民道德的堕落；但代议制度之不良，亦至少担负一半责任。现在美国人民，对于这一点的弊病，已渐渐看破了；他们入手的改革方法，就在减削议员的权力，取而纳之自己手中；所谓创议权复议权和罢官权，就为实行改革方法之几种。

（二）议员自己亦觉得有实施此种方法的必要

美国议会自身，常觉得他们在行使职权上，有许多的牵掣，有许多说不出的隐痛。美国州政府亦取三权鼎力制，所以立法界，表决议案，往往受他方面的制裁。"畏首畏尾，身其余岁"，其结果不是颠顶，就是专横。对于人民方面，不论可决或否决一议案，亦常引起一种敌视的态度。试举个例来，譬如某种大公司，请求立案专利，议会如予可决，往往遭着人民的反对；说议会帮助资本家，垄断商业。如予否决，资本家又生不快，他们势力，非常厉害[2]，议员又断断不敢得罪的；彷徨[3]歧途，实有无所适从之势，索性将重大议案，交老百姓自己解决一下，反对派无论是谁，就莫能埋怨他们了。所以一般议员们，非但不反对，并且赞成该种制度的实行。创议权复议权，本为防止议员的专横而推行的，今议员们竟就理由他作为自己的护身符，想来亦是觉可笑；但因此而创议权复议权，更有推行的余地了。近年美国各

---

[1] "权威"原文作"威权"，现据今日通常用法改正。——校勘者注。

[2] "厉害"原文作"利害"，现据今日通常用法改正。——校勘者注。

[3] "彷徨"原文作"旁皇"，现据今日通常用法改正。——校勘者注。

州议会，通过的议案，附带付交人民复议条件者，一天多似一天，就因为议会自身愿意的缘故。

看了上述的二种原因，就晓得这种直接民治的制度，能够渐渐顺利进行，并不是偶然的，却是合于理论的，现在且先将创议权和复议权，细细研究一番，然后再及于罢官权。因为前二者是在立法范围内的，后者是在行政范围内的。

二、创议权复议权的沿革和实行的方法

创议权和复议权的定义，已见上文，现在不必再申说了。现在且将该制度的沿革和实行的方法，简单的写他下来。复议权和创制权，听来似觉新奇，其实瑞士国通行此制，已有多年，成效卓著，至今未尝减色。美国此制，在表面上看来，似乎采自瑞士，其实不然，细查美国各州宪法史，我们却可知道该种制度的基础，远在一七八〇年左右已经安排好了。当一七七八年，马萨诸塞[1]州制定宪法的时候，人民就得到一种复议宪文的权利，后来各州仿效该种办法的，颇不一见，不过未曾勒为成规罢了。讲到创议权来历，亦甚古，如乔治州，在一七七七年制定的宪法，早已容许人民有创议修改宪法之权，他如宾夕法尼亚[2]州马萨诸塞州，新罕布什尔[3]州，当时的宪法，亦有同样的规定。至于应用创议权于通常法案，却在五十年以后事，实行最早者，就为马里兰[4]州。当一八二五年，该州议会通过开设义务学校一案，即就附加条件，说此案只可在各地选民可决本案之处，发生效力；换句话说，该案已默认人民有复议之权。其后各州议会，凡预见有重大议案发生，常照此办理，如更改疆界，迁移都会，普及选举权，筹募公债，资助私有营业，改正税则等许多议案，常附带交付人民复议的条件。市政府应用复议条件，更较州政府为繁伙，讲来亦有原因，各市政府因为州议会对于个地方的市政，往往不顾利害，横加干涉，所以现在许多州宪法，都规定说，凡市政的兴革，均须由盖地方市民自己投票公决；换句话说，美国各地选民，已看作这种复议权，为他们一直不可侵犯的权利了。

---

〔1〕 "马萨诸塞"原文作"麻撒乞史"，现据今日通常译法改正，下同。——校勘者注。

〔2〕 "宾夕法尼亚"原文作"本薛文义"，现据今日通常译法改正。——校勘者注。

〔3〕 "新罕布什尔"原文作"新哈本下"，现据今日通常译法改正。——校勘者注。

〔4〕 "马里兰"原文作"玛利亚特"，现据今日通常译法改正。——校勘者注。

　　美国各州的直接立法制度，在根本原则上，天然相差无几，但讲到细节起来，却大有不同之处。例如诸州多承认人民有复议及创议宪文修改之权，但蒙大拿〔1〕和梅恩二州只许人民复议，不许人民有创议宪文之权。关于通常议案的提出和通过，各州亦有不同的限制，有几州宪法，承许议会通过紧急议案，不交人民复议，有几州则并无此项规定。关于社会安全及公众卫生等诸议案，多属紧急议案范围以内。但有几州虽有此项规定，却又怕议会将不紧急的议案，当作紧急，以致人民被其蒙蔽；所以又有一种附带的规定，即紧急议案的通过，必需经两议会议员多数三分之二以上的可决；又有几州则竟将无论怎样，不能算为紧急的议案，列表指出；例如容许私家公司一年以上的专利，买卖公产，和修改市政府的约章等事，多归入之；防杜议会的专横，可谓无微不至。

　　运用方法，亦各各不同。譬如创议议案，有几州需得全体选民百份之八的同意，有几州只须百分之五；在俄克拉荷马〔2〕州，则凡关于根本法的创议，须得全体选民百分之十五的同意，通常议案，只需百分之八；运用复议权时候，需要选民同意之成数，大约与上述成数无大出入。他如调查选民签字的证据，递呈请愿书的手续，和使选民周知的方法，亦各各不同。有几州要使全体选民周知各种议案的性质，和利弊，常刊印一种小本册子，将各该议案，一一列入，复附以赞成及反对二方面辩论之点，发给选民；便他们慎重研究，到时表决，不致茫无头绪，办法极妥。通常讲来，不论何种议案，如得到一定成数选民的要求，可以二次三次重行表决；俄克拉荷马州为慎防捣乱起见，规定凡一桩议案，如经选民驳回以后，在三年中间，不能重行提出，除非有选民百分之二十五的赞可方才可以撤销此例，但在事实上，实万不能办到。

　　直接立法制常被人攻击，说这制实行，完全将议会的立法权，剥夺无余了。所以伊利诺伊〔3〕州运用这制，却与他州有不同之处，其宗旨在一方面能得到直接立法制的利益，一方面又能保持议会的立法权。他的办法，如下开来。创议的议案，得到一定成数选民赞成以后，就交全体选民表决可否，

---

　　〔1〕 "蒙大拿" 原文作 "梦脱奈"，现据今日通常译法改正。——校勘者注。
　　〔2〕 "俄克拉荷马" 原文作 "乌克霍尔姆"，现据今日通常译法改正，下同。——校勘者注。
　　〔3〕 "伊利诺伊" 原文作 "伊立诺"，现据今日通常译法改正。——校勘者注。

选民可决以后，该议案并不发生效力，须再交议会审查表决，须待议会可决，该议案始得成立。人民投票表决，不过算作一种人民意思的表示罢了；但议会既经晓得真正民意之所在，他们就无不遵从。手续虽异，效果正同。

我在上文已经说过，直接立法制度，在市政府中间最为通行，其原因亦极显者。现在美国各城市政府，要免掉政党的把持和搞乱，都已采用委员式政制。委员式政制，是以全城市的立法行政大权，悉归在五个委员的手中。以利的一方面讲，固然是办事敏捷了，了无牵挂；但以害的一方面讲来，却为少数专制，危险又不堪设想。今要避去其害，收取其利，最妙在利用直接立法制，和罢官权。因为人民既有了对付专制的利器在手中，委员自然要小心谨慎，顾重民意了。市政府运用创议权复议权的方法，大约与州政府相差不多；不过需要赞助的选民成数，略为高些，大约在百分之十五至二十五之间。

三、赞成直接立法制的论调

赞成直接立法制的论调，大约不出下述几种。

（一）有教育选民的价值

在行代议制国家中间，有一个最大弊病，就是选民对于立法行政事务，常缺少一种研究和注意的兴趣。无论州政府或市政府，通过什么狗屁不通的议案，老百姓终是关着大门，一概不管，过他安乐的日子。那辈议员先生，就利用老百姓的消极态度，贿赂公行，无所不为，结末来，遭殃的就为那辈消极的老百姓，老百姓何尝不知其中究竟，但他们竟不改那种消极的态度。为什么呢？因为他们晓得，即使用尽心计，去注意研究他，他们的意思，终不能表白，他们的目的，终不能达到，横竖如此，又何必白用心思，耗费精神呢。所以消极的抵抗，他们算为最妙的方法。原来人类虽为有意思的动物，但他当不肯运用他的思想力；除非他的思想的结果，有见诸实行的机会，他才肯去运用他。所以我们若要刺激人民，使他们对于政治法律，有研究思维的兴趣，莫若给予选民的意思和目的，有一种表白和达到的机会。创议权和复议权的运用，最能达到这目的。何以呢？因为人民既得到这二种权利，就觉得他们个人的思想和意见，如果得着多数选民的同意，大有见诸实行的机会，兴趣自然浓了；对于各般问题，亦自然肯悉心尽意，去研究他了。换句话说，人民就可觉得非但理论上并且事实上，实为国家的主体。他自然要去利用这个机会和地位，行使这主权了。美国各州政府及市政府，要加添这直接立法制在教育上的价值，曾想出多种方法来。例如未将议案提交人民复议以前几个月内，往往印刷一种小本册子，将各该议案的原由性质，和赞成及反对二方面的利弊，详详细细讲个明白，分寄全体选民。一般选民，就可凭这小本册子，将各该议案细细研究，弄个头绪出来；何去何从，不难立即分明。又地方上各个公正团体，在选民投票以前，常开会讨论，以便创造真正及健全的舆论。他如报馆在这般场会，有指示舆论的责任，更不消说得。照此看来，说直接立法制有教育选民的价值，实在不差。

（二）符合民治的精神

现在民治的国家，岂不以代议制号召人民么？但试问什么叫做代议制，为什么要行代议制？人就要说，因为现代的国家，人口多者几万万，少者亦几千万，这多数人民，势不能个个列席议会，所以才创出代议制来；叫人民选出少数议员，代他们开口参政。即就州政府及市政府的运行，亦以人口太多的缘故，不能不照样办理。如此说来，议员与人民在法律上相互的地位，犹之主体代理人一样。代理人的一举一动，总要照主体的意思去做，否则即为违法举动。今又试问现在各国的议员，是否与人民主张一致，举动一致，恐怕十人走来，有九个半，都要摇头说不是。代议制已经失败，实为很彰明较著之事。代代议制而兴者，当为直接立法制无疑，因为行了直接立法制，一切通过得法律，多以民意为旨归，凡"强奸民意"，违背民意的法律，都可绝迹。这岂不是最合于民治的精神么？

（三）打破政党的专横

政党一物，有人认为民治国的必需品，但"天下几许罪恶，都假'政党'之名以行"，中国人痛定思痛，更不消说得。就是欧洲美国政党所造的罪恶，亦是书不胜书。而且政党罪恶，犹之水银泻地，无孔不入，中央政府州政府及市政府，多有他的足迹，亦都有他的恶迹。议员都是由政客中选出来的，选政都是由政党操纵的，议会中的议案，都是秉承政党的意思通过的，人民不过拥有主权的虚名罢了。他们有了意思，不得表白；有了苦痛，不得申诉；虽生存于号称自由政府的治下，与从前"天高皇帝远"的时代，有什么分别。倘若行了直接立法制，他们如有意思要表白出来，就可运用创议权。如感受法令的痛苦，就可运用复议权，将那种狗屁不通的臭议案，一律加以否决。民权既张，政党魔力虽大，就无从肆其淫威。所以在美国采用直接立法制各州及各城市，政党恶势力虽不能一时销声匿迹，至少减弱一半。

（四）养成人民尊重法律的习惯

各国人民中间，都有一种趋势，就是人民对于议会所制定的法律，都带有一种藐视的态度。非但没有程度的人民这样，即就智识阶级亦往往犯这毛病。推其原因，这并非人民天性使然；实在因为在代议制度底下的法令，都是照少数人的私意通过订定的。真能符合民意的法律，十不得一。法令与民意，既是互相抵触就怪不得人民不尊重遵守了。若然实行了直接立法制，一切法令，即归人民直接制定，民意与法律既是符合一致，人民对于法律有固结不解的关系；藐视法律的态度，自然可以渐渐减去。尊重法律，乃是民治国不可少的一种现象；直接立法制可以产出这种结果，岂不大好。

四、反对直接立法制论调

世界上不论何种制度，都是利害参半；有见识的人，不过能将其中利害；平均一下，视其轻重以为采取或反对的标准罢了。上文所讲的，都是赞成直接立法的论调，现为读者比较研究起见，将反对直接立法制的弱点，亦一一表示出来。

（一）减削议会的尊严

议会惟一的天职，就是立法。若所有的立法权，一旦为人民收归己有，议会的尊严，岂不大为减削。又有一相因而至的必然效果，就是议会的权限，既然收小，议会的尊严，既然减削；社会上一般有智识有能力的人，就不肯去当议员，于是被选的人，都为一般中下之材，议会自身，就要愈弄愈糟了。

（二）造成门户的政制

人民既可自动立法，于是地方上的大团体，如政党工团或宗教团体，就可利用这种机会，将有益自身的议案，哓哓不休的提出，请选民表决。如果表决实行，他们独享其利，其余百姓，都是不能获益的。

（三）阻碍大实业的发展

这句话说来，似乎有些稀奇[1]，其实个中道理，亦极明显。大家岂不以为民意是大公无私的，不知民意亦有偏向的地方；人民对于财团法人，如铁道公司，电车公司，煤气公司之类，终以为这是大资本家的垄断事业，所

---

[1] "稀奇"原文作"希奇"，现据今日通常用法改正。——校勘者注。

以凡关于那种会社的法律，或议案，人民不管是非曲直，终是一律反对。其结果诸大实业一桩多不能发起，即就人民让步，其容许的条件，又非常苛细，资本家又不肯承受。这是美国行直接立法制各城市所公同经过的一种经验。

（四）减去立法的伸缩性

议会制定的法律，都是经过一场大辩论而制定的；其优点就在将各该案仔细审查及修正，往往通过的议案，经几次修正以后，与本来目的，大不相同。那种伸缩性，即就是代议制优点所在；直接立法制即就不能保持此优点。原议交给人民表决，人民只照原议案研究一番；他们以为可行，就表可决；以为不可行，就表否决；全无迴翔伸缩之余地，这又是直接立法制的弊害。

（五）违反近世办事效率的原理

近世各种事业，不论教育的实业的财政的多是分门别类，剖析极微极细，因这缘故，要各事处置适当，非借重各种专门人才不可。况立法大事，何等重要，何等复杂，要望茫无头绪之选民，予以适当的处置，实在顾望太奢了。议会中虽不免亦有缺乏常识之人，侧身其间，但对于一切事情，终较选民为熟悉，却是无可讳言的。

以上所讲的话，都是关于创议权的利害，罢官权尚未谈起，就下文讲来。

五、罢官权运用的方法

罢官权界说，已在上文讲过，现在不必再提。这种新民权，实发起于瑞士，运用的成绩极佳，美国市政府，首先采取此制者，就是 Los Augels 其时为一九○三年。后来随有三四州宪法承认该制的存在。到了后来，仿行委员式的各城市，约有一百多处，都运用该权，以为扩张民权的利器了。

运用罢官权的方法，各州各城大约相仿。起初罢官权，只用以对付选任及行政的官员，后来有几州对于简任的或司法官员，亦运用该权了。其运用的手续如下。先由发起人提出弹劾书，将该员不职的行为一一指出，请求选民签字同意，签字的选民，既到了相当成数（大约自十五成至二十五成不等）。该弹劾书即可交给议会秘书收受。秘书收受该项弹劾书以后，当即点验人数，若然没有差误和伪造情事，选举手续，就立即开始办理。在选举候补人时候，被弹劾人的名字，若不由本人反对，亦可一律添入以观民意。因为大多数选民，果然不反对他，他仍旧有被选的机会，安于其位。倘然他果落选，就当立行去职，他未满的任期，就当由这次被选人代理完了。为防免滥用罢官权起见，州宪或城市约章，都有一种规定，即官员任期未满六个月以前，人民不能利用罢官权，要其去职。又罢官权的运用，每年至多一次。

六、运用罢官权的利益

现在先就罢官权的益处讲来

（一）监督官员的绝妙方法

罢官权的运用，可以防止在职官员，有违反民意的举动，因为官员既然晓得选民随时有罢免他的官权的可能性，自然不敢任性妄为，做出种种不法的举动出来。

（二）可以贯彻[1]人民的主张

官员既不敢违背民意，他的一举一动，自然都要根据民意做去。那么，人民的主张，自然可以贯彻无余，这岂不是民治政府所想望的境遇么？

（三）可以防止官员任期延长的流弊

官员任期过长，须防他的专擅，任期过短，又须防他的敷衍。在美国罢官权未通行以前，学者对于这点，争论颇烈。但若有罢官权的运用，那个问题，就不难解决了。因为官员的任期加长以后，若背后时时有罢官权去监督他，他绝不敢专擅。又敷衍之弊，亦同时可以免去，因为他晓得如果一心为公，他必能久于其任。

（四）罢官权最合法理和论理

民治国的官员，本为让人民的公仆，人民和官员的关系，犹之雇主与被雇者的关系。雇主虽然与被雇者订定契约，说明时效，但若被雇者不能胜职或有渎职行为，雇主有随时辞退被雇者之权利。罢官权的运用，即本此原则与理论。

七、罢官权的弊害

就其弊害方面亦有二端。

（一）减弱官员办事的效率

官员行使职权，果然须尊重民意，但除了尊重民意以外，又须顾及他的办事的效率。要加添效率，非容许官员的才能和创造力，有发展的机会不可。

---

[1]　"贯彻"原文作"贯澈"，现据今日通常用法改正，下同。——校勘者注。

罢官权通行以后，他一举一动，都要顾前虑后，自己的才能和创造力，都要因之泪没。产生多数（庸官），为不可免之事实。

（二）降低官员的人格

罢官权通行以后，官员办事，一有不当，即有罢职的危险。罢职到底为不名誉的事；所以凡是人格高尚，爱惜名誉的人，都不肯轻于一试，自贬身价。以后奔走被选者，都为中下之才。行政方面，就难免愈弄愈糟了。

八、结论

各种制度，无论政治的，教育的，或社会的，都是有利有弊。就以本篇所论的直接立法制和罢官权讲来，亦有利害相反的两方面。到底何去何从，全在斟酌一国的风俗人情，然后细细研究，那种制度到底是利多害少，或害多利少，以之为取舍的一种标准，才不出什么大毛病。现在此种制度，在瑞士及美国已经行之有效，施之中国，究竟怎样，实在是一很紧要的问题，况且今日中国，方在倡议〔1〕制定省宪法的时候，而且已有人主张省宪法里头，当承认人民有此种创议复议及罢官的权利，所以更不得不悉心静气，将他研究一下。以我的眼光看来，那种制度实在极合中国情形，带我细细讲来。

（一）中国人民太缺乏政治的兴味，直接立法制和罢官权，最能够救济这种弊病。从前亚里士多德〔2〕有句话说道："人类是政治的动物"，但以中国人看来，这话实不的确，因为大多数中国人，多是做惯关门皇帝，除了自己私事以外，不论天翻地覆，一切皆置之不闻不问。宣统复辟啦，袁世凯帝制自为啦，督军兵谏啦，妖人卖国啦，他都不管。只须一年三百六十日，能得天天饱食暖衣，已经算称心适意得了不得。国家大事，有食肉者打干，与我们何关。这岂不是中国多数人的心理么？中国人不具那种心理，民国九年来的种种怪现状，何能积积不已的发现呢？这并不是因为中国人的天性如此，又不是亚氏这句话的不可靠，实在因为中国式的政治教育和哲学，造成那种心理，已二千年于兹，已经深不可拔，所以才有此种现象。直接立法制和罢官权，最能救济这种"政治睡眠"病，因为二者可以给予人民一种直接参政的机会；人民得了此种机会，就可晓得我为国家的主人翁，非但有其名，并

---

〔1〕 "倡议"原文作"唱议"，现据今日通常用法改正。——校勘者注。
〔2〕 "亚里士多德"原文作"亚力斯多德"，现据今日通常译法改正。——校勘者注。

且有其实；我若有意见，可以有见诸实行的机会；我若有苦痛，可以凭我自己的力量，有减少或免去的可能性。那种阘茸不法，贪黩无能的官僚，如齐耀琳王桂林之类，就可立行罢免其职，又何致酿出贻臭全球的捣毁议会的举动呢？又复议权如可在江苏省实行，那开放茧行一案，就可交给全省人民表决，又何致以一二县人民不利益，阻碍全省实业的发展呢？人民有了此种机会和实力，政治上的活动力，就可渐渐增进，这岂不是一桩极称人愿的事么？即就此一端而论，那种制度，在中国已大有采仿的价值。

（二）中国人民最缺乏常识，直接立法制，最能增进国民的常识。"民可使由之不可使知之"，为中国政治家惟一的信条。所以中国国民程度，糟到如此地步。一切政治法律上的情形，非但他不知道，他亦不要知道。常识缺乏，乃亦自然之事。现在要增进他的常识，莫若利用直接参政制度，使他每天选举投票，常能得到一种间接的教育。什么叫做实业，什么叫做卫生，什么叫做治安，他渐渐可以领会及研究起来。再加了地方上公正的人物及团体，随时予以指导，中国人民的程度，不期高而自高了。

（三）中国的官员和议员，最没有责任心，直接立法制及罢官权，最可以唤起他们的责任心。中国议员及各种官僚，一经授任，往往就海阔天空，以为惟我独尊了。他们种种举动，都是任性妄为，唯利是图，何尝为小百姓负一毫责任，谋毫一利益。其原因以小百姓无权无柄，无如他何，所以他们敢胆大，至于此极。若立法权与罢官权，多操在百姓手中，他们哪敢这样。

（四）中国人民已厌政党的罪恶，直接立法制和罢官权，就为抵制恶政党的利器。安福党毒流全国，人民一提了政党二字，就不免愁眉蹙额，掩耳而逃。人民若再没有利器去抵制他，将来死灰复燃，其党毒将遍及省政府及城市政府，更加不了。至直接立法制和罢官权，怎么能抵制政党，已在上文讲过，不必再谈。

以上是我一人的意见。我以为中国自治制度，方在复活时代，不可再以官治绅治或降而至于匪治的牌子，来冒充民治。要实行真正民治，这三种制度，是不可不绝对实行的。我并非不知道此种制度，行在中国，亦有流弊，但要走上民治轨道，这几种制度，实可算为必需品。若要免除各种弊害，有二事是不可不力行的；一为普及人民教育，二为创造公正舆论。说到结末，这是一国公正领袖的责任。中国人民的领袖啊！中国民治的时机已成熟了，快下个决心，负个责任，起来做罢！

自由权契约权财产权新论*

陈霆锐

（一）绪论

自最近一世纪以来，世界法律思想变迁之剧，实为从古所未有。其发始也甚渐而甚微，而亦甚遭旧法学家之发对与攻击。但思想界之革命，犹之政治革命。其酝酿郁积非一朝一夕之故。及其一旦势不能已，横决而出也，则如海之啸，如山之崩，虽有大力，莫之能挽。今法律思想界之革命，亦何莫非。然近代世界法律思想之变迁，可断始于十九世纪之最初年，并非以是年适为新思想之诞生时期。思想之变动，甚渐甚隐，其过渡年月，本不可以尽然而分也。其所以取十九世纪之初年为界线者，则以人权宣言之布告乃在一千七百八十九年；法国民法之制定，乃在一千八百零四年，二者皆为旧法律思想之结晶体。过此以往，旧者渐衰而新者渐盛；旧者渐消而新者渐长。故以此为本论之出发点者非无故也。

人权宣言与拿破仑法典，既为旧法思想之结晶体，然则其所代表者，果为何种主义乎？则可一言以蔽之曰：个人主义而已矣。其前者有曰[1]：（一）人生而自由，其所有之权利，亦各各相等。其后者有曰[2]：（二）财产权者，乃对于一目的物能绝对享用之权也。个人主义之痕迹，不于此而彰明较著乎。个人主义由来甚古，创始于希腊斯多噶[3]派之哲学。至罗马法最盛时代，其主义亦大为一般法学家所推崇至十五至十七世纪之间，乃始达

---

* 本文原刊于《法学季刊（上海）》（第1卷）1923年第4期。原文无句读，本文句读为录入者所添加。

[1] "Declaration of the Rights of man" of 1789 Orts. 1 and 2

[2] Napoleon Code , Ort. 544.

[3] "斯多葛"原文作"司笃克"，现据今日通常译法改正。——校勘者注。

于圆满而全盛之时代。其结晶则见诸于人权宣言及拿破仑法典。其大概学说，有可得而言者，人类生而自由独立孤峙者也。此种权利，天实赋之。放弃剥夺两者皆不可。人为保护自己生命及自然权利起见，相互联合，遂成社会。社会既成，势不能不有一种条规以限制各个之自由。但其限制之程度，以能担保各个能充分发展自己之自由为率。故有组织的社会之唯一目的，即为承认及保护此种之自然权利。所谓法律者，即一而命令国家为个人担保此种权利之行使。一面则又命令个人当其行使此种权利之时，当尊重他人之间同样权利。故人权宣言之第四条有曰自由者，以不侵犯他人之自由为界。其第五条有曰凡损害社会之行为，法律得取缔之。一七九一年之法兰西宪法之第三章第一条有曰，议会不得制定有碍个人自然权利及政治权利之法律。凡诸信条，上占有重要之位置。吾又非不知此种绝对的个人主张，在世界之政治史上，成就有重大之事业者也。（美利坚独立皆然，按之各该宣言不难证实；法兰西大革命为个人主义之冲动荡激使。）特在今日时与势大异。吾人再不能执古方以治今病，否则必有如枘凿之不相人者，即就以个人主义之体立言。其在伦理方面，亦无存在之余地。比之大前提曰，人类生而独立自由者也。其所有之权利，亦与有生以俱来，根本差误即在于此。盖人为有社会性的动物，生而能群，不群无生。故人类在最初时代，亦从未离群而独立。至谓权利，属诸天赋，尤为难通。权利二字，任何解说，总含有二重的关系。一即主体，一即客体。人若离群而索居，其所有权利即等于零。鲁滨逊之漂流荒岛也何尝有权利之存在。以其不群也。及其重行还返大陆，权利乃随还诸其身。故群体生活乃享用权利之必要条件。由此以观，自然权利之立论，岂不即因之而失所依据乎？

个人主义之不合近代文明程度，又在理论上失所依据，既如上述。故在最近之一世纪内，凡诸文明之先进国，渐移默化，个人主义之外，另自创成一特种法系维何，即为社会法系是。

所谓社会法系者，并非创始于一二学者，其势力范围，亦非限于一二国家，潮流所至横决而出。若或使之，又莫或使之。将来之必能在世界法律史上发生重大影响也，无可疑者。其立论根据有如下述个人或个人之集合体，绝对无自然权利。反之，在社会间生活之各个分子皆有一种必需履行之义务。举凡统治者与被统治者，皆不能逃此例。兹为初步讨论起见，先以自由权及财产权为譬。其在个人主义自由权者，以不损害他人之权利为界。换言之，即为一种消极无为之权利。但据现在社会法系之见解，则不然。人在社会之中，皆当履行其对于社会之义务。彼必先竭尽其力，充分发展直接之智育体育及德育，以便对于社会能履行其最大限度之义务。他人对于各该项之发展，皆不得而干涉之。以此之故，在此群界之个体，决不能消极而无所为。彼如懒惰不事工作者，政府得强迫使之工作，即工作矣，或为过度或不正当之工作，政府得取缔或矫正之。凡此所为，皆非欲督率个人履行其对于社会之义务耳。至社会法系之视财产权也，亦与从前之法学家异。社会法系曰财产权者，文明组织之必需品。共产主义社会法系所绝对不赞同者也。特财产权者，决非对于一种财产之绝对的及不可攻击的权利。欲行使此项权利，必先履行其对于社会之一种责任为先决条件。因财产所有者对于社会皆有一种不可逃免之责任。责任既尽，社会或国家乃始予以相当之保护。彼若故意延怠，不履行其义务或履行之而未善。例如田主任田荒芜或屋主失修其屋以致有倾圮之虞，国家有权可以干涉之。以上云云，皆为社会法系立论之根本点。本论宗旨，即根据此轨道，以观社会法系之学说。对于近代之自由权财产权及契约权理想有如何之重大影响耳。

社会法系之立脚点即为社会相互论（Solidarity or Social Interdependence）。所谓社会相互论者，乃可以实验之一种理论，而非纯为理想之谈也。今试演绎其理如下：人类共同生活之所以必要者有二种重大原因，其一即为各个之需要无不从同，其二即为各个之需要虽多从同而其间亦有同而不同者，而且各个之才能则又随人而异。有此二因，所以人类为互助及满足各个之欲望起见，不得不营共同生活。若近世经济方面之分工而论，即其例也。近代文明组织之最要原则，即为增加人类之需要，而一面则谋在最短促之时间内满足其增加之不已之需要。欲臻此境，分工论为经济界之重要学说。而社会分工主义随即因之而产生，法律理想之转变，实基于此。凡在社会生活之个人，不论其为最高之统治者或最细之平民，不论其为全权之立法机关或不占势力之私法人，皆有一种责任当尽。彼当尽之责，以其有社会的价值，故即为法律所保护之标的物。至谓个人有自然权利，乃纯属虚搆之谈。凡惟实主义之法律家所不承认者也善哉。社会学家孔德之言曰：人类无权利，人类之权利即在尽责。

自社会相互主义论定以后，法律思想顿起一大革命。举凡自由权契约权及财产权在法律上之地位，顿改旧观。其变动虽甚渐而亦甚微，但作始也简，将毕也巨。吾人察往以观来，鉴古以知今，知社会派之法律思想，将来必支配世界他日之法律可无疑也。

（二）自由权新论

与个人主义之最有密切关系者，即为自由权。自由权一名词，包括其广质言之约有二意义，其一即为公法上之自由权，其二即为私法上之自由权。前者即为人民对于国家参政之一种权利，与本论无关，兹姑阙焉。至对于私法上之自由权，本论愿述其，所以法兰西人权宣言第四条与阿根廷国宪法第十四条对于私法上之自由权之一名词，皆有相同之解释。据其大意谓：自由者，即为不损害他人之行为所组成，本此能力与其附带之限制，人即可以行使各项权利而发生法律上之效果。国家若不为保护公众之自由起见，不能制定任何法律限止个人。凡近世文明国家所谓出版自由集合自由言论自由与夫宗教自由，皆本此主义以成立者也。循此主义，个人自由除不碍及于公共之幸福外，可称绝对而普遍者也。其消极乎，则为彼消极之自由也。其积极乎，则为彼积极之自由也。故国家可以为公众之幸福起见而干涉个人之自由，却不能为个人自己之幸福而干涉其自由；国家可以为公众之幸福起见而课个人以负担，却不能为个人自己之利益而课以负担。以个人主义与公共之利益有抵触外，绝对容许个人有充分之自由者也。如此立论，如此主张，宜其与近代立法旨趣格格不相入矣。近代欧美各先进国，往往创立法制矣束缚个人之自由，其目的不仅在增进公共之幸福，亦且为个人自己谋其利益。例如强迫教育限止工作时间律之类，皆为赞成个人自由之法家所极端反对者也。然而时移世迁，此种法律实有制定及施行之必要，故吾人之法律思想亦不得随之而俱变。盖近世社会之构造错综复杂迥异。曩者个人随社会而存立，社会亦恃个人之各各通力合作而得以维持。故人之在社会间皆有一种应尽之天职。其天职不仅为消极的以不碍及他人之自由已也，其必为积极的，然后可以各尽其力之所能以共维持及改进此公共之社会。故自由者在前日言之谓之权利，在今日言之实为一种责任。此种责任之成分有二，一即为自己天才之发展，二即为履行自己对于社会之任命。凡个人行为准此二重宗旨以进行者，国家皆将一律保护之；背此者，国家皆得取缔或阻碍之。骤聆前说，似与往日法家所盛倡之个人主义无甚出入，不知其间有毫厘千里之别也。试再推演其说，吾人行为若皆以发展自己之天才，增进社会之幸福为目的者，则明明凡一切可以阻碍此二重目的之到达者，无论为行为或不行为，国家皆可以指而斥之曰此行为非也，或曰此不行为非也。当国家之为此，国家未尝侵害个人或种之权利也。夫亦曰，本社会相互主义（Social Solidarity），而行使其统治权而已，若绳以个人主义之准则，则此皆为非法，以个人之行为或不行为，若不与他人之自由或他种法益抵触者，个人皆有绝对之自由国家，岂可干涉之哉。

今欲申述古今法律思想之异同，请以自杀最为譬。按古代法兰西刑律，受基督教学说之影响，对于自杀罪，一律处罚。其犯罪未遂者，固有相当之处分；其已遂者，亦得籍没其家产以为惩一儆百之计。但在大革命时代，此项刑法完全革除，则以是时个人自由主义方为时论所大加提倡，戕贼自己生命当然为自由之一种。故不容有禁止或取缔之余地。各国刑法亦多采取该项不罪主义，所以自杀之惩罚，在现代各国可谓绝无但教唆或帮助他人自杀者，常有罪戾。英国法律以帮助人自杀者以犯杀人罪论，其在巴西荷兰西班牙则自杀之从犯概处长短不等之徒刑，即中国新刑律三百二十条亦有同样之规定。其实细按法理，颇有不可通者。如以自杀不为罪者，则与之共同行为者，亦不当以罪犯论，乌可处其罚乎？若以近代社会法学家之眼光观之，则自杀罪与杀人罪实无大异。以人之生命俱为社会上之一种公共财产，戕贼或杀伤此公共财产之行为皆罪也。其手段为消极的乎积罚的，主体的或客体的，皆不成为重要之问题，或者将来社会法系全盛之时，惩罚自杀罪之制可以重行恢复乎。

决斗有罪，各国刑法多承认之。（参观中国新刑律第三百十八条）但法兰西今日之刑法，亦默然未提及焉。此何以故乎。亦以当时绝对的个人自由主义深印于立法者之脑海中，根深而牢不可破，所以不以此列入正条也。盖决斗之人，自愿以一己之性命，为孤注之一掷，其出于个人主义与不碍及公众人之自由与自杀一也。法律对此一取消极主义。不其宜乎？法兰西法庭判断决斗案件，一本此项主义，直至一千八百三十七年六月，法国大理[1]院从总检察长杜本氏之理论始一反从前之判决例，据其申论谓法国刑律虽无处罚决斗之正条，但第二百九十六条归于杀伤罪之款条文严整，毫无假借，则决斗之举，以其以杀伤为目的也，必不容于该条，而触犯该条文可知矧人不能以裁判之权取而置之于自己手中，又为公法之一大原则乎。故决斗在今日之法国刑律上，虽不为罪，但决斗中之杀人及伤人实触犯其刑律无疑，此实为

---

〔1〕 参观 *Text of the Opinion of the Court and of Attorney Ceneral Dupin in Slrey*，1837，1，pp. 465 et seq.

法国刑事审判上之一大进步也。而法国法庭之所以不恤破坏成例遽出于此者，亦以鉴于绝对的个人自由主义甚不合宜于今日之潮流耳。

自十九世纪初叶以来，工商业繁兴，一切生产制度，皆由小规模而改为大规模，而且新工业之发生，亦不在少数。工人之健全问题，安全问题，亦遂不得不为立法者所注意。故先进各国虽繁简不定，皆无不有劳动法规以为劳动者之保障。例如法国一八九〇年—一九〇七年皆有关于矿工保安律之规定。按此凡一切矿穴政府方面皆得派员调查以观该矿穴是否与工人之卫生及安全有碍。又一八〇八年，法国又制定法律限止工人工作时间不得过十二小时，幼童妇女不得过十小时。一九〇五年法律规定矿工工作每日不得逾八小时，今则八小时工作限制将推行于各项工厂矣。不知者方且以为此种法律之制定所以遏止资本家之气焰，为劳动者吐气。其在资本家方面，则以为此种法律干涉个人之自由太甚，诋为非法。其实两者皆昧于此中之根本法理也。其根本法理维何？即国家当视人民为国家或社会之一种财产，社会恃各各个人而维持，各各个人亦恃社会而生存。故凡有破坏及损害社会相互论之原理之行为，国家有权干涉及取缔之如工作情形不良或时间过久，有妨碍工人之健全及安稳者，国家根据社会相互论原理，自可制定法规，力图演进。此不特工人为资本家工作时可以适用该项原则，即工人为自己而工作时，该项原则亦可有同样之引用。诚以法律原意并不在保护工人免受资本家之侵夺，而实在保护工人免以自己愚鲁无知或贪黩性成之故，致工作过久，或时遇可以免除之灾害以直接害及其个人而间接害及于人群。此种法规之当然有通过之必要。谁曰不宜？所谓引起阶级战争及遏止资本家之气焰者皆讳言也。

美国一九〇八年大理院所判决之[1]Muller V. Oregon一案，颇有足述者。美国亚兰贡州议会制定一规定女工不得在机器厂及洗衣工厂为每天十小时以上之工作。有一洗衣主末尔者以违犯该律判罚于庭，末尔不服，上诉于大理院，以州法庭之判决有背联邦宪法之契约自由规定也。美国大理院驳斥之。且承认州法庭之判决书为合宪。其判决书洋洋千言，将社会化之法理阐发无余。虽一时反对其旨者固大有人在，但该项判决之先例，至今遵守无背。诚以时势所趋，亦莫之能挽焉。兹略将其判决之词，摘要释述如下。"女子生离死别之构造，与其担负生产之责任，常使之在争存之环境内处于不利益之地

---

〔1〕 208 U. S. 412.

位，而其在负有为母之责任时代为尤甚。若日事工作，漫无限制，必有害于其健全，可知健全之母为优越人种之所自出。故女子之体育问题，实为立法者所最当关心之事。今制定法规限制其工作时间，非仅为女子之健全及幸福计，亦且为公众之幸福计也。"云云社会法系之真精神已为此寥寥数语尽情概括矣。

又如各国常有一种法规限止工人不得为七天连续之工作，立法用意，自与上述相仿。但如规定工人必在星期日休息，则为一种宗教式之法规，自必受一般人之攻击。如不规定日子而仅限止其不得为七天继续之工作者，则完全为工人之健全计，责任无懈可击云。

（三）契约权新论

至关于人民契约权之根本原则，新旧法学家亦有不可调和之冲突，今试阐述其所以个人主义法学界所持之理论实脱胎于罗马法，而又为其后大陆派法学学者及拿破仑法典，奉为天经地义不可磨灭者也。彼之言曰人类之自由权及财产权皆为绝对的自由权，及财产权新产生之契约权自然亦为绝对的无疑除契约之标的物不合法之场合外，举凡有法律能力之人可以缔订任何种类之契约。至契约将如何影响于当事人在社会上所占之地位及社会将蒙各该种契约若何之影响个人主义皆在所不问而又在所不论也，譬如雇主与雇工订立一种契约，不论一切条件如何不平等，如劳工之代价及其低微。而工作之时间则又十分延长，在雇主则利用其多钱善贾之地位逼迫劳工，而在劳工之则以庚癸之未能幸免。只可忍就范围若以个人主义绳之，若一切契约之成分具备，则此种契约完全有效。国家及私人皆不得而攻击之，诚以契约之最要成分为同意。The meeting of minds 同意既得契约斯成，今此项契约之成立，明明得有双方之同意，也为尊重两方之自由意志，法律随亦予以保护，至两方地位之不平等，工人在经济上及健全上将受如何之不良影响及社会将如何间接蒙其大害。则一概在存而不论之列。以社会法学系眼光观之。自然此种法理不合于今日之时势、夫法律之标的，在维持社会之存在，而增进其幸福社会者其全也个人者，其体也大于体，故法律之真精神常寄于全，而不寄于体全，存而体存者有之矣，未有体亡而全能存者，故法律当以保护社会之精神，保护个人舍全而言体，舍社会而言个人，吾未见有善法者，幸此旨已被于欧美之法学界矣。前文所述美国 Miller Vs Oregon 一案，即为社会法理侵入美国大理院之铁证，夫洗衣妇人肯为雇主为每天十小时工作，亦洗衣妇人契约权自由之表现也，雇主虽显有逼迫女工之意思，但此不过为一种心理上之揣摩。完全未形之于法律行为。按之个人主义，两方在表面上皆得其平面，而且契约之成分都备其效力。自然为不可攻击的，今俄勒冈[1]州政府必欲设为法律取缔此种契约之成立，而美国大理院又为大畅厥旨之判决书，以说明此项法律之合乎宪法而加以承认者何哉。夫亦曰社会幸福之亟当保护有甚于个人之自由之十倍，故宁牺牲后者而维持前者也，其他如强迫教育律，工人保险律之类，其在法律上之立脚点皆可做如是观也。

个人主义曰：凡双方对于一特别标的，由同意而发生法律上之效果者，皆为契约此种，此种界说似极平稳。但以近世人事纷繁之故，往往对于一特别事物，虽经双方同意而发生法律效果，仍不得成为契约者，若强以契约明之，是指鹿以为马。凿方以为，必致有名实不相符之，稍不举实例，其理虽明今试为之，以证吾言之非虚。

自近代文明发达以来，契约之中有所谓集合式之契约焉。Collective Contract 其最著名者即为地方地方政府与经营公共事业之公司所订之契约。

现代文明各国之地方政府往往以经营地方上公共事业之权，如创办电车公司、电气公司、煤气公司之类之权让与私人，严格言之，此种让与固俨然契约性质焉。盖当双方同意之时必有一种互相容许之条件以为束缚，一方则标示地方政府让与之限度，而又一方则标示公司应担之义务，以为取得该让与权之报酬，但其事有不止于此者，因该中契约之影响，不仅及于当事者二方，且涉及于第三者之公众也，而且第三者所被之利害在此种场合常较当事人为切。近例如价值之规定，工人安全之主义及其他等等，皆与第三者有密切之关系也，此种关于第三者之条件果属何性质乎。夫公众也，工人也，雇员也，皆契约以外之人也，准之古代契约法原理，从契约发生之利害限于当事人，而常不及于第三者，今该种契约明明与通常之契约之性质完全不同也，然而持个人主义之法学者必欲入该种条例于通常契约之内，如遇到问题发生。州一以通常契约法为标准，凿圆为方，指鹿为马，亦其格格不相入，而常为行政上之障碍矣，美国宪法完全未自然法主义及个人主义所笼盖，故浏览全文无不有此二项主义流露于字里行间，即如第一章第十节有云："各州将无制定法律破坏契约上义务之权"。其所谓契约者即指此州政府或各州之地方政府

---

[1] "俄勒冈"原文作"阿兰贡"，现据今日通常译法改正。——校勘者注。

所与私人公司所订之契约而言也。故如某地方政府让与某公司在某城开行电车之权，期以二十年，在此二十年之中，无论社会情形如何改变，公司营业如何不振作，若该公司能始终遵守当时条例无少殒，则国家不能以公共幸福之故少而含有法律之意味实多，故社会法学家称之谓"含有法律的契约"。(Compects equivalent to laws). 换言之，此种法律与平常法律实无大异。其惟一之异点在修订之时出以契约的手段耳，而概欲以解释平常契约之先例解释之悖矣，若称以为法律或认此与法律有同等之效力，则一切条件自然当随社会之情形，公共之幸福而时其变更，乌可泥守契约之拘束而昧其大本乎。

（四）财产权新论

今于未入正论以前，请先问个人主义之法学家对于财产权之观念果何若乎，则有如下说，第一，彼辈对于财产权之立脚点，及其对于社会进化有如何影响，绝对不之顾问，盖彼辈亦为实家也只对已然之事加以十分之考虑，至事物之所以然及当然，则不肯论定者也；第二，彼辈考论法理之出发点为个人主义，故凡百考虑亦无不惟此为准，其论财产权也亦以应用财产以满足个人之欲望为依归。除个人享用外无所谓财产权也。除保护此个人之享用外无所谓财产权法也，财产权者系绝对者也，其享用之权为绝对的或利用之，或放弃之悉听所有人之自由，他人莫得而干涉之其所有权之时效亦为绝对的。财产如不出售或赠予于人则可以子子孙孙守之勿失，摆特莱肯脱奈氏（Bandry - Lo - cantinerie（1）Dioit civil, Vol. 1, 1296, p. 726）之言曰："所有者有绝对处置自己财产之权，有时虽无益于己，徒损于人只须物为己之所有于法已可，他人不能有异言。"此寥寥数语足以代表个人主义之财产权观念之骨髓充此量也，法律所保护之财产权非特不能效用于社会，反将为社会之大障碍矣呜呼可哉。

今日社会进步之惟一锁钥即为协作人而又体力也即当出其体力以与社会协作人而有智力也。即当出其智力以与社会协作人而有财力也，亦即当出其财力以与社会协作，反此诸行为都有背于今日之潮流，而为社会相互之义所不许，今如上所述之财产权观念，其余社会相互主义之不相容，明甚于此时也有一反动潮流应时而起想激相随，正未有已，其亦所谓当然之结果耶。主持此反动潮流者即为社会法学系，彼之言曰个人主义之财产权观念，实不容于今之世界，以其仅仅以保护个人之享用为目的也。此项观念1789年人权宣言之第二节实代表之，据此称政治结合之惟一目的。即为保护人类之自然的及不可侵犯的权利，此种权利即为自由财产、安全及对于强暴者之抵抗，诚如此说，财产权者乃个人之自然的及不可侵犯的之一种权利也。故法律之保护纯以个人为标准，不知个人者绝不是法律之标的，法律之标的为人类个人者。不过为人类大运输内之一极小部分，其所以亦受保护。个人并非法律之目的，不过法律欲达其保护人类之最后目的之一种方法耳，今个人主义之法学系主张保护个人财产以限于个人利益或便利或自由为度。最大人类之利益便利及自由皆在所不愿此岂法律之本意，其不能立于今之世亦明甚，近世以来，人类之往来频繁，相互之需要尤迫，故所谓人类之自由已变易为一种责任，此即本文上半截所云在社会间生活之各个分子，皆有一种必需履行之义务。彼此先竭尽其力，充分发展自己之智育、体育、德育，以便对于社会能履行最大限度之义务，而在财产权之保护亦当做如是观。财产者非仅用之以快个人之享用及自由已耳所有者对于社会或人辟实负有一种利用自己财产以增进社会上相互利益之责任，盖人之对于社会负有责任同也，但其所负责任即在利用此与他人不同之地位以履行其对于社会之天职，其天职即在活动自己之资本以增进社会之生产是也，而社会或法律之予以保护与否，即当以其能尽此天职或其所尽天职之限度为标准，故财产者非为所有者之一种主观的权利，不过为所有者对于之一种责任耳。

虽然社会法学系之为是说者，并非有推翻今日私有财产制度之意也，共产主义主以无产阶级推翻有产阶级，其手段为破坏的；社会法学系则主以有产阶级与无产阶级通力合作，其手段为建设的，其中有毫厘千里之别不可不察也。

社会法学系之理论为最近数十年事，各国法典探取其主义者，尚绝无而仅有。但各先进国之单行法规法院之判决例及法学者之著作。则已满播是项法理矣，试举例现在各文明国之大资本家拥有大宗地土不加垦殖而专以用之为投机之具者，所在多有往往石田犹是，而一翻手间资本家已占得许多大利，其大城市之地土之所有者则往往任其荒废，不事建设，年复一年，待其价值自然之增进，坐致大利。凡此诸例皆以社会以公众之努力及建设增进其产之价值，而若辈之拥有地土者反得以消极的方法坐获大利，而对于社会则未尝为直接的间接的之努力及建设也。揆之社会相互主义岂得其平。故英德二国已有一种单行法规专以取缔此种私利的投资其方法，则为严征其税，以为地价增进之报偿，其在英国 1910 年之财政法 (The Financial Act of 1910)；其在德国 1909 年之帝国财政法（Imperial Revenue Law），皆具有此取缔不良投资之精神者也。

又财产权如照个人主义之理论，则以限于自己享用为度，他人不得有享用之权也，但现据英美法德之法律，凡电话或其他电气公司可在私人所有之房屋或田地之上架设电线借通电流，如无损害，所有人不能提出抗议也，此种法规之合乎理性。又何人可以否认者，可见社会文明程度之进步，实有使个人主义一日不能存在之势。社会相互主义之必能为将来法理之根本理论，自然为无可疑虑之事也。

五权分立之要义[*]

王宠惠

  著者曾于二十八年〔1〕七月一日在中央训练团演讲五权宪法，并刊载于《中央党务公报》（第二卷第二十四期）。兹以《组织旬刊》编者来函索稿，就前文略为摘述，藉供读者参考。

  五权宪法为中山先生所独创，不独在我国为然，即在全世界各国宪政史上亦为创制。在中山先生遗教内可得而考者，五权宪法实首次公开揭示于前清光绪乙巳年（1905年）。中山先生云："及乎乙巳，余重至欧洲，则其地之留学生已多数赞成革命。余于是橥生平所怀抱之三民主义五权宪法以为号召，而中国同盟会于以成。"兹将五权分立之精义及五权间之相互关系略述之。

一、五权分立之精义

  五权分立者，政府五种治权——行政权、立法权、司法权、考试权与监察权独立行使其职权之谓也。欲明五权分立之精义，则必须先明以往中外政制之缺点。试为扼要分析之。

  法儒孟德斯鸠以英国之议会政治为蓝本，参照其自己之学说，在《法意》〔2〕一书中，主张行政、立法、司法三权分立，实树学理上所谓三权之基础。其后北美合众国成立，采取盟誓之学说，制定宪法、行政、立法、司法三权鼎足而立，为近代名国成文宪法树立三权之鼻祖。此外国三权分立之渊源也。

---

  * 本文原刊于《组织旬刊》（第3卷）1944年第2期。原文未采用现代标点符号，文中标点为编者所加。

  〔1〕 即1939年。——校勘者注。

  〔2〕 即《论法的精神》。——校勘者注。

三权制度，在我国历史中亦有可考者。君主专制时代，行政、立法、司法三权，均在君权之下。此外，考试权与弹劾权则虽各自分立，然处于君权高于一切之环境，名为分立，实则亦不免为君权所左右。至人民之政权，在专制政体之下，更无论矣。

中山先生夙以树立民主政治为职志，对于政府职权之划分，当然不能根据中国过去之君权为其思想之出发点。至于外国之三权政治，中山先生周游世界，为学理之研究与实况之观察后，深感其不无缺点。其缺点维何？即（一）考试权附属于行政权；（二）弹劾权附属于立法权是已。

（一）考试权

考试权附属于行政权，其考试对象每限于低级官员，至高级官员则不必由考试出身者任之。且因行政机关自行考选，难免无标准分歧好恶偏私之弊。

中山先生鉴于上述缺点，同时认为"中国的考试制度就是世界中最古最好的制度"。故遗教内有言曰："所以将来中华民国宪法，必要设独立机关，专掌考选权，大小官吏必须考试，定了他的资格，无论那官吏是由选举的，抑由委任的，必须合格之后，方得有效。"同时《建国大纲》第十五条曰："凡候选及任命官员，无论中央与地方，皆须经中央考试铨定资格。"由此观之，五权宪法内之考试权之适用范围非常广大，对于中央及地方候选及任命官员，无不适用。在普通三权制度下，一部分任命官员如行政司法人员之考试殆属常有，惟一切民选官员之候选人须经考试及格，方得竞选，则为三权之所无。

抑有进者，不独民选行政官吏之候选人，即人民代表亦即议员之候选人，亦必经考试方具被选之资格，遗教有曰："且为人民之代表与受人民之委任者，不但须经选举，尤须经考试。"又曰："依兄弟想来，当议会或官吏的人，必定是要有才有德，或有什么能干，才是胜任愉快的。……但是有这种才能和德干的资格之人，只有五十人，便要照这种资格来选举，我们又是怎样可以去断定他们是合格呢？我们中国有个古法，就是考试。"此项候选议员之考试，实为西方政制之所无，而为五权宪法之特色。推原其故，殆由中山先生感觉中央及地方之选席既多，不经考试殊难选得其人也。

（二）弹劾权

弹劾权附属于立法权，其结果有四：因议会权力太大，有时议会不免滥用职权，挟制政府，酿成议会专制，一也。因议会专制之故，以致政府措施不能自由，斯时也，软弱之政府，为避免开罪议会起见，遂不免限于消极之状态，或竟成为议会之工具，二也。如为强硬之政府，则有时不免运用解散议会之权力，从而形成政府正与议会对立，酿成政争，三也。即以弹劾权之行使论，则又因政党之关系，就同党言，有时不免隐忍放任，以致弹劾名存实亡；就异党言，有时不免故意寻衅，以致弹劾滥用，四也。

中山先生鉴于此种弊端，同时鉴于我国过去之弹劾权不失为良好之制度，过去在运用上虽有不时不免流为君主之工具，但此乃君权存在之必然结果，而非弹劾制度本身必有之缺陷。故主张弹劾权独立。

中山先生尝云："中国相传……纠察之制，实有其精义，足以济欧美政治法律之穷。"又云："无纠察机关，又无以分国会之权，驯至国会份子良莠不齐，薰莸同器，政府患国会权重，非劫以暴力，视为鱼肉，即济以诈术，弄我傀儡。政府无清明之望，国家无巩固之时，且大乱易作，不可收拾。"因此之故，弹劾权之独立，殆有其必要。

总之，中山先生对于我国过去之政制，第一步廓清君权，使行政。立法。司法三权为平等之对立，并使立法权为一治权而超于国民大会行使政权之外；第二步采取考试及弹劾二权以补救外国三权之缺点。考试权之行使在于用人之前，弹劾权之行使在于用人之后，两者互为表里，而与行政、立法、司法三权为平行之对立，从而形成五权之分立。一言以蔽之：五权宪法实治中外政制之优点于一炉，取我之畏，补彼之短，而集全民政治之大成。

二、五权间相互关系

三权有其相互之关系，五权自亦不能例外。遗教内有言曰："分立之中，仍相联属，不致孤立。"此固指明五权间自有其相关之处。虽然，五权间之相互联系，实还较三权间之相互关系为复杂。三权制具有三种关系，即（一）行政与立法；（二）行政与司法；（三）立法与司法。五权宪法则具有十种关系，即除上所述三种外，尚有（四）行政与考试；（五）行政与监察；（六）立法与考试；（七）立法与监察；（八）司法与考试；（九）司法与监察；（十）考试与监察。

三权制所有之三种关系，在外国已有成规，暂置不论。至于五权制所独有之七种关系，在将来制定宪法时，应加以注意，以期界限分明，脉络贯通。兹就此七种新关系略述之。

（一）缘于考试权独立而发生之新关系如下

（1）考试权与行政权。在外国三种制度下，两权为一体，而不发生关系；在五权制度下，此两权发生平行之关系，举凡候选或任命之行政官员，必须经考试铨定资格者乃可。

（2）考试权与立法权。在外国三权制度下，考试权在行政权之下，故与立法权不发生关系，议员并不经考试；在五权制度下，立法委员故须经考试，即立法委员以外候选人民代表，亦须经考试铨定资格之后方有被选之可能，由此更可知考试权非独立不足以行使此广大之职权。

（3）考试权与司法权。在外国三权制度下，考试权虽不独立，但司法官亦须考试者，故此为三权制度实际上所有之关系，不过在五权制度下，考试权独立，不为行政权所左右。

（二）缘于监察权独立而发生之新关系如下

（4）检察权与行政权。在外国三权制度下，因检察权附属于立法权，故只有立法权与行政权之关系，而无此种关系；在五权制度下，此两治权发生平行关系。

（5）检察权与立法权。在外国三权制度下，此两种混为一体，故议员只受本院之约束，而无另一机关以监察之，在五权制度下，此两种亦不发生平行之关系，立法委员与行政官吏同受检察权之约束。

（6）检察权与司法权。在外国三权制度下，此两种混为一体，因检察权附属于立法权，故只有立法权与司法权之关系，而无此种关系，在五权制度下，此两权生平行之关系。

（三）缘于考试权及监察独立而发生之新关系如下

（7）考试权与监察权。在外国三权制度下，此两种权皆不独立，故无此种关系，在五权制度下，此两种皆独立，故有此种平行之关系。举凡监察人员必经考试，而主管考试人员亦有弹劾之可能。

总之，以上七种新关系，其主要作用，在于济外国三权制度下选举及代议制度之穷，而树立全民政治之基础，此亦即为考试权及检察权独立之疑义所在。

党政机构之关系及其演进*

王宠惠

孙中山先生自倡导革命，推翻清廷，即决定要由党负建国治国之重任。

民国十三年〔1〕，中国国民党第一次全民代表大会开会，中山先生提出《组织国民政府案》，并剀切说明之曰：

本中山先生之意，以为此次大会之目的有二：一改组本党；一建设国家。而于建设国家，尚有应研究问题二：一立即将大元帅府变为国民政府，二先将建国大纲表决后，四出宣传，使人民了解其内容，结合团体，要求政府之实现。现尚有一事，可为我们模范，即俄国完全以党治国，比英美法之政党，握权更进一步。我们现在并无国可治，只可以说以党建国，待国建好，再去治他。当俄革命时，用独裁政治，诸事均一切不顺，只求革命成功。可见，俄之革命，事实上实是三民主义。其能成功，即因其将党放在国上。

第一次全国代表大会接受这提案，决议组织国民政府，实行以党建国、以党治国。

民十五〔2〕，第二届中央执行委员会第一次全体会议通过中央执行委员会组织条例，设政治委员会，为"中央执行委员会特设之政治指导机关，对于中央执行委员会负其责任"。委员人选由中央执行委员会推任职；并为选应时地之需要，政治委员会认为必要时，得推任同志在某地方组织分会，其权限由政治委员会定之。此殆为党政正式关系之始。

---

* 本文原刊于《组织旬刊》（第 1 卷）1943 年第 1 期。原文未采用现代标点符号，文中标点为编者所加。

〔1〕 即 1924 年。——校勘者注。

〔2〕 即 1926 年。——校勘者注。

民十六〔1〕春，第二届中央执行委员会第三届全体会议通过《统一党的领导机关决议案》，其中有关政治委员会者，为改定政治委员会以常务委员会全体委员及由中央执行委员会全体会议选举之中央执行委员及候补中央执行委员六人组织之，就中由中央执行委员会全体会议指定七人为主席团。政治委员会对于政治问题议决后。交由中央执行委员会指导国民政府执行之。同时并规定国民政府部长，虽非政会委员会委员亦得列席政治委员会议，但无表决权。盖所以谋决策机关与实际执行政务者，有直接沟通意见之机会，而利政务之推行也。

其依照本案修正之《政治委员会及分会组织条例》，除将上述各点规定于条文中外，对于各地政治委员会分会有较鲜明之规定。要点为分会对中央执行委员会负责，其委员会人选，不限于中央执监委员及候补委员。分会对全国大局有关系之重要决策，须经中央执行委员会制认可，方发生效力。至对于地方政治问题之决议，则得直接交由地方政府执行之，但须报告中央。其时全国尚未统一，革命武力，分头进展，凡此规定，皆所以适应当时革命之需要，使政治与军事相配合也。

迨民国十七年〔2〕，全国统一完成，秩序大定，各地政治分会已无存在之必要，遂经第二届五中全会决议，限于年底一律取消；在未取消时，不得以分会名义任免该特定地域内之人员，以免流弊。

同年十月三日，第一七二次中央常会，制定《训练纲领》而公布之曰：

中国国民党实行中山先生三民主义，依照建国大纲，在训政时期，训练国民使用政权，至宪政开始。弼成全民政治，制定下之〔3〕纲领：（1）中华民国于训政时期，由中国国民党代表大会代表国民大会，领导国民行使政权；（2）中国国民党全国代表大会闭会时，以政权付托中国国民党中央执行委员会执行之……（5）指导监督国民政府重大国务之施行，由中国国民党中央执行委员会政治会议行之；（6）中华民国国民政府组织法之修正及解释，由中国国民党中央执行委员会政治会议议决行之。

民十八〔4〕春，第三次全国代表大会通过，确立《训政时期党政府、人

〔1〕 即 1927 年。——校勘者注。
〔2〕 即 1928 年。——校勘者注。
〔3〕 "下之"原文作"左之"，现据今日通常用法改正。——校勘者注。
〔4〕 即 1929 年。——校勘者注。

民行使政权治权之分际及方略决议案》，其中明书：

大会认为《训政纲领》、依据中山先生遗教，确定训练时期间以政权付托于中国国民党之最高权力机关，以治权付托于国民政府，分别总揽执行，以造成中华民国之宪政基础，实为训政时代政权治权所由区分之不可移易的原则。今本此原则，对于党、政府、人民行使政权治权之实际分际与方略，更为明确之规定如下[1]：第一……第二，依据中山先生遗教，决定县自治制定之一切原则及训政之根本政策与大计，由中国国民党中央执行委员会政治会议行之，但政治会议行使是项职权时，对外不发生直接之关系……第四，中国国民党中央执行委员会政治会议，在决定训政大计指导国政府上，对中国国民党中央执行委员会负责，国民政府在实施训政计划与方案上，对中国国民党中央执行委员会政治会议负责。

自此，政治会议为训政时期以党统政之枢纽，其地位益见明确。

民十九[2]三月，第三届三中全会修正中央执行委员会政治会议条例，明定：

政治会议为全国实行训政之最高指导机关，对于中央执行委员会负其责任。

并规定政治会议委员由中央执行委员会就中央执监委员中推定之，其名额不得超过中央执监委员总数之半数，并得设候补委员名额不得超过委员名额三分之一，并由委员互推一人为主席。至政治会议职权，条例中亦有列举之规定，如：甲、建国纲领；乙、立法原则；丙、施政方针；丁、军事大事；戊、财政计划；己、国民政府主席及各院院长副院长及委员及特任特派官吏之人选。

政治会议不直接发布命令及处理政务，其决议直接交由国民政府执行，并规定有提交国民政府及各院各军事最高机关讨论决定执行者，由各该长官负责办理。政治会议之下，设政治。经济、外交、财政、教育等组，其人选就政治会议委员及非政治会议之中央执监委员中推定之。政治会议之组织及职权至是遂益臻缜密焉。

---

〔1〕 "如下"原文作"如左"，现据今日通常用法改正。——校勘者注。

〔2〕 即1930年。——校勘者注。

二十年〔1〕五月五日，国民会议开会于首都，议决《中华民国训政时期约法》。第三章《训政纲领》中明定训政时期由本党全国代表大会代表国民大会行使中央统治权，全国代表大会闭会时，其职权由中央执行委员会行使之。虽未提及中央政治会议，但中央执行委员会全体会议，不便经常开会，故特设置政治会议为政治指导机关，对中央执行委员会负其责任，确有实际上之重要。

同年六月，第三届五中全会修正《中央政治会议条例》，改定政治会议委员会名额，不得超过中央执监委员会总数三分之二，候补委员不得超过三分之一；负党国之重任，其地位在特任官以上者，经中执会议决，亦得为政治委员，但其名额不得超过中央委员制政治会议委员名额四分之一。十二月第四届一中全会通过中央政治会议组织原则为：

（1）中央政治会议以中央执监委员组织之；

（2）中央政治会议设常务委员三人，开会时轮流主持；

（3）中央互候补执监委员得列席政治会议。

二十四年〔2〕十二月，第五届中央常务委员第一次会议通过执行委员中推定主席一人，副主席一人，委员十九人至二十五人组织之。时论及决议事项中，将《建国纲领》一项删去，加《中央执行委员会交议事项》一项。并增加规定，遇有非常紧急事项，主席副主席得现行决议处置，报告会议追认之，盖其时国难日急，不得不由此应付紧急事变之准备也。

二十五年〔3〕七月，第五届二中全会通过《国防会议条例案》，规定为整理全国国防，特设置国防会议，讨论国防方针及关于国防各重要问题。其组织一，设议长，由军事委员会委员及行政院院长分别担任，会员为中央军事机关各长官及行政院关系部长及中央特别指定之军政长官，其审议之事项为：（1）国防方针；（2）国防外交政策；（3）关于国防事业与国家庶政之协进事宜；（4）关于出之国防紧急事变事宜；（5）国家总动员事宜；（6）关于战时之一切组织；（7）其他与国防相关联之一切事宜。会期每年开大会，必要时得召集临时会议，均由议长召集，决议事项，由议长呈请中央国府主管院部

---

〔1〕 即 1931 年。——校勘者注。

〔2〕 即 1935 年。——校勘者注。

〔3〕 即 1936 年。——校勘者注。

会执行。

《改进党务并调整党政关系审查修正案》之修正意见，决议第三点：中央政治委员会组织仍旧，惟修正两点：（1）不设副主席；（2）以决议案报告于常务委员会。第五属中央常务委员会第七十四次会议通过修正中央执行委员会组织大会，即照上述决议修正关于政治委员会之规定。

二十八年〔1〕三月，第五届中全会，以适应抗战情势，通过《国防最高委员会组织大纲》，规定中央执行委员会于抗战期间设置国防最高委员会统一党政军之指挥，并代行中央政治委员会之职权，中央执行委员会所属之各部会及国民政府五院军事委员会及其所属之各部会，兼受国防最高委员会之指挥。又规定国防最高委员会设委员长一人，由本党总裁任之，对于党政军一切事务，得不依平时程序以命令为便宜之措施。全会宣言有云：

吾人须知建国之主力在于建军，非具坚如金石之国军，则民主无所保障，民权无从维持，民族无由生存。而心理建设，与经济建设，实为建军之基础。所谓政治建设者，要在严明赏罚，综合名实，集中力量，增进效率，加强民众组织，统一民众行动，解除人民痛苦，改善人民生活，而在后期抗战开始，生死存亡所紧之关头，尤宜组成中央党政军统一指挥之机构，使全国党政工作，得与军事配合，以收共同行动之效，故特设置国防最高委员会，以统一党政军之指挥。

观此则设置国防最高委员会之意义，甚为了然，而我国党政关系之机构，至是又进入一新阶段焉。

---

〔1〕 即 1939 年。——校勘者注。

民众对于国民会议应有之认识[*]

王宠惠

国民会议，本为民国十三年[1]中山先生北上时所决定之方针，其任务一为解决国内民生问题，二为打破列强的侵略。斯时段祺瑞方盘踞北平，盗执政柄，讹称欲尊重中山先生意旨，冀得国人之同情，以掩其僭窃之迹。中山先生欲以和平受手段谋中国之统一与建设，亦尝以此略与磋商，惟力主国民自决，以免蹈从前各派势力瓜分垄断之覆辙。段式奸谋不售，遂转而召集其非驴非马之善后会议。中山先生亦洞烛其意，不复与言，惟日以此事淬励同志。弥留之际，犹复谆谆及之，然卒为环境所扼，此项政策不能实行。本当为求此项政策之实现，不得已而用武力。未及两年，曾一度为形式上之统一，而叛乱相寻，迄鲜宁晷，遂致国民会议延至十九年[2]十一月中央第四次全体会议始克定期于民国二十年[3]五月五日召集，此后在本党领导之下，而能齐一全国国民之心志，集中全国国民之力量，以从事于解决一切建国根本问题，其所以促进国家事业之发展，恢复整个民族之繁荣者，要未当不以此为基础，是国民会议诚革命过程中应有之产物也。惟其性质与作用，一般人民往往不加深考，致生误解。此种弊病，即号称知识阶级者，亦有所不免。兹姑撮其大端，一申述之，以供国人之参详。

尔来一般人最大之误解唯何？即以国民会议与国民大会混为一谈是也。要知国民大会为《建国大纲》所规定，所谓政纲是也。政纲者，主义所寄以进行者也。主义不变，政纲亦不变。国民会议则为本党方针之一种。方针者，

---

[*] 本文原刊于《中央周报》1931年新年增刊。原文未采用现代标点符号，文中标点为编者所加。

[1] 即1924年。——校勘者注。

[2] 即1930年。——校勘者注。

[3] 即1930年。——校勘者注。

在不抵触主义范围内，因时间及空间之关系，随而决定其方法，以求适用于事机，非若政纲之一成而不变者也。国民大会之产生，须在全国有过半数省份〔1〕达至宪政时期，即全省之地方自治完全成立时期，其权限则可以行使政权，即对于中央行政官员，有选举权，有罢免权，对于中央法律有创制权，有复决权。而国民会议之作用，在十三年时未解决民生问题及抵抗压迫势力，今则中央对此已有具体方案，故欲进一步而使之明了一切建国根本问题。议决颁布宪法日期，以明本党执政时期之责任。国民大会之代表，系每县地方自治成立以后所选举，以一员为单位；国民会议之分子，则为各团体之代表。国民大会之召集，乃训政完成宪政开始后当然之结束；国民会议之动机，在十三年时未联合各团体组织大机关以对待武人，现在则为本党与民众结合一致，共同接受。中山先生建设民国之遗教遗业，以努力实行之开始。故国民会议不能遽认为行使政权之最高机关，即所负使命亦与民国十三年时异其旨趣，则其基本条件及召集方法，自须慎重釐定，始能适合实际上之需求。质言之：即国民会议在使全国国民对于本党主义及政纲为更进一步之认识，而本党对于全国国民则更表示其实施民治制度之精神，并以测验全国国民对于政治之兴味，及本党数年来领导民众之成绩，以决定此后应取之政策而已。

本党所负使命在造成独立自由之国家，以拥护国家及民众之利益，而以三民主义、五权宪法为治国之基本原则，此固尽人知之矣。第以社会进化之原则言之，所谓宇宙间真理，其最初了解者必为少数人，其责任亦惟此少数人能负之，迫行之有效。使寖假而转移至于多数人，中山先生不当痛切言之乎？其民国十二年〔2〕在全国学生评议会言说云："为什么二十年来，人民都以为祸乱是革命产生出来的。中国永大多数人的心理，宁为太平犬，不作乱难王，这种心理不改变，中国永不能太平的。因为有这种心理，所以样样敷衍苟安，枝枝节节，不求一彻底痛快的解决。要晓得这样是不行的，若以大多数人解决问题，那只好从他们的希望，实行复辟了！要是中国统计学发达，将真正民意综起来分析一下，一定复辟的人占三万万九千万多。我们果然尊崇民意，三四十年前只好不提革命了。"同年九月二十九日向广州各界赞助北伐大会演说云："革命党为国民先觉，奔走呼号，而国民甚少听之者，故民国

---

〔1〕 "省份"原文作"省分"，现据今日通常用法改正。——校勘者注。
〔2〕 即1923年。——校勘者注。

之不能成功，国民实不能辞其责。"是本党在革命历史上固已成为中华民族革命唯一之领导者，今兹于最短期间扫除一切反动势力，使政治重心悉集中于本党，而实际上人民之思想已否变更，对于本党主义及政训能否完全了解，与党之精神声气是否诉合无间，则尚未能深悉。本党为维持国家民族生命之存续计，不得不尽其保育防御之责任，如第一次全国代表大会宣言所云："既取得政权树立政府之时，为制止国内反革命运动及各国帝国主义压制吾国民众胜利的阴谋，芟除实行国民党主义之一切障碍，更应以党为掌握政权之中枢。盖惟有组织有权威之党，乃为革命的民众之本据，能为全国国民尽此忠实质义务故耳。"现在既已到此事情，自应重笃斯义，尽努力于训政工作之实施，以期使人民由不知而知，不能而能，由被动地位进而至于自动地位。盖本党在政治上最大之目的即为全民政治，其所以必须之粘成一片，训此轨途，相持并进而已。初非专政到底，如苏俄于布尔什维克主义〔1〕，及意大利之法西斯主义〔2〕，希图把持统治权于一个阶级，而以之压迫其他阶级者所能等量齐观也。故《建国大纲》第八条规定："其人民曾受四权使用之训练而完成其国民之义务，誓行革命之主义者，始得选举县官以执行一县之政事，选举议员以议立一县之法律。"是国民大会之代表，其数显应具备之条件，且须誓行革命主义始能取得其资格。则国民会议之性质及作用，根本上既有所不同，其对于本党建国救国之基本原则——三民主义及中山先生遗教，即尤不容有所讨论，非此独本党为然也。大凡国之与立，必有一最高原则，不许其人民置喙，如英日对于皇室、德美之对于共和是也。两者性质虽殊，而其为一般国家之通例。中华民国既受治于本党，则本党之主义及政纲，即为立国之精神所在，而不容任何人加以批评或变更者也。故国民会议最重要之意义，惟在讨论决定此后政府与人民间义务及职分之分际，其在政治方面之实际工作：如内政外交之进展、文化实业之发抒、地方自治之筹备、重要法典之厘定；经济方面：如国家资本之培植、经济之调节、生产之改进、社会事业之发展等，皆可于此会议制定实施计划，而绝无权利可言，须知自由平等之国家，放在积极建设之过程中，革命民权正需积极训练，初非任何人主张权利之时，亦非任何机关骤得以何种权利任意畀予任何人也。

---

〔1〕"布尔什维克主义"原文作"布尔塞维克主义"，现据今日通常译法改正。——校勘者注。

〔2〕"法西斯主义"原文作"法西斯蒂主义"，现据今日通常译法改正。——校勘者注。

惟是，民权之训练，自以国民会议之嚆矢。一般人对于政治有无认识力量，亦以此次会议为试金石。中山先生云："民权何由而发达，则从团结人心纠合群力，又非从集会不为功。是集会者实为民权发达之第一步。"其十三年一月十九日招待新开记者演说云："要民众赞成国民会议，首先便要民众明白国民会议之性质和国民会议之力量。"但以过去事实观之，民国元二年[1]之后，十三年以前，所谓国会省议会县议会何当不次第成立，然其时人民对于此等事多漠不关心，遂致议会徒为少数人牟利之场，而于国家民族之事业，则丝毫所裨益。其弊皆由于人民不知主权在民之意义，及其运用之道，坐令军阀官僚、土豪劣绅，骫法横行而莫之或抗。本党惩前毖后，在实施直接民权以前，自不得不先有充分之准备及训练。俾了然于国家为人民之国家，人民实有管理之权责，本党欲为人民芟除荆棘而授以管理之方法，亦自不得不代为行使政权。现在各种反动余烬尚多潜伏，民众若不认清本身所负之责任，及其与国家社会之关系，鉴于既往之错误，速自警觉，则其结果必使整个的民权依旧散落于腐恶势力之手。须知本党为提倡及保证行使直接民权者，且为中华民国唯一之保姆。本党之主义政纲及政策，均适应全国人民之需要，而以拥护公众利益为依归，国民会议即为此种精神之表现，民众宜在本党领导之下，团结一致、奋勇前进，共谋三民主义之彻底实现。毋惑于浮言，勿劫于威力，毋使群不逞之徒破坏本党与民众联合之阵线。在本党固需要民众之同情，而民众亦应由深切之了解。世变方亟，时不我与，邦人君子愿共勉之！

---

〔1〕 即 1912 年、1913 年。——校勘者注。

国民会议与国民大会的区别

——十九年十二月在国府纪念周讲演*

王宠惠

　　本周纪念周，轮到兄弟讲演，题目便是，国民会议。第一我们要知道，此次四中全会，认为开国民会议，是我们目前的一个重大而急切的问题，第二中山先生遗嘱上已经很详细的指示给我们，对于我们国家前途的发展，遗嘱上也有通盘的计划。尤其对于开国民会议及废除不平等条约，并规定说："尤须于最短期间促其实现。"其他的计划，中山先生固然也有规定，但是只是有这两个问题，便要限定最短期间促其实现。所以我们对于中山先生遗嘱上所说的这个问题及其步骤，一定要使他在最短期间实现的。

　　自国民政府建都南京以来，关于废除不平等条约，已经照中山先生遗嘱努力进行，务须在最短期间达到目的，这是关于对外方面的。对内方面的问题，就是召开国民会议。对于这个问题，本党是非常注意的，但是以前因为社会上不注意和各地军阀的扰乱，各省都没有平定，所以这件重大的工作，无从着手。我们只有讨伐叛逆平定内乱之后，才能实行这个问题。中山先生主张的国民会议，中外人士，都有些不明了，以为国民会议就是国民大会。其实这两个会议，大不相同。中山先生所以主张开国民会议，是由两个目的。第一，是求中国的统一；第二，是求中国的建设。所以我们当今的急务便是要实现中山先生的计划，从速召开国民会议，现在内乱幸赖武装同志，和各位的努力奋斗，在此最短的期限内，已经大致平定，现在我们要努力的就是召开国民会议，刚才已经讲过国民会议的目的，是求中国之统一和建设。现在中国已经统一了，所以此次四中全会，宣言上很明白的说："将建国的根本

---

　　* 本文原刊于《中央周报》1930年第131期。原文未采用现代标点符号，文中标点为编者所加。十九年即1930年。

问题，陈述于国民会议，希望能够齐一国的心志，集中全国的力量，来建设中国。"我们不可以为国民会议，同国民大会是一样的。中山先生在《建国大纲》上规定国民大会有两种意义：一种是公布宪法，第二是宪法公布以后，行使中央统治权。国民会议便不同。国民会议是为解决目前建设中国的重大问题，国民大会乃是行使宪法职权。开会的时期，在训政完成之后，并不是在训政时期。依照《建国大纲》规定，有过半数的省份完成地方自治之后，才召开国民大会，决定宪法、行使中央统治权。我们现在的国民会议意义完全不同。如果各位要求明了起见，可以再研究。总现在民国十三年〔1〕，有一个宣言，并在北上的时候，在上海和新闻记者的谈话，便可得一个梗概。不过有一件事，各位须注意的，当时中山先生主张开国民会议，那时的背景〔2〕，与现在完全不同。当时各地方还在军阀盘踞之下，国内还没有统一，离开建设的时期还很远，而且当时的政府，是在北京，与现在情形大不同。所以中山先生当时和新闻记者所谈的话，乃是商量中国以后的问题。那时的背景和今日全国统一的现象，完全不同。现在训政时期已经开始，我们要如何召集开国民会议，如何的组织，如何的行使，不能将那时的背景所谈的话，来逐字解说，一定要拿真的精神来研究，形成一个新局面。我们有这种真精神来努力，国民会议才有成功的希望。我们要晓得，当时中山先生的主张，背景虽然不同，而中山先生的精神，始终是一样的。我们今天的情形，虽然与从前不同，而我们的精神也是在求统一中国而召开国民会议。现在中国已经趋于统一的局面，但是社会上还有些无形的反动分子，都可以看得见的。他们虽然没有枪炮机械一类的武器，他们将其他的器械，例如反动的言论，来极力扰乱社会。一方面利用青年，为他们的军队；一方面引起国民的误会，来反对我们。这种反动分子，虽然是无形的，但是危害很大，我们只有两个办法，对付他们。第一，我们要晓得，反动分子，是因为对于本党主义，完全不明了，因此而起误会。我们只有将本党的主义与政纲极力的宣传，使他们明了。还有一法，我们要知道他们不满意我们的，是不满意我们所做的事情，关于这一点，我们只有拿出良心来，凭良心做事，我们以良心为出发点而努力，以求达到中山先生"天下为公"的精神。

---

〔1〕 即 1924 年。——校勘者注。
〔2〕 "背景"原文作"背影"，现据今日通常用法改正。下同。——校勘者注。

　　说到国民会议，将来如何的组织，如何的计划，须经很详细的研究，方能决定。我们希望到了开会的时候，有很圆满的结果。会期是规定在明年五月举行，希望各位努力做去。我们要明白国民会议，乃是促进将来宪政的基础，事实上是非常重要的。这一点，各位也是要注意。在训政时期，是"以党治国"但并不是专政，不是喜欢要怎样就怎样。这个"以党治国"的职权是有意义的，乃是中山先生把这个重大的责任，付托〔1〕给我们，像英国美国法律之"信托制度"一样，乃是一种义务性质。譬如说，我有一件很重大的事，自己因为某种原故，不能去做，便可托付给律师执行。所以这乃是由于委托者的信用，而委托的，不是权利。我们的责任很大，我们这个大责任，就是由本党的信托，来代表国民，行使职权，这便谓之"以党治国"。我们都希望，我们大家能够努力做去，将来宪政开始的时候，交卸这个大责任时，才不致惭愧，才不致受良心的责备。中山先生遗嘱上所指示给我们的废除不平等条约，我们已经逐步进行，已将达到成功的目的，而国民会议，明年五月也要开幕了。回想自中山先生托付我们的那日起，到现在已是五年了，费了五年光阴的努力奋斗，才得有今日。以后的工作，中山先生虽没有规定"最短期间"，但是我们也要加倍努力的做去，以求完成。中山先生"天下为公"的大使命，这是兄弟所希望于各位的。

---

　　〔1〕"托"原文作"讬"，现据今日通常用法改正。下同。——校勘者注。

国民大会组织法及其代表选举法的修正[*]

端木恺[**]

自从中国国民党第五届全国大会决议，召开国民大会，并定在二十五年十一月十二日举行，大会的组织法以及代表选举法，也先后由立法院制定，呈经国民政府于同年五月十四日公布施行，国民大会代表选举总事务所，遂亦于同年七月间成立，督饬各省市积极办理选举事宜。中国政治将由训政而进于宪政，这不但是政治上的一大转变，同时国人憧憬宪政，差不多四五十年，现在得着了过渡的桥梁，而宪政的实现，即在目前，无怪全国人士，对本届大会，不但都存着无穷的厚望，而且都异常踊跃的参加竞选了！

但自选举开始以后，各方面对于选举法规，都感觉多少有些施行不便的去处。只是法规既经明令公布，而办理选举的期间，又异常短促，修改法规，

---

 * 本文原刊于《时事月报》1937 年第 1 期。

 ** 端木恺（1903～1987 年），亦名端木铁恺，字铸秋。安徽当涂人。父亲端木璜生是同盟会会员、国民党早期党员，追随孙中山革命，陆军少将军衔。毕业于上海复旦大学政治系，1922 年 6 月入东吴大学法学院，1925 年 7 月获东吴大学法学学士学位，留学美国密西根大学，授法学博士。曾任南京中央军校军官教育团政治教官、安徽教育厅秘书、科长，省立安徽大学法学院院长、农矿部秘书、专门委员，复旦大学法学院院长，中央大学、东吴大学行政法教授。1934 年任国民党行政院政务处参事。抗日战争开始后，任安徽省民政厅厅长，1938 年去职随国民政府迁重庆，后赴汉口仍任行政院参事。1941 年任行政院会计长，1942 年后任国家总动员会议副秘书长、代理秘书长。1945 年 4 月为第四届国民参政会参政员。1946 年 8 月至 1947 年 10 月，任行政院粮食部政务次长。1946 年 11 月，以国大代表身份出席制宪国民大会。不久，因政见不同和派系斗争，辞职移住上海，开办了"端木恺律师事务所"。1947 年 12 月再次复出，任立法院立法委员，1948 年 7 月，任司法院秘书长，同年 12 月任行政院秘书长。1949 年任孙科内阁秘书长。1949 年 4 月全家迁到台湾，任总统府国策顾问。1962 至 1963 年任台湾斐陶斐荣誉学会会长。1969 年任东吴大学校长。1979 年受聘为"光复会"副主任委员，团结自强协会理事长。1983 年任台湾东吴大学董事长。1976～1986 年为国民党第十一、十二届中央委员会评议委员。1987 年 5 月 30 日在台北因病逝世，终年 84 岁。著有《社会科学入门》、《社会科学大纲》、《中国新分析法学简述》等。

手续繁难，诚为时间事实所两不许可，因而也就不便再谈修正的话。可是中国幅员辽阔，交通不便，教育程度不齐，人民对于四权的运用，也还没有训练成熟，要他们在很短的时间，完成很繁难的选举工作，事实上确有困难，结果有许多地方对于候选人的推选，都没有能如期办竣，大会乃势非延期不可。利用延期的机会，乘便来修正选举法规，以求其益臻完善，当然是最合理而且最切要的事，所以第五届三中全会于决议大会延期至本年十一月十二日举行之外，并指示原则，授权中央常务会议，对国大组织选举两法规，斟酌修正，希望把过去认为施行不便之点，一一予以救济。于是中央常会于本年四月二十二日举行第四十二次会议时，便决议了下列几个修正要点：

（一）国民大会组织法修正各点

1. 第一条，修改为国民大会制定宪法亦决定宪法施行日期。

2. 第三条第四条并为一条如下：左列人员为国民大会当然代表。

中国国民党中央执行委员监察委员及候补执行监察委员。下列[1]人员得列席国民大会。（1）国民政府委员。（2）国民政府各院部会之长官。

3. 增加"本届国民大会，于会期完毕任务终了"一条。

（二）国民大会代表选举法修正各点

1. 第二条国民大会之代表，除当然代表外，其名额如下：

（1）依区域选举方法选出者，六百六十五名。

（2）依职业选举方法选出者，三百八十名。

（3）依特种选举方法选出者，一百五十五名。

（4）由国民政府指导者，二百四十名。

2. 除特种选举外，所有第六条以下，由国民政府制定候选人之规定，应一律取消，并修正文字。

3. 第四章所列各特种选举，如无法举行选举，其代表得由国民政府指定之。

并于以上要点之外，又决议删去宪法草案第一百四十六条。因为该条原文是"第一届国民大会之职权，由制定宪法之国民大会行使之"，现在大会组织法第一条原条文里面的"及行使宪法所赋予之职权"十一字，既已改为"并决定宪法施行日期"九字，那应当然要把草案上这一条删去，以免他们抵

---

〔1〕"下列"原文作"左列"，现据今日书写顺序改正。——校勘者注。

触了。所有修正各点，经中常会决定以后，便送交立法院审议，现在立法院亦已审议完毕，呈由国民政府于五月二十一日明令公布，将来的国大选举，便一切要遵照这个修正后的法规办理。不过有一部分人，以为国家法令，不宜于轻率更张，如果不是十分的行不通，总是应该依照法令办理，以维持法令的尊严。也有一部分人，以为照这样一修正，把个国民大会的职权削得太多，减轻了国民大会的重要性，或许更有一部分人对于中央这次修正的几个要点，不免作种种误解，所以想乘着谈到这个问题的机会，把个人对于此次修正各点的观点，提出来说明一下：

固然，国家法令，是不宜轻于改动的。然而法律贵乎能适应机要，所以时间空间，法理事实，都是立法时所要顾到的，然则法律究不能一成不变。况且中国之有国民大会，本届乃是第一次，在第一次国民大会的代表，尚未产生以前，便感觉大会组织法以及代表选举法有可斟酌之处，当然应该及早修正，所以这一点，其实不成问题。至于修正各点之何以必须如此修正？这倒是值得研究的，现在我们不妨一条一条的〔1〕来讨论。

一、关于国民大会组织法修正各点

（一）职权的变更

根据修正组织法第一条的规定，本届国民大会只是制宪机关，而非行使宪法机关表面上似乎是职权缩小，其实是职权专一，不但是尊重宪法，尤其切合于中山先生遗教。

因为宪法是国家的根本大法，应该郑重制定，然后总能垂之永久，便于施行。所以世界各国对于宪法的制定，往往特设制宪机关，来担任这个重大的使命，譬如美国自一七七六年到一七八二年的各州宪法，便多数是由特殊制宪机关制定的。一七八七年北美合众国的宪法，也是各州选派委员，于费城〔2〕组织特别制宪会议所制成。就是欧战以后的各国先宪法，也都承认"宪法应由人民直接表决，或由人民所特别选举组织之制宪机关表决"的原则，足见近代各立宪国家对于宪法之重视，不但在行使时极力予以拥护，即在创制时，已为国民大会为最高的民意机关，这是异常合理的。倘使这个国

---

〔1〕 "的"原文作"底"，现据今日通常用法改正。——校勘者注。
〔2〕 "费城"原文作"费府"，现据今日通常译法改正。——校勘者注。

民大会顾此失彼，结果或至荒废了制宪的本职，既职权不专，不能适合现成良好国家大法的效果！所以就此观察，这一点修正是必要的。其次，制宪是一事；行使宪法所赋予之职权，又是另一事；两者究不可相混。在制定国民大会组织法的时候，（也就是讨论宪法草案的时候）我想一定会有人想到，在宪法未制定以前已经规定了他的行使机关，倘若将来宪法上规定变更，或竟至有了反对的规定，那么国民大会的职权，不将毫无依据吗？但是终于在原法上有兼任制定行使两种职权的规定，这当然是顾虑到制宪国民大会告终之后，随即又依宪法规定，召集第一届国民大会，来行使宪法所赋予的职权，诚恐时间经济，都来不及。而且当这种非常的时期，政府既有还政于民的决心，人民更有奉身许国的志愿，宪政的实施，当然有提前的必要，因而就权宜变通了一下，这种苦衷，确是有的。然而在法理上，究竟是一个很大的问题，现在既然有了修正的机会，当然要把制宪与行使宪法赋予职权分开，使本届各代表，专心致力于制宪大业，以求宪法的益臻完善。

（二）出席列席人员之修正

按照原组织法，关于中央最高党政机关出席各人员，本分别规定在第三、第四两条以内。现在两条并为一条，并且删列"国民政府主席"一项，所有中央候补委员，也都一律改为当然代表了。在这种修正之下，所最值得我们注意的，就是全体候补中，为何[1]以必须要一律改为当然代表？于此，我们可以体会到两种理由。

第一，本党以党建国，以党治国，所有中央各委员，无论为候补与否，大部分任党政各方的重要职务；十几年以来，经过军政时期训政时期，大家既实际负了代行政权的责任，更都富有代行政权的经验。况且这次的宪法草案，又是根据政府试行五权的经验与成绩而制定，为完成制宪大业起见，当然有使全部负责人员出席贡献意见的必要。

第二，本届国民大会的召集，目的在于制宪，原则上自应罗致优秀人才，共同讨论，中央候补委员，如果因为不能取得表决权而故意参加竞选，原是选举法所许可的；但是以中委的地位和声望，以及一般民众对于中央各委员的信仰来推测，那么，中央候补委员不竞选便罢，果其竞选，一定是如操胜

---

[1] "为何"原文作"委何"，现据今日通常用法改正。——校勘者注。

券[1]。代表的名额有限，多一位中央候补委员当选，其他优秀人才便少了一个参政的机会，岂不反而阻塞登贤之路吗？所以中央委员既有其全体出席之必要，同时更可多纳人才，益收集思广益的效果，那么这一点修正，当然是应该的了。

至于删去国府主席得列席大会一层，无论从什么地方着想，都是当然的。在职权上说，国民大会是由国民政府召集的，国民政府主席，为全国的元首，焉有元首在他自己所召集的会议里面，反仅居于列席地位的道理？在地位上说，国府主席，既为一国元首，那么在大会里面，尤其应该特设座位，表示尊崇，倘若把主席同其他行政长官，视同一律，亦非崇敬国家元首之意。谈到这里，或许有人会想到"其他行政长官，也都是实际负政治责任，而且都富于代行政权之经验的，何以中央候补委员就有表决权，而其他行政长官仅为列席呢？"这个在本人的意见，以为是可以分别的。因为在国民大会未开会以前，最高党部，便是代表民意的最高机关，最高党部中的委员，也就是人民的代表，与政府行政长官性质显有不同；再则这次国民大会的召集要制定宪法，还政于民的，那么行政长官在这个会议里，当然只能处于"报告"和"说明"的地位，而以表决之权，完全交付于人民的代表，这正是充分表现民权，增强民主化的意思。

二、关于国民大会代表选举法修正各点

（一）国民政府指定代表名额之增列

按原法第二条的规定，国民大会代表名额为一千二百名，依区域，职业，特种等三种选举方法选举。修正后的选举法，特增"国民政府制定者二百四十名"一项。关于这一项增列的理由，中央秘书处发言人曾经说明是"恐有才学醇正之专家，无论素质之老成，及为国奋斗卓越成绩之人士，何必能获得各地公民之认识，而予以选举。若摈弃会外，必将为国家前途之损失，故于选举法第二条中增加一项以济选举之穷。亦不外集中人才，庶几野无遗贤之微意也"。在这一段说话里，已经把增加原因，明白表示了。然而也许还有一部分人怀疑到此种制定，或不能尽量罗致党外遗才。我想这是不必顾应的。中央政府所以要还政于民，并不是在这非常时期，希图卸责；乃是希望集中

---

[1] "胜券"原文作"左券"，据现今通常用法改正。——校勘者注。

全国的力量，来巩固国本。是则对于本届大会的代表，当然是极端欢迎党外遗才来参加的了，我们只要明白了这一点，就可以断定这种指定，绝不是中央要同大家争代表名额，更不是要包办会议况且现在共赴国难的信念已坚，和平统一的基础已固，而公民宣誓的条例中，以明白有服从三民主义的规定，经过公民宣誓所产生的国民大会代表，比不会反对国民党和国民政府，然则中央又何必要去统制他呢？是这顾虑，且不是多余的吗？

（二）指定候选人之修正

按原法第十三条规定："各选举区所推选之候选人，由国民政府就中指定三倍于各该区应出代表之名额为候选人。"同法第二十二条规定："各省职业团体所推选之候选人，由国民政府就中指定二倍于各该团体应出代表之名额为候选人。"又第二十六条规定："自由职业团体国民大会代表候选人之推选指定及代表之选举准用关于职业团体之规定。"这几条立法原意，不外根据本党过去各种选举，大都采取圈定制度，所以这次也援用成规。再则候选人名额过多，恐怕许多有选举权的公民，反而无从抉择，略加去取，也是训政时期指导人民的一种合理行为。但是本届大会，既是政府还政于民的初步，倘若人民的选举权首先就不能充分行使，也不是政府尊重民意的本意。所以修正选举法，就把关于制定区域候选人的第十三条指定职业候选人的第二十二条，整个删去。并将原第二十六条里面关于"指定"两字删掉，依次改为第二十三条以便全国公民，得于全部初选当选人中自由选举他所认为最适当的代表。这正是推广普选的精神，增强民权的表现。但是事实上还有许多地方，这个办法依然是行不通的。比如特种选举，有的因为区域辽阔，散居各地的公民，一时不能聚合起来，选举非常困难；有的因为侨居异国，办理选举为当地政府所不许。倘不在选举法里，把选举方法略予变通那么特种选举，就有不能依法遵限完成的顾虑。所以在这一部分，依然保留着政府指定候选人的办法，并且增加得指定代表一条，来救济以上的缺憾，以求本届大会之得如期举行。

综观上面所述各点，可见这次国大两法规修正案的精神，完全是遵奉中山先生遗教，依照三全会意旨，根据法理，顾全事实，而以集中全国人才制定建国宪法为依归的。现在国大两法规是修正了，选举也要快开始了；过去一般认为法规上所有施行不便，或不甚完善的地方也都改正得更民主化了，就是高尚其志，不乐竞争的社会硕彦，也都于被选举外取得参政的机会了；

全国人士对于这次法规的修改，体念中央这种苦心孤诣，当然也极端表示赞佩与拥护的了。然而只是嘴里说赞佩，说拥护，对于本届大会的前途，依然不关紧要！我想提出两点意见，作为个人的贡献，也顺便为本文的结束。

第一，我们要严肃选举。本届国民大会，为中国政治由训政而进于宪政的津梁，其任务在依据三民主义，制定建国宪法；所以他的职责和关系，都异常重大！我们积极方面，要注意贤良方正的选择，使真正有道德有学问有才能而为地方所信仰的人士，有为国效力的机会。那么当要选举某人为代表的时候，对于他的人格是否高尚？学识是否丰富？是否热心公益？就应该慎重考虑；因为我们希望每一位代表，都能反映多数人民的公意，然后才能不负委托，而与其职分相称。倘若阿其所好，结果多数人民的公意，必为少数代表所蒙蔽！而我们所希望于本届大会的，一定也不得实现！

在消极方面，尤其要注意不良分子的渗入，与选举舞弊的防止。选举法里虽然有了防范及制裁选举舞弊的规定，但是简单的条文，究竟不能概括繁复的事实；而且事后的制裁，尤不如事前的防止。那么我们就应该自己依法，劝别人依法，并且监督别人的不依法！尤其要注意不要受人利用而自陷于违法还自己不晓得！

第二，要积极培养宪政精神。依照中山先生《建国大纲》的规定，建国分军政，训政，宪政三个时期。现在训政时期尚未完了，而不久的将来，便要入于宪政时期了。关于宪政时期所应该做的许多事都没有做到，人民四权的运用，也都没有训练好，中国改为民主政治，不过才二十年来，人民对于政治的趣味既不浓厚，政治知识与经验又异常缺乏，将来一旦入于宪政，势必茫然不知所措！所以我们应该在这个时候，积极培养宪政的精神。就是各人都从本身做起，奉公，守法，养成法治的习惯。有了这种习惯，然后才能实现宪法的功用，才能达到真正宪政的目的。譬如这次选举，在中国现在的情况下，一定有许多人根本不晓得这是怎么一回事，而有弃权的情形。这尤其需要知识分子多方宣传，使他们了解。在他们或许以为只要自己不为非作歹，便是奉公守法；殊不知选举权是法律赋予人民的，依法选举，是国家命令人民做的，弃权便是不奉公不守法的一端！如果人人都能尊重自己选举权，而不肯轻率行使或放弃，然后本届大会的前途有希望，宪政的实施，才不至蹭等！

总统与立法院之关系[*]

丘汉平

现行《宪法》规定总统是国家元首，对外代表中华民国，统率全国陆海空军。他不负行政上的责任。国家的最高行政权是由行政院行使的。[1] 于原则上，现行《宪法》是采取内阁制的。

从《宪法》上的规定，总统无出席立法院的义务，而立法院听取行政的方针和实施的效果，是由行政院院长及其部会首长出席立法院报告的。我们可以说，行政院院长是总统与立法院的桥梁，而此桥梁必须双方同意才能搭成的。现在就总统与立法院的关系一点来作简括的叙述。

一、立法院行使同意权的根据

总统依《宪法》第五十五条提任行政院院长，但须经立法院同意后方可任命。而立法院行使此同意权，可以控制行政院院长的人选。换言之，行政院院长必须双方可以同意者才能产生。总统有提名的权，立法院有同意的权。倘使总统对提出的人选不能得到立法院的同意，则行政院院长必须另选一孚众望而为立法院可以信任的人出来担任。但在实际上，衡以各国元首组阁的习惯，事前多征得多数党非正式的同意方肯提出。我国首任的行政院院长也是先由总统以总裁的资格召集国民党籍的立法委员说明提出人选的意见。因为国民党籍立法委员在立法院占最大多数，而此最大多数的党籍立法委员表示支持总裁的意见，则提出行政院院长于立法院只是形式问题。

＊ 本文原刊于《新法学》（第1卷）1948年第4期。原文未采用现代标点符号，文中标点为编者所加。

〔1〕 第五十三条。

其次，行政院掌握国家预算之执行，而预算是由立法院通过的。为保证预算之忠实的执行，监察院设立审计部以负决算的专责。但立法院通过预算之后。如不控制预算之合理的执行和明了执行的结果，那么人民对于政府的收支，将无法控制。故《宪法》第一百零四条规定："监察院设审计长，由总统提名，经立法院同意任命之。"审计长对立法院负责，他的职权是代表立法院执行预算。所以第一百零五条复规定："审计长应于行政院提出决算后三个月内，依法完成其审核，并提出审核报告立法院。"

以上两种同意权，在立法院代表人民行使立法的最高职权是很重要的。行政院院长与审计长既是对立法院负责的，所以他们的责任是如何使立法院的意思可以实行。在过去几个月当中，我们可以说，行政院院长及其部会首长对于立法院的见解似乎还是以前对参政会的态度。这种观念，会随时日而逐渐改变，使行政院院长明了他是对立法院负责的，既是对立法院负责，其一切措施应以立法院的意旨为依归。

二、总统的核可权（或称否决权）

依《宪法》第五十七条第一项第二款规定："立法院对于行政院之重要政策不赞同时，得以决议移请行政院变更之。行政院对于立法院之决议，得经总统之核可，移请立法院复议。复议时，如经出席立法委员三分之二维持原决议，行政院院长应即接受该决议或辞职。"又同条同项第二款规定："行政院对于立法院决议之法律案，预算案，条约案，如认为有窒碍难行时，得经总统之核可，于该决议案送达行政院十日内，移请立法院复议。复议时，如经出席立法委员三分之二维持原案，行政院院长应即接受该决议或辞职。"

这两款很重要。前一款是立法院对于行政院的重要政策不赞同，得为变更之决议。此在《宪法》第六十三条复有规定："立法院有决议法律案、预算案、戒严案、大赦案、宣战案、媾和案、条约案及国家其他重要事项之权。"所谓重要政策与重要事项，有许多事情是相同的。我们可以说，重要政策都是重要事项，而重要事项未必都是重要政策。因此，对于重要政策之不赞同决议，总统得否决立法院的决议而移请立法院复议，但复议的表决应有三分之二维持原案方能成立。倘若维持原案，行政院院长应即执行，否则必须辞职。

后一款与前一款相同。所不同者，就是立法院的决议案于送达行政院十日后即发生效力，行政院就不能请求总统否决移请立法院复决。为什么要有时间的限制？因为此一款所规定的是法律案、预算案、条约案，在通常情形之下，应即执行。倘不加以限制，则行政院院长或总统可延搁下去。

不过我们于此提出一问题，就是立法院不赞同行政院的重要政策之决议，有无时间之限制呢？行政院能否延搁一个月或两个月再提出复议或是可以永久延搁下去，因为立法院可以质询方法询问行政院院长来解决此难题。如果行政院院长藐视立法院的决议，他将遭遇一切的困难。为解决纠纷，我以为将来修正《宪法》时，还是规定一个时间的限制较为适当。

三、总统的公布法律权

立法院虽有决议法律案等，但必须总统名义经行政院院长之副署或行政院院长及有关部会首长之副署，方生效力。[1] 依《宪法》的规定，总统的公布法律权是当然的，行政院院长之副署亦是当然的。总统只能依前述《宪法》第五十七条的规定否决，经立法院的复议维持原案后，其公布是当然的。这里有一个实际法律问题，就是总统如果不依法公布，在法律上有无救济呢？依现在《宪法》的规定，总统除违背第四十八条的誓词及监察院依第九十九条之程序向国民大会提出失职弹劾外，别无救济之规定。美国《宪法》第一条第七项第二款则规定总统如不签署公布，亦成为法律。我们《宪法》无此规定，在将来万一发生此类事件时，必定感觉困难的。要知道，《宪法》是百年大计，不是对任何人的，所以将来修正《宪法》的时候，此点亦须注意及之。

总统没有行政院院长的副署也没有公布法律权。但以总统提名之故，而行政上总统与行政院院长接触机会较多，所以行政院院长虽是对立法院负责，在实际上，事无大小，总要与总统磋商。我们可以说：总统与行政院院长的联系较行政院院长与立法院的联系为密切，而在行政上，复有许多事项难免窒碍难行，或因环境应付的困难，其趋势是使行政院院长对立法院会感觉是一种麻烦。反之，如果行政院长实行责任内阁则非有臂力的干才不可。倘是总统也是能干的，那么在执行上又不免有了分歧的意见。这种矛盾在现行《宪法》上是不可免的。

---

〔1〕《宪法》第三十七条。

四、总统的紧急处分权与动员戡乱临时条款

国家的元首，遇到国家危难的时候，如不畀以便宜行事之权，则国家人民将受重大的损失。现行《宪法》有下列[1]三条之规定：

第二十三条："以上各条列举之自由权利，除为防止妨碍他人自由，避免紧急危难，维持社会秩序，或增进公共利益所必要者外，不得以法律限制之。"

第三十九条："总统依法宣布戒严，但须经立法院之通过或追认；立法院认为必要时，得决议移请总统解严。"

第四十三条："国家遇有天然灾害，疠疫或国家财政经济上有重大变故，须为急速处分时，总统于立法院休会期间，得经行政院会议之决议，依紧急命令法，发布紧急命令，为必要之处置，但须于发布命令后一个月内提交立法院追认；如立法院不同意时，该紧急命令立即失效。"

又第一届国民大会通过的动员戡乱临时条款如下[2]：

兹依照《宪法》第一百七十四条第一款程序制定动员戡乱时期临时条款如下：

总统在动员戡乱时期，为避免国家或人民遭遇紧急危机，或应付财政经济上重大变故，得经行政院会议之决议，为紧急处分，不受《宪法》第三十九条，或第四十三条所规定程序之限制。

前项紧急处分，立法院得依《宪法》第五十七条第二款规定之程序，变更或者废止之。

动员戡乱时期之终止，由总统宣告或由立法院咨请总统宣告之。

第一届国民大会应由总统至迟于民国三十九年十二月二十五日以前召集临时会，讨论有关修改《宪法》各案。如届时动员戡乱时期尚未依前项规定宣告终止，国民大会临时会应决定临时条款应否延长或废止。

---

〔1〕 "下列"原文作"左列"，现据今日通常用法改正。下同。——校勘者注。
〔2〕 "如下"原文作"如左"，现据今日通常用法改正。下同。——校勘者注。

以上《宪法》三条及临时条款之内容，值得研究一下。

（一）人民的自由权利在何种情形才受限制？第二十三条列举的有四项，其中"避免紧急危难及维持社会秩序"二项属于急速处分的原因。但法律上可以限制而不能禁止。限制与禁止有重大分别。例如土地私有权，在《宪法》上是保护的；政府可依本条或第一百四十三条第一百四十五条加以限制，可是不能禁止私有权之存在。

（二）戒严是限制人民的自由权利，所以在各国都视为很重要。但在实际上有很紧急的情形，不得已先由总统徇行政院之意思而为急速处分，所以可以先宣布戒严再提请立法院追认。而立法院亦可咨请总统解严，以保障人民的自由权利免行政当局之滥用职权。

（三）天然灾害，或疠疫或国家财政经济上有重大变故，总统亦可为急速处分，但应具备下列条件：

1. 有第四十三条之列举原因；

2. 非为急速处分则不能避免；

3. 在立法院休会期间；

4. 行政院会议之决议；

5. 发布紧急命令之日起一个月内送立法院追认。

《宪法》的本意是使总统遇到此类事件，可以立刻以紧急命令代替正常的法律为急速处分。立法院的追认乃所以完成立法的程序，同时可以牵制政府不致滥用命令代替法律。就过去半年的经验，戒严案都是追认的。最近北平七月五日，戒严案送到立法院追认，未予通过的原因，就是追究七月五日的事态是否达到戒严的状态戒严以后的发生枪杀案件，已否由政府查明？如果当时政府送《七五戒严案》时，能附加说明因戒严而发生的枪杀案件将依法判明责任究办，则该案之情形将不同。立法院本拥护《宪法》与保障人民自由权利，对于限制人民自由权利之法令或追认案应该了解的。要知道《宪法》是神圣的，离开《宪法》而谈人权，离开《宪法》而言法治，这是很危险的。

（四）动员戡乱临时条款的范围，此条款的内容，分析之如下：

1. 临时条款有时间性。《宪法》附加此条款，原所以应付非常的状态。国民大会规定在动员戡乱期间适用，而且至迟到民国三十九年十二月廿五日应召开国民大会决定。

2. 适用的原因有二：

（1）避免国家或人民遭遇紧急危机；

（2）应付财政经济上重大变故。

3. 实施的手续：

（1）经行政院会议之决议；

（2）不受《宪法》第三十九条或第四十三条程序之限制；

（3）立法院得变更或废止之，但应依《宪法》第五十七条第二款之规定，即应有出席立法委员三分之二之通过，方得为之。

此临时条款与第四十三条之不同点有三：

1. 第四十三条列举的原因除国家财政经济上有重大变故外，只有天然灾害或疠疫原因而已。临时条款改"为避免国家或人民遭遇紧急危机"以代替天然灾害或疠疫，其原因甚为广泛。

2. 第四十三条规定应于立法院休会期间方得为之，而临时条款废止此项限制。

3. 第四十三条规定应于公布紧急命令后一个月内提请立法院追认，如不获追认，则失效力，其主动属于行政当局，且有时间限制。临时条款规定无须送立法院追认，但立法院如认为不妥，可依第五十七条第二款程序决议变更或废止。在事实上，立法院忙于议案，非有重大原因，不致提出，而提出亦未必可获三分之二的通过。

五、总统依临时条款颁布改革币制各项紧急命令之检讨

此次改革币制，举国上下，一致拥护。到现在为止，可以说已获相当成功。从《宪法》的观点来看，这里有几个问题可以提出的：

（一）没收持有外币金银问题

《宪法》上规定的各种条文，都承认私有财富。惟为国计民生起见，可以法律限制之。改革币制，收兑旧币，外带，金银币，依《宪法》第一百零七条之规定有绝对之权。但金块银块为货物之一种，是否可视同"币"类而禁止私有，此乃值得研究之问题。记得美国禁酒的时期，对于"酒"之定义，首加说明应含酒精若干才称为酒。其次，牵涉到人民的自由问题。依照美国

《宪法》，吃酒并不违法。后来的禁酒修正案[1]亦只就"制""售""运"三端禁止。由于文义的解释，携带或当场吃酒都是违法。但是明知某甲吃过酒，如不能当场搜到"酒"，则不违法。这是什么道理呢？因为"吃"是人的自由，如能将产制运销禁绝，自然无可吃。禁止产制运销容易而不致扰民，禁吃乃对人人为之，甚难执行，所以美国的法律乃就不扰民的一端以保障每一个人的自由。我以为政府对于持有外币金银币一类的"货币"可以没收，而对于持有金块银块的则应规定禁止其交易，携带，或镕铸，违者除没收外并处以刑罚。或者可进一步，凡持有银块金块者如不售给政府，应令存放国家行局，不得私藏。要之，《宪法》的文义不可不遵守，而当前的情形不能不顾及。今政府承认外汇外币可以移存国家行局而承认持有人之所有权，实乃本末颠倒。中国人不应该持有外币金银币，因为此乃妨害本国币制。反之，金银块乃货物，在世界有一定市场，其买卖一如商品，却要被没收？岂谓公平？

（二）盐税增加问题

立法院于第一届第一次会期对于行政院咨送财政部提出盐税税率一案，当时立法院以盐关系全国人民——尤其是穷民的生活，在内地，盐之需要更为迫切，所以决议"保留"。乃行政院于立法院休会期间自行决议增加，盐每百市斤征税八元，等于法币二千四百万元。[2]从《宪法》上看来，这是违宪的：

第一，立法院既经"保留"盐税案，则行政院可依第五十七条的规定送请立法院复议。不依此程序而决议加税，在程序上是错误的。

第二，总统颁布的四种办法，盐税法案不在其内，则行政院对于全国人民的增税案未经立法程序而即实行，行政院已违法。

第三，中国的《宪法》是保障穷苦民众，此乃三民主义所以号召革命之理由。现在将最穷苦民众三餐不离盐的食品增加五十余倍的税，实与《宪法》精神违反。

第四，盐税之增加，并非紧急事项，亦非重大变故。八月十八日与八月十九日的情形相同，何必须以紧急命令办理？

其他加税法案，至今未送立法院追认。如果税捐各案都可以援用临时条

---

[1] 美宪修正案第十八条。
[2] 原有税率每百市斤征法币四十五万元，约增五十余倍。

款，则每一种法令都可援用。其结果，势必促成立法院忙于变更或废止已颁布的紧急命令，才能保障人民自由，维护《宪法》。《宪法》是永久的，政府是永久的，而政府的人员与立法院的立法委员是新陈代谢的。今日我们提出此问题，乃为百年大计的《宪法》着想，而毫无人的成见在胸。

六、结论

总统除了上述关系外，第四十四条规定对于院与院间之争执事项，由总统召集关系院长商决之。但如涉及职权或法律事项，则非待大法官之解释无从解决。

我们在此宪政初期，维护《宪法》最为必要。不论是政府或立法院都要以此为立场。英美的法治与进步，完全得力于此。社会舆论，于此尤盼三致意焉！

大赦权之运用[*]

王宠惠

刑法之为用，将以维持社会之秩序，巩固国家之安宁。古今中外，咸同此理。设为社会秩序及国家安宁起见，峻刑之效用尚不及免罚之效用大，则不如荡涤秽流，与民更始。邱濬[1]有言曰："当危难之世，赦不可无；无则反则不安，而祸乱不解。"良有以也。

大赦之制在我国古时几为君主市恩或邀福之典。是以始受命则赦，议年号则赦，立皇后建太子、生皇孙则赦，平叛乱、开境土则赦，甚至有疾病遇灾异、刻章玺、护珍奇异兽，无一不为大赦之因。即美洲古时，亦于君主加冕，或其他类似大典之时，举行大赦。东西人不同，是以美总统庄生于南北美战争终了之后，曾于1868年颁行大赦；法国议会对于1871年在巴黎举事之党人，曾于1878年举行大赦。即在近世普通和约中，每有对于因战争犯罪之人，特加大赦之条。如1878年《俄土和约》双方约定对于因战争犯罪之臣民，咸予赦免；1895年中日《马关条约》第九条末段，所谓"所有关涉日本军队之中国臣民，概予宽贷，并饬有司不得擅为逮系。"即其例也。此等大赦之动机，初非有市恩或邀福之心，不过以为情势变迁，当时之所认为应加惩罚者，现在时异势殊，已无处罚之必要；是以特加赦免，以安反侧。故此类大赦，类多对于政治犯、军事犯行之，虽有时不加以条件，例如法国对于1871年政治犯之赦免，以曾经总统特赦或于大赦法施行后三个月内特赦者为限，然其用意之所在，端在根本解除以前之特种犯罪行为，此大赦之所以异

---

[*] 本文原刊于《社会杂志（上海1931）》（第1卷）1931年第1期。原文未采用现代标点符号，文中标点为编者所加。

[1] 丘濬，字仲深、琼山，号深庵、玉峰，别号海山老人，广东琼山府城下田村（今海南省海口市琼山区金花村）人。明代政治家和思想家。著《大学衍义补》。——校勘者注。

于特设。盖特赦只为各别之个人，而发大赦则对于某种或一般人而言；特赦仅对于已受处刑之赦免，大赦则对于某种犯罪行为免除其法律上之责任也。

近世大赦之意义，既非以为市恩或邀福之具，是以大赦应由立法机关或行政机关行之。各国学者颇多争论，主由立法机关行之者，谓停止某种法律之适用，只能以法律行之；主由行政机关行之者，谓大赦之作用，偏于政治方面者为多，多君主国无论已，即在共和国家，大赦以立法权或行政权行之，其关系甚巨。美国取行政制，其《宪法》第二条第二项曰："总统对于侵犯美国国家之罪，有特设大赦之权，但弹劾案不在此限。"英国法国取立法制，故英国1868年《人权法案》〔1〕第一条、第二条否认君主停止适用法律之权；法国1875年第三条曰："总统有特设之权，但大赦只能以法律行之"。最新为1919年德国宪法，1921年波兰宪法，皆与法国宪法同其规定，世界各国之趋势，盖可知矣。

夫赦非善政，古人论之详矣。顾我国古人所言，系对于君主市恩邀福之行为而言。至对大难初平之际，为社会秩序及国家安宁起见，诚有泯除旧迹与民更新之必要，固与当初处刑罚之用意，有异途同归之旨焉。

---

〔1〕 "《人权法案》"原文作"《人权法》"，现据今日通常译法改正。——校勘者注。

弹劾制度[*]

张国安[**]

一、弁言

弹劾权一词，为学政治学者所习见。自表面观之，似能一望而了然；实则内容广杂，含义分歧。故何谓弹劾权，绝非寥寥数语所能尽。或曰，弹劾权者，即议会对于国家元首或国务员之犯罪，得向宪法上所指定有审理弹劾权案权限的机关提起诉讼，请其审理并处罚之权力也。殊不知弹劾权虽多由议会行使，然亦有不属议会而另自独立者；又有不归议会专有，而由其他机关与议会分领者。至对人适用范围，亦不限于国家元首及国务员，其他官吏与私人时亦为弹劾之对象。对事范围，更不限于单纯的违法，即不应为而为的失职行为，甚至不当为而为的失当行为，往往均被弹劾。就是种种，本篇爰拟对于弹劾制度作一赅括的叙述。先从静的方面，将运用弹劾权之机关与被弹劾之人员分为主体客体，而各别剖析之。再从动的方面亲察弹劾权之运用，以弹劾罪之构成为运用弹劾权的前提，中经提出，审查，侦察，审讯诸程序，至裁判，乃完成其最后之阶段矣。

二、弹劾权之主体

以议会为弹劾权之主体，并将提出弹劾之权专归下院，审判之权归于上院，此英国奉行已久之制度也。其步英国后尘之欧美各国，则更将此制明定于宪法之中。故美国宪法第一条第二项规定众议院有"弹劾之全权"，第三项

　＊　本文原刊于《国立武汉大学社会科学季刊》（第 5 卷）1935 年第 4 期。

　＊＊　张国安，1952 年毕业于东吴大学法律系（第 35 届），获法学学士学位。

又规定"参议院有审讯一切弹劾案之全权"。法国一八七五年七月十六日法律第十二条"内阁阁员因职务上的犯罪,得经众议院弹劾,由众议院审判之"。同条文又规定弹劾大总统之权与审理之权,分别归于众议院与参议院。其他各国之宪法,类似之规定尚多,无庸累举,兹试观其例外:一曰弹劾权与议会制半脱离也。德国一九一九年宪法第五十九条之规定曰:"联邦国会对于联邦大总统,联邦行政院长或各部部长,认为违背宪法或联邦法律时,得代表联邦向国事裁判所控告之。"是德国议会仅有提出弹劾之权,而审判之权则弗属之。罗马尼亚〔1〕宪法第九十八条之规定有曰:"国王及两院得控诉国务员,并将其移解于独有该项审判权之最高法院。"是不但审判弹劾案件之权脱离议会,即提出之权亦为国王与议会所分领。

一曰弹劾权之完全独立也。查各国议会之职权种类甚多,弹劾权不过其中之一。故议会虽为弹劾权之主体,实则只系兼领之而已。其有独立的主体行使独立的弹劾权者,阙为我国。孙中山先生有言:"中国古时举行考试和监察的独立制度,也有很好的成绩;像满清的御史,唐朝的谏议大夫,都是很好的监察制度"〔2〕尤以御史之职,专司纠劾百官,自秦已降,最为发达。唐萧至忠曰:"故事,台官无长官,御史人君耳目,比肩事主,得自弹事。"〔3〕明太祖赐御史汤和等谓:"国家立三大府,中书总政事,都督掌军旅,御史主纠纷,朝廷纲纪,尽击于此,而台察之任尤清要。"〔4〕夫以弹劾权而至与政权军权鼎足而立,弹劾权之主体而至于上无长官得自弹事,诚为独立弹劾制之先例。至若现制,以监察权为五种治权之一,以监察院为行使监察院之主体;又依治权行使之规律案第四项"在监察院成立以后,一切公务人员之弹劾权,皆属于监察院"之规定,则弹劾权之独立,自更毫无疑义。惟我国亦如各国之将弹劾权与审判权分开,故监察院之为前者之主体,而关于后者,则五权过问矣。

考弹劾权在欧美之所以多半属于议会者,盖因具有历史的背景,非一朝一夕之故。据美国宪法学者福斯特〔5〕(R. Foster)之意见,弹劾权之行使,

---

〔1〕 "罗马尼亚"原文作"罗马利亚",现据今日通常译法改正。——校勘者注。

〔2〕 见民权主义第六章。

〔3〕 见大唐心语。

〔4〕 就通职官志。

〔5〕 "福斯特"原文作"傅斯特",现据今日通常译法改正。——校勘者注。

于上古人民之部落会议，则已有之。[1]其意盖谓当时各部落之中之一切诉讼，尽由部众大会于重大案件，尚有过问之权。议会既为人民大会之后身，操有此权，不为无据。在立法的司法一文中（Legislative Justice）庞德教授（Prof. Pound）亦谓弹劾权乃立法团体兼理司法之遗迹。[2]纵观古史，如希腊诸小邦之对于犯重罪者，却有由人民审判之事；日耳曼部落之大会议，更往往审理重案，如后来会议之审理弹劾案然。再观英国凡刑事犯罪之告发权，例由普通人民所组织之大陪审官（Grand Jury）行使，众议院既系代表人民之机关，对官吏之犯罪既当享有告发权，此提出弹劾之权所以属于众议院也。英国之贵族院，具有法庭性质，能可处置少数特殊诉讼事宜，在最初之际，即行如此，故麦克文教授（Prof. Mcilwain）曰："议会之近似法庭，尤过于其为立法机关"（Parliament was more a court than a legislative）。[3]

降及今日，凡弹劾案件由众议院提起者，勿论被控告者之为平民抑系贵族，贵族院均予审理。今考英国政治史中，其可称为最初次之真正的弹劾案件者，一三七六年"模范议会"（Model Parliament）对拉蒂默[4]爵士（Lord Latimer）之弹劾案，庶几近之。[5]弹劾权之所以属于议会，不仅有历史的背景已也，更有理论的根据。请分为提出弹劾案之权与审理弹劾案之权，各别言之，谓前者之应属于议会者，盖谓议会本代表人民之机关，有监督政府之权力。弹劾权既为监督权之一种，当然应属于议会。况当责任内阁制尚未确立之时，弹劾权尤为议会所恃以督责政府之唯一武器。现在，于行内阁制之国家，弹劾权故多无尽其用矣，然在行总统制之国家如美国者，则弹劾权犹大可发挥其制衡之作用（Functions of checks and balances）。且美国法官之进退，以优良品格（Good Behavior）为标准，此种标准判别之权，又以归诸议会较为适宜。谓审理弹劾案件之权应归于议会之上院者，可以斯托里[6]氏（J. Story）之主张为代表。在美国宪法评述一书中，斯氏列举此种审判机关应具之美点，如公正，刚直，才智，独立等。公正即无党无私，不偏不颇；刚

---

[1] A. Foster, *American Constitution*, p. 506.

[2] Prof, Pound, "Legislative justice", *Columbia Law Review*, Vol. 14, pp. 1~12.

[3] Mcilwain, *High Court of the Parliament*, Preface, p. 8.

[4] "拉蒂默"原文作"拉延芮"，现据今日通常译法改正。——校勘者注。

[5] Matiland, *Constitution History of England*, p. 215.

[6] "斯托里"原文作"司托里"，现据今日通常译法改正。——校勘者注。

直即态度光明，临事不苟；才智即年高职茂，经验宏富；独立即职位崇高，不屈不移。位列举之后，斯氏随曰："夫上院者，岂非对于诸种美质大体具备乎？岂非较其他法庭之所具备者尤为完备乎？然则舍上院外，尚有其他法庭能胜此任乎？"[1]斯氏之意见如此，而普通亦均认为，倘果将审判弹劾案件之权交于法院，则其不妥之处有三。弹劾案件多带政治性质，司法加官不宜过问，此其一。弹劾案件之内容，大多异常复杂，司法加官不宜过问，此其二。遇有弹劾法官之案件，司法加官不便过问，此其三。最后，弹劾案之提出与弹劾案之审理之所以应分属于二院者，盖揆之事理，控诉之人不能同时又为审判之人，否则直系自己弹劾，自己审理，流弊殊多。故为杜绝流弊，及昭示公允计，二者应行分开，而分别隶属于上院及下院也。

三、弹劾之客体

对于国家元首之弹劾。布莱克斯通[2]（Blackstone）有言："英王不但不能做错，并且想不到做错，及意存做错事……"（The King is not only incapable of doing wrong' but even thinking wrong，he can never mean to do an improper thing ……）[3]斯言也，盖谓英王仅有元首之虚名，而无实在的权力。惟其无实在的权力，故不负任何实在的责任，而弹劾权遂亦无庸及之。美国与英国不同。依宪法之规定，勿论其大总统或副总统，亦勿论其所犯之罪系叛逆罪，贿赂罪，或其他之重罪轻罪，议会均可弹劾。法国仿效美国，大总统可受众议院之弹劾，而受参议院之审判。德国大总统有违背联邦宪法或联邦法律时，国会亦得弹劾之；审判之权，则归于国事判所。惟是国家元首虽不能逃出弹劾权范围以外，如美法德者。而对于弹劾之方法及条件，则多有特别提高。盖元首乃一国政治之最高领袖，对内对外，代表国家；弹劾国能随便举行，岂但有失国家元首之尊严，抑且易于牵动政局，使国家扰乱不安。因此，美国宪法特别规定审理总统弹劾案时，应以最高法院院长为席；而是者，亦一避免副总统参与审理带有嫌疑之原因也。法国议会之于总统，依据一八七五年二月廿五日颁布宪法第六条第二项，只可就其犯叛逆罪时，方可弹劾，以

---

〔1〕 J. Story, *commentaries on the Constitution*, 5th, p. 513.
〔2〕 "布莱克斯通"原文作"卜莱斯东"，现据今日通常译法改正。——校勘者注。
〔3〕 Blackstone, I Commentaries, 1813, p. 254.

别于一般阁员之因"职务的犯罪"而受弹劾也。(见一八七五年七月十六日宪法第十二条第二项)我国此次宪法草案初稿第五十八条,关于国会委员会职权之规定,其第二项有曰:"……于监察院对于总统副总统提出弹劾,并经委员会四分之三以上决议时,召集临时国民大会。"将审判总统弹劾案之权,归于国民大会,而与五院院长,及立法院监察院二院委员之由国民委员会审理者,较高一筹,迨亦重视总统弹劾案之意矣。

对于其他官民之弹劾案。弹劾权适用于其他官民之间,各国规定,大多不一。范围最广者,阙为英国。次之者,为法国。再次则美国。最狭者,当称德国,今请遂一稍为说明之:

(一)德国。官吏素有政务与事务之分。所谓政务官吏者,其工作大多皆向国家最高政务机关直接负责,例如内阁阁员之政治行径,由国会监督甚或弹劾之是也。至若事务官,乃含有技术性之普通官吏,其行动关系国家者并不大,且有行政长官自上督率,纵然犯罪,由长官或普通法律处置之均可,更何需手续繁重之弹劾权,此德国之所以规定弹劾权仅适用于阁员,及总统为限也。往者依据一八五〇年三月法律,巴伐利亚[1](Bavaria)曾有国事裁判所(Statesgerichtshof)之设,专为审讯[2]一般议会弹劾之内阁人员,即为是例之先导[3]近者,自共和国告成后,宪法中对于总统,及国务员之违宪及犯法行径,亦有责成议会检举,国事裁判所审讯之规定,普鲁士新宪法第五十八条,亦同此制。

(二)美国。据宪法第二条第四项而言:"大总统,副总统,及合众国文官,因叛逆罪,贿赂罪,或其他重罪轻罪,经受弹劾与定谳时,应受免职处分。"惟可谓"文官"(Civil officers)?议员亦在"文官"范围之内否?参议院于接受众议院举发参议员布朗(Senator)妨害国交一事,曾以十四票与十二票之数,否决之。[4]良以议员行为有辱议员尊严者,议会可自动决议而除其名,无待弹劾?[5]且也,不但议员不在其列,据宪法大家斯托里(Story)

---

[1] "巴伐利亚"原文作"八威略",现据今日通常译法改正。——校勘者注。

[2] "审讯"原文作"审询",现据今日通常用法改正,下同。——校勘者注。

[3] American Pol. Sc. Review, April, 1933, Friedrich, *The Development of Executive Power in Germany*.

[4] *Extract of the Senate Journal on Impeachment*, pp. 14, or 3 Hinds, *Precedents of Congress*, 679.

[5] Anderson VS. Dunn.

意见，即军人亦居于范围以外。氏有言曰："关于军旅之事，参议院显乏相当之知识与经验，以便过问军人之行为……故此种事件，宪法乃交于军事法庭。"〔1〕然则所谓文官者，其含义究何如乎？概括言之，凡由大总统任命之官吏，大多属之，例如国务员，驻外使领，甚至邮政局长，联邦各种法院推事等等。其中尤以关于弹劾法官为最奇。此制不仅法德二国为之见，即在英国，议会于罢免法官，只须表决足矣，初未尝以弹劾行之。乃在美国也，九次弹劾案之中，关于法官者，竟居其六，余则分散于总统，内阁阁员，及参议员各一人。

（三）法国。据一八七五年七月十六日宪法第十二条所载，参议院，除可受理众议院举发总统罹犯叛逆罪，国务员罹犯职务罪外，尚可依据国务会议，总统署名之令，成立法院，闪盘一切危害国家安全之罪犯。案件经众议院举发者，一九一七年十月卸任内政部长马尔维〔2〕（Malvy）之事，即属此类。案件之经政府举发者，一八八九年爱国诗人载瑞莱德（Deronlede）一八八九年将军布朗热（Boulanger），一九一九年议员加来〔3〕（Caillaux）等之已经众议院先为取消议员特权，而后控于参议院，是皆属之。由是观之，法国弹劾权适用之范围，较诸美制似为广矣。

（四）英国。英国弹劾案件，前后约有七十，几皆对于官吏而发，至对于平民，则迄今尚无定论。曩在一六八一年斐兹哈里斯〔4〕（Fitzharris）案件发生时，贵族曾以是案，系对于平民之弹劾，认为应由法庭讯办，拒绝受理。乃弗八年，贵族院于亚当布莱尔〔5〕（Sir Adam Blair）及其他设计平民弹劾诸案，竟又一反从前之态度，而予以审理。〔6〕故弹劾权究竟应否适用于平民，抑仅限于官吏，至今尚无定论。从普通政治学眼光，及根据三百年前大法官柯克（Coke 1522～1634）所说，英国国会权力的庞大，于人于事，皆是超卓，而又绝对不受限制的，是则弹劾权是客体，应无官民之分，然若据近世法律研究大家司太芬（Sir G. F. Stephen）及梅特兰（Maitlaind）之论，则又

---

〔1〕 Story, *Commentaiies*, p. 577.
〔2〕 "马尔维"原文作"马非"，现据今日通常译法改正。——校勘者注。
〔3〕 "加来"原文作"佳尧"，现据今日通常译法改正。——校勘者注。
〔4〕 "斐兹哈里斯"原文作"费紫哈里斯"，现据今日通常译法改正。——校勘者注。
〔5〕 "布莱尔"原文作"不莱"，现据今日通常译法改正。——校勘者注。
〔6〕 Maitland, Ibid, 317.

略有不同。司氏之意见，则以为除于叛逆罪稍有嫌疑外，国会似无弹劾平民之权。[1]梅氏亦谓"弹劾权之所以见重于当时，被尊于阙后者，以其对于朝廷大臣抑制故也。"[2]征诸弹劾权应用的历史，于平民也，究属凤毛麟角，不多见之。

我国现制，依中央政治会议第一九八次会议之决议："凡须经政治会议议决任命之官吏为政务官"，是否官吏有政务官与事务官之区别。但依弹劾法第二条，治权行使之规律案第四项，及国民政府组织法第四十六条之规定，则并不问政务官，监察院均可弹劾。是我国弹劾权应用之范围较之欧美各国，均为广大。盖我国监察制度，本多因袭以往只御史制度。当时御史之弹劾权，即可用之于君主以下的一切官吏。据续文献通考所载："都御史专究百司，辨明冤枉，提督各道，为天子耳目风纪之司。"又谓"十三道监察御史主纠察内外百司之官邪，或露章面奏，或对章弹劾"。所以内自王公大臣，外至藩臣疆吏，及道府州县官员，甚至土豪恶霸，不分尊卑，不论文武，均得遭遇弹劾。

退职与调迁后之弹劾。弹劾权最主要之客体，是为官吏。官吏既已解职，则其特定之身份丧失，是与普通人无异，只应受普通法律之制裁，而非弹劾权所能及矣。殊不知官吏解职后之行为，虽不受弹劾权之拘束，而其过去在职时之失职行为，犹能为弹劾权之对象。其故盖因官吏在职时之过失，有时于退职以后方被发觉。其者，有预先辞职，以图免罪者，若使不取诉追主义，则贪官污吏，虽罪大恶极，而能一走了之，弊害殊甚。德国有鉴于此，对于自动，或被罢免的去职之总统，及阁员，取有诉追主义。[3]其在法国也，亦取此制。例如一九一七年克里孟梭（Ciemencaau）组织内阁之时，于去职的阁员，现在议员加来氏（Caliiaux），尚要求议员先为剥夺其议员特权，然后加以逮捕，控之于参议院，告以通敌罪状。又同年议员陶太（L. Daudet），控告卸任内务部长，尚为国会议员马尔维（Malvy）之事。其在英国也，最近的例，是为卸任东印度公司的督办黑斯廷[4]（W. Hasting）于一起八五年解职归国之时，而遭议会弹劾是也。至在美国也，当卸任国务卿韦伯斯特[5]

---

〔1〕　J. I. Stephen, *History of Criminal Law*, Vol, I, pp. 146.
〔2〕　Maitland, Ibid, 215.
〔3〕　Auscbutz, *Die Verfassung des Deutchen Reichs 13 anflage*（1930）, p. 289.
〔4〕　"黑斯廷"原文作"哈斯丁"，现据今日通常译法改正。——校勘者注。
〔5〕　"韦伯斯特"原文作"卫伯士特"，现据今日通常译法改正。——校勘者注。

（D. Webster）之被众院检举，议会即已纷纷。[1]其后一八七六年巴拿普（Bellnap）事件发生，议会有可检举卸任官吏之权，似已树立矣。巴氏原为陆军总长众院以其串通某商营私，事涉贪污，正举而告发之。巴氏闻此消息，为规避计，忽向总统辞职。结果总统虽准其请，参议院于接受众议院之告发书际，约以三十七票对二十九票之多数，通过弹劾案矣[2]。反之，一九二六年参院于推事英格里斯（English）迟交辞呈之后，忽又不去诉追手续。[3]一九一二年，参院于联邦商务庭推事阿克宝（Archbald），曩在联邦地方法庭所犯渎职之事，亦不追诉，仅于现行所犯各节，而征辩之。[4]此种因位置调迁而得豁免前罪之理由，阿氏雇请辩护士某氏所言，殊值玩味，是即"若使官吏已经调迁他位，尚需对其过去所犯罪状负责，今之总统塔夫脱[5]（Taft）（即美国总统威廉·霍华德·塔夫脱），在其未及位之前，即令因其曾供他职罹罪属实，是否因此而丧失今之总统位置"。[6]惟是联邦情形虽如此，歌榜则又不同。譬如一九一三年，纽约省省长（即纽约州州长）苏尔子（Sulzer），因为填选举宣传费，于及位后，被弹去职。他如威斯康新省推事胡伯尔（Hubbel），纽约推事巴拉底（Barnald），内布拉斯加[7]省省长巴特勒[8]（Butler），是皆于调迁之后，而被弹劾者也。[9]

四、弹劾之运用

弹劾罪之构成。弹劾罪之运用，以弹劾罪之构成为前提，然则如何始谓之构成弹劾罪乎？在英国法律讲演集一书中，伍德森[10]氏（Mr, Woodeson）述英国之情形曰："苟有御前大臣，贿赂公行，重违职守；司法官员，言出不逊，背弃典章；抑或有任何官吏，企图颠覆国家之大法，招致专横之暴

〔1〕 R. Foeter, Ibid, p. 579；Story：Ibid, Sec. 793，794.

〔2〕 3Hinds, *Precedents of Comgress*, 946.

〔3〕 Senate Document, Vol. 117, pp. 84～93.

〔4〕 Senate Document, Vol. 13, or 69 Congress, 2nd Session, pp. 1620～1630.

〔5〕 "塔夫脱"原文作"太虎脱"，现据今日通常译法改正。——校勘者注。

〔6〕 Senate Document, Vol. 16, or 62 Congress, 3rd Session, p. 1104.

〔7〕 "内布拉斯加"原文作"芮卜拉斯克"，现据今日通常译法改正。——校勘者注。

〔8〕 "巴特勒"原文作"包提尔"，现据今日通常译法改正。——校勘者注。

〔9〕 C. C. Pott, "Impeachment as a Remedy", 12 st., *Louis Law Review*, 15, 27.

〔10〕 "伍德森"原文作"吴迪生"，现据今日通常译法改正。——校勘者注。

政；凡此者，要皆议会所堪审究之案件也。又或有御前大臣，用于丧权辱国之条件。海军领袖，疏忽海上直防务；驻外大使，不克但当其使命；枢密大臣，倡谬议，附邪说；国王顾问，敛钱财，理贱业；凡此者，亦适足招议会之弹劾也……"（……that if a Lord Chancellor be guilty of bribery, or of acting grossly contrary to the duty of his office，if the judges mislead the sovereign by unconstitutional means，if any other magistrates attempt to subvert the fundamental laws or introduce arbitrary power, these have been deemed cases adapted to parliamentary inquiry and decision. So where a Lord Chancellor has been thought to have put the seal to an ignominious treaty，a Lord admiral to neglect the safeguard of the sea，an ambassador to betray his trust，a privy Counsellor to propound or support pernicious and dishonorable measures, or a confidential adviser of his Sovereign to obtain exorbitant grants, or incompatible employments, these imputations have properly occasionedimpeachment……）[1]据此以观，英国弹劾罪之范围，可谓广大矣、惟自责任内阁制度发达后，即今官吏政策失常，议会于弹劾制之施用，亦似无必需性。其在德国也，依据宪法所载，议会只可就大总统，行政院长，各部部长，违犯宪法或法律而加以控告。如政治争议，起于内阁及议会只问者，议会可另据宪法第五十四条对于行政院院长，及各部部长，作不信任案之表示。其争议起于总统及议会者，议会亦可另据宪法第四十三条第二项，要求国民投票表决之。至在法国也，议会于大总统，只可就其犯"叛逆罪"加以举发。按之法国刑事法律，对于何为叛逆罪，至今尚无规定[2]，是故议论纷纷。主张叛逆罪之定夺，应由参议院于接受弹劾后操之者有之。其持反对论调，谓此颇与法国人权宣言第八条及刑法第四条冲突者，亦有之。若据艾斯曼[3]教授（Prof. Esmein）所言，则谓弹劾总统案件，大多属于政治性质，不可徒徒狭义的法律立场观之[4]，果尔，则法国总统，经弹劾而被定谳者，将有失职之虞。关于弹劾内阁阁员罪状范围，宪法指定限于职务上的"刑事罪"（Crime）。意义颇欠明确。就严格而言，则凡不当行为，而为现

---

〔1〕 Woodeson, *Lecture on English Law* (1772)，p. 602.

〔2〕 Fsmein, *Elements de droit constitutionnel francais et Compare* (Huitieme ed.)，Tome 2nd，p. 225.

〔3〕 "艾斯曼"原文作"爱西曼"，现据今日通常译法改正。——校勘者注。

〔4〕 Esmein; Ibid, p. 228.

行刑法未规定者，内阁阁员，不受弹劾。惟就康斯坦特〔1〕教授（B. Constant）所持广义解释而言，则内阁阁员，不仅违犯刑法所规定者应受处办，即督战不力，缔约不善，整理财政无力，与夫污损司法等等，众参二院，皆可分别弹劾而审理之。〔2〕马尔维氏之遭弹劾及定谳也，职就此故。美国宪法以叛逆罪，贿赂罪，及其他重罪，轻罪（Misdemeanors），为弹劾大总统，副总统，及政府文官之罪状。关于"叛逆罪"据宪法第三条第三项之解释"背叛合众国，与合众国作战，依附帮助或安慰合众国之敌人者，犯叛逆罪。"是故"叛逆"一词，不似在法之足以引起纠纷。惟所谓贿赂罪者，意义又嫌模糊。受人金钱，固贿赂也。然如过去约翰逊〔3〕总统（P. Johnson）之因促汤姆斯将军（Gen. Thomas）就任陆军总长，允为代付责任，亦遭舞弊之名，岂非以言词之托付为贿赂乎？〔4〕此外，关于重罪，轻罪，极易伸缩。有以言辞适当为重罪者如约翰逊总统被弹劾之罪状是也。〔5〕有将酗酒列入罪状这，如对于贝克推事（J. Peck）之弹劾是也。〔6〕故辛普森氏（Simpson）于美国弹劾制度书中，谓阿克保（Archbald），杰斯（Ghase），约翰逊（Johnson），斯韦恩〔7〕（Swayne），皮克林（Pickering），汉弗莱〔8〕（Humphrey）等之被弹诸条均为无控告性之罪状（Indictable offences）。〔9〕当英格里斯推事（J. Enflish）弹劾案发生时，众议院之审查委员会，甚至于报告书中，竟谓弹劾权不仅以实用于违反宪法，及联邦法律之行为为限；又谓不仅适用于普通法律了解下，所谓重罪轻罪云云。〔10〕更观我国，依据唐制，御史且可"风闻弹事"，即所奏涉虚，本乎清代台规，举发之官，"亦不坐罪"。至于近之监察制度，仍系具有"以官查官"之性质。论者谓其果能依据弹劾法第七条，于重大案件，能为先事转饬主管机关，为急速救济处分，以防公务人员违法行

---

〔1〕 "康斯坦特"原文作"康思特"，现据今日通常译法改正。——校勘者注。

〔2〕 Constant, Cour de Pol. Constitution 11, p. 386, cited from Esmein, 1bid p. 285.

〔3〕 "约翰逊"原文作"詹森"，现据今日通常译法改正。——校勘者注。

〔4〕 26 *Harvard Law Review*, Brown, "The Federal Impeachment".

〔5〕 3 Hinds Precedents 863, or Extract of the senate Journal, pp. 182.

〔6〕 3 Hinds Precedents 804.

〔7〕 "斯韦恩"原文作"司维芮"，现据今日通常译法改正。——校勘者注。

〔8〕 "汉弗莱"原文作"汉夫芮"，现据今日通常译法改正。——校勘者注。

〔9〕 A. Simpson, *A Treatise on Federal Impeachment*, pp. 41~42.

〔10〕 Senate Document, Vol. 117. Or the 69 Congressional Record.

为侵犯人民生命财产情节之扩大，是亦澄清吏治，尊重法治之精神也。

控告与审理。除少数例外，弹劾案之提出，全由众议院。审理之权，则属于参议之权，业已于前面论及。今试观其提出及审理之方式。对于弹劾案之提出，各国大多无人数之限制，众议院中任一议员均可提出。提出后，众议院即组织一委员后，以审查该案。如审查结果，认为所弹劾各节确能构成弹劾罪时，再问大会报告。倘经多数通过，即将该案送达参议院，正式控告。德国议会对于弹劾案之提出，手续较为繁杂。因宪法规定，凡控告案之动议，须有联邦议会百人以上之连署，并须有与为改正宪法而预先规定之人数，即法定议会全体人数三分之二出席，及出席议员三分之二赞成故也。参议院与众议院之弹劾案送达后，一面将弹劾状通知被弹劾者，一面定期审讯。审讯时，参议院变为一种特别法庭，在美国最初即有最高弹劾法庭之称（High Court of Jmpeachment），[1]在法国谓之高等法院（la haute cour de Justice）。且也，依据美国宪法第一条第三节第五项所载，参议院因审讯弹劾案而开会时，全体参议院俱应宣誓或作代誓之宣言，颇似法庭之情形。关于普通弹劾案之审讯，在美均以副总统为主席。但当大总统受审时，则规定以最高法院院长主之。其最大原因，盖因审讯大总统之弹劾案，直接有关于大总统之去留问题，即间接有关于副总统之升任问题。为杜绝弊病计，自不得仍以副总统为主席也。最高法院院长，于主持审讯时，按参议院于弹劾唐森总统之决议，享有一切副总所秉之权力。[2]至于被弹劾人之权利，除不能享受陪审权外[3]，按法得可呈述意见，邀请证人，雇请辩护，不受强迫自供（Self–incrimination）诸权。[4]其在法国也，依据一九一八年一月五日之法律，参议院院长于弹劾案迟达后，得组法庭，并将参议院议事录及一切有关系之文件，立即送交法庭检察长。上项法庭检察长，系由最高法院逐年大会，就诸终身法官中推举之，享有提出公诉之权。又据同一法律第十条之规定，大总统或内阁阁员因犯罪被众议院提起公诉者，得可享受凡与本法律不相抵触之刑事诉讼法典，及刑事诉讼之一切法律，及一八八九年四月十日种种之规定。[5]至于弹劾案

---

〔1〕 3hinds, 381.

〔2〕 *Senate Document*, p. 63, Johnson Trial.

〔3〕 美国宪法第三条第二节第三项。

〔4〕 W. W. Willoughby, On Constitution, Vol. 111., pp. 1450～1451. (3rdEd.)

〔5〕 立法院编各国宪法汇编七十一至七十二页。

之判决也，在美须有出席参议员三分之二同意，方可定谳，在英经贵族院议员十二人之同意，及出席议员大多数之表决即可。[1]

我国现制，监察委员得单独提出弹劾案。提出后由监察院长指定其他监委三人审查决定后，即将该案移付惩戒机关办理。但审查时，如经否决，而提案委员仍有异议时，依据弹劾法第五条第六条，即应再行审查。至弹劾案之审理，依公务员惩戒法第十条之规定"被弹劾人为国民政府委员者，送中央党部监察委员会；被弹劾人为前歀以外之政务官者，送国民政府；被弹劾人为事务官者，送公委员惩戒委员会"。

弹劾案之裁判。裁判为弹劾案之最后阶段。其性质有与普通刑事裁判之性质相同，亦有另为独立之惩戒者。英法二国，属于前者。美国等国，属于后者。盖英国贵族院之裁判弹劾案也，不仅可免职之处分，并可科处死刑及其他刑罚。故一七四七年辣乏爵士（Lord Laval）判决书中有曰："汝必须受杀戮之罪，汝之肠，须自汝腹中掏出，焚于汝前……"（you must be cut down alive, then your bowels be taken out , and burn before your face ……）[2]实属创见之举。其在法也，参院于定谳诸犯，亦可直接科罚之，例如戴锐莱德（Deroulede）即膺十年放逐，加林氏（Caillaux）获遭三年监禁，十年公务权剥夺，及数万法郎罚金诸种处分是也。且也，依据法制，苟议会于卸任阁员在职不法行为未曾过问，普通刑事法庭（Cour d'assises）经政府举发，亦可对之处办，曩之卸任阁员巴彦氏（Bahiant）因在职时舞弊事发，而被巴黎刑事法庭讯办，即其例之一也。[3]至美国参议院之于定谳诸犯，依据宪法第一条第三节第七项是规定，仅可对之加以免职，及剥夺享受合众国尊荣，有责任或有酬金职位之资格的处分。倘被定罪者，尚犯有普通刑事罪时，则依法"仍应受法律上公诉，审讯，判决，及惩罚之处分"，此巴拿普（Bellnap）所以于受议会弹劾时，同时又被控于普通法庭也，否则，重大作奸犯科者，除公务权被剥夺外，反可不受一般法律之拘束，弊害殊甚。[4]德制与美制略同，国事裁判所（Staatsgerichtshof）虽为独立机关，但于犯罪者之科罚，仅及于罢免

[1]　Comyus, *Digest of Parliamentary Law*, p. 17.

[2]　Mackey, "Trial of Lord Laval", pp. 274, Cited from 12 St. *Louis Law Review* 16, note 5.

[3]　Duguit: droit const. Tome 4, p. 478.

[4]　Story: Ibid, Sec. on conviction and Punishment.

职位，及取消其薪金而已。[1]捷克，奥国均仿美国。捷克宪法第六十条条规定："对于大总统可科之罚则，只限于失其大总统之职务，及丧失其将来为大总统之能力为止。"奥国宪法第一四二条规定："宪法法院之科刑判决为免职，情节重大者，为参政权之暂时剥夺。"要之，除英法二国外，各国审讯弹劾案机关之裁判权力，大多以免职及剥夺公权为止，而不为普通之刑事处分。其故盖因审讯弹劾案件，多属政治行为的性质，而审讯机关中之人物，非皆熟习普通刑律之专门人才。如以刑事裁判责任界之，难保不有贻误，甚或流弊生焉。我国现制，依公务员惩戒法第三条之规定，官吏之惩戒处分为"免职"、"降级"、"减俸"、"记过"、"申戒"五种。同法第二十二条又规定："惩戒机关关于惩戒事件，认为有刑事嫌疑者，应即移送该管法院审理。"又第二十五条之规定："就于同一行为，已为不起诉处分或免职，或无罪之宣告时，仍得为惩戒处分。"盖显将官吏惩戒与普通刑罪，划分为二矣。

最后，关于弹劾罪之运用，犹有应述者二。其一为弹劾案一经提出，不因议会之休会或散会而中止。远在一六七九年，丹比案件（Danby's Case）之时，英国议会即有此项原则之决定，乃一六八五年，又被议会取消。这哈司丁案（W Hasting's Case）发生，迁延逾七年之久（一七八八至一七七五），然后弹劾案不受议会聚散，变迁之影响，乃成定例[2]。其二，即弹劾案之赦免问题。在美国，大总统对于弹劾案件，绝无赦免之权。在英国，则当弹劾案进行之时，赦免仍所不许，惟于定谳以后，国王可运用此特权；盖已于法律中（Act of Settlement）明白规定矣[3]，至在法国也，则可，戴瑞莱德之事，即其例也[4]。

五、结论

布莱斯[5]氏（J. Bryce）有言："弹劾权乃议会兵工厂中一最笨重之炮弹；惟其笨重，故不适用。"[6]盖当其运用之时尝因搜罗证据，调查原委，

---

[1] *Gesetz des Staatsgerichtshof*, 12, abs. 2, sehen Anschutz; *Die Verfassung*, p. 289.

[2] Stephen, *A History of Eng. Criminal Law*, p. 159, or Maitland : Ibid, p. 318.

[3] Maitland, Ibid, 318.

[4] Seligman, *Encylopedia of Social Sc*, "Deroulede."

[5] "布莱斯"原文作"蒲莱斯"，现据今日通常译法改正。——校勘者注。

[6] Bryce, *American Commonwealth*, 2nd. Ed. p. 212.

种种手续，旷日伤财。识是之故，英国于近二百年间，仅发生三次弹劾案；而三次中且无一次系于近百二十年以内发生者。[1]其在美国，立国以来，仅见九次。在法国，则第三共和以后，仅四次而已。抑欧美之弹劾制度，不但运用上欠灵便已也。处政党政治之下，议会沦为党争舞台。影响所及，弹劾权遂难发挥正当之结果，是即应受弹劾者，反因在位政党之曲护，逃于此难。不愿受弹劾者，只以所属之政党地位降落，有被检举之可能。近者，责任内阁制实行，与论监督严厉，吏治渐趋澄清，政党纪律森严，此制在欧美也似已日趋末路。惟在我国也，舆论尚未健全，贪官污吏遍地，舍独立机关以为检举，复有何制善于此者乎？

一九三五年四月二十五日作于齐鲁大学，所以纪念曾俊

---

[1]　Stephen, Ibid, p. 159.

关于抗战期间政府组织问题的几种错误见解[*]

杨兆龙

关于抗战期间政府的组织问题，国内学者已有很多的讨论。就是政府当局对于这个问题也予以相当的主义。最近政府机构的几次改组，便是一个明显的例子。我们在此地似乎不应该再发表什么意见。不过作者觉得有些学者和政府当局对于这个问题的观察考虑似乎还不十分周到，现在愿将个人的几点感想提出来供大家的参考。

纵观以往这几个月中国内论坛的趋势和组织的变迁，作者觉得有些人对于战争时政府组织的问题至少有三种错误的见解。现在分别说明于后：

一、第一种错误的见解以为，战时政府的组织应该厉行紧缩

有这种错误的见解的人，在国内恐怕很占优势。国府各机关之裁减职员，便是一个最为明显的例子。这种见解大概因两种观念而发生。这两种观念各有其出发点。第一种以经费为出发点。抱这种观念的人以为：在抗战时期，国家的财政非常困难，各机关应该缩小范围以节省经费而延长寿命。第二种观念以事务为出发点，抱这种观念的人以为：在抗战时期，某种机关事务减少或根本无事可做，不必再维持平时那样的门面。这两种观念当然也有一部分的真理。我国的政府机关，平时因好铺张门面，安插冗员，而组织庞大，效能缺乏者，不一而足。我们在必要与可能范围内予以调整紧缩，自然是应该的。可是这种调整紧缩，应该以抗战时期的需要为标准。从这一点起来，经费之节省虽不可忽视，但首须注意者还是各机关在抗战时期工作之实际需

---

* 本文原刊于《中央周报》1938 年战时特刊第 9 期。原文未采用现代标点符号，文中标点为编者所加。

要。因为政府的行政经费（事业费除外）究属于有限，若斤斤与经费之节省而置工作的实际需要于不顾，未免有削足适履之弊。况且在全面抗战的过程中，民政机关和军事机关是一样的重要。在现代化的战争状态下，前线与后方既无甚区别，而其重要性亦相等。我们在这个时候，当然谁也不敢说：我们的军事机关应该以节省经费为目的而厉行紧缩。那么民政机关之调整紧缩不应以节省经费为主要标准，自然也很明显了。

然而我们仔细体察抗战以来政府厉行紧缩政策的经过，觉得有些人太重视经费之节省而忽略工作之实际需要。他们以为在抗战时期许多政府机关无事可做，于是主张裁减职员，归并机关，或改变名称等等。他们认为这种办法是于财政上有利而于工作的需要上无妨害的。诚然，我们制定平时的组织是有叠床架屋之弊，我们的公务员中是混着不少的饭桶，我们为增加行政效率起见早就应该在组织及人选方面有一番革新。但是这与以上这些人所主张的是两回事情。作者以为，我们由政府机关，除掉极少数的例外，如果真想苦干的话，在这抗战时期并非无事可做。目前之所以无事可做者，其主要原因当推大家之缺乏计划与不愿做事。就拿一般人认为无事可做不足轻重的内政部来讲吧，若是主管者有计划而愿意做事的话，恐怕要比任何机关忙。如组织民众、救济难民以及其他许多不属其他部会管辖而关系后方秩序安宁的事情，若认真办起来，恐怕就是将固有的内政部职员增加一倍，也未见得干得了。一般人所认为空闲的内政部既然是如此，那么其余的机关更可想而知了。所以我们若要使政府的机构在抗战时期充分发挥其功能，只可以工作的"需要"为出发点而就组织及人选方面加以必要与可能的调整紧缩。至于一味以节省经费为目的而"疏散"职员裁并机关，那简直是"泄气"政策，未免贻笑敌人。我说这话，当然并不是主张那些因环境变迁而事实上却无工作可做的机关以及本质不良而不能当抗战时期重任的机关也须一一保留。不过这种机关，仅居少数。我们应该将它们认清楚。近来很有一批人因战争不利土地丧失而表示过分消极。他们觉得：中国已陷于偏安之局。政府机关所举办的许多事业已无法推动。他们的管辖范围也一天小一天，因此政府有缩小之必要。这种思想当然并非绝对无理，不过有些人们往往被它整个的笼罩住，未免趋于极端。我们该知道。以往大家所注意的，大概限于中原以及现在已被敌人占领或正在作战的区域。政府对于那些边远省简直没有下什么功夫。今后当努力开发革新这些区域以作长期抵抗复兴民族的根据地。来日的工作不知要比以前繁重几倍。我们只应该充实调整政府组织以应此特殊需要，决无专顾省钱而妄行紧缩之理。我们虽然已蒙着丧师失地的耻辱，却不可小看自己。我们若能将那些还没有失去的地方整理开发革新充实起来，仍不难维持我们抗战的力量而收复已经失去的山河。我们四川一省就有欧战中部或西部一国那么大。我们现在所保有的还不知四川一省，我们若想到欧洲中部西部那些国家怎样的振奋有为，我们应该自加勉励努力前进。我们目前不过是一个暂时遭了病魔经扰的国家。我们所得的并非绝症，我们应该向生路走，不应该轻易失望而自暴自弃。

二、第二种错误的见解认为：战时政府的组织是必须与平时政府组织分开而不能混同的

这种见解可由政府未离开南京前的战时组织看出来。上海的战事发生不久，军事委员会便实行改组。结果，添设了好几部。其中有几部是含有十足军事性的，本不足为怪。不过其余的几部，如后方勤务部、第三部、第四部等，却与平时早已存在而战时并未取消的交通部、铁道部、实业部等相重复。推原其故，大概是因为有些人认为那些平时早已存在而战时并未取消的各部不能胜任战时职务，非另设几部个性质相似的战时机关不可。这种错误的见解所造成的政府组织，不但有如萧一山先生所说的"名称杂出，号令不一"之弊，[1] 并且还引下列的困难和矛盾现象：

（一）因这种见解而产生的新组织虽成一个系统哦而似乎有其特殊使命，但其长官中有几个却又同时为行政院关系部的长官。即其职员亦大都是由这些部调来的并且这些部的职员还有直接替那些新组织的机构效劳而无名义的，那些新组织的机关所担任的工作也有许多是委托这些部办理的。这是这种见解的产物与事实矛盾的一种现象，还不过是逻辑上的缺点，关系犹小，姑不申论。

（二）因这种见解而产生的新组织虽一部分因人的关系有时与固有的关系部取得联络，但因办事手续上有许多曲折，对于这些部所取得的经验，所搜集的资料，所拟的计划，以及所做的准备工作不能充分利用。至于那些无人的关系可凭借的，那简直与固有的关系部莫不相关。这种时态足以产生两种

---

[1] 见上蒋委员长书。

结果：（1）新组织的机关对于所办的事业大部分须另起炉灶，工作繁而收效迟。（2）固有的关系部因为有了那些新组织的机关，往往觉得无事可做，对于分内应办的事业不免故意推诿，将平时所计划筹备的许多事情停顿或放弃。我们若将平时所这两种结果总和起来，我们可的一个结论，那就是：因上述错误见解而新组织的机关，反而使得过去和现在失去必要的连贯性（contiunity），反而使得本来有人可负专责而能速办的事情无法推行，我该知道：一个理想的政府组织，不但能应付平时的环境，并且还能不经变动而适合战时的需要。因为一个理想政府在平时举办事业时，对于平时的需要固应顾及，而对战争时的需要尤须重视。它的组织在平时含有应付战时环境的可能性。苏联的政府组织及其所举办的事业便是一个很好的例。其实德意等国也有同样趋势，苏联自从欧战以后，除掉极短时期与邻邦有小冲突外，可算一直度着和平的生活。可是她的政府组织及所办的事业〔1〕，简直可谓表现着十足的抗战性。近代国家能比得上它的，真不可多见，一个理想的政府组织及其所举办的事业固然是如此，就是那些够不上理想的政府组织及其所举办的事业，虽在平时也不能说绝对不含着应付战时环境的可能性。所不同者不过是程度之深浅而已，所以这些政府组织一到了战时不一定是无用。善于运用政治机构者，当之如何择其可用者而用之。最好的办法，莫若调整充实固有的组织而不根本推翻它，是过去和现在维持必要的联系。而减少许多无谓的消耗。

三、第三种错误的见解以为：战时政府的组织只须在形式及系统上加以改动就行，至于人选的问题则无关紧要

这种见解可从战争发生以来几次的政府改组表现出来。试问：最初在南京的与国府迁渝后的政府改组，在形式及系统上虽翻了许多花样，而在人选方面是否有"换汤不换药"之感？我们该知道：政治的功效不是专考表面的制度所可发挥出来的，实际上发挥政治功效的主动力还在乎"人"。

我们若忽视了这一点，那简直是自欺欺人而已。根本谈不上什么"革新"，什么"抗敌"。我国以往的毛病救灾负政府之重责者不得其人。政治为少数党团所把持。凡在这个圈套里面的人，无论他是不学无术卑鄙龌龊，都有担任要职的机会。反之，那些人格健全真有作为的人，因为没有渊源，倒

---

〔1〕 根据几次的五年计划所办的。

在排斥之列。在这种情况下的政治，当然不会有良好的成绩。然而一般人不反躬自问、洗心革面，反而将责任完全卸在制度的身上，于是大翻其花样而时常改变制度。这真可谓"肚痛埋怨床脚"了（江苏俗语）。我们固不敢说我国政府的制度完全没有缺点，可是我们若将政治上一切因人选而发生的坏事情都归咎于制度之不善，那决非平情之论。所以我们要想充实改良战时的制政府组织，除非对于制度之必要的革新，尤须对于"人"的方面下一番甄别整顿的功夫。换句话说，那些行为卑劣能力薄弱的人，不应该在让他们占据重要的地位而累及国家民族的前途。政府用人，当以"贤"与"能"为标准。不然，纵使将政府的组织改变千次万次，也是无补于实际的。

以上三种错误的见解，现在也许不一定完全存在。有几种也许已经成为过去或将要成为过去。但愿这是事实。作者很希望大家本着"有则改之，无则加勉"的原则做一番反省的功夫。本文虽然对于过去的缺点有种种批评，但其主要目的是在使大家能知道以往的缺点而赶快想办法补救。有些人也许以为现在为时已晚，这种批评已无裨实际。殊不知战争才开始了半年，以后抗战的日子还长，我们若从现在起放弃上述的几种错误见解，根据合理的原则对于政府的组织做一番必要与可能的调整和充实功夫，那么后事尚有可为。希望大家不要再因循迟疑，赶快地作"亡羊补牢"之计。

一九三八年一月十二日写于汉口

论宪法中之中央制度[*]

徐开墅^{**}

  中华民国宪法已经由国民大会制定完成，于本年元旦由国民政府公布，并定于十二月廿五日实施。这是一件值得庆幸纪念的大事，可惜中国共产党与民主同盟（除当时尚未退盟的民社党外）拒未参加国民大会，不能不说是遗憾，但现在还不是没有挽回的局面我们原望政府迅速设法恢复和平谈判，现在离行宪的日期尚有近一年的时间，仍不算太晚。宪法是国家的根本大法，我们通常国家的组成要素有四：即人民、土地、主权、组织，所以宪法除规定疆域及主权所属，人民的权利义务，基本国策，及宪法修改的方法外，主要的当属国家的机关组织，而国家机关的组织由可分为中央与地方二者，关于地方制度，我想另写一文讨论，现在仅就宪法中之中央制度加以论述。

 * 本文原刊于《世界月刊（上海 1946）》（第 1 卷）1947 年第 6 期。

 ** 徐开墅，（1916～1999 年），浙江宁波人，当代民法学家。1933 年至 1940 年就读于沪江大学、东吴大学，1940 年毕业于东吴大学法学院（第 23 届），获法学学士学位。毕业后曾任《文汇报》、《中美日报》法律顾问栏编辑。1945 年至 1951 年先后专任、兼任东吴大学法学院上海法学院、大夏大学、光华大学、复旦大学、上海法政学院副教授、教授。曾在上海市高等法院担任审判、检察工作，后任上海市人民法院审判员、上海市教育局研究员。1980 年受聘于上海社会科学院，任民法、国际私法教授和特邀研究员，兼任江西大学、安徽大学、南开大学法学研究所、上海工商学院、上海机械学院商学院、华东政法学院、上海市政法管理干部学院、上海对外贸易学院等校教授、研究员，同时，还兼任中国法学会民法学经济法学研究会顾问、上海市法学会学术委员、顾问，民盟上海社科院法学所支部主委、民盟中央法委会委员，特邀律师等职。1980 年起多次应邀参加全国人大法制委员会主持的民法起草小组工作。曾讲授民法、商事法、民诉法等课程。1980 年起招收硕士研究生。著作有《民法债编各论》（上海法学院讲义）、《契约法的比较研究》（东吴大学法学院讲义）等。

（一）

我们研究宪法中之中央制度，首先得提出的问题是国家机关之所由生，换句话说，也就是国家机关的权力是谁交给他们的。在一般实施议会政治的国家，议会是由人民选举出来的代表机关，由人民的代表机关执掌国家的最高主权，而行政机关要向议会负责，在责任内阁制的政府（即内阁）直接向议会负责，不用说了，如不能得议会的信任，便不能行使其职权；纵在总统下的总统虽宪法赋予的权力可以自由行使，不顾议会赞成与否，议会亦不能提出不信任案而使其去职，但总统对外缔结条约，任用外交使节、法官及国务员仍须得议会的同意，尤其是财政预算更非经议会决定不可。这样便使行政机关与议会互相牵制又互相制衡。责任内阁制下的议会可以对内阁提不信任案，但内阁也可以用议会不能代表民意的理由来解散议会，重行选举，以求人民作最后的判断，这也是互相牵制与制衡的作用。

孙中山先生鉴于近代民权发达的国家，政府能力退化；政府能力强大的国家，民权又常被剥夺，所以说"现在讲民权的国家，最怕的是得到一个万能的政府，人民没有方法去节制他；最好的也是得到一个万能的政府，完全归人民使用，为人民服务"。因此他创导权能分化之说：就是要使人民有权，政府有能。要人民有大权来管制一个万能的政府，所谓人民有大权便是使人民有选举罢免创制复决四种大权，所谓政府万能，便是在先发送多赋予政府以权力，并认为外国实行行政立法司法三权分立，尚不够完美，且以中国古代举行考试制度和监察独立制度，有很好的成绩，采集中外古今的优良制度，创导五权宪法，使政府五权分别独立行使。把前者人民所有四种民权称为政权；后者政府所有五种职权称为治权；前者为权而后者为能。权与能划分，则人民才可以赋予政府以大权，使其成为万能，归人民使用，为人民服务。同时政府受人民管理，才不致专横，压迫人民或侵犯民权。不过孙先生创导权能分划，以及五权分立之后，却没有反对三权分立学说中互相制衡的效用，反之在事实上五权分立行使的结果，必然会发生互相制衡的作用。可惜往往有赞扬五权宪法的人，误为三权学说的精义在使权与权间互于制衡，使政府无能；五权宪法的精义，既要造成万能政府，便不要使权与权间牵制与制衡。更有误解政权的意义，硬说国民大会既是政权机关，就应行使预算决算宣战媾和以及条约批准等决议之权。而不知所谓政权只是选举罢免创制复决四种管理政府的大权而已，并非代行政府决策，而使政府上有太上政府，弄得政府事事受制，无权无能。

根据以上说明，我们便有两各原则值得注意：（一）所谓五权分立乃是互相牵制均衡的分立：不然，便成五权分裂或竟成一权制度。（二）所谓权能划分只是以"权"来监督"能"却不是以"权"代替"能"，弄得权能不分，甚至无权无能。

我们试看十几年来训政时期下国民政府的五院制，立法院的立法原则是由国民党中央决定，交立法院制订法律，立法院有所建议亦得由国民党中央核定后再来完成立法程序，根本没有创制法律之权；行政院不必说，重要政策都由中央核定，其他各院重要事务亦复如此，连司法院都有受干涉的例子。国防最高委员会成立以后，实行暂时体制，以紧急命令变更法律，更是屡见不鲜。这绝不是五权制度，乃是一权制度。五权之间也谈不到有制衡作用，本来依国民党训政理论来讲，训政时期是国民党以党治国，训政人民运用政权，实际上也是国民党执政，以代政权加之如上所述治权集中在中央。（国民党全国代表大会产生中央执行委员会，执行委员会闭会期间又有常务委员会，更有中央政治委员会，一方面为党政联系机关，以后最高委员会成立，代替了中政会。）可见也绝不是权能分划，乃是权能混合。

五五宪草中之国民大会行使选举总统副总统、立法院院长、副院长、监察院院长、副院长、立法委员、监察委员；及对总统、副总统、立法、司法、考试、监察各院院长、副院长、立法委员、监察委员之罢免权以外，又有创制法律，复决法律及修改宪法之权（五五宪草第三十二条）不但于创制法律，复决法律时容易造成太上立法机关，且总统及立法院监察院两院暨司法考试两院院长均须对国民大会负责，以致五权之间缺少制衡作用，又使立法监察两院变相为国大的驻会委员会，不但权上加权，而立法监察两院竟是人民代表之代表，间接而又间接。五五宪草起草时，更有人创议国民大会闭会期间应设常驻委员，岂不把国家大权集中少数人之手，造成寡头政治，他们实在没有看清过去训政期间层层节制而非牵制均衡的组织使权能混合以及变五权为一权的弊病。所以政治协商会议去年二月一日公布的宪草修改原则把国民大会变为无形，使"全国选民行使四权，名之曰国民大会"，则民权之行使既直接，又可免太上立法机关之存在，实在是一种完美的制度。但以中国现状而论，全国选民行使四权，事实仍有困难，同年三月十五日修正政协宪草修改原则又把无形的国大改为有形。这次公布的宪法把国民大会的职权较之五五宪草大事减削，不能不说是一种进步的规定。我们试看宪法第二十七条："国民大会之职权如下[1]：（一）选举总统、副总统；（二）罢免总统、副总统；（三）宪法修正之创议；复决立法院所提之宪法修正案。关于创制复决两权，除前项第三、第四两款规定外，俟全国有半数之县市，会经行使创制复决两项政权时，由国民大会制定办法并行使之。"可见宪法中之国民大会只不过是"总统选举团"与"宪法会议"的性质，有人批评国大的职权太狭小，尤其是一部分国大代表诸公，身为国民代表，掌职这一些职权似乎不够过瘾，所以吵着闹着要加强国大职权，殊不知根据以上说明，国大的政权正怕他太大，以免造成太上政府，太上立法机关，以清权能政府的界限。同时总统副总统由国民大会选举，（第二十七条）立法委员由人民选举（第六十二条）监察委员由各省市议会蒙古西藏地方议会及华侨团体选举，（第九十一条）行政院院长由总统提名，经立法院同意任命之，（第五十五条）司法院院长副院长大法院及考试院院长副院长考试委员均由总统提名经监察院同意任命之，（第七十九条第八十四条）行政院对立法院负责（第五十七条）而总统与立法院监察院选举不同源，监察，司法，考试，三院各有优越的地位，使五权互相牵制与制衡，在宪法赋予的职权范围内尽其所能，而无一权专横之弊，实是宪法的优点。

（二）

在三权分立的国家，司法权的独立原不成问题，政制的异同大体是求其立法与行政两权关系如何而定的。中国的五权宪法，是把考试权从行政权内分离而独立，把监察权从立法权内分离而独立。现在宪法内的行政权与立法权的关系，究竟是内阁制还是总统制？宪法第五十五条第一项规定："行政院长由总统提名，经立法院同意任命之。"第五十七条规定："行政院依左列规定，对立法院负责：（一）行政院有向立法院提出施政方针，及施政报告之责。立法委员在开会时，有向行政院院长及行政各部会首长质询之权。（二）立法

---

〔1〕 "下"原文作"左"，现据今日排版需要改正。——校勘者注。

院对于行政院重要政策不赞同时，得以决议移请行政院变更之。行政院对于立法院之决议，得经总统制核可，移请立法院复议。复议时如经出席立法委员三分之二维持原决议，行政院院长应接受该议决或辞职。（行政院对于立法院决议之法律案，预算案，条约案，如认有窒碍难行时，得经总统之核可，于该议决案送达行政院十日内，移请立法院复议，复议时如经出席立法委员三分之二维持原案，行政院院长应即接受该议决或辞职。）"可见立法院仍属外国议会的性质，行政院仍属外国内阁的性质，不过行政院对立法院在第五十七条中的三款情形下始为有限度的负责，原非为一般内阁制下之一切皆须负责。行政院院长及各部会首长既不由立法委员中产生，立法院对行政院又并无不信任权，行政权亦不能解散立法院、固与英法的内阁制不同。总统与立法院选举既不同源，而且两者各自分立，总统的地位不因立法院的政策不同而有所动摇，所以与美国的总统制相似；但不同又有："该决议行政院院长应予接受或辞职"的规定，则又是美国的总统制所没有的。就其行政与立法的关系来看，可以说总统制的成分多，内阁制的意味少，但无论如何这种立法与行政两权之间的互相制衡，正是宪法的优点。虽然，再这样一个新的制度之下，行政院对立法院为有限度的负责，行政院亦没有解散立法院的权力，实在是一种折衷的办法。但行政院与立法院政策不同时，行政院移送立法院复议，须经总统的核可，他可以不移送复议迳行改组行政院，也可以支持行政院而移送复议，立法院纵维持原案，行政院院长辞职后，总统仍可另提合意人选。如立法院不予同意，总统又可使行政院副院长暂行代理，所以总统便有左右政局的权利了，此其一。又在总统制的美国，国会通过法案，递送总统签署时，总统于公布前虽也有发交复议之权，但再经两院议员出席人数三分之二之同意通过该项法案，则该项法案即成为法律。美国宪法第一条第七项定有明文。我国宪法如前所述，遇到行政院经总统核可移送立法院复议的法案，立法院维持原案时，行政院院长如接受该决议，固然没有问题，如不接受而辞职，继任的行政院院长自应予以接受，固为当然的解释但该法案决议或是否于复议后送总统或行政院时即应由总统再于十日内公布成为法律或行政院应将政策变更，宪法漏未规定时，亦属遗憾，此其二。宪法第五十五条第三项规定行政院院长职务，在总统所提行政院院长人选未经立法院同意前，由行政院副院长暂行代理。其暂行代理期间未定限期，总统如故意一再提出立法院不愿同意之人选当行政院院长，则必使副院长代理期间无形中成为无限期延长，不能不说是一个漏洞，此其三。又移送立法院的案件维持原案时，行政院院长如不接受而辞职，而其下各部会首长却并无随同去职的规定；虽然这是因为副院长以下各部会首长，均由行政院院长提名由总统任命，如行政院院长辞职事实上各部会首长以随同去职的成分[1]较多；但如该案之主管部会首长不愿辞职依然留任，岂非不合情理，所以行政院院长因不接受复议案而辞职，至少应有主管该案之部会首长随同去职的规定，此其四。

（三）

　　一个民主的政府，必须是一个负责的政府，而使行政与立法呼吁牵制与均衡，在这一点看来，宪法已有如上所述的差强人意的规定，较之五五宪草却有极大的进步。不过我们总觉得宪法内的总统权力仍然有驾乎立法之上。例如上述第五十七条所规定之行政院对于立法院的决议或法案要经总统之核可，移请立法院复议。则总统只要有出席立法的决议或法案。又第四十三条规定总统有发布紧急命令之权，根据第四十四条，总统又得召集各院院长会商院与院间的争执。

　　拥护五五宪草的人，硬要主张立法院并非议会。却不知孙中山先生亦曾说过"立法委员便是议员"，又不知五五宪草关于中央制度的规定，最大的缺点，最不民主的地方，正是在此。弄得立法与行政（总统）都向国民大会负责，立法院美其名曰"国家最高立法机关"，而实际上又有太上的立法机关——国民大会。现在的宪法规定，立法院与外国民选的议会性质相同，不过把议会的弹劾权能分立而成监察院。监察委员与立法委员的产生不同源。监察院可说与两院制国家的上议院相似。监察制度本来是中国古代优良的制度，现在宪法中的监察委员颇有优越的地位；监察院不但监察行政部门，并可纠举弹劾失职违法的公务人员，也可以对司法院或考试院人员作失职或违法之弹劾；可向国民大会提出对总统副总统的弹劾案。（第九十五至一〇〇条）又司法院院长副长大法官及考试院院长副院长考试委员均由总统提名经监察院同意任命之。（第七十八及八十四条）关于国家决算案的审核权在外国原属于议

---

　　〔1〕"成分"原文作"成份"，现据今日通常用法改正。——校勘者注。

会，宪法草案修正案亦规定在立法院，但监察院既由立法权而分立，审核国家决算自属监察权的一种，宪法中划归监察院自较妥当。以上种种也都足以发生牵制与均衡的作用，但监察院之运用似以行政部门为首要对象，宪法既规定"行政院有向立法院提出施政报告之责，立法委员有向行政院及各部会质询之权"，"立法院对于行政院之重要政策不赞同时得以决议移请行政院变更"，同时又规定"监察院得按行政院及其各部会之工作，分设若干委员会，调查一切实施，注意其是否违法或失职"；"监察院经各委员会之审查及决议，得提出纠正案，送交行政院及其各部会注意改善"，难免使行政部于"两姑之间难为妇"矣。虽然依宪法的立法原意，立法院对行政院的质询，重在政策的得失，监察院的的查究重在行政工作及设施有无违法或失职；但是"质询"与"调查"，"移请变更"与"提出纠正"及"送交注意改善"，极易混为一谈，各国议会行信任投票等职括质问，建议，查究，弹劾，不使监察权常包权，我国立法监察分立，上述各权的行使，似有划分界限及行使时间先后次序的必要，否则行政权将受夹攻并击之虞。考试权在三权分立的国家原属行政权的一种。宪法根据孙中山的遗教，独立一院，以树立良好的人事制度。考试委员且须超出党派以外独立行使职权（第八十八条）自属无可非议，却重在切实可行，将来各机关再有如目前"被任用者非考试及格；考试及格者无人任用"的情形，便是违法，且系为限，与宪法第八十五条"公务人员——非经考试及格者不得任用"之规定不合。

无论三权理论与五权理论，司法权的独立是最不成问题的。宪法明文规定法官为终身职，且须超出党派之外，依据法律独立审判不受任何干涉，自属妥当。值得注意的却是司法院解释宪法并有统一解释法律及命令之权，所以违法的命令和违宪的法律，经司法院解释后便属无效。这一种大权不但可使司法院与行政立法两院发生制衡作用，更可加强司法的独立性。五五宪草将公务员的惩戒权划归监察院掌理，一面纠举，一面惩戒，并不经过审判程序实在难得明允，宪法中规定司法院兼掌惩戒权自较合理。

司法行政权的归属，在国民党训政时期，曾经数度移置；司法行政部原隶司法院，二十二年十二月国府组织法将其改隶行政院，二十三年十月中政会修改国府组织法，又使其回隶司法院，三十一年十二月国民党五届十中会决议，再改隶行政院。五五宪草原规定司法院兼掌司法行政权，修正案及这次通过的宪法又确定司法院不兼掌司法行政权。如此反复更易，漫无定见。

主张司法院应兼掌司法行政权的人说：（一）司法行政权是一种辅助行政权行使的权限，若不隶属司法院，对于司法权的独立行使，最有妨害与危险。（二）行政院以外的各院，亦有其相关的行政事务，如考试院的铨叙行政，监察院的审计行政，何以其他各院的行政事务都可隶属于各该院，惟有司法行政须隶属于行政院？（三）如司法行政权属于行政院，则司法院名为最高司法机关，而死刑的核准须送由另一系统的次级机关（则隶属于行政院的司法行政部）复核，方可执行，实在不合体制。主张司法院不应兼掌司法行政权的人说：（一）所谓司法权独立，是指审判权独立而言，并不包括司法行政权在内。（二）司法行政是属于行政权范围以内。（三）各民主宪政国家，大都设有司法行政部，隶属内阁之下，却不会妨害司法权的独立。拥护五五宪草的人又说：（一）司法院对国民大会负责，所谓负责当然系指行政责任而言，司法院如不掌理司法行政，便没有责任可负。（二）五权宪法与三权宪法在本质上便有不同，我国系五权独立行使，并非如三权宪法之有制衡关系，不能以其他立宪国家的司法行政部来相比拟。以上所述各项理由，除拥护五五宪草者所举不成理由：因（一）法官独立审判除对法律及良心负责外，根本不应对国民大会负责，而且宪法关于司法一章已无此语规定。（二）解释五权宪法不应抱标新立异之见，孙先生创五权分立之说，不过把考试监察二权从行政立法两权中分别分离而独立，却不会说司法权亦应编制；何况五权分立必须以制衡作用为联系的。其他双方所举理由都还言之成理，不过依愚见所及，司法行政事务，如司法机构的调整，司法人员的任免，管辖区域的划分，审判权的监督，以及审判结果的执行，都与司法（审判）权的行使息息相关。况且行政院为各党各派争夺的目标，对于下级法官的任免调派，难免偏私；（司法院院长副院长及大法官虽亦由总统任命，但须经监察院的同意，可免偏私）又对下级法院的监督，惟有上级法院最能切实，对下级法官的才能品行，惟有上诉审法官在审核其案卷时最为详晰。所以司法行政权似有划归司法院的必要。事实上，司法院（宪法中的最高法院）虽不掌理司法行政，而高等法院及地方法院却不能不掌管司法行政，而高等法院及地方法院的人事初核权及行政监督权，地方法院的掌理公证事项及律师登录等，在体制上也显露矛盾不一致了。

此外关于改良司法制度有主张：（一）检察制度完全独立，改隶监察院，以便施行检察一体的原则；（二）裁撤国防部的军法官，军法案件，均送司法院复核，以示慎重；（三）订立审理诉愿案件的规则，以改进诉愿程序，俾利行政诉讼的进行。这些意见都是值得我们注意的。

（四）

总之，这次宪法关于中央制度的规定，我们持平而论，大体上已能去除权能混淆的弊端，并符合分权制衡的原则，较之五五宪草却有极大的进步，也尚能保持政协原则的精神，至于国大召开的程序，则不能不说是又背政协的决议，但政治是比较现实的东西，我们奉劝政府及各党派人士，目前的局势不容再拖再延，国破民亡，当非你们所愿，国共双方应立即停战，从速恢复和平谈判，并改组政府，以为宪政实施的先声。

卅六年元月五日脱稿

地方制度论发凡*

狄　侃**

　　不才于参加审议国民政府二十六年五月十八日修正之宪法草案地方制度小组后，曾提出"省长应由中央政府任免钦"一论，就正于宪政实施委员会同仁，原文如下〔1〕。

一

　　审议宪法草案有不可不注意者二事。

　　一曰："遵照创立中华民国之孙先生之遗教，本于三民主义之原则，制兹宪法"。（见本委员会通过之宪法草案前文）

　　一曰："宪法者非因一时而定乃因永久而定也"。［参照王亮畴先生（宠惠）宪法刍议］

　　由前之所，遇孙先生有明白训示之场合，即不应故违其教。由后之说，

---

　　* 本文原刊于《宪政月刊》（第 1 卷）1940 年第 3 期。

　　** 狄侃（1893～1967年）曾用名狄今生、狄山，溧城镇人。毕业于东吴大学法学院（第 4 届），获法学学士学位。原在溧阳平陵学校读书，后进上海复旦大学中学部，毕业后升入复旦大学文科，兼读东吴大学法科，两校同时毕业。1919 年全国学生联合会在沪成立，狄侃被推为会长。同年担任孙中山先生秘书，加入中华革命党（不久改组为中国国民党）。1924 年孙中山指派他为中国国民党第一次代表大会代表。嗣后曾受孙先生委派携孙先生亲笔信，随伍朝枢经日本往奉天联络张作霖，又随廖仲恺往美国接洽党务工作。1925 年随孙中山去北京，担任交通部参议，司法部秘书。1927 年到武汉任国民政府秘书，转任安徽法学院院长。次年到南京任最高法院检察官。1931 年任中央公务员惩戒委员会委员，10 月间卸职做律师。抗日战争期间，出任汪伪政府监察院监察委员，兼伪宪政实施委员会设计委员。抗日战争胜利后，在南京主持中国公学、南京大学、临时联大学校校务。其著作有《法学概论》等。

　　〔1〕 "下"原文作"左"，现据今日排版需要改正。——校勘者注。

则不宜"因一时之计汲汲然于补偏救弊","若不惜以一国宪法殉之者"。（同见王原著文，"若"字作英文中之 if 解，兹借用之"若"字当作英文中之 as 解）。

二

"集权专制为自满清以来之秕政。今后解决中央与地方永久之纠纷，惟有使各省人民完成自治，自定省宪法，自选省长。中央分权于各省，各省分权于各县。庶几既分离之民国复以自治主义相结合以归于统一"。此民国十年五月五日非常大总统就职之宣言也。

"各省人民得自定宪法自举省长。但省宪不得与国宪相抵触。省长一方面为本省自治之监督，一方面受中央指挥以处国家行政事务"。此十三年孙先生手订政纲之一也。

"凡一省全数之县皆达完全自治者则为宪政开始时期。国民代表会得选举省长为本省自治之监督。至于该省内之国家行政，则省长受中央之指挥"。此国民政府建国大纲第十六条所明定，委员长领导之扩大会议十九年十月二十七日所公布之中华民国约法草案亦经采入。

中央政府任免省长（见宪草第九九条）之规定，显与孙先生之遗教不符。

三

或曰，"省权庞大足以妨碍国家之统一及下级地方之自治"。"各省现无自治权，其主政人员欺上凌下之情弊已尔。如更益以正式之自治权，则其骄横恣肆必且更甚，其结果必致二十八省恍同二十八国"。（参照金鸣盛著《宪法草案释义》）。

政情一时之病态酝酿〔1〕之者自另有其症结。岂容"以一国之宪法殉之"。设乏釜底抽薪之新猷，宁宪法条文所克治疗。斯果无术纠正，立宪云云亦将根本发生疑问矣。

---

〔1〕"酝酿"原文作"蕴酿"，现据今日通常用法改正。——校勘者注。

四

宪草地方制度章，此为重大问题之一，首宜作一正当解决。否则骊珠既失，物议易滋。且令"中央任免"之省长以"监督地方自治"，去民权主义之精神不可以道里计。不仅犯"因一时之计汲汲然于补偏救弊"之嫌已哉。

五

然则省长民选之结果，真优于中央任命者乎。曰此不能简单作答也。使选民对政治有责任心本诸良知郑重将事。自堪令"贤者在位能者在职"。使各党各派寓于政治道德，虽不泯竞争之迹，当能慎择高明出与周旋。鹿死谁手，纵难逆睹，胜任愉快，可操左券。使资历规定悬格较高，舆论健全，监视严峻，亦可防杜滥竽，制止非分。非然者，或则酒仪争逐，金钱万能，掮客载途，猪仔盈庭。或则统制垄断，生吞活剥，为亲故谋出路，视国事如儿戏。势非"小人道长，君子道消"，无聊者弹冠相庆，自爱者避之若浼不止。其他形形色色，更仆难数，民选之后，果元不若中央之任命，尚足尽相当之铨术。惟立宪政治之前提，须假定各方政治道德都在水平线以上。若随在以小人之心度人，将见寸步难行，省长问题之无法安筹，特一端耳。

六

此外须附带一言者，即省之地位应仅为中央之行政区域，抑同时兼系高级地方自治团体。溯行省之名昉自元至二十七年，分设十一行中书省于各地。即明之改作十三布政使司，清之改设总督巡抚将军，亦仍纯粹中央行政机关也，自咸丰同治间因军事关系，督抚坐镇一方，隐含封建色彩。就省之实质言，大有唐之藩镇美之州德之邦之气概。各具军事财政之独立性。迨光绪三十四年各省设立咨议局以充人民参预省政并产生咨议院议员之机构，已构高级地方自治团体之雏形。民国创建迄今，虽扰攘鲜宁岁。而省之被认为地方自治团体，委已根深蒂固。大凡民治国家，一经赋予人民或地方之权力，待其浸成习惯，即属积重难返。苟欲培养人民自治能力，似尤非扩大自治之领域不足以资回旋而获实效。既非皈依极权国家（Totaeitarian State）（一译全能国家）之衣钵步武独裁主义之后尘，何事中央极权无所不用其极。矧自事变以来，各省与中央貌合神离者多，奉命惟谨者少，今后解决中央与地方永久之纠纷[1]，惟有使各省人民完成自治，自定省宪法，自选省长。中央分权于各省，各省分权于各县。庶几既分离之民国复以自治主义相结合以归统一。老成谋国之嘉谟。吾侪岂可不书诸绅铭诸座哉。

有友见拙作诧曰，"子得母联省自治派乎"。曰否，当日所谓之联省自治，无非"分裂中国，使小军阀各占一省自谋利益，以与挟持中央政府之大军阀相安于无事而已。何自治之足云"。（见中国国民党第一次全国代表大会宣言。）幸天相中国，或已归道山，或地盘早失，匿迹消声也久矣。不才虽行能无似，宁肯故违中山先生遗训，而为斯鼓之应，曰"王世杰钱端升两君固大瘅中讲宪法之铮铮有声者，莫不认中央与地方事权之划分苟经宪法所规定即属联邦制。（见王著《比较宪法》订正本及钱增订本）子固赞成宪法列有地方制度者也，即非附和过去军阀鼓吹之联省自治，其为主张联邦制将见无可再辩"。曰，"言不可以若是其几也"按比较宪法之原文写，"联邦制与单一制根本差别之所在，愚以为纯在国家事权划分之手续上。凡属联邦国家概将中央政府事权与各邦政府事权在宪法上划定。以是各邦政府之事权乃有宪法的保障。其在单一国家无论分权至何程度，其地方国体之事权初无宪法的保障……实则中央与各邦事权之划分既存于一切联邦国家之宪法，诚令吾人不能不认此项划分为联邦制对于单一制之基性"使斯言果确，吾统一国家之宪法，固不必列入地方制度。不才则谓单一与联邦之分，不在宪法上曾否划定邦之事权，而在各邦有无"自组织权"即各邦能否以邦的法律规定自身之组织。如其有自组织权也，即宪法无地方制度，亦属联邦而非统一。如各邦之组织均由中央所规定而分权复在某种程度以上，即各邦事权由宪法划定，亦无害于统一。"政学之真值存乎理而不存乎例"。非如自然科学"可以定当然于已然之中。甚且排已然而别创当然之例"。（参阅章行《严著甲寅杂志存稿》）不必拘于"中央与各邦事权之划分既存于一切联邦国家之宪法"一迹象，遂认单一国家之宪法不应有地方制度之规定。孙先生手订国民政府建国大纲，五权宪法之粉本也。其不以地方制度存而不论，尤足为吾人草宪之楷

---

[1]　"纠纷"原文作"纷纠"，现据今日通常用法改正。——校勘者注。

模〔1〕。地方制度。规定于宪法无碍国形之单一，实无疑义。曰，"在此国内自治工作一无建树之际，遂主张省长民选，非信口开河之高调，即儿戏国务之委谈，否则亦别具作用醉翁之意不在酒也"。曰，不才非迷信选举制度者也。即就省长之选举言亦有先决之前提。方宪政实施委员会于九月九日开第一次大会时，不才曾草一实施宪政前若干课题之短文，其第四节言曰"各级地方民意机关应限期分类设立"。文曰："地方自治，一方为全国宪政之基础，一方为全国宪政之一环。地方自治苟未确立，全国知真正宪政即无从退进。且四权之训练，与其为理论之指示，毋宁作实地之试验。先进各国之宪政习惯，多随自治事实逐渐养成，堪资借鉴〔2〕，县为自治单位，建国大纲定有明文。地方民意机关之筹议，即可就自治单位着眼。具体原则及群密办法应由本会及立法院分别决定。下列建议只椎轮初制而已。

1. 凡全县已隶属中央者，于户口调查竣事后，限期自最低级分单位起各依法选举执行意思两机构职员。于各改机构组织完善后若干日内选举县长及县议会议员。县民对全县各机构得实行四权。

2. 尚未全县隶属中央省，其已隶属之自治分单位仍可分别选举执行意思两机构职员实行四权。并由低于县之自治分单位依法共同组织县参议会代行县立法机关，监督总政之进行。县长则仍由省政府荐任。除对县长之选举权暂停外，县参议会赋有罢免创制复决三政权。此后各分单位有加入者，或已达全县隶属中央之程度者，概照前项规定办理。

3. 凡一省全数之县皆达完全自治者，省民得依法选举省长为本省自治之监督，并依建国大纲成立省参议会。至于该省内之国家行政法，则省长受中央之指挥。（参照建国大纲第十六条）省民对省政得实行四权。一省全数之县未达完全自治者，省政府主席仍由国民政府特任。各县得选举代表组织代行省立法机关监督省政，并行使罢免创制复决三权。"

忝预议会大政，岂敢掉以轻心。且选举云云，非片言所克毕事。若被选资格之铨定，若选举权行使之限制，若选举手续之铨订，若防弊之方法，若舞弊之取缔，若不足法定票数之补救，若声望素著者不厌竞选之督促，在在需详尽之规定，庶获选举之实益而免选举之积弊。政制虽乏绝对之利害可言。

〔1〕 "楷模"原文作"模楷"，现据今日通常用法改正。——校勘者注。
〔2〕 "借鉴"原文作"借镜"，现据今日通常用法改正。——校勘者注。

而选举结果之常不大良英儒（James Bryce）于所著（Modem lemocracies）第三编第一章已概乎言之。在"初生之犊不畏虎"之吾国，当较有民治素养各国犹不免逊色殆意中事。日本宪法学者美浓部达吉[1]论国民投票制曰，"依国民投票制欲得健全的结果至少以备下列各项为要件。（一）国民的政治训练充分普及。（二）一般的知识亦见增进。（三）责任的自觉与国家公共的发达至相当程度"（见所著日本宪法）不才对省长之选举亦具同感。

涉论至此，有须为国人正告者。

第一往日军阀之假联省自治之名以掩其割据把持之丑，政客仰其鼻息逢君之恶，举成陈迹无一雇之值外。吾国固"统一共和国"无与于联邦制。惟联邦（Fedreal State 与邦联（Confederation）迥不相同，较单一国（Vnitan State）则"具体而微"。非类薰莸之臭味大殊，洪水猛兽之不堪向迩也。善夫美儒（J. W Burgeso）在其所著（Political Saonce and Comparative Constitution Law）诂联邦之言曰，"L 联邦者，非复合国也。极而言之，联邦之名吾且不承"。"所谓联邦云者，亦两种政府立于同一主权之下耳……原有之各国家在新国家中仅成为政府之各部，非有他也。以邦名之，绝不正当。所以云然，亦中无所有之荣名而已。"（章行严士钊著学理上之联邦论一文中所译）主权（Sonereignty）之性质在近倾政学上具若何地位。姑置不论。而联邦国家与单一国家并无根本之差异，则几成通说。不能因德（以 Laband 为代表）奥（以 Georg Jellinek 为代表）国法学者批于当时德国特殊症状所发之议论，视联邦国与举一国判若鸿沟。此英国宪法权威 A. V. Dicey 在（introduction to the Study of the Law of the constitution）所以悬"至于德意志帝国无论取为何种政制之代表皆属畸形。此种畸形盖生于历史与夫种种事变"之戒律也。（本章严行译语见上文中）

第二，吾国历史之悠久，幅员之广大，几举世寡俦。惟历史之悠久也，流风遗俗积重难返者比多。惟幅员之广大也，滨海区域与山巅地带起居迥殊。高原与盆地物产互异。天时气候影响人民生居复巨。其待因地制宜因势利导之处，非他国所能比拟。省之设置由来已久。以之作中央之地方行政区域兼充地方之最高自治机构，实足弥他国两级制之缺憾，因应特殊之国情。他日倘能将过大之省区如四川江苏等量为划分，尤易收指臂之效。吾国新进之士

---

[1] "美浓部达吉"原文作"美弄部达吉"，现据今日通常译法改正。——校勘者注。

每不免拘束于欧美之政象，不才曾发下列感慨：

"统观远都前所有关于宪政之各法规，除别具作用者姑置不论外，每不免左列两种影响。一、忽视吾国固有之美德。例如'天下事苟有济成之何必在我'之泱泱大政治家风度荡然无存。二、常为欧美宪政先例所束缚。例如论及五权分立即不能忘情美国之三权制。以致宪草将行政院院长几视同美国国务卿（Secrety of state）使不'总揽行政权'（立法院所定之宪草有此规定）之总统。对国民大会负责。论及立法监察两院委员之地位，亦不能忘情欧美之国会制度。不知立监两院之委员系国民政府之官员，非国民之代表。立场迥不相同。举一反三可概其余。"（见实施宪政前若干课题）实则"二王不袭礼，五帝不沿乐"，皇论异国之情调。履高跟鞋踟蹰于农村泥路，不仅无以表现婀娜之姿，正恐寸步难行。主国政者可不慎哉。

第三，孙中山先生曾诏吾侪曰："夫真正的自治，城为至当，亦城适合于民族之需要与精神。然此等真正的自治，必待中国全体独立之后始能有成。中国全体尚未获得自由，而欲一份先获得自由，岂可能耶。故知争回自治之运动决不能与争回民族独立之运动分道道而行。自由之中国以内，始能有自由之省。"（见中国国民党第一次全体代表大会宣言）宪法施行日期至关出入。宪法公布后实行前应否留一过渡时间，适用过渡办法，庶报本大法既避为一时政象所左右，复不致因揠苗助长窒碍现实影响方来。委有慎重考量之余地。不第地方制度之实行为然也。

总之，实施宪政乃空前盛典，关系百年大计。应不遗忘过去，不漠视现在，不贻患将来。拘泥古制迷信洋化均属致命臣伤。不才所见不精系限于识力无可如何。至儿戏国事乱唱高调固会痛引为戒矣。

二十九年十月七日灯下脱稿于京寓

欧美城市和国家的关系[*]

张慰慈[**]

在历史上各时代，城市和国家的关系是时时变更的。古代的城市是完全独立的，在城市的范围以外，并没有别种权力；城市即国家。罗马城并不是罗马帝国所设立的，罗马城却是罗马帝国的主人翁。在欧洲中世纪政治扰乱时代，城市又得到了他们的地方自治利权。这是叫做自由城市时代，当时的城市虽也得到完全的政治独立权，特别是那意大利半岛和欧洲西北部的城市，但他们的地位并不想古代的城市国家。他们对于城墙范围以外的区域并不像古代巴比伦，雅典，罗马等那样的有管理权力。城市官吏的权力只能达到城市的界限为止。中世纪自由城市的权力是由外界给予[1]的，古代城市国家的权力是内部发生的，但中世纪城市得到了他们的自由权之后，外界势力却不能干涉其内部事务。各城市的自治权实非常完备。欧洲中世纪时代是政治的分权时代，各城市争到了他们自己的特权以后，只知顾虑他们自己的利益，万万想不得其余的城或团体的利益。所谓民族的福利观念是没有人知道的。直到了十六世纪以后，民族主义的精神才发生，国王的权力才增加，而各城市就逐渐地受中央政府的统治了。那时候在欧洲大陆各国，这一种中央集权的势力是非常之大，当时城市的自治权差不多完全消灭。

但在英国，中央政府和地方区域的关系却没有这样的一种变更[2]。这

---

　　[*] 本文原刊于《国立北京大学社会科学季刊》（第 2 卷）1924 年第 3 期。

　　[**] 张慰慈（1890～1976 年），江苏吴江人，字祖训，早年留学美国，哲学博士，回国后曾任东吴大学法律系教授。张慰慈是中国政治学研究的先驱者，在政治学领域具有举足轻重的地位。其主要著作：《英国选举制度史》、《政治学大纲》等，其译著有《现代民治整体》、《妇女论》等。

　　[1] "给予"原文作"给与"，现据今日通常用法改正，下同。——校勘者注。

　　[2] "变更"原文作"更变"，现据今日通常用法改正。——校勘者注。

是英国城市的民治主义根深蒂固，很不容易打破。又因为英国国会发达最早，确能保障人民的公民权利，国王屡次与国会冲突均归失败。所以欧洲大陆各国城市自治权早已消灭，而英国城市独能保存他们古代的自由权。

在表面上看起来，欧洲大陆各国城市失去了他们的自治权，确是一件不幸的事。但从根本上着想，城市受到中央政府的统治不一定受中央政府的压制。各国中央政府以后逐渐向民治主义一方面发展，他们对于各城市亦逐渐采取宽的态度，并且处处为城市设法务使各城能自由发展，达到其最大限度的福利。法国革命并没有使各城市脱离中央政府的保护，但从此以后，各城市管理本地方事务的权利，确实增加了，并且又有法律保障了。美国革命使新大陆各城市直接受各邦立法部统治，但从此以后，各地方政府的组织却较之从前良好的多，大部分〔1〕的市民均有参与市政的权利。在英国十九世纪初期的那种种改革虽则取消了各城市的特别权利，并使各城市直接受国会的统治，但全国市政却从此统一了，并且各城市政府的组织亦适合于民治主义，非从前那种旧制度所能比得上。

普通人民往往有一种错误的观念，以为城市在中央政府的统治之下往往被中央政府所压制，使中央政府发生专权的行动；并以为城市的民治主义只能从城市本身逐渐发展出来，决不能由中央政府鼓励出来。但历史方面的事实却与这种普通观念完全相反。

中世纪下半期的自由城市有了绝对的自治权利，以后就发现一种自私自利的城市寡头制度；英国城市未受国会的统治之前，差不多变成几个少数贵族的私产；殖民时代的美国城市有很大的自治权利，决非美国现今的城市所能比得上，但当时城市中的一般小百姓却没有参与城市政治的权利。所谓城市的民治主义确是从城市受了中央政府的统治以后才发现的。

十九世纪是城市法典时代。各国对于城市的种种法典均于这时代制定的。当时各国的中央政府均承认一种根本原则：凡一国的城市，不论大小，均须以同样的方法治理的。法国于一七八九年首先实行这种政策，当时法国几千个城市均采用一种统一的城市政府组织。普鲁士于一八〇八年也使全国的城市采用一种统一的城市政府组织。同时意大利和西班牙，受了拿破仑的影响，对于他们的城市，也照样办理。英国于一八三五年制定一种城市法典，使全国

---

〔1〕 "部分"原文作"部份"，现据今日通常用法改正，下同。——校勘者注。

城市受同样的待遇。在以后的四十年内，美国各邦政府也实行普通市规约制度，一方面禁止那种特别市规约制度，又一方面扩充城市职权的范围。

照现今各国的制度，中央政府有两种方法规定城市的职权，并确定城市和中央政府的关系。第一，中央政府能将一切普通职权概括的给予所有的城市。换言之，中央政府把一切关于地方事务的职权，完全给予城市官吏执行。例如法国一八八四年的城市法典规定："市议会执行城市事务。"这是一种范围最广泛的条文。法国和欧洲大陆各国的城市法典均是非常广泛的一种法典适用于全国所有的城市，并且各法典又不规定种种详细条文。但各城市有了这样无限制的大权，有时候也易于发生种种弊病，各城市或者只顾自己私利，而不顾别城的利益，或者甚而至于利用其无限制大权，侵犯别城的权利；因此，欧洲大陆各国同时又采用一种防御的方法：就是各城市的大权非预先得到中央政府的监督机关或省长同意后，不得执行。这是欧洲大陆各国所同行的方法。

第二，中央政府能给予城市集中特别职权，列举在普通的城市法典或特别的市规约之内。城市所能执行的职权只限于这个范围之内。城市的行动如出了这个范围之外就作为非法，不能发生效力。有时候就在法律上所列举的范围之内，城市也得预先得到中央政府机关的同意，方能执行某种职权。城市如有不得已的情形，必须执行那法律上所未曾列举的职权，只有呈请立法部，得其同意，并另由法律规定后，方能执行该项职权。英国及其自治殖民地，美国各邦均采用这第二种方法。这两种方法的区别是很重要的，我们须将各国城市与中央政府的关系略叙述，借以明白这两种方法的来源，及现今的情形。我们先讨论法国城市与中央政府的关系。

从一千八百年起，拿破仑的行政改革大计划实行后，法国中央政府和地方政府的关系永未曾国根本的变更。在这一百多年之内，法国的政体改了又改，忽而帝国，忽而君主国，忽而共和国，统共改革了六次之多，但拿破仑的中央集权制度的根本原则却保守到现在。地方行政的方法时有更改的，法律上的字记也有更改，但其根本原则却永未更改。

拿破仑于一八一五年失败后，拿破仑的城市政府制度却继续存在，未曾经过根本上的更改。在一八三十年，因受民治运动的潮流，法国对于各城市亦不得不让一步，当时的改革是把市议员改为民选的，但市长和副市长还是由省长从市议员中选择呈请，由中央政府任命。一八四八革命时候，各城市又得到一些地方自治权利，但不久拿破仑第三做了皇帝以后，其中有几种权利就立即取消。从一八五二年至一八七十是法国第二次帝国时代，当时中央政府对于城市采用极严格的政策。在每一个法国城市，人民虽有选举各该城市的市议员，但城市行政的实权却在市长和副市长手里，市长和副市长是中央政府任命的，不是民选的官吏。当时市议会的职务只是批准那市长和别种行政官吏所提出的计划而已。直到第二次帝国推翻时候，法国城市的政治生活确是毫无生趣的。

在一八七一年，法国第三次共和国政府成立后，就想恢复城市自治的精神。但法国的政局却非常不稳固，中央政府对于各城市实不得不严格的监督；所以第三次共和国政府的恢复城市自治的计划亦不能够完全实行。只有在那种小城之中，市长和副市长改为由市议会选举，直到了一八八二年，各大城才得同样的权利。但各省省长还是全从前一样，代表中央政府，执行监督城市的职权。

现今法国城市和中央政府的关系是由一八八四年的城市法典及其修改案所规定的。法国城市法典是一种普通法律，适用于全国所有的城市，惟巴黎除外。在法文之中，城市是叫做 Commune 这是一个极广泛的名词，无论极小的乡村，或极大的城市，除巴黎之外，均笼统叫做 Commune，全国共有三万六千个。在法国，宪法上并没有明文禁止立法部干涉城市事务，或制定种种城市的特别法律，但法国立法部却没有这样举动。这是因为法国人民的公意总不愿意使各城市受立法部各别的待遇，总想使各城市在法律上立于同等的地位。法国立法部就被这种公意所限制，不至于像从前美国各邦立法部的那样随意制定种种城市的特别法律。法国城市虽没有受立法部的无理干涉，但同时却受中央行政部方面严格的监督。法国城市却没有那美国城市所享受的自治市规约权利。

照法律城市法典所规定："地方官吏有管理本地方事务的权力"，但同时却有种种的限制地方官吏决不能自由执行其权力。并且法国政府的中央集权制度，种种监督地方政府的机关，均非常完备，实非德国，英国，或美国所能比得上。

法国最高的监督机关是中央政府的内务部。内务部部长是内阁中的一个阁员法国内部虽则时时改组，内务部部长时时更换，但部长的更换却于中央监督地方政府的制度毫不发生关系，以为这项职务完全由那班永久的部员执行，并且大都又是例行公事，决不能因内阁的更动而改变政策。

内务部至执行一部分的监督职权，大部分的职权还是在各省省长手里。法国全国土地分做八十九省，每省的行政长官就是省长，由内务总账呈请总统任命。但各省省长并不因内部的改组而同时更换。省长是一种事务官，由下级行政官升任上来的。关于城市政府方面，省长的职务是非常繁重。市议会开会的日期是由他定的，他又能停止市议会开会，并能呈请总统，罢免市议员。城市预算案上面所列举的条款，每条须得他的同意后，方能发生效力。关于预算案上收入定金条款方面，他能增入新条款，惟关于费用的条款方面，他不能增加新条款。市议会如果不能通过预算案。省长能以命令公布他所拟定的预算案。法国法律并未规定城市的负债限度，城市所拟发行之公债计划，每次须预先得省长的同意；如债额太大，并须得内务总长的同意。除此之外，还有关于种种其余事务，市议会的议决案必须得省长的同意后，方能发生效力。

法国各城虽有选举地方官吏的权力，但有几种城市官吏却由省长或内务部任命的，其中最重要的是市会计，由市议会提出三人，呈请省长选择一人任命。警察官吏是由市长任命的，但须得省长的同意。地方行政是由市长和副市长负责；但关于警察，消防，道路等事，他们只是省长的代理人，他们所议决的案件能随时被省长所否决，并且内务部和省长公署均是永久的机关，市长是民选的官吏，有一定的任期，所以城市的官吏，绝不敢不服从内务部和省长公署的命令。这是法国城市和中央政府关系的大概情形，我们再讨论普鲁士的情形。

普鲁士城市和中央政府的关系是由一八五三年的城市法典所规定的。欧战以后的革命虽改变了城市政府的组织，但城市和中央政府关系却未更改。在一八○八年以前，普鲁士城市没有什么自治权利。市长和市议员大都均是由国王任命的。市民完全没有选举他们官吏的权力。城市中的种种优差美缺均由国王分配给他的宠臣或年老的军官。国王又往往把城市财产，看作他个人的私产，派他自己私人去管理，并且那般在城市居住的政府官吏和军人均不受城市政府的统治，同时又可免除一切的市税。市政的腐败总算达到极点，而一般市民亦毫无生趣，不能有所作为。所以在一八○六年时候，法国拿破仑打进普鲁士，市民绝对不觉得有什么丧权辱国的差耻。在法国占据时代，普鲁士城市的自治权反而有增无减。有许多城市采用了那法国的地方政府制度，市议会由人民选举，市长由中央任命。当时柏林的市政是在一个间接选举的委员会手里。

在这样状况之下，普鲁士政府亦知非从根本上改革其政治，万难救济当时的危局。市政的改革，也是当时改革计划中的一部分。在一八〇八年十一月十九号，普鲁士政府就公布一种城市法典，适用与全国所有的城市。照这法典所规定，每城市民能委托他们的民选官吏，执行城市方面所有的职务，惟警察权和司法权还是由国王保留。普鲁士城市就从此有了很大的自治权。这也是法国革命的结果，人民对于证政权的观念就大大的更变了。但当时那般守旧分子总觉这样自由的政策不大妥当，极力想法运动恢复中央政府对于地方的权力。这种运动的结果就于一八五三年修改一八〇八年的法律，恢复了许多中央政府的权力。照这法律所规定，市民不能像从前那样的有同等的秘密投票权，市民须依照纳税的多寡分成三个阶级，每个阶级的投票权等于全部票额的三分之一。这就叫做三级制的投票方法，当时多数市民对于这新法律非常不满，所以在一八五四年柏林选举的时候，只有百分之二十的选民到选举场上投他们的票。

但我们平心而论，这一八五三年，城市法典所规定的自权范围也非常广泛。城市官吏有自由执行他们城市事务的职权，法律并未严格的规定他们职权的范围，也未明定中央政府的监督权。只有警察和司法两种职权不在城市自治权范围之内。但在德国，警察权这名词的解释却非常广泛，非但包括保护地方的治安，并且还包括禁止一切扰害个人或公共安宁的举动。照这样的解说，警察权差不多是一种没有限制的权力，中央政府能借口于执行这警察，继续不断的干涉城市事务；因为无论什么事都可以说是有害于个人或公共的安宁。所以从一八五三年起直到一九一八的革命止，中央政府逐渐推广其职权。在十九世纪的下半期，各城的公共卫生，房屋建筑，公共建筑物，市场的管理，甚而至消防等事务，均归中央政府执行。普鲁士城市法律虽灭有修改，但在十九世纪，普鲁士中央政府对于城市的监督却大大地增加。这是全靠警察权这名词的广义的解释。

一九一八年的革命虽则约略更改了城市政府的组织和行政方法，但各城市却并未因这次革命而脱离了中央政府监督。中央政府还执行城市方面的警察权，警察权的范围还同从前一样的广泛。将来普鲁士的政局平静后，新政府的地位牢固后，中央政府也许能约略放松这种监督权。

法普城市的职权是概括的，英美城市的职权是列举的。英国的情形非常繁杂，举凡城市政府的职权，及城市和中央政府的关系，均不像法普那样的规定在一种法典之中，却分散于种种普通的和特别的法律之中，非常不容易确定。并且英国政府中有很多的机关，均有监督城市的权力，而许多机关无论采用严格的或松泛的政策，他们的行动却万难预先料定，各城市的一举一动势必至于受各方面的监督和指挥。

英国政府监督城市的权力是一步一步，经过好久的时候，才出国会规定了种种的法律而确定的。这种法律又可以分做好几类：有几种是普通的法律，把执行一项职务的权力详细规定，各城市须受中央政府的监督而依法执行，录入一八七五年的公共卫生法律和一九一八年的教育法律。还有几种法律不是普通，国会将此项法律制定后，各城市还有选择的权，如市议会以三分之二的同意票采择后，该城市才能执行此项法律所列举的职权，惟同时也得受中央政府机关的监督和指挥。这两种法律，和其余一切习惯和先例的势力，使英国政府对于城市行政方面种种事务有极大的和极严格的监督权。

除此之外，还有一种特别事实，更使英国城市时时依靠中央政府。英国城市的职权是列举的，所以凡有新问题发生，城市政府须执行一项新权力，须呈请国会，得其统一，以法律规定。国会往往把城市的请求书交付中央行政机关，如卫生部，商部，或内务部，审查报告。所以各行政机关对于各城市的请求书差不多有一种否决权。并且各行政机关对于各城市另外还有一种命令权，叫做临时命令"Provisional Orders"。这是英国的特别制度，欧美其余各国都没有的。临时命令就是行政机关的命令，与法律有同等的效力。为整部，商部，交通部，内务部，教育部，和农部均有颁布临时命令的权力。这种制度确是一种补救的方法，英国城市这样多，各城又时须呈请国会增加这项职权，或那项职权，国会的时间有限，哪能去详细考察各请求书的利弊。为手续上的便利起见，国会就给予行政机关颁布临时命令的权，使各城市与行政机关直接办理。中央行政机关和城市间的关系也能因之而较为接近。如果一个城市须发行公债，或扩充自来水的设备，或创办电灯厂，或设立贫人院，或举办其余各项事务，市议会就可以呈请中央政府中有关系之一部。该项请求经行政机关审查后，或批准，或否决。如经批准，行政机关当即颁布行政命令，城市立即可以举办。临时命令以后还须经国会的追认，但此层只是一种照例文章，国会总是追认的。

所以英国城市在形式方面是受立法部的监督，但在事实上却受中央行政部的监督。立法部监督城市的权力并未减轻，但在这五十年之内，中央监督权的推广完全在于行政方面，各城市也承认中央权力的推广，中央官吏执行其权力时，差不多没有和城市官吏发生过什么重大的冲突。

在欧洲各国中央对于城市的监督权，无论是立法的或行政的，严格的或松泛的，总是一致的。全国城市总受到一致的待遇。但美国的情形却与偶走完全不同。美国城市和各邦政府的关系极不一致。美国共有四十八邦，各邦各有各的制度。但美国各邦却也承认一种根本原则：就是各城市的权力都是由邦政府给予的，城市本身绝对没有天生的自治权利。这是美国城市法律上的根本原则。但各邦政府对于各城市也不能为所欲为，使城市绝对的受其节制；美国各邦政府的行动却为三种重大势力所限制：第一，宪法上的限制；第二，习惯的英雄；第三，公意的势力。

美国各邦政府对于城市的自由行动须受（一）联邦宪法的限制，（二）各该邦宪法的限制。美国联邦宪法中有人民自由权利保障的规定。例如私有财产权非有适当赔偿不得收为公用，人民财产权非依法不得剥夺，凡在一邦区域而居住的人须受法律的平等保护等类。凡各邦政府所不能执行之权力，决不能委托各城市执行。例如各邦政府不得允准各城市取消其债务，或随意武断的规定各项物价。

各邦宪法中的限制较之联邦宪法更加重要，更加繁多。在最初的邦宪法中，这种限制是很少的，往往关于城市政府方面，邦政府的权力差不多完全没有限制。到了十九世纪中期邦宪法中限制邦政府干涉城市事务的条文就逐渐加多了。在这五六十年之内，凡邦宪法修改一次，这样的条文总是增加了多少。邦宪法中限制邦政府干涉城市事务的条文种类繁多；有许多是关于市规约的形式及其制定的方法，有几邦禁止特别市规约制度，有几邦规定普通市规约制度，有几邦禁止邦政府武断的修改市规约，还有几邦保障市民自行制定市规约的权利。

除了这种种成文的限制之外，美国还有人民的公意也能限制邦政府对于城市的行动。美国人民的公意向来反对邦政府武断的干涉城市事务。他们的主张是一种不干涉主义。各政党如果抱了自私自利的目的，干涉城市事务，定必受人民的攻击。这种公意的势力确是很大的，所以美国城市也确能保守他们的自治权。

　　总结以上所述，我们可以说在现今时代，城市是受中央政府节制的。除了德国 Hamburg Bremen，Dübeck 之外，从前那种所谓自由城市早已没有了。在欧洲大陆各国，各城市的职权均一致的规定在一种城市法典中，其范围是很广泛的，但行政部却有监督城市的权力。在美国个城市的职权是列举的并且又不是一致的，中央监督城市的职权是在立法部手里。英国的情形在于欧洲大陆的国和美国之间，各城市的规约是一致的，但其职权却是列举的。中央的监督权在形式上是在国会，在事实上是在行政机关。

　　这是欧美各国城市和中央政府的大概情形。

下编　行政法学

广州警政之商榷[*]

陈恩成

一、警权之涵义

欲谋警政之改善，必先明警权之涵义，与警权之运用。

警察权者（Police Power）美国最高法院院长托尼〔1〕（Chief Justice Taney）昔会释之为："政府在行使一国之主权中固有之大权，其统治范围普及全国。"最高法院法官费罗德（Justice Field）则定之为："政府设立法制以增进健康、公安、道德、教育及人民之善良秩序；并立法以发展国家之实业与富源，而增加其富厚与繁荣，等项权力。"著名法律教授弗雷安德（Prof. Freund）又命之为"政府在限制及规定人民运用身体与财产之自由，意在增进公众幸福，因而行使之权力。"韦罗贝教授（Prof. W. Willoughby）更谓："警权庞大无一定限度，亦无一定分量。"远在 1824 年美国最大法律学家之一，最高法院院长马歇尔〔2〕Chief Justice Marshall 在宣判著名之吉朋斯控告奥格登〔3〕一案时，曾谓："警权实为国家主权与统治权之全部，等于未经割裂之立法权之全体。"

姑无论关于警权之范围，聚讼如何纷纭，而警权之涵义伟大深远则为欧美政法学者所公认。马尔晓罗虽尝言美国联邦政府不似各省政府有警察权，因联邦宪法向未明定各省会以警察权交给联邦政府，故各省政府必自保留其

　＊　本文原刊于《新政周刊》（第 1 卷）1938 年第 32 期、33 期、34 期、35 期。原文未采用现代标点符号，文中标点为编者所加。

　〔1〕　"托尼"原文作"丹尼"，现据今日通常译法改正。——校勘者注。

　〔2〕　"马歇尔"原文作"马尔晓罗"，现据今日通常译法改正。——校勘者注。

　〔3〕　"奥格登"原文作"奥格顿"，现据今日通常译法改正。——校勘者注。

警权；然犹承认联邦政府在行使管理省与省间之通商及国际贸易权时，依宪法有订立管理水上运输法规之警权，使与联邦政府惩罚"伪造货币，海洋中犯罪，触犯国际法律，及背叛国家"之警权并行不悖。后之法学家[1]如密拉而（Chief Justice Miller），费罗德，等咸谓美国之宪法补充律第十四条并未以警权付托联邦政府；美国现代之守旧派法学者至今犹墨守"联邦政府依宪法尚无警权"之说；然实际上则因联邦政府之权力随物质文明之发展与政制改善之进展而伸张，且随全国公路之建设与管理省际通商事件之日益浩繁，而扩充警权。姑韦罗贝教授曰："严格言之，联邦政府不能谓如省政府同有质量相等之警权。但实际上，因行使宪法明定之政权时，享有默许而且应有之权以订立实质上固为警察法规之法律。譬如在行使管理省际及国际通商权时，国会遂得因之订立纯净物法规，工业安全法规，及禁止 2 运含有赌博性质之彩票等法规。"多德教授（Prof. Walter Dodd）在近出名著美国宪法一书中，亦明白表示意见，谓："若使警权可公认为政府所合法行使之治权，意在增进健康，公安，道德，安适，或统言之曰公众幸福，则理所当然，此种权力可由联邦政府，在宪法规定之权力范围内，依法行使之。关于联邦政府行使警权事，已在此书中所集讼案判词中充分证明矣。"多德并引法学家库斯孟（Prof. Cushman）等之说为助。上述引述之说皆足阐明在美国及其他"现代的国家"中警权之意义，警权之重要，与中央政府必有警权之学说与事实。

反观我国宪法草案虽曾规定中央政府有处理"警备治安"与"卫生防疫及医药"，对于促进道德，教育，增长国家之富厚繁荣等等又皆阙而为备或另行规定。斯殆订立宪法草案之立法诸公所忽略欤？吾国既素羞言警政警权，今之警察制度非模仿欧美，则效鬻日本。年前立法院修正宪法草案，对警权之规定，尚无引人注意之兴革。斯亦轻视警权之意欤？

据宪法草案而论，中央政府既有不甚完备之明定警权，省政府乃全无明定之警权，甚且并无默许行使之警权；县政府有明定较完备之警权，如县自治事项内有办理全县之警卫治安事项，全县之教育文化事项，全县之卫生事项，及全县名胜古迹之保存事项等等。市政府亦有明定完备之警权，即据原草案第九章、第二节、第一百四十九条规定："市为自治团体，市自治事项，除法律另有规定外，准用关于县自治事项之规定"，文义中援引而得之警

---

[1] "法学家"原文作"法家"，现据今日通常译法改正。——校勘者注。

权也。

我国在法理上言，市政府既有警权矣。且依现行之约法，与政制中习用之惯例，或依据宪法草案，与意料中将来之宪法，市府警权之确立，必不致受上级政府或同级政府之侵夺。市府既有比较完备之警权，愿将如何充分行使此伟大可贵，效力宏远之治权欤？又将如何根据此伟大治权以实施与地方自治，城市繁荣，民众运动，及民族精神关系至为密切之警政欤？此则政府与民众所当注意而共商榷与改进者也。

二、警权之范围

今世之掠人地，灭人国者，但取得其地之警察权，即可以渐而近，取得其国之统治权；故依托尼[1]与马歇尔[2]之诠释，在比较狭义上言，尚若为统治权之"消极"部分，警权之范围即由"限制及规定人民运用身体与财产之自由，而扩充到发展社会与民族之繁荣与福利上；换言之，由保全公安，维持风化、管理交通、洁净街道、与抗御灾害等工作以渐而近入一切民政、财政、教育，与建设之倾域。故从广义言之，民、财、建、教、四种治权实为警权之一部，为警权之积极部分；而所以分而别类，外表上若离警权而独立者，盖所以便利行政上之措施，以求事功之易于建树而已"。

更从狭义言之，警权之范围由上述之保全公安至抗御灾害，其间亦包含卫生、公用、工务、禁烟、禁赌等政务之管理；倘非为适合某一城市之特殊环境或顺应某一地区之特殊历史，由保全公安以至禁烟禁赌等项治权，实不应割裂而分隶于数个独立机关之下。吾人试一考察广州警政，辄生数种疑问：

1. 广东省会警察局之机构是否支配在适宜之施政系统下？

2. 警察局是否已充分行使狭义的但比较具验之警权？

3. 在现状之下广州警政是否已有良好之成绩？

4. 广州警政在抗战期间与在抗战期后是否有改进之必要？

吾人不必深切探讨，但依上述学理与广州市现有情况加以推论，可得下列答案：

（1）广州市警察局现名"广州省会警察局"——广东省会即是广州市——

---

〔1〕 "托尼"原文作"丹尼"，现据今日通常译法改正。——校勘者注。

〔2〕 "马歇尔"原文作"马尔晓罗"，现据今日通常译法改正。——校勘者注。

其管辖区与职权之行使在州市：修正常学理而言，应隶属于广州市政府；然而过去因种种"政治未上轨道"之影响，当局似欲提高警察局之地位以应付某种特殊环境，乃不使隶属市政府，而使直属省府或民厅；局长人选且往往取决于军界之意向，于是警察局外表现虽隶属民厅，实际上则往往联系于军界。此种机构尚未能称为支配在适宜之施政系统下，此种现象亦为政治未上轨道之表征！

（2）再就广东省会警察局之职权而言，其广义的与积极部分之警权固无从行使，（且现环境上亦尚无行使此过分庞大权利之必要；）但比较狭义而具体应有之警权，如管理市内之卫生、工务、禁烟、禁赌等，亦尚割裂而分隶于广州市政府，或隶属省府之独立委员会等类机关之下。在学理上凡有关警权行使之政治机构，如非因适应特殊不能改造之环境，不应四分五裂使事权不能统一。今广州市警权范围既因过去种种复杂之演变而未尝确定，警察局又无误系与省府民厅之下，且实际上与军界发生联系，遂致应有之职权既已割裂而无从行使，不应有之职权或且有时因环境不良而误用；警察局自身亦遂未能与上级或同级政治机构切实合作，因此乃为能在正确轨道上善用警权以改进或促进广州之市政。

（3）吾人试一考察广州市，在其光明之一方面言，广州固为中国人自己开辟城市之典型；观其街道之宽敞；建筑之宏丽，交通之便利，与商业之繁盛；等等，或可使外来游历者满意而去。顾一按其实际。吾人试问广州市区已有合理之划分欤？广州街市有一二整洁有序者乎？繁杂无章之住宅区有几处能使人避免不应有之叫嚣纷扰者欤？日间街道之菜贩，晚间九时后桥边巷角之粪桶，荒墟废沟内之垃圾，随处乱飞之蚊蝇，颠连无告者之蹀躞街市，失学儿童之荒嬉流荡，凡此种种，皆足为广州市容之玷，为居民福利之累；亦即为广州警政尚有待于严密调整与改善之旁证。

依上述情况言之，倘在现环境下，因警权割裂之故，广东省省会警察局与广州市政府均不能单独进行以改善州之内容与外观，又未能切实合作以改种种警政之措施，则虽在抗战期间，如机构之调整不易进行，但事工之调整尚应努力；如战时治安之维持，秩序之保全，灾区之清理，救护之组练，防空防疫之设备，交通水电之供给，风水与教育之改善，慈善救济之实施，等等，凡与公安、工务、卫生、教育及社会事业等有密切关系之公务，皆有加强分工合作之必要，而不应因机构分立。事权分歧之故，遂犯各自为政，散漫无章之弊。

至若在抗战之后，胜利果属吾人，则战后建设，兴革万端，政治必须进入轨道，一切精神与物质之建设亦必须循一定计划而迈进；斯则广州警政之改善，当为其机构依系统化、简章化、之原则而加以彻底[1]之调整；其事工依分工合作之原则而加以严密之厘定，方能使权限划明，秩序井然，加强合作，以收事半功倍之效也。

兹再考察中外警权范围之异同。以充分映发此章之涵义。

美国政府为地方分权制，最高之联邦政府仅能行使联邦意志法规规定，亦即各省民众所付托之治权；各省既未将主要警权明白托华盛顿政府，则各省仍保留此尚未托付之警权；各县市政府既向省政府立案而成为有相当的完整治权役之"法人"，则亦有相当完备而不容上级或同级机关侵犯之警权，特别关于联邦宪法所保障之人权，如言论、信仰、迁移、订约、与婚姻之自由等，各县市政府，在不显然违犯联邦宪法或根本破坏联邦宪法之范围内，各保有相当完整之警权。如盐湖市（Saltlake City）之尚许重婚或多妻制之存在；乌令诺市（Reno）之离婚律特别宽弛；在美国联邦政府已废除酒禁后，加省之柏拉亚陀小镇（Palo Alto）尚保守禁酒之风气；在现代城市厉行禁娼之后，有数大城市尚许"红灯区"（Red – light district）之存在，若此之类，皆隐示美国各县市警权范围之广大与完整，依地方自治之原则，在联邦宪法与各该省宪法规定之限度内，其消极或积极的行使，几有不受联邦政府与省政府干涉之可能。是犹韦罗贝教授所谓"警权庞大无一定限度，亦无一定分量"，在省政府中如此，在各县市政府中亦如此；所谓仅有之限度，即宪法而已。

吾国政制与美国者颇不相同；承数千专制之遗绪，更值革命建国之非常时期，在此期间，一方为情势所逼，而厉行中央集权制以谋促进全国之统一；又一方面，为顺应民治之潮流，即努力建设地方自治，以谋促进民权之主义之实现。在此种情势下，正式宪法又尚未产生，各省宪法亦未经订立，一切行政措施，遂因各省各市领袖人物之才智不同，物质环境之优劣互异，而表现庞杂分歧[2]之象。中央虽颁一致之命令，但各省各县市之是否一致遵行[3]，

---

〔1〕"彻底"原文作"澈底"，现据今日通常译法改正。——校勘者注。
〔2〕"分歧"原文作"纷歧"，现据今日通常用法改正。——校勘者注。
〔3〕"遵行"原文作"尊行"，现据今日通常译法改正。——校勘者注。

尚无实际调查以资证明。政治机构之大体虽各相似，然对于治权之厘定，职务之分配，大部分与认识问题切切相关。各省县市政府，在此政治未上轨道之秋，遂往往为人而设官，为人而分职；统一之前，民主既未真确实行，独裁亦犹仿佛存在[1]，封建割据之习尚未尽除，揽权兼职之风气未尽去；于是所谓警权与警政，其意义既未为人所认识，其范围亦遂弛泛而不明。此种情况实予市政建设以不良之影响，由来久矣，滋可慨也！

以广东而言，昔有警察厅，后改公安局，今名警察局；其权力与事务之大小多少，大部分[2]视人与环境之转移为演变，其职权常仅及于广州市与近郊，其机构则或直隶省府。或改隶民厅：实则如无其他充分相反之理由，为施政便利与改正系统计。乃当隶属于广州市政府。至关于维持广州之治安方面，警局既设保安队总队部；省府另设保安处，其职权兼及于全省各地，但与警局之保安队又不相联系：军队复设警备司令部，则亦与前二者无密切衔接关系。此虽未适应非常情势暂行办法，亦由此可见警权之一再割裂，而其范围未易确定，遂至叠床架屋，政出多门，互助虽勤，事倍功半。此吾人所谓广州警政尚有调整之必要也。

三、警局之组织

前言警权之范围，已略涉及警局之组织。在严正遵守之法治之原则时，各省地方政治之机构，凡应恪符中央法制之规定或颁布之命令者，必须严格从事。吾人试以一批览广东省会警察局二十六年[3]七月编行之"统计汇刊"，可知由二十五年六月至二十六年七月，该局之组织既已变更五次。斯岂尽遵中央内政部颁法令欤？抑仅依据该局"法规编纂委员会"或"警政设计委员会"之意志，而随时兴革欤？

粤省在二年前有一时期，军政不分，法治不崇，操实权者每能以个人喜怒变易法制，求便于适应环境而已，他非所计也，谋"维持现状"，则加强侦缉课之机构，并设特别侦缉队；加强警察审判所之职权，使拘留与刑罚得以任意措施。警局遂若为畸形之衙门，具有剥夺人权之莫大威力。吾人尚欲根

---

〔1〕"仿佛"原文作"彷佛"，现据今日通常译法改正。——校勘者注。
〔2〕"部分"原文作"部份"，现据今日通常译法改正。——校勘者注。
〔3〕指民国二十六年，即1938年。——校勘者注。

据《广东省会公安局组织系统图》以确言其机构为如何，职权为如何，已为刻舟求剑之下策。惟吾人检验过去，深知倘若当局措置乖方，大失民心，则虽赋予警局以无限之职权，以谋压制反抗之怒潮，无论古今中外皆为不能恒久成功之政策；由此亦可推之：警局之组织必依法制之规定，警局之职权必循法治之原则；今后吾人谋在实际上改善广州警政，首当注意者即为此点！

吾人再观二十五年六月广东省会公安局之组织，在局长之下有秘书室，警政设计委员会，警察法规编纂委员会，警政建议审查委员会，与警务会议；秘书室诚有其存在之必要，惟后四者乃可合并以成一小规模之立法机关，固不必多设骈枝。而使其职权相磨相擦，效率相抵相消也；若非然者，则此类骈枝机关殆皆为尸位素餐者之收容所耳。

在上述五个"立法"机构之下，复有警察处，行政课，总务课，侦缉课，特别侦缉队，与警察审判所；各课、处、所之下复分股、组、所、室或处，名目各不一致；又其下则有二十九分局，一消防队，一警察医院，一保安队，一教练所，一总教场；更在其下，有分驻所，分队，或习艺、教诲等股。

二十五年九月，广东省会公安局改组，直隶于省政府而间接与民厅发生联系，局内设警务会议与警政设计委员会，为立法机关；设秘书室，设总务、保安、司法、经理等四科，设督察处与侦缉队，及新生活运动指导员办公厅，为施政机关；其下设组或股，名声与事权已较整饬，督察处之职务亦已扩大；又其下设分局与消防队、教练所、总教场等，大体与旧制相似。是年冬，警局组织再经一度变更，公安局之名改为警察局，提高秘书室与新生活运动指导员办公室之地位，使与警政设计委员会等平行；其他科处大致仍旧，惟侦缉课之名改为警探处，其下分设八区队与三股，职权已大加扩充矣。

二十六年四月，广东省会警察局之组织复有比较重要之改变：秘书室与警政设计委员会已离其明显之地位，乃与四科、二处及新生活运动指导委员办公室等平行。二十九分局与消防总队部，保安队总队、训练所、总教场，警察医院，与警察家属学校等，又皆提高，而与四科、二处等平行。据此组织系统而解释，似可知上述种种机构皆直接受局长之指导与监督，而局长之职权似亦愈增矣。

二十六年七月，警局废除新生活运动指导委员办公室而增设训练处，与督察及警探处等平行；在训练处下设新运、政训、民训、警训、四组；其他科处，大致如旧。

吾人尚未知自二十六年七月之后，迄于今一年余之时间，广东省会警察局组织之演化比前一年中稍稳定否？最近有一新闻可供吾人参考，因转录如下：

"省会警察局，为符中央规定警察组织名称，特将所属现行各名称，分别加以改正。查原日广东省会警察局保安总队，改称广东省会保安警察总队；警察局消防总队，改称消防警察总队；警察训练总队，改称警察训练所；警察局警察医院，改称广东省会警察医院；清秽夫改称清洁夫。"（中山日报八月二十六日，专访）

依此记载，广东省会警察局之组织，必须符合中央法制之规定。

再参考福建省之"三年来的警政"（见"闽政三年"，第一四三至一四八页），其中有下列记述[1]：

"闽省警察在民十六年[2]以前，省设警务处，为总揽全省警政机关，各县则设警察所，嗣北伐告成，裁撤省警务处，取消各县警察所，并将其警察改为警卫队。自十八年一月间，复依照部颁各级公安局编制大纲，并参照本省情形，拟就县公安局及公安分局暂行组织规程，将各县警卫队改设县公安分局，自二十三年春，十九路军离闽，省府改组，各县公安局一律取消，改组为警察所或警察队。故在二十三年前，本省警察除省会厦门两公安局及水警队略规模外，各县向无整个统一之计划，与健全之组织。迨二十四年八月遵奉行营颁定改行警卫联系办法，将各县区之所有警察队，一律裁撤；同年十月，又将民政厅直辖之全省水陆公安事宜，划归保安处直接管辖。复于二十五年三月，依照剿匪省份各县局裁改科办法大纲，分区设署办法大纲，及福建省保甲团队分派工役协助警务办法各规定，制定福建省各县警察组织规程，于县政府内设警佐一人，各区署则选由区员兼任本区巡官，并配置原有长警于各重要乡镇，行之未久，仍感于原警之质素太差，而组织亦多未尽善，爰于同年八月呈准中央设置全省警官训练所，造就各级干部人才，俾质的问题可以解决，以策动新计划之推行。"

关于福建省公安局之组织，"闽政三年"复有如下之记载，可供吾人参考：

---

〔1〕"记述"原文作"纪述"，现据今日通常译法改正。——校勘者注。

〔2〕指民国十六年，即1928年。——校勘者注。

"本省省会原设有省会警察厅，附设在全省警务处内，民国十五年十二月，改称福州市公安局；二十二年一月改组为福建省会公安局，管理省会公安事务，（辖境面积约七八方里一；户数共九七，九三八；人口共七九九，二七六）内设秘书、督察、两处；总务、行政、司法、三科，及特务组等；并附设保安、消防、侦缉、清道、四队；外就辖境设置五个分局，十九个分驻所，五个派出所，分掌内外勤务；又附设有警士训练所，游民习艺所，妇女教养院，屠牛场检查所，及医院，戒烟医院，取消妓寮手数料征收处等机关。"

"该局于二十六年二月，遵照部颁各级警察机关编制纲要，改名福建省会警察局；并将分局改冠以所在地区名……其余如内外各级职员及长警士兵之编制人数，与在前省会公安局时代，无甚变更。"

吾人考察福建省会警察局之变迁，可得下列三个值得注意之点：

（1）由省会公安局改为省会警察局，仅为名称外表之更变，并非机构内容之兴革，亦非职权质量之演化。此种更变为遵照内政部颁各级警察机关编制纲要而作。

（2）省会警察局之辖境仅为一市，其主要之职权仅为维持一市之公安，由保安、消防、侦缉、清道四队警士实施之；此外如关于卫生之屠牛场检查所，关于社会事业之游民习艺所与妇女教养院，戒烟医院及取缔妓寮手数料征收处等尚未有大规模统筹兼顾之组织。换言之，警局职权尚未有明确之规定，犹有割裂不全之感，未必能与市府职权切实配合而互助合作。

（3）福建省政府在民十六年前设警务处，为总揽全省警政机关：福州市原设省会警察厅，附设在全省警务处内：后改名为福州市公安局与福建省会公安局，管理省会公安事务。在原则上，市公安局应属市政府直辖，而省会公安局则归省府或民厅直辖；此种情形大致与广东省会公安局之演变相同。

论新违警罚法[*]

桂　裕

　　我国之有违警罚法，始于清末，初名违警律，于民国四年改称今名，民国十七年虽就形式及文字加以修改，然实质上则一本旧惯，甚少改进，行之至今，垂数十年，夫违警罚法者，维持秩序，防止危险，并推行内政之工具法也，社会情形错综复杂，时代巨轮推行无已，欲以数十年前之陈物适应目前变化无穷之环境，盖亦戛戛乎其难哉。是故此法之应行修正改订，实为当务之急，本年秋，立法院就此法为缜密之检讨后，制定新法，业于九月三日由国民政府命令公布，并于十月一日施行。兹将新旧两法比照研究，深觉新法于立法技术上表现显著进步，实质上亦多改善。

　　违警罚法与刑法，其性质及目的问题固迥然有别；但亦有其相似之处，如同一行为，轻微者为违警，重大者为犯罪，亦有同一行为而兼构成违警及犯罚者，其处罚也。刑名虽异，实际则同，故外国立法有将违警罚法归入普通刑事法规，而不单行者，如日本法国是。新颁之违警罚法，仿照刑法之体例，分为两大部分，即第一编总则，第二编分则，而总则第一章法例，第二章违警责任，第三章违警罚，第四章违警罚之加减，相等于刑法第一章法例，第二章刑事责任，第五章刑，第八章刑之酌科及加减。关于共同违警，（等于刑法之共犯）及违警未遂，（等于刑法之未遂犯）归入欲违警责任章内，（第十五条第十六条）关于再次违警，（等于刑法之累犯）及二以上违警行为之处罚，（等于刑法之数罚并科）并违警人之管束，（等于刑法之保安处分）均归入于违警罚之加减章内，（第二十六条第二十七条第二十八条）关于时效，则

---

　　* 本文原刊于《中华法学杂志》（第3卷）1944年第2期。原文未采用现代标点符号，文中标点为编者所加。

归入法例章内，（第六条第七条）惟旧法第二十五条，即相等于刑法之假释者，新法中已予删除，盖违警事件，类皆案情轻微，宜乎即决即罚，拘留之期不长，事实上无设此规定之必要也。第五章分管辖，侦讯，裁决，执行各节，系编于实行处罚权之程序法，相等于刑事诉讼法，第二编分则，相等于刑法之分则。故就编制言，新违警罚法，俨然为一具体而微之刑事法典。二者既相近似，如此编制，自属最为合理，条分缕晰，以与旧法之杂论无章者相比，盖不可同日而语矣。至如旧法所用违警犯，正犯，从犯，共犯，造意犯等名称，新法均改称为违警人，避用"犯"字，以别于普通刑事犯，此虽文字上之改正，要亦立法技术上进步之一征也。

就内容言，新法之分则除将妨害安宁及妨害秩序并为一章外，其余章目无何变更，惟次第则为合理之改排，条文之过泛过狭者，并为适当之调整，例如旧法第四十条第一至第三款，所用"情节轻微者"语，失之过泛，新法第六十条已改为"倘未构或犯者"，又旧法第四十九条第四款"以秽物或禽兽骸骨投入人家者"之规定，又失之过狭，新法第十七条改列为二款，即"第六款垃圾秽物不投入一定客器客所或滥泼污水者"，"第七款任意遗置牲畜尸体，不加掩埋者"过泛过狭均有流弊，自不待言，违警罚法原则上，不许为类推之解释，如不规定确当，则彼未受严格训练之警察长官，于适用时必成困难，以至无所适从。至新法第三条第三十三条第六十条第一款，加关于航空之规定，第五十六条，加关于播音机之规定，第五十八条第七款加关于新生活运动之规定，第五十八条第一至第四款，加关于国旗国歌及瞻仰，中山先生遗像并瞻对元首及最高统帅等规定，旨在适应现代科学之进步，并社会之需要，更足激发忠党爱国之情绪尤为新法之特色。

惟违警罚法系采罚则法定主义，区区数十条条文，自不能包罗无遗，愚见以为在妨害卫生章内尚可加列一款云："设置烟突，不依标准，致烟气烟灰侵入临近住宅，有碍卫生者"，在妨害安宁秩序章内可加列三款"一、在住宅区内开设工厂，深夜开动机器，扰人安息者"，"二、深夜或清晨在住宅区内高声叫卖者"，"三、在戏院或公共娱乐场所喝彩怪叫者"。又，总裁提倡之新生活运动所指示者均为正常生活之规律于改进道德，防止危险，至有裨益，似宜多加采纳：例如："（一）在公共场所衣冠不整或袒胸赤足经纠正而不听者"，"（二）见人倾跌，在旁拍手欢笑者"，等等是，庶几于运用法律，推行内政之余，兼收改造社会风气，生活习惯之宏效，洵属一举两得之图也。

闽省地政的过去现在与将来[*]

林钦辰[**]

一、前言

地政是一种新兴的行政，在我国举办这项事业，不过仅有二三十年，而在本省尤其短促。对于地政的意义，范围，以及其施行的目的，国人仍多不很明了[1]，在叙述本省的地政概况以前，关于这一点，实先有简括说明的必要。

地政简单地说，就是土地行政，属于国家行政的一种，国家行政的部门，就其不同事业的性质，可以细分很多，土地行政外，有内务行政，财务行政，建设行政，教育行政，外交行政，以及其他行政等多种。国家行政并不是一定不变，它依着不同时间与空间的关系，而时有变更增减。我国现在的土地行政，就是随着我国现时代环境的需要而产生。一般行政的任务，当然都在于实现人民公共的福利，但是行政分类的部门愈多，而其各部门施行的目的，也就各有分别。我国现阶段办理土地行政最大的目的，可说就在于推行民生主义的土地政策，借谋解决现时代我国严厉深重的土地问题。

说到地政的范围，很难以一言两语，包括一概。就土地法原则第八点土地掌管机关的职权来说，就有下列八项：（一）管理公有地，（二）土地测量，（三）土地登记，（四）保管土地册籍，（五）发给土地契据，（六）估计地值，（七）解决因本法发生之争执，（八）订定地税册，但地政事业，日在

---

[*] 本文原刊于《改进》（第5卷）1941年第1、2期合刊。原文未采用现代标点符号，文中标点为编者所加。

[**] 林钦辰，1931年毕业于东吴大学法学院（第14届），获法学学士学位。

[1] "明了"原文作"明瞭"，现据今日通常用法改正。——校勘者注。

发展，现在的业务，已经超出下面所规定。为着叙述便利起见，笔者姑把地政的范围，大别分为：（一）土地整理（包括土地管理），（二）土地分配，（三）土地使用，（四）土地金融等四大类，譬如土地测量，土地登记，土地陈报，土地调查，地籍管理等，都属于第一类的土地整理，这一类，时人又多细别为二小类，即一为治本的土地整理，二为治标的土地整理。土地测量与土地登记，属于前者得整理；土地陈报（本省亦称为土地编查）则属于后者的整理。至第二类的土地分配，可包括评估地价，实施地价税，扶植自耕农，改善租佃制度等事项。这一类普通亦分为二小类：一、为土地本身的分配，即地税；二、为土地生产物的分配，即地租。第三类土地使用的业务，则所包括范围，更为广大，所有市地、农地、林地、矿地、水地等的利用，均可包括在内，他如都市设计，荒地开垦，土地重划，土地征收等，都是属于这一类重要的业务。第四类土地金融辅助土地行政的推展，最有关系，所有土地金融的调剂，土地银行的筹设，土地债券的发行，土地买卖的介绍，土地抵押的举办，长期低利的贷款等，都属于这一类业务的范围。

由上面的分类，我们可以看出地政所包括的范围，是相当的广阔，在这样广阔的业务中，本省过去已办过的，究有多少？现在正在办理的，又有多少？将来应该举办的，又有多少？凡此都是本文要加以检讨的范围。

二、过去的成绩

本省地政，就民国成立以后来说，应开端于民国四年〔1〕土地调查筹备处，省经界评判会的设置，七年又设省经界局，但当时对于地政业务，并无多大开展，仅有机关的设立罢了。党治以后，民政厅于十七年增设土地科，二十一年十月，复设土地整理处，筹办全省地政事宜。二十三年夏季，又改于民政厅成立地政筹备股，翌年五月，即组成地政科，科置行政技术二组。二十五年三月，又扩大地政组织，成立全省土地局，直属省政府。自这时开始，本省才有一个正式专管地政的机关。同年七月，又遵照中央法令改称省地政局，局内组织，依业务进展的情形，时有扩缩，现在分为第一、第二、第三、与秘书，会计二室，机构可算已臻完密。兹将过去办理的成果，以客观态度，分述如次：

---

〔1〕 即 1915 年。——校勘者注。

（一）土地测量

土地测量，是一种艰巨[1]的工作，费时耗材都相当的大，尤其在过去人财两缺的时候，办理当然更不容易，但本省能于不容易的环境中，办竣福州、厦门以及禾山等地方，总算相当难得，至闽侯、长乐、福清、莆田、漳浦等县的土地测量，如无意外环境影响的关系，当亦可如限完成。

甲、福州市土地测量

福州市土地测，始于民国十九年九月，当时由省政府委托本省陆地测量局代办，费时四年，于二十三年九月，除农地和空地未测外，所有市内全部的户地，都已测竣，计完成五百分一户地图二千三百四十二幅，面积约二万八千亩。

乙、厦门市与禾山区土地测量

厦门和禾山原因同属厦门市行政的区域，这两个地方于民国十七年，由前漳厦海军警备司部借调本省陆地测量局人员办理，土地测量，二十一年五月即全部办竣，计完成厦门市二百四十分一户地原图七百三十幅，面积五千五百亩，禾山区一千分一农地原图二千四百七十七幅，面积一万七千六百五十亩。

丙、闽侯、长乐、福清、莆田、四县土地测量

闽侯等四县土地测量，始于民国二十五年十一月，二十六年八月，因受了环境的影响，即行停办，这四县办理测量的程序，完全遵照部颁土地测量实施规则的规定，自二等三角测量入手，继而图根测量，户地测量，调查，求积，而至绘图公布，现将已完成各项业务的数量，胪列如下：

（一）基线一条　　　长四·四五一公尺

（二）二等三角点　　一八点

（三）三等三角点　　四五点

（四）四等三角点　　七八点

（五）图根点　　　　一二二点

（六）道线　　三·一五九点

（七）五百分一户地点　　二幅

（八）一千分一户地图　　七七幅

---

[1] "艰巨"原文作"艰钜"，现据今日通常用法改正。——校勘者注。

（九）二千分一户地图　三幅

丁、漳浦县土地清丈

漳浦县土地清丈，于民国二十四年由第五区行政督察专员公署呈准举办，那时办理的目的，仅在于清理田赋，作法与部颁不尽相符，至二十九年五月止，因受环境影响，即行停顿，前后经过五年，计共完成五百分一户地图四幅，一千分一户地图三五七七幅，面积二九七六七五亩。

（二）土地登记

本省办理土地登记的地方，仅有厦门与福州二个地方，前者于办理时，土地法尚未公布施行，故当时系由办理机关，自订办理，后者于开始时期，土地法虽尚未施行，但所定程序，悉以已公布的土地法为依据，并经正式拟订单行法规，送部备案，故为合法的土地登记。

甲、厦门市与禾山区土地登记

厦门市测量业务完竣以后，彰厦海军警备司令部，即于十八年十月设立思明整理土地办事处，办理建筑地耕种地的登记，禾山区土地，则于十九年五月另设禾山整理土地办事处办理田亩登记。截至二十二年三月底，整理土地办事撤销止，所发图照数目，据厦门市特种公安局报告，计厦门市发图照七千二百张，证照书一百四十二张，禾山区发图照一万四千五百四十七张。

乙、福州土地登记

福州办理土地登记，可分为土地申报与正式登记二时期：

（子）土地申报。在民国二十三年以前，民政厅为了福州土地已经测好，就拟订福建省土地整理规程和福建省土地申报暂行章程，同时设立土地整理处，兼办省会（福州）土地申报事宜，但还未及依照施行，而政变发生，遂成停顿。二十三年四月，由民厅呈准援用前订的土地整理规程和土地申报暂行章程，并订定省会土地申报给照规则公布施行，同时分别在城内外成立了省会土地申报所二处，指定第二第三两测区土地，为首先实施申报给照的区域。这时因人民还少深明土地陈报的意义，办理一年，依法申报的，仅有一千多起。

（丑）正式登记。土地陈报正在进行的时候，适奉行政院颁布各省市举办地政程序大纲，就将原定申报章程，参照土地法重加修改订定福建省土地登记暂行规则，呈送中央核准公布施行，并将原设土地申报所，依法改组，于二十四年八月即正式成立省会土地登记（省府迁治后改称为福州土地登记处）

专责办理省会土地登记事宜。

（三）土地陈报

土地陈报是本省历来办理地政的中心工作。民国二十四年四月本省即决定全省各县，除情形特殊外，一律举办土地陈报，但当时为求速省费，所以但采以户为经的陈报办法，嗣后方改采以地为经的编查办法，为着历次办法的改善，本省土地陈报，因此才有今日良好的成果。

甲、以户为经的土地陈报

以户为经的土地陈报，差不多全省各县都经过一次办理，有的还经过一二度的整理，但究因办法欠妥，成绩甚差，获有效果的仅有长乐、闽侯、古田、永泰、宁德、建阳、金门、惠安、闽清、沙县等十县，现将其结果，表列如下：

县别	原有有赋地面积（市亩）	陈报有赋地面积（市亩）	增溢面积（市亩）	民三修正额（元）	陈报赋额（元）	增溢赋额（元）
长乐	200 309	770 233	无	78 643	88 933	10 350
闽侯	418 072	537 880	119 808	346 107	300 000	35 493
古田	214 096	208 013	无	82 118	126 491	44 373
永泰	81 926	103 114	21 138	47027	61 182	14 152
宁德	93 461	104 533	11 072	80 279	71 780	无
建阳	251 624	232 067	无	137 291	120 972	无
金门	18 432	19 573	1141	5153	7367	2334
惠安	130 624	16 712	36 487	67 329	92 284	24 835
闽清	110 000	183 000	73 000	56 126	81 836	21 330
沙县	242 640	341 811	99 171	140 000	168 651	28 651

乙、以地为经的土地编查

以户为经的土地陈报，方法简陋，不能查挤漏匿，二十五年改组地政局后，就放弃就户问粮的土地陈报，改为户地兼问，并易名土地编查，办理的程序规定如次：

（一）勘察县界及区界；

（二）陈报，实地调查，编绘坵形，及测定习惯面积单位；

（三）复查及公告；

（四）统计评定税率，及造册；

（五）发照。

这种编查办法较前就户问粮的陈报，已精密甚多，因此办理各县，都得有很好的成绩，现将已办竣各县的成果，胪列如次：

县别	原有有赋地面积（市亩）	编查有赋地面积（市亩）	增溢面积（市亩）	民三修正额逾年实征数（元）		编查赋额（元）	增溢赋额（元）	
仙游	436 698	880 716	444 248	244 434	100 000	276 324	31 890	170 000
永春	180 340	427 336	146 996	82 772	43 000	95 883	13 111	50 000
德化	15 3601	390 037	236 386	69 758	42 000	84 006	14 248	42 000
同安	240 986	555 528	314 542	112 760	45 000	136 897	24 137	90 000
莆田	844 364	1 036 659	692 295	351 043	112 400	399 054	48 011	28 361
建瓯	617 379	670 609	253 226	193 251	102 483	241 082	47 830	88 598
永安	146 226	799 851	653 055	99 727	66 469	128 570	28 843	67 101
南安	322 273	1 044 699	719 425	74 842	61 940	302 155	227 811	242 213
邵武	193 281	599 300	405 719	无	78 144	137 889	无	59 741
长汀	115 682	596 801	481 119	160 047	26 768	162 356	23 091	53 288
尤溪	149 399	609 665	460 266	86 346	73 487	147 654	61 308	74 167
连城	119 237	462 643	343 406	80 268	50 357	120 475	41 207	69 918
浦城	485 315	874 992	389 677	209 135	778 607	237 095	27 960	58 488
宁化	108 687	606 268	447 081	90 042	69 966	119 342	29 300	49 376
明溪	146 879	316 380	169 501	66 066	38 618	72 291	62 253	3 673
顺昌	无	196 618	无	77 374	71 166	78 296	922	7130
龙岩	155 907	341 042	187 135	79 037	23 144	106 643	27 606	85 499
南平	224 542	486 375	261 833	130 337	93 296	157 844	27 207	64 548
崇安	无	582 255	无	10 889	无	92 989	84 100	无
大田	无	461 021	无	51 994	44 015	120 767	68 773	76 722
清流	88 107	327 977	239 870	42 199	32 993	54 740	12 541	21 747

续表

县别	原有有赋地面积（市亩）	编查有赋地面积（市亩）	增溢面积（市亩）	民三修正额逾年实征数（元）	编查赋额（元）	增溢赋额（元）
建宁	199 308	362 823	163 515	42 134	73 291	无　31 157
泰宁	117 525	250 550	133 025	56 126　561 600		

（四）地籍管理

本省办竣土地编查县份，就各县地政业务的繁轻分别于县政府中成立地政科或地籍股，办理土地编查后应办的各种地政业务，依据本省土地完竣各县县政府地政科组织通则的规定，其应办的事项，计有下列十二项：

（一）地粮催收事项；

（二）土地图册异动状况的测绘登记事项；

（三）地粮改正事项；

（四）变更土地的查勘事项；

（五）土地管业执照的颁发与换发事项；

（六）土地图表册照的整理、抄缮、保管事项；

（七）地粮纠纷的调处事项；

（八）官契纸的经售及联络税契事项；

（九）编造征粮册单事项；

（十）荒地开垦事项；

（十一）调查土地经济状况事项；

（十二）其他关于土地行政事项。

现在本省已经还曾离地政科的，有将乐、崇安等二县，成立地籍股的，有仙游，永春，德化，莆田，建瓯，永安，南安，邵武，长汀，尤溪，连城，宁化，明溪，顺昌，龙岩，南平，崇安，大田，清流，建宁，泰宁等县。地政科及地籍股各设科长或主任一人，科员及地籍员若干人。

（五）土地征收

本省土地征收事务，省会地方由省地政机关办理，各县则由各县政府依法执行，但仍受省地政机关的督导，年来本省建设事业猛进，土地征收案件，因此亦逐渐增多，其中征收原因，属于政府机关公共建筑的为多，办理教育及公用事业的为次。

（六）人员训练

本省于二十五年省土地局成立后，即感工作人员缺乏，亟应积极训练，以资急用，当于该年七月间设立地政人员训练班，内分清丈，登记，图积三组，十二月又将该班扩充，改组易名为福建省地政局初级地政人员训练班，暂定设立清丈，绘图，求积三组，二十八年后，本省各项人员集中公务人员训练所（现改名为地方行政干部训练团）训练，此后本省地政人员即归由该团训练，截至现在止，已训练学员，有地籍组毕业学员五期，共二百零三人，土地编查组毕业学员三十九人。兹将历来各班团训练毕业学员人数，统计如次：

班团别	组别	期别	训练期间	毕业人数
福建省土地局地政人员训练班	清丈组	第一期	五个月	三十名
同上	登记组	第一期	五个月	十三名
福建省地政局初级地政人员训练班	清丈组	第二期	六个月	一三七名
同上	绘图组	第二期	六个月	三十九名
同上	求积组	第二期	三个月	四十九名
福建省公务人员训练所	地籍组	第一期	三个月	四十一名
同上	地籍组	第二期	三个月	三十八名
同上	土地编查甲组	第一期	五个月	三十名
同上	土地编查乙组	第一期	五个月	九名
福建省地方行政干部训练团	地籍组	第三期	三个月	三十三名
同上	地籍组	第四期	三个月	四十名
同上	地籍组	第五期	三个月	五十一名

三、现在的工作

本省过去办理地政的成绩，可说已奠立了本省地政事业的基础，笔者于本年三月接长本省地政局，本萧规曹随的方法，所有业务，仍照原有计划进行，但有应加改进的，则酌予改善，以利业务的发展，现在本省地政正在办理的业务，大别有下列各点：

(一) 调整机构

政府机关的组成，正如一部机器的组织，机器组织完密可以增加生产的效率，政府机关组织完密，同样的亦可增加行政的效率，故笔者于到任之始，即首先注意本局机构的调整，现按地政的学理与业务的性质，拟全局分为秘书，技术，会计三室，第一，第二，第三，三科，各科室之下，并酌分为若干股，除技术室奉陈主席谕暂缓设立外，至各室分股的职掌，约如下表：

科室别	股别	职掌
秘书室	人事股	人员之任免、考绩、奖惩、抚恤、登记。
	文书股	文书、监印、收发、缮校、图书。
	事务股	购置、保管、出纳、工役。
	统计股	地政资料之搜集与编审。
第一科	第一股（测量股）	地籍测量、地形测量、荒地勘查。
	第二股（陈报股）	土地编查内外业。
	第三股（仪册保管股）	仪器、图籍。
第二科	第一股（地籍股）	土地登记、户粮催收。
	第二股（地权股）	公地管理、处理地权纠纷。
第三科	第一股（地税股）	土地税、评估地价、田赋科则。
	第二股（地用股）	土地使用、土地征收、土地重划、租佃调整。
	第三股（土地金融股）	土地金融之筹集与调剂、土地经济调查。
技术室	研究股	研究、设计、审核。
	视导股	视察、指导、检查。
会计室	岁计股	预决算之编报与审核。
	会计股	会计账目之登记单据之审核保管

(二) 征训人才

一切事业都是靠人推进，尤其是专门的事业，更须要专门人才的推进。地政是一种专门的事业，自非有专门地政的人才不可。地政人才，原分高级、中级与初级，三种人才，关于高级的地政人才，前有中央政治学校地政学员专责训练，现又有中国地政学会设立的地政研究所，即可招生训练，中级的地政人才，中央政治学校又设有地政专修科，分期训练，至初级地政人员，则大都由各省自行训练，本省过去的人员，虽已相当的多，但仅偏重于地籍人员的训练，至土地测量的技术人员，以及土地登记，评估地价，土地金融等一般的人员，则尚感缺乏很多，现在为者配合地政事业的发展，关于是项地政人才，正谋积极征训。

（三）实验地政

地政是一种新兴的事业，而其所包括的范围，又极其广阔，欲将各项事业一时并举，自属不易，故应先择一地方实验，以后再按其办理经验推行各县，才能得到事半功倍的效果。以前本省已择定将乐县为地政实验区域，该县已办竣的地政基本工作，有土查，公产调查，农作物调查，全县大中小户粮食生产消费总估查等等类，并编成其中农刊：一、土地政策，二、土地经济调查，三、土地编查，四、人地管理，五、公产调查，六、土壤调查，七、荒地调查。但这类调查，不过是地政的初步工作，今后应实验的事项尚多，现在对于该县地政实验的工作，自应加倍重视，并加予严密的督导，务期本省地政的实验能得到顺利的成功。

（四）闽北测量

本省为了适应战争军事的需要，除已有陆地测量队专责施测外，关于崇安、浦城、松溪、邵武、建阳、水吉，等县一带地形，并特设闽北地形测量队专责施测，该队设长一人，检查二人，队员十四人，于前年八月间开始施测五万分一地形图，此项业务现在正在积极赶办，务必于短期内全部测竣。

（五）解决匪区土地

龙岩自民国十八年中共分田以后，被分田区域的业权制度，可说完全破坏无遗，民国二十二年十九路军到了龙岩，变更原有办法，又重来了一度分配，至民国二十二年国军克复，虽曾举办业权登记，以冀恢复旧观，但一般业主慑于余威，不敢断然处理，而佃农方面，积习已深，心存侥幸，不惜附和邪说，危词恫吓，因此六七年来该县地权处于畸形的无主状态，业主既不能处分其田地，佃农亦多存患得患失的心理，对于地力的维护与土壤作物等的改良，也致于漠不关心，因此发生了极严重的土地问题。现在本局认为解决此项匪区的土地，为目前急不待缓的事情，拟即将该县地政机构，加强组织，把现有的地籍股扩充为地政科，并遴选专材担任科长，力谋解决该县数年来悬而未决的土地问题。

（六）调查地权形态

本省各县社会习俗不同，经济情况悬殊，以致土地权态复杂，名目分歧，如南平一带的田底、天面，邵武长汀之间的田骨、田皮，福州附近各县的田面、田根，仙游一带的户田，民田，以及浦城一带的大苗，小苗，永安的话的大租，小租，此外还有庄田，根田，粮田，埂田之类，种种名目，不可究诘，收租完粮各异，与土地法所规定的地权，不相吻合[1]，而纠纷又时有发生，欲加调整，自应先从调查着手，进而探讨根源，审覈名实，才足以议地权的清理与解决。当各县陈报进的时候，此项地权形态，已作初步调整，但仍恐未臻详密，且以各县形成原因，或有异同，则其改革方针，自难一致，现在拟即加予详密普遍的调查，由省制定表格通饬各县彻查源流，妥拟调整办法，务使悉符民法物权的规定，以后业权移转设定，如有仍循陋习，并决加以纠正，俾息争端。

（七）继续办理土地编查

本省办理土地编查，已卓有成效，现在正在办理中的将乐、永定、上杭、建阳、沙县、古田、南靖、闽清、永泰、漳平、武平、漳浦、政和、平和、宁德、罗源、屏南等县土地编查，决予继续进行，务于本年内一律办竣，同时并即筹备关于龙岩、晋江、惠安、海澄、诏安、云霄等县土地编查，这几县办理的干部人员，正在分别遴选训练，不日即可派县开始工作。至未办土地编查各县，亦一律于明年底以前，全部办竣。

（八）严密管理地籍

本省办理土地编查完竣各县，分别成立地政或地籍股，继续办理土地编查成果，图册的保管，以及地粮补正，土地推收的工作，俾使人、地、粮、三者永保联系，不至脱节。本省除已设有地政科与地籍股的县份外，至即将办竣的土地编查县份，亦即依章成立地政科或地籍股，使全省各县的地籍，能得到严密的管理，以为将来实施土地政策的根据。

四、将来的计划

本省地方自治和经济建设正在统筹并进，地政为实施自治的要件，土地尤为经济建设的源泉，为求本省地政设施配合着地方自治和经济建设的进行，本局先后已订有本省地方自治地政部分五年计划和本省经济建设地政部分五年计划，斟酌缓急，循序进行，现在就将笔者个人的管见并该二计划的要点，加以论述如次：

---

[1] "吻合"原文作"脗合"，现据今日通常用法改正。——校勘者注。

（一）举办治本的土地整理

土地陈报为治标的土地整理，目的重在清厘田赋，究与土地测量土地登记等之治本整理的性质不同，治本的土地整理，为国家百年大计，我们欲建立现代的国家，对于这项重要的工作，自不能不积极办理。本省治标整理的土地编查，可于明年底以前全部告成，此后拟即继续治本土地整理的工作。但治本的土地整理，所需人力财力，均较治标为多，我们于未举办之先，自应慎重其始，视本省环境的可能，逐渐推荐最先，拟先择本省重要各市区，如福州、南平、永安等地，成立地政处，俾有专责办理的机关。以后再分期进行各县，只要我们不断的努力，此项艰巨[1]的工作，不难于一二十年中告成。但法定的土地测量与土地登记的程序，都极过于繁重，于办理之时，不无有所阻碍，我们以后对于土地测量与土地登记，自仍依法办理，但对于办理的方法，拟酌按本省各地环境，加予改善，借利工作的进行。

（二）实施土地调查

土地调查为经济建设的初步工作，本省各县土地编查，原已有地类、地目、业权、疆界等的调查，和统计，不过这些材料只能供给整理田赋之用，不足为一般地政设施的参考。今后决扩展调查范围，包括土壤调查，土地分配调查，土地使用调查，地价调查，租佃调查等项，以为今后本省一般经济建设的利用。

（三）勘查荒山荒地

本省荒山荒地的工作，是补充土地编查所未到的，凡无赋地的测编、计划自本年度起，先就将乐沙县设立荒地勘测队，着手勘查，此后再分期推广于各县。勘查的手续，以五万分一尺度测成荒地分布图，并限期申报私荒私林。再以一千分一至五千分一的缩尺，编绘私荒私林详图，公告无异议后，随即统计填造公私荒地林地册，则全县荒熟情形，都可了如指掌，同时对于土壤利用分等改良及农林业设计等事项，亦随时随地注意考察，以为利用垦殖的依据。此项勘查人员，本局正在积极训练，即可派县实施勘测。

（四）评定地价实施价税

土地测量登记之后，依法应即评估地价，征收地价，以为实现平均地权的依据。依照土地法所规定地价方法有二，（1）申报，（2）估定，不过各省

---

[1]"艰巨"原文作"艰钜"，现据今日通常用法改正。——校勘者注。

市试行以来都以业主延不申报，或者报价太低。窒碍横生，此后为免除前弊，拟参照二十六年中政会会议通过的修正土地法原则第十八条的法意，以申报地价为法定地价，在申报前先由地政机关照最近数年土地收益和市价估定标准地价公布，以为申报的依据，土地所有权人可以依照标准地价为百分之十以内的增减，其不依法申报或不为申报时，就以标准地价为其地价，政府无从规定的困难。以这种合理估定的地价，据以征收地价税，则自能顺利进行，而达到民主主义土地政策的实现。

（五）改善租佃制度扶植自耕农

租佃制度不善或是租额过高，妨碍土地的利用和农民的生活很大，所以于租佃制度调查以后，就要订定租佃章则，规定业佃租约，凡地租超过土地法规定千分之三百七十五的租额，一律依法限制减低，倘租约有不合法定手续，或仍沿陋习的，亦分别加以改善，此外对于大地主集中土地垄断居奇的，并规定其私有土地的最高额，强迫出卖，或征收其超额土地，藉以尽量扶植自耕农，实现中山先生"耕者有其田"的主张。

（六）督导及限制土地使用

土地原有市地、农地、矿地、林地、水地等的分别，关于这几类土地的利用，都有极关重要，至土地法中，关于土地利用的规定，仅及市地与农地二种，这是因为市地人口最密，农地有关生产最大，所以对于人烟稠密重要的市区，应酌量办理，都市计划，以谋市地合理的利用，至以农地则我国农民素来墨守成规，缺乏改良农业技术的研究，土地生产无形减退，此后亟应分别予以指导：（一）推动开辟沟渠，以便灌溉及排水，（二）劝告应用改良品种，使和土宜相合，（三）指导种植副产物，增加生产，（四）限制土地使用，使合乎社会公益和经济利用的要求，这些都是今后应办的事。

（七）设立土地金融机关

土地金融其有"长期""低利""分期摊还"三种特性，和其他金融性质不同，所以现代各国多在普通银行之外，专设土地金融机关，促使土地金融的活跃。至于土地银行的主要业务，在于发行土地债券，经营土地收买的放款，办理土地抵押，以及重划土地垦殖荒地等的放款，所有土地分配的调剂，土地利用的促进，地籍整理的进行，移植政策的实施，都需要土地银行的居间策动。二十六年重要政治会议通过的修正土地法原则第二条即有"国家为实施土地政策及调整土地分配，得设立土地银行及发行土地债券"的规定，本省现将本此原则，筹设土地银行，希望达成上述的任务。

（八）训练地政专才

我们要实施以上计划，当然需要一大批的办理干部人员。在本省地方行政干部团，原已设有地政系训练中下级的地政干部人员，今后更要商由该团添招班组，扩充训练，以适应当前的需要，并拟即将该系迁移省会，期与本局能联系的效果。现将该系训练人员的计划，列表如次：

组别	三十年度	卅一年度	卅二年度	备考
股主任组	讲习（调讲）卅人	训练调训共卅人		
科员组	训练调训共三十人	训练调训共卅人		
地籍员组	训练调训共一百廿人	训练调训共一百人		
三角测量员组		训练三十人		此项人员可兼充勘测荒山之用
地形测量员组	讲习一百五十人	训练一百五十人		
清丈员组		训练五十人	训练一百二十人	
绘算员组			训练五十人	
土地金融组	训练丙级四十人	训练乙、丙级共四十人	训练甲乙丙丁级共二百人	

五、尾语

地政是一种新兴的行政，而且也是一种繁重的事业，所以地政的业务，均是国家百年大计，不是一举即可成功。前面已经说过，地政原大别可分为土地整理，土地分配，土地使用，土地金融等四大类，单就土地整理来说，办理的期间，即须历年累载，如德国前曾费时四十年，才以最精密的方法，测竣全国的土地，法国由一七六三年至一八五二年，几花〔1〕近百年的时间，才将全国土地整理完竣，日本整理朝鲜土地，由明治四十年至大正六年，整理台湾土地，亦由明治三十一年至三十八年，都花了相当长久的时间。我国面积广大，整理时间，以人力财力的关系，不免更见花时费时。所以办理地

〔1〕 "花"原文作"化"，现据今日通常用法改正。——校勘者注。

政的成绩，不是于短时间内所能表现，须靠许多人日积月累逐渐的成功。今后办理的成果，不能单说是今人的功劳，同时应感激于前人苦干的劳绩，笔者对于地政的学验，均属有限，而地政的业务既极广阔，而方法又在日新月异，为着整个事业的发展，至盼海内外专家不吝指教。总裁曾说："抗战力量之充实，有待于土地开发者甚大。"地政所负抗建的责任，亦极重大，望本省地政同仁，本省总裁的训示，就我们所立的岗位，共同努力，以尽我们应尽的重负。

县政建设与土地行政[*]

林钦辰

"德为善政，政在养民"，吾国传统之政治思想，即以教养兼施为基本之信念，既庶既富然后教之，否则"救死惟恐不瞻"，管子"衣食足而知荣辱"，亦本此意，后世政尚无为，以不扰民为善政，一任人民自生自息，于保民理民生聚教训之道，视若无睹，积弱之故，盖有由来。近世各文明国政府之职责，渐由纯粹政治组织，进而为经济之组织。中山先生认地方自治组织应"为一政治及经济性质之合作团体"，建国大纲规定以县为政治经济建设之单位，良以一县面积较小，接近民众较易，故政令易于深入，凡百施措易于实验，兹就土地行政与县政治经济建设之联系条论如下：

一、土地行政与地方自治

地方自治之内容若何，按建国大纲之规定："在训政时期，政府当派曾经训练考试合格之人员，到各县协助人民，筹备自治。其程度以全县人口调查清楚，全县警卫办理妥善，四境纵横之道路修筑成功，而其人民曾受四权使用之训练，而完毕其国民之义务。"又谓："每县开创自治之时，必须先固定全先私有土地之价，其法由地主自报之，地方政府则照价征税，并可随时照价收买。自此次报价之后，若土地因政治之改良，社会之进步而增价者，则其利益当为全县人民所共享，而原主不得而私之。"又地方自治开始实行法规定："地方自治之范围，当以一县为充分之区域……若自治之鼓吹已成熟，自

---

* 本文原刊于《新政治》（第 4 卷）1940 年第 1 期。原文未采用现代标点符号，文中标点为编者所加。

治之思想已普遍，则就下列六事试办之……其事之次序如下[1]：（一）清户口；（二）立机关；（三）定地价；（四）修道路；（五）垦荒地；（六）设学校。"此外该法及建国大纲之全部，均为地方自治之重要文献，而其核心工作要不外前六项。

综上所述地方自治工作之内容，其与土地行政有关者计有：（一）核定地价；（二）修筑道路；（三）垦荒地三项。试衡量其地位，几故地方自治工作中整个经济建设的部门，其影响国民生计实为深广。兹分别析述如下：凡百建设，经费为先，推行自治，自虽例外。按建国大纲之规定："土地之税收，地价之增益，公地之生产……皆地方政府之所有，而用于经营地方人民之事业。"是县财政来源悉赖土地。然中国田赋久失整理，册籍散失，赋税混淆，或多于粮，或地腴赋轻，人民负担不均，政府税收日减。而豪绅包抗，差吏隐瞒，地方损失，逾益巨大，经费既拙，遑谈自治。革除此弊，惟赖核定价，照价征收，是核定地价，直接可以增加地方岁收。间接可以助成自治建设。此地方自治建设之有赖于土地行政之完成一也。现在交通建设，直接为开发经济之先驱，间接为传布文化，维持治安之根据，故建国大纲规定必须四境纵横之道路修筑，然后方能开始自治。近世因工商业之发达，机械之应用日广，道路建筑之设计与工程，必须适合环境之需要，然后方克具美观耐用经济之有点，此则已涉及整个城市设计问题。建筑之先，必先征收土地，征收之先必须估价，估价之先，必须测量。如何使征收合法，估计公允，测量精确，则非于地政一门学有专长者不为功。此地方建设之有赖于土地行政之点者二也。近世国际交通日辟，人类交通日繁，为调剂盈虚，为有无相易，为国防准备，为贮屯资源计，必须增加生产。开坑荒地已成急务。然垦植系一种受制于自然而需要长时间经营之事业，在经营上需要科学之设计与缜密之调查，其中包括农村经济调查，垦区土壤调查，垦区地形测量，垦区水利设计，垦区地籍整理，土地金融设计，农场科学经营与管理，如系私人地公营，更须办理征收，再加以巨额之资本，与专门之人才，方克顺利进行，成绩优良。而上述之各类要素，泰平均属诸土地行政范围。无优良之土地行政为先驱，必致浪费财力，毫无收获。自治开始纵不因之而延展，而影响完成，必甚巨大，此地方自治建设，有赖于土地行政者三也。凡此数端，仅为荦荦大

---

[1]　"如下"原文作"如左"，现据今日通常用法改正。——校勘者注。

者，然已涉及地方经济之全面。其他自治事项如土地税，社会调查，户籍行政，公用事业，合作事业，城市计划与乡容改进，等等莫不直接间接与主管地政机关业务有相互为用之联系，良以土地为立国之本，土地行政自为国家一般行政建设之前提也。

综上而论，地方自治在政治建设上之地位乃为训导人民从事革命建设，而其主要使命，乃在训练人民行使四权，以深植民权之基础，作宪政之先导，然此种政治建设之推行，必须谋民生问题之解决，否则人民衣食尚感不足，遑论政治。惟定地价，垦荒地，修道路三者之举办均有待于土地行政之完成，然后政治建设轻而易举，执是以观，土地行政在政治建设上，不啻为地方自治之先驱焉。

二、土地行政与管教养卫

地方建设，千头万绪，简括言之，则管教养卫实为主要任务，即上述之地方自治，其所致力之范畴，要亦不外此四大端，兹处所述，亦可视为对后者之补充说明。所谓管者，诚如总裁所启示，乃以人，物，地，事为对众，加以严密之管理，目的在使人无遗才，物无遗弃，地无荒废，事无废弛，而政治建设之目的于以完成。地方政府就积极启发社会文化，增进社会福利之立场，对于国家要素之人与地，加以有系统之组织，为达此种目的，乃有户籍行政与地籍行政。缜密之设计与管理，使地尽其利，物尽其用，生之者众食之者寡，然后人人各得其所，经济建设既有头绪，各种政治建设不难迎刃而解，此土地行政之有助于管者。

现代国之生存，民族之延续，均取决于经济。从而现代国家之活动，亦几以经济事业为其主要内容。按经济行政之要素，不外农林矿牧四者，而经济行政之趋势，又不外生产与分配二项。以生产为中心之经济行政，其重心为促进生产，其主要问题为资源之开发，资本之集聚，生产力之改良，金银之获得，市场之增加，机械之发明，管理之研究等等。但其主要内容仍不外如何利用资源，生产财富，十八世纪以前之各国经济行政与商业活动属之。以分配为中心之经济行政，其重心必在于促进财富的分配，其主要问题为劳资利益之调和，佃耕阶级之扶植，经济事业之平衡发展，土地之合理分配，耕地重划等。但其主要内容为如何使各种生产要素对于生产品获得合理之分配，及社会之财富，如何平均分配与社会各个分子。无论经济行政之中心为生产抑或分配，其与土地关系之密切，初无二致。就以生产为中心之经济行政言，则农林矿牧署之原料，无一非以土地为生产之媒介，蕴藏之保窖。欲谋此四者之发展，则其初步工作如土地测量，土壤调查，地质探测等项，胥为不可或缺之步骤，此则生产的经济行政已设计与土地行政之范围。无土地行政为之先驱，则经济行政之推动必也迟缓，奏效必也迟滞。就以分配为中心之经济行政言，则自耕农之扶植，贸易之调整，产业之平衡推进，工商业之奖励等项，胥为要者，然其工作内容之涉及土地行政者又甚广泛。甚至其部分行政，即为土地行政之本身，则后者办理之良窳，其关系于前者，自必巨大。综上而论，经济行政之目的为经济之生产与分配，借以建设国民经济充实人民生活，以为"管"，"教"，"卫"之张本，土地行政之目的，亦为协助如何生产与分配。例如土地测量与地质探验为明了[1]土地之内容，土地登记与土地调查为组织土地之机构，土地分配与土地使用，为扩张土地之效能。凡兹数者之完成，均有裨于农林矿牧之该进，生产之平衡，分配之公允，是土地行政乃经济行政直接关联于"管"，"养"，而间接有助于"教"，"卫"，对于整个地方建设，实处于基层地位，盖政治建设，不能离经济建设而独立，社会上一切之扰攘，多由于民生之凋敝，苟民族生计或有适当之解决，则一切政治上之建设——管，文化上之建设——教，军事上之建设——卫，均易着手。

三、土地行政与地方行政之关系

土地行政为国家统治权作用之一，自须与其他行政互助合作，连环应用，则事权统一，力量集中，必能发挥最大之效用。地方行政以县为基本单位，兹就县行政机构中各部分[2]与土地行政之关系，分别申述如下[3]：

（一）土地行政与财务行政

田赋一项，向为吾国主要税收，十七年[4]划归地方，遂为地方收入之大宗，综观各省情形，迄无他种税收堪与田赋相比拟。至在县财政，其地位尤为重要，就各省编造县预算观之，其中田赋附加，往往占全县岁收总数十

---

〔1〕 "明了"原文作"明瞭"，现据今日通常用法改正。——校勘者注。
〔2〕 "部分"原文作"部份"，现据今日通常用法改正。——校勘者注。
〔3〕 "如下"原文作"如次"，现据今日通常用法改正。——校勘者注。
〔4〕 指民国十七年，即 1928 年。——校勘者注。

之八九，少者亦十之五六。顾以地籍失实，税率不平，狡吏猾胥，任意中饱，积弊甚深，驯至税短于上，民困于下。近年遂有整理财政之呼声，各省举办土地测丈，或陈报者踵相接。夫县既为地方建设之基本单位，则建设经费之中，土地税收，自占重要部门，必将地籍整理清楚，然后始有剔除积弊，畅旺税收之可言。又新近颁布之县各级组织纲要第十八款规定，列土地陈报后正附溢额田赋之全部，划为县地方收入之一，此与将来地方建设财源，自有莫大之辅助。总裁于"确定县以下地方自治问题"中，关于住房建设经费之来源，亦有下列之指示："故所谓经费来源，应注重人民之公共造屋，不应多仰给于捐税也。譬如全国各地公有产款，为数甚多，大都仍由私人已办经营，任意侵蚀浪费，殊为可惜，今后应将此类产款改为公营。切实整理，即以其收益纯作为全保或全村公有经费。如系公有土地或学田，且可利用，作为公共农场……"是缜密之公地管理，又为地方财政开源之一捷径矣。此财务行政之有赖于土地行政者也。

（二）土地行政与户籍行政

土地、人民、主权，为立国之三大要素，散漫之土地与散漫之人民，仍不足成为现代国家。必须进而将土地与人民加以严密之组织，并进而发挥其效能，使合于现代文化标准，然后国家基本力量日趋雄厚，一切建设计划得以循序渐进。是以近代文明国家，对于人民必为异动登记，调查其职别，严密其统计，以为各种措施之张本。对于土地，亦必为地类，地权，地积，地质之调查统计，加以严密记录，以为开发利用及一切措施之基础焉。此种详密记载，非求助于户籍行政不为功，其次如土地使用状况之调查，土地测量，土地估价，土地征收，土地纠纷之调解，以及欠税地之拍卖，几无一不需保甲长之协助，暨户籍册之记录，此土地行政与户籍行政之关系也。

（三）土地行政与地方建设

此处所知盖为狭义之建设事业之属于县建设局职责范围之内者而言，建设事业与土地行政有关者，自交通运输言，则道路统系之如何计划，公共事业所需土地之如何征收，地价如何补偿，畸零不整土地之如何重划，筑路摊费之如何征收等，均须与主管地政机关打成一片，连环运用，自农林矿牧而言，如何限制滥用土地，如何扩展林场，如何布置风景区域，如何查验土壤，勘测矿苗，均须地政机关之协助。自县市设计言，如何分区，如何限制建筑，如何规划公共场所，如何改善市镇环境，如何限制土地投机，以防影响民生，统须地政建设两当局之打成一片，互助合作，方能共赴事功，发挥最大之效用。

行政委员制论[*]

陈霆锐

（一）瑞士之行政委员制

犹忆民国元二年之际，国中政论家辩论总统制与内阁制之比较优点者，剑拔弩张，目眦尽裂。当时记者作壁上观，窃心羡焉，以为共和国政论家之精神，不当如是耶。今则国人以总统制与内阁制之在中国两者皆破产，遂有主采取瑞士之行政委员制者，呜呼。行总统制则流为帝制自为，行内阁制则流为兵谏逼宫，诸丑剧此岂皆制度之过耶。今皆诿其过于制度，吾知制度之不肯承受也。虽然今日竞言行政委员会制矣，敢不以此介绍于国人之前而为之一判其得失乎。请述瑞士行政委员制。

国家中央行政之采取多头制也，自瑞士为始，继起之国，至今犹虚。瑞士之有此，非出偶然，其原因有四。其一，瑞制宪为一八四八年，专制毒焰人人犹谈虎色变，故决计废去独裁式之元首而易以多头制。其二，当联邦政府未成立之时，各州政府政治之执行，早取委员会制度，至今犹然。人民早已习惯于此种制度之下，故联邦政府之设有多头制，人民皆习焉安之，无少震惊。其三，创议权复议权之运用，在瑞士唯独著而成效亦最美满，故选民有第三议院之称，以国内大政皆直接取决于选民自己也。以此之故，立法与行政常少冲突，内阁国会即无互相消长之必要。故内阁可以废弃，而行政委员乃可安拱于上，从容为政而有余矣。其四，瑞士人民程度最高选民皆有充分参政之能力，故政党势力极为薄弱。国会议员与行政委员，类皆坦白率直，以国家幸福为前提。故行政委员与议会，常少冲突，即委员会内部亦绝无不

＊ 本文原刊于《法学季刊（上海）》1923 年（第 1 卷）第 7 期。原文仅有简易句读，本文句读为录入者所添加。

可调和之政见，所以其制之在瑞士，可贵而亦久。今试先以行政委员会之组织说明如下〔1〕。

按瑞宪行政委员会以参众两院联合会议时，由于有被选参众议员资格之选民中选举七人组织之。但从习惯，委员皆由两院中议院选出者，直接自选民中选出这，尚无前例。选出之七人应代表七州，不得以一州而占二席。议员一经选出，即须放弃其议员席。委员任期，虽为三年，而有时则以国会改选较早之故，亦须随新国会于任期未满之前重行选举。瑞士之行政部，虽为委员制，但并非无正副总统，均不得连选连任。惟逾年后之连任则非，特为宪法所容许，且已成为诶是政治上之一种习惯。故欲知下年总统为谁，观今年之副总统即可知矣。大总统较其他委员，在行政权上并无丝毫区别，不过在委员会议事当为主席，又召见外国大使及在国家有大典礼时，得以大总统名义为全国国民之代表而已。故人谓英吉利君主等于垂衣裳而治，其实彼尚有二三分移转政治之势力，至瑞士总统，则真为徒有其名之元首也。然其位置之尊严受人民之爱戴则不减于其他元首。故国会常以才德相副之以人选任此职。行政机关共有七部，一政务部，二内务部，三司法及警务部，四陆军部，五财政部，六国家经济部，七邮政级铁路部。瑞士内务部各部首领即以行政委员七人，轮流分任。每逢岁首，即由委员会自己分派各部部长。每一委员即为一部之长，兼为其他一部之副。如一部部长出缺，即由其副代理之。各部部长，岁每年重行任命一次，但为增进行政之效率起见，大概连任者多轮番者少也。又总统常主政务部以议部兼辖外交也，各员对于自己主持之部务，皆单独负责，但对于重要政务则率以会议式决定之委员会每星期开会两次。各项问题，以多数取决，当其发表宣言，对付外交，提出议案，发施军令时皆用行政委员会名义而不以总统名义出之。委员会可以出席参众议院，为应付质问解释议案等事，但无表决权。瑞士之行政委员会似各国之混合内阁，以其中委员所主持之政见，借代之党派及信奉之宗教，甚而至于习用之文字，皆不从同。故其会议之时，意见分歧，当不能相谐一致。然而不碍及于全体之团结、政务之进行者，则以人选之委员，则多为富于政治经验，而且皆为硕德众望之人也。如真遇有不可调和之冲突，委员会仍可泰然自若，不必如英国内阁有辞职之举。故议会不可弹劾委员，委员亦无解散议会之权，

---

〔1〕 "下"原文作"左"，现据今日排版需要改正。——校勘者注。

所谓内阁过会互相消长之原则。在瑞士完全不适用之。又委员任期，虽为三年，但连任者，十居七八，如现任委员墨尔氏已在委员会二十二年，福尔雅氏有十六年，其前之委员则有至二十七二十五年之久者，政治清明，国本巩固，良有以哉。至委员会之职权，则可分三种，其在行政方面，为施法律、缔结条约、维持国内秩序、任命全国中央长官及规定预决算等事。其在立法方面，则为可以在议会提出议案、发表外交方针等事。其在司法方面，则以瑞士行政诉讼法院之缺如，故凡行政诉讼，皆归委员会管辖。又委员会对于议会通过之议案，无否决权，议会可则可之，否则否之，委员会只可曲从之。以上为瑞士行政委员制之大略也。

（二）评瑞士行政委员制

瑞士以制表业闻名于世界者也，某英人评瑞士政制谓其制度之整齐、运行之和谐，与其制出之表相为媲美，其形容瑞士政制可谓惟妙毕肖矣，今先请评其行政委员制。瑞士行政委员制之优点有五，试述之。行政委员会之性质为超然的，与他国之政党内阁迥异，故对议会发言不受党纲束缚，较可自由且遇议会中有党派冲突之时，反可以利用超然的地位居间调停，其利一。瑞制能选择过重最有政治道德及经验之人，居政局中枢，以其混合而超然也。故凡才德俱全之士皆可兼收并蓄，不至以党见歧异之故，排出在野。人才经济，非他制所能及，其利二。以政潮安稳之故，委员皆可安于其位，历十载二十载勿他去。在位既久，政情自熟，故办事效率亦高出他国阁员者十倍，其利三。行政立法处于不平等之地位，二者如有冲突时，行政必须受立法之支配，政潮仅有起伏，不久终归平息。若采内阁制之国家，则国会内阁互为消长，全国政局常摇摇如悬旌而不能自恃，即以总统制言，议会总统亦常相倾轧致政务因而停顿。美国万岁里和约之批准问题，其例之最著者也。以彼例此判若霄壤，其利四。大凡行政为迅速便利起见，宜取独裁制，为慎重考虑起见，宜取合议制。今瑞士之委员制，一模范式的合议制也，且各委员在法律上之地位，皆为敌体，独夫专制之弊可以幸免，其利五。

至以弱点言之，则有如下述。议会之权太觉超越，极其流弊，将为议会专制，其弊一。行政立法既不能互相生杀，倘两部意见横生，虽行政必受立法之支配，然而南辕北辙，政局必因而停滞，其弊二。合议之制虽曰慎重，然二三其德，反多掣肘，其弊三。委员会既为混合性质，一切大政方针在在有调和之意味，反不贯彻，其弊四。委员任期三年且多连任者易生暮气，其弊五。

然而细考虑瑞士政情则兼有以上之利而无其弊。故人民从未思有改弦更张之者，其大原因有二。瑞士选民有第三院之称，以其广用创议权复议权，故一切重要议案届直接归选民表决，议会如有议案不得于委员会者，可直接交选民表决委员会，如有议案不得于议会者，亦如之。故凡有议案，选民皆有最后之决定，此与内阁解散国会及国会弹劾内阁，以觇民意之趋向者，有何异哉。且收效相同而手续较省，民间亦无时有大选举之骚乱，其为益多矣。以此之故，立法行政无大冲突，而内阁国会相生相杀之原则亦可弃之如遗。此行政委员制之在瑞士有利无弊之一大原因也。瑞士国虽小弱，然而家给人足，有世外桃源之称。人民顾公德尚廉耻，政治之清明者，以此政党之势力又较薄弱，以委员之任期有限，初不假政党以植其势力，而议会又非如英国巴力门〔1〕之万能，凡所举动，咸不能受选民之限制。虽欲发展实力，亦无余地。又行政委员人物，以政治道德之高，虽意见稍有差池，然则从未有以一己一党之利益，激成政潮者，彼此谅解，和衷共济。而议员选举委员之时，又都能尊重政治道德及习惯，以为选举之标准，朋比贿赂未闻之，此行政委员制在瑞士所以有利无弊之第二大原因也，由此观之。行政委员制之采取须有必要条件二，其一为民权之极端发达，其二即为政治道德之绝对高尚。

（三）行政委员制与中国

今之主张中国采行政委员制者，大概不外基于以下之三原因。第一以总统制与内阁制之在中国已完全失败，故不能不以委员制为救济之方法。第二以总统位置非常尊严，故觊觎非分者，日见其多，故不如锄而去之，以绝乱源。其三今日中国有大总统候补资格者，多至七八人，少亦有二三人，人浮于位，分派系极难。如设行政委员九人或十一人，则人人可以满其所欲而去，乱源既塞，统一即不难立见。为此说着，其苦心孤诣，未可厚非，然试细细考察中国历年之政变史，又正以今日中国现状。记者颇怀疑于总统制及内阁制在中国破产之说，而谓行政委员制可以救中国之政局，则又期期以为不然也。袁死以后，黎去以前，中国政制号称内阁，虽然，此不过号称而已，何尝有真内阁制之精神哉。立于监督内阁地位之国会，则屡被解散，未能行使职权，且其解散，未尝有正当之原因，亦未尝有合法之手续。解散以后，又未尝立办选举，以觇民意之趋向。洎国会二次召集，所谓议员者，又与万恶

---

〔1〕 "巴力门"为英文"parliament"的音译，意"议会"。——校勘者注。

政府同流合污，未通过一次差强人意之议案，未提出一人同此心之弹劾书，丑声四溢，人天共愤，致有此次京津之怪剧，而谓此为内阁制乎。此为内阁制之失败乎，虽三尺童子，必摇首而以为非也。复次总统位置之所以成为今日祸水者，抑岂制度之过。其最大原因即在政治之未上轨道，凡国民所愿推戴之人，则无被选举制机缘；为国民所痛心疾首之人，则反跃跃欲试，有取而代之之意，声望不足益以贿赂，贿赂不足胁以武力。举凡历来大奸巨逆不敢为不能为者，今皆一一为之，而肆无忌惮。脱中国今日有健全之舆论刚强之名气，修明之法律，严正之国会者，则吾知此等狼子野心之辈，其狂妄必不至此极也。可见今日中国扰乱之原因绝不由于总统制存在，而实别有所在也。至谓总统位置不敷分派，所以须别立名目，以安插诸大伟人，则去政理益远。历来阁员分派之困难即其前车至以中国之国性言，则行政委员制亦大非所宜，前篇不云乎。探取行政委员制有必要条件二，其一为民权之极端发达，其二为政治道德之绝对高尚。中国人民，有政治智识及兴昧者，十不得一二。人口繁伙，幅员广阔，将来欲广用创议复议等权将俟之河清。代议制之在中国，虽有种种扞格，然而大势所趋，仍不能不置政治重心于议会。议会在政治上欲占势力，则自不得不取内阁制，以为平均势力之计。所谓内阁国会相生相杀之原则，实最配合于今日之时势，否则议会势力趋于极端，势成暴民专制或者行政立法势如水火，不至政务停滞，百端俱废不已。若行政委员会之下，仍设内阁，则叠床架屋，非驴非马，更非吾之所愿论列者矣。至以政治道德言，则堕落之甚，未有过于今日中国者也。欲议会之选出合格委员，委员制能和衷共济，几为人世间难能之事。广州七总裁之已事，非前车乎？虽然以上云云，乃指宪法上之永久规定而言也。若夫变出非常，政府虚悬野心之辈，正欲以巧取豪夺之手段，攫取首座，则非常之事，宜以非常之手段应之。国民会议，如得召集，即时举出国事委员若干人，以为暂维政局之计。未始非计得者，但此不可久以为训也。一经宪法制定，和法之总统选出，委员即当退任，以图久安长治之计。然而即此暂局，恐尚不能见之事实，遑论宪法上之永久规定乎？

评新行政执行法[*]

范 扬^{**}

（一）

我国之有行政执行法。始于民国二年四月一日公布之法律。该法经翌年八月二十九日一度修正公布，援用苍乎今日。自修正后其内容较前虽已进步，但亦抄袭外国成规，别无新创，有之，则抄译舛误已耳。最近援用，原为暂时之际，得有新者制定，自宜早改废之。前阅报载，知立法院已从事于该法之修订。对于此举，吾人曾以相当兴昧而期待之。至本年十一月二十二日，其新修正案遂见通过于该院第二百十一次会议。及取全文读之，其内容乃仍有不免令人失望者。盖此新修正案，除执行罚之金额，改依官署等级设以等差，及将彼此互有关系条款，务使就近排列，稍示立法技术上之进步外，大抵尚仍旧观。旧法所犯错误，心法仍重踏之，就中误"即使强制"为"直接强制"一点，尤为不可忽视。此二种强制，在观念上各有区别。直接强制为普通行政上强制执行手段之一种，乃对义务者之财产自由，加以实力侵害，以实现所命之状态者也。而即时强制虽亦以实力侵害人民财产自由，但非所以强制既成义务之履行，乃直接出于警察上之必要耳。总之，直接强制，常以义务之不履行为前提，而即时强制则否，在此点上，两者各有区别。我国近时在讲学上及实际上，往往将此二者混为一谈，指鹿为马，以即时强制为直接强制，其结果在学理上固感说明困难，在实际上乃以因错就错。推其原

　＊　原文刊于《安徽大学月刊》1933 年第 1 期。

　＊＊　范扬，东吴大学在渝复校后曾任教授。

因，皆因立法错误所致。就此问题，兹为申诉如次。

（二）

行政执行法所以规定行政官署执行行政权之权能，其内容通常包含一般行政上之强制执行及警察上之即时强制。盖在法治国家，人民之财产自由概为法律所保障，而国家权力发动之形式亦为法律所限定。除战时或有非常事变时外，国家以权力课人民以义务，限制人民权利，及为其权力行为之强制，原则皆须有法律上之根据，否则不得任意为之。因行政官署若滥用其强大威力，则人民之权利自由，宁不大受侵害？而尤以警察官署之滥用权力为然。以是之故，国家乃制定行政执行法，就行政官署已与滥用权力之事项，设为一定之界限，以明示其活动之准则，而防止人民权利之蹂躏焉。普通行政执行法中关于一般行政上之强制执行，及警察上之即时强制，所规定之内容，约略如次。

（三）

第一，行政上之强制执行，系人民不肯履行公法义务之场合，以强制力使之履行，或实现与已履行同一状态之行政作用也。其执行常以特定公法上义务之成立，即义务者不肯履行义务为前提。其义务或直接依法令上之义务时，即得强制执行。后之场合，先以行政处分命以特定义务，于其不肯遵行之际，始为强制执行。要之，行政上强制执行之手段，依应行义务之种类及性质，得分间接强制与直接强制二种，而前者又分代执行与执行罚二种（旧修正行政执行法第二，三，四条，新法第一，二，三，四条）。

1. 间接强制

（a）代执行。代执行系对他人得代为之义务，所行之强制执行手段也。其义务者应为事物须为作为义务，且其作为有代替性，即使他人代为，亦可达到目的。如使人民破毁违法建物，除去妨害交通物件等，仅所以变更外界物质之状态者，最宜适用之。

（b）执行罚。执行罚系为强制公法上义务履行之目的，欲[1]为课罚之

---

[1] "欲"原文作"豫"，现据今日通常用法改正。——校勘者注。

告诫，及义务者不肯履行时所加之处罚也。此种处罚；于强制他人不可代替之义务，及不作为义务之履行时，始可适用。如命有传染病之嫌疑者受康健诊断之义务，及不踏入交通遮断区域之义务，即其例也。

2. 直接强制

直接强制乃以实力加诸义务者之身体或物件，直接实现所命状态之强制执行手段也。此种强制手段，对于各种公法义务，皆可适用。因国家有强大之警察力得以使用，必要时，且得使用兵力，除性质上不能强制者外，通常义务无不可以实力而强制之。就中无代替性之义务，及不作为义务，如封锁违法营业，遮断顾客出入；对于不应传唤之命者，以实力而引致之等，皆可以实力而直接强制之。尤以忍受义务，最宜直接强制，如对官吏职务执行，加以反抗时，自身以实力制止其抵抗不可。

直接强制非如代执行罚然，使其义务变形，只就既成义务，于其原形而实现之。故直接强制与间接强制不同，对于一切既已发生之义务，得施行实力强制之该管官吏，当然得有直接强制之权，无待于法律特别规定。惟其强制执行手段，近于残酷[1]。行政执行法因特为限定，非认由此规定推之，故直接强制执行，除认为紧急之情形外，于义务者全无资力，不能缴纳代执行之费用或执行罚之全额；或因执行罚之告诫，而不能达其目的时，乃得为之。

（四）

右述一般行政上之强制手段，于警察上义务之强制，当然亦可适用。且于警察义务之强制，效用尤大。凡负有警察上之义务者，于其不肯履行之际，尽可用右述各种强制手段而强制之。此时其强制，因又称警察上之强制执行。

然警察上之强制，除上述[2]者外，尚有所谓即时强制，即警察上之即时强制（Poligeijicher Sofortigen Zwang）。即时强制非警察上义务之强制，乃直接实现警察上必要状态，所行之作用。申言之，即时强制，不以特定义务之既成立，及义务者之不遵行为其前提要件，乃直接因警察上之必要，对于人

---

〔1〕 "残酷"原文作"惨酷"，现据今日通常用法改正。——校勘者注。

〔2〕 "上述"原文作"右述"，现据今日书写顺序改正。——校勘者注。

民之财产自由，加以事实上侵害之作用耳。

警察上之强制，以强制执行为本则。通常先以下命（Eofehl）命以必要义务，于义务者不肯遵行之际，始行其强制权。但因目前障碍[1]，或情状紧迫，不适以下命令以义务，或因事实之性质，单以下命不能达到目的时，乃不得不行即时强制，其强制方法如下[2]：

（1）对人之管束。对于人之管束，即依警察权束缚个人身体自由，暂时留置于局署之谓。如对于酗酒泥醉，疯人发狂，意图自杀，或其他须救护或有害公安之处者，所施之管束是。

（2）对于物之扣留，使用，处分，或限制其使用。物之扣留，即其物之占有于警察上有障碍，因夺之而暂时保管于局署之谓，如军凶器及其他危险物品之扣留是。物之使用，处分，或使用之限制，即遇天灾事变，及其他交通上卫生上或公安上有危险情形，而使用或处分土地家屋物件，或限制其使用是。

（3）对于家宅或其他处所之侵入。对于家宅或其他处所之侵入，即人民之生命财产认为危害切迫，及认为有赌博，及其他有妨害风俗或公安之行为时，为其救护或制止逮捕，而侵入家宅或其他处所是。

（五）

以上已将行政上之强制执行与警察上之即时强制，分别列述。故行政上之直接强制与警察上之即时强制，表面虽颇相似而实不同。直接强制，如前已述，以人民依法令或本于法令之行政处分，负担义务，及不肯履行义务为前提。而即时强制，则无关于义务负担，及其不肯履行；乃自始为除去社会上之障碍，而使用实力。简言之，前者以完成法令或处分之执行为目的，而后者非所以完成法令或处分之执行，乃其自身具有独立之目的者也。

直接强制与即时强制，不特观念上有所区别，即法令上通常亦为分别规定，如与我国行政执行法同一系统之日本行政执行法，乃一八八三年七月三〇日之普鲁士一般行政法（Gesctz ue, d. Aligemeine Lundesverualting），亦皆

---

〔1〕"障碍"原文作"障害"，现据今日通常用法改正，下同。——校勘者注。
〔2〕"如下"原文作"如左"，现据今日书写顺序改正，下同。——校勘者注。

设有同样区别。

然则我国近时尤在援用之修正行政执行法，其规定为如何乎？应为区别之直接强制与即时强制，亦会分别为规定乎？就此问题，只将其律文取出一阅，大半即能明白。

第一条 该管行政官署因维持公共之安宁秩序，保障人民之幸福自由，及执行法令或本于法令之处分，认为必要时，得行间接或直接强制处分。

…………

第四条 该管行政官署非认为有下列 [1] 第一款事项，不得行第二条第一款之间接强制处分（代执行），非认为有下列第二款或第三款事项，不得行第二条第二款之间接强制处分（执行罚，处以三十元以下之过殆金）。

（一）依法令或本于法令之处分负有行为义务而不为者。

（二）依法令或本于法令之处分本人负有行为义务而不为，其行为非他人所能代行者。

（三）依法令或本于法令之处分本人负有不行为义务而为之者。

…………

第七条 该管行政官署，非认为有下列事项之一，不得为直接强制处分：

（一）酗酒泥醉，非管束不能救护其生命身体之危险，及预防他人生命身体之危险者。

（二）疯人发狂，非管束不能救护其生命身体之危险，及预防他人生命身体之危险者。

（三）意图自杀，非管束不能救护其生命者。

（四）暴行或争斗之人，非管束不能预防其伤害者。

（五）其他认为须救护，或有害公安之处，非管束不能救护或不能妨害者。

（六）军凶器及其他危险物品，或有危险之虞之物品，非扣留不能预防危害者。

（七）遇有天灾事变，及其他交通上卫生上或公安上有危害情形，非使用或处分其土地家屋物件，并限制其使用不能防护者。

---

〔1〕"下列"原文作"左列"，现据今日书写顺序改正，下同。——校勘者注。

（八）人民之生命身体财产，认为危害切迫时，非入其家或其他场所不能救护者。

（九）认为赌博及其他妨害风俗或公安之行为，非入其家宅或其他场所所不能制止或逮捕者。

第一项第一款至第五款人之管束，不能至翌日之日入后。

第一项第六款物之扣留，除依法律应没收或应变价发还者外，期间至长不得逾三十日。

家宅及其他场所之侵入，除第一项第八款第九款之事项外，在日入后日出前须告知本人，但旅店酒肆茶楼戏团并其他公众出入地方，不在此限。

第八条 该管行政官署，于第四条各款情形，非认为不能间接强制处分，或认为紧急时不得直接强制处分。

将上列条文首尾读之，吾人觉有可发噱者，即第七条所定的[1]行直接强制执行之场合，非强制执行的一种之直接强制，乃警察上之即时强制是也。立法院至今不察，其近日通过之修正案中，盖复犯此谬误。其修正案之规定如下：

第一条 行政官署于必要时，依本法之规定，得行间接或直接强制处分。

第二条 间接强制处分如下：

（一）代执行；

（二）罚款。

前项处分，非以书面限定期间，预为告诫，不得行之。

但代执行认为有紧急情形者，不在此限。

第三条 依法令或本于法令之处分，负有行为义务而不为者，得由该管行政官署，或命第三人代执行之，向义务人征收费用。

第四条 有下列情形之一者，该管行政官署，得处以前款：

（一）依法令或本于法令之处分，负有行为义务而不为，其行为非官署或第三人所能代执行者。

（二）依法令或本于法令之处分，负有不行为义务而为之者，第五条前条

---

[1] "的"原文作"得"，现据今日通常用法改正。——校勘者注。

罚款依下列之规定。

　　…………

　　第六条　直接强制处分如下：

　　（一）对于人之管束。

　　（二）对于物之扣留使用。

　　（三）对于家宅或其他处所之侵入。

　　第七条　管束非有情形之一者不得为之。

　　（一）疯狂或酗酒泥醉，非管束不能救护其生命身体之危险，及预防他人生命身体之危险者。

　　（二）意图自杀非管束不能救护其生命者。

　　（三）暴行或斗殴之人非管束不能预防其危害[1]者。

　　（四）其他认为必须救护或有害公安之虞，非管束不能救护或不能预防危害者。

　　前项管束不能逾二十四小时。

　　第八条　军凶器及其他有危险物，非扣留不能预防危害时，得扣留之。

　　前项扣留除依法律应没收或应变价发还者外，其期间至长不得逾三十日，扣留之物，于一年内，吾人请求发还者，其所有权属于国库。

　　第九条　遇有天灾事变，及其他交通上卫生上或公安上有危害情形，非使用或处分其土地家屋物品或限制其使用，不能达防护之目的时，得使用或处分或将其使用限制之。

　　第十条　对于家宅或其他处所之侵入，非有下列情形之一者，不得为之。

　　（一）人民之生命身体财产危害迫切，非侵入不能救护者。

　　（二）有赌博或其他妨害风俗或公安之行为，非侵入不能制止者。

　　前项第二次情形，如在日入后出前时，应告知居住者，但旅馆酒茶楼戏团，或其他在夜间公众出入之处所，不在此限。

　　第二条　行政官署于第三条第四条情形非认为不能行间接强制处分，或认为紧急时，不得行直接强制处分。

　　以新修正法与旧法相较，其规定内容大抵相同，所不同者，除第五条关

---

　　〔1〕"危害"原文作"伪害"，现据今日通常用法改正。——校勘者注。

于执行罚款之等差规定，于此不必论述外，则旧法第七条所定多数款项，新法析为第七条至第十条四条，使旧有多熟彼此互有密切关系款项，依其种类性质，各为一条，以清眉目是矣。然新旧二法在此等条款之排列上虽有变动，而规定内容仍属一辙，盖非特所规定事项完全相同，即新法第七条"管束非有下列情形之一者不得为之"，第八条"军器凶器及其他有危险物，非扣留不能预防危害时，得扣留之"，第九条"遇有天灾事变，及其他……情形，非使用或处分……或限制其使用，不能达防护之目的时，得使用或处分，或将其使用限制之"，第十条"于家宅或其他处所之侵入，非有下列情形之一者，不得为之"云云，与旧法第七条"该管行政官署，非认为有左列事项之一，不得行直接强制处分"之概括规定，可谓完全同其意义。

（六）

新旧二法因如是误即时强制为直接强制之结果，在其条文规定中乃有种不合理之点存焉。

（1）直接强制为行政执行手段之一种，已如前述。故其所可适用事项，必及于一般行政，方为合用。而旧法第七条谓"该管行政官署，非认为有下列事项之一，不得为直接强制处分"，又新法第七条至十条规定，其意义亦同，依此固定，则可行直接强制处分者，仅以此等列举事项为限。如是可直接强制之事项，使限于条款列举事项，其范围宁不过于狭隘，而不合于一般行政上之实用？其"非认为有 ……不得为……"之限定规定，非特不足以敷衍行政上之实用，且将可为直正的直接强制之场合，亦排除之而不得为矣。

（2）旧法第七条新法第七条至第十条，既限定的列举可为直接强制事项之后，旧法第八条又规定"于第四条各款情形，非认为不能行间接强制处分，或认为紧急时，不得行直接强制处分"，新法第十一条规定亦同。如是于旧法第七条新法第七条至第十条所限定不许再有之直接强制处分外，旧法第八条新法第十一条又另认有他种之直接强制。在规定表面上亦觉矛盾过甚。

（3）直接强制为行政上强制执行之一种，凡依法令或本于法令之处分，所应为之义务，而不肯为时，原则皆得为直接强制，勿待再述。而旧法第七条所列各款事项，即新法第七条至第十条所规定者，除旧法第七款，即新法第九条，限制土地家屋物件之使用，得以天下命而行者外，皆不适为强制既成义务之直接强制，尤以旧法第一款至第五款，第七款至第八款，即新法第七条第九条及第十条第一款所定之强制，其目的在于救护强制者人身财产之危险，不在既成义务之遵行，有何真正之直接强制之可言？

（4）依旧法第八条新法为第十一条之规定，凡依法令或本于法令之处分，负有义务而不为者，在不能为间接或有紧急情形时，均得为直接强制。如是许真正之直接强制，得适于一般之行政事项，自属正当。吾人若将旧法第八条与旧法第四条，新法第十一条与新法第三第四条接近读之，则觉彼此规定，顺序一贯，而理解亦较容易，即与日本行政执行法第五条，普鲁士一般行政法第一三二条参照观之，其位置亦正得当也。新旧二法中使彼此互相关系条文，分离过远，且其间插入关于似是而非之直接强制——即时强制之规定，所谓直接强制者，遂使一般人百索而不得其解矣。

（七）

新修正行政执行法重踏旧法之辙，误即时强制，于此已可想见一斑。回忆曩时只因旧法有此错误之故，每见国内行政法学之著述者，于此必遇说明困难，竟有将关于真正的直接强制之理论，适用于是面非之直接强制——即时强制——规定，而说明者。又见警察行政之实际家，以行政执行法中所定之直接强制，不外为警察上之即时强制，遂以为直接强制乃彼等所专用者。著述家但用于条文之解释，实际家则笼罩双眼而行，因皆有可非难，而其当初之立案者，实有重大之责任。是立案者所有行政法学之如识，实属可疑。其初意殆为掩饰其抄袭之痕迹计，将所抄袭条文，于文辞及排列上，极力加工，以示优异，谁知弄巧成拙，是非颠倒，其对于斯学之知识及理解，遂暴露而不可掩矣。

一九三二，一二，九，P，M，六

道路法制论略[*]

范 扬

我国自新筑路法及汽车交通传入后，关于道路制度，早于民初时代，有若干规章颁布。惟对于全国道路，订有系统之规定者，要推民国八年十一月内务部之修治道路条例及其细则。前者规定道路之种类及各种道路之宽度等；后者规定路线核准之程序，工程之标准，经费之负担，以及修缮保存等。九年十月，同部更颁布修治道路收用土地暂行章程，以为土地收用法未实行前暂时适用。修筑道路法规，至此可谓粗具。终以政治未轨，徒见规章之发布，甚少具体之设施。

迨十六年，国民政府奠定东南，建都南京，十七年铁道部成立，将原属交通部之国道修治事宜，划归主管。铁道部因于十八年二月，召开道路设计委员会于南京，议定国道路线网，国道工程标准等。于是年八年，以部令公布建筑国道征用民工通则，十月公布国道工程标准及规则。二十年六月，更由国府公布国道条例十三条。关于道路运输，则于十九年六月，行政院颁有长途汽车公司条例，同年九月铁道部颁有长途汽车公司营业规则等。是国道建设一端，似可积极进展，但铁道部因种种关系，未能充分执行。各省建筑道路，仍各自为政，未能相互联络。二十年十一月，国民政府为促进经济建设，筹设全国经济委员会，各省公路，亦归其统筹督造，该会于二十一年五月，开始督造三省联络公路，同年十一月，推行督造七省联络公路，二十三年，闽省主要公路及赣粤闽边公路，亦在加入督造之列。此外，又于同年直接筑西兰西汉等路。迄此为止，关于督造或建筑各省公路以及公路运输事项，该会亦颁有多数规章命令。主要者有二十三年七月函达各省之全国经济委员

---

* 本文原刊于《社会科学论丛》（第 3 卷）1937 年第 1 期。

会公路工程准则，及全国经济委员会各省联络公路输备及管理通则，同年九月十四日公布之全国经济委员会督造各省联络公路章程，及全国经济委员会管理公路基金章程，二十三年十一月函五省市公布之苏浙皖京沪五省各路汽车载客通则，及同五省市汽车运货通则等。

除属经委员会督造之联络公路外，所有各省境内之省道，县道，乡道等，依行政习惯，向多由各省各县规划修造，而各省亦有单行之规章制定施行。如十八年六月颁布二十一年三月修正广东公路规程，广东省建设厅公路处订定全省公路建筑法规，招商承筑公路办法，广东省各县市开辟马路办法。十七年五月制定之浙江省修筑公路计划大纲，十八年六月公布之浙江省公路招商承筑规则，十八年一月公布之浙江省各县修筑道路暂行章程，以及各省公布之筑路征工规则等，即其主要者也。此外，二十三年军事委员会南昌行营电饬之各县修理旧有道路暂行办法，及二十三年七月西南政务委员会公布之补充筑路造林办法等，于某程度，亦可作为地方法规之补充。

我国所有道路法规，大略已如上述。惟是政出多歧，章制纷杂，在学理上欲为统一说明，颇不易得。无已，仍以现行法令为本，兼参先进国之法理，就我国之道路制度，试论如次，以供研究者之参考，并为促进统一法典制定之一助焉。

（一）道路之性质

何谓道路，我国法规未加规定，学者所述，亦未规一，惟以道路为供公众交通之土地的设备之一点，殆为众见所同。准此，则所谓道路，须具物质的精神的之二要件。即第一，所谓道路，须有供公众交通之土地的设备，使一般人得为通行。其土地的设备，仅以在一定之土地上加以若干人工，合于相当标准已足，不必要求一定之装铺。虽现代国家，因新筑路法之发达，于道路上尤其市街道路上，例有特别之装饰。而在法律的观点上，其装饰之有无，殊非所闻。又所谓供公众之交通，当指使一般人得以自由通行而言。其为谋交通之安全或方便，有时将某等道路划分人行道或汽车道等，限于一定种类之交通，固亦无碍于供公众交通之观念也。第二，所谓道路，须由一定之主体将其土地的设备供诸交通之用，易言之，须有将其设备供于交通用之意思。此供用之意思，亦为道路成立之要件。如练兵场或学校前后门之通路，因事实上之放任，虽亦可以通行，但非以交通之设备，供于公众之使用，与法律上所谓道路，实不同其范畴。

据上所属，道路之观念，通义亦广。无论公路私路，皆得包含在内。即除行政主体设定之公路外，其他私人以所有权之作用，将土地之一部供诸公众交通之私产，如私营住宅区内之通路等，亦同在内。私人以其所有土地供公众交通之用，其供用关系，一般为私权关系。虽此种道路既供公众交通，亦有公共的性质，就其维持管理，以及土地税之免除等，立法上亦有规定之必要，但我国法令未注明文，而行政习惯亦无一定，无从据以详述。故本文讨论范围，故以公路为限。

公路为行政主体所认定而供交通用之道路，乃公物之一种，需受公权力支配，私法原则不能适用。如转让及时效取得等私法上制度，在道路未经废止以前，皆不适用之。（inalienabilit'e rt imprescriptibilit'e）。盖公路既供公用之后，为其目的所拘束（zweckgebundenheit），若得转让或为他人长期占有，则于其目的显然相反也。土地法第八条第一项，谓公共交通道路，不得为私有，殆即将此等当然的原则法典化之耳。

在我国现行制度之下，公路除由行政主体直接修筑外，更有一部分作为特许企业，许与私法人或个人修筑之。如依行政院公布之长途汽车公司条例所定，长途汽车公司呈经主管官署核准，得于路线经过，购地建屋，平治道路，建筑桥梁，凿山通路（第一条第八条一）。又依修正广东公路规程所定，公路除官办公路外，更有公办公路，民办公路，商办公路等各种。公办公路，即由个人或私团体，以公益事业，呈准建筑之公路属之。民办公路，即由路线两旁各十里内之居民男子，分派路股，或路线所经县属居民自由认股，组织公司，呈准建筑之公路属之。商办公路，即有人民集合资本，组织公司，呈准建筑之公路属之（第四至十一条）此等特许建筑之公路中，公办公路，不以谋收益为目的，建筑完成后，应即由主管机关接收，其有公物性质，自无疑义。其他商办民办公路，其筑路公司虽于道路上，于特许年限内，有行车专利权及养路之义务，及至特许年限届满，其公路应亦由主管机关接收，而其专利权及养路之义务，同归消灭（国道条例第十条第一款，同上广东规章程第十一之十六条）。此等公路，经主管机关接收以后，自已成为公物，即在未接收前，殆亦可与公物同视。该行政主体对于公路之支配权与构成公路之土地物件上之权利，原可分离观察。商办或民办之场合，筑路公司依土地征收法征收之土地，及其所设置之公路附属物，其所有权虽属于私法人，而公路本身实已成为公物（他有公物），其有不融通性及不得为时效取得之客体，殆与普通之公物同。该此等公路，除行车专利得为转让外（广东规程第十五条），构成道路之土地及附属物，只有至特许年限届满时，由主管机关收回（无偿）或收买之一途（同上规程第四九条），筑路公司无自由转让权。至于时效取得，则与行政上开关公路之目的根本不能相容，自非公理法法所能容许。

构成道路之土地及其他物件，其所有权属于行政主体场合，行政主体对于通路之支配权（道路警察权在外），学者有称之为公所有权（oeffentliches eigentnm, propriete publique）或行政所有权（propriete administrative），亦有否公认所有权名词，而单以公物管理权或大陆管理权称之。命名之际，究以孰为正当，此处姑不详述。为道路既为公物之一种，其有所属之主体，自无容疑。然则公路究全体为国家之公物乎？抑除属于国家者外，另有一部分属于地方自治团体乎？此一问题，因各国制度不同，在学理的解释上亦无一定。如法国之道路，大别有 routes nationals, routes departementales, chemins vici-uaux, ruraux 等四种，彼国学者解释，以为此项区别，不特所以分配道路管理权与警察权，同时实含有分配公物所有权之意义焉（按即以 routes nationales 为国家之公物，routes departementales 为 departement 之公物，chemins vicinaux et chemins 等为 commune 之公物）。日本之道路，在大正八年之道路法施行前，原有国道，县道，里道之名称，彼时有力学者及大审院判例，大体亦以国道为国家之营造物，（按此实系公物）县道里道为地方公共团体即府县既市町村之营造物。及大正八年道路法公布，分道路为国道，府县道，及市町村道等各种，各依该管行政厅之认定而成立，而该管行政厅关于道路行政，各以国家机关而活动。自此以后，学说为之一变，即认为道路法上之道路，一律为国家之公物矣。我国现行法中，一般亦有国道，省道，县道及乡道等名称，其各为谁之公物，则无明白规定。在实际上除有一小部分属于中央机关直接规划建筑外，其余有由中央机关规划，而使各省建筑。有由各省自行规划建筑，或使各县建筑之。更有由各县自行规划建筑之。此外，各市及各区乡镇，大抵亦有自行规划建筑之权能焉。于我国现时制度之下，各省市县政府，皆不过为国家之地方行政机关，所谓省或市县，俱无独立人格（参照最高法院十八年三月四日上自四三〇五号判字第三八号判决）。则凡属中央及省市县政府规划及建筑之公路，其为国家之公物，盖无庸疑，至于区乡镇，在我国自治法上，一般为自治团体，有独立的人格，而法律规定，凡区乡镇胥有建筑道路桥梁等之自治权（区自治施行法第二六条第一项第三款，乡镇自治施行法第一项第三款）。法规上既以建筑道路为区乡镇自治事务之一部，其自行兴建之道路，殆即可以区乡镇等地方自治团体之公物目之，盖一公物为国家之公物抑自治团体之公物，应视其行政事务究为国家之事务或自治团体之事务以决定之也。

（二）道路之种类及其附属物

（甲）道路之种类。一国道路，自其全体观察，原成整体之交通网，贯通全国各处，犹脉络相通，然各道路其交通之范围有广狭，利害关系有大小，其间势不能有干支线之分，而应干支之程度，不能不异其管理机关，与费用负担之所属。故道路之种类，除所以决定道路之主体外，并为决定道路之等级，及路线之规划，道路之建筑修养等，应由何方负责之标准焉。我国在民国八年之修治道路条例中，分道路为国道，省道，县道及里道四种，凡国道应由建设部核定或由建设部特设机关直接办理，省道由省最高级行政长官酌拟，咨呈建设部核定，县道里道由各地方自治团体规划之。国道经费由国库支出，省道经费由各省区分别负担，县道里道之经费由地方自治团体筹给之（修筑道路条例第一，第十一条，同细则第三一，三五至三七条）道路修成后，应由该管地方行政长官或者地方自治团体保护整理之。视此，其各种道路路线之规定，并建筑修养及经费负担等责任之分配，尚有整齐之系统。现行道路制度，名称上一般虽有国道，省道，县道，乡道之分别，而法令中并无同一规定，行政系统亦不整齐。各项责任如何分配，须详究各种法规及实际情形，始得决定之。兹仍采用现有名称，将我国之道路，分类述之如次。

（1）国道。在法律上认有国道制度，以法日二国最为显著。法国以自巴黎达于国境或陆海军之要地，或自巴黎达于其他重要都市之道路为国道，概由中央机关直接管理。日本分国道为普通与军事国道，普通国道以由东京达于神宫，或由东京达于枢要开港地 izhi 路线属之，概由主管大臣认定，府县知事管理之。此外，英国在道路种类上虽有 main roads 与 district roads 之分，德国如普鲁士等邦虽有 previnzialwege kreiswege，gemeindewege 之分，而沿革上皆属于自治团体管理。只自近岁以来，为助成其改良发达起见，于中央设有辅助金制度并监督机关，将各地方之道路联络统一之，但仍未有所谓国道也。夫全国道路之干线为全国交通之大动脉，允宜同一规划管理，且现今各国道路行政，一般趋于中央集权，以理言之，自以认有国道制度为必要也。

我国在修治道路条例中，原亦认有所谓国道，以下列各种属之：（1）由京师达于各省及特别行政区域之道路；（2）由此省会达于彼省会之道路；（3）与要塞港口及其他军事关联之重要道路（第二条）。二十年国府公布之国道条例规定："凡连贯两省区以上及有关国防之要塞港商港之路，皆为国道（第二条）。"第一期实筑路线，则有十二干线之国道路线网以规定之。此项国道路线网，除由铁道部直接办理或特许私人承筑者外，各省区内国道之建筑，原定应由各省区建设厅或主管机关负责（第四条），但各省多未奉行，所谓国道，几乎有名无实。近年所有各省联络公路，大都属于全国经济委员会督造或直接建筑。惟铁道部所有关于国道建设之事权，在法律上并未完全移转也。

全国经济委员会自二十年十一月成立筹划处后，先着手于苏浙皖三省联络公路之督造，次进行苏浙皖赣豫鄂湘七省联络工作之督造。二二年十一月该会正式成为，对于各省联络公路路线，复经通盘筹划，除继续督造七省联络公路外，又将陕甘闽三省及赣粤闽边各公路加入督造，一律拨借基金。此外，尚有西兰西汉等路，由其直接建筑，大略已见前述。经委会督造或直接筑造之各省联络公路，未设国道省道之分，稽之该会对于各省联络公路之定名，似亦未欲遽将某等路线定为国道，而仅附以干线支线之名称及为之编号而止者。依二十二年该会拟定之豫鄂湘皖赣苏浙湘七省公路路线划分定名编号办法规定：

一、干线：干线号数拟自一号至九九号止，东西者以单数自南至北顺序编号；南北者以双数自东向西顺序编号。其名即以所编号数名之。

二、划分原则：支线之划分，依下列之次序：1. 先就各邻省，除干线外选出较长而重要之线为省际支线，即一线通过数省者；2. 再就各省选较长而重要之线为各该省主要支线；3. 其他为普通支线。

三、定名。

四、编号办法：

1. 各省支线号数，每省自一百号起留用九十九号，假定一百号至一百九十九号归河南省，二百号至二百九十九号归湖北省。

2. 省际支线有全国经济委员会依经过各该省之长度，编如入最长省份之数号。

3. 编号顺序，以接近各线，得有连接之号数为原则。

查同上办法所附之七省各路干线号数名称对照表，其所编订之干线，除第一干线为京沪干线，系由首都达于主要商港者外，其余皆联络两省以上，即支线中之省际支线，亦系一线通过数省者。依国道条例第二条规定："凡连接两省以上及有关国防之……商港之路，皆为国道。依照本条解释，其干线及省际支线，殆皆可以国道视之。尤其经委会直接建筑之路线，不能与普通省道同视，甚为明显。但经委会公布之法规中，固犹未以国道见称也。"

考美国之道路制度，当十九世纪之后期，尚有各 county 或 township 管理。自 1891 年 new jersey 省先行省库辅助筑路后，各省效尤，胥由立法部规定省库辅助办法，各省公路，乃得各具系统。1916 年，为沟通各省城市间之交通起见，联邦各会亦设国库辅助办法，指定基金，交由农务部与各省公路局合作，改良全国道路。自此，农务部所属之全国公路局，定一五年筑路计划，分别规定省道干线及国库辅助之线，逐一督造，美国全国公路路线，亦得以有系统。1921 年联邦国会对于辅助筑路计划，加以修正，将辅助费指定用于省与省间及 county 与 county 之间之主要道路，并由全国公路局订定一个全国道路系统，即将省道中经国库辅助或未经辅助者，择其东西干线或南北干线，划归国道之内。而所有国道，为便利计算时，皆以一定数目为之编号。美国农务部全国公路局之督造各省道路，与我国全国国经委员会公路处之督造各省公路，有若干点，正复相似。将来我国如欲确立国道制度，或亦可就各省联络公路之干线及若干省际支线，并与铁道部原规划之国道路线，连成一起，编成一国道系统乎？

（2）省道。旧修治道路条例规定，省道分类如下〔1〕：①由省会达于各县治之道路；②由此县治达于彼县治之道路；③与本省区内路矿商埠工厂及军事相关之道路（第三条）。其划分原则，尚属简要。但现行制度，究以何等道路定为省道，并无一般规定。按之实际情形，各省规制，亦不一律。如前述之七省公路，仅有干支线之分，而无国省道之别。就经委会公路处所制各省联络公路里程统计表观察，亦不过将各省境内之干线及支线分别列为该省公路。以理言之，其干线与省际支线，实有国道性质，仅省内主要支线及普通支线，得完全以省道目之耳。其他省份，如广东省之道路，则又另成一体系，即将全省分为东西南北四路，各以第一第二等顺数列为若干干线，各干

---

〔1〕"下"原文作"左"，现据今日排版需要改正。——校勘者注。

线又分某某支线，如东路省道第一干线普潮支线之例是（参照广东全省道路干支线名称表及广东建设厅订定全省省道干支线路程表）。

现今，各省道路之编制，于实际情形，大略有依经委会所定办法划分干支线，依所定号数编号，与一省自定干支线，自编干支线号码之别，有如上述。惟经委会对于各省支线之编号定有统一之编号次序表，即：1. 江苏省，2. 浙江省，3. 安徽省，4. 江西省，5. 湖北省，6. 湖南省，7. 四川省，8. 西康省，9. 福建省，10. 广东省，11. 广西省……30. 西藏。例如湖南省之支线为六〇〇号至六九九号，广东省之支线为一〇〇〇号至一〇九九号是。此项各省支线编号次序表，各省虽未普遍采行，而推经委会之命意，将来似欲各省公路，处应编为干线者外，一律应依上述之号数编号者。

（3）县道。旧修治道路条例规定，县道分类如下：①由县之达于冲要各乡镇之道路；②各乡镇相衔接之道路；③由县治达于港津铁路及其他相邻工厂矿区自豪道路（第四条）。现行制度，亦仍认为有县道名称，应为县道，中央法规未有明确规定。二三年十二月军委会之各县修治旧有道路暂行办法，亦不过饬令各县组织修路委员会，主办修理旧有道路，并未示明县道划分之原则。此外，各省单行规章，如十八年一月之浙江省各县修筑道路暂行章程，则分县道为干路与支路二种，凡由县城通达四乡之要道，或直接与省公路衔接之线为干路，各乡镇往来路线为支路（第二条）。其所定县道路线，盖大略乃本于旧修治道路条例所定原则而为规定也。

（4）市乡镇道路。市乡镇道路，为现今法规所承认者，大略有市镇街道与乡道二类。乡道为里道之改称，其名词于各县修理旧有道路暂行办法第二条中，亦有见之。按旧修治道路条例规定：里道分类如下：①由此村达于彼村之道路；②由此村达于相邻学校工厂及其他公共事业之道路（第五条）。此项原则的规定，于现行自治组织之下，是否尚能适合，不能令人无疑，将来制定统一道路法规时，仍宜另规定之。

市镇街道，包括市区县城并县城以外小市镇之街道而言。现今城市街道，当以市区即设有市政府地方最为发达。我国都市计划法规，除土地法中略有规定外，犹无详密规定，市区开辟马路，类由各市政府依组织法上之职权，自定法规，拟具计划，随时呈准行之。至于县城及小市镇之街道，中央法令亦未规定，例由县政府或自治机关，拟定计划修筑之。惟关于省属市级城镇街道，各省尚不无单行规章制定。如广东省各县市开辟马路办法，于县市政府所在城市或该管重要市镇，皆适用之。浙江省各县修筑街道规则，亦于县城及县内市镇，皆得适用。前者偏于道路规划及改筑之程序，后者则除程序上之规定外，各大小城镇之街道等级亦有定之。

道路种类之区分，不特所以划分道路干支之程度，亦为划分其管理权及费用负担所必要，既如前述。我国现行制度，凡国道省道，除属于中央或特许于私人建筑者外，一般属于各省政府筑造修养，县道一般属于各县政府筑造修养，市乡镇道一般属于各市乡镇筑造修养。是各省县市政府等对于道路管理之权能与责任，应各以其所管区域为范围焉。然此亦不过为一原则而已。如有特别需要。例外仍得及其事权于管区以外。我国近时为谋发展各省联络公路起见，且认豫鄂湘赣皖苏浙七省得越境筑路。即上列七省修筑公路，如因特别情形，经商得有关系省份之同意，得穿越邻省境界（二二年全国经委会制订七省越境筑路办法第一条）又各市区，如于市外设有公共墓地或自来水蓄水池等，为谋联络交通，依理亦应得越界筑路，惟此时亦须商得有关行政区政府之同意耳。

又各级行政区域原为同一地域之区分，前述国道省道县道等，各种道路之路线，有时自不免相互重复。如有相互重复时，其道路应为国道或省县道，易兹疑义。依理如国道与省道相重复，其重复部分，应认为国道，其余类推。七省公路路线划分定名及编号办法（附注）规定："市内之街道，除包括在七省公路干支线者外，不在编号范围以内。"盖即以市街道与省道相重复时，其重复部分，应认为省道也。

（乙）道路之附属物。为完成道路之效用，并维持其构造计，通例于道路上设有各种附属的设备，是为道路之附属物。道路之附属物，为道路之利用及管理上所必要，须由道路管理机关与道路合并管理。在法律上，于某程，且与道路赋有相类之性质焉。我国现行法中，何等物件为道路之附属物，犹乏明确规定。如二三年七月之全国经济委员会各省联络公路运输设备及管理通则中，虽有若干关于道路附属物件之规定，但未订明附属物之名称与其范围。修正广东公路规程中，虽定有道路附属物之名称，但未指明附属物之种类。查普鲁士道路法第七条规定："为谋道路设备之完整保护并安全，所必要之建造物并设施，如桥梁，渡埠，沙场，沟渠，排水设备，斜面，路树，栏杆，道路标，警告牌等，及为保全或防御道路设备所必要之一切设施，皆为道路之附属物"。日本道路第二条规定：道路之附属物，分如下各种：一，接续道路之桥梁及船度场。二，附属于道路之沟，支壁，并木，道路标识及道路元标。三，接于道路之道路修理用之材料常置场。四，其他以命令定为道路之附属物者。凡此法例，其所认为道路之附属物者，殆皆不外为完成道路之效用，维持道路之构造，或保护交通之安全，附属于道路之设备。以此推之，我国法令中所定附属于道路之物，如下列各种，殆可以道路之附属物视之。

1. 桥梁及渡船

桥梁渡船为完成道路效用之设备，凡所以连接道路者，应视为道路之附属物，固甚明显。以法规所定，桥梁建设分为永久式，半永久式，及临时式三种。公路干支各线之桥梁，均以建筑永久式或半永久式为准，但遇到必要时支线之桥梁，得酌建临时式（全国经济委员会公路工程准则第十三，十四条）。又公路应建桥梁之处，而尚未建造桥梁者，应设备渡船，并视地方情形，分别由专营机关或政府管理之（同前运输设备及管理通则第十一条）。

公路路线所经处，如属小溪或河流，为当地水道交通或阻止水患关系，必须建筑桥梁者，均应查照本处审定桥梁图则建筑之（广东省建设厅公路处订定全省公路建筑法规第三九条）。

2. 边沟，排水设备，涵管，护墙及护栏

边沟，涵管，护墙及护栏等，所以维持道路之构造，保护交通之安全，并保全其他之公益，亦道路利用及管理上所必要之设备也。依法规所定，路基在挖土处两旁，应设置边沟，并应有排水设备。路基经过沟渠或低洼之处，于宣泄流水或农田灌溉有关者，均应设涵管。路基紧邻河流陡峻之山坡，应设护墙，以资稳固。在下列各处，应设置护栏，以防危险；一路线急湾处，二峻急坡度处，三路基填土甚高处，四路线旁山邻水处，五护墙及桥涵翼墙两端处（同上经委会工程准则第十条至十三条，及第二三条）。

公路路线所经之处，如为疏浅山潦雨水，或水利关系或其他特别情形者，均应建筑涵洞，路线经过处如属附近山边或有细流浸润路基者，应设暗渠以宣泄之。路之两旁水沟，如在平地掘出者，沟面阔度，定为五尺，深度一尺，斜度每百尺斜六尺。路线经过下列地方，必须建筑护土墙，以防倾塌，而杜危险：1. 属于山边而山上泥质浮松者，2. 属于海边湖边而路基填筑高度超过四尺以上者。公路完成后为通车前，应审查于沿线必要地点，设置护栏，以免危险（同上广东公路建筑法规第四十，五三，五七，六八条）。

3. 路树，交通标示及号志

路树即列植于道路之数木，所以装点道路，安慰行人，并防止路面之干燥也。凡公路竣工通车后，应于两旁种植数木，在专营机关设置并保护之；在普通路线，由政府设置并保护之（同上经委会运输设备及管理通则第八条）。植树须于路旁为之，每树距离度若干，因树之种类各有不同。植树之位置，不得侵入路基面，应以附着路旁界限为合（同上广东公路建筑法规第七一，七二条）。

交通标志及号志，亦道路利用及管理上有用而必要之标示，公路均须设置之。凡以一定标记，绘以符号图画或简明文字，装置于相当地点，以促行人及车辆之注意者，称为标志，计分下列三种：1. 禁令标志，2. 警告标志，3. 指示标志。以一定标记，连续号码，以表示同类事物之顺序及位置者，称为号志，计分下列四种：1，路线号志；2，里程号志；3，桥梁号志；4，涵洞号志。上项交通标志或号志，在专营路线，由专营机关设置并保护之。在普通路线，由政府设置并保护之（同上经委会运输设备机及管理通则第七条）。

又依广东法规所定，公路于未通车前，须于沿路设置路牌，以导行旅。沿路里数牌，省道于五华里安置一牌，县道于每十华里安置一牌。此外，应安设之路牌，尚有"医院肃静"，"学校慢行"，"曲线斜度危险"，路界牌，县界牌，"危险"符号牌，速度限制符号牌，"路名""道里"及方向符号牌等各种（同上广东公路建筑法规第六〇至六六条）。

（三）路线之划定及道路之成立

（甲）路线之划定。决定道路种类及干支线，组成整个之路线网，为道路行政中最基本之要件，故建筑道路，其第一步须先划定道路之路线。盖路线既经划定，道路系统及行政系统，始得确定，筑路工事及交通使用，始得推行，而完全之道路，亦始得告成也。划定路线，亦为一种行政处分，须由一定机关依据一定程序为之。而既经划定，非依一定程序，不得变更或废止之。我国路线划定之制度，依道路种类，颇有不同。依照现行法令及行政实例，大略如下：

（1）依国道条例规定："全国国道路线，由铁道部规定，并权衡其缓急轻重，指定兴筑程序（第三条）。"按之行政实际，十八年十月之国道路线网，系由道路设计委员会所议定，由铁道部公布。惟此项国道路线，现今是否存在，已成疑问。盖其诸路线大部分犹未筑成，未筑成部分，固不待论，即已筑成部分，如京桂线中之京杭段即所谓京杭国道，自经委会督造三省联络公路线后，已由该会划入修理矣。

（2）"各省应筑公路路线，概由本会统筹规定，非经本会核准，不得变更（全国经济委员会堵在各省联络公路章程第二条）。"按之实际情形，三省联络公路，系由经委会集合三省建设当局及道路专家，组织三省道路专门委员会，统筹规划；七省联络公路，系由经委会拟具七省联络公路路线计划，交由汉口七省公路会议议定。闽陕甘等省联络公路及赣粤闽边各公路，系由经委会于各该省商定，加入督造或建造。其他各省公路路线之计划，则经委会犹在研究准备之中。除属经委会统筹督造者外，各省省道路线，向由各省政府独资规划，如浙江省早于十七年五月，由省政府会议定修筑公路计划大纲，广东省亦曾由省政府定有广东全省省道名称表等（修正广东公路规程第二条规定，省道之路线，依照省路名称表所规定）。

（3）县道路线如何划定，现今法制之下，全任各省权宜规定。如浙江省各县修道暂行章程规定："各县干路路线支路路线，应由各该县长会同建筑设委员会详密规划，呈报建设厅核准备案（第四条）。修正广东公路规程规定：县道之路线，由申请立案筑路者，如县政府及公私团体等，呈请公路主管机关核定（第二条）。"

（4）依广东单行法所定，乡道之路线，由申请立案筑路者呈请公路主管机关核准（修正广东公路规程第二条）。市镇路之路线，应由本省各县市长，于本办法公布后，三个月内，将县市政府所在地或该管重要市镇，测量完竣，并将分期开辟马路路线之先后等，呈请建设厅核准施行（各县市开辟马路办法第一条）。

（乙）道路之成立。道路之成立与一般公物同，一须对于建筑道路之基地有正当之权源[1]，二须其土地的设备可供交通之用，三须为供用之意思表示。

（1）须对于道路之基地有正当之权源。既经划定之路线，不问由行政主体直接修筑，或由私人承筑，皆须对于其道路之基地，有正当之权源。路基上之权利，如何取得，当因所划定之路线而有不同，如所划定路线之全部或

[1]　"权源"原文作"权原"，据今日通常用法改正，下同。——校勘者注。

一部，为旧有之官路者，因其官路原属国有，不须再取得其所有权，而得径为修造。反之，如所划定之路线基地之全部或一部，系属私人之所以者，则须就其基地，取得所有权或其他之权利。稽之外国法例，对于私有土地建筑道路，除依收买或公用征收外，并可依租用或设定道路地役权等方法，取得其原权。我国现行制度，一般以收买或公用征收而取得之，尤其以公用征收最为普通。关于土地征收，在土地征收法公布前，有若干省份曾有筑路征收土地之单行规则，制定施行。十七年七月二八日土地征收法公布后，除适用该法各条外，依据该法第四七条规定，亦得由各省及直属市以委任命令，制定单行之补充章程，呈准施行之。惟自本年三月一日土地施行后，全国一律应适用该法第五编制规定矣。总之，欲在他人所有之土地上筑设道路，必须就其土地已取得法律上之权源，否则除依时效取得外，其土地所有人，仍得依所有权之作用，请求返还，或依诉愿或行政诉讼等手段，请求救济之。

（2）须其土地的设备可供交通之用。法律上所谓道路，虽不要求若何铺装，单以一片土地，亦能成立，但道路为人工的公物，必须加以若干人工。尤其现代国家之道路，为谋其形态之整齐与交通之方便计，设有一定之工程标准，须依其标准而筑成之。故欲道路之成立，须其土地的设备，已加有若干人工，使之可供公众交通之用。

（3）须为供用之意思表示。道路为供公众交通之用之物，欲其完全成立，尚须为供用之意思表示。此供用之意思表示，通常实已包括于路线划定之处分中。盖路线之划定，其作用不外将往后在路线上筑成之道路，规定为某种道路，当划定之初，已有将其道路供于公众使用之意思存乎其间。故路线之划定，实为附条件之意思表示，及道路工事完成，其供用之意思表示，乃现实发生效力。惟工事完成后，当供用开始时，仍须为供用开始之表示。此时其供用之表示，为可供使用之事实之通知，固无待论。

（四）道路之管理

（甲）道路管理机关。道路之管理，有广狭不同之二意义，狭义之管理，单指道路本身及其附属物之维持修缮，以保存其固有之用途为目的。而广义之管理，则除维持修缮外，凡关于道路之新设或改筑，供用之开始或废止，供用或占用之许可或特许，费用负担之科征，以及私法上或事实上之行为，皆包括之。兹所述，系指其广义者而言。

道路管理之事权，应由特设专管之机关掌管，或仍有普通之行政机关掌管，纯属事务分配上之问题，得以便宜决定之。我国现有道路管理机关，大略如次：

（1）中央机关。中央道路管理机关，有铁道部及全国经济委员会二种。铁道部原为规划建设管理全国国道之中央机关（铁道部组织法第一条）。但以国道建设计划，未能充分实行，未有专营机关组织成立，此处无须详述。其次，全国经济委员会为各省公路之统筹督造或建造之机关，于我国公路之发展上，有重要之地位。关于公路行政，该会设有一公路处，主持公路之督造规划及研究，关于咨询审议，设有一公路委员会，由各省建设当局，公路专家，及有关系各机关，之代表组织之。此外，为督察各省公路工程之推行，又将各省分为七督察处，除第七区为江苏省，由该会公路处兼管外，分别设有公路工程督察处或督察工程司。（二二年十月七日呈准备案之全国经济委员会公路处暂行组织条例，二二年十一月二八日呈准备案之全国经济委员会暂行组织条例，二二年经委会筹备处订定之各区公路工程督察处暂行组织章程。）

（2）省建设厅及其所属机关。各省办理公路建设事宜，一般属于建设厅主管，有若干省份，如浙，皖，赣，湘，贵，黔等省，均于建设厅下设有公路管理局，公路均，或公路处，凡省主要公路之建筑修养，皆由该局处秉承建设厅之命，负责办理。此外，令有若干省份，如苏，鲁，冀等省，将公路建筑事宜，归建设厅直接办理，所有一切工程设施，则设各路工程处主持，所有已成公路之交通及修养，则设管理处或省道局办理之。

（3）县市级区乡镇机关。县道管理机关，各省更有不同，依县组织法规定，各县本得设建设局，管理土木工程事宜（县组织法第十六条第一项第三款），但县之财政能负担此项组织者，究居少数。年来为谋集中县政，各省已先后实行改局设科。但公路建筑比较发达省份，曾有于县政府下，设置专管机关（参照修正广东省各县公路局组织章程）。至于市政建设，近年较形发达，各市政府关于道路桥梁等土木工程事项，类由工务局专管。其不设局之市，则于市政府内设科，由市长主管之（市组织法第十四条第四款及第十七条）。此外，在区乡镇地方，依自治法规规定，关于道路桥梁建筑修理事项，应由区乡镇公所管理，更无待论（区自治施行法第二六条第一项第三款，乡镇自治施行法第三十条第一项第三款）。

（乙）道路之建筑及修养。路管理最主要之任务当在道路之建筑修养，及保持交通之安全。此等事务原任于各级道路管理机关，各依交通之状况，及国公库之财力，权便行之。但使其合轨推行起见，法规中亦有明定必要。我国法规虽未完备，固亦有若干规章制定焉。

1. 道路之新设改筑

路之新设，及重新设置一道路之谓。凡路线既经划定，除其路线上已有他种道路筑成外，皆须由管理机关新设之。道路之改筑，即变更原有道路构造之谓，凡原有道路已不合实际交通时，必须将其路线或构造变更之。

2. 道路之维持修缮

路之维持修缮，亦称修养或修路，如保持道理之构造，除去供用上之障碍，及道路上之洒水扫除等行为，均属在内。凡道路既筑成或改筑后，常须维持修缮，使其适于交通之用。盖道路因供车辆等之交通，不免常受损坏，有时且因风雨灾变等自然之力作用，遭受毁损，欲其常能适于交通之用，不生障碍，自以时加修养为必要也。

道路之建筑或修养之责任，自应属于道路管理机关。惟我国公路，除属政府机关或自治团体直接兴筑者外，有一部分许于商办或民办，或有官商合办，而各种道路中，视其设有专营机关办理定期运输业务与否，更有专营路线与普通路线之别，因之关于筑路或养路事宜，除由公家担任外，亦有一部分归由其他主题负责。依照全国经济委员会各省联络公路运输设别及管理通则所定，各省联络公路，其建筑修养之责任，依道路种类，如下分配之：

（1）专营路线，分下列四种，概由政府监督之：

甲、官办公路。筑路修理营运事宜，统由政府专设机关办理之。

乙、官督商办公路。路由政府修筑，租与度假商办汽车公司办理营运业务；养路事宜，或有政府担任，或由承办公司担任之。

丙、官商合办公路。筑路养路营运事宜，统由政府与商人双方出资办理之。

丁、商办公路。承办商人获有专营权，筑路修路营运事宜，统由该商人承办之。

（2）普通路线，分为下列二种：

甲、全部开放公路。筑路养路事宜，统由政府办理，准许一切已登记之车辆自由通行。

乙、限制开放公路。筑路养路事宜，统由政府办理，对于通行之车辆，

定有相当限制，或征收养路费。（上述通则第三至第六条）

次之，依照修正广东公路规程所定，公路之举办，分下列五权：

一、官办公路。用省库或附加筑路费，由主管机关直接建筑，其公路营运，或由主管机关直接办理，或招商承投（第五条）。

二、公办公路。由个人或公私团体出资，呈准建筑，除不谋收益者外，其欲以收益用于公共事业者，得许予二十年之专利权。在特许期内，自行管理，并负养路之责（第六，第十三条）。

三、民办公路。由路线两旁各十里内居住之男子分派路股，并由路线所经县属居民自由认股，组织公司，呈准建筑。自建完竣，发给专利执照，许予专利权二十年。在专利期间，除自行营运外，招商承投。惟养路责任，除有以契约特别约定外，应由筑路公司负担之（第七条，十一条）。

四、商办公路。由人民集合资本，组织公司，呈准建筑。建筑完竣后，准予专利十五年，其专利权亦得承商承投，养路责任，除有约定外，应由公司负担之（第八，十二条）。

五、官民合办或官商合办公路，即民办或商办公路而有官股加入者，其专利年限及养路义务，概与普通民办或商办之公路通（第九，十，十四条）。

（丙）道路之构造（工程标准）。道路路线犹如脉络相连之物，其各类各级，均须依照一定标准筑成，方可整齐统一。故关于道路之构造，各国咸有特别规定，以为施工之标准。我国旧修治道路条例及其实施细则中，关于道路工程，曾设一般规定。十八年铁道部有着手计划兴筑国道，颁有国道工程标准，及规则附图附录等。十七年汉口七省公路会议，亦曾议定公路工程标准说明表一种。经委会第一次公路委员会会议时，根据上举二种规定，加以补充修正，另订有全国经济委员会公路工程暂行准则，以为建筑各省联络公路标准之用。此外，各省当自动兴筑道路时，亦有单行规则制定施行。兹单就经委会之暂行准则与广东省公路处订定全省公路建筑法规二种，剖述如次：

1. 各省联络公路之工程标准

（1）路基之宽度。公路路基之宽度，规定为下列三等：甲等路宽十二公尺，用于干线；乙等路宽九公尺，用于干线或支线；丙等路宽七五公尺，用于支线。以上各等宽度，遇必要时，均得酌减一尺。

（2）路线之弯曲及交叉。路线之平曲线，最小半径，在平原地为五十公尺，在山岭地为二十五公尺。视线距离，在平原地不得短于一百公尺，山岭地不得短于六十公尺。凡两个反向线之间，至少须有三十公尺相衔接，路线在弯曲处，应酌量加宽，并须于外侧酌设超高。又平曲线之起点或终点，距离桥梁之两端不得少于二十公尺。

公路如铁道或其他公路相交叉时，其交叉角不得少于四十五度，并自交叉点起，至少须有五十公尺之明显视距。其属公路下坡依与铁路平交者，应设距离交叉点三十公尺之平路。

（3）路线之坡度及路基之高度。路线坡度，不得大于百分之六，但遇特殊情形时，得增至百分之八。惟其长度不得逾二百公尺，其在最大坡度处，不得设最小半径之平曲面。纵坡度之变更，在百分之一以上时，应设竖区线，其视距不得短于六十公尺。路基两旁之侧坡，规定如下：（甲）挖土：（1）沙土1.5比1（即横1.5直1下如此），（2）普通图1比1，（3）坚隔或软石0.5比1，（4）坚石0.2比1至0.05比1。（乙）填土：（1）沙2比1，（2）普通土1.5比1。

路基高度，须超过该普通水位半公尺及以上。

（4）路面之宽度及等级。路面宽度，分为单车道，双车道及三车道三种，每车道宽度定为三公尺，必要时双车道及三车道，均得将宽度酌减半公尺。路面建筑分为六级如下：一级路面，土路，凡土质坚实，雨量稀少，养路得法，常年可以通车者用之；二级路面，沙砾路（须酌设路基），包括煤屑，砺壳，粗沙，砖瓦及砾石等路；三级路面，泥结碎石路（即铺砌不整齐石块路）；四级路面，弹石路（即铺砌不整齐石块路）；五级路面，砖块石块路；六级路面，如水泥柏油等高级路，非绝对需要及国货材料可需用时，不宜建筑，以节费用。

（5）路面之横斜度及压实厚度。路面之横斜度（即路拱）规定如下：以及路面一比十二至一比十五，二级路面一比三十，三级路面一比二十至一比三十，四级路面一比二十至一比二十五，五级路面一比三十至一比五十，六级路面一比四十至一比六十。

路面之压实厚度规定如下：二级路面厚度十五公分之二十五公分；三级路面厚度与二级路面同；四级路面厚度分为三层：①基础实厚自八公分至十五公分；②垫层厚度自三公分至五公分；③弹石层厚自十公分至十五公分，至旁边缘石之高度，应与路面之总厚度相等，其长度不得小于高度；五级路面分层办法与三级同；六级路面临时设计之。

（6）桥梁之建筑。桥梁建筑分为永久，半永久及临时式三种如下：①永久式（桥墩桥座面均用砖石混凝土或铜料），桥面宽度，不得少于六公尺，其载重至少至能受十二公吨重之车辆。②半永久式（桥墩桥座荣永久式，桥面用木材），桥面宽度，于干线不得少于5.5公尺，其载重至少能承受七公吨半重之车辆，其桥墩桥座之载重及宽度与永久式同。③临时式（桥墩桥座面均用木料）桥面宽度不得少于四尺，其载重至少能承受七公吨半重之车辆。凡桥梁载重不及十二公吨者，应于桥之两端梳理桥载重下肢限制标志。

公路桥梁跨过铁路时，其轨顶与桥底之净距，不得少于六公尺七公寸。公路桥梁跨过铁路面曲线时，其跨度应酌量加长，以适合铁路曲线之曲度。其轨顶与桥底之净距，亦应酌量加以适合铁路路轨之超高。铁路桥梁跨过公路，或公路桥梁跨过其他公路时，其公路路底之最高点与桥梁地面之净距，不得少于四公尺七公寸半。

2. 广东公路之标准

（1）路基。全身路基基面阔度，应照本处订定全省省道，县道，乡道路线规制第二条建筑之。凡建筑路基时，必须依照核准图则所定之中线平水桩位及两旁斜度坡度数填高或掘低之，施工时不得稍有增减及错误。

（2）路线斜度。公路路线斜度，须因路线经过地势如何，分别规定如下：（一）路线经过平原或近河海者，每百尺（英尺）最多高出百分之一至百分之三。（二）路线经过高埠或丘陵者，每百尺最多高出百分四至百分六。（三）路线经过崇山或高岗者，每百尺最多高百分之六至八。上述规定，如遇特别情形，得呈准变更，但仍不得超过百分之八。

（3）公路路线。公路路线如须弯曲者，其曲面半径之长短，得因各种道路路面广狭之不同，分类规定，最小限度如下：①省道由一百五十尺至一百二十尺；②县道由百尺至六十尺；③乡道由六十尺至五十尺以上。上项限度如因特别情形，亦得呈准酌量增减之。路线弯曲处其向外曲线，须比向内曲线填高，其限度如下：省道偏高五寸，县道偏高三寸，乡道偏高二寸。

（4）路旁斜度。填掘路基其两旁坡度，须因气候及所填掘材料本资如何，分别规定如下：①泥质特殊坚实者，填掘概为一比一；②泥质普通者，填掘概为1.5比1；③大块坚石者，掘低为一尺四分之一比一，填筑为一比一；④成块实质而有浮泥掺杂其间者，填掘概定为1.5比1。

（5）路面阔度。省道县道乡道之路面阔度，规定如下，如有特别情形，不得不超过或缩减规定阔度者，须经公路主管机关核准：①省道路面阔度，定为三十尺以上百五十尺以下；②县道路面阔度，定为二十四尺以上三十尺以下；③乡道路面阔度，定为十六尺以上二十四尺以下。上项所称路面阔度，谓两旁路肩外端之距离。所称尺数，概以英尺为准（修正广东公路规程第三条及第六十六条）。

（6）路面基础。路面基础材料，分类如下：①卵石沙泥混合者，泥质不得多过百分之十；②碎石体量又二寸至三寸，大者除含沙质分量过多不用外，凡黑石百石及其他石质坚实者，均适用之；③碎石三角形者；④大块石者；⑤大块整石者；⑥水泥三合土者。

（7）路面拱形。公路铺造路面拱形，依路面阔度每尺斜低若干，依所用材料规定如下：①纯泥质或砂石混合即卵石者，因路线之斜度如何规定：路线平坦，由中线开阔度每尺斜低半寸；②路线斜度超过百分之五，由中线开阔度每尺斜低一寸。碎石或花沙者，须因材料大小规定如下：碎石体量由一寸至三寸大者，由中线开阔度每尺斜低半寸，碎石体量小过一寸者，由中线开阔度每尺斜低一寸四分之三，油和碎石者，由中线开阔度每尺斜低一寸八分之三，水泥三合土者，由中线开阔度每尺斜低一寸四分之一。

（8）路面材料。各公路铺造时，路面材料，最低限度依照次列规定：省道以一寸大碎石与红泥海沙混合铺造，厚度六寸，或单层水泥三合土，厚度八寸，双层水泥三合土，厚度九寸（五寸底四寸面，连基在内），或沥青油路面。县道以沙泥卵石或碎石和卵石沙泥混合铺造，厚度六寸。乡道同上。

（9）交接角度及平行距离。凡公路于他路或铁道相交接者，其交接之锐角，不得少于七十度。两路相交处，由交点起计，路线须有直视线最少百五十尺。凡公路路线如须在他公路或铁路旁经过时，公路中线须与原有公路或铁道产业界线，距离五十尺以上。

（五）道路经费及公用负担

（甲）道路经费。道路自路线划定后，反建筑改筑以及维持修缮，莫不需要经费。应需各项经费，须由何妨支出，当因道路之种类而不同，而各种道路更因官办或地方团体办理以及商办民办或官商合办等而有若干差别。现行制度，凡国道各省联络公路，以及所谓省道，除属商办民办或官商合办等外，其筑路养路经费，一般应由各省省库负担之。只有国道边防之修筑，应由铁道部筹款直接办理或拨交由有关系各市区办理之（国道条例第四，第六条）；

各省联络公路属于经委会直接兴筑之路线如西兰西汉等路，事实上系由经委会负担，此外，关于道路之测量事宜，亦有部分得由铁道部担任或由经委会派员协助之（经委会督造各省联络公路章程第六条）。至于市县道及乡镇道等，其经费应由何方负担，现行法规，犹乏明确规定。惟就实际而言，除已特许他人办理者外，一般仍由市县或乡镇负担之。

各省修筑公路，经费如何筹措，向无成法可据。年来各省以财政支出，而筑路费用为数不多，类多另筹财源，以资应付。其办法虽因各省经费状况不能尽同，大略有如下各种：①田赋或监斤附加税附加；②建筑捐或特捐；③发行筑路公债；④向各银行或汽车公司借债；⑤责成各路线经过各县筹款或修筑；⑥车运业余利；⑦车辆牌照税及其他。

关于各省联络公路，自经委会督造以来，另有拨借基金办法。即各省筑造联络公路路线，所需工程费用，除路基地价迁移等费，应由各该省自行担任外，其余建筑桥梁，涵洞，路面及特殊工程等费，如一时筹不足数，得向经委会请借公路基金。惟其数额至多不得超过工程总价百分之四十。并应指定财源，担保归还，借到后不得以甲路基金移充乙路之用（参照经委会管理公路基金暂行章程）。又各省联络公路所有公路工程预算，应就各种工程之材料，工价，运输费等，分别编具详细运算表，送请该会审核，以为拨借公路基金之根据（参照二三年七月经委会订颁审核公路工程预算办法）。

（乙）关于道路之公用负担。关于道路之建筑修养，除由行政主体或其他事业人负担其费用等外，有时更对于特殊关系人，科以费用或人工等负担，是即关于道路之公用负担，或简称道路负担。

（1）费用负担。修筑道路之费用，当由修筑者负担为原则，但因特定道路之建筑，往往授一部人以特别之利益，又公家办理某项道路工程，其原因亦有因他人之事业所引起。凡此场合，使其受益人或原因分担所需之费用，固合于公平之要求也。费用负担，分别之，有受益负担与原因负担二种。受益负担即对于道路之特别受益者，依其受益之程度，所科之费用负担。如街市中新筑道路或为其铺装时，使沿路居民负担建筑费或铺装费之一部（speeial assessment, beitrag），即属其例。近年我国各都市中，类有筑路征费章程一类颁行，如广州市则于二三年七月二四日，颁有广州市辟路征费及收用民众章程。二五年四月七日行政院会议更通过城市改良地区特别征费通则一种，以为各城市该管政府制定或适用单行规章之限制焉。

此种负担制度，足使工事财源，易得筹得，于事业之发展上，颇属有效，尤其负担力甚为确实而鲜摇动，如负担金额及征收方法制断适宜，于负担者并不苦痛，然采行此制，政府当局科征负担，往往失之过重，且受益之程度颇难认定，每易发生争诉，又受益人其相互间如何分配负担，亦不易于公平决定。凡此诸点，在立法上既施行上，均须特加留意也。

（2）原因负担。即对于毁损道路之事业人或行为人，所科道路修理费用之负担。夫道路本为共用公物，苟依普通用法并于普通程度而为使用，自以不征任何费用为原因。然特定事业人因其使用过度损伤道路，而须增加养路费时，则不妨课以特别负担。如采矿业人，森林业人，及或种运输业人等，其事业最易毁损道路，对于此类事业人当可使之负担修路费用。惟此时所科之负担，应以修治非至一部为限，否则有失平衡，与设置通路之本旨亦相悖谬。因其他事业人之工事损毁道路而发生道路工事之必要时，其工事费用，亦应由其他工业人负担之。如电气业工人因工程之必要，经主管机关之许可，与不妨害原有效用之限度内，得使用道路桥梁，但致有害损害时，应由电气业工人补偿之（电气事业条例第九条及第十三条）。此时电气事业人于道路执行工事，如安设电柱等，受有特别利益，且其所加于道路之损害，全因其工事所引起，使其补偿修理道路之费用，殊以全部补偿为必要。

征工筑路，近年来已为各地方普通采行。此项工役，其性质实因建筑道路之必要，对于人民之所科以负担。

（3）沿道土地之负担。沿道土地之负担，乃因道路工事之必要及为保持到并交通之安全，对于沿道土地所加之限制，即所谓道路地役是也。关于此项地役，我国因道路法制犹未完备，尚缺明文规定，惟以法理而论，下列二项，应为吾人所共识。①因道路工事之必要，得踏入沿道土地，或于其土地上堆置材料器件，而为临时占用。惟此时其土地所有人或占有人受有损失时，应补偿之（法国一八九二年十一月二十九日之法律，日本道路法第四五，四七条）。②为预防道路之损坏保持道路之安全，对于沿道土地竹木或工作物之管理人，得命其为预防上必要之设施（日本道路法第四八条）。

（六）道路之使用

道路为供公众交通使用之设备，一般人民固得于道路上自由通行，或自由行使车辆，即逾道面上或路基下，装设轨道，水道，煤气，电气等，亦得为之。晚近依公用事业之发达，道路使用之方式，且有逾趋逾形复杂之概焉。

其各种使用，自实质上观之，可大别为普通使用与特别使用二种。

（甲）普通使用。道路之普通使用，即依普通之用法并于通常之程度，而为道路之使用。所谓普通之用法，即于道路目的之范围内而使用。所谓通常之程度，即各人得为同等使用之程度或不妨害他人共同使用之程度。夫道路以供一般公众交通使用为目的，于其目的范围内，并于不妨害他人共同使用之限度，一般人民自得共同使用之。

指道路之目的虽在供公众交通之使用，而依道路之种类如何，亦有限于特定种类之交通者。纵而其道路之普通使用，自亦不得不限于其目的范围内而存在，如人行路之普通使用，惟徒步者乃得使用之，汽车路之普通使用，唯御汽车者得使用耳。

公共道路，因供用之结果，当然任于各人自由使用。为其使用时既不须请求管理机关之许可，亦不须缴纳任何之使用费。对通行人征收道路之通行税，旧时虽曾有此制度，而现时一般已不认为有，即私人或商人建筑之道路，在原则上亦不得征收任何通行费用。只有营业汽车通过私办或商办汽车道时，尚暂认为各该路得依照原定章程，征收通行费而已（参照二一年十二月十五日行政院核准备案苏浙皖京沪五省市互通汽车暂行章程第二，三条）。至于各政府机关对于各种汽车所征收之领照捐或季捐，则不过为一种手续费或车捐，根本非属于道路之通行费。又对于最易损坏道路之特种事业人，所征收之养路费，亦不过为特别负担，而非普通之通行费，因此种事业人之道路使用，已超过于普通使用之程度，而不能与普通使用同日而语矣。

于普通使用中，使用人所受之利益，是否为一种权利，从来学说颇有争执，我国学术界多仅认为一种反射利益，而非权利，余亦从之。盖道路为供公众交通用之设备，其供用原以增进一般公益为目的，非为特定人设定权利。虽道路管机关在职责上应保护一般人之使用利益，然此亦不过为社会公益，使一般人得为共同使用而已。

外国学者众有以一般使用为属于自由权之权利，如呵督梅也即其最著之例。然所谓自由权并非因得主张道路之使用而成立，以道路之普通使用关系目为自由权，未免拟于不论。

又沿道土地之居住者，因道路之建设恒受特别之利益，如土地利用价值之增加，出入之方便，以及其他使用之便利，均较一般人有特别之利益，此等利益要亦同为道路开设所生之反射利益，而非特定人之权利。如其路线已有改变，致丧失其利益时，当亦不能谓为既得权之侵害。

（乙）特别使用。路之特备使用，即超过通常之程度，而为道路之使用，视其用法是否属于道路之目的范围以内，尚有用法上之特别使用与用法外之特别使用之别。

（1）用法上之特别使用。用法上之特别使用，虽与普通使用同属于道路目的范围内之使用，然已超过于一般人得为共同使用之程度，若有一人或数人为其使用时，他人已不得为同等之使用。如于道路上铺设铁轨，运输电车，其设施虽仍能保持道路交通之机能，而不失为道路目的范围内之使用。惟既有人经营电车事业，他人即不能为同等之使用，而应以特别使用目之矣。

合理的决定用法上之特别使用与普通使用之区别，无论于普通使用之保护上，或为全体道路交通之统制上，均属急切必要。但就此一点，现行法中并无一般规定，且其两者之界限，不免因道路交通之发达，而渐次边变更，欲求明确规定，亦非易事。要须于具体场合，探求各项法规，实际惯例，及使用之内容，以决定之。以现今交通情况而论，除上举有轨电车外，他如无轨电车及公共汽车等之使用，亦可以用法上之特别使用视之。

用法之特别使用，一面应加留意，勿使阻害道路之普通使用，同时因发展道路交通之必要应助长保护之。惟此类使用既不免多少有妨于普通使用，自不能任各人自由，而应属于道路管理机关之权限。

用法上之特别使用，与警察上之许可使用不同。警察上之许可使用，只因预防道路本身之危险或保护交通之安全，就车辆之载重，积载之容量，实心胎运货汽车之通行，或于道路上搭设棚帐，及建筑房屋时于道路上设置围障等，在法规上设于限制，非经主管官署许可，不得为之。此时令受官署许可，不过为事先审查实害之有无，以决定解除其一般的禁止与否，除非赋予任何新之权利。而其许可与否，非属官署自由载重，与一般警察上之许可同。

（2）用法外之特别使用。用法外之特别使用，即道路目的范围外之使用，与道路之目的初为风马牛不相及关，而其使用之范围，亦无限制，无论于路面上或路基下，均有其使用。如电灯电话事业人及民营铁道公司，于道路上，栽植电柱，架设电线，或铺设铁路，又如自来水或煤气公司及地下铁道公司，于路基下埋水管气管，皆其显例。凡此用法外之使用，恒占用一定之场所，所谓道之独占使用，多半即属于此，（按前述电车轨道之铺设，亦属独占使用之一种）。

　　用法外之使用与用法上之使用，亦有区分之必要。该后者不特合于道路之目的，且能扩充道路之机能，在行政上有容许并助长之必要，而前者非属于道路目的的范围内之使用，惟公益上有不得已之必要视，始使用之。其使用道路路面之场合，因使用而妨害道路交通，固无待言，即使用道路地底之场合，亦因埋藏或修筑等工程之必要，有妨道路交通之虞。故用法外之使用，与用法上之使用，惟因有不得已之必要，且与无甚妨害交通之程度，始容许之。

　　用法外之使用，亦应得道路管理机关之特许，为其使用人设定特别使用权或独占使用权。此之独占使用与用法上之特别使用权同为公法上之关系。以其使用均须负担特别之义务，并许受特别之监督也。

　　特别使用权之赋予，系属设权行为，其赋予与否，本可任于主管机关之自由裁量，但电车，电灯，自来水，煤气，公共汽车，及市内电话等公用事业，受特许之后，如因官署之拒绝，而不得使用道路，则与其事业特许民营之本旨，未免悖谬。故其使用苟非因完全妨害道路之用途，主管机关仍不得任意拒绝之（参照电气事业条例第九条）。

宪法中之行政审判问题[*]

陶天南^{**}

　　行政审判者，以别于普通法浣之审判机关，适用别于普通法律之法律，审理行政诉讼之制度也。行政诉讼者，行政机关及公务员之公务活动所引起之争讼也。关于人民提起诉讼之权及其审判机关应为宪法所规定，我国宪法上应否规定以别于普通法院之审判机关审理行政诉讼，乃本文讨论之旨趣。其所含要点有二：首为行政法院之设立问题，换言之，除普通法院外是否尚应有别于普通法院之行政法院，次为行政法之存在问题，换言之，除普通法律外，是否尚有别于普通法律之行政法。考近国家之以行政法院适用行政法管理行政诉讼者。为大陆上诸国，故称为大陆制。该制发于法国，且成绩卓著，是以凡采行政审判制者，莫不以法国为模范，而反对斯制者，亦以法国为抨击之对象。然则法国行政审判制实有研究之必要。从历史上言之，法国行政审判乃适用分权原则之结果[1]，法国于一七八九年大革命时，因有特殊之环境，遂赋与分权原则一种特殊的解释，由此特殊的解释而产生以下二项重要原则，一为行政与司法之分立，一为实际行政与诉讼行政之分立，行政审判乃适用此二项原则之产物。法国大革命时期一七九○年八月十六号——二十四号之法律案，实为此项原则明白规定之始。依据该法律案，司法职务应与行政职务相分立，法官即不得作为属于行政人员权限内之行为且不许其审判因行政人员之活动而引起之争讼，此之谓行政与司法分立之原则，因适用第一项分权原则之结果，遂将行政审判归属于行政机关，盖依照此原则行政

---

　　* 本文原刊于《东方杂志》（第 30 卷）1933 年第 7 期。

　　** 陶天南，1927 毕业于东吴大学法学院（第 10 届），后任东吴大学法律系教授。

　　〔1〕 参考 R. BONNARD, *La Juridietion Administrative*, *Pricis Elementatiaive de Droit Administratif.*

争讼应从法院手中剥夺也。当时行政争讼之审判，由法国之元首总长及州行政长官掌理之，此种行政与审判混合之制，直至共和八年始行取消。当年行政改组，并制定实际行政与诉讼行政之规律，行政审判制遂由此产生。当时所决定者为行政诉讼不应由行政人员审判，且因行政与司法分立，该项诉讼普通法院亦不得受理之。于是创立一种与普通法院及行政部分均不相混属之审判机关——名国家参事厅州参事厅——掌理行政审判，谓之实际行政与诉讼行政之分立，此法国行政法院之起源也。法国行政审判制创设于革命开始之际。实为下列事实所演成。法国旧制之下审判制乃非绝对的单一，盖当时已有数种特别审判机关，其性质与行政法院相同者，如征税诉讼裁判所，会计法院等，在法国大革命以前，此类审判机关即为人民所厌恶，因其裁判偏私，程序迟缓，诉讼费用昂巨也。而同时有行政专员者，利用收回权逐渐取得行政争讼之审判权，所谓收回权者，法国国王于必要时得将某项诉讼之管辖，从法院手中取回之权也。但于相当时期因地方尚无代表国王之官吏，此权不甚使用，及至有行政专员后，情势大变。行政专员见事属行政而不应受司法干涉者，常利用收回权以取得该项诉讼之管辖，行政专员反对国王及其代表官吏者甚烈。于旧制之末年，法院采取一种有系统的抨击态度，时常阻挠行政及财政方面之改革，参与此类改革者，因此对于司法机关猜忌殊深，此法国将革命时之情形也。此种事实乃系造成行政与司法分立之主因，其目的在取消特殊行政审判机关。当时宪法会议之第一次起草委员会主张将此类诉讼之管辖交还普通法院，而同时政府对于法院又绝对不能信任，昔日路易十四[1]之改革方案，多因法院之抨击而告失败。政府当局深恐新法院求其故，一七九〇年八月十六号——二十四号之法律案乃应付此环境而制定者。依照该法律案，法院不但不得参与行政活动，且不得审判行政机关之行为，盖当时深恐法院滥用权力以阻挠改革也。夫特殊之行政裁判所即应取消行政审判应付与何种机关，系一问题，宪法会议第二次宪法起草委员于一七八九年提议仿行政裁判所之旧制设立行政法院于各州，但一面因旧有之行政裁判所所遗留之印象过劣，一面旧有之行政专员审判制其成绩为人民所称道，加以当时重农派反对特殊之行政审判制，并主张将行政审判交与地方行政机关，一七九〇年九月六日——十一号之法律案，遂不能实现。顾此种制度之缺点，

---

[1]　"路易十四"原文作"鲁易十四"，现据今日通常译法改正。——校勘者注。

不久即已发现，盖以实际行政人员，同时是审判者，当不得公正也。以此乃将行政审判交国家参事厅掌理之，而形成实际行政与诉讼行政之分立。昔日主张实际行政与诉讼行政分立之理由，仍见于今日。行政官兼推事之制，与正义之观念不相吻合，顾昔日关于行政与司法分立之理由，不复存在于今日，法国司法院不复有反对行政机关之行动，行政审判制之所以仍为法国所保存者，因有另一种新理由在焉，即合宜问题是也。盖以关于行政争讼之审判，行政法院较普通法院为合宜也。行政审判官应备于公务之组织及其实施之知识，及其经验同时尤须体悉行政机关公务上实际的需要，而事实上普通法官缺少此种经验与知识，此其理由一也。司法法官判决案件，多习于条文，而行政法并无法典，所有现行行政法规，不敷适用于一切行政争讼，而须待行政法官引用条理者，占大多数。就此点而言普通法官之能力，实较逊于行政法官，此其理由二也。斯二理由非独适用于法国，且于吾国亦然。吾人由是得知普通法院外，尚应有行政法院焉。[1] 本文之第一点因以解决。

英儒戴雪为宪法名家其所著宪法精议一书，英伦士子奉为经典，戴氏于其名著中，抨击行政审判制者至烈，而氏所依为抨击之根据者，为该制在法国尚未完全发达之历史的事实，及十九世纪法儒 Tocquevil vivien 二氏之谬说[2]，因二氏本人对于其本国行政审判之制即非能了解者也。惟以戴氏于学术上具甚大之权威，其说为英美公法学家所膺服[3]，英美方而遂造成传统的偏见，直至近年始有稍辟其谬者。戴氏之说，影响于我国公法学家[4]，及立法人员者[5]，一非浅鲜，是以戴氏之错误应为举出商讨海内学者。

戴氏所标榜者，为"法律主治"，其要义有二。英伦之人非系违法并非经普通法院适用普通法律之审判其人不受刑罚，其身体财产不受侵损，此其第

---

〔1〕　前国会议员林长民曾谓"普通法院之法官具知研究各种普通之法律，对于行政法规则少研究且行政诉讼异常复杂，非有专门学识之人处理不可，如归普通法院则是职务上必发生有非所习不能谙练之弊。"参看吴宗慈编中华民国宪法史前编。

〔2〕　参阅 Jame W. Garner, *Anglo – Amerien and Continental Enropean.*

〔3〕　*Administratire Taw N. Y. Quarteriy Review*（Wccember 1929）.

〔4〕　高一涵氏所著政治学纲要一书曾谓："戴雪所以要攻击行政裁判制度就因为行政裁判制度与人民权利有关，因为人民一同官吏社诉讼使受行政裁判所裁判，不能受普通法庭的保障凡采用这种制度的国家都把官吏看作有代表过的特权，使任命与官吏在法律之下不得平等，这是保障官吏特权的法制。"

〔5〕　民国六年前国会以员蒋举请提议取消行政审判制，理由多采戴氏之说，请参阅中华民国宪法史前编。

一义也，英伦之人无高于法律之上者不论其权势地位之优贱，俱受普通法院之管辖普通法律之制裁，此其第二义也。[1]戴氏所坚持者，为"普通法院普通法律"，戴氏以行政审判制与其所标榜之"法律主治"大相庭径也，故抨击斯制不遗余力，戴氏首称，行政法系特殊法律规则，借以保证公务员之特殊权利特殊利益者。[2]戴氏之言曰："……政府及每一公仆，以及全国国民代表的资格具有特殊权利特殊利益或特殊权力而反抗平民，加之此类特殊权利特殊利益或特殊权力的外延，只用特种原理测定。而这些特种原理独与寻常规定所以确立私人间之彼此关系所有权利与义务者迥异，依据法国的法律意思，个人对于国家发生交涉时，彼此所站地位高下悬殊，恰与个人与别人交涉时所站地位为平等者相反。"戴氏所最不满者，为"独与寻常规定所以确立私人间之彼此关系所有权利于义务者迥异"。换言之氏所不满者，为厘定公务之法律规则，与厘定私人间者，迥异耳；氏盖昧于行政法之意义也。夫行政机关之活动，谓之行政，其活动非无目的，其目的为行政政策所决定，而行政政策以适应某时某地之社会政治经济需要为使命，为适应社会政治经济之需要而决定之政策乃是行政机关活动之目的，循此目的之活动谓之行政亦成为公务，盖是满足公共利益之服务也。但公务之实施，有时为国家所独占，如国防外交司法警察邮政等是。有时为国家与私人或私团体同时实施者，如教育救助等是。行政法者，规定公务之组织及其实施之公法也。[3]有别，是以公法私法之性质迥异。不可强使同一者。且凡是文明国家无不有公务。因是无不有行政法。[4]英伦岂独能作例外？请举例以证之。英国国家对于人民不负赔偿之责任，其例一也。英国某种公务员（如推事）因其职务上之行为不受法院之管辖其例二也。然则在任何国家除普通法律外，尚有行政法焉。本文之第二点因以解决。戴氏次谓："寻常法院对于民间诉讼不论是民事或是刑事本来是一概具有管辖权，唯对于国家有干连的条件，寻常法院乃无权过问在行政法的体系之下所有牵涉国家的案件，皆成为行政诉讼，所有行政诉讼皆归行政法院裁判。"[5]此乃戴氏对于法国行政法之莫大误解。盖依照法

---

〔1〕 见 *Dicey Law of the Constitution.*

〔2〕 见同书文中引出是用雷实南汉译（见英儒精义）。

〔3〕 参阅 Jeqe Introduetion, *Les Principea Generaux du Droft Administratiy.*

〔4〕 同上。

〔5〕 见英宪精义。

国法律，关于刑事部分无论其为公务员亦是平民，俱受普通法院之管辖，至若行政诉讼法之管辖，除法律明文规定者外，其管辖以诉讼之性质决定之。其决定之方以分权原则之释义为转移。先是法国于十九世纪行政机关对于普通法院颇不信任，遂创绝对分权之说，依据此说，凡行政机关之行为所引起之诉讼，均属于行政是审判机关，及至 Iaierriere 等，倡公权力行为与事务行为之区别说遂发，后说将国家之意思（Volonto 的 FEtat），分为两类，一为优越意思（Volonte Superieure）为普通意思，前者为高于私人之意思，后者与私人之意思相等，公权力行为者行政机关基于国家之优越意思使行其行政特权之行为也。事务行为者，行政机关基于国家之普通意思而为之行为也。夫公权力行为所引起之诉讼，其管辖应属于行政法院，盖深恐司法法院有侵犯行政特权之虞也。至若事务行为即与私人间之行为相同，并无行使特权之处，以此种行为所引起之诉讼，交由司法法院审理，行政机关当独立，并不因此发生危险。但近年法儒狄骥推翻国家主权论，特权行为之说不为法国行政法院所采，且就该行政法院之经验，实际上很难决定何者为权力行为，何者为事务行为，现所取者为公务行为说。吾人已知法国行政审判所以交与行政法院掌理者，乃因行政法官具公务之知识及经验，责其审理行政诉讼司法法官为合宜。前说以公权力行为与事务行为之区别，决定行政法院之管辖。就公务观念论，断不能适用，盖无论为公权力行为，抑是事务行为，公务之实施皆不可少者。法国行政法院一面以行政事务之性质为区别之方法，凡行政机关向人民直接或间接所为之事务，以公共利益为目的者，谓之公务。若其目的只是适应人民之私利益者，为行政机关是私事务。一面以厘定事务之法规为标准，设行政机关所为之事务与私人所为之事务相同，但厘定前者事务之法规，与厘定后者事务之法规迥异，则认为行政机关之公事务，谓之公务。反之，厘定行政事务之法规，若与厘定私人间事务之法规相同，此行政事务谓之行政机关之私事务，关于行政诉讼之管辖其所决定之原则如下。公务行为引起之争议，其管辖属于行政法院。私事务行为所引起之争讼，其管辖属于普通法院。且因法国普通法院审理某项案件时。设其主要问题涉及附带问题，该附带问题乃与行政行为之意义及合法问题相关者，谓之先决问题。因适用分权原则之结果，该司法法院对于该案件应即立即停止审理，以该先决问题，移付行政法院待该先决问题由行政法院审理完毕后，再行审理原案，自由权问题，所有权问题，私人间之契约问题等，行政法院立即停止审理，将该先决问题交由普通法院审理，待该先决问题由普通法院审理完毕后，在行审理本案。又关于行政条例。因其在实质上是立法行为，其管辖亦属于普通法院。[1]然则戴氏所谓："所有凡牵涉国家的案件皆归行政法院裁判。"实毫无根据者也。戴氏终而指斥法国行政法院为官场法院，以政府利益为重，以人民利益为轻视，此点乃与事实不相符合，盖以法国行政法院保障人民权利法益远胜于该国大理院。此非独法儒所自豪，且英美法学家所赞慕不置者。[2]然则行政审判制为完善之制，负制定宪法之责者，其勿惑于戴氏之说乎。

---

〔1〕 *Duguit Traite du Droit Constitutionnel.*

〔2〕 如英之 PORT Auen 美之 Garner 俱赞称法国行政法院者参阅 Port，*Administrative Law*；Allen，*Bureaueracy Triumphant*，Garner，*Angle – American and Continetal Administrative Law.*

中国乡村组织之特色[*]

李之屏^{**}

一、乡村组织为判别治乱之标准

历观古代之政治，大抵视乎社会思想乡村组织与政府是否截为两橛以为治乱之判别；简言之，乡村居民与政府当道有向心力者，其国必治，如《史记》谓"舜耕历山，历山之人皆让畔；渔泽、雷泽之人皆让居；陶河滨，河滨器皆不苦窳；一年而所居成聚，二年成邑，三年成都。"此虽非具体的乡村组织，纯属人格化之团结。然以"器皆不苦窳"一端视之，要可证明吾民族自古，即不尚空洞无物之道德，如舜之起家都君，而受尧禅者，实启并合人格化与艺术化为一整个文化的先河，唐虞所以称郅治也。如乡村居民与政府当道有离心力者，其国必乱，如七雄鼎沸之时，对于乡村之组织，荡然无存。故孟子欲以王政救之，要亦不外以乡村组织为治国之基础也，顾亭林谓大官多者其世衰，小官多者其世盛。诚以小官之上，积尊累重，而下乃无与分其职者；虽得公廉勤干之吏，犹不能以为治。而况非其人乎？殊不知小官为亲民之官，深知民间之疾苦，与救济人民之政策，果能授以全权，使其处理一县一乡之事，则治平之世，可以期待矣。

二、乡村组织为放大之家族制度

吾国民族，自古迄今，对于家族之观念，深入脑海之中，牢不可破。故

* 本文原刊于《农业周报》（第 3 卷）1934 年第 32 期。原文未采用现代标点符号，文中标点为编者所加。

** 李之屏，1932 年毕业于东吴大学法学院（第 15 届），获法学学士学位。

中山先生主张恢复固有之精神。一欲利用人民爱乡心,以期一盘散沙之团结。二则采家族单位制,利用爱族心,以四百姓团结成为四百大族,然后逐渐推及宗族国族种族为最终目的。诚以吾国民族,自来之政治团结,胥由放大之家庭观念而来。故乡村之组织,需使民族各分子认识现在乡村之组织又如各个私的小家庭,放大而为公的大家庭。即形式上为乡村之组织,而精神上为公共之大家庭也。

三、乡村组织为人民天性上之直接产物

礼记云:"阃以内,以恩掩义;阃以外,以义掩恩。"此不过言其轻重上量数之比较耳。以第二项"放大家政"言之,任何居民,固仍不能摆脱恩义兼尽之理性,所谓守望相助,疾病相扶持;老吾老,以及人之老;幼吾幼,以及人之幼;所谓姻、睦、仁、恤四行;皆乡村居民一出家门,所能假途于乡村组织之行政;而直接伸展其悃幅者。故曰:乡村组织,居民恩义绸缪天性上之直接产物也。

四、乡村组织为实现全民政治之团体

在采行阶级选举或普通限制选举之欧美各国,其不易多言真实全民政治之症结,端在选举运动之波谲云诡;而谓乡村居民均能实现政治思想,恐在谁不敢保证。而国家倘能恢复民族之精神,同时即恢复乡举里选之制度,而加以周详之整理;所谓五家举一邻长,合五邻举一闾长,合各闾举一乡长与若干职员,合各村举一区长,合各区举一县长,或国民大会代表一人,此为固定之真实普选制度也。亦即吾国乡村自治选举制度保证各个分子真能实现政治思想之特点也。

总之,吾国乡村之组织,即农民之组织,亦即经济与政治合乎一体之组织也。与欧美各国之自治制度,根本不同。如英国已十八世纪铲除封建制度之势力,解散农民痛苦之束缚;于二十世纪,制定限制地主兼并土地与土地私有之法律。故农民在经济上之地位,已获得法律之保障。其所仰望于自治者,为求得政治之上权利而已。惟吾国则不然,领主制度,虽然破坏极早,而传统总阀封建之思想,延至清末,任然印入农民脑海之中,牢不可破,故吾国乡村组织之特征,一方在某经济上之解放,以脱离地主之剥削。一方在谋政治之上的解放,以达到全民政治实施之阶段。欧美自治之制度。既与吾

国乡村之组织，大异其趣，故吾国不应模仿欧美自治之制度。况现在一切自治制度之基础，其建立在经济方面者居多；而乡村尤为经济组织之基础，吾人欲完成乡村之组织，惟有发展经济之组织，以解放农民之痛苦。于是运用经济组织，发展全民政治，以各乡村为组成国家之细胞，聚合无数健全之细胞，组成一个健全之国家。若就自治制度实施之便利上观之，乡村之组织，具有独立之性能，然就整个之政治组织言之，乡村组织，不过为统一的国家之一单位而已。至于如何达到健全之乡村组织，则为文化方面之教育与训练问题，应由政府与热心村治之人士，通力合作，以谋整个村治之发展。"梁漱溟氏谓革命的知识分子，要下乡间去，与乡间居民打并一起。而拖引他上来。"其斯之谓欤！

大佃契约与公地拨用[*]

李之屏

作者近以四川省大佃契约之问题，牵涉司法及地政二方面关系，颇为广泛，爰与公余之暇，本研究之态度，草拟本篇，稍抒管见，借供参考，倘承指正，则幸甚矣。

（一）大佃契约之意义

大佃契约之制度，在四川全省境内，因人民相习采用，故颇为盛行，大抵出租人（即土地所有权人）每基于经济上之需要，对其土地，设定大佃契约，向承租人（即佃权人）取得巨款押金，小额租金，其押金之数额，有高至相当于典物全部之价值者。契约成立后，承租人与约定期限内，取得典物适用收益权，出租人与约定期限届满时，亦得亦原典价回购其典物，如于契约届满后，经过二年，犹不能回购，承租人即取得典物之所有权。（参照民法第 923 条第 2 项）

以上为私有土地设定大佃契约之大概情形，至于政府机关对于所管公有土地，向人民设定大佃契约者，亦不乏其例，如国立成都师范大学，会与民国二十年间，未经行政院核准，就所管成都市后子门煤山一带基地，向合益堂设定一亩之大佃契约多起，每处收取押洋七百元，年租四元，约定大佃期限为二十九年，在该期限内，合益堂取得该宗基地使用及收益之权，

因约定期限过长，故迄今为止仍在契约关系存续期间，按公有土地，依照新旧土地法之规定，非经行政院核准，不得处分，设定负担，或为超过十年期间之租赁，但事实上，各政府机关，尤其在四川省，为尽可能规避法律上之规定，以达成处分公有土地之歧途起见，故采用大佃契约之方式，出租

---

* 本文原刊于《地政通讯》1947 年第 22 期。

土地。在彼所获得固殊有限，然国家之法益，于无形中亦遭受损害矣。

（二）大佃契约之性质

大佃契约之性质，以当事人之一方，因支付巨额押金，只须支付小额租金，即得占有他方之土地既其定着物而为使用既收益者，依司法院解释（三十年原字二一三二号解释）应认为租赁契约与典权设定契约之联立：一方所支付之押金，即为民法第 911 条所称之典价，对于该土地既其定着物相当于押金数额部分之使用收益权，即为同条款所称之典权，该土地及其定着物其他部分，因支付租金所得使用之使用收益权，仍为租赁权，大佃契约，既系租赁契约与佃权设定契约之联立，且为可划分者，然则两者之间之划分，究竟如何计算？自具体言之，即此项契约，除去租赁部分，即为典权部分，应以租金数额与订约时该土地及其定着物全部租金数额之比值为准。订约时该宗土地全部出租，可得租金若干，应斟酌当时经济状况既其他情事定之，而其典价与当时全部典价之比值如何，亦在应行斟酌之列。例如租金一百万元，押洋一亿元之大佃契约，倘定约时，该宗土地全部出租，可得租金一千万元，全部出典，可得典价一亿二千万元，则租赁部分为十分之一，典权部分为十分之九，（参阅三十一年司法院院字第二二九八号解释）大佃契约，既因典权部分居多，而租赁部分较少，认为一种典权契约，亦无不可。

（三）大佃契约与土地所有权

大佃契约之性质，既经司法院解释，认为租赁契约与典权设定契约之联立，故凡大佃之土地及其定着物，属于出租人所有，自无疑问，而承租人亦得依据三十五年十月二日地政署公布土地登记规则第二条之规定，向典权所在地主管地政机关，申请为他项权利（即大佃权）之登记，并注明租赁契约与典权设定契约联立之特殊关系，亦保障其权益，但私有土地之大佃期限，依照民法第九百二十三条典权约定已满十五年，且出租人经过民法第923条第2项，或同法第924条但书所定二年回购期间届满后，不以原价回购典物者，承租人即取得典物所有权，其登记，应依照移转登记制方法办理，换言之，即由承租人及出租人或代理人，会同主管地政机关申请之，如出租人不愿会同申请，承租人得对之起诉，待获得胜利之判决后，再行单独申请登记，并领取土地所有权状，以凭管业（参阅三十一年司法院院字第二三〇〇号解释），且此项取得，系直接基于法律之规定，为当然取得，当事人间对无买卖行为，即非先典后买，自不得令其补立契纸，完纳契税（参阅三十一年司法院院字第二三九九号解释），此为承租人取得私有土地所有权之梗概也。

惟大佃之公有土地，如国立成都师范大学之例，因在设定大佃契约时，既未经行政院核准，已不合法，自不得以任何方式，变为租赁人所有，尤属理所当然，故其所有权移转问题，不能与大佃之私有土地，相提并论，民国十九年六月三十日按国民政府公布之土地法及三十五年四月二十九日修正公布之土地法，对于公有土地之管理，均有详明知规定，各政府机关，自应遵循，该项公地管有机关，既为依照规定，擅自设定负担，于法不合，因之公有土地之大佃期限，其契约原未经行政院核准者，如已届满民法第 913 条 15 年之典权法定期限，或尚在同法第 923 条第二项所规定之二年会买期间，均应责由出租机关或其承管机关，回购原典物，纵令出租机关，延不回买，承租人亦不能取得典物之所有权，而主管地政机关，尤不应贸然核准其为移转登记，自不待言。

（四）土地征收与公地拨用

大佃契约之性质，及其所有权问题，既经论述于前，兹更进而研讨土地征收，与公地拨用之问题，查政府机关，因公共事业之需要，得依照土地法第 208 之规定，征收私有土地；而此种特殊情形之大佃土地，如属私有，亦应为土地征收之标的，自无疑义，但因契约成立时，承租人已支付巨额之押金，其数额之高，有相当于典物全部之价值者，如此种土地被征收，承租人固有向出租人索回原典价既其他损害赔偿之权利，然则此项决押金，是否即为被征收土地应由之负担？作者认为承租人原支付巨额之押金，只能作为主管地政机关依法（参阅土地法第 236 条及 239 条）规定补偿地价补偿费等之参考资料，并非被征收土地应有之负担。

私有土地，既为土地征收之标的，故公有土地，如政府因建筑要塞，修筑铁路，兴修水利，或其他公共事业，有需要公有土地，如有设定大佃契约情形，在期限为届满前，可本于国家公共利益，超越于个人利益之上之原则，收回适用或拨用，而承租人自应向出租人索回原典价，其所受之损失，并应由承租人予以补偿，此于国家公共利益于承租人之法益，尚能兼顾。

吾人对于邮政法应有的认识[*]

刘承汉[**]

我国邮政从开办到现在，已有四十年的长久历史，可是在这四十年间，邮政法还是第一次的产物。邮政上的一切事物，向系仿照英美成例办理，从未颁布任何具体法规，民国十年间，华府会议席上，中国有收回客邮运动，那时北京政府为隐饰国际观瞻起见，仿照日本立法例，颁布邮政条例。国民政府成立以后，还是暂准沿用。自颁布到现在，又经过十六年的长时间了。法律是不能离开时代背景的，因为时间的变迁，已渐次消失他的重要性。他的内容和现行法令与社会需要，已有好多地方不能适合了。因此国民政府于前年七月五日公布《邮政法》，去年十月底，又通令自去年十一月一日起施行。

吾人须知，邮政是公用事业，对于社会上每一个人都要发生关系，邮政法是邮政的基本法，可以说邮政法的本身就是关系大众的法律，它的内容是怎样，是很值得我们注意的。兹以篇幅的关系，姑且把《邮政法》的内容，撮要介绍一下，至于学理上的研究，容于他日另文详论。《邮政法》的条文，共计有五十条，就各条性质分析起来，大概可分作四点：第一是关于邮政国营的规定，就是邮政由国家经营；第二是关于邮件保障的规定，就是如何使交寄的邮件安全抵达[1]到收件人的手里；第三是关于邮件运输的规定，就是如何达到迅速稳妥的目的；第四使关于损害补偿的规定，就是邮件遇有遗失、毁损的时候，国家用一种什么方法去救济。现在姑就这四点约略的说明

[*] 本文原刊于《交通杂志》（第 5 卷）1937 年第 2 期。

[**] 刘承汉，1931 年毕业于东吴大学法学院（第 14 届），获法学学士学位。

[1] "抵达"原文作"底达"，现据今日通常用法改正。——校勘者注。

一下。

一、关于邮件国营的规定

《邮政法》第一条规定："邮政为国营事业，由交通部掌管之。"第二条规定："交通部为经营邮政事业，设置邮政机关，其组织另以法律定之。"这是仿照各国的立法例规定的。多数国家有规定在宪法里的，可见各国对于国营原则的重视。不过邮政为什么要国营呢？我现在借狄骥教授的几句话来解释它，狄骥教授是现代社会法学派的泰斗，他曾说过："凡是遍布[1]于全国的伟大组织，需要大多数人士合作，方能满足人类最低限度的欲望，最重要的如邮政、铁路，均是需要大规模的机关管理的。倘是这种机关的活动停止片刻，其结果必生重大混乱，社会生命的本身也就归于沦亡。"我们从这几句话，就可想到邮政国营的重要了。

我们知道，现在立法趋势和从前根本不同，从前政府以治人为主，其目的在怎样维持公共秩序，现代政府以治事为主，其目的在怎样利用国家力量，去满足人民共通的欲望；所以法律内容，不但要规定什么是人民不应该做的，还须要规定什么是政府应该做的，《邮政法》的第一条就是确定政府任务的一种规定。《邮政法》既然规定邮政由国家经营，那么为贯彻国营的政策起见，就不能容许私人经营，同时也就不能不规定邮政事务的范围。《邮政法》第四条分邮件为十类，就是信函、明信片、新闻纸、书籍印刷物、瞽者[2]文件、商务传单、货样及挂号邮件、平快邮件以及快递挂号邮件等，共计十类，此外在第五条又规定邮政机关的经营汇兑、储金，简易人寿保险，和交通不便地方的旅客运输事务，这许多事务虽是都在国营范围之内，但并不都是禁止私人经营的。譬如新闻纸、书籍的递送，以及旅客的运送，本是运输机关的业务，汇兑、储金本是银行的业务，哪能禁止私人经营呢？依照《邮政法》第七条规定，绝对禁止私人经营的，是信函、明信片、挂号邮件、平快邮件和快递挂号邮件。不过运送机关和经营运送业的人，附送与货物有关的同志，是不加禁止的，其余的就一概禁止。如果违反这种规定，国家就要处以一千

---

〔1〕"遍布"原文作"偏布"，现据今日通常用法改正。——校勘者注。

〔2〕"瞽"：〈书〉眼睛瞎。瞽者即盲人。参见《现代汉语词典》，商务印书馆2005年版，第492页。——校勘者注。

元以下的罚金，还要就各该邮件科罚邮资。倘是邮政机关发觉有私运的行为，也得派员搜查或是扣留，并得请求当地法院，或是警察官署，或是地方行政长官，把私运邮件得人羁押起来。所以从前的民信局或是替人送信，尚是正当营业，现在却都是犯法的行为了。这许多规定虽是保障国营事业，同时也就是保障人民通信的安全。

此外在国营政策下连带产生的，就是关于巩固邮政信用的规定，譬如《邮政法》第三十七条规定："冒用邮政专用法或是旗帜标志的，要处五百元以下的罚金。"第三十八条规定："未经邮政机关许可，贩卖邮票、明信片或特制邮件的，要处五十元以下的罚金。"如其是伪造或变造邮票那一类的东西，那处刑格外的重了。我国《刑法》上关于邮票的犯罪，大约可分为六项：（一）伪造邮票，（二）变造邮票，（三）行使伪造变造邮票，（四）收集或交付伪造、变造邮票，（五）涂抹邮票上的注销符号，（六）制造交付或受授变造邮票所用的器械原料。这些在《刑法》上都处罚很重，最重的可处到五年的徒刑，《邮政法》把犯罪的范围格外推广，凡是伪造、变造明信片、特制邮筒、邮政认知证、国际回信邮票券、邮政汇票、汇兑印纸、邮政支票、邮政划条、邮政储金薄，或是邮资已付的戳记，都和邮票一样的办罪。还有一般最易忽略的，就是在邮票或是邮票印花上，涂用胶水或油浆，希图连续使用，这也是犯罪的。我们既明了邮政国营的重要，就不能不有这些制裁的规定，直接是保护邮政机关，可是间接还是保护我们自己。

二、关于邮件保障的规定

这一节又可分作四点来说：就是资费的保障，交寄的保障，投递的保障和书信秘密的保障。邮政既是规定由国家经营，尤其是信函、明信片绝对的禁止私人经营，政府具有独占地位，那么邮费的高低，是很关重要的。邮政机关规定的邮资，是不是适合人民经济负担的能力，很有注意的价值，如果邮政机关可以任意的提高邮资，那些经济能力薄弱的人，就无力通信，也就不啻剥夺他们通信的自由权利；所以此次制定的《邮政法》，将取资费法定主义，某种邮件收费几何，都用法律来规定，交通部只能呈准行政院，减低资费，可是不能提高，如要提高，非经过立法程序不可，从此民众方面可以得到一重保障。

民众既然在资费上得到保障，那么第二步就得谋交寄上的保障。邮政机关对于民众交寄的邮件，倘使可以随便的接受或拒绝，则民众依然不能行驶通信自由的权利，所以《邮政法》规定，邮政机关非依法令，不能拒绝邮件之接受及递送。邮政人员如无正当理由，拒绝寄件人交寄之邮件，或汇款人交汇之款项，或故意延搁邮件或汇款，都要处以五百元以下的罚金或罪刑。不过邮政机关也不是对于任何邮件都不能拒绝收寄，如果交寄的是禁寄物品，或交寄手续不合，还是可以拒绝的。所谓禁寄品，与法律上的违禁品，也有范围广狭的不同，大概普通法律上所认为违禁品的，都是禁寄品，不过由许多禁寄品未必就是违禁品，凡是物品性质足以污损邮件，或伤害邮务人员，以及爆裂引火的危险物品，均在禁寄之列，这些种类在邮政规程里都有明文规定的。

我现在再讲邮件的投递。投递邮件是完成传递使命的手段，也就是邮政机关的最终任务。各国立法不尽相同，大概可分成三种主义：有采认人主义，就是邮政机关按邮件封面所写的收件人取投递，这在事实上不免困难，因为信差不能认识所有的市民；有采认地主义的，就是邮政机关仅按封面上所写的地址去投递，不问是否本人，这有时也常有发生错误的可能；我国邮政法是采取折衷主义的，以认地为原则，必要时兼采认人主义。所以第十二条规定："各类邮件，除法令另有规定外，应按其表面所书收件人之地址投递之。"此条规定，如收件人有二人以上，得向其中任何一人投递，但是在发生争议的时候，如果及经提起诉讼，向邮政机关生命后，可以依照确定判决或诉讼结果去投递，这就是兼采认人主义的。第十四条规定"邮政机关欲确知收件人之真伪，得使其为必要之证明"，这也是兼采认人主义的结果。还有邮政遇到无法投递的时候，法律上定明要退还寄件人，无法投递或无法退还的时候，都要邮政机关公告，经过相当公告时期，无人领取，才得由交通部指定的邮政机关去处分，可见在投递上已经得到几重得保障了。

不过邮件在交寄以后，投递以前，还有一个重大问题，就是书信秘密的问题；人民有书信秘密的自由，这是各国宪法上有一致的规定的。我国《约法》上也有同样规定。所以对于妨害秘密的，不能不有一种制裁的方法。我国《刑法》第三百十六条对于无故开拆或隐匿他人的封缄信函或封缄文书的，本有处罚规定；邮政法把处罪的范围扩大，就是开拆或隐匿其他各类的邮件，也是同样处罪，要是误收他人邮件，故意不交还，也要处罪的。此外对于邮政人员又特别加重他们的责任。第二十三条规定："邮政人员因职务知悉他人情形，均应严守秘密"，第二十四条规定，"邮政人员不得开拆他人邮件"。同时在《刑法》上把他们的罪责也特别加重，不过法令上可以拆验的邮件，当然不在书信秘密的范围了。

三、关于邮件运输的规定

研究运输学的人都知道，运输上有三大原则：第一低廉，第二迅速，第三安全。兹先说第一原则——邮政专由国家经营，是谋一般人民交通上便利的，不以营利为目的，一切邮费，都是极其低廉，尤其邮政法采取资费法定主义以后，邮费更是不易提高；可是邮政机关是采取自给政策的，国库向无辅助，为谋邮费的低廉起见，就不能不先谋得运输费用的低廉，以减轻邮政机关的负担。——减轻邮政机关的负担，就是间接减轻人民的负担。所以《邮政法》一面规定运输机关有免费运送邮件的义务，一面免除邮政机关的一切捐税。《邮政法》第十五条规定："凡以运送为业之铁路、长途汽车、传播航空机，均负载运输邮件及其处理人员之责。"又于第二项规定："前项载运除航空机外，均为无偿。"但为兼顾运送机关的利益起见，得由交通部给付津贴，对于民营运送业，还可采会商办法，决定津贴的多寡，可是会商不谐，仍然由交通部核定，那是在交通统制政策上所不可少的；因此运送机关在《邮政法》上负有两种责任，第一是要常备足以容纳邮件及其处理人员的车辆或地位，并且要妥善保管邮件的方法；第二要于开行前将交运邮件逐件接受，到达后向交运时所指定之邮政机关逐件点交。运送机关若是没有正当事由而拒绝代运邮件或是遗失邮件，或故意把邮件延误，在《邮政法》上都处罚很重的。至于免除捐税一层，各国法例大致相同，《邮政法》内也有明文规定，依照《邮政法》第十八条，邮政公用物和邮政机关的业务单据，是免纳中央及地方一切捐税的，并且邮件在航运中也不分担海损，譬如在海运中为避免危险，抛弃载运物品所发生的一切损失，依照《海商法》原应由各所有人共同分担，可是邮政机关对于邮件的运输，是不负分担义务的。这些都是国家减轻邮政机关负担，以达到邮费低廉的目的。

现在再说运输上的第二原则——就是迅速的原则；中国幅员很大，交通状况，各地不同，在交通发达的地方，邮件运输当然利用最新式的工具，如航空器，或是铁路、轮船；在交通较为闭塞的地方，大多还要利用牲畜或是人力，据邮政统计所载，利用人力运输的邮路，比较其他任何邮路大，所以能否自由通行，在运输迅速上很关重要。因此邮政法第十九条规定："执行业务中的邮政人员，递送中的邮件和邮政公用物，在经过道路桥梁关津的时候，以及其他交通路线上，都有优先通行权，并且免纳通行捐税；遇有城垣的地方，如城门已闭，也得随时请求开放，因为不如此，邮件就要发生许多不必要的延误。"

现在再讲第三个安全的原则，——邮件安全比任何事体重要，不但各国国内法律都有特别规定，国际间也是如此。即使在国际战争的时候，邮件依然是不可侵犯的。譬如就一九○七年《海战时限制[1]捕获权条约》来说，它第一条就规定："凡中立者与交战者之邮政书信，不论其为公家文件，为私人信件，当其在公海船上、敌船、中立船中发现时，统为不可侵。""若该船只被拿捕时，该拿捕者应从速讲书件邮送。"又第二条规定："邮船除绝对的必要外，不应加以检查，即检查亦应出以宽大迅速。"我国二十一年公布的《海上捕获条例》，也有明文规定，被拿捕船舶中之邮件，应设法寄达，可见邮件安全的重要。所以《邮政法》第十七条明定："邮件，邮政资产，邮政款项，及邮政公用物，非依法律不得检查征收或扣押，虽是政府为防止违禁及漏税物品，或法院搜查罪证，理得扣留检查，不过须要法律上的根据执行。"《邮政法》上不但有消极保护的规定，还有积极保护的规定，国家行政、军事各机关以及公务人员对于邮政事务，均负有维持保护的责任，《邮政法》第二十一条规定："检察官、行政人员及其他军警人员，于邮政事务有被侵害之危险时，依邮政机关或其服务人员之请求，应迅为防止或为救护之措置。"这就是一种积极的规定。以上所引关于运输上的各条条文，综括起来说，无非是用来达到低廉迅速和安全三种目的。

四、关于损害补偿的规定

邮件交付邮政机关以后，在邮政机关经管期内，如有损失情事，邮政机关事应负补偿责任的；不过在这里各位应该辨别的，就是补偿责任与一般法律上的赔偿责任不同，赔偿责任事适用《民法》的规定，损害若干就应赔偿若干；补偿的责任，那就不同了，大都较赔偿责任为轻；邮件补偿的金额和方法，依《邮政法》的规定，是用邮政规程来定的。譬如挂号或快递挂号邮

---

[1] "限制"原文作"制限"，现据今日通常用法改正。——校勘者注。

件，每件补偿至多不得过国币十元，包裹每件重十公斤以内的，补偿不逾五元，十公斤以外的，每件不逾十元，究竟实际损害是否超过补偿数额，那是不问的。这种立法，是在因为邮政事业关系国际交通，各种邮件取资极廉，并且收寄繁冗，注意难周，对于遗失毁损不能负担重责，尤以我国疆域过大，交通不便，更有减轻责任的必要；所以《邮政法》仍依向来办法，参以各国先例，规定补偿责任，并用邮政规程来规定，不用法律规定，俾有伸缩的余地。不过谁是请求补偿的主体？补偿的要件怎样？补偿责任的范围怎样？请求权的实效怎样？以及不服补偿决定的救济怎样？这都是值得我们研究的。

讲到请求补偿的主体问题，就得先问邮件交付邮局以后，其所有权谁属？英国法律是认为收件人的，所以邮件交寄以后，寄件人不能撤销；也不能改寄；中国邮政法在邮件投递以前，都认为是寄件人所有，只有寄件人得向邮政机关请求补偿。假使求偿权由收件人行使，须得备具两种条件之一：（一）是收件人提出证据，证明已有寄件人授予求偿权；（二）是收件人已收受毁损被所窃余得部分，而声明保留他一部分的求偿权；除此之外，收件人是不能向邮政机关请求补偿的。

不过寄件人虽有请求补偿的权利，可是权利的构成，须备具相当的要件，概括起来说，可分积极要件和消极要件两种；积极要件有二：一是各类挂号邮件及快递挂号邮件遗失被窃的时候，才有求偿的权利；二是保价邮件或包裹全部或一部遗失或被窃的时候，也可有求偿权利；倘或不是这几类邮件，就没有求偿权利的，他如挂号或快递挂号邮件一部分遗失或是毁损，也是不能求偿的。纵使备具上面两种积极要件，倘使不能符合消极要件，还是不行；消极要件有四：（一）因寄件的性质或瑕疵致损失的，不得请求补偿；（二）因天灾事变或其他不可抗力致损失的，也不得请求补偿；不过保价邮件除国际战争以外，虽是天灾事变或不可抗力，仍可请求补偿，因为保价邮件顾名思义，有保证价格的意思，当然要加重邮政机关的责任，不能与普通邮件相提并论；（三）在外国境内损失，依该国之法令不负补偿责任的，也不得请求补偿，这是国际间相互的责任问题，一切均须依照互惠平等的国际公约或是国际协定去办理。中国的邮政机关当然不便代人负责；（四）寄件是违禁物或违反邮政规程致损失的，这是因为寄件人自己的不法行为或是过失行为造成的，邮政机关当然是不负补偿责任的；可见求偿权利构成，必定要顾及到消极和积极两方面的要件才行。

至于补偿责任的范围，也不是漫无限制的，《邮政法》上对于什么为毁损，什么为损失，都有精确的定义；《邮政法》第三十条规定："邮件递交收件人或退还寄件人时，如封面无破裂痕迹，重量亦未减少者，不得以毁损论，重量虽减少，其原因由于该物件之性质者亦同。"第二项规定："邮件递交收件人或退还寄件人时，如已因时间关系或市价变动，而消失其一部或全部价值者，不得以损失论。"

此外还要注意时效的问题，倘使，行使求偿权过了一定的期间，也还是无效的；依照《邮政法》第三十三条规定，普通自原件交寄之日起，以六个月为限；不过寄件或收件地点如在陕西、甘肃、宁夏、青海、新疆、云南、贵州、四川、西康〔1〕、西藏、蒙古等地，有效期间可以延长到十二个月；假使寄件人或收件人对于邮政机关补偿的决定如有不服，那是可以依法提起诉愿的。

以上对于《邮政法》的内容，已经约略加以介绍。最后吾人所要讨论的就是《邮政法》的本身虽不是一部尽善尽美的法律，可是有两点是很值得赞许的：第一，就历史的演进来说，《邮政法》是一部进步的法律，比较邮政条例的内容，要充实得多、完备得多；第二，就立法精神来说，《邮政法》是以社会为本位的法律，处处站在民众立场，为民众谋利益，譬如邮件资费采取法定主义，邮件的运输以无偿为原则，这都是就整个的社会利益做出发点，而不是单纯以政府的某一机关或某一团体为出发点的，我认为这两点都很值得我们留意的。

---

〔1〕 西康省，简称康，旧省名，为中华民国的一省，延续清朝制度所设置的22 省之一，设置于民国二十八年（1939 年），是内地进入西藏的要道，位于西藏与四川之间，有重要的军事意义。1949年，国民党当局败逃台湾后，中华人民共和国政府继续管辖西康省，后于 1955 年废止，分并入四川省和西藏自治区（时称西藏筹备委员会）。——校勘者注。

论行政法之重要*

王秀山**

各国之于行政也，首重行政法规。缘行政法规之所以设立，乃在行政机关及官吏执行公务时必须命令及规则加以遵守，同时个人权益被侵害时可加以救济也。欧西各国早有行政法及受理行政案件之行政法院。所谓行政法者，包括行政机关如何组织及行政行为及其方法如何执行，而最重要者乃行政救济是也。而受理因行政所起之争讼乃行政法院之所由设也。

我国战前亦有行政法院之设立，并有行政诉讼法之颁布，此所以使人民因个人权益被行政机关违法处分而不能受普通法院之救济时得有受补救之机会也。然须有行政诉讼法之争执属于普通法院管辖外，其他一切公法上之争执及权利之作用若因行政机关所为之处分不服时须先向上级官署提起诉愿，若不服诉愿之决定者始可提起行政诉讼于行政法院。如是人民之权利每因争执而致受损，权利久悬不决，人民痛苦自不待言。而行政机关又不知行政法为何物，且又无法规加以管束行政行为，于是行政机关及其官吏一切行为，逾越其职权者有之，应为而不为或应不为而为者有之。人民一方面顾无得知救济之方法（试问有几个能知有所谓行政救济耶？）而行政方面所为之行为无人加以管束，立法及司法又不能干涉行政，于是一任行政机关为所欲为，人民私权不能保障，而一国之行政于是不上轨道，越权越职，比比皆是，上无人加以管束干涉，而下者则更不必谈矣。

国府还都以来，行政法院之设立尚无消息，而以前颁布之诉愿法及行政诉讼法是否仍适用亦成问题。虽然现入战争时期，国府虽有特别条例之颁布

＊ 本文原刊于《申报月刊》（复刊第 2 卷）1944 年第 8 期。

＊＊ 王秀山，1945 年毕业于东吴大学法学院（第 28 届），获法学学士学位。

及特别法庭之设立，而对于平时一般行政处分及行为仍无适当之规范加以管束及救济。虽然我国乃五权分立之政府，各院互不干涉，其优劣点暂且不论。而考欧美各国，行政部与其他各部如立法，司法等名义上各别独立，而实质上则互相牵制。尤其是司法方面在英美之法院除行政部之政治行为（如宣战等）不能干涉外，对于一切行政行为及立法行为（如订立规则）均可加以审查及撤销之，对于行政诉讼亦可受理。此无他，乃欲管束行政及保障人民之权利也。

本市市政机关将实行合并，统一行政。过去市政及今后之施政，吾人毋庸加以评议。不过已往之施政是否合乎行政法制原则，人民侵权时之如何救济，此乃目前之最重要问题。而人民之行政救济则尤为重要，盖处此行政风纪日下之我国，行政机关及官吏每利用其职权对人民大加压迫，且一切行政行为无论在执行及立法均与行政法之原则大相径庭。且行政机关及官吏故意或过失而致害个人之权益者，屡见不鲜。其痛苦实不堪言也。故现今提醒人民有行政救济之补救实目前最扼要之问题。一方面可使人民受侵害时得有保障，他方面可使行政当局有所警惕而不敢事横无所顾忌也。今试举以往市政数例，观乎是否合于行政法之原则。例如最近公署颁布交通规则，在重要马路不得停放车辆。记得当公署公布之日，该日上午即有大批警探分驻该重要马路，笔者曾眼见数警察专门大捕停于马路之人力车夫并抄其车牌。试问彼等人力车夫能否知有交通规则如此之快？在行政法中，若一行政机关订立规则，必须使人民有一机会表示意见，同时最重要者。即该规则必须送达及令人民周知之方法为之，试问该规则只公布于报纸，此目不识丁之人力车夫能知之否？只少当日须有警察预先通知或劝告彼等得知该项规则，何得立即从事大捕彼等及拘留其车照耶？此等出汗劳力者试问何从诉苦及救济？最近某大书局中人告笔者，谓其隔壁某书局失火时，直属于市府之消防员竟有利用其救火之机会，直闯该书局掠劫大批自来水笔。且救火前竟明言须救火钱若干始肯救火，试问此种趁火打劫之行为，人民何从诉苦及救济？若照行政法之观点，则消防处及消防员乃一直属于行政机关之机关，救火行为乃一种行政行为含有政府工作之行为（Govermental nature），此种侵权行为，一方面消防员（亦即国家之公务员）顾须负民法第一八六条之责任，而直属之行政机关亦须负连带之责任。在我国从前可诉愿，而在英美，人民即可控告市府于普通法院而受救济矣。最近沪地马路不清洁，阴渠淤塞，雨时则积水成河，此皆市府之疏于工作，若照行政法，若市府过失或故意不作为时，人民因此受到损害，在英美曾有某市因大雪后，市政府不予扫除积雪，致使某人之汽车滑车胎而致受伤，即可控告市府过失而要求赔偿矣。而在我国，则又如何？人民因受马路积水而致受到损害，向何处诉苦及救济？既不能依法诉愿及提起行政诉讼（因非属于违法处分），而又不能控告于普通法院（我国行政机关不被控于普通法院，除非有私法上之行为，如市府与他人订立契约，或争执所有权时，普通法院可受理）也。又如最近公署颁布歌女及舞女、女招待登记执照规则，此项规则只效力，暂且不论，但照行政法之原理则可谓毫无理由。行政法中，行政机关固有发给执照及课税之权。但照行政权之法理限制，一行政机关行使行政权不能对特定人增加其义务及权利，今者该规则特定歌女、舞女、女招待加以纳照之义务，若不登记则停止营业，不论其用意如何，则男招待，说书生何如毋须登记？若市府之用意乃在限制〔1〕该种毁俗职业，则女售货员，甚至家中之女佣，何故毋须登记及领照？要知在行政法中，行政机关所定立之规则条例，不能武断（Arbitrary）或无理由，及待遇不同或偏祖（Discrinination）也。若在英美，行政机关所立之规则必须交法院审查（Review），若无理由或违法时即可加以撤销之。

以上所言，若照行政法原理观之，似属错误。但我国行政官吏，只有行政法理者，能有几人？故一切行政行为，均逐渐独行，且其自由裁量之权（Discretional power），固无法令加以限制，每使人民因之受到权利侵害。战前政府曾有行政执行法之颁布（民二十一年公布施行），其目的亦在限制行政官署执行时之自由裁量之权及规定何时能执行强制处分。但现今市政之执行根本无法规加以限制，此乃今后市政当局所应注意者，同时一切施政均望依照行政法之原理。而尤须言者，乃今市政工作非仅保护市民权益为已足，即对于社会之福利亦须顾及。故今后市政对社会福利之工作应多注意及之。如创办市立医院，图书馆，运动场，职业介绍所等，以谋人民福利。同时本市市政咨询委员会既已成立，今后自可表达民意，而与行政当局紧密协力，以达到本市市政最佳及最高之效率。此外，希望最高当局从速颁布行政法规及命令，使行政机关执行任务时有所依循，同时可限制行政官吏滥施自由裁量之权，一方面人民若遇私权被侵害时，亦可依法得行政救济矣。

---

〔1〕"限制"原文作"限止"，现据今日通常用法改正。——校勘者注。

中国现行之市制[*]

孙祖基^{**}

中国现行之市制，即为民国十年^{〔1〕}七月三日所颁布者，计^{〔2〕}共有七章都七十八条，所谓市自治制是也。兹为学者便利计，将该制析述如下^{〔3〕}：

一、市之性质

市为法人法律上区分人为自然人与法人两种。自然人者即普通所谓人人享有权利担负义务者也；法人则本非为人，但彼具备享有权利担负义务之资格，故亦赋以人之称谓，名之曰法人。法人又分谓两种——公法人与私法人，执行私的事务者私法人，如公司等。执行公的事务者为公法人，如市是也。市之称为公法人，因系国家之代理机关，其执行之事务，即国家行政事务之一部之故。

市之事务市之办理事务，有下列^{〔4〕}二条限制：

（一）承监督官署之监督因市为国家之代理。若市完全不受国家之节制则与统治权有害，故市须受监督官署之监督。

（二）于法令范围内市自治制不揭明何种自治事务，须由市举办。盖因各市之情形不同，经济力之强弱亦异，何事应办，只须于法令范围内实行之，

---

　* 本文原刊于《法学季刊》（第 2 卷）1925 年第 4 期。原文未采用现代标点符号，文中标点为编者所加。

　** 孙祖基，1926 年毕业于东吴大学法学院（第 9 届），获法学学士学位。

〔1〕　即 1921 年。——校勘者注。

〔2〕　"总计"原文作"者计"，现据今日通常用法改正。——校勘者注。

〔3〕　"如下"原文作"如左"，现据今日通常用法改正，下同。——校勘者注。

〔4〕　"下列"原文作"左列"，现据今日通常用法改正，下同。——校勘者注。

他无何种拘束也。

二、市之种类

市分特别市普通市二种：

（一）特别市由内务部认为必要时，呈请大总统以教令定之，至"必要"之解释，市自治制并未揭明，应由内务部裁酌，要不外从交通商务种种方面认定之而已。如最近公布之以淞沪为特别市即其一例。

（二）普通市除由内务部呈请大总统定为特别市外，皆为普通市，普通市与特别市之地位不同。普通市以县知事为直接监督，特别市则由地方最高行政长官监督之。（如南京特别市直隶于省政府，不入县行政范围）

三、市之组织

市之组织要素有三：区域与居民及自治权是也，分述如次：

（一）区域据市自治制之规定，市自治团体以固有之城镇区域为其区域，但人口不满一万人者，得依乡自治制办理。

市之区域若境界不明，由直接监督官署斟酌地方情形而定之。市之区域如有应行变更或发生异议时，（如最近淞沪人民之争执特别市区域）由市自治会呈请直接监督官署核定之。如不服前项之行政处分时，得依法提起诉愿或陈述于省参事会请求处理。

（二）市民可分为住民及选民两种。凡住居于市内者，均为市住民。所谓住居于室内者，不问其在市内有住居之事实，不问其住居已久或住居未久，亦不问其为原籍为寄籍，并不问其为男子为女子，为成年为未成年，为本国人为外国人皆包括之。

至选民则与住民之意义不同凡属住民不必皆有选举权，故与实行选举权者，必须具备法定之资格如下：

（甲）选举市自治会会员之资格：

A 必要的：

a 有本国国籍；

b 男子；

c 年满二十岁；

d 接续住居市内一年以上。

B 择一的：

a 年纳直接税一元以上；

b 有动产或不动产三百元以上；

c 曾任或现任公职或教员；

d 曾在国民学校以上学校毕业或与有相当之资格。

（乙）被选为市自治会员及市自治公所职员之资格：

A 必要的：

a 本国国籍；

b 男子；

c 年满二十五岁；

d 接续住居市内二年以上。

B 择一的：

a 年纳直接税二元以上；

b 有动产或不动产五百元以上；

c 曾任或现任公职或教员一年以上；

d 曾在高小以上学校毕业或与有相当之资格。

但市住民虽有上列必要的资格而下列各款之一者，仍不能有选举权及被选举权。

甲、褫夺公权尚未恢复者；

乙、受禁治产准禁产或破产之宣告确定后尚未撤销者；

丙、不识文字；

丁、僧道及其他宗教师；

戊、现役军人。

又市住居之为现任本地方官吏或现任警察官司法官征税官者仅有选举权而无备选举权。

又凡被选为市自治会会员或市自治公所职员者非有下列事由之一不得谢绝当选或于任期内告退。

甲、确有疾病不能常任职务者；

乙、确有他项职业不能常居境内者；

丙、年在六十岁以上而精力衰颓者；

丁、连任至三次以上者；

戊、其他事由特经市自治会允许者。

市之自治权大约如下：

甲、制定市公约其内容分为两种：（一）厘定住居之权利义务；（二）厘定市自治事务。

乙、制定市规定俾执行市公约及管理使用市之财产营造物与公共设备。

四、市之议决机关

市之议决机关为市自治会，所以决定市自治团体之意思者也。以自治会员为其撰写分子，其职权如下：

（一）议决市公约；

（二）议决市内应与革及整理事宜；

（三）议决以市经费筹办之自治事务；

（四）议决市经费之预算决算；

（五）议决市自治税规费使用费之征收；

（六）议决市之募集公债及其他有负担之契约；

（七）议决市之不动产之买卖及其他处分；

（八）议决市之财产营造物公共设备之经营及处分；

（九）议决市自治公所职员保证金事项；

（十）答复市自治公所及监督官署之咨询；

（十一）议决其他依法令属于市自治会权限之事项。

至市自治会员之定额，则以市之人口比例。市内人口不满五万者，得选出会员十名。若人口在五万以上，每人口一万，增加会员一名但特别市至多以三十名为限，普通市至多二十名为限。会员以二年为任期，每年改选半数，同时选出全数者，其半数以一年为任期。其一年任满应行改选之半数，以抽筹定之。

市自治会设会长一人，由会员中选出，又会长得酌用雇员二人或三人办理文牍会计及一切庶务。开会分通常会与临时会二种，通常会每年两次以四月十月为会期由市长召集。临时会经市长认为有必要之情事或经会员半数以上之提议，由市长召集之，但涉及市长之事项，由会长召集之。普通市仅有市自治会为其议决机关，特别市则除市自治会外，尚有市参事会，与市自治会相对立，惟其议决之事项，与市自治会完全不同，兹列举如下：

（一）议决提出与市自治会之议案；

（二）议决市自治会所委托之事项；

（三）议定市规则；

（四）议决其他依法令属于市参事会之事项，市参事会以市长，佐理员，区董及名誉参事员组织之。

五、市之执行机关

市之执行机关，为市自治公所。特别市自治公所之组织，为市长一名，佐理员若干人，出纳员一人，办事员若干人。普通市有市长一名，市董若干名，出纳员一人，办事员若干人，又特别市得分区。每区设区董一人，承市长之命，办理区内自治事务。

市长由市自治会就住民中具有市自治会会员被选举资格者选举之。普通市市长被选后呈请直接监督官署委任。特别市市长被选举后呈由直接监督官署咨请内务总长任命。市长之职权如下：

（一）执行市自治会议决事项；

（二）办理市自治会选举事项；

（三）提出议案于市自治会但特别市须先经市参事会之议决；

（四）管理或监督市之财产营造物或公共设备；

（五）管理市之收入与支出；

（六）依法令及市自治会之议决征收自治税收及使用费规费。

佐理员由市长选任，市董由市自治会就市住民中有被选资格者选举，出纳员由市长派充，区董之选举准市董，办事员由市长派充，以上除市董区董外，凡由市长选派者，均须得市自治会之认可，市长及市自治公所职员均以三年为任期，任满再被选者得连任。

六、市经费

市经费之来源，计有下列各项：

（一）本市财产之收入如国家发给之土地山林及其他不动产，应作基本财产永久维持，以其收益，充作市经费。

（二）市自治税此为公经济的收入，大都附属于国税而征收者然，市亦得自行征收之。

（三）本市公共营业之收入例如电灯电话自来水之经营所得之收入皆是。

（四）规费及使用费请求市自治团体执行特种事务得向之征收规费使用市团体之营造物及公共设备者得向之征收使用费。

（五）过怠金例如住民应纳自治税而不纳，或应纳使用费而不纳，因之向其征收过怠金。

（六）市公债市为创与必要之公共事业得经监督官署许可募集市公债。

（七）私人捐助之财产如经指定用途者，不得移作他用。

市自治公所于每一会计年度前应将本市经费之岁出岁入制成预算表于每年四月通常会会期前提交市自治会即定之预算在同年度之会期内有追加或更正时须请求市自治会议决。又决算于每年十月通常会开会时应行提出于自治公所。

七、市乡组合（略）

八、监督（略）

论国家收用权*

陈霆锐

近世以来，文明日繁，国家应兴应革之事业，较前何啻倍徒，在在有适用收用权之必要。然而私人产业，国家当一体予以保护。而且文明越[1]发达，法律越昌明者，私人财产权越当受国家之充分之保护。因之而国家收用权与私人财产权常相冲突，此其弊在法律幼稚，业务骤兴之国家为尤者。我国今日现象适于此厄，故或者借国家收用权以侵夺私人财产者有之，或者持私人财产权以抵抗国家之收用者又有之。前年东南大学欲在上海开办工商专科，经当道核准，圈有民田五百亩，一时，土地所有人奋起反对，声势汹汹，几酿大祸。直至于今，案悬未决。此国家收用权与私人财产权在吾国不相容纳之一大证据。记者对于前项案件，未暇为深切之研究，故不敢为贸然之评论。但国家收用权与私人财产权二者法律上相互关系之点，颇愿乐得而论列。且认为有论列之必要焉。著国家使用权论。

国家收用权者在英文称 Right ofEminent Domain，最初见之于国际法学创论者格老秀斯[2]。后之公私法学家均尊其说，言其法意。则为国家或行使国家主权者为公共之用益起见。虽不经所有权者之允许，可以将私人财产收为国有，此项法权并不根据于任何成文法或不成文法，乃凡为国家者所必有之一种权力[3]。以国家如无此种权力，则必有甚多之事业将莫能举办也。当罗马帝国全盛之时，一切大工程建设，如造桥筑路等事，皆借国家收用权而成功。但在古时则以国家政法独裁无限。"普天之下，莫非王土"。取舍得

---

* 原文刊于《法学季刊（上海）》1924年第2期。

〔1〕"越"原文作"愈"，现据今日通常用法改正。——校勘者注。

〔2〕"格老秀斯"原文作"葛罗休氏"，现据今日通常译法改正，下同。——校勘者注。

〔3〕"权力"原文作"权利"，现据今日通常译法改正。——校勘者注。

丧一惟国家意志是从，人又孰得而议之者。自近世以来，政治理想家及哲学家主张私人权利亦可以对抗国家，且国家权限亦有一定之轨辙可寻，决非漫无限制。于是何谓国家收用权，国家收用权有无限制[1]程度，人民对于国家收用权是否可以对抗诸问题，渐渐引起法学系之注意而讨论矣。直至最近一世纪之中，则以物质文明之勃兴，国家事业之骤见繁积，因国家收用权而引起之诉讼，亦日见其多，其在我国，当无例外，此国家收用权之论列之不可缓也。

收用权与警察权

警察权者亦为国家固有之一种权力，即凡遇必要时为保护公众之安全卫生或幸福起见，可以将私人财产随意处置或移动之或破坏之。务达于上述之或一目的为止，骤视之，国家收用权似与警察权相同，其实差异之点至为明显，盖收用权者，乃取私人之财产或财产权供诸公用，所有人即可以向国家或国家之代表人收取其应得之公平代价。若警察权之行使则不过限制所有人财产之自由处置，国家并不将此项财产收为公用，所有人亦不能向国家收取任何代价。如逢损失，则以其所食警察权之赐亦不减于他人。即以之为间接抵偿，于法理亦甚平允。故国家收取土地，以为造桥筑路之需者，是行使其收用权也，国家为防免水灾或扫除疾疫起见拆毁堤防或焚烧街市者是行使其警察权也。

收用权与征税权

国家之征税权与收用权在法理上及实施上亦有不同之点，试为述之。国家征税所以欲使一般人民共同及相等的担负国家之支出也，故其对于人民之特性，即为共同的及相等的。人民取得之代价即为公共之秩序与安宁。他无闻焉，至于人民因收用权而损失之财产或财产权，则为人民对于国家所负之一种特别负担，故国家常予以公平之赔偿。此二者异点之所在也。

国家收用权根据于最高主权

据格老秀斯之说，谓国家之所以能于必要时，收用私人财产或财产权者，

---

[1] "限制"原文作"限止"，现据今日通常译法改正，下同。——校勘者注。

则以国家本为其管辖区域内土地之原始所有人，当其将所有土地让渡于私人也，有一当然或保留条件，互相默契，即当国家需要此原据的物时，则被让与人有返还之义务。其说在美国数用之法庭，昔尚宗之。但与最近政治理想极为扞格而不能相通。今日政治理想家之言曰：人民之所以欲组成政府者，为保持其固有之财产权，即为最大原因之一，若云财产权发源于国家，并后国家而存在，是不过借霍希士之唾余。今人断难信服。况国家收用权不仅及于不动产，收用动产之权亦不弱于其收用不动产之权。而动产者常为人民努力之产物，今亦可以国家为原始所有人之理论适用之乎？说之难圆，无待逻辑。故国家收用权与其根据与偏颇不全之论，无宁以国家最高之权，根据之为当，盖国家本可依据最高主权创造及实施任何法律，其立法限制点之所在，即为事实上不可能或为宪法所禁止是已。今国家使用收用权既无事实上不可能之情形，各国宪法又从无禁止国家行使此项权力者，且往往又特以此权以命令式授之国家，国家又何嫌何疑。而必另寻别径[1]以自圆其说。故国家收用权之性质近于最高主权者为多。而近与财产权者实少。

何谓公益

国家之行使收用权必限于为公益起见，然则何者谓之公益，此实为最要问题。否则界限不明，其弊为滥。此其非所以保护私产之意也。按近世学者或法庭对于该问题约有三种解释。其一即狭义的解释，其二即广义的解释，其三即为折衷的解释。据狭义说，所谓公益者，即公用之谓也，凡国家收用之财产，将来须能供诸公用为度，如公众不能在国家收用之财产占有实益者，国家一概不得收用之。其广义说则为公益二字，义如其辞，即凡国家各项设施有可以间接或直接增进公众之安全经济及各种幸福者，皆可为此项设施收用人民之财产以利进行。前说束缚国家太甚，后者侵犯私益过多。其失均也。于是介于二者之间有一折衷说，据其理论，国家行使收用权，须有下列三种情形之一，否则宁缺毋滥：（一）凡可以增进人民之健全与幸福之国家设施皆可行使收用权。（二）凡可以供给公众便利之市政府或私有公司企业非请求政府给予使用权不能达到目的者，可以行使收用权。（三）凡私人为增益自己之企业起见，同时间公共利益，亦可因之而增进者，亦可请求政府给予使用权，

---

[1] "径"原文作"经"，现据今日通常译法改正。——校勘者注。

如矿业工程需使用他人土地以为其矿产物出口之孔道是也。

必要问题

国家非遇必要不能行使其收用权，此各国之通例也。但何者谓之必要，必要问题，须由何人为之定夺。如行政机关以为必要，法庭亦于按法审理，自由驳斥乎。据美国各省定例，凡收用权必要问题，完全操之收用者之手，法庭不得过而问之，故收用者而为国家机关或市政府或私人公司，如经合法取得使用权，即可由自己定夺收用某项私人财产，是各出于必要。盖不如此，则不足以达收用权行使之目的。而收用权亦将徒为虚设矣。

使用权限于原有目的

国家之行使收用权，本为增进公共利益起见，不得已而为之者也。故其收用目的限制极严，如收用目的为甲，不得转而移之于乙。若经移转即为违法，原所有人即可向国家或他收用人追还旧物。如不得之，并可控之于法。但如国家或他收用人以不得已之原因须将甲之目的移转为乙者，则非对于原所有人重新赔偿以后，不能为也。如此定例并非无因。盖所收用财产之估量与收用目的大有关系。譬如国家在田亩中间欲辟一公共大路，因而收用地主土地若干，在一方固为损失，但在同时间其大道旁所有土地之价值即因之而大增，在此场合，业主损失甚微，而所得甚大，故当时估量取得财产之价值必甚微细，可断言也。若之后政府放弃[1]筑路计划，而拟于路基之间辟一运河，因此而两旁土地价值大为减损，如地主不重予赔偿，则有失公平，岂不明甚。

所有人损失必限于直接的

财产所有人如其财产为国家或其他收用人收用，所有损失自当取偿于收用者无疑，惟其所能取偿之损失一以直接为限。如其损失为间接的或附属的，则一概不能取偿也。譬如今有渡桥于此，凡过路之人须向桥之所有人纳有一定税金，是其收取税金即为其所有之财产权也。今如国家在桥之近旁边重筑一桥，不取过路费，于是路人尽趋新桥而旧桥之权利尽失。在表面视之，似

---

[1] "放弃"原文作"委弃"，现据今日通常译法改正。——校勘者注。

旧桥利益完全为国家使用矣，不知其所损失完全为间接的附属的，国家固未尝取其土地，彼亦不能向国家索取任何赔偿也。

赔偿问题

凡各国立法例，为行使收用权起见，往往规定如私人财产收归公有赔偿多少须与所有人照市价或按其所损失之程度，从长计议，不可有丝毫[1]强制，如不能得其同意时，则可由法律指定之法庭秉公判断。当审判时鉴定人如逢必要亦须到庭陈述意见，以照公允。法庭之所判断者，两方皆须遵从无违。故收用权必要问题非法庭所得过问，至赔偿问题，则完全在法庭管辖范围以内，一则欲予行政机关办事上之便利，一则欲保护人民之财产权勿使其受有细微之损失也。至于估价问题则并无一定之准则，视一般情形而定。如收用者为私人财产之全部，则自然当以市价为准，如收用者不过为私人财产之一部，则其所余受之代价不仅限于其收用财产之价值并且余部之损失亦当及之。反之若余部财产反可因收用权而增加其价值，则收用财产之实在赔偿亦将递减。又各国惯例凡所有人应先取得财产损失之代价，然后缴其财产于收用人，否则亦当指定一种款以为取偿之资。如的款无着赔偿无期，则所有人尽可拒绝收用权之行使焉。

---

[1] "丝毫"原文作"私毫"，现据今日通常译法改正。——校勘者注。

改革现行行政诉愿制度之商权[*]

杨兆龙

绪　论

　　我国现行行政诉愿制度，以民国十九年〔1〕三月二十日施行之《诉愿法》为依据，采用以还，流弊滋多。本年（二十一年）〔2〕十一月十七日公布之行政诉愿诉讼法对于现制虽有改良之处，然其足以主张劣点者，亦在所不免。弁日见诸实施，未必能减少人民之苦痛。际此训政时期，发扬民权，洵属要图。诉愿制度，关系与民权者甚巨。其利弊得失，极应详密研究，慎重体察。凡有害于人民者，均非彻底改革不可。爰就管见所及，略抒梗概如次：

第一节　诉愿与行政诉讼之关系

　　关于此点之最要问题为行政诉讼是否必于经过诉愿程序后提起之。按本年公布之《行政诉讼法》第一条规定："人民因中央或地方官署之违法处分致损害其权利，依经诉愿法提起再诉愿而不服其决定，或提起再诉愿之十日内不为决定者，得向行政法院提起行政诉讼。"依此规定，凡行政诉讼之提起，须具备下列之条件：行政诉讼系专因损害权利之中央或地方官署之违法处分而提起。按中央或地方官署之行政处分，有违法者，亦有不当者。此二种处

---

　　* 本文原刊于《法学杂志（上海1931）》（第6卷）1932年第2期。原文未采用现代标点符号，文中标点为编者所加。
　　〔1〕　即1930年。——校勘者注。
　　〔2〕　即1933年。——校勘者注。

分脣足以损害人民之权利。惟对于前者，人民提起行政诉讼。而对于后者，则除了诉愿外，别无救济途径。

已依据诉愿法提起再诉愿而不服其决定，或提起再诉愿三十日内未经决定。按人民对于损害权利之违法行政处分虽得提起行政诉讼，但必须经过诉愿程序之后为之。所谓诉愿之程序者有二，即初诉愿（简称诉愿）程序与再诉愿程序。再诉愿往往有延不决定情事。若任其久悬，殊有碍于行政诉讼之提起。固特规定于提起再诉愿三十日内未经决定之事件，得不待决定，径向行政院提起行政诉讼。

上述第二条乃新行政诉讼之特别规定，而与前北京政府时代之《行政诉讼法》微有不同者。[1]此项规定殊欠允当。请述其理于后：

一、违法之行政处分与不当之行政处分不同。后者不得提起行政诉讼，固有提起诉愿之必要。若夫前者，既有行政诉愿为之救济，实不必多此一举。

二、经过诉愿程序，徒使纠纷之时期延长。既费金钱劳力，复使调查证据因日而感觉困难。

三、行政官署，或因利害关系，或因感情作用，往往相互包庇。此在法治尚未昌明之中国为尤甚。人民所以提起诉愿，能得公平之决定者，殊不多见。于人民之权利裨益甚鲜。

四、人民提起诉愿，每易引起原处分官署之恶感。行政官吏鉴于诉愿之不易得公平决定，特觉有恃无恐，而对诉愿人加以非法之报复。于是弱者每慑于强权而不敢诉愿。

五、行政处分之是否违法乃法律问题，应由通晓法律者解决之。普通行政官署所延揽之法学人才向属甚少。而此类人才亦未必即担任办理诉愿事宜。卒至为诉愿决定者每不知法律为何物，其决定书多不合法。[2]

---

〔1〕 按民国三年（即1914年。——校勘者注。）七月二十日公布施行之《行政诉讼法》第一条规定如下："人民对于下列各项之事件，除法令别有规定外，得提起行政诉讼于评政院：一、中央或地方最高行政官署之违法处分，致损害人民权利者。二、中央或地方行政官署之违法处分，致损害人民权利，经人民以诉愿法之规定诉愿至最高级行政官署，不服其决定者。依据上述规定，人民对于中央或地方最高行政官署之违法处分，得不经诉愿程序，径行提起行政诉讼。"

〔2〕 按行政法院之裁判事宜，在各国大都由精法学者担任。故就原则而言，其所延揽之法学人才，当较多于普通行政官署。惟我国二十一年十一月十七日公布之行政法院组织法第六条规定充行政院之评事者，只须具有三种资格：如（一）对于党义有深切之研究；（二）会任国民政府统治下简任职公务员二年以上；（三）年满三十岁是。而对于法学有专门之研究，则未经为必要资格之一。如是规

六、对于中央最高行政官之国民政府之处分，无从诉愿。[1]如已经过诉愿程序为提起行政诉讼之条件，则凡属该中央最高行政官署之违法处分，势必致无法救济。

由是观之，对于违法行政处分提起行政诉讼前，殊无经过诉愿程序之必要。新行政诉讼法第一条规定人民于提起行政诉讼前有提起诉愿之义务，实有未合，似应予修正如下：

一、人民对于中央或地方官署之违法及不当处分致损害其权利者，均仍提起诉愿。

二、但人民对于中央或地方管制之违法处分所为之行政诉讼，得于诉愿或再诉愿后提起之，亦得不经过诉愿程序径向行政法院提起之。

第二节　诉愿管辖之划分

诉愿管辖之划分大多以行政组织之系统为标准。凡对于行政官署之处分或决定提起诉愿或再诉愿者，应向该管制之直接上级官署为之。盖直接上级官署有直接监督下级官署之权，受理诉愿或再诉愿乃直接上级官署监督及管制之一种当然作用，自以由直接上级官署担任为宜也。惟诉愿之目的在于求公平之决定。凡诉愿之程序有碍于此目的，均宜于可能范围内革除之。行政组织之系统，在普通事件上，虽难有遵守之必要，顾就诉讼而言，所关甚微，允宜权衡应变，以符合创立之本意，要未可拘泥形式而忽视实际也。尝考现行诉愿制度，其中违背此项原则者颇多。盖依《诉愿法》第二条之规定，不服省政府各厅之处分或诉愿决定者，向省政府提起诉愿或再诉愿；不服特别市（即现今直隶于中央之市）各局之处分者，向特别市政府提起诉愿；不服中央各部会之处分者，向原部会提起诉愿，如不服其决定，向主管院提起再诉愿。又依同法第三条之规定，不服县政府各局或其他所属直接下级行政机关之处分者向县政府提起诉愿。夫中央各院之与所述各部会，省政府之与所属

（接上页）定实不足以保证行政法院内之法学人才必多于普通行政官署。上述理由，似难成立。顾行政法院之缺乏法学专门人才，乃由于行政法院组织不良而发生之一时的变态现象，非可持为定论也。

〔1〕　按国民政府为总揽中华民国治权之机关，其所为之行政处分亦难免有违法情事。人民对于该项处分自应有提起行政诉讼之权。惟国民政府之上，虽有党部机关，而无较高之纯粹政府机关，对于其所为处分，无从诉愿。

各厅，市政府之与所属各局或其他直接下级行政机关，表面上虽属分立，实质上则休戚与共，互相瞻徇。其视彼此之间之关系，较诸人民之利害，不啻高出于千百倍。宁有一二人之呼吁，而毅然主持公道，斥共同僚之处分为不当或违法者。其决定只不能公平，实为意中事也。是以现在行政管辖制度应于可能范围内重新规定。兹试拟原则如下：

一、不服县政府及隶属于省政府之市政府或其各局之处分者，向省政府主管厅提起诉愿；如不服其决定，向中央主管部会提起再诉愿。按显市政府之与各局，省政府之与各厅，均有利害关系。故提起诉愿或再诉愿时，应越去县市及省政府，以免有不公平之决定。

二、不服省政府及直属于中央之市政府，或其各厅局之处分者，向中央主管会提起诉愿；如不服其决定，向国民政府提起再诉愿。按不服各厅局之处分而向中央主管部会提起诉愿，所以以防瞻徇之弊；其理由已详见于前。至主管院之与主管部，亦有利害关系；固不服各部会之决定，应越去主管院而向国民政府提起再诉愿。

三、不服中央各部会之处分者，向主管院提起诉愿；不服主管院之决定者，向国民政府提起再诉愿。按此项规定对于前项各原则略予变通；其目的在多予人民以诉愿之机会，因各不服中央各部会之处分者，须径向国民政府诉愿，则仅有一次之诉愿机会也。

四、不服中央各院之处分者，向国民政府提起诉愿。按人民对于中央各院之处分，亦应由诉愿之机会；固设此规定。

五、不服前列各项以外之中央或地方官署之处分而提起诉愿时，应按其管辖等级，比照前项各规定为之。按此为现行诉愿法之规定，所以补前列各项规定之不足；故予以保存。

六、凡因不当处分而诉愿者，除诉愿人舍弃诉愿权外，以再诉愿之决定为最终决定。但对于中央各院之不当处分提起诉愿者，以国民政府之决定为最终决定。按对于不当处分不得提起行政诉讼；故应规定何者为最终决定，以杜绝争议。至通常以再诉愿之决定为最终决定，乃现行法之规定，尚无不合，故应保存。

七、凡对于中央各部会或其他类似官署之诉愿决定提起再诉愿，或对于省市县政府或其他类似地方官署之直接下级官署之处分或决定提起诉愿或再诉愿者，诉愿人或再诉愿人应分别提出诉愿书副本于原处分或决定官署之直接上级官署〔1〕。其原处分或决定官署亦应提出答辩书副本，连同案卷及关系本件送于该直接上级官署。该直接上级官署如认为诉愿或再诉愿为有理由，得不待受理诉愿管制之决定，径行撤销原处分之决定；否则，应将案卷及关系文件转送于受理诉愿之官署。按中央各院级省市县政府，队员直属各部会厅局，虽不免庇护情事，间亦有主持公道者，应予以过问之机会，以补前项各原则之不足。

第三节　诉愿人之资格

现行解释认官吏因官吏身份所受行政处分属行政范围，不得援引《诉愿法》，提起诉愿。〔2〕此种解释直使官吏之受不当处分或违法行政处分者，无适当之救济方法，殊有修正值必要。良以人民服务于政府，亦有一定之权利义务，不当或违法处分之侵害官吏应有之权利，正与侵害普通人民之权利同。殊无重此而轻彼之理。故诉愿人治范围不应限于普通人民，为官吏者亦当包括在内也。〔3〕

第四节　诉愿程序进行之期限

诉愿程序进行之滞缓，由于官厅办事之腐败者，固属有之，而其由于诉愿程序进行之期限未经详定者，亦所恒见。故欲改革诉愿制度而反之程序进行之迟延，则对于程序进行之期限，不得不设适当之规定。现行《诉愿法》关于此点殊多缺略，致腐败官署每利用积压条件阻止下情上达之手段，为害社会，殊非浅鲜。改良之道，当不外采取类似下列之办法：

一、规定受理诉愿或再诉愿之官署于特定期间内送达诉愿书及案卷答辩副本，决定书正本，并终结诉愿案件。按送达迟延或结案无一定期限，为诉

〔1〕　即中央主管院级省市县政府是。

〔2〕　见司法院十九年九月十六日咨行政院之文。

〔3〕　按近年来政治不入正轨，上级官吏对于所属公务人员，每多不当或违法之行为。如中央及地方官署实务官之被任意纷更，某省县长之受非法监禁等，皆平时所习见二熟闻者。凡斯种种，均有损法治国之精神，非严予防止不可。而防止之道惟予公务人员以提起诉愿或行政诉讼之权，故此节所述，颇为重要。

愿程序进行滞缓之最大原因。故因特设规定以防止之。

二、规定原处分或决定官署应于特定之期间内提出答辩书及其副本，并将案卷及关系文件送达至直接上级机关。该上级机关如非受理诉愿之官署（如第二节所言），应于极短之特定期间内，转送该项案卷及本件与受理诉愿之机关，或撤销原处分或决定。按提出答辩书，送达案卷及本件等，亦应有一定之期限，故设此规定。

三、违法前项各规定个官署之负责人员应受法律上之制裁。按仅有请想爱你之规定，而无相当之制裁，尚不足使法律收效。故设此规定，以防玩忽。

第五节　待遇之不平等

行政诉愿法对于诉愿人与原处分或决定官署之待遇未能平等。此虽由于原处分或决定官署，因处于治人者之地位，与诉愿人性质不同，未便严责。然诉愿人之利益亦应于可能范围内顾及之。凡不平等之待遇，在事实上无存在之必要者，要无不可废除之理。尚考现行诉愿法上违背平等待遇之原则者，约有两点：

一、诉愿书应具一定之程序及内容，而原处分或决定官署之答辩书则不然。[1] 按中国官署厅每好为模棱两可，不着边际之词。此于本身决定有违法或不当行为而文过饰非为尤甚。其所提出之答辩书，苟不加以程序及内容上限制，则难免敷衍草牵，无裨实益。况原处分官署之处分常有以一纸公文或批示而为之者，其中往往不述理由，或述焉而不详。根据何在，每难揣测。实际上更非有适当之答辩书以兹补充不可。故答辩书之程序及内容亦应如诉愿书然，符合一定条件。

二、诉愿人应缮具《诉愿书》副本，送于原处分或决定官署，而原处分或决定官署则不必缮具答辩书副本，送于诉愿人。[2] 按诉愿人诉愿书之内容既须为原处分决定官署所知，以便攻击防御，或自动撤销原处分，[3] 则原处分或决定官署之答辩书亦自应为诉愿人所知，以符合相互之原则。况且答辩

---

〔1〕　见《诉愿法》第六条与第七条。

〔2〕　见《诉愿法》第六条与第七条。

〔3〕　按《诉愿法》第七条第二项但书规定原处分官署认诉愿为有理者，得自行撤销处分，并呈报受理诉愿之官署。

书副本送于诉愿人，在实际上并不无利益；举其要者，约有三点：

（一）原处分或决定官署，因避免诉愿人治攻击，不得不为负责之答辩。

（二）诉愿人阅答辩书后，如认为答辩书理由充足，得撤回诉愿。其因不明法律或事实二提起诉愿者，有觉悟之机会。

（三）受理诉愿之官署每有因诉愿人不知原处分或决定官署答辩书之内容，而任意偏袒原处分或决定官署者。诉愿人遭受屈抑后，往往不能明其所以。倘若诉愿人有阅答辩书副本之机会，则受理诉愿之官署，因鉴于诉愿人之不可欺，或不至于毫无顾忌二偏袒一方。综上以观，送达副本于对造之规定于《诉愿书》及《答辩书》均有适用之必要。

第六节　　行政处分之执行

现行《诉愿法》第十一条规定："诉愿未决定前，原处分不失其效力；但受理诉愿之官署，得因必要情形停止其执行。"此项规定，利弊甚多，举其要者，约有两点：

一、原处分官署因对于诉愿人有恶感，虽无正当理由。亦得先执行其处分，以图报复、致诉愿人受不当之巨大损失。此种情形在地方官署最属常见，为害小民，莫此为甚。

二、受理诉愿之官署，或则疏于审查，或则袒护属下，对于原处分之执行鲜有勒令停止者，致诉愿法第十一条但书之规定等于具文。

考上述流弊之发生，胥由于诉愿法对于处分之执行不明定适当之条件。其补救之道，莫如采类似下列之规定：

一、原处分，除遇下列情形外，经提起诉愿后，应由原处分官署依职权停止执行。

（一）处分不即执行，日后有执行困难之虞者。

（二）处分之执行与国家社会有深切重大之关系，因当时之急切需要，不得不立即实施者。

二、受理诉愿之官署，于开始办理诉愿或再诉愿案件时，应首审查员处分应否停止执行。如并无前条之情形而应停止执行者，应即通知原处分官署遵办。其遇原处分或决定显然不当或违法而认为无执行之必要或未便执行时，亦同。

按前述第一种规定，在防止原处分官署之跋扈；第二种规定在督促受理诉愿或子啊诉愿官署之注意。虽其收效与否仍须视乎执法者之为何许人，然对于执行处分之范围略加限制，较诸漫无规定者，究稍胜一筹耳。

结　论

上论各端不过现行诉愿制度应改良各点中之荦荦大者。此外应研究者，尚有多端。以限于篇幅，不遑枚举。详细论列，当俟诸异日。惟著者学殖疏浅，非敢多谈理论。是篇所述，大都根据平日之经验。观察欠周，谬误乃所不免。所望海内贤明，能进而教之。则抛砖引玉，裨益良多，此文庶不虚作也。

东吴法学先贤文录编辑人员名单

总主编：

胡玉鸿

各分卷主编：

法理学卷：孙莉

法律史卷：方潇

宪法学、行政法学卷：上官丕亮、黄学贤

民事法学卷：方新军、胡亚球

刑事法学卷：李晓明、张成敏

商法、经济法、社会法学卷：李中原、朱谦、沈同仙

国际法学卷：陈立虎

司法制度、法学教育卷：胡玉鸿、庞凌

录入人员名单

魏琪	邢凌波	殷凯凯	吴思齐	马健博	张昊鹏	倪文琦	陈萍
梁艳茹	安子靖	张基晨	施嫣然	袁小瑛	戚小乐	陈康嘉	臧成
苏峰	王杏	许瑞超	张盼盼	刘鑫建	刘文丽	安冉	张秀林
陈雯婷	蒋超	钱佳	张琦	崔皓然	陈钰炅	惠康莉	唐奥平
马敏	徐湘云	赵琪	吕森凤	孙蓓蕾	姜瑛	胡寒雨	张尧
阴宇真	王晓宇	李婉楠	卢怡	柳一舟	丁楚	孙浩	宋鸽
李臣锋							

校勘人员名单

魏琪	邢凌波	殷凯凯	吴思齐	倪文琦	张昊鹏	张盼盼	金徐珩
陈雯婷	钱佳	蒋超	崔皓然	陈钰炅	唐奥平	徐湘云	赵琪
吕森凤	姜瑛	张尧	卢怡	丁楚	王春雷	韩进飞	孙浩
宋鸽	刘冰捷	杨丽霞	李臣锋				